AF902581

Filmförderung in Deutschland und UK

Studien zum deutschen und europäischen Medienrecht

Herausgegeben von Dieter Dörr und Udo Fink

Band 67

Zur Qualitätssicherung und Peer Review der vorliegenden Publikation

Die Qualität der in dieser Reihe erscheinenden Arbeiten wird vor der Publikation durch die Herausgeber der Reihe geprüft.

Notes on the quality assurance and peer review of this publication

Prior to publication, the quality of the work published in this series is reviewed by the editors of the series.

Hannah Schauf

Filmförderung in Deutschland und UK

Eine rechtsvergleichende Untersuchung der Filmfördersysteme in Deutschland und in dem Vereinigten Königreich/England unter besonderer Berücksichtigung des gemeinsamen Faktors des EU-Beihilfenrechts

PETER LANG

Bibliografische Information der Deutschen Nationalbibliothek
Die Deutsche Nationalbibliothek verzeichnet diese Publikation in der Deutschen Nationalbibliografie; detaillierte bibliografische Daten sind im Internet über http://dnb.d-nb.de abrufbar.

Zugl.: Mainz, Univ., Diss., 2020

Gedruckt mit freundlicher Unterstützung der VFF Verwertungsgesellschaft der Film- und Fernsehproduzenten mbH, München.

D 77
ISSN 1438-4981
ISBN 978-3-631-84685-8 (Print)
E-ISBN 978-3-631-85055-8 (E-Book)
E-ISBN 978-3-631-85056-5 (EPUB)
E-ISBN 978-3-631-85057-2 (MOBI)
DOI 10.3726/b18192

© Peter Lang GmbH
Internationaler Verlag der Wissenschaften
Berlin 2021
Alle Rechte vorbehalten.

Peter Lang – Berlin · Bern · Bruxelles · New York · Oxford · Warszawa · Wien

Das Werk einschließlich aller seiner Teile ist urheberrechtlich geschützt. Jede Verwertung außerhalb der engen Grenzen des Urheberrechtsgesetzes ist ohne Zustimmung des Verlages unzulässig und strafbar. Das gilt insbesondere für Vervielfältigungen, Übersetzungen, Mikroverfilmungen und die Einspeicherung und Verarbeitung in elektronischen Systemen.

Diese Publikation wurde begutachtet.

www.peterlang.com

Für meine Eltern
und in liebevoller Erinnerung an meine Großeltern,
deren Wertschätzung für Bildung und Wissen ich weiterlebe.

Vorwort

Die vorliegende Arbeit wurde im Oktober 2020 von dem Fachbereich Rechts- und Wirtschaftswissenschaften der Johannes Gutenberg-Universität Mainz als juristische Dissertation angenommen.

Mein besonderer Dank gilt Herrn Professor Dr. Dieter Dörr, der meine Arbeit betreut und meinen Forschungsaufenthalt in England unterstützt hat. Für die zügige Erstellung des Zweitgutachtens danke ich Herrn Professor Dr. Jürgen Oechsler.

Bei der Anfertigung der Arbeit war ich auf Informationen verschiedener Stellen auf beiden Seiten des Ärmelkanals angewiesen. Ohne den Forschungsaufenthalt an der Dickson Poon Law School des King's College, University of London in England wäre die Arbeit in dieser Form nicht möglich gewesen.

Mein großer Dank gilt dem DAAD für die Unterstützung mittels Stipendium.

Daneben bedanke ich mich auch bei der Frauenbeauftragten des Fachbereichs Rechts- und Wirtschaftswissenschaften der Johannes Gutenberg-Universität Mainz für die Förderung.

Weiterhin danke ich Herrn Professor Dr. Matthias Cornils für seine Unterstützung bei der Vorbereitung meines Forschungsaufenthalts.

An der Dickson Poon Law School geht mein Dank an Herrn Professor Dr. Andrea Biondi für die freundliche Betreuung und Unterstützung meines Forschungsvorhabens.

Meinen zahlreichen Gesprächspartnern und -partnerinnen der Fachgespräche und Ansprechpartnern und -partnerinnen aus der britischen Filmwirtschaft, namentlich dem British Film Institute, von Creative England, Northern Film & Media und Screen Yorkshire, sowie der britischen Steuerbehörde HMRC und dem britischen Kultusministerium DCMS möchte ich herzlich danken. Besonderer Dank geht hier an Frau Daniela Kirchner von Film London, die mir wertvolle Informationen zu meiner Recherche in England gegeben hat.

Für die hilfreichen Informationen hinsichtlich der deutschen Filmfördereinrichtungen und Filmförderungen bedanke ich mich bei meinen Gesprächspartnern und -partnerinnen von dem FilmFernsehFonds Bayern, dem Medienboard, der Mitteldeutschen Medienförderung, der Medien- und Filmgesellschaft Baden-Württemberg, der HessenFilm, der Saarland Medien, dem Mecklenburg-Vorpommern Film e.V. sowie dem Ministerium für Wissenschaft, Weiterbildung und Kultur Rheinland-Pfalz und der Kulturstiftung Rheinland-Pfalz.

Bei der VFF Verwertungsgesellschaft der Film- und Fernsehproduzenten mbH bedanke ich mich ganz herzlich für die Förderung der Drucklegung.

Ganz besonderen und innigen Dank möchte ich meinen Eltern und meinem Partner aussprechen:

Meiner Mutter und meinem Vater für ihre unerschütterliche Unterstützung und Ermutigung.

Meinem Partner Simon als Fels in meinem Leben für all die Liebe und Unterstützung, die er mir gibt, und dafür, dass er die Herausforderungen der Arbeit mit Geduld und Langmut die ganze Zeit mitgetragen hat.

Und, last but not least, danke ich meinen Freundinnen und Freunden, die mir zur Seite gestanden haben.

Mainz im November 2020 Hannah Schauf

Inhaltsverzeichnis

Abkürzungsverzeichnis

Deutsche Abkürzungen:

a.A.	andere Ansicht
ABl.	Amtsblatt
Abs.	Absatz
AG	Amtsgericht
AG DOK	Arbeitsgemeinschaft Dokumentarfilm
AG Kino	Arbeitsgemeinschaft der deutschen Filmkunsttheater e.V.
AGVO	Allgemeine Gruppenfreistellungsverordnung
AEUV	Vertrag über die Arbeitsweise der Europäischen Union
a.F.	alte Fassung
Alt.	Alternative
AO	Abgabenordnung
ARD	Arbeitsgemeinschaft der öffentlich-rechtlichen Rundfunkanstalten der Bundesrepublik Deutschland
Art.	Artikel
Aufl.	Auflage
AVMD	Richtlinie über audiovisuelle Mediendienste
Bd.	Band
Beschl.v.	Beschluss vom
BGH	Bundesgerichtshof
BKM	Bundesbeauftragte für Kultur und Medien
BMF	Bundesministerium für Finanzen
BMWi	Bundesministerium für Wirtschaft und Energie
BR	Bayerischer Rundfunk
BRD	Bundesrepublik Deutschland
BR-Drs.	Bundesratsdrucksache
BremLMG	Bremisches Landesmediengesetz
BT-Drs.	Bundestagsdrucksache
BVerfG	Bundesverfassungsgericht
BVerfGE	Entscheidungen des Bundesverfassungsgerichts
BVerwG	Bundesverwaltungsgericht
BVerwGE	Entscheidungen des Bundesverwaltungsgerichts
BVVO	Beihilfenverfahrensverordnung
bzw.	beziehungsweise
ca.	circa

d.	der
DEFA	Deutsche Filmaktiengesellschaft
ders.	derselbe
DFFF	Deutscher Filmförderfonds
DÖV	Die öffentliche Verwaltung
DVD	digitaler optischer Datenspeicher/ digital video or versatile disc
EAI	Europäische Audiovisuelle Informationsstelle
EFRE	Europäischer Fonds für regionale Entwicklung
EG	Europäische Gemeinschaft
EGV	Vertrag über die Europäische Gemeinschaft
endg.	endgültig (bei Entscheidungen der EU-Kommission)
EU	Europäische Union
EuG	Gericht der Europäischen Union
EuGH	Europäischer Gerichtshof
EUV	Vertrag zur Gründung der Europäischen Gemeinschaft
e.V.	eingetragener Verein
EWG	Europäische Wirtschaftsgemeinschaft
EWR	Europäischer Wirtschaftsraum
f.	folgende
FBW	Deutsche Film- und Medienbewertung
ff.	fortfolgende
FFA	Filmförderanstalt
FFF Bayern	FilmFernsehFonds Bayern GmbH
FFG	Filmförderungsgesetz
FFHSH	Filmförderung Hamburg/Schleswig-Holstein GmbH
Filmstiftung	Film- und Medienstiftung NRW GmbH
Fn.	Fußnote
GB	Großbritannien
gem.	gemäß
GG	Grundgesetz
GmbH	Gesellschaft mit beschränkter Haftung
HessenFilm	HessenFilm und Medien GmbH
h.M.	herrschende Meinung
HPRG	Hessisches Privatrundfunkgesetz
HR	Hessischer Rundfunk
Hrsg.	Herausgeber
IBB	Investitionsbank Berlin
ILB	Investitionsbank des Landes Brandenburg
i.d.F.	in der Fassung

i.H.v.	in Höhe von
i.S.d.	im Sinne der/s
i.V.m.	in Verbindung mit
Kap.	Kapitel
KEF	Kommission zur Ermittlung des Finanzbedarfs der Rundfunkanstalten
KiKA	Kinderkanal der öffentlich-rechtlichen Rundfunkanstalten ARD und ZDF
KMU	Kleine und mittlere Unternehmen
KStG	Körperschaftssteuergesetz
Kulturstiftung	Stiftung Rheinland-Pfalz für Kultur
Kuratorium	Kuratorium junger deutscher Film
LG	Landgericht
lit.	Buchstabe
LMG BW	Landesmediengesetz Baden-Württemberg
LMG NRW	Landesmediengesetz Nordrhein-Westfalen
Medienboard/ MBB	Medienboard Berlin-Brandenburg GmbH
MStV	Staatsvertrag über die Zusammenarbeit zwischen Berlin und Brandenburg im Bereich der Medien
Medienstaatsvertrag HSH	Medienstaatsvertrag Hamburg/ Schleswig-Holstein
MDM	Mitteldeutsche Medienförderung GmbH
MDR	Mitteldeutscher Rundfunk
MFG	Medien- und Filmgesellschaft mbH Baden-Württemberg
Mio.	Million
m.M.	Mindermeinung
MMR	Zeitschrift für Multimedia und Recht
Mrd.	Milliarde
m.w.N.	mit weiteren Nachweisen
MV Film e.V.	Mecklenburg-Vorpommern Film e.V.
MWWK	Ministerium für Wissenschaft, Weiterbildung und Kultur Rheinland-Pfalz
NDR	Norddeutscher Rundfunk
n.F.	neue Fassung
NJW	Neue Juristische Wochenschrift
NMedienG	Niedersächsisches Mediengesetz
nordmedia	Film- und Mediengesellschaft Niedersachsen/ Bremen mbH

Nr.	Nummer
NVwZ	Neue Zeitschrift für Verwaltungsrecht
OECD	Organisation für wirtschaftliche Zusammenarbeit und Entwicklung/ Organisation for Economic Co-operation and Development
OLG	Oberlandesgericht
OVG	Oberverwaltungsgericht
PM	Pressemitteilung
Produzentenallianz	Allianz Deutscher Produzenten – Film & Fernsehen e.V.
ProSiebenSat.1	ProSiebenSat.1 Media Societas Europaea (SE)
RFinStV	Rundfunkfinanzierungsstaatsvertrag
RGebStV	Rundfunkgebührenstaatsvertrag
RBB	Rundfunk Berlin-Brandenburg
RL	Richtlinie
Rn.	Randnummer
Rs.	Rechtssache
Rspr.	Rechtsprechung
RStV	Rundfunkstaatsvertrag
RTL	RTL Television/ Radio Télévision Luxembourg Group Société Anonyme (SA)
RundfG-M-V	Rundfunkgesetz für das Land Mecklenburg-Vorpommern
S.	Seite
Saarland Medien	Gesellschaft zur Medienförderung Saarland – Saarland Medien - mbH
sog.	sogenannte/r
SWR	Südwestrundfunk
ThürLMG	Thüringer Landesmediengesetz
TV	Fernsehen/ television
u.a.	und andere
UFITA	Archiv für Urheber- und Medienrecht
UK	Vereinigtes Königreich
UNESCO	Organisation der Vereinten Nationen für Bildung, Wissenschaft und Kultur/ United Nations Educational, Scientific and Cultural Organisation
Urt.v.	Urteil vom
USA	Vereinigte Staaten von Amerika
U.S.-amerikanisch	amerikanisch bezogen auf die Vereinigten Staaten von Amerika

u.U.	unter Umständen
v.	von
Verf.	Verfasserin
VerfO	Verfahrensordnung
VFX	Spezialeffekte/ Visuelle Effekte/ special and visual effects
VG	Verwaltungsgericht
vgl.	vergleiche
VO	Verordnung
VoD	Video-on-Demand
WDR	Westdeutscher Rundfunk
z.B.	zum Beispiel
ZDF	Zweites Deutsches Fernsehen
Ziff.	Ziffer
z.T.	zum Teil
ZUM	Zeitschrift für Urheber- und Medienrecht

Britische Abkürzungen:

ACE	Arts Council England
BAFTA	British Academy of Film and Television Arts
BAME	Black Asian Minorities Ethnics
BBC	British Broadcasting Corporation
BBFC	British Board of Film Classification
BECTU	Broadcasting, Entertainment, Cinematograph and Theatre Union
BFC	British Film Commission
BFI	British Film Institute
BIS	Department for Business, Investment and Skills
Brexit	Britain Exit, Ausstieg UKs aus der EU
BSkyB	British Sky Broadcasting
CE	Creative England
CGI	computer-generated imagery
chap	chapter
CTA	Corporation Tax Act
DCMS	Department for Culture, Media and Sport
EAO	European Audiovisual Observatory, siehe EAI
Ent.L.R.	Entertainment Law Review
ERDF	European Regional Development Fund, siehe EFRE
EStAL	European State Aid Law
FA	Finance Act

FAN	Film Audience Network
FHLO	Film Hub Lead Organisations
fin	final (bei Entscheidungen der EU-Kommission)
FLAMIN	Film London Artists' Moving Image Network
FNUK	Film Nation UK
FPCManual	Film Production Company Manual
GB	Great Britain
GBER	General Block Exemption Regulation, siehe AGVO
GLA	Greater London Authority
HMRC	Her Majesty's Revenue & Customs
ICTA	Income and Corporation Tax Act
ILBF	Irish Language Broadcast Fund
ITA	Income Tax Act
ITTOIA	Income Tax (Trading and Other Income) Act
ITV	Independent Television
(N)LA	(National) Lottery Act
LFVDA	London Film and Video Development Agency
LGBT	Lesbian, Gay, Bisexual, Transgender
LOI	letter of intent
MPA	Motion Picture Association
NDPB	non-departmental public body
Nesta	National Endowment for Science, Technology and the Arts
NFM	Northern Film & Media
No.	Number
PACT	Producers Alliance for Cinema and Television
para	paragraph
PAYE	Pay-as-you-earn-tax
p/ pp	page/ pages
pt	part
Quango	quasi-autonomous non-governmental organisation
RDA	Regional Development Agency
RIFE	Regional Investment Fund for England
RSA	Regional Screen Agency
s/ ss	section/ sections
SA	State Aid (bei Entscheidungen der EU-Kommission)
sch	schedule
SIF	Skills Investment Fund
SME	small and medium-sized enterprises
subsect.	subsection

UK	United Kingdom
UKFC	UK Film Council
UK FTR	UK Film Tax Relief
UKTI	UK Trade & Investment
USBF	Ulster-Scots Broadcast Fund
Vol.	Volume
€	Euro
£	Pound Sterling/ Pfund Sterling

Teil 1 Einführung[1]

> „Paying tribute to the high complexity of the film business, we therefore suggest that when watching a film in the future, one must not only appreciate the art that lies in the making of it, but also acknowledge that maybe the real art in film today, is to get it financed."[2]

Die Filmfördersysteme in den einzelnen europäischen Ländern unterscheiden sich teils gravierend voneinander. Man kann nicht nur einen Aspekt herausgreifen, um einen Vergleich anzustellen und diesen als mögliches Vorbild für das jeweils andere Fördersystem bewerten. Ebenso wie in Deutschland die Bundesförderung und Länderförderung ineinandergreifen und sich ergänzen, ist das System in den anderen Ländern aus sich ergänzenden und sich gegenseitig bedingenden Faktoren zusammengesetzt. Auf das Fördersystem wirken zudem die verschiedenen rechtlichen, wirtschaftlichen und politischen Faktoren des jeweiligen Staates ein, sodass das Fördersystem jeweils in diesen Kontext eingebettet ist. Auch wenn die einzelnen Faktoren der gegenständlichen Fördersysteme in dieser Arbeit dargestellt und kritisch untersucht werden, erfolgt die Analyse der Fördersysteme in einer ganzheitlichen Betrachtung und Beurteilung. Die EU hat wie in anderen Bereichen auch auf die nationalen Filmfördersysteme Einfluss. Bedeutsam ist hier das Beihilfenrecht. Zudem hat die EU eigene Förderinstrumente erlassen, die den Film stärken sollen und die gleichzeitig seine besondere Rolle als europäisches Kultur- und Wirtschaftsgut berücksichtigen.

A. Zielsetzung und Vorgehensweise

I. Untersuchungsgegenstand

Untersuchungsgegenstand sind die zwei Filmfördersysteme in Deutschland und in dem Vereinigten Königreich (im Folgenden abgekürzt mit der britischen

1 Genderhinweis: Im Sinne der besseren Lesbarkeit und aufgrund der Übersetzung von Dokumenten und Materialien aus der englischen Sprache wird auf durchgängig geschlechterdifferenzierte Formulierungen verzichtet. Die entsprechenden Begriffe sind für alle Geschlechter zu verstehen.

2 Vgl. Morawetz, Hardy, Haslam, Randle, Industry and Innovation, 2007, 14 (4), 421 (441).

Kurzform UK)[3] mit Schwerpunkt England. Daraus ergeben sich vier Regelungskomplexe: das Filmfördersystem auf Bundesebene und das Filmfördersystem auf Bundesländerebene in Deutschland sowie das Filmfördersystem auf UK-Ebene und das nationale und regionale Filmfördersystem in England.

Film ist ein audiovisuelles Medium zur Vermittlung von Inhalten; Film kann ein Kunstwerk sein, Film ist ein Kulturgut und Film ist ein Wirtschaftsgut. Die Filmförderung gehört zum Oberbegriff der Filmfinanzierung und bezieht sich auf die staatliche Filmförderung. Seit der Entdeckung der Filmtechnik und Entstehung des Films haben sich Staaten mit der Förderung beschäftigt – in unterschiedlicher Ausprägung und aus den unterschiedlichen wirtschaftlichen, kulturellen, künstlerischen, politischen und gesellschaftlichen Gründen. Unter Filmförderung ist sowohl die positive Leistungsförderung als auch die negative Zuwendungsförderung durch das Finanzinstrument der Steuererleichterung zu verstehen. Bei der positiven Leistungsförderung liegt der Schwerpunkt meist auf der Produktionsförderung, wobei auch die vor- und nachgelagerten Herstellungsphasen (Pre- und Postproduktion) von der Filmförderung erfasst werden, sowie darüber hinaus die Förderung von Abspiel und Vertrieb.

Die Arbeit untersucht die unterschiedlichen Filmfördersysteme von Deutschland und UK/ England in der Einbettung des Rechtsrahmens des EU-Beihilfenrechts. Ein Schwerpunkt wird der Darstellung des britischen Filmfördersystems eingeräumt, da es eine solche bislang weder in der englischsprachigen rechtswissenschaftlichen, und auch filmwissenschaftlichen, Literatur noch der deutschen gibt. Ein weiterer Schwerpunkt liegt in der Prüfung und Bewertung der einzelnen Förderungen in beihilferechtlicher Hinsicht. Die Reichweite des Untersuchungsgegenstandes geht in der Analyse zu einem Vergleich aus rechtswissenschaftlicher Sicht der Filmfördersysteme in UK/ England und Deutschland.

Der Untersuchungsgegenstand hinsichtlich UK ist auf das Filmfördersystem in England und auf UK-Ebene beschränkt, die nationalen Filmfördersysteme in den anderen UK-Nationen Schottland, Wales und Nordirland sind hier ausgeklammert, da dies den Rahmen der Arbeit sprengen würde. Wenn im Folgenden

3 Das Vereinigte Königreich (United Kingdom) umfasst Großbritannien und Nordirland. Großbritannien dagegen umfasst nur die drei Nationen England, Schottland und Wales. Zum Teil wird in der Literatur zur Filmförderung und dem Rechtssystem Großbritannien bezeichnet, aber in missverständlicher Weise das Vereinigte Königreich gemeint. Eine genaue Unterscheidung und Bezeichnung ist zur Klarheit jedoch unerlässlich.

die Bezeichnung UK verwandt wird, bezieht sich dies auf die UK-Ebene und nicht auf sämtliche UK-Nationen.

Das Beihilfenrecht selbst ist nicht Gegenstand einer kritischen Analyse und Betrachtung. Es wird lediglich in filmrechtlicher Sicht dargestellt, um die spätere Beihilfeprüfung durchführen zu können. Dementsprechend wird das Beihilfenrecht hier nur in der Anwendung und mit seinen Rechtsfolgen behandelt, wie es sich auswirkt und wie die Förderpolitik vor dem Hintergrund des Beihilfenrechts von den Staaten gehandhabt wird.

Ebenfalls nicht Gegenstand der Untersuchung ist eine Diskussion um die Motive und Rechtfertigung der Filmförderung noch eine Darstellung des deutschen Filmfördersystems in seinen gesamten Einzelheiten. Die Förderung wird lediglich vollständig mit seinen Einzelheiten und Besonderheiten im Hinblick auf den Rechtsvergleich und die europäische Beihilferechtsprüfung dargestellt.

II. Zielsetzung

Die Ziele der Untersuchung sind die Darstellung der Regelungskomplexe, die Analyse der Förderungen unter der EU-Beihilferechtsprüfung, der Vergleich der Regelungskomplexe unter besonderer Berücksichtigung des gemeinsamen Faktors des EU-Beihilfenrechts und die Analyse der Ergebnisse. Es findet eine Darstellung des britischen und deutschen Filmfördersystems mit einem einleitenden Abriss der historischen Entwicklung statt. Für den späteren Rechtsvergleich ist die Deskription der vier Regelungskomplexe unbedingt erforderlich. Gleiches gilt für die Darlegung des EU-Rechtsrahmens des europäischen Beihilfenrechts aus filmrechtlicher Sicht als Voraussetzung für die präzise rechtliche Untersuchung der einzelnen Förderungen. Im Laufe der Arbeit hat sich ein Schwerpunkt auf die Abhandlung des Filmfördersystems in UK und England ergeben, da dieses anders als das deutsche Filmfördersystem bislang nicht Gegenstand von Untersuchungen in anderen wissenschaftlichen Arbeiten war und keine Beschreibung existiert. Diese Arbeit will erstmals eine vollständige Darstellung des englischen und britischen Filmfördersystems wagen. Hierin wird auch einer der anvisierten Erkenntnisgewinne gesehen. In dem Teil über das deutsche Filmfördersystem wird auf Bundesebene die Verfassungsmäßigkeit des Filmförderungsgesetzes beleuchtet.

Ein weiterer Anspruch ist die Prüfung auf Vereinbarkeit der Fördersysteme und -instrumente mit dem Wettbewerbsrecht der EU, namentlich dem Beihilfenrecht. Es wird eine Beihilfeprüfung der verschiedenen Förderprogramme in UK/ England und Deutschland vorgenommen. Die präzise und ausführliche Einordnung der Förderungen auf ihren Beihilfencharakter und unter den Beihilfebegriff soll Klarheit und Rechtssicherheit in der Anwendungspraxis erzielen. Die Auswertung zeigt, wie der dem Beihilfenrecht innewohnende Grundsatz eines Gleichgewichts zwischen einer Flexibilität für die nationalen Staaten und einer Rechtssicherheit auf europäischer Ebene bei der Filmförderung in Einklang zu bringen sind. Die komparative Fragestellung der Arbeit ermöglicht die Bestandsaufnahme der Filmfördersysteme im Rechtsvergleich und einen Rechtsvergleich unter dem gemeinsamen rechtsvergleichenden Faktor des europäischen Beihilfenrechts sowie eine Untersuchung des Einflusses auf die jeweiligen Filmfördersysteme der beiden Staaten. In diesem Zusammenhang bezweckt die vorliegende Arbeit die Schwächen und Stärken des deutschen Filmfördersystems aufzuzeigen und durch die Darstellung und den Vergleich mit dem britischen System Möglichkeiten und Aspekte der Weiterentwicklung aufzuzeigen, wo das Fördersystem von UK Vorteile bietet, die für die deutsche Förderung Beispielcharakter haben könnten. Der Rechtsvergleich soll auch den Blick auf ein anderes Filmfördersystem in einem filmstarken europäischen Staat lenken, insbesondere vor dem Hintergrund der ständigen Überprüfung des deutschen Filmförderungsgesetzes für mögliche Anregungen und Erweiterungen.

III. Vorgehensweise und Methode

Die Arbeit ist ein Rechtsvergleich zwischen den Filmfördersystemen in UK/England und Deutschland, bei dem Gemeinsamkeiten und Unterschiede herausgearbeitet und die unterschiedlichen Ausgestaltungen für das gleiche Ziel der Filmförderung untersucht werden.

In der ersten Hälfte bildet die Arbeit die Filmfördersysteme im Status Quo und das EU-Beihilfenrecht ab und legt die Grundlagen für die zweite Hälfte, in der die Fördersysteme analysiert und beihilferechtlich eingeordnet und im Rechtsvergleich gegenüber gestellt werden. Der Gang der Untersuchung folgt nach der Einführung (Teil 1) der Darstellung der Filmfördersysteme in UK/England (Teil 2) und Deutschland (Teil 3), der Darlegung des Rechtsrahmens des EU-Beihilfenrechts (Teil 4), der Analyse jeweils des britischen (Teil 5) und deutschen (Teil 6) Systems unter Beurteilung des Beihilfecharakters, mündet in einem Rechtsvergleich der Fördersysteme in den zwei Staaten (Teil 7) und schließt mit einem Ausblick (Teil 8).

Die dargestellten Charakteristika der Filmfördersysteme wurden vor dem Hintergrund der Beihilfeprüfung und der Vergleichbarkeit der beiden Systeme ausgewählt. Eine zentrale Fragestellung bei der Darstellung der Fördersysteme für die spätere Beihilfeprüfung ist die Rechtsform der Einrichtungen und die Herkunft der für die Filmförderung zur Verfügung stehenden Mittel.

Die Einrichtungen der Filmfördersysteme werden möglichst ähnlich aufgebaut dargestellt; Abweichungen sind den Besonderheiten und Eigenarten der Einrichtungen geschuldet, die sich in der Struktur widerspiegeln.

Während das deutsche Filmfördersystem bereits Gegenstand von rechtswissenschaftlichen Untersuchungen war und es einige Fachliteratur gibt, die neben den Gesetzestexten und Förderrichtlinien der Einrichtungen hier herangezogen und im Hinblick auf den Untersuchungsgegenstand ausgewertet wurde, entstand die Informationsgrundlage des Fördersystems in UK und England mittels empirischer Feldforschung sowie Fachgesprächen unter Heranziehung der wenigen offiziellen juristischen Regularien, Gesetzestexten und Förderrichtlinien der Einrichtungen. Für die Darstellung des britischen und englischen Filmfördersystems konnte weder auf bereits bestehende wissenschaftliche Darstellungen noch auf rechtswissenschaftliche oder filmwissenschaftliche Literatur und Datenbanken oder andere schriftliche Informationen, die die Filmförderstruktur zum Gegenstand haben oder das Fördersystem in seiner Gesamtheit und mit seinen Strukturen systematisch erfassen, zurückgegriffen werden. In UK bzw. England besteht eine verzweigte Förderstruktur, eine Tatsache, die es erschwert hat, das Fördersystem zu erforschen und zu eruieren. Diese Herausforderung konnte nur mit einem Forschungsaufenthalt vor Ort in England bewältigt werden. Für die Informationsgewinnung war dies unverzichtbar. Der Forschungsaufenthalt fand am King's College London im Jahr 2014 statt. In diesem Rahmen wurden nicht nur Fachgespräche mit Mitarbeitern der Filmfördereinrichtungen des British Film Institute und Film London geführt, sondern auch Experteninterviews mit Mitarbeitern vom Department for Culture, Media and Sport und von Her Majesty's Revenue and Customs. Die so geschaffene Datengrundlage konnte sodann systematisch analysiert und ausgewertet werden. Deswegen folgt die Arbeit einer methodisch-systematischen Sammlung von Daten, die hinsichtlich der Fördereinrichtungen direkt von den Einrichtungen selbst eingeholt wurden mit schriftlichen Anfragen und Fachgesprächen zur Informationsgewinnung.

Hinzu kommt, dass das Rechtssystem in UK völlig anders als in Deutschland aufgebaut ist: Es gibt keine kodifizierte Verfassung. Kurzgefasst gibt es in UK drei Rechtssysteme (English law, Scots law und Northern Irish law) und zudem UK-weit geltendes Recht. Außerdem besteht das Recht aus dem common law als Sammlung des case law (Rechtsprechung mit Fallrecht und Richterrecht) sowie dem statute law (parlamentarische Rechtssetzung). Die Rechtsstruktur ist damit verzweigter als die deutsche, was sich auf der Ebene des Filmfördersystems interessanterweise widerspiegelt. Die Filmförderung in UK ist nicht einem Rechtsgebiet zugehörig, sondern wird von vielen verschiedenen Rechtsgebieten geregelt und beeinflusst: dem öffentlichen Recht, dem Steuerrecht, dem Wirtschaftsrecht, dem Versicherungsrecht, dem allgemeinen Zivilrecht, dem Urheberrecht, dem Haftungsrecht, dem charity law, dem National Lottery law und dem Vereinsrecht. Es gibt einige Gesetze, die für das Filmfördersystem von Bedeutung sind. Diese wurden als Rechtsgrundlage ausgewertet. Im Bereich der Steuererleichterungen ist wichtige Auswertungsgrundlage ein informelles Richtlinienwerk der britischen Steuerbehörde. Hinzu kam während der Recherche die Schwierigkeit, dass Gerichtsentscheidungen nicht in der Weise wie in Deutschland veröffentlicht werden und daher nicht leicht und nicht vollständig zugänglich sind. Teilweise gehören andere Institutionen zu dem System der Filmförderung, die hauptsächlich anderen Sektoren zugehörig, jedoch mit der Filmförderung verbunden sind und deswegen in der gebotenen Kürze mitbehandelt werden. Außerdem wurde eine selektive Literaturrecherche von einigen wenigen wissenschaftlichen Quellen im Bereich der Filmförderung vorgenommen, zusätzlich auch von anderen rechtswissenschaftlichen Gebieten sowie nicht-juristischen Quellen, die hilfreich waren, um das Bild des Fördersystems zu vervollständigen.

Wie die Arbeit zeigen wird, orientieren sich die englischen Fördereinrichtungen stark am aktuellen Filmgeschäft und den Bedürfnissen von Filmschaffenden und der Nachfrage der Filmindustrie. Dementsprechend sind die Förderprogramme regelmäßig zeitlich befristet und werden angepasst und erneuert. Die Arbeit bildet ausdrücklich das britische und englische Fördersystem in dem Zeitrahmen ab, in dem hier die Datenrecherche erfolgte. Naturgemäß kann es zum Zeitpunkt der Fertigstellung der Arbeit Veränderungen geben. Diese ändern jedoch nichts am Grundsystem der Filmförderung.

Die mit der Datenerhebung zusammenhängende Übersetzungsarbeit der englischen Originaltexte, vor allem der Rechtsgrundlagen, in eine adäquate deutsche Sprache und Rechtssprache stellt einen wichtigen Arbeitsschritt bei dem Prozess der vorliegenden Arbeit dar.

Die für diese Arbeit geschaffene und diese Arbeit bildende Datengrundlage und Datensammlung ist daher eine erste Pionierarbeit als schriftliche Fixierung und stellt erstmals das gesamte Filmfördersystem in England und auf UK-Ebene dar.

Der Untersuchungsgegenstand wird zwangsläufig durch die Methode der Datensammlung in England und die Form des Rechtsvergleichs begrenzt. Valide Zahlen von den Fördereinrichtungen sind für UK bzw. England für die Geschäftsjahre 2013/14, 2014/15 und teilweise 2015/16 verfügbar. Für die Vergleichbarkeit der Finanzierung und Förderung unter Beihilferechtsgesichtspunkten ergibt sich damit ein Zeitrahmen von 2013 bis 2016. Dementsprechend werden die zu dieser Zeit geltenden britischen Gesetze, Rechtsvorschriften und Förderrichtlinien der einzelnen Filmfördereinrichtungen berücksichtigt. Das Gleiche gilt für die Richtlinien der deutschen Filmfördereinrichtungen. Auch in Deutschland sind bei den Einrichtungen auf Ebene der Bundesländer und des Bundes zum Teil jüngst einige Förderrichtlinien erneuert worden, die hier aufgrund der Zielsetzung des Rechtsvergleichs anhand einer verlässlichen Datengrundlage nicht einfließen können. Ansonsten wird zwar das aktuelle FFG 2017 verwendet, an den Stellen hinsichtlich des Beihilfenrechts, an denen für eine Vergleichbarkeit auch das FFG 2014 relevant ist, wird ausdrücklich beides einbezogen. In dem Teil des englischen Fördersystems wird auch auf die Entwicklung ab 2010 eingegangen, was darin begründet ist, dass dieser Zeitpunkt eine wesentliche Zäsur für das dortige Fördersystem gewesen ist und die weitere Entwicklung der Filmförderpolitik bis heute nur vor diesem Hintergrund zu verstehen ist. Wenn es um Zahlen und Fakten in der Filmförderung und Filmwirtschaft geht, werden sowohl solche aus dem genannten Zeitrahmen, als auch, soweit verfügbar, aktuellere Zahlen aufgeführt. Da diese Arbeit ein qualitativer Rechtsvergleich ist, sind die den Fördersystemen zugrundeliegenden Rahmenbedingungen sowie Grundstrukturen und auch die Beurteilung nach europäischem Beihilfenrecht unverändert gültig und behalten ihren Wertgehalt und ihre Aussagekraft.

Im Film- und Mediensektor sind Abkürzungen gängig. Zudem haben die Briten eine besondere Neigung zu Abkürzungen. Die vorliegende Arbeit wird daher zusätzlich zu Erklärungen im Text mit einem umfangreichen Abkürzungsverzeichnis vervollständigt.

Ein sprachlicher Hinweis sei zudem gestattet. Der Gegenstand der Arbeit ist naturgemäß mit englischer Terminologie konfrontiert. Bei der Darstellung und Analyse des englischen bzw. UK-Fördersystems lassen sich viele Begriffe aufgrund der Besonderheiten nur in der Originalsprache des Englischen korrekt bezeichnen und werden aus diesem Grund unübersetzt gelassen. Die Bedeutung wird im Text erklärt oder es wird als Erklärungshilfe auf die Fußnoten verwiesen. Ansonsten werden die Begrifflichkeiten übersetzt.

B. Einführung in die Problemstellung

I. Ausgangslage der europäischen, vor allem der deutschen und britischen Filmwirtschaft

Als Ausgangspunkt steht die allgemeine übereinstimmende Erkenntnis, dass die EU-Filmindustrie bedingt durch die besondere wirtschaftliche Eigenart des Produkts Film mit tief verwurzelten strukturellen Hindernissen konfrontiert ist.[4]

4 Vgl. u.a. Filmpolitik-Bericht/Film Policy Review 2012, S. 52. Näher zum Filmpolitik-

Die hohe Unsicherheit und das finanzielle Risiko, das der Filmindustrie eigen ist, haben unmittelbare Auswirkungen auf die Finanzierung von Filmen. Die Suche nach Finanziers nimmt daher einen zentralen Stellenwert bei der Realisierung eines Filmprojekts ein.

Einen Film herzustellen kostet viel Geld. Deutsche wie britische Produzenten sind auf verschiedene Finanzierungsquellen angewiesen, da sie selbst meistens den Film nicht allein mit Eigenkapital finanzieren können.[5] In der Regel wird die Finanzierung eines Filmprojekts mit mehreren zusammengesetzten Finanzierungsbausteinen realisiert. Filmfinanzierung umfasst verschiedene Bereiche. Die staatliche Filmförderung ist ein entscheidender Teil. Andere Möglichkeiten sind private Finanzierungen, z.B. durch Banken und Filmversicherungen.[6] Auch Koproduktionen können aus Finanzierungsgründen eingegangen werden.[7] Als Teil des Gesamtsystems der Filmfinanzierung sind diese privaten Finanzierungsarten bedeutsam, zumal sie eng mit öffentlicher Förderung und Akquirierung weiterer privater Finanzmittel verzahnt sind. Im Hinblick auf die Zielrichtung der Untersuchung dieser Arbeit von der Kompatibilität mit EU-Beihilfenrecht ist die Filmfinanzierung durch private Investoren und Filmversicherungen nicht dazugehörend, da diese in der Regel privatrechtlicher Natur sind und keine staatliche Zuwendung vorliegt.

Da die Risikobereitschaft von Banken und Versicherungen stark abgenommen hat, sind Filmproduzenten auf andere Finanziers angewiesen. Das hohe Risiko, das mit Filmproduktionen verbunden ist, stellt jedoch eine Hürde für Investoren dar. Gesetzgeberischen Änderungen zu Finanzierungsaspekten, die sich auf das Risiko vermindernd auswirken, wird daher eine große Bedeutung beigemessen für die Beziehung zwischen Finanziers und Produzenten.[8] Es verbleibt somit die staatliche Förderung als Teil der Finanzierung und auch Erhöhung der Kreditwürdigkeit gegenüber anderen Finanziers. Filme sind deswegen aus den verschiedenen Gründen auf eine staatliche Filmförderung angewiesen, um realisiert werden zu können.

Bericht/Film Policy Review 2012 unter Teil 2 D. I. 7. und J. Sowohl die englische Bezeichnung film policy review wie die deutsche Übersetzung Filmpolitik-Bericht werden in der vorliegenden Arbeit verwendet.

5 So auch Morawetz, Hardy, Haslam, Randle, Industry and Innovation, 2007, 14 (4), 421 (425).

6 Siehe hierzu unter Teil 3, E. Andere Finanzierungsarten.

7 Näheres hierzu am Ende des Kapitels.

8 Vgl. Morawetz, Hardy, Haslam, Randle, Industry and Innovation, 2007, 14 (4), 421 (426).

Es wird die historisch begründete Auffassung vertreten, dass die europäische Filmindustrie kein wirtschaftlich überlebensfähiges und wettbewerblich starkes Modell seit dem Ersten Weltkrieg mehr entwickelt hat.[9] Das Defizit der europäischen Filmindustrie wird auf die Zeit während und nach dem Ersten Weltkrieg datiert.[10] Bereits seit den 1920er Jahren haben die verschiedenen europäischen Regierungen angefangen, Gesetze zum Schutz der einheimischen Filmindustrie zu erlassen und dies auch mit dem Schutz des nationalen Kulturguts begründet. Eine Politik des Kulturprotektionismus mit der staatlichen Unterstützung der nationalen Filmindustrien aus kulturellen Gründen wird dementsprechend seit der Zeit zwischen den zwei Weltkriegen („interwar years") als existent und seitdem als integraler Bestandteil der Filmpolitik sowohl in Deutschland als auch in UK und anderen europäischen Ländern angesehen.[11] Die Errichtung von nationalen und regionalen Fördereinrichtungen, die finanzielle Fördermittel vergeben, ist ein Teil der Filmpolitik. Ein anderer in den 1990er Jahren aufgekommener Teil der Filmpolitik sind die errichteten Steuererleichterungen. Hinzu kommt eine Förderung auf EU-Ebene mit dem MEDIA-Programm bzw. Kreatives Europa-Programm sowie dem Eurimages-Programm und dem Abschluss des Europäischen Übereinkommens über die Gemeinschaftsproduktion von Kinofilmen/ European Convention on Cinematographic Co-Production (im Folgenden: Europäisches Koproduktionsabkommen)[12] auf Europarat-Ebene.

Die Tatsache, dass viele Staaten nicht unbeachtliche Summen für die Filmförderung bereitstellen (geschätzte über € 3 Mrd. pro Jahr der EU-Mitgliedstaaten[13]), zeigt die Bedeutung auf, die dem Film als Kulturgut und Wirtschaftsgut beigemessen wird.[14] Hinzu kommt die Förderung der EU mittels der verschiedenen Förderprogramme (MEDIA bzw. Kreatives Europa, Europäischer Fonds für Regionale Entwicklung/ EFRE). Die Filmindustrie trägt

9 Vgl. Bakker, Economic History Review, 2005, 58, 2, 310 (337ff.).

10 Vgl. Morawetz, Hardy, Haslam, Randle, Industry and Innovation, 2007, 14 (4), 421 (427).

11 Vgl. Morawetz, Hardy, Haslam, Randle, Industry and Innovation, 2007, 14 (4), 421 (427).

12 Europäisches Übereinkommen über die Gemeinschaftsproduktion von Kinofilmen/European Convention on Cinematographic Co-Production (Vertrags-Nr. 147) v.2.10.1992, in Kraft getreten 1.4.1994 (für Deutschland seit 1.7.1995), mit 43 Vertragsstaaten.

13 Vgl. Filmmitteilung 2013, Rn. 6.

14 So auch Crane, Int. Journal of Cultural Policy, 2014, 20 (4), 365f.

wesentlich zur Beschäftigung bei und hat einen Anteil am Bruttoinlandsprodukt in UK von £ 1,6 Mrd.[15] Eine staatliche Förderung eröffnet den Filmschaffenden einen Freiraum mit dem Ergebnis, dass mit der Filmproduktion, die nicht allein von reinen Marktbedingungen abhängig ist, auch die Vielfalt der europäischen Kulturen gefördert wird.[16]

Film ist ein Massenkommunikationsmittel. Er kann neben kulturellen historische, politische und gesellschaftliche Fragen kommunizieren. Die Bedeutung von Film als Massenkommunikationsmittel für die Gesellschaft ist hoch. Um diese gesellschaftliche Bedeutung jedoch auch de facto erreichen zu können, braucht der Film die Verbreitung.[17] Europa ist zusammengenommen der weltweit größte Produzent von Kinofilmen noch vor den USA, Indien und China: Im Jahr 2018 wurden in Europa 1.847 Filme produziert, in den USA 576, in Indien 1813 und in China 1082.[18] In den EU-Staaten wurden damit mehr als dreimal so viele Filme wie in den USA produziert, in den vorherigen Jahren waren es ungefähr doppelt so viele. Allerdings war das Einspielergebnis (gross box office) in den USA höher mit $ 11,88 Mrd. zu $ 8,03 Mrd. in den EU-Staaten. In der EU hat UK für 2018 die höchsten Kinoerlöse mit $ 1,7 Mrd., gefolgt von Frankreich mit Erlösen in Höhe von $ 1,58 Mrd. und Deutschland mit $ 1,06 Mrd.; 2014 lag noch Frankreich bei den Kinoerlösen mit $ 1,77 Mrd. vorn. Frankreich hat zwar die meisten Kinoleinwände (5.981), aber Deutschland hat mehr (4.849) als UK (4.340). Allerdings hat UK im Vergleich höhere Eintrittspreise als Frankreich, was die mengenmäßig niedrigeren Leinwände etwas ausgleicht, wobei Deutschland die höchsten Eintrittspreise hat. Frankreich war 2018 der größte Kinofilmproduzent in der EU mit 300 Filmen, gefolgt von Deutschland mit 247 Filmen. UK hatte dagegen 202 Filme produziert (nicht endgültige Zahl). In 2017 hatte UK die meisten Filme produziert, nämlich 315. In UK erzielten einheimische Filme den höchsten Anteil am nationalen Filmmarkt (45%), in Frankreich war es ein Anteil von 39,5% und in Deutschland von 23,5%. Allerdings sind bei dem UK-Anteil auch sog. inward investment Filme erfasst, der Anteil von unabhängig produzierten UK-Filmen liegt bei lediglich 11%. In der EU gehören UK und

15 Vgl. Oxford Economics, 2012, S. 6.

16 Vgl. Filmmitteilung 2013, Rn. 4.

17 So auch Lobato, zitiert von Trowbridge in ihrer Review, New Review of Film and Television Studies, 2013, 11 (2), 224 (226).

18 Sämtliche folgende Zahlen stammen aus Europäische Audiovisuelle Informationsstelle (EAI) focus 2019, S. 11ff. Die niedrige Zahl in den USA ist dadurch bedingt, dass seit 2018 nur noch Filme mit einem Budget über $ 1 Mio. erfasst werden. In 2017 waren es insgesamt 825 Filmproduktionen in den USA.

Deutschland neben Frankreich, Spanien und Italien zu den fünf größten Filmmärkten. U.S.-amerikanische Filme haben allerdings die Top 20 in 2018 in der EU dominiert. Inzwischen werden 51% aller europäischen Filme auch außerhalb ihres Herstellungslandes aufgeführt, wobei sie fast ausschließlich in einem anderen europäischen Land in die Kinos kommen.[19] Der größte europäische Markt für UK-Filme außerhalb UK ist Deutschland (26% Marktanteil und Kinoerlöse in Höhe von $ 317 Mio.).[20]

Dennoch ist der Anteil europäischer Filme am weltweiten Filmmarkt trotz der hohen Herstellungsquote von Filmen gering.[21] Hier beherrscht ein Übergewicht von U.S.-amerikanischen Filmen den Markt. Die Distribution ist häufig die problematische Stelle für die Filmindustrie in Europa. Es ist allgemein bekannt, dass der europäische Filmmarkt aufgrund der einzelnen Länder und deren Sprachenvielfalt und damit aber auch Sprachbarrieren zersplittert und der jeweilige Heimatmarkt der Staaten klein ist. Deswegen ist die Verwertung von europäischen Filmen außerhalb ihres Ursprungslandes schwierig. Inwieweit England hinsichtlich einer Sprachbarriere einen Vorteil gegenüber Deutschland hat, ist zu klären. Zudem können Filme geprägt sein von dem jeweiligen nationalen Kulturverständnis, was eine Verwertung in anderen Ländern ebenfalls schwieriger gestaltet. Politischer Konsens ist aber im europäischen Rechtsraum, den Film gerade auch als Kulturgut mit den unterschiedlichen Kulturverständnissen und -traditionen zu stärken. Die Zersplitterung in die Sprach- und Kulturräume resultiert zwar in hoher Unabhängigkeit der Filmproduktionsunternehmen[22], birgt jedoch wirtschaftliche und finanzielle Schwierigkeiten. Denn die Rentabilität bezieht sich häufig ebenfalls auf diesen begrenzten Raum und in den meisten Fällen erfolgt kein Gewinn durch transeuropäische und internationale Verwertung. Allein der Heimatmarkt in den USA kann in der Regel das Investitionsvolumen der dortigen Produktionsunternehmen abdecken.[23] Die Filmwirtschaft in Europa dagegen ist nicht in der Lage, das Budget in der Industrie zu halten,

---

19 Nur einer von zehn europäischen Filmen wird in einem außereuropäischen Land im Kino aufgeführt, vgl. Kanzler, The circulation of European films outside Europe, Key figures 2018, S. 25, 30; 2005 war dagegen nur einer von fünf Filmen außerhalb des Herkunftslandes vorgeführt worden, vgl. Henning/Alpar, Media, Culture & Society 2005, 27 (2), S. 229 (232).

20 Vgl. BFI Statistical Yearbook 2018, S. 52.

21 18% außerhalb Europas in 2018, vgl. Kanzler, The circulation of European films outside Europe, Key figures 2018, S. 33; auch Orssich, EStAL 2012, 49 (50).

22 Vgl. auch Orssich, EStAL, 2012, 49 (50).

23 Vgl. Behrmann, S. 17.

wie dies in Hollywood der Fall ist, und kann daher schwerlich mit den U.S.-amerikanischen Filmstudios im Wettbewerb bestehen.

Nicht nur in der Hollywood-Filmindustrie zeigt sich ein Trend hin zu weniger kulturspezifischen und mehr transnationalen Filmen, was eine Verbreitung über diese historischen und filmbereichseigenen Barrieren hinaus ermöglichen soll.[24] Unter transnational wird hier sowohl verstanden, dass die U.S.-amerikanische Kultur weniger stark im Vordergrund steht bzw. sogar ein Film gänzlich nicht-amerikanisch erscheint, also fast schon entkulturalisiert wird, wie aber auch, dass nationale und internationale Elemente verbunden werden, Nationen und Kulturen vermischt werden anstatt kulturelle Eigenarten gänzlich auszulöschen.[25] Koproduktionen können diese Art von Filmen und diesen beschriebenen Trend verstärken.[26]

Die Folgen der kulturellen Globalisierung und der Umgang mit diesen kann insbesondere an der Filmindustrie aufgezeigt werden. Die globale Dominanz der Hollywood-Filmindustrie und der damit verbundene gleichmacherische Aspekt ist eine Bedrohung für die einzelnen europäischen nationalen Kulturen und Kulturindustrien und den Film als Kulturgut sowie für die Vielfalt der europäischen Kulturen. Dabei trägt die Vielfalt der Verschiedenheit der kulturellen Traditionen Europas entscheidend zur Stärke und Einzigartigkeit der EU bei.[27] Deswegen wurde die Filmförderpolitik traditionell mit der Kulturförderung und -bewahrung gerechtfertigt, was auch von der UNESCO-Konvention zum Schutz und zur Förderung der Vielfalt kultureller Ausdrucksformen (UNESCO Convention on the Protection and Promotion of the Diversity of Cultural Expression) von 2005 gebilligt wurde. Die Förderpolitik in Europa hat sich im Laufe der Jahre von einem Kulturschutz gewandelt hin zu einer wirtschaftlichen Industrieförderung.[28] Die deutsche und die europäische Filmförderpolitik stärken die nationalen Filmindustrien, können aber die Vormachtstellung der Hollywood-Filmindustrie nicht beseitigen.[29] Insoweit kann der nationale Marktanteil gehalten oder auch vergrößert werden und somit den Hollywood-Filmen auf dem

---

24 Vgl. Crane, Int. Journal of Cultural Policy, 2014, 20 (4), 365 (377), die mit Verweis auf andere argumentiert, dass die USA ohne ihr ausgeklügeltes und in dieser Form einzigartigen Distributionssystem eine viel schwächere Filmproduktionsindustrie hätten.

25 Vgl. Crane, Int. Journal of Cultural Policy, 2014, 20 (4), 365 (375f.) m.w.N.

26 Vgl. Crane, Int. Journal of Cultural Policy, 2014, 20 (4), 365 (377).

27 So Agamben, Die endlose Krise ist ein Machtinstrument, FAZ online v.24.5.2013.

28 Vgl. Morawetz, Hardy, Haslam, Randle, Industry and Innovation, 2007, 14 (4), 421 (428).

29 So auch Crane, Int. Journal of Cultural Policy, 2014, 20 (4), 365 (378).

nationalen Markt etwas entgegengesetzt werden, um sich gegen die Dominanz zu stemmen. Die europäische Filmförderpolitik kann daher durchaus als eine Art von Widerstand gegen die U.S.-amerikanische Filmindustrie, aber auch U.S.-amerikanische Filmpolitik bezeichnet werden.[30] Die Dominanz der Hollywood-Filmindustrie kann trotz des großen Fördervolumens in Europa jedoch nicht gebrochen werden.

Die europäische Filmindustrie ist und bleibt derzeit von öffentlicher Förderung abhängig; sie ist allein nicht existenzfähig: „Direct public funding seems to be the conditio sine qua non“[31]. Die öffentliche Förderung trägt einen wichtigen Teil zur Gesamtfinanzierung eines Filmvorhabens bei und ermöglicht zudem Kapitalzugang für die restliche Finanzierung. Das gesamte Fördervolumen der Fördereinrichtungen in 37 europäischen Staaten hat im Jahr 2009 (also ohne die Einbeziehung von Steuererleichterungen) 2,07 Mrd. Euro betragen.[32] Hier ist eine Steigerung festzustellen, lag das Fördervolumen im Jahr 2005 noch bei 1,3 Mrd. Euro (einbezogen waren aber auch nur 31 europäischen Staaten). Im Jahr 2011 lag das Fördervolumen durch Förderfonds bei € 2,1 Mrd. zuzüglich ca. € 1 Mrd. pro Jahr für Steueranreize.[33] Im Vergleich gesehen liegt der Betrag von 2005 allerdings nur leicht über dem, was allein der Hollywood-Major Warner Bros. für 19 Filme im Jahr 2004 ausgegeben hat, nicht einbezogen der Marketingkosten.[34]

Die Dominanz von Hollywood wird in der einschlägigen Fachliteratur vor allem drei Gründen zugeschrieben: erstens der hohen Konzentration von „talent“[35] und wirtschaftlichen Ressourcen in Hollywood, zweitens dem vergleichsweisen Vorteil des riesigen amerikanischen Marktes, der es den Unternehmen ermöglicht, Filme zu niedrigen Preisen zu exportieren, die unterhalb der Kosten von Filmproduktionen anderer Länder liegen, und drittens dem umfassenden und weitreichenden Distributionssystem innerhalb und außerhalb

30 So auch Crane, Int. Journal of Cultural Policy, 2014, 20 (4), 365 (379).

31 So Kanzler, Fiction film financing in Europe, S. 97f.; auch Morawetz, Hardy, Haslam, Randle, Industry and Innovation, 2007, 14 (4), 421 (428).

32 Vgl. Newman-Baudais, S. 35; einbezogen wurden die Daten der 37 Mitgliedstaaten der Europäischen Audiovisuellen Informationsstelle.

33 Vgl. Filmmitteilung 2013, Rn. 6 m.w.N.

34 Vgl. Morawetz, Hardy, Haslam, Randle, Industry and Innovation, 2007, 14 (4), 421 (428) m.w.N.

35 Der Begriff „talent“ wird hier unübersetzt gelassen, da er eine umfassendere Bedeutung hat als die einzelnen deutschen Begriffe wie „Nachwuchs“ oder „herausragende Spitzenleute“ und sich auf sämtliche Filmschaffende bezieht.

der USA, das einerseits den Markteintritt ausländischer Filme in die USA erschwert und andererseits den Erfolg U.S.-amerikanischer Filme im Ausland absichert.[36] Die Hollywood-Filmindustrie nutzt außerdem internationale Handelsabkommen um ihre Dominanz zu erhalten. Sie hat gegen die Sonderstellung und den Schutz der Filmindustrie anderer Staaten immer angekämpft und die oben erwähnte UNESCO-Konvention haben die USA bis heute nicht unterzeichnet. Stattdessen haben die USA bilaterale Handelsabkommen mit vielen Ländern (Foreign Trade Agreements) geschlossen, die keine Exporteinschränkungen für Filme aus den USA vorsehen und rigoros auf eine Reduzierung oder Abschaffung ausländischer Quoten gerichtet sind.[37] Damit sichern die USA den fortdauernden Erfolg ihrer Filmindustrie. Eine weitere Folge aus diesen Vorgehensweisen ist, dass das Risiko der U.S.-amerikanischen Filmindustrie auf andere übertragen wird.[38] Hollywood ist auf den Auslandsmarkt angewiesen, was sich in dem beschriebenen Trend von Filmproduktionen äußert, die sich weniger auf die spezifischen Kulturen der Länder und Nationalitäten beziehen und die damit international übertragbarer sind.[39]

Gegen das weltumspannende Distributionssystem und die massiven Marketingstrategien mit hohen Budgets haben es europäische Produktionen im Wettbewerb trotz staatlicher Förderung schwer. Ob die europäischen Filme mit einer größeren Anzahl von Filmen als transnationalen Filmen oder spezifischen Autorenfilmen oder historischen Filmen in Konkurrenz treten, um damit ihre Filminfrastruktur zu stärken, um weiterhin nationale Filme zu produzieren, bleibt weiterer nicht-rechtswissenschaftlicher Forschung überlassen. Solche Forschungsergebnisse könnten jedoch eine wichtige Rolle und Entscheidungsgrundlage für die zukünftige Filmförderpolitik und für die Entwicklung von rechtlichen Rahmenregelungen darstellen.

---

36 Vgl. Crane, Int. Journal of Cultural Policy, 2014, 20 (4), 365 (366f) m.w.N.; auch Morawetz, Hardy, Haslam, Randle, Industry and Innovation, 2007, 14 (4), 421 (424) m.w.N.

37 Die Bedeutung der Hollywood-Filmindustrie für die USA insgesamt ist nicht zu unterschätzen; die Dominanz kann keineswegs als unabänderbarer Zustand angesehen werden, sondern ist als Folge einer starken, mitunter aggressiven US-Handelspolitik zu betrachten. Vgl. auch Crane, Int. Journal of Cultural Policy, 2014, 20 (4), 365 (372) m.w.N.

38 Vgl. Morawetz, Hardy, Haslam, Randle, Industry and Innovation, 2007, 14 (4), 421 (424) m.w.N.

39 Vgl. Crane, Int. Journal of Cultural Policy, 2014, 20 (4), 365 (368), die von „deculturized, transnational films“ spricht.

Zu den oben genannten Gründen für die Dominanz der Hollywood-Filmindustrie tritt die Wettbewerbsstellung der von öffentlicher Förderung abhängigen europäischen Filmindustrie. Es wurde immer wieder kritisiert, dass die europäische Filmindustrie sich zu sehr auf die öffentliche Förderung verlässt, ohne oder zu wenig an den wirtschaftlichen Erfolg eines Films zu denken. Dem wird wiederum entgegengehalten, dass ohne die öffentliche Förderung manche kulturell wertvollen Filme gar nicht realisiert werden könnten (Kulturargument). Hier zeigt sich bereits, dass die öffentliche Förderung in einem Spagat steht hinsichtlich ihrer Zweckausrichtung auf Filme, die einen kulturellen Beitrag leisten, gleichzeitig aber auch auf einen kommerziellen Erfolg ausgerichtet sind. Die heutige Situation wird in der Fachliteratur[40] teilweise zurückgeführt auf eine „Subventionshängematte"-Mentalität, die sich in den 1980ern bis Mitte der 1990er entwickelt hat. Bei der Förderung wurde mehr Wert auf die Filmkunst als auf den wirtschaftlichen Erfolg und die Publikumsnachfrage eines Films gelegt. Man war davon ausgegangen, dass kommerziell ausgerichtete Filme ihre private Finanzierung finden. Dagegen hat bei der öffentlichen Förderung der Staat das Risiko übernommen. Die Industrie war gefangen in einem Kreislauf von Marktscheitern und Existenzabsicherung mit staatlichen Hilfen.[41] Mitte der 1990er hat sich dann ein Wechsel in der Förderpolitik vollzogen. Man erkannte an, dass bei der Förderung einer unabhängigen Filmindustrie der wirtschaftliche Erfolg nicht außer Acht gelassen werden darf. Daraus entwickelte sich u.a. eine Förderpolitik, die weniger auf direkte Beihilfen als mehr auf steuerliche Vorteile gerichtet war, auch in Deutschland und UK. Bezweckt wurde damit die Anwerbung ausländischer Produktionen und Investitionen in die eigene nationale Filmindustrie. Diese Entwicklung der Filmpolitik entbehrt nicht einem gewissen Widerspruch: mit den Steuererleichterungen sollte zwar eine eigenständige nationale Filmwirtschaft aufgebaut werden, jedoch kamen diese Anreize der U.S.-amerikanischen Industrie durch sog. Runaway-Produktionen[42] oder Koproduktionen zugute, Produktionen also, gegen die sich gerade abgegrenzt werden sollte.[43] Die Vorteile der Einwerbung ausländischer

---

40 Vgl. Morawetz, Hardy, Haslam, Randle, Industry and Innovation, 2007, 14 (4), 421 (428) m.w.N.

41 Vgl. Morawetz, Hardy, Haslam, Randle, Industry and Innovation, 2007, 14 (4), 421 (428) m.w.N.

42 So werden Produktionen von U.S.-amerikanischen Studios bezeichnet, die ins Ausland verlagert werden, wenn die Kosten dort geringer sind; ausführlich siehe unter Teil 2, A.

43 So auch Morawetz, Hardy, Haslam, Randle, Industry and Innovation, 2007, 14 (4), 421 (430).

Produktionen bestehen darin, dass die nationale Filmindustrie gestärkt wird durch u.a. die Qualifizierung des „talent“ bei Produktionen einer anderen Größenordnung und die Verbesserung der Infrastruktur an vorhandenen Studioeinrichtungen und dies der Qualität der nationalen Produktion zugutekommt. Damit dienen die Steuererleichterungen quasi einem übergeordneten Ziel, nämlich der einheimischen Industrie, mit der in Kauf zu nehmenden Begünstigung der großen U.S.-amerikanischen Studios.

Steuererleichterungen gab es in Deutschland Anfang der 2000er Jahre bis sie im Jahr 2005 abgeschafft wurden. Die Regelungen waren unzureichend durchdacht. Es fehlten Mechanismen, die einerseits das Kapital als ausländische Investitionen im Inland sicherten durch rechtliche Vorgaben über Ausgaben über eine bestimmte Höhe im Inland und Regelungen zur Profitierung der nationalen Filmwirtschaft, z.B. Beschäftigung von technischem und kreativen „talent“, sowie fehlten andererseits Regelungen, die einen Missbrauch im Sinne von Steuerhinterziehung verhinderten. Dies führte dazu, dass von den Steuererleichterungen kaum deutsche Produzenten, sondern hauptsächlich U.S.-amerikanische Studios profitierten und nur zu einem geringen Anteil Filme überhaupt in Deutschland oder Europa hergestellt wurden.[44] Deutsche Steuergelder sind folglich in die Hollywood-Filmindustrie geflossen und die Steuererleichterungen haben das Gegenteil von dem bewirkt, wozu sie geschaffen wurden.

Die englischen Steuererleichterungen in der Anfangszeit (1997-2005) beinhalteten immerhin die Voraussetzungen, dass der Film als britischer Film zu qualifizieren und ein bestimmter (geringer) Mindestbetrag an UK-Ausgaben überschritten sein mussten. Allerdings konnten sämtliche Ausgaben, unabhängig von dem Land, in dem sie angefallen sind, bei den Steuererleichterungen geltend gemacht werden. Zusammen mit der niedrigen Schwelle von Ausgaben, die in UK getätigt werden mussten, haben diese Regelungen nicht zur Unterstützung der heimischen Filmindustrie beigetragen. Vielmehr konnten diese Voraussetzungen trotz diverser Gesetzesänderungen den Missbrauch nicht verhindern.[45] Konsequenterweise wurden die Steuererleichterungen im Jahr 2005 abgeschafft. Kurze Zeit später wurden neue Regelungen zu Steuererleichterungen in UK wieder eingeführt, da die fehlenden ausländischen Investitionen eine klaffende Kapitallücke und eine schwache heimische Filmindustrie zurückließen. Auch die

44 Vgl. Morawetz, Hardy, Haslam, Randle, Industry and Innovation, 2007, 14 (4), 421 (430) m.w.N.

45 Vgl. Morawetz, Hardy, Haslam, Randle, Industry and Innovation, 2007, 14 (4), 421 (431).

Verhinderung von einer Geschäftspraxis im Jahr 2004, die es zuließ, dass Unternehmen bis zu 40% ihrer Produktionskosten abschreiben konnten, im Ergebnis zweimal Steuererleichterungen für einen Film geltend machen konnten, sog. double dipping, hat sich negativ auf die UK-Filmindustrie ausgewirkt mit einem Rückgang der einheimischen UK-Produktion um 40%.[46] Daran zeigt sich die Gefahr der nicht an Staaten gebundenen Finanzströme, sog. footloose financial capital. Steigt ein Staat aus diesem Kreis der Steuererleichterungen aus, besteht nicht nur die Gefahr fehlenden Kapitals, sondern auch in gewissem Rahmen die Abwanderung der einheimischen Produktion ins Ausland, wo es steuerliche oder höhere steuerliche Anreize gibt.[47] Inzwischen gilt, dass die Produktion dahin wandert, wo es die günstigsten, sprich finanziell profitabelsten, Förderungen gibt.[48] Nicht ohne Grund ist UK auf sein System der Steuererleichterungen und die erfolgreiche Anwerbung ausländischer Produktionen stolz.

Es ist zudem keineswegs so, dass nicht auch in den USA Fördermechanismen für die Filmindustrie bestehen. So gibt es Steuervorteile und staatliche Darlehen und in vielen U.S.-Staaten existieren inzwischen eigene Fördereinrichtungen.[49] Insofern wird sogar von einer Europäisierung gesprochen[50], wenngleich Filmförderung bei weitem nicht die gleiche hohe Bedeutung wie in den europäischen Staaten hat.

Es gibt verschiedene Arten von staatlicher Förderung. Die Mittelvergabe durch Einrichtungen und die steuerliche Begünstigung stehen in dieser Arbeit im Vordergrund. Bei Steuervorteilen gibt es darüber hinaus solche, die nicht ausdrücklich Filmunternehmen selbst begünstigen, sondern Investoren, die privates Kapital in die Filmindustrie investieren und die dann z.B. in Form von erhöhten oder bevorzugten Abschreibungsmöglichkeiten profitieren.

Der Wettbewerb zwischen den europäischen Staaten um die größeren Steueranreize für Filmproduktionen wird einer Entwicklung zugeschrieben im

---

46 Vgl. Morawetz, Hardy, Haslam, Randle, Industry and Innovation, 2007, 14 (4), 421 (433).

47 So jedenfalls Morawetz, Hardy, Haslam, Randle, Industry and Innovation, 2007, 14 (4), 421 (433).

48 Vgl. Morawetz, Hardy, Haslam, Randle, Industry and Innovation, 2007, 14 (4), 421 (430f.).

49 Vgl. Crane, Int. Journal of Cultural Policy, 2014, 20 (4), 365 (374); Morawetz, Hardy, Haslam, Randle, Industry and Innovation, 2007, 14 (4), 421 (432).

50 Vgl. Morawetz, Hardy, Haslam, Randle, Industry and Innovation, 2007, 14 (4), 421 (440).

Rahmen der „new economy" mit einer kumulierenden Veränderung der Filmförderpolitik, die dann zu einem Teufelskreis geführt hat.[51]

Das Problem ist, dass Europa nicht als geschlossene Gemeinschaft gegen die U.S.-Dominanz auftreten kann, da die europäische Filmindustrie national und die Kulturpolitik hauptsächlich den einzelnen Mitgliedstaaten vorbehalten ist.[52] Daher müssen sich die Mitgliedstaaten jeder für sich im Wettbewerb behaupten. Das führt jedoch zwangsläufig dazu, dass die einzelnen Fördersysteme in Wettbewerb zueinander treten, was die Anwerbung ausländischen Kapitals oder ausländischer Filmproduktionen anbetrifft. Insofern wird zutreffend davon gesprochen, dass das, was der einen Region Gewinn ist, der anderen Region Verlust ist.[53]

Wie anfangs erwähnt, können Koproduktionen zur Finanzierung eines Filmvorhabens angestrebt werden. Unter Koproduktionen sind Filmproduktionen zu verstehen, die zur Herstellung eines Films von zwei oder mehr Produktionsunternehmen gemeinschaftlich durchgeführt werden, bei dem beide bzw. alle Koproduzenten auch Hersteller sind (echte Koproduktionen).[54] Wenn ein Koproduzent lediglich Kapital beisteuert, wird von einer finanziellen Koproduktion (unechter Koproduktion) gesprochen. Vor allem internationalen Koproduktionen kommt besondere Bedeutung zu, die auch für die Förderung relevant sein können.

Seit den 1950er Jahren waren Koproduktionen Teil der internationalen Filmindustrie.[55] Die Filmindustrie wird durch verschiedene Faktoren beeinflusst: die finanzielle Ausgangssituation für den Erhalt von Kapital zur Filmproduktion und das Risiko, die Suche nach Finanzinvestoren, die Förderpolitik, den steigenden Wettbewerb zwischen den Staaten um die größten Steueranreize. Diese Faktoren wirken sich auf die Organisationsstruktur der Filmindustrie aus. Insbesondere die Veränderung der finanziellen Bedingungen (Verringerung der Investitionsbereitschaft der Banken und dadurch bedingt fehlendes Kapital) und der Förderpolitik in Europa (hierbei wird argumentiert, dass dies die Einführung von

---

51 Vgl. Morawetz, Hardy, Haslam, Randle, Industry and Innovation, 2007, 14 (4), 421 (439).

52 Art. 167 AEUV.

53 Vgl. Morawetz, Hardy, Haslam, Randle, Industry and Innovation, 2007, 14 (4), 421 (439).

54 Siehe ausführlich zum Begriff der Koproduktion Schlünder, in: Klages, Rn. 628f.

55 Vgl. Morawetz, Hardy, Haslam, Randle, Industry and Innovation, 2007, 14 (4), 421 (423), die den Ausgangspunkt in einem ersten Abkommen zum Neuaufbau der Filmindustrie zwischen Italien und Frankreich nach dem 2. Weltkrieg sehen.

Steuererleichterungen gewesen seien[56]) haben im Zeitraum von Ende der 1990er bis Mitte der 2000er Jahre zu einem Anstieg von Koproduktionen geführt. Zwischen 1998 und 2005 sind Koproduktionen in Deutschland von 11 auf 43 angestiegen, in UK von 37 auf 62.[57] Koproduktionen machen inzwischen einen großen Anteil der Filmproduktionen aus und können dadurch als integraler Bestandteil der europäischen Filmindustrie angesehen werden.[58] In den letzten Jahren waren Koproduktionen in Deutschland in größerem Maße üblich als in UK. In Deutschland liegt der Anteil an Koproduktionen bei erstaufgeführten Spielfilmen aktuell bei 75 in 2018, ebenso wie im Jahr 2013, wobei die Anzahl in den Jahren dazwischen schwankte, mit einer hohen Anzahl von 84 in 2016 und einer niedrigen von 61 im Jahr 2017[59], in UK dagegen ist der Anteil leicht steigend, aber noch sehr gering bei 17 Koproduktionen im Jahr 2013, die ein endgültiges Zertifikat als britischer Film erhalten haben, zuzüglich 19 Koproduktionen mit einem Interimszertifikat [60]. Die geringere Anzahl von Koproduktionen in UK ist durch die spezifische Regelung der Steuererleichterungen zu erklären (siehe dazu Teil 2).

Es gibt verschiedene Gründe für Koproduktionen.[61] Künstlerische Gründe sind nur eine Seite. Die finanzbedingten Gründe für Koproduktionen sind indes die andere nicht unwesentliche Seite. Durch die Schwierigkeit, Finanzinvestoren für Filmproduktionen zu finden, sind Koproduktionen eine wichtige Finanzierungsmöglichkeit. Koproduktionen sind auch ein Faktor, der das Risiko einer Filmfinanzierung minimieren kann. Häufig werden internationale Koproduktionen nur aus dem Grund durchgeführt, um einen Film überhaupt finanzieren zu können, indem von den verschiedenen Förderungen in den Herkunftsländern der Koproduzenten Gebrauch gemacht wird, vor allem den Steuererleichterungen, und somit die Möglichkeit einer mehrfachen öffentlichen Förderung eröffnet wird. Damit von den Förderungen der beteiligten Länder profitiert werden

---

56 Vgl. Morawetz, Hardy, Haslam, Randle, Industry and Innovation, 2007, 14 (4), 421 (426).

57 Vgl. Morawetz, Hardy, Haslam, Randle, Industry and Innovation, 2007, 14 (4), 421 (423) mit Verweis auf Jahrbücher der Europäischen Audiovisuellen Informationsstelle.

58 Vgl. Morawetz, Hardy, Haslam, Randle, Industry and Innovation, 2007, 14 (4), 421 (440).

59 Vgl. SPIO abzurufen unter www.spio-fsk.de/?seitid=24&tid=3, Stand 20.02.2020.

60 Vgl. BFI Statistical Yearbook 2014, S. 195.

61 Vgl. Morawetz, Hardy, Haslam, Randle, Industry and Innovation, 2007, 14 (4), 421 (426), die drei Kategorien erkennen, mit einer aus kreativer Verbundenheit und zweien aus wirtschaftlichen Motiven.

kann, müssen die jeweiligen Voraussetzungen erfüllt werden. Die Territorialitätsanforderungen von Steuererleichterungen sind dann in allen Ländern der Koproduktion zu erfüllen, was dazu führen kann, dass der kreative Inhalt und die Personalbesetzung hinsichtlich Standort, Drehort, Schauspielern und Regie/Kamera von den finanziellen Vorgaben beeinflusst werden. Es kann aber auch zu dem Paradox führen, dass ein Filmvorhaben teurer wird als ursprünglich geplant, jedoch nur durch diese teurere komplexe Struktur einer Koproduktion überhaupt realisierbar ist.[62]

Die Entwicklung von Koproduktionen als Finanzierungsmöglichkeit zeigt auch, dass für Koproduktionen weniger die regionale Infrastruktur oder „Filmhubs“ als konzentrierter Ansiedlung von Filmindustrie in einer geographischen Region entscheidend sind als vielmehr die finanziellen Vorteile der Kumulierung von Fördermöglichkeiten.[63] In diesem Zusammenhang wird argumentiert, dass es für Filmproduzenten eine mindestens ebenso bedeutende Rolle spielt, internationale Kontakte zu haben wie in einer regionalen Infrastruktur verankert zu sein, und eine erhöhte Koproduktionstätigkeit eine Restrukturierung der europäischen Filmindustrie mit sich bringen kann, weg von einem rein nationalen Kontext zu einer internationalen grenzüberschreitenden Industrie.[64] Koproduktionen zwischen Produzenten verschiedener europäischer Staaten können unter dem Europäischen Koproduktionsabkommen des Europarats hergestellt werden. Dieses war ursprünglich für multilaterale Koproduktionen gedacht, ist aber auch auf bilaterale Produktionen anwendbar mit der Folge, dass einzeln vereinbarte bilaterale Abkommen zwischen europäischen Staaten obsolet geworden sind.[65] Das Abkommen erlaubt zudem die weitere Beteiligung eines Nicht-Mitgliedstaats des Abkommens, solange dessen Beteiligung unter 30% der Gesamtproduktionskosten liegt. Das Abkommen führt dazu, dass Filme in den Ländern der Koproduzenten als nationale Filme mit der Folge der möglichen Inanspruchnahme vorhandener Filmförderung anerkannt werden. Koproduktionen spielen nicht nur innereuropäisch eine Rolle, sondern auch zwischen einem

---

62 Vgl. Morawetz, Hardy, Haslam, Randle, Industry and Innovation, 2007, 14 (4), 421 (434) mit dem Beispiel einer Koproduktion von fünf europäischen Ländern.

63 Vgl. Morawetz, Hardy, Haslam, Randle, Industry and Innovation, 2007, 14 (4), 421 (440).

64 Vgl. Morawetz, Hardy, Haslam, Randle, Industry and Innovation, 2007, 14 (4), 421 (440).

65 UK hat aus diesem Grund seine bilateralen Abkommen u.a. mit Deutschland gekündigt, vgl. Morawetz, Hardy, Haslam, Randle, Industry and Innovation, 2007, 14 (4), 421 (423).

oder mehreren europäischen Ländern und den USA. Hierbei bedingen sich die finanziellen Elemente aus den USA in die Koproduktionen und der finanzielle Fluss von europäischen Fördermitteln in die U.S.-amerikanische Filmindustrie gegenseitig.[66] Für eine erleichterte Anerkennung von Koproduktionen mit außereuropäischen Ländern haben sowohl Deutschland wie UK verschiedene bilaterale Koproduktionsabkommen abgeschlossen.

II. Vergleichsstaaten UK/ England und Deutschland

In einer Zeit von großen globalen Veränderungen sowie Veränderungen der EU, deren Ergebnisse keiner prognostizieren kann, ist eines aber sicher, nämlich, dass für die Gewährleistung von Frieden und Wohlstand die Zusammenarbeit der europäischen Staaten ein Garant darstellt. UK ist nach Deutschland die zweitgrößte Volkswirtschaft in der EU. Für Deutschland ist UK größter Handelspartner in der EU und Deutschland ist für UK der zweitgrößte Exportmarkt. UK und Deutschland sind nicht nur ökonomisch, sondern auch historisch eng verbunden, sei es über das britische Königshaus oder die englische Demokratietradition, die für das Nachkriegsdeutschland in vielerlei Hinsicht vorbildlich gewesen ist. Es gab immer wieder in der Geschichte wechselnde Phasen größerer Nähe und Distanz zwischen UK und den kontinentalen europäischen Staaten, aus Sicht der Briten von Churchill beschrieben: „We are with Europe but not of it. We are linked but not comprised; we are interested and associated, but not absorbed. We belong to no single continent, but to all."[67] Unabhängig von diesen Phasen ist UK untrennbar mit Europa verbunden und es besteht die Notwendigkeit einer gemeinsamen umfassenden Kooperation, in der die Filmförderung ihren Platz und ihre Bedeutung hat. Dazu will diese Forschungsarbeit unter rechtswissenschaftlichen Aspekten auf dem Gebiet der Filmförderung beitragen und explizit zu einer verstärkten Kooperation zwischen Deutschland und UK ermutigen, dies auch unabhängig bzw. trotz des viel diskutierten und umstrittenen Brexits, von dem kein Experte den Ausgang und die folgende Entwicklung vorhersagen kann.

Diese Arbeit vergleicht die beiden Filmförderrechtssysteme, also die Systeme für staatliche Filmförderung und die unterschiedlichen Rechtsrahmen der Förderung in Deutschland und in England sowie auf UK-Ebene.

---

66 Vgl. Morawetz, Hardy, Haslam, Randle, Industry and Innovation, 2007, 14 (4), 421 (440).

67 Churchill, britischer Premierminister von 1940-45 sowie 1951-55, in einem Aufsatz für die Saturday Evening Post, Februar 1930, vgl. Kielinger, S. 31.

In Europa wird zuvorderst die französische Filmförderpolitik als herausragend angesehen, weil sie ein umfassendes Fördersystem aufgebaut hat und der Kulturförderung, namentlich der Filmförderung, in Frankreich eine besondere Bedeutung (Ausstrahlung der französischen Kultur und des französischen Films sind ausdrücklich als Staatsziel normiert.[68]) zuerkannt wird. In absoluten Zahlen ist Frankreich das europäische Land mit den höchsten Förderausgaben.[69] Einschränkend hinsichtlich der Effektivität ist jedoch anzumerken, dass Drei-Viertel der geförderten Filme in Frankreich ihre Kosten nicht wieder amortisieren[70], wozu die horrenden Gagen französischer Filmstars sicherlich ihren Teil zu beitragen.[71] Während es zu dem französischen Filmfördersystem bereits einige wissenschaftliche Untersuchungen, auch einen Vergleich mit dem deutschen System gibt, trifft das für UK bzw. England nicht zu. Einen Rechtsvergleich mit dem britischen Filmfördersystem dagegen gibt es bislang nicht. Dabei bietet UK äußerst interessante Fördermöglichkeiten, die in dieser Arbeit vorgestellt werden. UK bzw. England weist eine äußerst interessante Ausgangslage mit der englischen Sprache als sprachliche Gemeinsamkeit mit der U.S.-amerikanischen Filmindustrie und zudem einem hohen Anteil an Investitionen aus dem Ausland sowie einem seit Jahren bestehenden Steueranreizsystem vor. Deutschland und UK gehören neben Frankreich und Italien zu den europäischen Ländern mit den höchsten Förderausgaben. Zudem sind Deutschland und UK die zwei europäischen Länder mit den höchsten subnationalen Förderausgaben; dies zeigt, welche vergleichsweise hohe Bedeutung der Förderungen auf Bundesländerebene in Deutschland und nationaler bzw. regionaler Ebene in UK neben der Förderung auf deutscher Bundesebene bzw. UK-Ebene zukommt.[72]

Deutschland und UK können beide als große Filmproduzenten angesehen werden. Im Jahr 2012 wurden in Deutschland 241 und in UK 249 Filme produziert.[73] Die Anzahl erstaufgeführter einheimischer Spielfilme lag im Jahr 2014 in Deutschland bei 149 Filmen (im Jahr 2018 bei 153), die einen Marktanteil an den Kinoerlösen von 26,7% erreichten, in UK bei 156 Filmen mit einem Marktanteil

68 Siehe auch Bermek, S. 5.

69 Vgl. Newman-Baudais, S. 39, Tabelle 3.2.

70 Vgl. Crane, Int. Journal of Cultural Policy, 2014, 20 (4), 365 (373) m.w.N.

71 Vgl. Brändle, Hohe Gagen, rote Zahlen. Die Filmindustrie verwöhnt ihre Stars, Frankfurter Rundschau v.7.1.2013, S. 3.

72 Vgl. Newman-Baudais, S. 40f., Tabelle 3.4.

73 Vgl. für Deutschland Roland Berger, S. 6, für UK BFI Statistical Yearbook 2013, S. 185.

von 27%.[74] Für das Jahr 2015 ist der Marktanteil deutscher Filme auf die Rekordhöhe von 27,5% angestiegen, mehr als 37 Mio. Kinobesucher.[75] Das ist der seit Erfassung der Besucherzahlen höchste Anteil des deutschen Films am deutschen Markt. Diese Rekordhöhe lag vor allem an den Filmen „Fack ju Göhte 2“ und „Honig im Kopf“. Dagegen ist der Marktanteil deutscher Filme im Jahr 2018 auf 23,5% gesunken.[76]

Dass UK trotz der sprachlichen Vorteile der englischen Sprache nicht uneingeschränkt einen Vorteil gegenüber Deutschland hat, zeigt sich auch im Bereich des Fernsehens. Zwar gibt es eine Entwicklung zur Übertragung britischer Fernsehproduktionen (nicht nur diverse Showformate, sondern auch Dramaproduktionen) in das U.S-amerikanische Fernsehen. Hierbei werden jedoch aufgrund kultureller Unterschiede zumeist Änderungen am Inhalt vorgenommen, sodass in der Literatur auch von einer Übersetzung (translation) die Rede ist, die aber ausdrücklich über eine sprachliche Anpassung hinausgeht.[77] Die sprachlichen und kulturellen Ähnlichkeiten von UK mit den USA haben daher Grenzen.[78] Dies gilt nicht nur für den Fernsehbereich, sondern auch für den Film. Für Filme gilt, dass die englische Sprache nicht zwangsläufig eine erfolgreichere Verbreitung garantiert. Im Jahr 2014 haben Filme aus UK 13,5% des weltweiten box office-Erlöses ausgemacht (2017 21%), davon waren jedoch die meisten sog. inward investment Filme, also solche, die ganz oder teilweise von US-Studios finanziert und kontrolliert waren, unabhängige UK-Filme hatten dagegen nur einen geringen Anteil (10,2% zu 3,3%, in 2017 19% zu 2%).[79] Für die unabhängigen Produzenten in UK macht es daher keinen Unterschied, dass sie in der Weltsprache Englisch Filme produzieren, sie sind genauso auf Förderung angewiesen. Hinzu kommt die geschichtliche Entwicklung der Filmindustrie in den beiden europäischen Ländern gegenüber den USA. Die Unterschiede hinsichtlich des Wettbewerbs gegenüber den USA zwischen Deutschland und UK und der Vorteil von UK erweisen sich als nicht so groß wie es auf den ersten

---

74 Vgl. für Deutschland SPIO abzurufen unter www.spio-fsk.de/?seitid=24&tid=3 sowie www.spio-fsk.de/?seitid=3&tid=3&TV=0, Stand 20.02.2020, für UK BFI Statistical Yearbook 2015/The Box Office 2014, S. 2.

75 Vgl. FFA-info, 1/2016, S. 3.

76 Vgl. www.spio-fsk.de/?seitid=3&tid=3&TV=0, Stand 20.02.2020.

77 Vgl. Hogg, New Review of Film and Television Studies, 2013, 11 (2), 111ff.

78 Vgl. Hogg, New Review of Film and Television Studies, 2013, 11 (2), 111 (114).

79 Vgl. BFI Statistical Yearbook 2016, S. 74 und 2018, S. 45. In 2010 waren es 14% am weltweiten Box Office, davon 12,6% zu 1,6%, vgl. McCullagh/Berger, Ent.L.R 2012, 23 (4), 99, 101.

Blick erscheinen mag. Englisch-U.S.-amerikanische Koproduktionen sind hier im Vorteil.[80] Es gibt sehr viele sog. inward investment Filme, die, wenn sie von U.S.-amerikanischen Produktionsunternehmen teilweise finanziert werden, Koproduktionen sind, teilweise gibt es aber auch reine U.S.-amerikanische Produktionen, die lediglich in UK produziert werden und die dortigen Filminfrastrukturen nutzen. Die Filme sind keine Koproduktionen, können aber UK-Förderung in Anspruch nehmen und qualifizieren sich unter Umständen auch als UK Film. Gemeinsam ist Deutschland und UK, dass der einheimische Filmmarkt nicht U.S.-amerikanischen Produktionen überlassen werden soll. Diese sind freilich schwer zurückzudrängen. Die jeweils einheimische Produktionswirtschaft muss unterstützt werden. Deutschland und UK haben also ähnliche Probleme für den nationalen Film.

Das System der Fördereinrichtungen im Vereinigten Königreich ist in den letzten Jahren starken Umstrukturierungen unterworfen gewesen. Sowohl auf UK-Ebene als auch regionaler Ebene sind Fördereinrichtungen abgeschafft worden, haben sich in einer anderen Einrichtung zusammengeschlossen oder sind Aufgaben anderweitig übertragen worden. Inzwischen stabilisiert sich das Fördersystem wieder. Inwieweit die Umstrukturierung positive Folgen auf die Förderlandschaft und die Filmwirtschaft hat, wird sich noch zeigen müssen.

In UK gibt es Fördereinrichtungen auf übergeordneter Ebene für das Vereinigte Königreich sowie auf Ebene der nationalen Staaten und Regionen. In Deutschland bestehen Fördereinrichtungen auf Bundesebene wie auf Bundesländerebene.

UK hat die weitreichendsten Steuererleichterungen für Filmförderung in den europäischen Staaten. Deutschland hat dagegen überhaupt keine Steuererleichterungen. Dieser Unterschied und die Gegenüberstellung der Filmfördersysteme ist ein interessanter Anreiz für einen Vergleich.

Die oben angesprochene Risikoverteilung zwischen Finanziers und Produzenten wird durch die staatlichen Interventionen (Beihilfen) in Deutschland und UK verändert.[81] Das EU-Recht setzt Grenzen für diese Interventionen. Der Frage, ob und wieweit diese Hilfen in den verschiedenen Formen aus EU-wettbewerbsrechtlichen Aspekten mit dem Gemeinsamen Markt vereinbar sind,

80 Auf das Fernsehen bezogen so auch Hogg, New Review of Film and Television Studies, 2013, 11 (2), 111 (123).

81 So auch Morawetz, Hardy, Haslam, Randle, Industry and Innovation, 2007, 14 (4), 421 (426).

sowie der Frage des Umgangs mit dem Einfluss des EU-Beihilfenrechts auf die Filmförderung und Filmförderpolitik wird in dieser Arbeit nachgegangen.

Teil 2 Darstellung und Spezifika des Filmfördersystems in England bzw. im Vereinigten Königreich

A. Einleitung

> „When you're cobbling together a low-budget film, you're trying to get enough weeks and money to get something up on screen. You're also trying to give the filmmakers the freedom to realize their vision and create something special. To do that, in most cases, takes its own kind of creativity."[82]

Die Begriffe England-Großbritannien-Vereinigtes Königreich (UK) werden nicht immer einheitlich und auch vor Ort selbst zum Teil miteinander vermengt verwendet.[83] In der vorliegenden Arbeit wird die Bezeichnung „UK“ dann benutzt, wenn es um die geographische Reichweite der Organisationen oder Regelungen geht, die sich auf das gesamte Vereinigte Königreich mit England, Wales, Schottland und Nordirland bezieht, und entsprechend die Bezeichnung von „England“ soweit die Nation England gemeint ist. Die Bezeichnung „britischer“ Film wird aus dem einfachen Grund verwendet, weil dies die Übersetzung von der auf der Insel in der Filmpolitik und in juristischen Regelungen gebräuchlichen Bezeichnung „British film“ ist, obgleich damit ein Film gemeint ist, der aus UK kommt. Es gibt von UK bzw. dem Vereinigten Königreich jedoch kein Adjektiv, sodass auf „britisch“ zurückgegriffen wird.

Wie in Teil 1 ausgeführt, wird für die Darstellung des Filmfördersystems in England bzw. UK der Zeitraum 2013 bis 2016 zugrunde gelegt, da nur hierfür valide und schwierig zu ermittelnde Zahlen der britischen und englischen Filmfördereinrichtungen und der Förderung verfügbar waren.

Die Ausgangslage für unabhängige kleine Produktionsunternehmen in UK sieht wie folgt aus. Die Unternehmensstruktur des Filmsektors in UK ist sehr zerstreut. 91% der Unternehmen sind kleine Unternehmen mit durchschnittlich 10 oder weniger Beschäftigten. Dagegen werden viele Selbständige engagiert. Dies

---

82 Andrew Lowe (Andrew Lowe Element Pictures) zitiert von Glenn Whipp, „With indie films such as 'Brooklyn' and 'Room', the creativity often begins with the financing", LATimes v.29.12.2015.

83 Das ist die eigene Erfahrung der Verf. sowie es auch in entsprechender Literatur zu erfahren ist; so auch Kielinger, Großbritannien, S. 25ff.

führt dazu, dass die Möglichkeiten eines Unternehmenswachstums begrenzt sind und von Netzwerken und Beziehungen abhängen.[84] Trotz der einzelnen erfolgreichen Filme ist der Produktionssektor geprägt von kleinen Produktionsunternehmen, die unterkapitalisiert sind und Schwierigkeiten haben, Investitionen durch Dritte in ihr Unternehmen anzuwerben.[85] Dies ist genau in der wirtschaftlichen Struktur begründet. Die meisten Produktionsunternehmen haben keine regelmäßige Unterstützung und arbeiten daher projektbezogen. Das bedeutet, dass sie sowohl ihr Risiko als auch ihren Gewinn nicht auf mehrere Filmprojekte verteilen können. Da sie nicht über genügend eigenes Kapital verfügen, bleibt ihnen häufig kein Verhandlungsspielraum bei den geistigen Eigentumsrechten. Die Folge ist, dass sich die Finanziers (Fördereinrichtungen einbezogen) diese Rechte sichern und die Produktionsunternehmen an der Verwertung in der Regel keinen Anteil haben und damit auch kein Kapital in ihr Unternehmen für zukünftige Projekte zurückfließt. Produktionsunternehmen haben damit regelmäßig keinen Anteil am finanziellen Erfolg ihres Films. Das ist ein Teufelskreis, der in die Abhängigkeit von öffentlicher Förderung mündet.[86] Die kommerzielle Förderung ist zum Zeitpunkt der Erstellung des Filmpolitik-Berichts 2012 im Jahr 2011-2012 so niedrig gewesen wie nie in den Jahrzehnten zuvor.[87]

Eine Risikominimierung könnte durch Verteilung von Investment auf mehrere Filme in einem Portfolio (slate of productions) anstatt nur auf einen Film vorgenommen werden. Jedoch arbeiten die meisten unabhängigen Produzenten in UK an einem Filmprojekt und sind nicht in der Lage, an mehreren gleichzeitig zu arbeiten. Die Finanzierung wird daher für jeden Film einzeln aufgestellt und dafür die Mittel eingeholt. Private Investoren scheuen das höhere Investitionsrisiko eines einzelnen Films. Das Risikomanagement bleibt folglich schwierig.[88] Ein förderpolitisches Ziel ist es, die unabhängigen Produzenten zu stärken und es ihnen zu ermöglichen, nachhaltig eine Finanzstruktur aufzubauen, indem bestimmte Rechte den Produzenten verbleiben und sie ebenfalls an den Einnahmen beteiligt sind. Insbesondere das BFI hat dazu ein Modell entwickelt (siehe ausführlich unter J.). Auch Koproduktionen sind ein Mittel

84 Vgl. Holden, Langversion, S. 13 m.w.N.
85 So auch Higson, p. 12.
86 Vgl. Film Policy Review 2012, S. 46. Öffentliche Förderung meint hier Lotteriegelder durch BFI sowie BBC Films und Film4. Näher zum Filmpolitik-Bericht/Film Policy Review 2012 unter D. I. 7.
87 Vgl. Film Policy Review 2012, S. 46.
88 Vgl. Wouters, S. 30f.

zur Risikominimierung. Des Weiteren kann eine frühzeitige Zusammenarbeit zwischen Produzenten und Distributionsunternehmen Finanzierungsmöglichkeiten und zusätzliche weitere Vorteile bieten. Die Verbesserung einer solchen Kooperation stellt ein weiteres filmpolitisches Ziel dar.

Die Finanzierung eines unabhängig produzierten Films in UK setzt sich in der Regel aus verschiedensten Quellen zusammen. Darunter fallen zum einen die öffentlichen Mittel von Lotterieförderung vom BFI und anderen nationalen und regionalen Fördereinrichtungen, andere staatliche Hilfen sowie EU-Mittel und Steuererleichterungen, Mittel von öffentlich-rechtlichen Rundfunkunternehmen und zum anderen private Gelder von Banken, aus Vertriebsverträgen und TV-Lizenzierungen. Typischerweise setzt sich die Finanzierung wie folgt zusammen[89]: 13% Film Tax Credit, 18% Lotteriegelder durch den UK Film Council (heute BFI), 20% Vertrieb, 10% Bank, 15% Bank-Vertriebskredit, 4% TV-Lizenzierung, 8% TV-Anteil, 4% EU-Gelder, 1% nationale und regionale UK-Gelder, 1% andere staatliche Quellen, 1% weitere Mittel aus Steuern (non statutory tax) sowie 5% andere Anteile. Die Investoren verteilen ihr Risiko in der Regel auf mehrere Filme mit geringeren Anteilen statt mit höheren Finanzierungsanteilen an einem Film.

Die drei wichtigsten finanziellen Quellen für die Förderung der Filmindustrie sind die Steuererleichterungen, die Förderung durch Lotteriegelder und die Zuschussförderung durch das Kultusministerium. Die Steuererleichterungen sind bei weitem die wichtigste und bedeutendste finanzielle Förderung mit knapp 57% der gesamten Förderung öffentlicher Mittel im Jahr 2012-13[90] in Höhe von £ 363 Mio., gefolgt von der Förderung durch Lotteriegelder mit 18% und Zuschüssen des Kultusministeriums mit knapp 8%.[91] Weitere Quellen für Fördergelder sind die nationalen und regionalen Filmfördereinrichtungen sowie andere Kulturfördereinrichtungen, die öffentlich-rechtlichen Rundfunkunternehmen BBC und Channel 4, verschiedene andere Regierungseinrichtungen in UK und deren Nationen und Regionen sowie die EU.

Auf die Filmproduktion entfiel der größte Anteil der Förderung (68%), die Vertriebs- und Vorführungsförderung wurde dagegen lediglich mit 7%, die Filmentwicklung mit 3 % gefördert. Ein weiterer Schwerpunkt der Förderung wurde auf die filmische Bildungserziehung (8%) und Aus- und Fortbildung (3%)

---

89 Zahlen aus dem Jahr 2009, Film Policy Review 2012, S. 40.

90 Das Geschäftsjahr läuft in UK vom 1. April eines Jahres bis zum 31. März des darauffolgenden Jahres.

91 Vgl. BFI Statistical Yearbook 2014, S. 204.

gelegt. Die Filmarchive und das Filmerbe nehmen ebenfalls einen nicht unbeträchtlichen Anteil von 5% ein.[92] Die restlichen Fördermittel verteilen sich auf verschiedene andere Bereiche.

Eines der Spitzenjahre in jüngerer Zeit für den britischen Film war 2011. Es wurden so viele Produktionsausgaben in UK wie nie zuvor registriert.[93] Das internationale Investment ist um 4% von £ 975 Mio. im Jahr 2010 auf £ 1,012 Mrd. im Jahr 2011 angestiegen.[94] Der Hauptanteil dieser internationalen Produktion ist in London und im Südosten von England zu verzeichnen gewesen. Großen Anteil an dem wirtschaftlichen Erfolg der Kinoerlöse hatte „The King's Speech", der mit £ 45,7 Mio. Einspielgewinn in den Kinos allein in UK und £ 266 Mio. weltweit der erfolgreichste unabhängig produzierte Film aller Zeiten in UK wurde.[95] Der Anteil von UK-Filmen stieg in 2011 auf einen Höchstwert von rund 13% des Filmmarkts in UK. Jedoch stellt der Filmpolitik-Bericht 2012 fest, dass der Anteil und Erfolg des UK-Films weitestgehend von zwei bis drei erfolgreichen Filmen im Jahr abhängt. Die Filmindustrie ist auf den finanziellen Erfolg einiger weniger Filme angewiesen, um den Großteil der weniger oder nicht erfolgreichen Filme und deren finanziellen Verluste auszugleichen. „The King's Speech" und „The Inbetweeners", der zweite erfolgreiche UK-Film in 2011, haben zusammen fast 2/3 der Kinoerlöse der unabhängigen UK-Filme ausgemacht. Viele der erfolgreichen unabhängig produzierten Filme sind durch Lotteriegelder und/oder öffentliche Rundfunkunternehmen gefördert und haben zudem von den Steuererleichterungen (Film Tax Relief, kurz FTR) profitiert. Von den neun erfolgreichen unabhängigen UK-Filmen zwischen Januar 2009 und Juni 2011 sind vier Filme Lotteriegelder-gefördert gewesen, zwei von der BBC, einer von Film4 (zu Channel 4 zugehörig) und alle erhielten FTR.[96]

Insgesamt gab es 2011 eine breite Auswahl von Genres im Filmangebot. Neben den unabhängigen UK-Filmen gab es zudem zahlreiche US-Studio-finanzierte

---

92 Vgl. BFI Statistical Yearbook 2014, S. 208, wobei der Berechnung eine andere Bezugsgröße zugrunde gelegt wurde, da zu den gesamten öffentlichen Fördermitteln private und andere Quellen hinzugerechnet wurden mit einem Gesamtergebnis von £ 393 Mio. Förderung. Wenngleich dies £ 30 Mio. mehr sind, kann die Zahl dennoch als Zuordnung auf die verschiedenen geförderten Bereiche herangezogen werden.

93 Sämtliche Zahlen dieses Absatzes stammen aus dem BFI Statistical Yearbook 2012.

94 Zur Orientierung: 1 Pfund Sterling = 1,19 Euro, Kursdatum 20.02.2020.

95 Gefördert noch vom UK Film Council und im Filmpolitik-Bericht (Film Policy Review) 2012 bezeichnet als „a rather fitting tribute to its achievements", also frei übersetzt als ein krönender Abschluss für seine Erfolge, S. 3.

96 Vgl. Film Policy Review 2012, S. 38.

Filme, die in UK produziert wurden. Im Filmpolitik-Bericht 2012 wird eine breite Unterstützung der Bevölkerung in UK für die Filmförderung britischer Filme belegt. Anhand von zwei Studien wird aufgeführt, dass von den Befragten eine größere Anzahl britischer Filme gewünscht werden. In einer der beiden Studien sowie einer weiteren Studie haben mehr als Dreiviertel der Befragten die Filmförderung für wichtig erachtet.[97]

UK-Filme haben im Jahr 2012 weltweite Bruttoeinnahmen von £ 5,3 Mrd. erzielt und damit einen Anteil von 15% an den globalen Kinoerlösen gehabt (nicht ganz so viel wie 2011 mit £ 5,6 Mrd.).[98] Sog. studio-backed UK-Filme[99] haben 2012 13,4% des weltweiten Kinoerlöses ausgemacht mit Einnahmen von 4,6 Mrd. US-Dollar, weniger als 2011 mit Einnahmen von 4,7 Mrd. US-Dollar. Unabhängige UK-Filme kamen auf 1,8% der globalen Einnahmen mit Brutto-einspielergebnissen von 625 Mio. US-Dollar, weniger als 2011 mit 900 Mio. US-Dollar, was dem Erfolg von King's Speech in 2011 zuzuschreiben war. Der FTR hat wesentlichen Anteil an dem Ergebnis der Bruttoeinnahmen.

Im Jahr 2013 konnte UK weitere Steigerungen verzeichnen. Filmproduktions-ausgaben inklusive inward investment in UK kamen auf £ 1 Mrd. Es wurden 37 inward investment Filme in UK produziert, die 81% der gesamten UK-Ausgaben von Spielfilmen ausgemacht haben. Der Umsatz der UK-Filmindustrie lag für das Jahr 2013 bei £ 7,3 Mrd. mit einem Anteil am globalen Kinoerlös von 11%. Die UK-Kinoerlöse erreichten im dritten Jahr in Folge mehr als £ 1 Mrd.[100]

2014 war ein weiteres Spitzenjahr für die britische Filmwirtschaft und hat das Kinojahr von 2011 sogar noch übertrumpft: die Gesamtproduktionsausgaben in UK und der Anteil von inward investment steigerten sich auf £ 1,5 Mrd. und 84%, der Anteil der unabhängigen UK-Filme am UK-Filmmarkt erreichte einen Rekordwert von 16% bei einem gesamten Anteil von 27% UK-Filmen und machte damit erstmals einen größeren Anteil als die restlichen UK-Filme aus. Auch hier waren für den kommerziellen Erfolg der unabhängigen UK-Filme vor allem zwei Filme verantwortlich (Paddington, The Inbetweeners 2).[101]

---

97 Film Policy Review 2012, S. 4.

98 Vgl. Film Policy Review 2014, S. 18; näher zum Filmpolitik-Bericht/Film Policy Review 2014 unter D.I.7.

99 Hollywood-Filmproduktionen eines Major-Studios in UK produziert, auch bezeichnet als „runaway"-Produktionen.

100 Vgl. PM des BFI zum Statistical Yearbook 2014 „BFI statistical yearbook shows UK film buoyant in 2013" v.29.7.2014.

101 Vgl. BFI Statistical Yearbook 2015/Film and other screen sector production in 2014, S. 3; BFI Statistical Yearbook 2015/The Box Office 2014, S. 10.

Als „runaway productions“ werden U.S.-amerikanische Filmproduktionen bezeichnet, die außerhalb der USA hergestellt werden, entweder aus filmischen oder wirtschaftlichen Gründen.[102] Die hier wesentlichen „runaway productions“ sind aus wirtschaftlichen Gründen in UK produziert worden, um die Kosten der Herstellung zu senken. UK liegt im Vergleich mit anderen Ländern hinsichtlich eines kostengünstigen Ortes weit vorn. Grund dafür sind die Steuererleichterungen, die als eine der attraktivsten Steuererleichterungen weltweit angesehen werden.[103] Hinzu kommen gut entwickelte Infrastrukturen und gut ausgebildete Fachkräfte in UK. Inzwischen wird sogar die Ansicht vertreten, dass die U.S.-Filmindustrie in UK auf ein funktionierendes Netzwerk mit der heimischen Filmindustrie zurückgreifen kann, das zusammenhängt mit Produktionsunternehmen, Fachkräften, Studios, Postproduktionsunternehmen, sodass die Entscheidung, einen Film in UK herzustellen, nicht allein von den Kosten abhängt, sondern eben auch den sonstigen Bedingungen.[104] Freilich profitieren nur die Unternehmen, die in diesem Netzwerk mit den Hollywood-Majors bestehen. Wenngleich UK also eine gute Ausgangsposition bei der Entscheidung hat, eine Runaway-Produktion in UK anzusiedeln, bleibt die britische Filmindustrie von ausländischen Investitionen abhängig. U.S.-Distributionsunternehmen sind durchaus in UK tätig und UK-Produzenten bauen Netzwerke zu ihnen auf. Sie werden jedoch als Gatekeeper angesehen.[105]

Zahlen belegen, dass die sog. Kreativen Industrien (creative industries) £ 76,9 Mrd. pro Jahr für die UK-Wirtschaft wert sind, umgerechnet £ 8,8 Mio. pro Stunde. Die Kreativen Industrien umfassen im Medienbereich die Film- und Fernsehindustrie sowie die Wirtschaftszweige der Herstellung von Videospielen und Animationen, ferner weitere Kulturbereiche wie Theater. Damit wachsen die Kreativen Industrien stärker als jeder andere Industriesektor in UK.[106] Die erfolgreichsten

---

102 Vgl. Gornostaeva/Brunet, Int. Journal of Arts Management, Vol. 12, No. 1, 2009, 21.

103 Vgl. Gornostaeva/Brunet, Int. Journal of Arts Management, Vol. 12, No. 1, 2009, 21 (25), die auf eine Vergleichsrechnung hinweisen mit UK, Los Angeles, Connecticut, Canada, Australien, Südafrika, Deutschland, Irland, Ungarn und Tschechien, bei der UK für Filme mit Budgets von $ 20 Mio. bzw. $ 100 Mio. am zweitgünstigsten bzw. am drittgünstigsten ist.

104 Vgl. Gornostaeva/Brunet, Int. Journal of Arts Management, Vol. 12, No. 1, 2009, 21 (22), die insofern von einer Einbettung der U.S.-Majors in UK, vor allem London sprechen.

105 Vgl. Gornostaeva/Brunet, Int. Journal of Arts Management, Vol. 12, No. 1, 2009, 21 (26).

106 Vgl. DCMS, News story „Creative Industries worth £ 88 million an hour to UK economy“ v.13.1.2015.

fünf Filme im Jahr 2014 in UK haben allein im Zeitraum Januar bis September zusammen über £ 72 Mio. an den Kinokassen eingespielt.[107]

Das System der Filmförderung mit seinem Rechtsrahmen erstreckt sich auf verschiedene Rechtsgebiete. Dies ist einerseits durch die zwei Stränge des Fördersystems begründet, die bereits das Steuerrecht und Filmförderrecht betreffen. Andererseits ist das Rechtssystem anders aufgebaut als das deutsche. So wird das Filmfördersystem geregelt durch das öffentliche Recht, das Steuerrecht, das Wirtschaftsrecht, das charity law, das National Lottery law, das Vereinsrecht, das Versicherungsrecht, das allgemeine Zivilrecht, das Urheberrecht und das Haftungsrecht. Das Filmförderrecht ist als solches schwer zu konturieren, da es sich erst durch die Existenz der Einrichtungen mit ihren unterschiedlichen rechtlichen Eigenheiten und den Mechanismen des Erhalts und der Vergabe von Fördermitteln definieren lässt. Es ist nicht ein Gesetz maßgebend, sondern es finden sich Rechtsvorschriften, die für das System der Filmförderung wichtig sind, in verschiedenen Gesetzen und Rechtsgebieten. Die Rechtsstruktur der Fördereinrichtungen ist komplex und berührt vor allem die Bereiche des Rechts der öffentlichen Einrichtungen, charity law und National Lottery law.

Die relevantesten Gesetze für die Filmförderung in UK sind der Finance Act 2006 und Corporation Tax Act 2009 mit den Regelungen der filmsteuerrechtlichen Erleichterungen sowie weiterhin der Films Act 1985, in dem der sog. Kulturtest[108] für Filme enthalten ist, und National Lottery Act 1993 für die Fördergelder, die aus den Lotteriegeldern stammen. Im Rahmen der Fördereinrichtungen werden zudem verschiedene andere Gesetze wie der Public Bodies Act 2011 und der Charity Act 2011 erwähnt, ebenso wie bei den Steuererleichterungen die Einkommenssteuergesetze Income and Corporation Taxes Act 1989, Income Tax Act 2007 und Income Tax (Trading and Other Income) Act 2005. Rechtsvorschriften, die nur für bestimmte Fördereinrichtungen gelten, finden an den entsprechenden Stellen Erwähnung.

B. Historische Entwicklung der Filmförderung in England bzw. UK

Die Entwicklung der europäischen Filmindustrie und der Konzentration der Filmindustrie in Hollywood ist auf verschiedene Ursachen zurückzuführen, die

107 Vgl. DCMS, PM „Another record year for the UK's creative industries" v.30.12.2014.

108 Der Kulturtest spielt eine wichtige Rolle im Rahmen der Vereinbarkeit mit dem europäischen Beihilfenrecht, siehe ausführlich unten Teil 4 sowie Teile 5 und 6.

Mitte der 1910er Jahre stattgefunden haben und die die weitere Entwicklung der europäischen wie U.S.-amerikanischen Filmindustrie entscheidend beeinflusst haben. Während vor dem Ersten Weltkrieg die europäische Filmindustrie den Filmmarkt in Europa und den USA beherrschte, haben verschiedene Gründe dazu geführt, dass während der vier Kriegsjahre die europäische Filmindustrie an der Weiterentwicklung nicht teilhaben konnte und danach nicht in der Lage war, diese Entwicklung aufzuholen mit der Folge, dass U.S.-amerikanische Studios eine wettbewerblich nicht mehr aufzuhaltende Position einnahmen und den Weltmarkt fortan dominierten.[109] Bis zum ersten Weltkrieg gab es begünstigt durch den Stummfilm einen Austausch der Filme in den europäischen Ländern.[110] Nach dem Ersten Weltkrieg ist der bis dahin durchaus als ländergreifend agierende Filmmarkt in Europa in kleine nationale Filmmärkte der einzelnen Länder zerfallen.[111] Die Zersplitterung hält bis heute an. In kaum einem anderen Industriesektor gab es so einen massiven Wechsel von industrieller und geographischer Konzentration wie zwischen der Filmindustrie in Europa und den USA Anfang des 20. Jahrhunderts. Verschiedene gesetzliche Bestimmungen in den europäischen Ländern haben die Lage manifestiert, z.B. die eingeführten Unterhaltungssteuern für Kinos in Höhe zwischen 20-50% oder die Beschränkungen ausländischer Filme in Form einer Importkontrolle, die in den meisten europäischen Ländern Mitte der 1920er Jahre eingeführt wurden. Im Jahr 1924 wurden kaum noch Filme in UK hergestellt, die U.S.-amerikanischen Filme dominierten in den Kinos.[112] Der Protektionismus europäischer Regierungen mit der Einführung entsprechender gesetzlicher Schutzvorkehrungen für die nationale Filmindustrie kam in den europäischen Ländern Ende der 1920er Jahre auf. Die europäischen Regierungen haben den Mangel an Kapital als Problem erkannt und die Errichtung von nationalen Filmbanken vorgeschlagen.[113] Im Jahr 1927 wurde in UK ein erstes Filmgesetz, der Cinematograph Films Act, erlassen, das Quoten für britische Filme eingeführt hat. Im Jahr 1938 gab es ein neues Filmgesetz, ebenfalls Cinematograph Films Act, mit erweiterten Quoten. Beide Gesetze haben jedoch eher Investitionen angelockt als abgeschreckt, denn um nicht gänzlich vom UK-Filmmarkt ausgeschlossen zu

109 Siehe ausführlich für die historische Entwicklung Bakker, Economic History Review, 2005, 58, 2, 310.

110 Vgl. Behrmann, S. 64.

111 Vgl. Bakker, Economic History Review, 2005, 58, 2, 310 (337).

112 Vgl. Bakker, Economic History Review, 2005, 58, 2, 310 (344); Higson, pp. 4, 40.

113 Vgl. Bakker, Economic History Review, 2005, 58, 2, 310 (340).

werden, haben ausländische Filmunternehmen Investitionen in britische Produktionen vorgenommen.[114] Runaway-Produktionen gab es demnach schon seit den 1920er Jahren. Bereits in den 1930er Jahren haben U.S.-Majors[115] in London Zweigniederlassungen aufgebaut, um von dort einen internationalen Markt zu entwickeln, was im Übrigen auch heute noch ein gültiger Grund für die Ansiedlung in London ist.

Nach dem Zweiten Weltkrieg war die englische Filmindustrie dem Zusammenbruch nahe. Filmfinanzierung war eine äußerst heikle Angelegenheit geworden.[116] Die britische Regierung richtete deswegen die National Film Finance Corporation, die ursprünglich lediglich als Übergangslösung gedacht war, zur Vergabe von Finanzierungsdarlehen ein, um der Filmindustrie wieder auf die Beine zu helfen.[117] Im Jahr 1947 wurde kurzzeitig eine Steuer auf U.S.-amerikanische Filme eingeführt, die sog. Dalton Duty, die allerdings recht schnell nach dem Boykott U.S.-amerikanischer Distributoren wieder abgeschafft wurde.[118] Die Finanzierung durch die National Film Finance Corporation stand in engem Zusammenhang mit der Filmversicherung in Form einer Fertigstellungsgarantie (Completion Bonds) des Unternehmens Film Finances.[119] Im Jahr 1950 folgte die Einführung der Eady Levy, eine Abgabe der Filmvorführer auf Kinoerlöse, die in einen neu errichteten Film Production Fonds zur

114 Vgl. Gornostaeva/Brunet, Int. Journal of Arts Management, Vol. 12, No. 1, 2009, 21 (23).

115 Majors werden die größten Hollywood-Produktions- und Vertriebsunternehmen genannt, damals auch genannt Big Five, heute Big Six, nach der Anzahl, der diese Gruppe bildenden Unternehmen.

116 Vgl. Drazin, Historical Journal of Film, Radio and Television, 2014, 34 (1), 2 (5).

117 Vgl. Drazin, Historical Journal of Film, Radio and Television, 2014, 34 (1), 2 (6,18).

118 Vgl. Gornostaeva/Brunet, Int. Journal of Arts Management, Vol. 12, No. 1, 2009, 21 (23).

119 Unter Fertigstellungsgarantie wird die Garantie für die Übernahme unvorhergesehener Kosten verstanden um eine Fertigstellung des Films zu ermöglichen. Das englische Unternehmen Film Finances war das erste Unternehmen, dass sich auf Completion Bonds-Filmversicherungen spezialisiert hatte und diese überhaupt auf dem Markt der Filmversicherung und Filmfinanzierung eingeführt und bekannt gemacht hatte, zunächst in den 1950er Jahren in England, bis Completion Bonds auch in anderen europäischen Ländern und international bekannt wurden. Die zusammenwirkende Finanzierung von Film Finances und National Film Finance Corporation führt dazu, dass das Jahr 1950 als Jahr ihrer Einführung in der Literatur auch als Stunde Null (year zero) für die englische Filmindustrie bezeichnet wird, vgl. Drazin, Historical Journal of Film, Radio and Television, 2014, 34 (1), 2 (7).

Unterstützung von britischen Filmproduktionsunternehmen floss. Die Mittel aus dem Film Production Fund wurden unter den Produzenten von britischen Filmen anteilsmäßig nach ihren Einnahmen für die jeweiligen Filme in UK aufgeteilt.[120] Da die Regelung keine Unterscheidung zwischen Filmen vornahm, die von unabhängigen britischen Filmproduzenten oder Tochterunternehmen von Hollywood-Studios in UK hergestellt wurden, galten auch Filme von letzteren als britische Filme. So haben von der Eady Levy entgegen ihrer Intention, nämlich einer Stärkung der britischen Produzenten, erneut auch U.S.-amerikanische Filmunternehmen profitiert.[121] U.S.-amerikanische Unternehmen konnten sogar in größerem Maße die Vorteile ausschöpfen, da solche Filme, die ein U.S.-amerikanisches Distributionsunternehmen als Teil ihrer Finanzierung vorweisen konnten, auch größere Chancen auf höhere Einnahmen bei den Kinoerlösen hatten, sodass dann ein höherer Anteil der Mittel des Film Production Fund an diese Produzenten ausgeschüttet wurde.

Zwischen 1950 und 1960 entwickelte sich ein Trend zu sinkenden Zuschauerzahlen von Kinofilmen, was zur Folge hatte, dass dementsprechend weniger Filme, dafür jedoch mit höherem Budget produziert wurden. In dieser Dekade hatte sich bereits der Einfluss der U.S.-amerikanischen Filmindustrie bemerkbar gemacht. Die Finanzierung durch Distributionsgesellschaften aus den USA war in diesen zehn Jahren kontinuierlich angestiegen.[122] Die 1950er Jahre waren in UK von einer Filmpolitik mit den unterschiedlichsten Förderversuchen von der National Film Finance Corporation über den Film Production Fund über verschiedenste Steuer- und Abgabenerleichterungen geprägt.[123] Das ursprüngliche Bekenntnis zu einer nur vorübergehenden Unterstützungsmaßnahme prägte diese Politik und wurde nicht aufgegeben. Eine stabile unabhängige Filmindustrie in UK wurde dadurch jedoch nicht geschaffen. Die fehlenden privaten Finanzierungsmöglichkeiten führten dazu, dass sich die Filmproduzenten Richtung Hollywood orientierten und dort ihre Finanziers suchten. Der Verkauf des Anteils der (staatlichen) National Film Finance Corporation an British-Lion 1964, einer Produktionsgesellschaft, wird in der Fachliteratur als Anzeichen dafür angesehen, dass die britische Regierung keine Chancen mehr für die Unterhaltung einer rein britisch finanzierten Filmproduktionsindustrie

120 Vgl. Drazin, Historical Journal of Film, Radio and Television, 2014, 34 (1), 2 (17).
121 Vgl. Gornostaeva/Brunet, Int. Journal of Arts Management, Vol. 12, No. 1, 2009, 21 (23); Drazin, Historical Journal of Film, Radio and Television, 2014, 34 (1), 2 (17).
122 Vgl. Drazin, Historical Journal of Film, Radio and Television, 2014, 34 (1), 2 (17).
123 Vgl. Drazin, Historical Journal of Film, Radio and Television, 2014, 34 (1), 2 (18).

sah.[124] In den 1960ern hatten finanzielle und politische Gründe in den USA dazu beigetragen, Produktionen nach UK zu verlegen: ein starker Dollar und eine kartellrechtliche Gesetzgebung, die die Kontrolle über Kinovorführungen der Hollywood-Studios beendet hatte.[125]

In den 1980er Jahren wurde die Eady Levy abgeschafft. Mit dem Films Act 1985 (§ 3 bzw. § 1) wurden die National Film Finance Corporation und der Cinematograph Films Council aufgelöst.[126] Als die britische Regierung in den 1990ern Jahren Steuererleichterungen einführte, war dies in der jüngsten Zeit der Anlass für U.S.-amerikanische Unternehmen, in UK-Produktionen zu investieren. Die Regelungen der Steuererleichterungen haben verschiedene Änderungen erfahren bis sie im Jahr 2005 kurzzeitig aufgehoben wurden. Dies war die Konsequenz einer extensiven Ausnutzung der Steuerbegünstigungen und Missbrauchsfällen, die die geltenden Vorschriften zwischen 2002 und 2005 ermöglicht hatten und die der britischen Steuerbehörde HMRC nach einigen Schätzungen einen Steuerverlust von an die £ 2 Mrd. gebracht hat.[127] Der Wegfall der Steuerermäßigungen in 2005 hatte einen massiven Einbruch der UK-Filmindustrie zur Folge, sodass 2007 die heutigen Steuererleichterungen neu eingeführt wurden. Seit 2007 sind wieder vermehrt Investitionen der Hollywood-Studios in die UK-Filmindustrie zu beobachten. Die Entwicklung ging zuletzt dahin, dass vermehrt in limited-budget Filme investiert wird.[128]

Parallel zu dieser Entwicklung der Steuererleichterungen in den 2000er Jahren gab es ebenfalls Entwicklungen in der Förderung durch Filmfördereinrichtungen. Von 2000-2011 wurde die Filmförderung mittels Lotteriegeldern und Geldern des britischen Kultusministeriums Department for Culture, Media and Sport (DCMS) vom UK Film Council durchgeführt. Davor hatte der Arts Council of England die Verteilung der Lotterieeinnahmen innegehabt.[129] Der UK Film Council förderte die Bereiche Filmentwicklung, Produktion, Vertrieb und Verleih, Filmvorführung, Festivals und Export von Spielfilmen. Die

---

124 Vgl. Drazin, Historical Journal of Film, Radio and Television, 2014, 34 (1), 2 (19).

125 Vgl. Gornostaeva/Brunet, Int. Journal of Arts Management, Vol. 12, No. 1, 2009, 21 (23).

126 Zur Filmpolitik vor dem parteipolitischen Hintergrund der jeweiligen britischen Regierungen siehe weiterführend Magor/Schlesinger, Screen 2009, 50 (3), 299 (302ff.).

127 Vgl. Darnley, Ent.L.R. 2010, 21(1), 10 (13).

128 Vgl. Gornostaeva/Brunet, Int. Journal of Arts Management, Vol. 12, No. 1, 2009, 21 (24).

129 Vgl. Newman-Baudais, Öffentliche Förderungen von Film- und Fernsehwerken in Europa, S. 99.

Förderprogramme wurden in Fonds unterteilt, z.B. den Premiere Fund für die Kinofilmförderung. In die Zuständigkeit des UK Film Council fiel zudem die Zusammenarbeit mit regionalen und nationalen Filmfördereinrichtungen (die Screen Agencies, das British Film Institute, Skillset, First Light und FilmClub) und die Bereitstellung von Fördermitteln an diese.[130] Anfänglich war der UK Film Council als private company limited by guarantee (Gesellschaft des Privatrechts mit beschränkter Nachschusspflicht) ausgestaltet[131] bis er auf eine gesetzliche Grundlage gestellt wurde, nämlich durch die Änderung 1999 des National Lottery Act 1993. Der National Lottery Act 1993 mit der Verordnung 1999 Nr. 2090 wurde sodann zur Grundlage zur Filmförderung durch den UK Film Council. Der UK Film Council selbst bestand ein gutes Jahrzehnt, in dem er u.a. die Regional Screen Agencies eingerichtet und finanziert hat. Im Jahr 2011, genauer zum 31. März 2011, wurde der UK Film Council im Wege von politischen Sparmaßnahmen abgeschafft. Der Entscheidung der Umstrukturierung der Förderlandschaft hin zu einer einzigen öffentlich-rechtlichen Fördereinrichtung lagen neben politischen auch rechtliche[132] Erwägungen zugrunde. Statt diese Aufgabe dem UK Film Council zuzuweisen, wurde sie der zum damaligen Zeitpunkt eher kleinen Einrichtung des British Film Institute übertragen und der UK Film Council aufgelöst. Diese umstrittene Entscheidung war Teil von großen Umstrukturierungen, in deren Folge auch die Regional Screen Agencies in ihrer Form und Funktion abgeschafft wurden. Die Einrichtungen, die bis dahin als Regional Screen Agencies fungiert hatten, standen damit vor der Entscheidung, ob sie eigenständig weiter bestehen konnten und wollten (ausführlich unter E.). Die oben angesprochene „Hängemattenmentalität" wurde in dieser Diskussion als Argument für notwendige Veränderungen und für ein Umdenken bei der öffentlichen Förderung vorgebracht. Andererseits sollen die Kosten für die Umstrukturierung und Abschaffung des UK Film Council bei weitem die Kosten des Budgets des UK Film Council überstiegen haben.

Die wesentlichen Aufgaben wurden mit Wirkung vom 1. April 2011 auf das bereits bestehende British Film Institute (BFI) übertragen, dessen Funktionsbereich und Bedeutung somit massiv aufgewertet wurde. Es fungiert heute als

130 Vgl. Newman-Baudais, Öffentliche Förderungen von Film- und Fernsehwerken in Europa, S. 99.

131 Siehe Nikoltchev/Blázquez, IRIS plus 2001-4.

132 So bestehen im englischen Recht Schutzvorkehrungen für Wohltätigkeitsorganisationen, als die das British Film Institute organisiert ist, wohingegen der UK Film Council eine private Gesellschaft mit beschränkter Haftung – staatlich beherrscht – war.

die wichtigste Fördereinrichtung auf britischer Ebene und ist Verteiler der Lotteriegelder. Mit der Abschaffung des UK Film Council war die Halbierung der finanziellen Mittel verbunden.[133]

An dem geschichtlichen Ablauf ist zu erkennen, dass es viele Gesetzgebungsversuche gegeben hat, um die heimische Filmindustrie zu schützen und zu unterstützen. Dennoch haben diese oft zum Gegenteil und unbeabsichtigt dazu beigetragen, dass U.S.-amerikanische Unternehmen sich bestimmte Vorzüge zunutze gemacht haben. U.S.-amerikanische Investitionen wurden somit bereits durch frühe Gesetze angelockt.[134] Inzwischen wird UK als Ausgangsort von U.S.-amerikanischen Filmunternehmen angesehen, um Zugang zu den europäischen Filmmärkten und den gut ausgebildeten europäischen Fachkräften zu erlangen.[135]

C. Überblick System der Filmfördereinrichtungen[136]

Es gibt verschiedene Fördereinrichtungen auf UK-Ebene, auf nationaler englischer Ebene sowie auf Ebene der englischen Regionen. Weder beim Kultusministerium noch beim British Film Institute (BFI) oder einer anderen Stelle existiert eine Informationsübersicht darüber, welche Einrichtungen für Filmförderung in UK existieren. Wenngleich das Kultusministerium mit verschiedenen Einrichtungen direkt zusammenarbeitet und mit anderen durch das BFI als seinen quasi verlängerten Arm, findet keine Verbindung mit allen Filmfördereinrichtungen in UK für Filmförderung statt. Das hängt wesentlich damit zusammen, dass vor allem dort eine Verbindung besteht, wo öffentliche Gelder der Regierung hinfließen. Diejenigen Einrichtungen, die keine Regierungsgelder erhalten, arbeiten eigenständig. Allerdings fließen die Finanzmittel nicht direkt an die regionalen Einrichtungen. Die Verteilung von staatlichen Zuschüssen und

133 Vgl. Newman-Baudais, Öffentliche Förderungen von Film- und Fernsehwerken in Europa, S. 100.

134 Vgl. Gornostaeva/Brunet, Int. Journal of Arts Management, Vol. 12, No. 1, 2009, 21 (23).

135 Vgl. Gornostaeva/Brunet, Int. Journal of Arts Management, Vol. 12, No. 1, 2009, 21 (27).

136 Die Zahlen zu den einzelnen Einrichtungen stammen aus verschiedenen Quellen. Geschäftsberichte waren nicht für jede Einrichtung verfügbar und die Einrichtungen selbst waren für Details unterschiedlich auskunftsbereit, sodass die Angaben in der Detailgenauigkeit variieren, jedoch danach aufgelistet sind, wie die Informationen verfügbar waren.

von Lotteriegeldern wird durch das BFI vorgenommen. Speziell die regionale Fördereinrichtung Screen Yorkshire hat eigenständig Möglichkeiten entwickelt und generiert seine eigenen Mittel. Das BFI vergibt Gelder an die nationale Einrichtung Creative England.

Das bedeutet aber auch, dass es keine Stelle in England gibt, die einen Überblick über die gesamten existierenden Einrichtungen und deren Tätigkeitsfelder hat, sowie es keine Stelle gibt, die eine Koordinierungs- bzw. Informationsfunktion innehat.

Von dieser Ausgangssituation ergibt sich ein Bild eines dezentralisierten Systems der Filmfördereinrichtungen. Die Förderstruktur in UK ist recht weit verzweigt und zersplittert. Ob das von Vorteil ist oder die Förderung komplizierter macht, wird von den Fachleuten in der Praxis nicht beantwortet. Es wird vielmehr darauf verwiesen, dass UK ein föderaler Staat mit entsprechend historisch gewachsenen Strukturen und Eigenheiten sei. Dazu gehören die Eigenständigkeit der Einrichtungen und die erst wachsende Ausweitung von Creative England als nationalweit agierende Fördereinrichtung. Denn anders als die nationalen Einrichtungen in den drei anderen UK-Nationen wurde Creative England ursprünglich nicht als nationale Einrichtung angesehen. Somit fehlt eine Einrichtung, die in England auf nationaler Ebene sozusagen die Fäden in der Hand hält.

Die Umstrukturierung im Jahr 2011 sollte eine zentrale Einrichtung als Ansprechpartner einführen, nämlich das BFI. Dieses ist allerdings überwiegend eine Organisation, die die Filmpolitik der Regierung umsetzen soll, nicht jedoch eine zentrale Stelle aus Sicht der anderen Filmfördereinrichtungen. Von daher gibt es keine Dachorganisation. Creative England geht aus dem Zusammenschluss einiger Screen Agencies (regionale Fördereinrichtungen) hervor und ist englandweit tätig, deckt aber nicht alle Regionen ab, da in manchen noch Regional Screen Agencies bestehen. Das BFI nimmt eine solche Aufgabe ebenfalls nicht wahr, da es UK-weit und nicht nur auf England begrenzt tätig ist. Dennoch sieht auch der Filmpolitik-Bericht (Film Policy Review) 2012 einer Expertenkommission durch die Änderungen der Fördereinrichtungen eine Chance für das BFI, eine zentrale Rolle und Führungsposition unter den Fördereinrichtungen sowohl kulturell als auch ökonomisch und bildungserzieherisch einzunehmen. Dabei sieht die Expertenkommission ebenso die damit verbundene Herausforderung für das BFI, das bis dato nur kulturellen Zielen nachgegangen ist, nun durch die neue Aufgabe als Lotteriegeldverteiler einer Verantwortung ganz anderer Reichweite gerecht zu werden. Dennoch arbeiten die verschiedenen Einrichtungen zusammen und tauschen sich aus, z.B. für die Vertretung auf inländischen und ausländischen Film Festivals, wobei manchmal die Koordination seitens des BFI vorgenommen wird. Es bestehen zwischen den Einrichtungen Partnerschaftsverträge und sog. Memorandum of Understanding für die Zusammenarbeit.

Das Kultusministerium (Department for Culture, Media and Sport, kurz DCMS) arbeitet ebenfalls mit einigen Einrichtungen zusammen, zuvorderst mit dem British Film Institute, daneben Film London, British Film Commission (BFC), Greater London Authority (GLA, die Regionalregierung von London), Creative Skillset und den jeweiligen nationalen Fördereinrichtungen in UK.

Das DCMS hat neben dem BFI ebenso ein strategisches Interesse an anderen Einrichtungen, wie z.B. der BFC. Eine Einflussnahme geschieht mittels des BFI, das direkte vertragliche Beziehungen mit diesen Einrichtungen hat und im Rahmen seiner Verträge mit diesen Organisationen bestimmte Zielsetzungen verhandelt und umsetzen kann. Hier zeigt sich die Bedeutung des BFI als „verlängerter Arm" der Regierung. Problematisch ist insofern, dass das BFI ursprünglich eine öffentliche Einrichtung auf Armeslänge (arm's length public body), also unabhängig von der Regierung, sein sollte. Dass nun durch vermehrte Verträge und Abkommen ein immer größerer Einfluss auf das BFI und dessen Arbeitsweise vorgenommen wird und sich das DCMS des BFI zur Umsetzung seiner Politik bedient, kann durchaus kritisch gesehen werden.

D. Filmfördereinrichtungen auf UK-Ebene

Auf UK-Ebene bestehen verschiedene Einrichtungen, von denen manche der unmittelbaren Filmförderung dienen, andere dem übergeordneten Filmsektor dienen, ohne den Film als Kultur- und Wirtschaftsgut zum vordergründigen Ziel der Förderung zu haben. Filmfördereinrichtungen sind das British Film Institute und die British Film Commission. Weitere Einrichtungen sind Creative Skillset, Creative and Cultural Skills, Into Film und British Academy of Film and Television Arts.

Das British Film Institute hat die größte Rolle der Fördereinrichtungen. Die Regierungsförderung wird in zwei Hauptstränge unterteilt, die Förderung durch das BFI und den Arts Council England. Der Arts Council England (kurz: ACE, Kunstrat England) bietet ebenfalls eine Kulturförderung an. Er ist die nationale Einrichtung für die Entwicklung der Künste, verteilt öffentliche Gelder der Regierung und der Lotterie. Dessen Förderung bezieht sich aber auf die zeitgenössischen klassischerweise verstandenen schönen Künste; Filmemacher von Filmproduktionen sind nicht förderberechtigt.[137] Die Förderung des British Film

137 Es fallen durchaus auch Kunstformen darunter, die mit Bewegtbildern arbeiten, jedoch

Institute dagegen bezieht sich auf die Filmherstellung von Spielfilmen oder Werken im Sinne filmischer Traditionen. Für die Filmförderung ist wegen der oben angesprochenen Unterscheidung der Zweckrichtung nur das BFI von Bedeutung. Unter den Filmfördereinrichtungen hat es die höchsten Finanzmittel zur Förderung von Filmproduktionen zur Verfügung. Sämtliche Förderungen können kumuliert werden, wobei für staatliche Fördermittel eine Obergrenze von 50% des gesamten Produktionsbudgets gilt.[138]

I. British Film Institute (BFI)

1. Organisation

Das British Film Institute, im Folgenden BFI, ist die führende Organisation für Film in UK. Als Quellen der finanziellen öffentlichen Förderung wurden oben bereits die drei wichtigsten genannt: Steuererleichterungen, Lotteriegelder, Zuschüsse des DCMS. Das BFI vergibt sowohl Lotteriegelder als auch Zuschüsse des DCMS, sodass hieran bereits seine Bedeutung sichtbar wird. Die Einrichtung besteht in veränderter Form seit 1933.[139] Die Zuständigkeit des BFI erstreckt sich geographisch auf alle Nationen und Regionen von UK. Mit der Abschaffung des UK Film Council sind die meisten Aufgaben auf das BFI übertragen worden. Zudem liegt eine Vereinbarung zwischen dem BFI und den Fördereinrichtungen in Wales, Schottland und Nordirland zur gemeinsamen Förderung vor.[140] Vor der Neuausrichtung war die Kernaufgabe des BFI eine bildungspolitische für alle Formen von Bewegtbildern. Zu seinem Aufgabengebiet zählten die filmische Bildungserziehung, Filmkulturförderung, Filmvertrieb und -vorführung sowie die Archivierung und Zugänglichmachung des Filmerbes. Das BFI war außerdem Verwalter vom BFI National Archive. Zudem hatte das BFI auch eine

---

muss stets die Kunst im Vordergrund stehen und nicht der Film. Die Förderungen sollen sich komplementär ergänzen. Diese Abgrenzung wurde bereits zwischen dem UK Film Council und dem Arts Council England 2000 vereinbart, vgl. UK Film Council, Film in England, S. 63ff.

138 Vgl. Aussage von UK im Rahmen der Beihilfenotifizierung N 461/2005, Beihilfeentscheidung C(2006)3982 final, Ziff. 20.

139 Die Eintragung ins Register als privatrechtliche Gesellschaft (company limited by guarantee) gemäß dem Companies Act 1929 erfolgte am 30.09.1933. Aufgrund der nicht-wirtschaftlichen Ausrichtung der Gesellschaft wurde das BFI bereits vor Eintragung vom Namenszusatz Limited befreit; vgl. BFI, Feature „The BFI turns 80".

140 Vgl. Newman-Baudais, Öffentliche Förderungen von Film- und Fernsehwerken in Europa, S. 100.

regionale Funktion und Förderrolle, im Rahmen derer es direkt Fördermittel in die englischen Regionen und UK-Nationen vergeben hat.[141]

Seit dem 1. April 2011 umfasst das Aufgabengebiet zusätzlich folgende neue Aufgaben. Dem BFI kommt zuvorderst eine strategische Führungsrolle als Filmeinrichtung zu. Es soll für die Regierung als einzige zentrale Stelle für die Filmförderung in UK dienen und als leitende Organisation die Filmpolitik der Regierung umsetzen. Mit der Umstrukturierung der Fördereinrichtungen fungiert das BFI als Verteiler von Lotteriegeldern und vergibt Zuschüsse. Die finanzielle Förderung von Filmproduktionen in den verschiedenen Stadien des Herstellungsprozesses ist jetzt eine zentrale Aufgabe. In Zusammenarbeit mit der British Film Commission setzt sich das BFI für die Bewerbung des britischen Films sowie der britischen Filmschaffenden und der technischen Filminfrastruktur sowie für ausländische Investitionen in die UK-Filmindustrie ein. Das BFI unterstützt die Filmindustrie und fördert die Filmkultur neben der finanziellen Fördermittelvergabe durch Publikumsentwicklung und filmischer Bildungsarbeit und Ausbildung. Des Weiteren hat das BFI auch die Zertifizierung als Britischer Film für die Steuererleichterungen übernommen.

Das BFI hat verschiedene Tochtergesellschaften mit Tätigkeitsfeld im Filmbereich.

Im Rahmen des EU-Programms Creative Europe ist der MEDIA Desk UK beim BFI angesiedelt. In diesem Fall fungiert das BFI aber lediglich als Vermittlerstelle und Ansprechpartner für das EU-Förderprogramm. Sie vergeben nicht selbst die Gelder, stattdessen werden diese direkt von der EU vergeben.

Das BFI als UK-weite Einrichtung hat verschiedenste strategische Partner, mit denen es für die Erfüllung seiner Aufgaben in den unterschiedlichen Bereichen zusammenarbeitet. Darunter sind regionale und nationale Fördereinrichtungen (in den englischen Regionen und allen UK-Nationen) und Organisationen im Bereich der Kreativen Industrien. Manche Partnerschaften sind rein strategischer Natur, so z.B. mit dem Arts Council England. Andere Organisationen unterstützt das BFI regelmäßig finanziell mit Zuschüssen, so z.B. Creative England (z.B. Creative England Film Enterprise Fund), Creative Skillset, Film London, British Film Commission, Into Film, Northern Ireland Screen, Film Agency for Wales. Des Weiteren unterstützt das BFI über die lotteriegeförderten Programme andere UK-Organisationen und Projekte in den Bereichen Vertrieb, Vorführung, Bildung, strategische Entwicklung und Kompetenzen.

Die Förderarbeit für filmische Erziehung junger Menschen im Alter zwischen 5 und 19 Jahren zeigt beispielhaft die Zusammenarbeit des BFI mit anderen

141 Vgl. UK Film Council, Film in England, S. 69.

Organisationen. Dazu zählen die Einrichtungen Creative Skillset, die relativ neu geschaffene Einrichtung im Bereich Erziehung Into Film (früher First Light und FILMCLUB), Film Education, BFI Education und die ebenfalls bereits erwähnten National Screen Agencies in den anderen Nationen. Mit Into Film kooperiert das BFI, um 5-19-Jährige an den Film heranzuführen und eine mögliche berufliche Karriere in diesem Bereich zu unterstützen. Into Film wird z.B. vom BFI über einen Zeitraum von vier Jahren mit Lotteriegeldern finanziell unterstützt. Des Weiteren arbeitet das BFI im Bereich Bildung und Erziehung mit Universitäten, Schulen und anderen Einrichtungen zusammen.

Das BFI sieht sich selbst aufgrund des Status als verlängerte Regierungseinrichtung nicht als Teil der Filmindustrie. Als öffentlich-rechtliche Einrichtung hat das BFI Lobbyarbeit zu vermeiden. Jedoch nimmt es nach eigenen Aussagen solche Lobbyarbeit vor, die sich auf die Film- und Fernsehindustrie als Ganzes bezieht und in deren Interesse ist, so z.B. bei Steuererleichterungen, bei der Filmmitteilung der EU-Kommission oder Urheberrechtsfragen.[142]

2. *Rechtsnatur, Kompetenzen und Aufsicht*

Das BFI ist eine registrierte Wohltätigkeitsorganisation („charity", seit 1964) in England und Wales und durch eine königliche Urkunde, die Royal Charter[143],

142 Vgl. Triennial Review, Annex H, S. 118, 121; interessanterweise wird es als möglicherweise angemessen angesehen für Lobbyarbeit im europäischen Kontext öffentliche Gelder einzusetzen, im heimischen Politikbetrieb verstößt dies gegen einen internen Verhaltenskodex.

143 Eine Royal Charter ist ein rechtliches Dokument, das von dem amtierenden Staatsoberhaupt, der derzeitigen Königin Elisabeth II, verliehen wird auf Anraten des Privy Council (Staatsrat/ Kronrat). Die Royal Charter verleiht einer Vereinigung Rechtspersönlichkeit und Rechtsfähigkeit als juristische Person und definiert in der Regel deren Rechte (darunter Parteifähigkeit), Pflichten, Kompetenzen als selbstverwaltende Einrichtung und Haftbarkeit. Ein Teil der Kontrolle über interne Angelegenheiten geht auf den Kronrat über, sodass die juristische Person staatlicher Aufsicht unterliegt. Änderungen der Charter und dazugehörige Satzungen/ Verordnungen bedürfen der Genehmigung des Kronrats bzw. der Königin. Königliche Urkunden in England gibt es seit dem Mittelalter. Ursprünglich wurden mit der königlichen Urkunde private oder öffentliche Vereinigungen errichtet und ihnen Rechtsfähigkeit verliehen, als es noch keine anderen Möglichkeiten z.B. die der Eintragung zur Erlangung der Rechtsfähigkeit gab. Royal Charter wurden z.B. verliehen an Universitäten, Städte, Theater oder andere Organisationen. Heute wird die Royal Charter hauptsächlich Organisationen verliehen, die im öffentlichen Interesse tätig sind, z.B. Wohltätigkeitsorganisationen. Merkmale für die Verleihung sind (finanzielle) Stabilität, Dauer und

als rechtsfähige juristische Person des öffentlichen Rechts errichtet und verwaltet („governed"). Die Royal Charter hat das BFI am 18.07.1983 verliehen bekommen.[144] Das BFI war vor der Verleihung der Royal Charter eine eingetragene Wohltätigkeitsorganisation, strukturiert als eingetragene Gesellschaft mit beschränkter Haftung, rechtsfähig durch Eintragung gemäß des Gesellschaftengesetzes (Companies Act 1948). Die Royal Charter hat das BFI als juristische Person und deren Begründung der Rechtsfähigkeit umgewandelt in eine Wohltätigkeitsorganisation inkorporiert durch die Royal Charter. Die Royal Charter verleiht dem BFI nun seine Rechtspersönlichkeit sowie Rechtsfähigkeit als Vereinigung und hat es zu einem sog. Chartered Body werden lassen, also einer Vereinigung, die durch Royal Charter als Rechtsperson besteht und reglementiert wird. Die Royal Charter legt den Zweck und die Ziele, Rechte und Pflichten des BFI fest. Mit der Verleihung des Status als Chartered Body gibt die Einrichtung wesentliche Aspekte der Kontrolle über interne Angelegenheiten an den Privy Council, also die Regierung, ab.[145]

Das BFI verfügt als Wohltätigkeitsorganisation über eine Geschäftsführung und einen ehrenamtlichen Verwaltungsrat von maximal 14 Mitgliedern als Aufsichtsgremium („board of governors"). Der Verwaltungsrat ist das verantwortliche und leitende Organ und steht an der Spitze der internen Kontroll- und Aufsichtsstrukturen. Er ist u.a. verantwortlich für die strategische Ausrichtung innerhalb der Vorgaben des Ministeriums, die Beaufsichtigung der Umsetzung von Strategien und Zielen sowie der Einhaltung der gesetzlichen und verwaltungsrechtlichen Vorschriften. Der Vorsitzende des Verwaltungsrats repräsentiert das BFI nach außen und gegenüber dem Ministerium. Er wurde bisher gemäß der Royal Charter vom UK Film Council mit Zustimmung des Kultusministers ernannt. Die Charter wurde seit Abschaffung des UK Film Councils noch nicht geändert. Die anderen Mitglieder des Verwaltungsrats werden in der Mehrheit der Verwaltungsratsposten vom Verwaltungsrat selbst

---

Vorrangstellung auf ihrem jeweiligen Gebiet; siehe https://privycouncil.independent.gov.uk/royal-charters, Stand 20.02.2020. Die Royal Charter ist eine von drei Errichtungsformen einer rechtsfähigen juristischen Person des öffentlichen Rechts. Die anderen sind das Parlamentsgesetz und die Eintragung gemäß dem Companies Act.

144 Der Aufsichtsrat des BFI hat die Charter am 29.03.2000 geändert um die Kompetenzen des BFI zu erweitern mit Ermächtigung der Wohltätigkeitsbeauftragten für England und Wales vom 10.04.2000 und mit Genehmigung vom Privy Council und Inkrafttreten am 19.04.2000.

145 Änderungen der Charter sowie der Satzungen, Geschäftsordnungen und anderen internen Bestimmungen bedürfen der Genehmigung des Privy Council.

ausgewählt und ernannt, mit Ausnahme der ein oder zwei sog. Mitglieder-Verwaltungsratsvertreter, die aus dem Kreis der gesamten Mitglieder des BFI von den Mitgliedern selbst gewählt werden können. Derzeit gibt es einen Mitglieder-Verwaltungsratsvertreter. Der Geschäftsführer (aktuell Geschäftsführerin) wird vom Verwaltungsrat ernannt. Die Geschäftsführerin ist Rechnungsführerin (accounting officer) und als solche verantwortlich gegenüber dem Verwaltungsrat, dem Kultusministerium (DCMS) und dem Parlament.[146] Es sind das Wohltätigkeitsrecht und das Wohltätigkeitsgesetz 2011 (Charities Act 2011) anwendbar.

Das BFI gehört seit 2011 zu den aufgabenausführenden Regierungseinrichtungen und ist an das DCMS angegliedert. Es ist damit eine öffentlich-rechtliche Einrichtung in Form einer sog. öffentlichen nichtministeriellen Regierungseinrichtung („executive non-departmental public body“, kurz NDPB[147]). NDPBs sind „arm's length bodies“, also einer von der Regierung unabhängigen, staatsfernen öffentlichen Einrichtung.[148] Die Rechtsbeziehungen zwischen DCMS und BFI sind in verschiedenen Abkommen und Richtlinien geregelt, die den Rahmen für die Tätigkeiten des BFI bilden. Das Management Agreement ist die Rahmenregelung für das BFI.[149] Solche Rahmenvereinbarungen sollen laut Regelungen des Cabinet Office (Staatskanzlei) zu guter Unternehmensführung grundsätzlich alle drei Jahre erneuert werden.[150]

Das BFI ist Verteiler von Lotteriegeldern, was zugleich Aufgabe und Status innerhalb des Systems der National Lottery ist. Es unterfällt daher auch den Vorschriften über die Lotteriegelderverteilung gemäß Lotteriegesetz 1993 (Lottery Act 1993). Das DCMS hat diesbezüglich folgende weitere Regelungen erlassen gemäß Lottery Act 1993, s 26: BFI Policy Directions for the National Lottery und BFI Financial Directions for the National Lottery/ Statement of Financial Requirements. Dabei handelt es sich um politische und finanzielle

---

146 Vgl. Management Agreement, sections 2.5, 4.

147 Zu unterscheiden von öffentlich-rechtlichen Körperschaften (public corporations), wie der BBC, die noch staatsferner organisiert sind. Der Public Bodies Act 2011 beinhaltet Kompetenzgrundlagen für strukturelle Änderungsrechte der zuständigen Minister für bestimmte öffentliche Einrichtungen; das BFI ist nicht Regelungssubjekt.

148 Unter „arm's length body" werden NDPBs, public corporations und executive agencies von Ministerien verstanden, vgl. HM Treasury, Corporate governance in central government departments: Code of good practice 2011, p 27, fn 1.

149 Management Agreement 2012-15 und das nachfolgende Management Agreement von 2017-2022.

150 Vgl. HM Treasury, Corporate governance in central government departments: Code of good practice 2011, section 6.6.

Rahmenbedingungen, innerhalb dessen das BFI als Lotteriegelderverteiler tätig wird. Die BFI Policy Directions for the National Lottery von November 2012 stellen den Politikrahmen zu den Grundsätzen der Lotteriegeldverteilung auf. Die BFI Financial Directions and Statement of Financial Requirements, in Kraft seit 01.04.2011, beinhalten den Finanzrahmen zur Verwaltung der Lotteriegelder und entsprechende finanzielle Grundsätze. Ergänzend gibt es weitere Regelungen, wie das BFI's Management Statement and Financial Memorandum sowie Accounts Directions, beide bezogen auf den Status als Lotteriegelderverteiler und damit einhergehende Vorgaben.

Als öffentlich-rechtliche Einrichtung werden vom Verwaltungsrat zudem die sog. Nolan-Prinzipien angewandt. Die Nolan-Prinzipien sind sieben Prinzipien für Amtsträger und Angestellte von öffentlichen Einrichtungen und von Einrichtungen, die Aufgaben mit öffentlichen Mitteln erfüllen.[151] Die Prinzipien haben keine Rechtsqualität und sind damit nicht rechtlich bindend. Jedoch wurden sie von den meisten öffentlichen Einrichtungen in ihre internen Verhaltenskodizes integriert. Sie gehören auch zum Ministerial Code, einem Verhaltenskodex für Regierungsmitglieder zur Erfüllung ihrer Aufgaben. Die Prinzipien umfassen: Selbstlosigkeit, Integrität, Objektivität, Verantwortlichkeit (Haftung/Rechenschaftspflicht), Offenheit, Ehrlichkeit, Führung. Selbstlosigkeit meint, dass Entscheidungen im öffentlichen Interesse gefällt werden sollen. Unter Integrität wird die Unabhängigkeit der Amtsträger verstanden. Offenheit meint Transparenz der Entscheidungen. Unter dem Prinzip der Ehrlichkeit ist die Pflicht zu verstehen, Interessenskonflikte, Befangenheit und eigene Interessen offenzulegen, falls solche bestehen. Führung ist das Vorangehen von Amtspersonen als gutes Beispiel der Einhaltung dieser Prinzipien.

Die Kompetenz zum Erlass eigener Richtlinien und Regelungen des BFI stützt sich auf verschiedene Rechtsgrundlagen: die Royal Charter, das Lotteriegesetz und Richtlinien der Lotterie zu den Lotteriegeldverteileranteilen, aber auch die Abkommen mit dem DCMS sowie DCMS Richtlinien, die weitere Details regeln. Die vom BFI selbst erarbeiteten Regelungen und Bestimmungen bedürfen der Zustimmung des Verwaltungsrats und müssen in Übereinstimmung mit dem Lotteriegesetz sein. Entsprechende Regelungen existieren z.B. für den Verwaltungsrat, die Förderprogramme und interne Kontrollstrukturen.

Hinsichtlich seiner Rechtsstruktur als Wohltätigkeitsorganisation und Chartered Body wird das BFI von der Charity Commission und dem Privy Council

151 Benannt nach dem Vorsitzenden des Ausschusses der Regierung (Committee on Standards in Public Life), der sie entwickelt 1995 hat.

reguliert. Beide sind Teil der Regierung, die Charity Commission ist ein sog. non-ministerial department, also eine Regierungsabteilung ohne Minister, und Registrierungs- und Regulierungsbehörde für Wohltätigkeitsorganisationen. Der Privy Council[152] ist einer der ältesten Teile der englischen Regierungsstruktur, der hauptsächlich Beratungsaufgaben zu den Rechten und Pflichten des Monarchen umfasst und die Chartered Bodies beaufsichtigt. Da das BFI aber zugleich eine non-departmental public body (NDPB) des Kultusministeriums Department for Culture, Media and Sport (DCMS) ist, ist dieses ebenfalls eine Aufsichtsbehörde für die Umsetzung der politisch kulturellen Ziele sowie der Ausgaben und Verwendung der öffentlichen Gelder. Eine NDPB ist dem zugeordneten Ministerium direkt rechenschaftspflichtig, das BFI bzw. dessen Geschäftsführerin gegenüber dem DCMS sowie auch dem Parlament.[153] Der Kultusminister seinerseits trägt die Verantwortlichkeit für die NDPB gegenüber dem Parlament.[154] Die Aufsicht mittels des DCMS und die Handlungsfähigkeit des BFI sind durch die verschiedenen Abkommen mit dem BFI ausgestaltet. Das BFI ist insofern gebunden.

So muss dem Fünf-Jahres-Strategieplan des BFI von dem Secretary of State[155] des DCMS zugestimmt werden. Gleiches gilt für die jährlichen Geschäftsberichte. Es gibt zudem Regierungsregelungen (government spending rules) hinsichtlich der Ausgaben. Die Einhaltung wird von der Regierung eng überwacht und kontrolliert. Diese Regierungsregulierungen galten ursprünglich nur für die Ministerien und sonstigen öffentlichen Einrichtungen, nicht für NDPBs. In den letzten Jahren unter der damaligen Konservativ-Liberalen-Regierung sind die Regulierungen aber auch auf NDPBs erweitert worden und sind zahlenmäßig gewachsen. Die Folge ist, dass das BFI teilweise die Entscheidungen nicht mehr völlig unabhängig allein und zeitnah treffen kann, sondern manche Entscheidungen der Regierung bzw. dem DCMS vorlegen und genehmigen lassen muss. Das resultiert darin, dass das BFI nicht mehr so regierungsunabhängig („arm's length") ist, wie es eigentlich als NDPB angelegt ist. Die Grenzen des Rechtsstatus als NDPB sind daher etwas verwischt worden. Sowohl Management Agreement

152 Siehe auch Fn. 145.

153 Vgl. HM Treasury, Corporate governance in central government departments: Code of good practice 2011, section 6.3; Management Agreement, sections 2.5, 4.

154 Vgl. HM Treasury, Corporate governance in central government departments: Code of good practice 2011, section 1.1.

155 Hier: Secretary of State ist die Bezeichnung für einige der wichtigeren Minister des Kabinetts in UK; vgl. www.parliament.uk/site-information/glossary/secretary-of-state/, Stand 20.02.2020.

wie die Regelungen des Cabinet Office (Regelungen des Cabinet Office zu guter Unternehmensführung) und des Finanzministeriums H.M. Treasury (Managing Public Money sowie The Green Book) stellen bindende verwaltungsrechtliche Rahmenvorschriften zur Ausgabe der öffentlichen Gelder auf. Hinsichtlich der Vergabe der Lotteriegelder liegt eine Bindung ebenfalls in den Regelungen der BFI policy directions und BFI financial directions. Diese Lotteriegelder-Regelungen stellen aber eher weite Rahmenregelungen auf, die das BFI erfüllen muss und in denen ein Spielraum für die Vergabe durch das BFI besteht. Die Umsetzung der grundsätzlich unverbindlichen Empfehlungen der Filmpolitik-Berichte der Expertenkommission, die sich an das BFI richten und bezüglich derer die Regierung in ihrer Antwort formuliert hat, dass das BFI sie umsetzen wird, kann das DCMS – falls überhaupt politisch gewollt – allerdings rechtlich nicht erzwingen. Da das BFI die ausführende Einrichtung der Regierung zur Filmpolitik ist, können die Empfehlungen der Filmpolitik-Berichte durch von BFI und DCMS gemeinsam erarbeiteten Umsetzungsplänen und politischen Strategien angenommen werden. Es handelt sich also um eine rein politische Einflussnahme solange die bilateralen Abkommen von DCMS-BFI eingehalten werden. Insofern gibt es keine aufsichtliche Durchsetzungsermächtigung des DCMS gegenüber seiner NDPB. Es erfordert eine Balance zwischen den Regelungen, an die das BFI gebunden ist und die ihm einen Rahmen vorgeben (Lotteriegelderregelungen, festgelegte Funktionsziele in der Royal Charter und Management-Abkommen mit dem DCMS für den Tätigkeitsumfang), und dem Spielraum, diese Vorgaben auszufüllen.

Zusätzlich gibt es für Lotteriegeldverteiler das National Audit Office als Aufsicht.

Für alle NDPBs wurde im Zuge der Umstrukturierungen und Abschaffungen von öffentlichen Einrichtungen 2011 ein Aufsichts- und Überprüfungsprozess im Public Bodies Act, sog. triennial review, eingeführt. Eine Überprüfung des BFI durch das DCMS alle drei Jahre zur Notwendigkeit der Einrichtung als NDPB und Führung der Geschäfte nach den Grundsätzen von guter Unternehmensführung fand zum ersten Mal im Herbst 2014 statt.[156] Es handelt sich hierbei um eine Überprüfung durch die Exekutive, bis auf ein unabhängiges Mitglied stammten alle anderen Verantwortlichen von Regierungseinrichtungen, entweder vom DCMS oder Cabinet Office. Das bedeutet, dass eine Überprüfung der Notwendigkeit einer NDPB von deren jeweiligen Ministerium durchgeführt wird. Die Überprüfung des BFI hatte zwei Ziele: zum einen, ob die

156 Triennial Review.

vom BFI ausgeführten Funktionen notwendig sind, und bei Bejahung, ob sie als NDPB erbracht werden sollen, und zum anderen, ob die bestehenden Kontroll- und Governance-Regelungen im Einklang mit den Prinzipien guter Unternehmensführung stehen. Das BFI wurde als NDPB und mit seinen fünf in der Royal Charter festgelegten Aufgabenzielen in dem ersten Überprüfungsbericht bestätigt. Zukünftig sind bei der Ernennung des Verwaltungsrats und dessen Vorsitzendem allerdings Änderungen zu erwarten. Der Bericht empfiehlt den Kultusminister zu ermächtigen, den Vorsitzenden und die Mitglieder des Verwaltungsrats zu ernennen, um eine Vereinheitlichung mit den Regelungen des Cabinet Office zu guter Unternehmensführung herzustellen.[157] Da es ein Bericht der Exekutive ist, überrascht die Zielrichtung angesichts der Entwicklungen nicht. Diese Änderung wäre ein weiterer problematischer Schritt für das BFI als staatsferne öffentlich-rechtliche Einrichtung, wenngleich der Ernennungsprozess durch das sog. Office of the Commissioner for Public Appointments reguliert wird. Die Begründung einer Angleichung mit den Regelungen des Cabinet Office zu guter Unternehmensführung, die 2011 veröffentlicht wurden, und die empfohlene Änderung des Management Agreements sowie der Royal Charter ist der zweite Schritt zu mehr staatlichem Einfluss, nachdem im ersten Schritt die Cabinet Office Regelungen entgegen ursprünglicher Zielsetzung für Ministerien auch auf NDPBs angewandt werden.

Diese Anwendung von Regelungen, die für Ministerien geschaffen wurden, auf staatsferne öffentliche Einrichtungen ist bereits kritisch zu betrachten. Dies gilt erst recht für die empfohlenen Änderungen der Royal Charter und Management Agreements, da damit ein neuer Rechtszustand manifestiert wird. So wird in den Cabinet Office Regelungen die Grundlage für eine Kontrolle gelegt, die im Kontext von Ministerien rechtmäßig, dagegen im analogen Kontext für staatsferne öffentliche Einrichtungen problematisch ist.[158] Dies zeigt die problematische Entwicklung zu mehr staatlicher Kontrolle über die staatsfernen öffentlichen Einrichtungen auf, die von der vor der Wahl 2015 amtierenden

---

157 Vgl. Triennial Review, S. 6, 63.

158 Die Cabinet Office Richtlinien enthalten ein Kapitel über NDPBs, das sich jedoch im Wesentlichen auf die Rahmenvereinbarungen zwischen jeweiligem Ministerium und dessen NDPB bezieht. Die restlichen Regelungen beziehen sich auf Ministerien. Während anfänglich noch Überlegungen vorhanden waren ein eigenes Regelungswerk für Regierungsabteilungen ohne Minister sowie staatsferne öffentliche Einrichtungen (non-ministerial departments und NDPBs) aufzustellen, werden sämtliche Vorschriften der Richtlinien des Cabinet Office zu guter Unternehmensführung derzeit auch auf NDPBs angewandt.

Konservativ-Liberalen-Regierung vorangetrieben wurde. Ferner wird von dem Triennial Review die Erstellung einer Unternehmensentwicklungsstrategie zur Steigerung der privaten Einkommensquellen und zur Reduktion der Abhängigkeit von Zuschüssen des DCMS empfohlen.

Das BFI wird mithin, wie aufgezeigt, aufgrund seines Status[159] (NDPB, Chartered Body, Wohltätigkeitsorganisation, Lotteriegeldverteiler) und damit einhergehenden Rechtsbeziehungen von verschiedenen Rechtsvorschriften (Gesetzen und Verwaltungsvorschriften) determiniert. Aufgrund dessen wird das DCMS nicht als die Kontroll- und Regulierungsbehörde/ Aufsichtsbehörde des BFI angesehen.[160] Nach deutschem Rechtsverständnis würde das DCMS allerdings als Aufsichtsbehörde angesehen. Als Ergebnis lässt sich folgern, dass das BFI mehrere Aufsichtsbehörden hat, je nach dem, um welchen Status und um welche Rechtsbeziehung es sich im Einzelfall handelt.

3. *Finanzierung*

Im Wesentlichen gibt es zwei Finanzierungsstränge: Lotteriegelder und „Grant-in-Aid" (übersetzt Zuschussfinanzierung). Beide Geldmittelarten sind rechtlich gesehen Zuschüsse. Um im Folgenden eine Verwechslung von „Grant-in-Aid" mit Lotteriegeld bei der begrifflichen Einordnung als Zuschuss und der Art der Fördermittel als Nicht-Lotteriegeld zu vermeiden und um die in UK übliche Unterscheidung beizubehalten, wird im Folgenden ebenfalls die englische Bezeichnung Grant-in-Aid verwandt. Der Unterschied zwischen Grant-in-Aid und Lotteriegeldern ist, dass Letztere Gelder von der National Lottery sind und an das BFI fließen, um verteilt zu werden.

Die Lotteriegelder werden vom BFI vergeben. Sie sind im Grunde nicht für eigene Aktivitäten, sondern nur zur Weiterverteilung bezweckt. Lediglich eigene Ausgaben, die in Ausführung der Lotteriegeldverteilung verursacht werden, können aus den Lotteriegeldern bestritten werden, ansonsten sind die Lotteriegelder zur Verteilung bestimmt (Lottery Act 1993, s 25(3)). Lotteriegelder werden nicht als Darlehen vergeben. Ein Rückfluss der Investitionsmittel kann aber bei entsprechenden Bedingungen in den Förderverträgen bezüglich der Einnahmen aus der Filmverwertung erfolgen. Die Lotteriegelder bilden den größten Anteil der Gesamteinnahmen.

---

159 Der Triennial Review spricht insofern treffend von einem hybriden Status, vgl. Triennial Review, S. 63.

160 Ergebnis von Fachgesprächen der Verf. mit BFI- und DCMS-Verantwortlichen, stattgefunden im Rahmen des Forschungsaufenthalts der Verf. in London im Juni 2014.

Grant-in-Aid sind Gelder aus anderen Quellen, über die das BFI zur Eigenfinanzierung und Finanzierung der kulturellen Förderaktivitäten verfügen kann, z.B. vom Finanzministerium, vom Parlament, vom Kultusministerium u.a. Der Grant-in-Aid des DCMS ist abgesehen von den Lotteriegeldern die größte einzelne Finanzquelle des BFI. Die Aufgabe des BFI, regionale und nationale Einrichtungen zu unterstützen, wird gerade mit diesen Geldern ausgeführt. Zudem vergibt das DCMS zweckgebundene (ring-fenced) Grant-in-Aid an das BFI zur Weiterverteilung an andere Filmfördereinrichtungen.

Daneben verfügt das BFI über Mittel aus eigenen Einnahmen. Die eigenen Einnahmen werden aus verschiedenen Quellen erwirtschaftet: Spenden privater Finanziers/ Philanthropen und eigene wirtschaftliche Betätigung durch die Kinos Southbank Centre und BFI IMAX, DVD Verkauf, die zwei Festivals BFI London Film Festival und BFI Schwul-Lesbisches Filmfestival Flare sowie Onlineangebote von Produkten und dem Video-on-Demand-Dienst BFI Player. Das Verhältnis der eigenen privat erwirtschafteten Einnahmen im Vergleich zu den öffentlichen Geldern Grant-in-Aid und Lotteriegeldern liegt in den Jahren 2012 und 2013 bei knapp einem Viertel[161], im Jahr 2014 bei knapp einem Drittel[162]. Zwar versucht das BFI den eigen erwirtschafteten Anteil kontinuierlich zu erhöhen. Die öffentlichen Gelder überwiegen jedoch nach wie vor bei weitem.

Im Geschäftsjahr 2013-14 betrugen die Gesamteinnahmen des BFI £ 93,5 Mio. (2012-13 £ 110 Mio.), davon £ 47,8 Mio. Lotteriegelder.[163] Dies ist eine Absenkung der Lotteriegelder zum Vorjahr 2012-13, in dem sie sich noch auf £ 55 Mio. summierten.[164] Der Betrag der Lotteriegelder setzt sich zusammen aus zugeteilten Lotteriegeldern (lottery proceeds) und Rückfluss der investierten Lotteriegelder (recoupment). Der Anteil der Lotteriegelder, die dem BFI zuerkannt werden, ist gesetzlich im Lotteriegesetz festgelegt und beträgt 13,52% aller Gelder, die für die Kunst- und Kulturförderung vorgesehen sind, deren Anteil 20% der Lotteriegelder sind (Lottery Act 1993, s 23(1e), s 22(3a)). Damit erhält das BFI 2,7% der gesamten Lotteriegelder.

Aufgrund der Sparvorgaben der Regierung wurden der Grant-in-Aid des DCMS wie auch der zweckgebundene Grant-in-Aid bereits für das Jahr 2013-14

161 £ 21,4 Mio. in 2013-14 und £ 26,1 Mio. in 2012-13, vgl. BFI Jahresbericht/annual review 2013-14, S. 56; BFI Jahresbericht/annual review 2012-13, S. 50.

162 £ 30 Mio. in 2014-15, vgl. BFI annual review 2014-15, S. 66.

163 Vgl. BFI Geschäftsbericht/annual report 2013-14, S. 41; BFI Geschäftsbericht/annual report 2012-13, S. 31.

164 Vgl. BFI annual report 2012-13, S. 31.

reduziert. Hinzu kommen weitere Reduzierungen für 2014-15 und 2015-16.[165] Im Geschäftsjahr 2013-14 lag der Grant-in-Aid bei £ 16,6 Mio. zuzüglich zweckgebundenen Zuschüssen des DCMS von £ 7,7 Mio., gesamt also £ 24,3 Mio.[166] Im Jahr davor betrug der gesamte Grant-in-Aid des DCMS noch £ 28,9 Mio., aufgeteilt in £ 20,3 Mio. direkten Grant-in-Aid und £ 8,6 Mio. zweckgebundenen Grant-in-Aid.[167] Angesichts der Mittelkürzungen sieht es der Filmpolitik-Bericht 2012 als entscheidend an, dass die einzelnen Fördereinrichtungen zur Generierung von Geldmitteln zusammenarbeiten, gemeinsame Finanzierungen („match funding") durchführen und neue Sponsorenverträge auftun sowie ein Netzwerk von potenziellen philanthropischen Spendern aufbauen. Auch der Triennial Review 2014 betont die Wichtigkeit, die finanzielle Abhängigkeit zum DCMS zu reduzieren und den Anteil der privat erwirtschafteten Einnahmen zu erhöhen.

4. *Förderung*

Das BFI unterhält zahlreiche Förderfonds und -programme.[168] Gefördert wird die Filmentwicklung und -produktion, Vertrieb, filmische Bildung, Aus- und Fortbildung, Publikumsentwicklung und Marktinformationen und -forschung. Die Förderfonds sind im Wesentlichen gespeist mit Lotteriegeldern. Die Förderprogramme sind mit Grant-in-Aid und/ oder Lotteriegeldern finanziert. Diese orientieren sich an den im Strategieplan des BFI für 2012-17 (Film Forever) aufgestellten Zielen und sind entweder offene Programme, bei denen sich Filmschaffende jederzeit bewerben können, oder solche mit festen Bewerbungsfristen.[169]

Die Strategieziele sind erstens, die Bildung und Ausbildungsmöglichkeiten sowie die Auswahl an Filmen, die dem Publikum zur Verfügung stehen, zu erweitern, zweitens, den zukünftigen Erfolg britischer Filme zu unterstützen

---

165 Vgl. BFI annual report 2013-14, S. 41, BFI annual review 2014-15 und 2015-16.

166 Vgl. BFI annual review 2013-14, S. 56.

167 Vgl. BFI annual review 2012-13, S. 50.

168 Die folgenden Zahlen hinsichtlich der Budgets stammen größtenteils aus dem Strategieplan Film Forever. Seit der Aufstellung und Veröffentlichung des Film Forever Plans haben sich die zur Verfügung stehenden Fördermittel von der Höhe allerdings teilweise verändert, sodass die dort angegeben Zahlen zum Teil nicht mehr aktuell sind. Wo aktuelle Zahlen vorliegen, wurden unter Hinweis diese verwendet, ansonsten handelt es sich um solche des Film Forever Plans.

169 Die Informationen und Zahlen in diesem Abschnitt stammen vom BFI, abzurufen auf www.bfi.org.uk/about-bfi/policy-strategy/film-forever/overview-funding-programmes, Stand 20.02.2020.

und drittens, das Filmerbe für jeden zugänglich zu machen.[170] Zur Erreichung des ersten Strategieziels dienen die drei Förderfonds: BFI Audience Fund, BFI 5-19 Education Scheme und Distribution Fund. Der BFI Audience Fonds unterteilt sich nochmals in die drei Unterfonds, UK Audience Network, Film Festival Fund und Programming Development Fund. Für die Umsetzung des zweiten Strategieziels wurden drei Förderfonds eingerichtet, der BFI Film Fund, der BFI International Fund und der BFI Film Skills Fund & BFI Business Development Fund. Die Verfolgung des dritten Strategieziels wird durch den Förderfonds BFI Archives for the Future unterstützt.

Im Folgenden wird eine Übersicht über die Fonds mit Schwerpunkt auf dem wichtigsten und finanziell stärksten Fonds, dem Film Fund, gegeben. Neben den ausdrücklichen Förderfonds und -programmen existieren auch auf einige Begünstigte zugeschnittene Förderprogramme. Diese werden in einem Bewerbungsverfahren vom BFI zur Bewerbung aufgefordert bzw. die Bewerbung wird erbeten („solicit application"). Es wird sozusagen ein Fonds eingerichtet, bei dem man weiß, dass es nur einige wenige Antragsteller geben kann und wird. Der Begünstigtenkreis wird so eingegrenzt, dass der übliche formale Antrags- und Entscheidungsprozess erleichtert und verkürzt wird. Diese Art der Förderung wird gerechtfertigt durch eine als sinnvoll und erforderlich angesehene Förderlage.[171]

a. *Film Fund*

Bei der Aufstellung des Film Forever-Plans gab es bereits existierende Förderprogramme. Im Jahr 2013/14 sollte dem Film Fund ursprünglich ein Budget von £ 21,6 Mio. zur Verfügung stehen, aufgeteilt in £ 15,1 Mio. für Produktionsförderung, £ 2,15 Mio. für Entwicklung, £ 2,1 Mio. für das neue Talent Netzwerk (siehe unten), £ 1,25 Mio. für die Vision Awards und £ 1,0 Mio. für sog. Targeted Development Programmes.[172] Seit der Veröffentlichung des Film Forever-Strategieplans gab es 2013 bereits eine Erhöhung der Mittel des Film Fund auf knapp £ 26 Mio.[173] Für die Vision Awards 2013-15 wurde das Budget des entsprechenden Fonds auf £ 2,5 Mio. verdoppelt.[174] In den folgenden Jahren

170 Ausführlich unter 7. Zur strategischen Ausrichtung des BFI.
171 Diese Art der solicit application wurde bereits unter dem UK Film Council praktiziert.
172 Vgl. Film Forever, S. 40.
173 Vgl. BFI annual report 2013-14, S. 19.
174 Vgl. BFI, News „BFI launches vision awards 2013-2015" v.3.4.2014.

wurden aus dem Film Fund allerdings regelmäßig um die £ 20 Mio. vergeben, in 2017 dann £ 33,6 Mio.[175]

Der Film Fund unterstützt Nachwuchs- und etablierte Filmemacher in UK bei der Produktion eines Films. Gefördert wird die Entwicklung, Produktion und Fertigstellung von Spielfilmen. Für die Produktionsförderung werden Filme bevorzugt, die einerseits eine mutige Vision haben und bei denen andererseits eine anderweitige private Finanzierung unwahrscheinlich ist. Die Entwicklung kann sich auf ein Filmprojekt richten mit Live-action oder Animation sowie auf eine Dokumentation und kann digitale oder cross-mediale Elemente umfassen. Die Fertigstellung wird nur unterstützt bei Filmen, die zu großen internationalen Filmfestivals zur Vorführung eingeladen wurden, nicht aber zur Vorbereitung einer Bewerbung sowie auch nicht, wenn ein Sales- oder Vertriebsunternehmen an der Gesamtfinanzierung beteiligt ist. Der Film Fund steht für die Produktion von Erstlingswerken mit einem Budget von £ 500.000 bis 2 Mio. von Regisseuren und Produzenten zur Verfügung. Die Entwicklung von (Live-action Spielfilm-) Erstlingswerken wird nicht mehr im Rahmen des Film Fund gefördert, da hierfür das Programm NET.WORK eingerichtet wurde. Seit 2013-14 fallen auch Dokumentationen unter die Produktionsförderung. Animationsfilme werden unterstützt im Rahmen des Vision Awards sowie auf einzelbezogener Projektbasis in der Entwicklungsförderung. Ein Ausbau der Fördermöglichkeiten für Animationsfilme wird weiterverfolgt.[176] Eine spezielle Förderung für Kinder- bzw. Familienfilme gibt es derzeit nicht. Die Filme werden im Rahmen des Film Fund in der Entwicklung unterstützt. Kurzfilme fallen ebenfalls nicht unter die Förderung, können aber über das Programm NET.WORK (siehe unten) unterstützt werden. Der Vision Awards Fund hat bereits unter dem UK Film Council bestanden und als Förderprogramm in kleinem Rahmen die Entwicklung mehrerer Drehbücher gleichzeitig unterstützt, um dem Produktionsunternehmen eine größere Unabhängigkeit über sein kreatives Schaffen und die Weiterentwicklung in die Produktionsphase zu geben. Die Vision Awards sind zuletzt für den Zeitraum 2013-2015 vergeben worden. Eine Vergabe wird fortgeführt. Nicht gefördert wird die Entwicklung oder Produktion und Vertrieb von gefilmten Produktionen wie Theateraufführungen und anderen Veranstaltungen.

---

175 Vgl. BFI Statistical Yearbooks 2015, 2016, 2017, 2018, jeweils Kapitel Public investment in film in the UK.

176 Programm BFI-Aardman Development Lab bzw. Animation Development Lab im Rahmen des Film Fund.

Das BFI hat für die Bewerbungsvoraussetzungen, Verfahrensabläufe und Vergabekriterien (zu letzteren beiden siehe unter 5.) Richtlinien aufgestellt.[177] Bewerbungsberechtigt sind in UK oder Europa eingetragene Produktionsunternehmen. Bei diesen darf es sich nicht um eine einzige dahinterstehende Person handeln, die sämtliche Funktionen von Produzent, Autor und Regisseur übernimmt, sondern es muss neben Regisseur/ Autor ein Produzent beteiligt sein, der die Bewerbung einreicht. Der Spielfilm muss für die Kinoauswertung bezweckt und zudem geeignet sein, eine Qualifikation als „britischer Film“ sowie eine Altersfreigabe durch das British Board of Film Classification nicht strenger als 18 Jahre zu erlangen.

Bei der Entwicklungsförderung sind Filmschaffende bewerbungsberechtigt, die bereits einen Spielfilm hergestellt haben, bei dem eine Kinoauswertung stattgefunden hat. Das Team muss aus mindestens dem Produzenten und Drehbuchautoren bestehen.

Die Förderung durch den Film Fund ist nicht an Bewerbungsfristen gebunden, außer es handelt sich um spezielle Programme innerhalb des Fonds (First Feature, Feature Documentaries). Die Bewerbung muss umfangreiche Unterlagen u.a. zum Inhalt, zur Organisation und Finanzierung enthalten, deren Details in den Richtlinien aufgezählt sind. Einmal abgelehnte Bewerbungen können nicht erneut für eine Förderung beim Film Fund eingereicht werden, es sei denn, dass signifikante Änderungen des Vorhabens vorgenommen wurden.

Die Produktionsförderung von Dokumentationen hat zusätzliche Bedingungen und ein eigenes Bewerbungsverfahren. Außerdem gelten für Dokumentationen sowie Erstlingswerke die generellen Richtlinien des Film Fund ergänzende Richtlinien.[178] Für die Erstlingsförderung können sich auch Regisseure qualifizieren, die einen Spielfilm produziert haben, der nicht oder nur in geringem Umfang in Kinos vorgeführt wurde oder ein Micro-Budget (unter £ 500.000) hatte. Bewerbungen sind jederzeit möglich. Jedoch werden vierteljährlich Fristen gesetzt, nach denen sodann eine Auswahl und Vergabe von Fördermitteln der zu diesem Zeitpunkt eingereichten Bewerbungen stattfindet.

Seit 2014 hat das BFI auch sog. Diversitätsregelungen (diversity standards[179]) aufgestellt, die von den Filmemachern eingehalten werden müssen. Die Regelungen sind Nachweis für ein verstärktes Engagement, ethnische Minoritäten im britischen Filmsektor vor und hinter der Kamera zu fördern und zu beteiligen,

---

177 Vgl. BFI Film Fund Guidelines sowie Film Fund FAQs.

178 Vgl. BFI Documentary production funding und Production funding for first-features.

179 Vgl. BFI Film Fund Diversity Guidelines for production 2015.

und sollen auf einen verbesserten Zugang dieser Minderheiten und unterrepräsentierten Gruppen zur Filmindustrie hinwirken.

Mit Einrichtung eines Fonds für Entwicklung und Produktion hat das BFI eine Empfehlung der Expertenkommission aus dem Filmpolitik-Bericht 2012 umgesetzt. Der Bericht stellte auch den Kernpunkt einer Erfolgsbelohnung für die zukünftige Lotteriegelder-basierte Förderung auf. Darunter verstand die Expertenkommission, dass von der Entwicklungsförderung das Geld, was das BFI als Beteiligung zurückerhält, wieder für neue Projektentwicklungen zu den Unternehmen, die erfolgreich waren, zurückfließen solle. Dieses Recyclingmodell für Investitionen aus der Entwicklungsförderung hat das BFI zum 1. April 2013 eingeführt. In den Investitionsverträgen wird dem Geförderten eine Verpflichtung zur Rückzahlung der Investitionssumme auferlegt. Wenn die Summe vor Beginn des Filmdrehs (principal photography) zurückgezahlt wird, verwaltet das BFI sie zweckbestimmt für die Dauer von fünf Jahren, damit sie erneut dem Unternehmen als Entwicklungs- oder Produktionsförderung oder zu Fortbildungszwecken zur Verfügung stehen kann, ohne einer erneuten Rückzahlung. Allerdings besteht eine Obergrenze von £ 100.000 für diese zweckbestimmten Mittel pro Projekt unabhängig von der Investitionssumme.[180]

b. Distribution Fund

Der Distribution Fund[181] (Vertriebsfonds) ist mit einem jährlichen Budget von £ 4 Mio. pro Jahr ausgestattet.[182] Er soll Filmveröffentlichungen in UK vor allem von unabhängigen britischen Filmen und spezialisierten Filmen in Kinos und auf anderen Plattformen sowie mittels neuen und innovativen Distributionsmöglichkeiten unterstützen. Innerhalb dieses Fonds gibt es vier Förderstränge für verschiedene Filmarten und Vertriebsstrategien, die Fördermittel zwischen £ 20.000-300.000 vorsehen. Die „Big Audience"-Förderung ist auf unabhängige Filme mit kommerziellem Erfolg und Reichweite in ganz UK ausgerichtet, „Breakout" dagegen auf spezialisierte Filme, „New Models" fördert neue Veröffentlichungs- und Marketingstrategien und „Sleepers" zielt auf Filme, die außergewöhnlich erfolgreich an dem ersten Kinoveröffentlichungswochenende gestartet sind. Die Richtlinien des Fonds führen sämtliche Vertriebstätigkeiten auf, die förderfähig sind.

---

180 Vgl. BFI Film Fund Guidelines, S. 7f.

181 Vgl. Film Forever, S. 39; BFI Distribution Fund Guidelines.

182 2013 hat er den vorherigen P&A Fund (Prints&Advertising) abgelöst.

Bewerbungsberechtigt sind Vertriebsunternehmen, die die entsprechenden UK-Vertriebsrechte besitzen. Der zu fördernde Film muss entweder als britischer Film oder spezialisierter Film gemäß den Richtlinien des Fonds zu qualifizieren sein.[183] Spezialisierte Filme sind solche, die sich weniger an ein Mainstream-Publikum als ein engeres eigenes oder Nischenpublikum wenden. Unter spezialisierte Filme fallen auch Dokumentationen oder fremdsprachige Filme sowie Programmzusammenstellungen von Kurzfilmen (mehr als 69 min.). Im Unterschied zu dem üblichen Verständnis eines britischen Films unter Einbeziehung von Koproduktionsabkommen und dem Europäischen Koproduktionsabkommen sind diese anerkannten Qualifizierungen hier ausgeschlossen. Stattdessen wird ein britischer Film in diesem Kontext eng definiert und ist ausschließlich ein solcher, der den UK-Kulturtest im Sinne des Films Act 1985 bestanden hat. Zudem muss der Film eine Altersklassifizierung nicht höher als 18 Jahre vom British Board of Film Classification haben. Bewerbungsfristen für „Big Audience" und „Breakout" betragen mindestens 14 Wochen vor Veröffentlichungsdatum, für „New Models" 16 Wochen. Da bei der „Sleeper"-Förderung Bewerbungen nur nach individueller Aufforderung durch das BFI zugelassen sind, existiert keine Frist. Je nach Förderprogramm sind unterschiedliche hohe eigene Finanzierungsanteile des Vertriebsunternehmens als Partnerfinanzierung vorausgesetzt. Wichtigstes Element der Bewerbung ist die Veröffentlichungsstrategie mit anvisierten Kosten. Die Richtlinien des Fonds regeln weitere Bewerbungsvoraussetzungen.

c. *International Fund*

Der International Fund[184]soll zwei Zwecke fördern, zum einen den Export und zum anderen Investitionen aus dem Ausland in UK. Zur Verfügung stehen insgesamt £ 1,2 Mio. jährlich, die aufgeteilt werden mit £ 0,45 Mio. für die Förderung von Investitionen aus dem Ausland und £ 0,75 Mio. für die Exportförderung. Der Film Export Fund als Unterfonds soll Filme, die in die Auswahl bestimmter internationaler Festivals aufgenommen wurden, bzw. deren Sales Agents (Verkaufs- oder Vertriebsvertreter) für internationale Verkaufskampagnen dieser Filme unterstützen. Ziel des Fonds ist es, die internationalen Verkaufszahlen britischer Filme zu erhöhen und UK Film und Filmschaffende zu bewerben. Begünstigter und Bewerbungsberechtigter ist der Sales Agent, in Ausnahmefällen der Filmproduzent. Die Förderung beträgt bis 50% der erwarteten

183 Vgl. BFI Distribution Fund Guidelines, Appendix A.
184 Vgl. Film Forever, S. 40.

Kosten des Sales Agents, die nicht von anderen Förderquellen gedeckt sein dürfen, maximal £ 15.000 pro Film. Die Richtlinien des Film Export Fund[185] stellen die Bewerbungsvoraussetzungen des Films auf, u.a. ein Spielfilm, der sich als britischer Film qualifizieren kann und ein Budget von weniger als £ 7 Mio. hat. Weiterhin listen sie einzureichende Unterlagen sowie eine Übersicht mit den für die Förderung anerkannten Festivals auf. Bewerbungsfrist ist grundsätzlich bis vier Wochen vor dem Beginn des jeweiligen Festivals. Bei dem International Fund handelt es sich um gezielt ausgerichtete und offene Förderprogramme seit 2013. Vorrang wird ausdrücklich Projekten eingeräumt, die Wachstum und kulturelle Beziehungen sowie Handelsbeziehungen zwischen UK und Brasilien, China oder den USA verstärken. Damit steht die Investitionsförderung aus dem Ausland ausdrücklich auch den U.S.-amerikanischen Produktionen offen.

Das BFI hat Anfang 2014 als zusätzliche Innovation in dem Bereich der internationalen Förderung einen neuen Fördertopf eingerichtet, um den Absatz von UK-Filmen in den USA zu stärken und die Bewerbung des Films zu verstärken (US Distribution Fund).[186] Als weltgrößter Filmmarkt stellen die USA für das BFI einen wesentlichen Teil seiner internationalen Strategie dar. Der Fonds bezuschusst die Vertriebskosten (entweder mit dem niedrigeren Betrag von £ 25.000 oder 50% der gesamten Vertriebskosten für die Kinoveröffentlichung) für die Kinovorführung in den USA. Begünstigter ist das US-Vertriebsunternehmen, wobei die Mittel zweckgebunden an Marketing und Werbung für den Film sind. Der US Distribution Fond wurde eingeführt, um mit anderen europäischen sowie außereuropäischen Staaten wie Russland und Brasilien im Wettbewerb auf dem US-Filmmarkt mithalten zu können.

d. Audience Fund

Der Audience Fund[187] zielt auf eine größere Publikumsreichweite und eine Verbreiterung des Filmangebots für das Publikum, verbunden mit einer erhöhten Anzahl von Kinoleinwänden, insbesondere unter Einbeziehung spezialisierter[188]

185 Vgl. Film Export Fund Guidelines.

186 Vgl. BFI, PM „BFI extends new US Distribution Fund Pilot to boost UK Films internationally" v.4.3.2014.

187 Vgl. Film Forever, S. 39.

188 Der Begriff wird weit verstanden und umfasst Filme, die sich weniger an ein Mainstream-Publikum wenden als an ein engeres Publikumssegment. Darunter können z.B. Low-Budget-Filme fallen wie unabhängig produzierte Filme, die einen Fokus mehr auf die Erzählung und Charaktere legen als auf Effekte und ereignisgesteuerte Handlung. Kriterien sind u.a. das Genre, der filmische Stil, fremdsprachige Filme,

und unabhängig produzierter Filme. Er hat die drei Unterfonds UK Audience Network (and Community venues), Film Festival Fund und Programming Development Fund und ein Budget für die Periode des Film Forever-Strategieplans in Höhe von £ 22 Mio.[189]

aa. UK Audience Network (and Community venues)

Der Unterfonds UK Audience Network (and community venues) unterteilt sich nochmals in zwei Förderprogramme: das Film Audience Network (kurz FAN) und BFI Neighbourhood Cinema. Es handelt sich um laufende Programme ohne Bewerbungsfristen mit Ausnahme des FAN-Programms mit einer mehrjährigen Vergabe. Die FAN und Neighbourhood Cinema-Förderung zielt zum einen auf eine Steigerung der Bandbreite und Tiefe der Filme für das Publikum und zum anderen auf die Entwicklung von 1.000 gemeindebasierten Filmvorführungsorten in UK. Der UK Audience Network and Community Venues Fund hat ein Budget von insgesamt £ 3 Mio. jährlich, aufgeteilt in £ 2,5 Mio. für FAN und £ 0,5 Mio. für Neighbourhood Cinema.

Das Film Audience Network (FAN)[190] wurde bereits im Filmpolitik-Bericht 2012 vorgeschlagen und ist eine vom BFI entwickelte umfangreiche Initiative zur Zusammenarbeit von Filmexperten und Filmschaffenden für eine Vergrößerung des Filmpublikums durch verschiedenste Aktivitäten, die in den Regionen ansetzen. Ziel ist es, eine aktive Gemeinschaft von in der Filmindustrie Tätigen, vor allem der Filmvorführer und Kinobetreiber sowie Festivalleiter, aber auch Filmarchive, Filmvereine, Bibliotheken, Museen, TV-Sender und Rundfunkanbieter u.a., aufzubauen, um auf eine Breite des Filmangebots hinzuarbeiten und so ein größeres Publikum zu entwickeln. Unter Einbeziehung der Multiplex-Kinobetreiber sollen Strategien entwickelt werden, um unabhängige UK-Filme vermehrt auch in diesen Kinos vorzuführen. Das Netzwerk soll insgesamt die Kräfte bündeln und ein gemeinsames Handeln für eine Publikumsentwicklung mit Programmerstellung und Marketing ermöglichen. Die Mitglieder bilden sog. Film Hubs, zentrale Stellen, in ihrer Region, die in Gänze das gesamte geografische Gebiet und sämtliche Regionen von UK abdecken. Die Idee für die Hubs ist, dass von den „Graswurzeln“ bis zu einer überregionalen Reichweite ein Netzwerk

---

Dokumentationen, Archivfilme, vgl. UK Audience Network Overview, S. 12; siehe auch oben Distribution Fund.

189 Vgl. UK Audience Network Overview, S. 2; BFI Film Festival Fund Guidelines, S. 2.

190 Vgl. BFI, www.bfi.org.uk/supporting-uk-film/distribution-exhibition-funding/film-audience-network, Stand 24.02.2020.

entsteht, das auf die Erreichung der Ziele hinarbeitet. Die Film Hubs werden von Dachorganisationen, den Film Hub Lead Organisations (FHLO), geführt und koordiniert. Diese sind in England Film Hub North, Film Hub North West Central, Film Hub Central East, Film Hub London, Film Hub South West & West Midlands und Film Hub South East sowie in den anderen Nationen Film Hub Scotland, Film Hub Northern Ireland und Film Hub Wales. Sie werden jeweils von Kinos, Film- oder Kultureinrichtungen vor Ort geführt. Die FHLOs sind dem BFI gegenüber über die Verwendung der Fördermittel rechenschaftspflichtig.[191] Sie erhalten vom BFI Fördermittel (Lotteriegelder) in Höhe von 7,5 Mio. über vier Jahre 2013-17 für die eigene Organisation sowie für die Finanzierung der Hub Aktivitäten.[192] Das stellt einen Hauptteil der Fördermittel dar, die dem UK Audience Network Fund zur Verfügung stehen. Projekte aus einer Zusammenarbeit verschiedener Hubs können über den Programming Development Fund gefördert werden (siehe unten).

Das zweite Programm Neighbourhood Cinema Fund des Unterfonds UK Audience Network (and community venues) unterstützt seit November 2013 abgelegene oder benachteiligte Regionen und Gemeinschaften, die aufgrund der geografischen Lage, sozialer oder wirtschaftlicher Gegebenheiten keine Kinos haben oder sie nicht besuchen können, mit Filmvorführungen. Das Programm ist für den Zeitraum des Film Forever-Plans mit £ 2 Mio. ausgestattet. Ebenso wie bei FAN soll hier eine Zusammenarbeit des BFI mit anderen Industriegruppen wie Kinobetreibern und unabhängigen Vertreibern stattfinden.

bb. Film Festival Fund

Der Film Festival Fund[193] verfügt über ein Budget von £ 1 Mio. jährlich seit April 2013 bis März 2017 zur Unterstützung regionaler Festivals wie Festivals in UK mit internationaler Reichweite und Profil. Als Teil des BFI Audience Fund zielt der Film Festival Fund u.a. auf eine Verbreiterung der Filmauswahl für das Publikum und eine Vergrößerung des Publikums für spezialisierte Filme und unabhängig produzierte UK-Filme. Es gibt zwei Förderstränge für eine lokale/ regionale und eine nationale/ internationale Ausrichtung.[194] Eine Förderung beim ersten Strang beträgt in der Regel zwischen £ 5.000-15.000, maximal

191 Vgl. UK Audience Network Overview, S. 7, 11.

192 Vgl. BFI, News „BFI film audience network lead partners announced" v.15.7.2014.

193 Vgl. BFI Film Festival Fund Guidelines; Film Festival Fund FAQ.

194 Die meisten geförderten Festivals fallen unter die regionale Kategorie, vgl. BFI Film Festival Fund Guidelines, S. 4.

£ 50.000. Neue Festivals werden nur in der regionalen Festivalförderung einbezogen. Insbesondere beim regionalen Förderstrang ist vorgesehen, dass die Festivals an dem UK Audience Network teilnehmen, während der Focus der internationalen Festivals neben der Publikumsauswahl auf eine Unterstützung der UK-Filmindustrie ausgerichtet ist. Vor der Einreichung einer formalen Bewerbung ist bei der Förderung eines regionalen Festivals fakultativ und eines nationalen/ internationalen Festivals obligatorisch eine vorherige Besprechung mit dem BFI vorgesehen. Bewerbungen für Festivals in England werden gegenüber solchen in den anderen UK-Nationen bevorzugt, da letztere die Möglichkeit haben, auch von den dortigen nationalen Fördereinrichtungen unterstützt zu werden. Bewerbungsberechtigt sind eingetragene Unternehmen, Wohltätigkeitsorganisationen, örtliche Behörden und höhere Bildungseinrichtungen. Handelt es sich um ein Festival, das regelmäßig jedes Jahr stattfindet, werden die Fördermittel grundsätzlich nur für das aktuelle Festival vergeben, nicht für darauffolgende Ausgaben. Der Film Festival Fund verlangt den Nachweis einer wesentlichen Partnerfinanzierung (Geld- oder Sachmittel durch Sponsoring, Zuschuss oder andere öffentliche Förderung), jedoch ohne vorgeschriebene Kostenanteile an den Gesamtkosten. Der Bewerbung müssen gemäß den Richtlinien des Fonds Informationen zum Festival und dessen Ausführung inklusive Programm, Finanzierung und Finanzplan sowie Strategie beiliegen. Es gibt zwar keine Bewerbungsfrist, jedoch müssen Bewerbungen mindestens fünf Monate vor Festivalbeginn eingereicht werden. Das BFI entscheidet drei Monate nach Einreichung.

cc. Programming Development Fund

Der Programming Development Fund[195] hat ein Budget von £ 1,4 Mio. jährlich seit 2013 (£ 5,6 Mio. über vier Jahre).[196] Er gehört ebenso wie der Distribution Fund (siehe oben unter b.) zu der Förderung für Filmvorführer. Die beiden Fonds ergänzen sich in ihrem Angebot. Der Programming Development Fund konzentriert sich auf Vorführprogramme, während der Distribution Fund einzelne Filme unterstützt. Hauptzweck des Fonds ist die Unterstützung von Initiativen innerhalb von FAN. Er ergänzt das UK Audience Network, indem er eine gezielte Unterstützung der Filmvorführer anbietet, eine größere Anzahl risikofreudiger Filmprogramme mit unabhängig produzierten UK-Filmen in UK zu

195 Vgl. BFI Programming Development Fund Guidelines; Programming Development Fund FAQ.

196 Vgl. BFI, News „BFI's Programming Development Fund now open" v.23.1.2014.

zeigen, um dadurch die Auswahl für das Publikum zu steigern. Zugleich sollen die geförderten Projekte von der Infrastruktur von FAN Gebrauch machen. Bevorzugt werden daher Programmprojekte, die an FAN teilnehmen bzw. miteinbeziehen. Längerfristig soll das Publikum für unabhängig produzierte und spezialisierte Filme vergrößert werden.

Der Programming Development Fund bietet drei verschiedene Stränge zur Förderung von Filmvorführprojekten. Ein Strang richtet sich auf eine Förderung zur Entwicklung eines Programms, der Hauptstrang auf fertige Projekte zur Umsetzung und der dritte Strang ist für sehr umfangreiche regelmäßig UK-weite Programmprojekte konzipiert. Je nach Strang betragen die Förderungen pro Projekt zwischen £ 5.000 und £ 500.000 (aufsteigend von Strang 1 zu 3). Mögliche Vorführprojekte können sich z.B. befassen mit Archivfilmen, Dokumentationen, Retrospektiven oder bestimmten Themenschwerpunkten. Für den dritten Programmstrang mit den höheren Förderzuschüssen sind Bewerbungsfristen vorgesehen (zweimal jährlich), für die anderen Stränge ist es ein laufendes Programm. Vor der Einreichung einer formalen Bewerbung empfiehlt das BFI eine vorherige Kontaktaufnahme mit Einsenden einer zusammenfassenden Projektbeschreibung zwecks Besprechung. Bewerbungsberechtigt sind eingetragene Gesellschaften oder Wohltätigkeitsorganisationen sowie lokale Behörden, nicht einzelne Personen. Mit Ausnahme der Projektentwicklungsförderung (Strang 1) wird eine Partnerfinanzierung zwischen 20-50% der Gesamtkosten gefordert. Erforderliche Bewerbungsunterlagen müssen gemäß den Richtlinien des Fonds neben dem Bewerbungsformular u.a. einen Finanzplan und ausführliche Beschreibung des Projekts umfassen.

e. 5-19 Education Scheme

Das 5-19 Education Scheme[197](Erziehungsprogramm) hat ein jährliches Budget von £ 7 Mio. sowie zusätzlich in den Jahren 2012-2015 £ 3 Mio. vom Ministerium für Bildung in England (Department for Education in England)[198] für eine neu eingerichtete Filmakademie. Das Förderprogramm läuft seit 2012 und ist eine mehrjährige Förderung mit einer festen Bewerbungsfrist. Das Programm will das Anschauen, Herstellen und Verstehen von Filmen dieser Altersgruppe

197 Vgl. Film Forever, S. 39.

198 Da die Politikbereiche Erziehung und Bildung in UK den Nationen übertragen ist, obliegt die Bildungspolitik den einzelnen Staaten England, Wales, Schottland und Nordirland. Die anderen Bildungsministerien in Wales, Schottland und Nordirland haben bisher keine finanziellen Zuschüsse gegeben.

mittels einer interaktiven Online-Plattform, Schulclubs in jeder Schule in UK und der BFI Jugendakademie (Youth Academy) fördern. Die Online-Plattform bietet eine große Auswahl an Filmen zum Anschauen und umfangreiche Informationen zur Filmproduktion und zum Filmverständnis. Die Schulclubs sind mit Bildungsprogrammen in Kinos und mit sog. „outreach"-Programmen vernetzt, die junge Menschen erreichen wollen, die mit dem traditionellen Bildungssystem nicht erreicht werden. Die BFI-Jugendakademie dient der Entdeckung und Förderung außergewöhnlich talentierten Nachwuchses. Die neue Filmakademie wurde zur Talentförderung von 16-19Jährigen eingerichtet, die erste Filmkenntnisse bei einer Filmherstellung erhalten. In Zusammenarbeit mit anderen Organisationen, darunter die National Film and Television School, wird ein vielfältiges Kursprogramm angeboten.[199] Um eine UK-weite Ausrichtung und Erstreckung der Aktivitäten der Filmakademie zu schaffen, soll eine Zusammenarbeit mit den National Screen Agencies stattfinden, damit auch Wales, Schottland und Nordirland von der Filmakademie profitieren können.

Neben diesem Programm vergibt das BFI mittels der Einrichtung Into Film (früher die Einrichtungen FILMCLUB und First Light, siehe unten) Zuschüsse zur filmischen Bildungsarbeit.

f. Film Skills Fund & Business Development Fund

Der Film Skills Fund & Business Development Fund[200] hat ein Budget von £ 6,1 Mio. pro Jahr. Dieses wird aufgeteilt für Skills & Business Development mit £ 4,85 Mio. und den Capital Fund mit £ 1,25 Mio., wobei für letzteren £ 5 Mio. über fünf Jahre geplant sind. Die Förderung bezweckt die Entwicklung einer neuen UK-weiten Strategie des BFI für filmische Kompetenzen in Zusammenarbeit mit Creative Skillset (Bigger Future-Strategie). Sie soll insbesondere die Aus- und Weiterbildung von Filmschaffenden im Hinblick auf zukunftsorientierte Fähigkeiten sowie betriebswirtschaftliche Kenntnisse fördern. Mit dem Capital Fund findet eine finanzielle Unterstützung der Filmhochschulen statt. Für eine Förderung zwecks Unternehmensentwicklung arbeitet das BFI mit Creative England zusammen und erbringt im Rahmen des Business Development Fund eine Startfinanzierung, um die Entwicklung von Wachstumszielen zu realisieren (siehe unten bei Creative England, Film Enterprise Fund). Es ist ein offenes Programm und besteht seit April 2013.

199 Vgl. z.B. www.bfi.org.uk/education-research/5-19-film-education-scheme-2013-2017/bfi-film-academy-scheme/bfi-film-academy-uk-network-programme, 24.02.2020.

200 Vgl. Film Forever, S. 40.

g. *Unlocking Film Heritage Digitisation Fund*

Der Fonds für das filmpolitische Ziel Archives for the Future ist der Unlocking Film Heritage Digitisation Fund.[201] Hierbei handelt es sich um ein Förderprogramm mit einem jährlichen Durchschnittsbudget von £ 3 Mio.[202] für die Auswahl, Bewahrung, Digitalisierung und den Zugang zum Filmerbe. Es ist ein gezielt ausgerichtetes Programm als Einmalförderung und besteht seit 2013 durchgehend ohne Fristen. Das längerfristige Ziel von Archives for the Future ist, das gesamte UK-Filmerbe zu digitalisieren und in dieser Form zugänglich zu machen. Das BFI wird 10.000 Filmwerke digitalisieren und über eine große Reichweite von Plattformen (5.000 Filme des BFI National Archive und 5.000 Filme anderweitiger Herkunft) zugänglich machen. Förderungsberechtigt sind Archive und Rechteinhaber aller Nationen und Regionen in UK.

h. *Research and Diversity Funds*

Weitere Förderziele des BFI sind die Förderung von Forschung sowie von gleichberechtigter Teilhabe unterrepräsentierter Gruppen. In der geplanten Ausgabepolitik ist für beides im Film Forever-Plan ein Budget von jährlich £ 1,2 Mio. vorgesehen, aufgeteilt in £ 1 Mio. für Research und £ 0,2 für Diversity.[203]

Im Januar 2014 wurde der neue BFI Film Research & Statistics Fund mit einem gesamten Budget von £ 4 Mio. bis 2017 zur Förderung von Untersuchungen und Forschungen in der Filmindustrie und zu dem Kulturgut Film eingerichtet. Vorrangig werden Untersuchungen unterstützt, die eine systematische Auswertung von Politik und Programmen vornehmen oder die digitale Entwicklung untersuchen, um die Zukunft des Films und der Filmförderung sicherzustellen. Bei den Untersuchungen sollen bestimmte Qualitätsstandards des Finanzministeriums (Magenta Book von 2011) eingehalten werden. Die Ergebnisse werden weitreichend veröffentlicht, sodass über die Entwicklung von filmpolitischem Eingreifen informiert wird und Denkanstöße für die existierenden Finanzierungs-, Filmherstellungs- und Konsummodelle gegeben sowie datenbasierte Entscheidungshilfen für die Politik, das BFI und andere Interessensgruppen geschaffen werden. Mit einem Research Fund hat das BFI zumindest

201 Vgl. Film Forever, S. 41.

202 Neuere Zahlen nennen eine Summe von £ 5 Mio. über drei Jahre für 5.000 Filme, die nicht dem BFI National Archive entstammen, vgl. www.bfi.org.uk/supporting-uk-film/funding-organisations/unlocking-film-heritage-digitisation-fund, Stand 24.02.2020.

203 Vgl. Film Forever, S. 41.

teilweise eine Empfehlung des Filmpolitik-Berichts 2012 realisiert, der die Einrichtung eines Research and Development Fund vorgeschlagen hatte. Die Expertenkommission hatte der Einrichtung eines Research Fund erhebliche Bedeutung als Schaffung einer einheitlichen und faktenbasierten Informationsdatenbank beigemessen. Das Programm ist fortlaufend und als sog. solicited programme, erbetenes Bewerbungsprogramm (siehe auch Erklärung oben am Anfang dieses Abschnitts 4.) konzipiert. Das Film Research and Statistics Programme wurde Ende 2013 zur Vergabe an einen Dritten ausgeschrieben.[204] Von dem Budget ist ein Betrag von ca. £ 420.000 für die Research & Statistics-Abteilung des BFI fest vorgesehen. Der Filmpolitik-Bericht 2014 sieht die Erfüllung der Informationsbeschaffung und Informationssammlung durch einen Dritten kritisch und weist auf die Gefahr einer Zersplitterung der Programme des BFI, der eigenen Abteilung innerhalb des BFI's für Research and Statistics und der Faktenbasis und Politik hin.[205]

Der Diversity Fund soll dagegen einen gleichen Zugang zur Filmindustrie ermöglichen sowie die Teilhabe und kulturelle Vielfalt stärken, insbesondere Frauen und Menschen, die zu den ethnischen Minderheiten zählen, fördern. Außerdem werden Maßnahmen für Menschen mit körperlichen Seh- und Hörbeeinträchtigungen und Begleiter für Menschen mit Behinderung unterstützt.[206] Damit tritt der Diversity Fund neben die Diversity Guidelines im Rahmen des Film Fund.

i. *Weitere Förderprogramme und Aktivitäten*

Das BFI unterhält zu der speziellen Förderung anhand der Fonds verschiedene Programme, die die finanzielle Förderung ergänzen.

Der Film Fund unterstützt das Förderprogramm NET.WORK laut dem Geschäftsbericht 2013-14 mit einem jährlichen Budget von £ 3 Mio. (vorher £ 1, 5 Mio.).[207] Das Programm gibt es seit September 2013 und ist eine Kerninitiative des Film Forever-Programms für die UK-weite Nachwuchsentwicklung. Gefördert wird dies u.a. mit zwei Talent Zentren (talent centres) in Brighton und Sheffield, die in Zusammenarbeit mit Creative England betrieben werden. Das BFI arbeitet in diesem Rahmen mit den anderen regionalen und nationalen Einrichtungen

204 Vgl. Research & Statistics Fund Guidelines.

205 Film Policy Review 2014, S. 22.

206 Vgl. www.bfi.org.uk/about-bfi/policy-strategy/film-forever/research-diversity, Stand 24.02.2020.

207 Vgl. BFI annual report 2013-14, S. 20.

Creative England[208], Film Agency Wales, Northern Ireland Screen, Creative Scotland und Film London[209] in UK zusammen. NET.WORK richtet sich an Nachwuchs-Drehbuchautoren, -Regisseure und -Produzenten, wobei Gegenstand die Unterstützung für die Herstellung von Kurzfilmen und Spielfilmen sein kann. Damit entfällt eine direkte finanzielle Nachwuchsförderung des BFI. Hinzu kommt eine neue Entwicklungspartnerschaft mit dem Unternehmen Aardman Animations für die Förderung der Entwicklung von Animationsfilmen.[210]

Im April 2013 wurde vom BFI eine neue Organisation in dem Bereich Filmbildungserziehung namens Film Nation UK (FNUK) gegründet. Sie wurde als führende Einrichtung in der Filmbildungserziehungsarbeit zunächst unter dem Dach des BFI errichtet. Junge Menschen zwischen fünf bis 19 Jahren werden UK-weit darin weitergebildet, über und mit dem Medium Film zu lernen. FNUK arbeitet mit einem breiten Angebot, um die drei Ziele des Filmanschauens, Filmverstehens und Filmemachens zu erreichen. Sowohl das Publikum wie die zukünftigen Filmschaffenden sollen damit ausgebildet werden. FNUK ist mit Lotteriegeldern durch das BFI finanziert und wird daneben von mehr als 100 Partnern aus der Industrie unterstützt. Geplant ist, dass FNUK zu einer selbständigen Organisation im Rahmen von weiten Rahmenregelungen vom BFI wird und sich im Jahr 2017 selbst erhalten kann. Dafür sind alternative Finanzressourcen anstelle des BFI und der Regierung notwendig, deren Akquirierung noch offen ist. Ziel ist eine Zusammenarbeit von FNUK mit allen Kultusministerien in den Nationen von UK, um auch in den Schulen tätig werden zu können.

Der BFI Player wurde ebenfalls im Oktober 2013 als online on-Demand-Dienst, der insbesondere unabhängige und spezialisierte Filme im Angebot hat, eingerichtet. Er basiert auf einer Empfehlung des Filmpolitik-Berichts 2012 und dient der Entwicklung und Erweiterung des Filmpublikums.

Des Weiteren unterhält das BFI derzeit zusammen mit Partnern fünf Mediatheken (Cambridge, Derby, London, Newcastle und Wrexham), in denen kostenlos Filme gezeigt werden, die woanders nicht aufgeführt werden. Damit

---

208 Zusammenarbeit bei den Talent Zentren. Zu dem BFI NET.WORK Programm zählen die Förderprogramme von Creative England iShorts und iShorts + „Funny Girls" sowie Emerging Talent, siehe unter E. II. 3.

209 Vgl. Film London's Kurzfilmförderungen London Calling und London Calling Plus, unter E. III. 3.

210 Laut BFI annual report 2013-14, S. 20; BFI-Aardman Development Lab, Guidelines for applicants 2014.

soll das im Filmarchiv gesammelte UK-Filmerbe der Allgemeinheit zugänglich gemacht werden.

Das BFI ist ferner Herausgeber der Zeitschrift Sight and Sound, unterhält die Reuben Bibliothek sowie das Filmveranstaltungscenter BFI Southbank, veranstaltet die Filmfestivals BFI London Film Festival, Flare LGBT (Lesbian Gay Bisexual Transgender) Film Festival und Future Film Festival. Letzteres bietet vorrangig ein Veranstaltungsprogramm zur Weiterbildung und zum Networking von Filmschaffenden sowie zusätzlich die Vorführung von Filmen, jedoch ohne Juryprämierung.

5. *Mittelverteilung und Vergabeverfahren*

Bei der Vergabe der Fördermittel wird nach der Herkunft der Fördermittel zwischen Lotteriegeldern und Grant-in-Aid unterschieden. Die finanzielle Förderung des BFI besteht nicht in Form von Darlehen, sondern von Zuschüssen. Allerdings werden teilweise in den Investitionsverträgen Rückflussmöglichkeiten vereinbart, sog. „recoupment", sodass zwar nicht wie bei einem rückzahlbaren Darlehen dieser Betrag als Rückfluss garantiert wird, aber u.U. der gesamte Investitionsbetrag zurückfließen kann. Ein Rückfluss kann z.B. vereinbart werden durch einen Anteil an den Rechten („share in rights") wie bei normalen Investitionsverträgen, sodass die zurückerhaltenen Investitionen reinvestiert werden können. Auf diesem Weg ist das BFI an den kommerziellen Gewinnen eines Films beteiligt und zwar zunächst unabhängig vom wirtschaftlichen Erfolg.

Mit Grant-in-Aid unterstützt das BFI verschiedene regionale und nationale Einrichtungen. Es wird z.B. regionalen Archiven zuerkannt, Creative Skillset, Creative England, First Light, Film Club, Film London, den nationalen Fördereinrichtungen in Wales (Ffilm Cymru Wales) und Nordirland (Northern Ireland Screen).[211] Bis auf Film London erhält keine andere regionale Filmfördereinrichtung finanzielle Mittel vom BFI.[212] Lediglich die nationale Einrichtung Creative England wird vom BFI unterstützt.

Für die Ausgaben der Grant-in-Aid vom Kultusministerium ist die Finanzierungsvereinbarung („funding agreement") zwischen BFI und DCMS maßgeblich. Deren Ziele sind: den Zugang zur Filmkultur zu erweitern und zu verbessern und dabei den unterschiedlichen geographischen Bedürfnissen der Regionen und Nationen von UK gerecht zu werden, Erziehung durch Film zu

211 Vgl. BFI annual report 2012-2013, S. 82.

212 Vgl. BFI annual report 2012-2013, S. 82.

verbessern, die kulturelle Diversität und soziale Inklusion zu unterstützen sowie die Filmtätigkeit in den Regionen und Nationen von UK unter Sicherstellung der Zusammenarbeit der regionalen und nationalen Behörden zu fördern.

Die Fonds, die Lotteriegelder verteilen, enthalten hauptsächlich diese Gelder, aber keine oder selten weitere BFI-Gelder. Für die Verteilung der Lotteriegelder gibt es klare Regelungen im Lotteriegesetz 1993 (Lottery Act 1993) und den dazugehörigen Richtlinien. Das Gesetz stellt Regelungen und Erfordernisse für die Verteilung auf. Zusätzlich gibt es Richtlinien von der Regierung oder dem DCMS mit Regelungen für Vergabe, Finanzen und Buchhaltung (siehe oben unter 2.). Die Vergabe ist an bestimmte Förderzwecke und Organisationen gebunden, wobei die Einzelheiten zur Ausgestaltung der verschiedenen Fördertöpfe und -programme im Ermessen des BFI liegen.

Das BFI hat für die jeweiligen Fonds und Programme Richtlinien mit den Bewerbungsvoraussetzungen und Förderkriterien aufgestellt. Je nach Programm bestehen teilweise Bewerbungsfristen. Die einzelnen Programmvergaberichtlinien müssen mit den Rahmenvorgaben der BFI Financial Directions im Einklang stehen. Einzelheiten zu den Richtlinien und Fördervoraussetzungen sind bei den jeweiligen Förderprogrammen unter Abschnitt 4. bereits ausgeführt worden.

Es gibt ein Vergabegremium, das auch als Lottery Finance Committee für die Verteilung der Lotteriegelder agiert, ermächtigt gemäß Lottery Act 1993, s 25A(1, 2). Lottery Act 1993, s 25A(6, 7) stellt die Voraussetzung auf, dass dem Komitee mindestens ein Vertreter des BFI angehören muss. Die Besetzung mit externen Mitgliedern ist fakultativ. Das Vergabegremium des BFI ist rein intern und wird mit eigenen Mitarbeitern besetzt. Hinsichtlich der Zusammensetzung oder Wahl der Mitglieder existieren keine öffentlich zugänglichen Richtlinien. Es gibt Untergremien für verschiedene inhaltliche Unterteilungen. Zudem erhält das Gremium externen fachlichen Rat. Die Besetzung ist damit nach außen nicht bekannt, insofern für die Bewerber intransparent.

Das Verfahren nach Einreichung der Bewerbungen verläuft grundsätzlich zunächst dergestalt, dass das Vorliegen der allgemeinen Bewerbungsvoraussetzungen in der Regel von der jeweiligen Fachabteilung geprüft wird. Danach erfolgt eine Vorprüfung der Auswahlkriterien (initial review) bzw. beim Distribution Fund der Veröffentlichungsstrategie.[213] Die Fonds haben unterschiedliche Entscheidungskriterien, die in den jeweiligen Richtlinien enthalten sind. Auswahlkriterien beim Film Fund sind z.B. die Qualität des kreativen Vorhabens,

213 So z.B. beim Film Fund, Film Export Fund, Distribution Fund.

die Durchführbarkeit des strategischen Vorschlags, die bisherigen Arbeiten des Filmteams, das Publikumspotential und der kulturelle Wert des Projekts.[214] Für die Förderung von Erstlingswerken im Rahmen des Film Fund sind zudem die Qualifikationen und bisherige Arbeiten des Regisseurs, z.B. Kurzfilme, Musikvideos o.ä. sowie ein Finanzplan entscheidend. Beim Verfahren hinsichtlich des Distribution Fund findet danach noch eine Filmvorführung statt. Nach dieser ersten Vorprüfung und Auswahl wird den Bewerbern entweder eine Ablehnung oder die Bitte um Einreichung weiterer Informationen und gegebenenfalls ein Gesprächstermin mitgeteilt. Bei der Förderung von Erstlingswerken im Rahmen des Film Fund werden von Mitarbeitern des Film Fund ausgewählte Bewerber zu Besprechungen mit dem BFI eingeladen, bevor eine Förderentscheidung getroffen wird. Die Bewerbungen werden vom Team des jeweiligen Fonds mit einer Empfehlung an das Vergabegremium weitergeleitet. Vorherige erteilte Absichtserklärungen für eine Produktionsförderung stehen unter dem Vorbehalt der Zustimmung des Lottery Finance Committee.

Abweichend vom soeben beschriebenen Verfahren werden bei der Produktionsförderung von Dokumentarfilmen im Rahmen des Film Fund nach der schriftlichen Bewerbung sechs Bewerber zu einer mündlichen Präsentation ausgewählt, die zweimal jährlich abwechselnd in Sheffield und London stattfindet. Das Verfahren findet in Zusammenarbeit mit dem Sheffield Documentary Festival statt. Dementsprechend entscheiden über die erste Auswahl der Bewerbungen Mitarbeiter des Film Fund und des Festivals. Den sechs ausgewählten Teams wird zur Vorbereitung der Präsentation ein Workshop angeboten. Bei der dann folgenden Präsentation entscheidet eine Expertenkommission über die endgültige Fördervergabe. Diese setzt sich aus BFI-Mitarbeitern des Film Fund und externen Praktikern aus der Dokumentarfilmszene zusammen. Auswahlkriterien betreffen die Qualifikationen des Filmteams, den Gegenstand, Geschichte und Charaktere des Films und Begründung für die Herstellung als Kinofilm.

Der Filmpolitik-Bericht 2012 sieht die Gefahr einer unausgewogenen Meinungsbildung und „gatekeeper"-Situation bei der Vergabeentscheidung. Daher wurde dem BFI in dem Bericht 2012 empfohlen, auf Ausgewogenheit und Pluralität zu achten und für das Vergabeverfahren eine entsprechende Gestaltung einzurichten. Ob das bei einem rein intern besetzten Gremium erzielt werden kann, ist fraglich. Zweifellos können aber Ausgewogenheit und Pluralität bei einem intern besetzten Gremium nicht in gleichem Maße wie bei einer Besetzung mit externen, unabhängigen Experten erzielt werden. Dieses Besetzungsproblem

---

214 Vgl. BFI Film Fund Guidelines, S. 4f.

stellt sich nicht nur dem BFI, wie weiter unten bei den anderen Fördereinrichtungen noch zu sehen sein wird. Laut dem Filmpolitik-Bericht 2014 hat das BFI hinsichtlich der Vergabe tatsächlich einige Änderungen des Verfahrensablaufs vorgenommen, um größere Transparenz durchzusetzen. Alle Produktionsentscheidungen werden gemeinsam vom Film Team des BFI getroffen und es wird nur über Projektanträge, die formell eingereicht werden, entschieden. Zudem werden Absichtserklärungen (letters of intent) zur Förderung ausgegeben und im Gegensatz zur früheren Praxis keine mündlichen Zusagen mehr gemacht. Die Förderentscheidung des BFI ist endgültig.

Der Kulturtest, so wie er in Deutschland auf Grundlage der Bestimmungen der Filmmitteilung der EU-Kommission, z.B. in die gesetzlichen Bestimmungen des FFG aufgenommen wurde, ist in den Richtlinien vom BFI nicht ausdrücklich als Förderbedingung enthalten. Im UK-Recht wurde er in das Filmgesetz (Films Act 1985) eingefügt. Eine Umgehung der EU-Vorschriften liegt dennoch nicht vor, da die Förderkriterien für Spielfilme (Film Fund) sowie aller anderen Fonds, die Lotteriegelder verteilen, gemäß der jeweiligen Richtlinien des BFI die Voraussetzung aufstellen, dass der Film als britischer Film anerkannt werden kann. Für eine Anerkennung als britischer Film muss der Film die im Films Act 1985 beinhalteten Kriterien des Kulturtests erfüllen. Damit findet ein Verweis auf den Kulturtest statt, soweit keine Koproduktion nach bilateralen Verträgen oder dem Europäischen Abkommen für Koproduktionen vorliegt. Aufgrund des Ziels der Förderung kultureller Vielfalt der Koproduktionsabkommen, das zugleich in Art. 167 Abs. 4 AEUV niedergelegt ist und von der EU-Kommission zu berücksichtigen ist, wird Filmen, die unter einem Koproduktionsabkommen hergestellt werden, der Kulturtest erlassen, da in ihnen bereits ein kulturellen Produkt gesehen. Die Anerkennung als britischer Film ist mit einer Zertifizierung verbunden, die Voraussetzung für die Inanspruchnahme von Steuererleichterungen ist. Folglich ist der Kulturtest mittelbar in den Richtlinien des BFI einbezogen. Es gibt jedoch auch vereinzelt Fonds-Richtlinien, die keine Zertifizierung als britischer Film benötigten, damit auch nicht auf den Kulturtest verweisen. Darunter zählt z.B. die Förderung beim Distribution Fund (siehe oben unter b.). Diese Richtlinien verstoßen dennoch nicht gegen EU-Recht, da diese Förderungen von der Höhe der zur Verfügung stehenden Mittel der Fonds so gering sind, dass sie unter die De-minimis-Ausnahme fallen und damit von der Anwendbarkeit der Beihilfevorschriften ausgenommen sind. Der Kulturtest spielt in englischen Rechtsbestimmungen vor allem im Rahmen der filmsteuerrechtlichen Regelungen eine Rolle (mehr dazu unter H.).

Im Rahmen der Vergabeentscheidung über Fördermittel wird auch geprüft, ob die öffentlichen Fördermittel insgesamt nicht über 50% des gesamten

Produktionsbudgets liegen. Ausnahmen werden für schwierige Filme anerkannt, bei denen die Beihilfehöchstintensität bis zu 100% betragen kann. Schwierige Filme werden als Filme definiert, die ein Produktionsbudget unter £ 8 Mio. aufweisen und eine weitere Bedingung erfüllen, die dazu beiträgt, dass die Filme als kommerziell schwierig eingestuft werden, z.B. Erstlingswerke, Filme, die Regional- und Minderheitensprachen beinhalten, Kurzfilme unter zehn Minuten, Filme, die besondere innovative Inhalte und Formen aufweisen.[215]

6. *Rechtsnatur der Förderentscheidung und Anfechtbarkeit*

Die Förderentscheidung des BFI ist keine verwaltungsrechtliche oder überhaupt öffentlich-rechtliche Entscheidung (trotz der Rechtsnatur des BFI). Es handelt sich um eine interne Entscheidung, die sich in einem Investitionsvertrag zwischen dem BFI und dem Begünstigten manifestiert. Je nach Förderprogramm gibt es unterschiedliche Annahmefristen für das Förderangebot des BFI. In den Verträgen werden die Konditionen und Bedingungen geregelt, u.a. der Verwendungszweck der Mittel, Sicherheiten und der Anteil des BFI an den Filmrechten oder der Erfolgsbeteiligung, Auszahlungsmodalitäten sowie Rückzahlungs- bzw. Rückflussmodalitäten. Bei der Rangfolge der Erfolgsbeteiligung wird zuerst dem Künstler eine Auszahlung der Einnahmen bis zu einem gewissen Grad zugestanden, danach erhält das BFI einen Anteil, wobei u.U. (je nach Erfolg) nicht der volle Anteil seiner Investitionen zurückfließt. Die Bedingungen können sich je nach Förderart und Förderfonds im Detail unterscheiden. So besteht bei der Entwicklungsförderung z.B. zudem eine Fertigstellungsfrist für die Entwicklung des Vorhabens, bei dessen Nichteinhaltung die Förderung zurückzuzahlen ist.[216] Die Fördermittel können ebenfalls zurückgehalten oder zurückverlangt werden, wenn das Bewerbungsformular unredlich ausgefüllt wurde oder absichtlich oder fahrlässig falsche oder missverständliche Angaben enthalten hat, ferner auch, wenn sich der Geförderte während der Investitionsvertragslaufzeit zum Nachteil des Vorhabens verhält.

Hinsichtlich der Rückzahlung und Beteiligung des BFI gibt es neue Modi, die auch der Filmpolitik-Bericht 2012 empfohlen hatte und die im Folgenden in Kürze erklärt werden sollen. Mittels eines sog. „producer corridor entitlement“ wird dem Produzenten eine Auszahlung in Höhe von 25% der zurückerhaltenen

215 Vgl. Definition für schwierige Filme, die als Information von UK im Rahmen der Beihilfenotifizierung N 461/2005 der EU-Kommission eingereicht wurde, Beihilfeentscheidung C(2006)3982 final, Ziff. 22.

216 Vgl. BFI Film Fund Guidelines, S. 8.

Investition des BFI eingeräumt, die auf 50% steigt, wenn das BFI 50% seiner Investition zurückerhält (auf die Förderung durch den Film Fund bezogen). Dieses Geld ist verpflichtend für zukünftige Entwicklungs- oder Produktionsvorhaben einzusetzen. Dieses „producer corridor entitlement" ist der Höhe nach auf den Betrag einer im Finanzplan angegebenen Zahlung von Steuererleichterungen begrenzt und gilt nicht für den Fall, dass der Produzent bereits durch seine Anteile an den Einnahmen des Films einen Betrag entsprechend der Höhe der Auszahlung der Steuererleichterungen erhält, sog. producer equity.[217] Eine Art Recycling bei der Entwicklungsförderung im Rahmen des Film Fund wurde bereits oben unter Abschnitt 4.a. erläutert. Bei einer Förderung durch den Distribution Fund ist eine Rückzahlung aus den Einnahmen der ersten vier Monate nach Veröffentlichung und in der Regel nur aus der Verwertung der Kinorechte vorgesehen (nachdem das Vertriebsunternehmen seine Kosten gedeckt hat).[218]

Die Anfechtbarkeit und Überprüfbarkeit der Förderentscheidung ist stark begrenzt. Gegen die Entscheidung kann nicht gerichtlich vorgegangen werden. Es gibt aber die Möglichkeit eines Beschwerdeverfahrens beim BFI.[219] Dieses ist auf Verfahrensfehler beschränkt. Es hat ein begründeter Verdacht vorzuliegen, dass das Verfahren nicht eingehalten oder dergestalt angewandt worden ist, dass es den Ausgang des Verfahrens beeinflusst hat. Das Beschwerdeverfahren ist unterschiedlich ausgestaltet, je nachdem, ob Gegenstand die Vergabe von Lotteriegeldern oder andere Tätigkeiten des BFI ist.

Handelt es sich um eine Beschwerde hinsichtlich der Vergabe von Lotteriegeldern, gilt die Lottery Complaints Procedure und der Beschwerdeführer hat sich zunächst an den Sachbearbeiter innerhalb von zwei Monaten nach dem Vorfall zu wenden. Wird der Beschwerde nicht abgeholfen, ist die schriftliche Beschwerde an die Geschäftsführerin mit einer Frist von vier Wochen nach Erhalt der Antwort des Sachbearbeiters zu richten. Sollte die Beschwer nach Antwort der Geschäftsführerin fortbestehen, gilt als dritte Stufe die Erhebung der Beschwerde vor dem unabhängigen Lotterieombudsmann (Independent Complaints Reviewer) innerhalb von drei Monaten nach Erhalt der Antwort der Geschäftsführerin (entweder durch den Beschwerdeführer selbst oder mittels Weiterleitung des BFI). Nach Anhörung beider Seiten entscheidet der Ombudsmann, ob er die Angelegenheit nachprüft. Wenn eine Nachprüfung die

217 Vgl. BFI Film Fund Guidelines, S. 8.

218 Vgl. BFI Distribution Fund Guidelines, S. 11; Zinszahlungen fallen nur im Fall der verspäteten Rückzahlung an.

219 Vgl. BFI Feedback and Complaints Procedure.

Beschwerde als begründet ansieht, wird eine Empfehlung an das BFI ausgesprochen. Der Ombudsmann hat allerdings keine Ermächtigung, Förderentscheidungen inhaltlich zu ändern oder Änderungen in der Vergabepolitik vorzunehmen. Er überprüft allein das Verfahren. Die inhaltliche Entscheidung steht gänzlich im Ermessen des BFI als kreative Entscheidung und Entscheidungsprozess. Eine Empfehlung kann sich nur auf die Zukunft beziehen und präventiver Natur sein. Die Entscheidung des Ombudsmanns hat Letztentscheidungscharakter.

Handelt es sich um Beschwerden über Grant-in-Aid oder über sonstige Tätigkeiten, gilt ein ähnliches Verfahren mit dem Unterschied einer rein internen Überprüfung eines ordnungsgemäßen Verfahrens. Zunächst ist die Beschwerde an den zuständigen Mitarbeiter zu richten, als nächste Stufe per Email innerhalb von zwei Monaten nach dem Vorfall an eine generelle Kundenfeedback-Adresse. Bleibt die Beschwer bestehen, kann als dritte Stufe eine schriftliche Eingabe an die Geschäftsführerin erhoben werden. Gegen die Entscheidung der Geschäftsführerin kann Widerspruch eingelegt werden, adressiert an den Vorsitzenden des Verwaltungsrats. Da das BFI auch eine Statistiken erhebende Einrichtung ist, gilt ein Verhaltenskodex, bei dessen Nichtbeachtung die Beschwerde nach Entscheidung der Geschäftsführerin auch bei der zuständigen Statistikbehörde eingereicht werden kann.

Als öffentlich-rechtliche Einrichtung ist der Parlamentarische Ombudsmann ebenfalls für generelle Beschwerden über das BFI zuständig.

7. Zur strategischen Ausrichtung des BFI

Seit der Umstrukturierung der Förderlandschaft stand das BFI im Mittelpunkt mehrerer filmpolitischer Berichte. Zunächst hat sich das BFI selbst einen umfangreichen strategischen Unternehmensplan für die Jahre 2012-2017 gegeben, den Film Forever-Plan. Vor Veröffentlichung des Plans wurde vom DCMS eine unabhängige Expertenkommission mit der Begutachtung der Lage der britischen Filmpolitik beauftragt, die Anfang 2012 ihren ersten großen Bericht vorstellte, den Filmpolitik-Bericht/ Film Policy Review 2012. Die Regierung hatte im Mai 2012 in einer antwortenden Stellungnahme auf den Filmpolitik-Bericht 2012 Position bezogen, wobei im Wesentlichen den Ergebnissen und Vorschlägen zugestimmt worden ist ohne sich in dem Großteil der Fälle auf eine konkrete Umsetzung oder Handlungsverpflichtung festzulegen. In vereinzelten Fällen wurde eine gegensätzliche Position eingenommen und die Empfehlungen abgelehnt. Anfang 2014 erfolgte ein Bilanzfolgebericht der Expertenkommission über die Veränderungen und Umsetzungen ihrer Vorschläge, der Filmpolitik-Bericht/ Film Policy Review 2014. Zudem fand eine erste Dreijahresüberprüfung

(Triennial Review) im Herbst 2014 statt (siehe oben), dessen Durchführung das BFI als NDPB unterliegt.

Die Expertenkommission sah im Filmpolitik-Bericht 2012 eine einmalige Gelegenheit darin, im BFI die beiden unterschiedlichen Ausrichtungen auf Filmkultur und Filmwirtschaft zusammenzubringen. Diese nach Ansichten der Experten künstliche Trennung habe in gewisser Weise eine einheitliche zusammenhängende Filmpolitik verhindert. Als vereinender Faktor wird zudem die Digitalisierung mit ihren neu eröffneten und vielfachen Möglichkeiten angesehen. Die Bewältigung der neuen Aufgaben erfordert laut Expertenkommission vom BFI eine andere Organisationsstruktur, die neue Kooperationen angeht, aber derweil die strategische Leitungsrolle ausfüllen und auf die Entwicklung von Seiten der Politik einerseits und der Industrie andererseits rasch reagieren kann. Der Filmpolitik-Bericht 2012 enthält die Empfehlung, dass sich die Förderung des BFI zwischen den Filmproduktions- und Filmvertriebstätigkeiten und den Tätigkeiten im Zusammenhang mit Filmkultur einteilen solle. Der Filmpolitik-Bericht 2012 bescheinigte zudem dem aufgelösten UK Film Council eine Führungsrolle unter den Filmeinrichtungen und für die Filmindustrie, die es vor Einführung des Film Council im Jahr 2000 nicht gegeben hatte. Laut dem Bericht 2012 ist die Existenz einer zusammenführenden Einrichtung für Film wichtig und ein permanentes Interesse der Industrie[220], weswegen nun das Augenmerk auf dem BFI ruhe. Das BFI hat nun nicht nur die Kultur- und Industrieförderung zusammen zu bringen, sondern soll mit nationalen und regionalen Einrichtungen zusammenarbeiten und ein Informationsportal bereitstellen. Interessanterweise hat der Filmpolitik-Bericht 2012 dem BFI eine aktivere Zusammenarbeit mit Europa nahegelegt.[221]

Film Forever[222] ist der filmpolitische Fünfjahres-Strategieplan des BFI für die Jahre 2012-2017 und gleichzeitig der Strategieplan zur Vergabe der Lotteriegelder gemäß Lottery Act 1993, s 25C.[223] In vielen Punkten integriert er bereits die Empfehlungen des Filmpolitik-Berichts 2012. Er umfasst sämtliche Tätigkeiten

---

220 Film Policy Review 2012, S. 89.

221 Vgl. Empfehlung Nr. 35 bezogen auf eine internationale Strategie für UK-Filme und Filmmärkte sowie Koproduktionen. Aber auch an anderer Stelle erwähnt der Bericht diese in Aussagen enthaltene Forderung von Interessensvertretern/Interessensgruppen, die aus der Auswertung des Recherchematerials für den Bericht stammen, siehe Film Policy Review 2012, S. 86.

222 Abzurufen unter www.bfi.org.uk/about-bfi/policy-strategy/film-forever, Stand 24.02.2020.

223 Nachfolgend ist der Strategieplan BFI 2022 für 2017-2022.

und Aktivitäten des BFI. Die Finanzierung zur Umsetzung erfolgt durch einen Zuschuss des DCMS und einen erhöhten Anteil von Lotterieerlösen sowie ferner durch die eigenen Mittel des BFI. Film Forever verfolgt im Wesentlichen drei Strategieziele, nämlich die Erweiterung von Lern- und Erziehungsmöglichkeiten im Bereich Film in UK sowie die Vergrößerung der Filmauswahl für das Publikum, Unterstützung eines erfolgreichen britischen Films und ferner die Zugänglichmachung zum UK-Filmerbe. Des Weiteren hat sich das BFI zum Ziel gesetzt, den Anteil des privat erwirtschafteten Einkommens zu erhöhen, um eine Abhängigkeit von öffentlichen Geldern zu verringern.

Das BFI hat jährlich Bilanz gezogen und unternommene Tätigkeiten zur Umsetzung der Ziele des Film Forever-Plans aufgezeigt.[224] Nach dem ersten Jahr hatte das BFI bereits einige nennenswerte Entwicklungen in Gang gesetzt. In Ausübung seiner filmpolitischen Führungsaufgabe als wichtigste Filmfördereinrichtung hat das BFI z.B. auf die Entwicklung der neuen Filmmitteilung der EU-Kommission für eine Änderung der Beihilferegelungen Einfluss genommen. Die Einflussnahme bestand in der Hinwirkung darauf, dass eine neue Filmmitteilung kompatibel mit der UK-Filmpolitik sein und keine Veränderungen für die existierende Politik, v.a. der Steuererleichterungen, mit sich bringen sollte, so wie es letztlich nun auch ist.[225] Nachdem im ersten Jahr neben Brasilien und den USA China als wichtiger Markt identifiziert wurde, wurde zwischenzeitlich ein Koproduktionsabkommen mit China abgeschlossen, für den U.S.-amerikanischen Markt wurde im Rahmen des International Fund in einer Pilotphase der US Distribution Fund eingeführt.

Im Hinblick auf das erste Strategieziel, Erweiterung der Erziehungs- und Lernmöglichkeiten, hat das BFI das 5-19 Scheme eingesetzt, die Filmakademie neu gegründet und das Education Programme weitergeführt. Bezüglich der Erweiterung der Filmauswahl für das Publikum hat das BFI sein kulturelles Programm erweitert, das UK Film Audience Network (FAN) gegründet und bereits acht zentrale Stellen (Hubs) finanziell unterstützt. Nach dem zweiten Jahr waren bereits neun Hubs bestimmt und haben ihre Arbeit aufgenommen. Der Programme Development Fund wurde ebenso wie der Film Festival Fund und der Distribution Fund eingesetzt.

Innerhalb des zweiten Strategieziels der Unterstützung des britischen Films hat das BFI den neuen finanziell gut ausgestatteten Film Fund sowie das UK

224 Vgl. jährliche Bilanzen, abzurufen unter www.bfi.org.uk/about-bfi/policy-strategy/film-forever, Stand 24.02.2020.

225 Zur neuen Filmmitteilung siehe unter Teil 4 C. II. 2. c.

Talent Network eingeführt. Um im Ausland für den UK Film zu werben, wurde die Marke namens „We are UK Film" entwickelt. Ebenfalls in der Entwicklungsphase ist die Förderung von Animationsfilmen. Der Filmpolitik-Bericht 2012 hatte ein gesteigertes Bedürfnis der Förderung bei Animations- und Kinderfilmen festgestellt. Dem Animationssektor in UK wird ein hohes Crossover-Potenzial mit dem Postproduktions-, VFX[226]- und Videospielsektor bescheinigt. Durch den langen Entwicklungsprozess von Animationsfilmen fällt es Produktionsunternehmen in diesem Bereich schwerer, dauerhafte Beziehungen zu Vertriebsunternehmen und Sales Agents aufzubauen, sodass die Hilfe vom BFI hier als Vermittlerrolle gefragt ist.

Bezüglich des dritten Strategieziels, der Zugänglichmachung des Filmerbes, hat das BFI zunächst die Vervollständigung der amtlichen Auswahl der ersten 250 Filme der nationalen Sammlung vorgenommen, mit der Digitalisierung von den sog. „Gothic" Genrefilmen begonnen und einen Discovery Fund gegründet, um weitere wichtige Archivsammlungen zu unterstützen. Nach dem zweiten Jahr waren bereits mehr als 1.500 Filme digitalisiert, ein Drittel davon im BFI Player verfügbar. Zudem wird an der Konzipierung eines nationalen Katalogs des britischen Films gearbeitet. Zusätzlich wurde der BFI Diversity Strategy Fund sowie BFI Research Fund entwickelt. Der BFI Player wurde zur Verfügung gestellt.

Angesichts der vielen verschiedenen Bildungserziehungsinitiativen sowie Aus- und Fortbildungsprogrammen wird im Filmpolitik-Bericht 2014 auf eine Unübersichtlichkeit und potentielle Zweifachabdeckung hingewiesen und auf das Erfordernis einer Abgleichung sowie zumindest einer gemeinsamen Anlaufstelle.

Anhand dieser Entwicklungen wird deutlich, dass das BFI in seine neue Stellung als UK-weite Einrichtung hineinwächst, wobei es ein fortlaufender Prozess ist, die Vorgaben der Politik und Empfehlungen der Expertenkommission der Filmpolitik-Berichte umzusetzen.

II. British Film Commission

Die British Film Commission (BFC) ist seit 2011 bei Film London angesiedelt und wird von dieser Einrichtung als eigene Abteilung geführt. Die BFC hat die Aufgabe, den Standort UK für internationale Filmproduzenten zu bewerben. Dazu zählt auch die Beratung zum Film Tax Relief. Der Filmpolitik-Bericht 2014 empfiehlt der Regierung die Überprüfung, ob die BFC unter den Geltungsbereich

226 Spezialeffekte/special and visual effects.

der nichtministeriellen Regierungseinrichtung für Handel und Investitionen UK Trade&Investment[227] (UKTI) fallen könnte, um mit erhöhten finanziellen Mitteln gezielter auf neue Märkte und die Bewerbung der neuen Steuererleichterungen für die kreativen Industrien eingehen zu können. Dies sei langfristig für eine verbesserte Position im internationalen Wettbewerb notwendig. Die BFC ist auf UK-Ebene eine wichtige Einrichtung im Filmfördersystem für die britische Filmwirtschaft, für die die Anwerbung ausländischer Investitionen in die UK-Filmwirtschaft einen hohen Stellenwert innehat, sie ist jedoch keine Einrichtung, die finanzielle Filmförderung betreibt.

Der BFC stand 2014 ein jährliches Budget von ca. £ 1 Mio. zur Verfügung.[228] Finanziert wird die BFC von DCMS und BFI mit Lotteriegeldern und Grant-in-Aid sowie von UK Trade&Investment für den Bereich TV und Animation. Des Weiteren ist das Außen- und Commonwealth-Ministerium (Foreign&Commonwealth Office) Partner von der BFC. Diese Partnerschaft besteht u.a. darin, dass das Büro von der BFC in den USA im UK-Konsulat angesiedelt und nicht als eigene Firma organisiert ist. Daneben gibt es diverse Partnerschaften mit der Industrie als privaten Finanziers, sog. industrial partnership funding/ public private partnership. Ferner gibt es zahlreiche Sponsoren, auch für Sachleistungen. Zu den Partnern und Sponsoren zählen große Industriefirmen, Studios und Accountant Firms, z.B. Pinewood Studios Group, Harbottle & Lewis, Walt Disney, Warner Bros. Entertainment UK Ltd., Safferey Champness, Coutts & Co, Double Negative Visual Effects, Elstree Studios, Framestone, Working Title Films, BBC Worldwide.

III. Weitere Fördereinrichtungen im Filmsektor

Im folgenden Abschnitt werden Einrichtungen vorgestellt, die ebenfalls den Filmsektor fördern, jedoch nicht unmittelbar anhand finanzieller Förderung von Produktion und Vertrieb eines Films. Sie stellen jeweils in UK wichtige Einrichtungen dar und sollen deswegen in dieser Arbeit als Teil der Förderlandschaft der Filmwirtschaft und des Filmsektors in angemessener Kürze Erwähnung finden. Ansonsten sind sie für die Prüfung der Vereinbarkeit mit dem Beihilfenrecht nicht untersuchungsrelevant.

---

227 Die Behörde unterstützt den Export von inländischen Unternehmen und Investitionen von ausländischen Unternehmen.

228 Die Informationen stammen aus einem Fachgespräch d. Verf. mit der Finanzdirektorin von Film London/BFC, stattgefunden im Rahmen des Forschungsaufenthalts der Verf. in London im Juli 2014, da es keine aktuellen veröffentlichten Geschäftsberichte gibt.

1. *Creative Skillset*

Creative Skillset ist die UK-weite Einrichtung zur Unterstützung von Aus- und Fortbildung für den gesamten Bereich der sogenannten Kreativen Industrien (creative industries), einschließlich des Filmbereichs. Gegründet 1992 ist Creative Skillset eine gemeinnützige und eingetragene Wohltätigkeitsorganisation in der Rechtsform einer Gesellschaft mit beschränkter Haftung (registered charity as non-profit company limited by guarantee) mit Hauptsitz in London und weiteren Regionalbüros in den anderen drei UK-Nationen.[229] Als eingetragene Wohltätigkeitsorganisation kommt Creative Skillset in den Genuss steuerlicher Vorteile und ist grundsätzlich berechtigt, Gelder von anderen Wohltätigkeitsorganisationen zu erhalten. Creative Skillset ist in allen Nationen und Regionen von UK tätig. Im Laufe der Jahre haben sich andere Einrichtungen mit Creative Skillset zusammengeschlossen. Inzwischen werden die verschiedenen Industriezweige der Kreativen Industrien in den Aufgaben- und Zuständigkeitsbereich von Creative Skillset einbezogen. Darunter fallen neben Film, Rundfunk, Animation und Videogames auch Visuelle Effekte, Verlagswesen und Werbung, Marketingkommunikation sowie seit 2010 Fashion und Textil.

Finanziert wird Creative Skillset durch öffentliche wie private Gelder aus der Industrie, wobei in den Jahren 2010-2015 der Anteil privater Investitionen stetig gewachsen ist und nun den größeren Teil ausmacht. Die öffentlichen Gelder stammen aus einer direkten Finanzierung durch das DCMS und aus einer Finanzierung durch Lotteriegelder vom BFI. Zwischen dem BFI und Creative Skillset besteht ein Abkommen für eine Finanzierungsstrategie für die Jahre 2013-2017 parallel zu dem Fünf-Jahres-Strategieplan des BFI. Die Gelder des BFI fließen in den Fonds BFI Lottery Delegation. Die Finanzen von Creative Skillset sind größtenteils projektorientiert, sodass die öffentlichen Gelder jeweils für die Projekte durch Ausschreibungsbewerbungen und -zusagen akquiriert werden.[230] Zudem gibt es freiwillige Zahlungen der Rundfunkunternehmen. Dadurch, dass Creative Skillset eine Organisation von und für die Industrie ist und dementsprechend von den vertretenen Wirtschaftsindustrien finanziert wird, ist sie im

---

229 Im englischen Recht können sich verschiedene Typen von Organisationen als Wohltätigkeitsorganisation (charity) qualifizieren. Wohltätigkeitsorganisationen können deswegen unterschiedliche Rechtsstrukturen haben. Es ist möglich, dass eine Wohltätigkeitsorganisation (charity) zugleich z.B. eine GmbH (company limited by guarantee) oder Stiftung (trust) ist, vgl. auch Charity Commission Guidance, The essential trustee, S. 3.

230 Vgl. Financial Statement March 2014, S. 19.

Vergleich zu den anderen Einrichtungen überaus gut ausgestattet. Im Finanzjahr 2013/2014 verfügte Creative Skillset über ein Budget von insgesamt £ 28,6 Mio. Das Budget teilt sich in sog. beschränkte und unbeschränkte Einnahmen auf. Die Beschränkten sind an die einzelnen Förderfonds gebunden. Sie umfassen erhaltene Finanzmittel wie Sachmittel. An unbeschränkten Einkünften standen £ 13,2 Mio. zur Verfügung, auf die drei bestehenden Förderfonds der sog. beschränkten Einnahmen verteilten sich insgesamt £ 15,4 Mio. Diese drei Fonds sind der Skills Investment Fund, der BFI Lottery Delegation Fund und der TV Skills Fund. Der Skills Investment Fund hatte ein Budget von £ 9,7 Mio., der BFI Lottery Delegation Fund von £ 5,1 Mio. und der TV Skills Fund von £ 0,6 Mio. Die Zuwendungen der Rundfunkunternehmen teilten sich auf in die unbeschränkten Einkünfte und den TV Skills Fonds. Daneben bestehen weitere Förderfonds (z.B. für Digitale Wirtschaft und Film Skills Fund), die sich aus den unbeschränkten, also von Creative Skillset frei zu verwaltenden Geldern speisen. In den Film Skills Fund fließen auch Lotteriegelder durch das BFI und er ist Teil der Film Skills-Strategie von Creative Skillset.

Die Besonderheit des Skills Investment Fund besteht darin, dass Creative Skillset den Fonds treuhänderisch für die Filmindustrie verwaltet. Zudem wird er vom DCMS, BFI sowie den Industrievereinigungen PACT (Producers Alliance for Cinema and Television), MPA (Motion Picture Association) und BECTU (Broadcasting, Entertainment, Cinematograph and Theatre Union) unterstützt. Der Fonds (kurz: SIF) wird durch eine generelle Abgabe der Filmindustrie auf Filmproduktionen gespeist, die ganz oder teilweise in UK produziert wurden (Film Skills Levy). Es handelt sich um eine Abgabe, die in den Fonds für die Unterstützung der Filmindustrie mit Aus- und Weiterbildungsmöglichkeiten fließt, insbesondere für die Bezahlung von Traineeprogrammen. Der Verwendungszweck von SIF wurde inzwischen auf Unterstützungen für TV, Animationen, Videospiele und VFX erweitert. Die Abgabe wird anteilig anhand des Produktionsbudgets mit 0,5% der UK-Kernausgaben der Produktion und mit einem Höchstsatz von £ 40.412,45 berechnet. Filmproduktionen, die öffentliche Fördergelder, z.B. des BFI, erhalten, sind verpflichtet, diese Abgabe als Voraussetzung der Auszahlung der Fördergelder zu zahlen. Zusätzlich hat die Regierung in den Jahren 2013-2015 mit £ 16 Mio. den Fonds unterstützt.[231] Der Fonds besteht seit 1999 und wurde als Antwort auf den Filmpolitik-Bericht 1998 eingeführt, um Investitionen in die Filmindustrie für Trainingsmöglichkeiten für Nachwuchskräfte zu verwalten.

231 Vgl. Financial Statements, März 2014, S. 9.

Creative Skillset hat des Weiteren im Finanzjahr 2014 878 Auszeichnungen und Stipendien in einer Gesamthöhe von £ 12,6 Mio. an Organisationen und Einzelpersonen vergeben, wobei bei allen Förderungen Partnerfinanzierung („match funding") zur Anwendung kam.[232] Zudem agiert Creative Skillset als Vermögensverwalter für einen weiteren Fonds.

Zweck der Einrichtung ist die Förderung von Qualifikationen und Ausbildungen im Kreativen Sektor UK-weit. Zur Erfüllung seiner Aufgaben arbeitet Creative Skillset mit Arbeitgebern, Industrieverbänden, Gewerkschaften, Ausbildungseinrichtungen, der Regierung und anderen öffentlichen Einrichtungen (public agencies) sowie anderen Filmfördereinrichtungen zusammen. Neben eigenen Dienstleistungen (Berufsberatung für Schulabgänger und Berufstätige, Lobbyarbeit, Aufbau von Netzwerken der auf diesem Gebiet ausbildenden Wissenschaftseinrichtungen[233], Finanzakquise) vermittelt Creative Skillset in Zusammenarbeit mit Arbeitgebern und Trainingseinrichtungen Trainingsprogramme, Praktika und Ausbildungen. Der Strategieplan „Bigger Future 2" setzt den Qualifikationsausbildungsplan für die UK-Filmindustrie in die Tat um. Erwähnenswert ist die Fortbildung britischer Produktionsverwaltungsmitarbeiter für Kenntnisse der U.S-amerikanischen Praktiken von Buchhaltung und Lohnabrechnung bei internationalen Produktionen in UK.[234]

2. *Creative and Cultural Skills*

Creative and Cultural Skills, im Folgenden nach der gängigen Abkürzung CCSkills benannt, ist eine UK-weite Einrichtung für den Trainingsbedarf im Kreativen Sektor. Die Einrichtung hat die Rechtsform einer Gesellschaft mit beschränkter Haftung und eingetragener Wohltätigkeitsorganisation. CCSkills hat ein Netzwerk von Einzelpersonen, Unternehmen, Hochschulen und Ausbildungseinrichtungen im Kreativen Industriesektor aufgebaut, das unter der Bezeichnung National Skills Academy for Creative & Cultural firmiert und von der Skills Funding Agency der Regierung unterstützt wird, einer Agentur der Regierung zur Verbesserung von Ausbildungen und Praktika. CCSkills unterstützt mittels des Förderprogramms Creative Employment Programme

232 Alle Zahlen stammen aus den Financial Statements, März 2014.

233 Genannt Skillset Academy; so gibt es derzeit drei Skillset Film Academies mit Trainings- und Fortbildungsangeboten (London Film School, National Film and Television School, Screen Academy Scotland).

234 Vgl. Tutt, Incentives keep UK ahead of the game, LocationUK von der BFC, 2014, Heft 3, 23 (27).

Arbeitgeber zur Einrichtung bezahlter Praktika- und Ausbildungsplätze für junge arbeitslose Menschen zwischen 16 und 24 Jahren. Das Programm verfügt über Finanzmittel in Höhe von £ 15 Mio. im Zeitraum von 2013 bis 2015 und wird über Lotteriegelder vom Arts Council England finanziert. Zudem agiert CCSkills auch als Mittlerorganisation bei Ausbildungen.[235] Weitere Aktivitäten umfassen ein Beratungsangebot zu Berufen im Kreativen Sektor und den Bau eines Aufführungs- und technischen Trainingscenters. CCSkills ist ferner eine der lizensierten Einrichtungen (licenced Sector Skills Council) des Wirtschaftsministers, gemeinsam Qualifikationsanforderungen und nationale Beschäftigungsstandards für den Kreativen Sektor festzulegen. Im Filmpolitik-Bericht 2012 wird empfohlen, die Einrichtungen Creative Skillset und CCSkills zusammenzulegen, um eine einheitliche Einrichtung für den Aus- und Fortbildungsbereich für ganz UK zu bilden. Beide Einrichtungen bestehen derzeit unabhängig voneinander fort.

3. *Into Film*

Into Film ist eine neue Einrichtung, die 2013 anlässlich der gemeinschaftlichen Bewerbung auf eine BFI-Ausschreibung (5-19 Film Education Scheme 2013-2017[236]) aus den beiden Einrichtungen FILMCLUB und First Light hervorgegangen ist. Während Creative Skillset und CCSkills den Aus- und Fortbildungsbereich des Filmsektors unterstützen, fördert Into Film die Filmbildung von Kindern und Jugendlichen sowohl auf das Medium als auch auf die Berufe im Filmbereich bezogen. Into Film ist ebenfalls eine eingetragene Wohltätigkeitsorganisation im Bereich von Erziehung und Bildung für Film (education charity).[237] Sie kooperiert mit der Filmindustrie wie auch mit den Beteiligten des Schul- und Bildungsbereichs.

Das BFI unterstützt Into Film über einen Zeitraum von vier Jahren finanziell mit Lotteriegeldern in einer Gesamthöhe von £ 26 Mio. Das Geld ist für ein

---

235 Dies ist eine gängige Art in England, bei der der Auszubildende nicht im Betrieb, sondern bei einer Vermittlungsorganisation angestellt wird, die ihn für den praktischen Teil an den Ausbilder weitervermittelt, genannt Apprenticeship Training Agency or Association.

236 Das BFI-geförderte sog. „5-19 Film Education Scheme 2013-2017" ist ein Programm zur Förderung von Bildungs- und Erziehungsaktivitäten. Into Film soll filmbasierte Programme für Kinder und junge Menschen UK-weit liefern.

237 Into Film ist der Firmenname von der unter der Bezeichnung Film Nation UK eingetragenen Wohltätigkeitsorganisation.

neues Filmbildungsprogramm an Schulen in UK vorgesehen. Neben der BFI-Förderung erhält Into Film weitere Mittel von verschiedenen Organisationen und Stiftungen sowie Lotteriegelder aus dem Big Lottery Fund, der walisischen Regierung, dem nordirischen Kultusministerium und der Filmfördereinrichtung Northern Ireland Screen.

Into Film führt die Aktivitäten im Bereich der Filmbildungsarbeit von FILMCLUB und First Light fort. First Light war eine UK-weite Einrichtung, die jungen Menschen den Zugang zum Film erleichtern und die Entwicklung ihrer kreativen Fähigkeiten durch die eigene Herstellung von Film- und Medieninhalten unter Zusammenarbeit mit Fachleuten aus der Filmindustrie unterstützen sollte. Die andere Vorgängereinrichtung FILMCLUB hatte die Einrichtung von Filmclubs in Schulen in allen UK-Nationen gefördert. Into Film hat die Unterstützung zur Gründung von Filmclubs über Schulen hinaus auf Bibliotheken, Jugendfreizeiteinrichtungen und Kinos ausgeweitet. Die eigene Filmherstellung von Schülern ist beibehalten worden. Weitere Tätigkeiten sind die Erstellung von Material für die Filmbildung, Weiterbildung von Lehrpersonal, Kontaktvermittlung zu in der Filmindustrie Berufstätigen für praktische Erfahrungen, Aufbau einer digitalen Plattform für Filmbildung, Filmvorführungen in Kinos für Schulen und ein jährliches Filmfestival.

4. *British Academy of Film and Television Arts (BAFTA)*

Der Vollständigkeit halber soll die British Academy of Film and Television Arts, kurz BAFTA, erwähnt werden. BAFTA ist eine seit 1947 bestehende Wohltätigkeitsorganisation (charity), die die verschiedenen Formen von Bewegtbildern in Fernsehformat, Filmformat und Videogamesformat durch Preisauszeichnung fördert und zudem Veranstaltungen für Nachwuchskräfte anbietet sowie ein eigenes BAFTA-Archiv führt. Die Organisation finanziert sich hauptsächlich durch Mitgliedsbeiträge, Spenden und andere private Einnahmequellen. Eine unterstützende Zusammenarbeit findet u.a. mit dem BFI, British Council, Creative England, Creative Skillset, UK Trade&Investment (UKTI), Technology Strategy Board/ Innovate UK (Behörde zur Förderung von Innovationen) sowie UK Interactive Entertainment (UKIE, Industrieverband) statt.[238] Der BAFTA-Preis gilt als wichtigster Preis im Bereich Film und Fernsehen in UK.

---

238 Vgl. BAFTA Review of the Year 2013-14, S. 20, BAFTA Review of the Year 2014-15, S. 22.

E. Filmfördereinrichtungen in England

I. Einleitung

Auf nationaler Ebene besteht in England die Einrichtung Creative England. Auf regionaler Ebene existieren mehrere Filmfördereinrichtungen. Zudem bestehen auf lokaler Ebene zum Teil ebenfalls Möglichkeiten zur Unterstützung der Filmindustrie, eingegliedert in die Lokalverwaltung (County Council), z.B. das Film Office Kent als Teil der Verwaltung der Region Kent (Kent County Council). Die Förderung ist in der Regel jedoch nicht finanzieller Art. Vielmehr handelt es sich um die Anwerbung von Investitionen in die lokale Wirtschaft sowie Beratung und Unterstützung für Filmproduktionen oder der lokalen Filmwirtschaft. Die Förderung auf lokaler Ebene ist deshalb hinsichtlich der Vergabe von öffentlichen Geldern unter beihilferechtlichen Gesichtspunkten irrelevant und würde zudem, sofern überhaupt finanzielle Hilfen zuteilwerden, den Rahmen der Arbeit überschreiten. Untersuchungsgegenstand sind vorliegend die nationalen und regionalen Einrichtungen.

1. Vorangegangene Entwicklung in den Jahren 2000 bis 2011

Die Einführung von neun Filmfördereinrichtungen (Regional Screen Agencies) richtete sich nach den bereits bestehenden Regional Development Agencies unterteilt in neun Regionen in England.[239] In den Jahren der Labour-Regierung wurde die Filmförderung mittels der Schaffung neuer Strukturen neu ausgerichtet und eine Regionalisierung der Förderstruktur vorgenommen. 1997 hatte die Regierung angefangen, mit ihrem Konzept die Regionen stark zu fördern, getrieben von ihrem Ziel, die kulturelle und soziale Integration der Gesellschaft und Gleichheit der Regionen zu schaffen und den Regionen mehr Verantwortung zu übertragen (bezeichnet als „regional devolution“[240]). Die Unterentwicklung der englischen Regionen war in den letzten 60 Jahren problematisch.[241] Bereits in den 1980ern/90ern hatte sich die unterschiedliche Entwicklung im

---

239 Die Regional Development Agencies wurden 1998 eingerichtet und 2012 abgeschafft. Die Aufteilung in neun Einrichtungen war rein politisch festgelegt. Es waren regionale Wirtschaftsfördereinrichtungen, die als öffentliche nichtministerielle Regierungseinrichtungen (non-departmental public bodies) organisiert waren.

240 Devolution ist ansonsten der Begriff, der die Übertragung von Gesetzgebungszuständigkeiten von UK auf die Nationalparlamente bzw. -versammlungen in Schottland, Wales und Nordirland bezeichnet.

241 Vgl. Lee, Hesmondhalgh, Oakley, Nisbett, Cultural Trends, 2014, 1 (2).

Südosten und den restlichen Regionen Englands herausgebildet. Die Regional Development Agencies (RDAs) wurden mittels Regional Development Agencies Act 1998 (London als die letzte eingerichtet tatsächlich erst im Jahr 2000) als semiselbständige, öffentlich-rechtliche nichtministerielle Regierungseinrichtungen (NDPB) geschaffen, die die wirtschaftliche Entwicklung in den Regionen und Wettbewerbsfähigkeit in und unterhalb der Regionen unterstützen sollten. Die RDAs hatten ebenfalls als einen wirtschaftlichen zu fördernden Sektor die Kreativen Industrien und davon den Untersektor Film und TV ausgewählt. Parallel zu den RDAs wurden die Regional Screen Agencies (RSAs) eingerichtet, ebenfalls als NDPBs, für eine Förderung ausschließlich des Filmbereichs. Diese hatten z.B. im Jahr 2005 von den RDAs knapp £ 5 Mio. Gelder erhalten.[242]

Vor der Einführung der RSAs zwischen 2001 und 2003 fand der UK Film Council in seiner Analyse der Situation vom Jahr 2000 eine fragmentierte Interessensstruktur verschiedenster miteinander konkurrierenden und unterfinanzierten Einrichtungen in den Regionen vor, die einer Entwicklung der Filmindustrie nicht förderlich war.[243] Die neuen Filmfördereinrichtungen waren EM Media (East Midlands) für die östliche Mitte, Film London für den Großraum London, Northern Film & Media für den Nordosten, Screen East für den Osten, Screen South für den Südosten, Screen West Midlands für den Westen, Screen Yorkshire für die nördliche Region von Yorkshire, South West Screen für den Südwesten und Vision+Media für den Nordwesten. Die somit festgelegten Regionen umfassten jeweils mehrere Grafschaften mit Ausnahme von London, bei der die gesamten 33 Bezirke (Boroughs) erfasst wurden. Screen England war die Partnerschaft aller neun Regional Screen Agencies (RSAs). Die neun RSAs waren strategische öffentliche Einrichtungen, die den UK Film Council bei der Erfüllung seiner Aufgaben regional unterstützen sollten. Sie waren öffentliche nichtministerielle Regierungseinrichtungen (non-departmental public bodies, kurz NDPB). [244] Die RSAs gehörten zum Strategieplan für die Regionen und dem Regional Investment Fund for England-Programm (RIFE) des UK Film Council.[245] Sie wurden durch Lotteriegelder des UK Film Council und von den Regional Development Agencies finanziert. Vor ihrer Abschaffung im Jahr 2011 erhielten

242 Vgl. Holden, S. 28 (Langversion).

243 Vgl. UK Film Council, Film in England, S. 36, 59.

244 Vgl. Holden, Langversion, S. 17, 54. Trotz der Einordnung als öffentliche nichtministerielle Regierungseinrichtung kann es sich bei der Rechtsform der jeweiligen Einrichtung um eine privatrechtliche Gesellschaft handeln, die u.U. staatlich beherrscht wird.

245 Vgl. UK Film Council, Film in England, S. 38, 41, 43.

die RSAs zusammen zuletzt jährlich £ 7,5 Mio. (£ 7,8 Mio. im Jahr 2004/05[246]). Sie wurden also mit öffentlichen Geldern ausgestattet. Im Jahr 2004/05 konnten die den RSAs zur Verfügung stehenden Fördermittel des UK Film Council durch weitere Finanzakquirierungen von den Regional Development Agencies, lokalen Behörden und anderen Einrichtungen sowie aus dem EU-European Regional Development Fund (ERDF)[247] fast verdoppelt werden auf gesamt £ 13,5 Mio., die als Investitionen in die Filmindustrie (Training, Bildung, Vorführung, Produktion, kulturelle Vielfalt) flossen. Im Jahr 2004/05 hatten sie somit ein Gesamtbudget von über £ 21 Mio. an öffentlichen Geldern.[248] Alle RSAs wiesen regionale Spezifika auf, wobei bereits damals Film London andere Eigenarten aufwies als der Rest der RSAs: mit einer sektoralen Filmindustrie (sectoral ecology) in der Hauptstadt war Film London zu einem weitaus internationaleren Akteur geworden.[249] Die RSAs hatten Lotteriegelder auf lokaler und regionaler Ebene verteilt und ein Netzwerk bestehend aus Unterstützung, Finanzierung und Expertise betrieben.

Mit der neuen konservativen-liberalen Regierung gab es 2010 eine Welle der Abschaffung zahlreicher, als überflüssig angesehener öffentlich nichtministerieller Regierungseinrichtungen/ non-departmental public bodies (NDPBs) und quasi-autonomer Nichtregierungsorganisationen mit Regierungsaufgaben und -funktionen/ quasi-autonomous non-governmental organisation (Quangos) zur finanziellen Verschlankung des öffentlichen Einrichtungsapparats.[250] Die bis dahin existierenden neun regionalen Screen Agencies gibt es (ebenso wie die RDAs) seit der Abschaffung des UK Film Council und Umstrukturierung der Förderlandschaft 2010/2011 damit nicht mehr.[251] Die Änderung in der Flächenstruktur und regionalen Filmförderung innerhalb der Filmförderlandschaft hatte bereits unter der bis 2010 regierenden Labourpartei begonnen. In den letzten Labour-Regierungsjahren standen vermehrt ökonomische Ziele im

246 Vgl. Holden, Langversion, S. 49.

247 Europäischer Fonds für Regionale Entwicklung (EFRE).

248 Vgl. Holden, Langversion, S. 3, 49.

249 Vgl. Holden, Langversion, S. 2.

250 Neben dem UK Film Council und den Regional Screen Agencies zählen zu den abgeschafften Einrichtungen auch die Regional Development Agencies (abgeschafft mit dem Public Bodies Act 2011, s 30 und Public Bodies Act 2011 (Commencement No 2) Order 2012; die meisten Tätigkeiten wurden zum Ende des Finanzjahrs am 31.03.2012 eingestellt).

251 Der UKFC wurde am 31.03.2011 abgeschafft.

Vordergrund.[252] Die Regionalisierung wurde schrittweise wieder rückgängig gemacht. Bis zu der Entscheidung der endgültigen Abschaffung der Regional Development Agencies im Jahr 2010 (tatsächliches Ende ihres Bestehens 2012) waren sie zum wichtigsten Förderer der Kreativen Industrien geworden mit Investitionen über £ 30 Mio. im Jahr.[253] Die positiven Entwicklungen durch die Arbeit der RSAs und des UKFC haben sich seit ihrer Abschaffung jedoch nicht allein halten und fortsetzen können.

2. Bestehende Situation in den Jahren 2011 bis heute

Vier ehemalige Regional Screen Agencies bestehen bis heute weiterhin als Fördereinrichtungen in ihren jeweiligen Regionen fort, jedoch mit zum Teil sehr eingeschränkten Förderumfang und -reichweite sowie geringen Budgets, nämlich Film London, Northern Film & Media, Screen South und Screen Yorkshire. Screen East (Insolvenz im September 2010[254]) und EM Media (East Midlands) existieren nicht mehr. Die Finanzierungsquellen haben sich ebenfalls geändert: Teilweise werden die regionalen Fördereinrichtungen neben dem BFI von den Regionen und regionalen Regierungen unterstützt; Film London u.a. vom Bürgermeister Londons, Northern Film & Media von den Regionen im Nordosten. Screen Yorkshire ist hiervon eine Ausnahme, da es keine Finanzierung der Region erhält. Die drei ehemaligen westlichen Screen Agencies haben sich unter einer neuen Einrichtung namens Creative England zusammengeschlossen (siehe sogleich unter II.).

Auch wenn die Regional Screen Agencies größtenteils nicht mehr bestehen und einige in Creative England aufgegangen sind, empfiehlt der Filmpolitik-Bericht 2012[255], die Praxis der regional ansetzenden Förderung fortzusetzen. Wie das im Einzelnen aussehen kann, wenn die RSAs nicht mehr existieren, wird jedoch von den Experten nicht ausgeführt. Es ist aber realistisch, dass eine regionale Förderung durch die noch bestehenden Einrichtungen und Nachfolgeorganisationen durchgeführt werden kann.

---

252 Vgl. Lee, Hesmondhalgh, Oakley, Nisbett, Cultural Trends, 2014, 1, die drei Kernpunkte für diese politische Entwicklung der Labourpolitik als Problem identifizieren, nämlich der Verlass auf die Idee von sog. clustern, also Zentren sowie Kommerzialisierung und verschobene regionale Regierungsstrukturen.

253 Vgl. Lee, Hesmondhalgh, Oakley, Nisbett, Cultural Trends, 2014, 1 (4).

254 Vgl. Thorpe, Film Council's closure claims its first big victim as Screen East agency folds, The Guardian v.26.9.2010.

255 Vgl. Film Policy Review 2012, siehe näher unter J. Entwicklung der UK-Filmpolitik.

II. Creative England

Creative England ist eine Fördereinrichtung für die Bereiche Film, Fernsehen, Computerspiele, digitale und kreative Medien und Dienstleistungen (z.B. Smartphone-Apps). Sie ist ein Zusammenschluss der ehemaligen Regional Screen Agencies Screen West Midlands, South West Screen und Vision+Media (Nordwestengland), der seit dem 01.10.2011 existiert (seit dem 08.11.2011 als eingetragene Gesellschaft). Die ursprünglichen Regionen dieser ehemaligen RSAs umfassen die Grafschaften im Südwesten[256], im Westen[257] und im Nordwesten[258]. Creative England ist darüber hinaus inzwischen überregional englandweit tätig. Die Einrichtung sieht sich selbst als (die) nationale Fördereinrichtung in England an (national agency), die in allen Regionen mit Einschränkung des Großraums London tätig ist.[259] Die Einrichtung ist also auch in Regionen tätig, die nicht zu den ursprünglichen Gründungs-RSAs zählten, oder auch in solchen Regionen, in denen noch ehemalige Regional Screen Agencies in heutiger Form bestehen. Für diejenigen Regionen, die von den nicht mehr existenten EM Media und Screen East abgedeckt wurden, ist damit heute Creative England zuständig. Das sind die Grafschaften im Osten[260] und in der östlichen Mitte[261] Englands. In den Regionen Nordosten, Yorkshire und Südosten agiert Creative England neben den dort noch existierenden Fördereinrichtungen. Grundsätzlich ist Creative England damit in allen Regionen Englands außerhalb von London tätig. Eine Ausnahme besteht zum Teil bei der Filmförderung z.B. im Rahmen des Programms Emerging Talent, das auch die Region London mit einbezieht. Diese Förderreichweite lässt Creative England zu einer regional und national tätigen Filmfördereinrichtung werden.

Seit der Gründung von Creative England hat sich der Zweck und das Ziel der Einrichtung stark verändert und verbreitert. Der Tätigkeitsbereich bezog sich anfänglich fast ausschließlich auf die Filmindustrie. Seitdem hat er sich auf die anderen Kreativen Industrien Fernsehen, Videospiele und digitale Inhalte mit jeweils eigenen Förderprogrammen und finanziellen Unterstützungen erweitert.

---

256 Avon, Devon, Dorset, Cornwall, Gloucestershire, Somerset und Wiltshire.

257 Hereford and Worcester, Shropshire, Staffordshire Warwickshire und West Midlands.

258 Cheshire, Cumbria, Greater Manchester, Lancashire und Merseyside.

259 Vgl. u.a. Creative England Corporate Business Plan 2014-15; es gibt zusätzlich zu den sieben Standorten speziell mobile Mitarbeiter, die flexibel in den Regionen vor Ort tätig sind.

260 Bedfordshire Cambridgeshire, Essex, Hertfordshire, Norfolk und Suffolk.

261 Derbyshire, Leicestershire, Lincolnshire, Northamptonshire und Nottinghamshire.

Die übergeordneten Ziele der Einrichtung sind die Förderung von Nachwuchs und Unternehmen, die Entwicklung von Rahmenbedingungen für eine erfolgreiche, effiziente Kreative Industrie sowie die Schaffung kreativer Ballungsräume (sog. „creative cluster"). Konkret für die Regionen von England bestehen folgende Ziele hinsichtlich des Filmsektors: Förderung von Nachwuchs und etablierten Filmschaffenden, Wachstum von überlebensfähigen filmbezogenen Unternehmen durch Forschung und Entwicklung, Zugang zu Finanzierungsmöglichkeiten, Schaffung einer vollständigen Infrastruktur für Produktionen außerhalb von London, um ausländische Investitionen und Arbeitsplätze in den Regionen zu fördern, Unterstützung neuer kreativer und wirtschaftlicher Ansätze sowie Stärkung einer vielfältigen kulturellen Identität mit den englischen Regionen in Film, Fernsehen und den anderen visuellen Medien.[262] Mit seiner Förderung will Creative England Partnerschaften mit privaten und öffentlichen Organisationen nicht nur lokal und regional, sondern englandweit schmieden. Somit ergibt sich ein vielfältiges Tätigkeitsfeld, angefangen von Beratung über Finanzierung, Vermittlung, Vertretung bis hin zu den unterschiedlichen Kooperationen. Die Einrichtung ist Ansprechpartner für kleine und große, neue und bestehende Unternehmen sowie Einzelpersonen. Eine Beratung kann z.B. für Locations, Drehgenehmigungen, Crewzusammenstellung, Anlagen und Ausstattung in Anspruch genommen werden. Auch cross-sektorale Kooperationen werden unterstützt. Bei der finanziellen Förderung kann über Creative England eine Fremdkapitalfinanzierung (debt funding), z.B. für Vorverkaufsabschläge, Vorschuss von Vertriebsunternehmen oder Diskontierung der Steuergutschriften (UK Tax Credit), geschlossen sowie (Start-)Kapital erhalten werden. Ferner kooperiert die Einrichtung mit der BFC zwecks Anwerbung ausländischer Investitionen sowie mit dem BFI, für das Creative England die prioritäre Rolle hinsichtlich der Förderung der Regionen Englands innehat. Creative England unterstützt und finanziert auch andere Filmfördereinrichtungen mit, wie z.B. Northern Film & Media für das Programm CREATEiNNOVATE. In den ersten zwei Jahren seit Bestehen wurden z.B. 40 neue Filmemacher durch das Low-Budget-Programm iFeatures[263] und allein in 2013 800 Produktionen beim Filmdreh außerhalb von London unterstützt.[264]

---

262 Vgl. Strategic Partnership Fund Guidelines, S. 1; Creative England Corporate Business Plan 2014-15, S. 13.

263 Vgl. Creative England second anniversary animation, Videoclip zur Tätigkeit in den ersten zwei Jahren, abzurufen unter https://vimeo.com/80273363, Stand 24.02.2020.

264 Vgl. Creative England Corporate Business Plan 2014-15, S. 10.

1. Rechtsnatur

Creative England ist eine in England und Wales registrierte nicht gewinnorientierte Gesellschaft mit beschränkter Haftung durch Garantie (company limited by guarantee), also eine privatrechtliche Gesellschaft. Die Rechtsform einer limited company by guarantee bedeutet, dass es keine Gesellschafter und kein Stammkapital (share capital), sondern Mitglieder (members) gibt, die als sog. Garanten (guarantors) im Fall einer Liquidation bis zu einer bestimmten festgelegten Summe haften. Da keine Mindestsumme vorgeschrieben ist, kann es eine Haftungsbegrenzung auf £ 1 geben, was hier der Fall ist.[265] Creative England ist eine rein privatrechtliche Gesellschaft; sie ist weder dem Staatsapparat angegliedert noch wird sie von der öffentlichen Hand beherrscht. Die Einrichtung arbeitet zwar durchaus mit dem Kultusministerium DCMS zusammen, ist aber keine öffentliche nichtministerielle Regierungseinrichtung (non-departmental public body/ NDPB), keine öffentlich-rechtliche staatsferne Einrichtung (arm's length body) und auch keine quasi-autonome Nichtregierungsorganisation mit Regierungsaufgaben und -funktionen (quasi-autonomous non-governmental organisation/ Quango). Es gab seit der Gründung und Eintragung keine Mitglieder bei Creative England, die dem Staat zugehörig sind.[266] Auch über den Aufsichtsrat findet kein beherrschender staatlicher Einfluss statt. Der Aufsichtsrat ist neben der Geschäftsführerin ausschließlich mit Vertretern aus der Filmwirtschaft besetzt. Er besteht aus 12 Mitgliedern. Sie werden für drei Jahre von den restlichen Mitgliedern des Aufsichtsrats auf Empfehlung des Wahl-Unterkomitees ernannt und können maximal einmal wiederernannt werden. Es bestehen mehrere Unterkomitees, die den Aufsichtsrat bei seinen Aufgaben unterstützen.[267]

Als private Gesellschaft ist Creative England nicht in die staatliche Struktur eingebunden und unterliegt somit keiner Aufsicht einer öffentlichen Stelle. Rechenschaftspflichtig ist Creative England dennoch durch die Verteilung öffentlicher Gelder jeweils ihren eigenen Finanziers gegenüber in der Höhe der erhaltenen Mittel, nicht jedoch gegenüber einer einzigen Stelle.

Creative England hat seinen Hauptsitz in Bristol und verschiedene regionale Niederlassungen in Brighton, Birmingham, den Elstree Studios in Borehamwood/

265 Vgl. Certificate of Incorporation, abzurufen unter https://beta.companieshouse.gov.uk/company/07432947, Stand 24.02.2020.

266 Vgl. Handelsregister der Regierung für Gesellschaften unter https://beta.companieshouse.gov.uk/company/07432947, Stand 24.02.2020.

267 Vgl. Board Appointment Information Pack 2014, S. 5.

Hertfordshire, den Pinewood Studios in Iver Heath/ Buckinghamshire, der MediaCityUK in Salford/ Manchester und in Sheffield.

2. *Finanzierung*

Noch 2011/2012 war die Einrichtung von einer einzigen Finanzquelle abhängig, die 73% der Mittel ausmachte, nämlich dem BFI.[268] Inzwischen gibt es verschiedene Finanzquellen.[269] Während die Regional Screen Agencies früher durch eine öffentliche Basisfinanzierung durch Regierungsgelder gestützt waren, ist das bei Creative England nicht mehr der Fall. Die Einrichtung bekommt öffentliche Gelder vom BFI, Zuschüsse und Lotteriegelder[270], die 41% ihres Gesamteinkommens ausmachen. Creative England ist somit dem BFI rechenschaftspflichtig über die Ausgaben (accountable) und gleichzeitig selbst Verteiler von Lotteriegeldern (delegated body for the administration of National Lottery funds). Als Verteiler von Lotteriegeldern sind die Erfordernisse des National Audit Office sowie des DCMS durch das BFI zu erfüllen. Außerdem wird Creative England durch den Regional Growth Fund des britischen Wirtschaftsministeriums (Department for Business, Innovation and Skills, kurz: BIS) finanziert, dessen Mittel 34% zum Gesamteinkommen beitragen, und durch EU-Mittel (v.a. den European Regional Development Fund), die 16% zum Gesamteinkommen beisteuern. Creative England generiert zudem zusätzliche Mittel für die laufende Eigenfinanzierung und Erhaltung der Einrichtung. Geringere Mittel stammen aus dem privaten Sektor (5%) und anderen öffentlichen Quellen

268 Vgl. Corporate Business Plan 2014-15, S. 8.

269 Die genauen Zahlen für die Budgets der Förderprogramme und der Fonds sind schwierig zu recherchieren gewesen. Teilweise wird zwischen Fonds und Programmen unterschieden, teilweise wird kein Unterschied gemacht. Im Fall von zwei unterschiedlichen Arten bestand die Schwierigkeit, dass keine Informationen erhältlich waren, welche Fonds welche Programme finanzieren und was sich hinter bestimmten Namen von Programmen verbirgt. Zu beachten ist auch, dass in die Fonds zum einen Fördergelder fließen, zum anderen teilweise Rückflüsse aus Investitionen. Zudem sind bei der Auswertung der verfügbaren und zur Verfügung gestellten Informationen Diskrepanzen sichtbar geworden zwischen den Zahlen, die für einzelne Förderprogramme in den aktuellen Richtlinien und Informationen auf der Homepage stehen, und denen, die im Corporate Business Plan 2014-15 aufgeführt sind. Vorliegend wurden deswegen die aktuellen Budgetangaben in den Richtlinien und auf der Homepage als Grundlage herangezogen.

270 Die Lotteriegelder stammen aus dem regionalen Investmentfonds des BFI (BFI RIFE Lottery [Regional Investment Fund for England]); vgl. List of Lottery Award Recipients.

(4%), z.B. von Rundfunkunternehmen und Creative Skillset.[271] Im Jahr 2013/14 betrug der Umsatz £ 9,1 Mio.[272] Das Gesamtförderbudget im Jahr 2014/15 betrug £ 14 Mio.[273]

Zudem verwaltet Creative England den Regional Investment Fund for England (kurz RIFE), der früher dem UK Film Council angehörig war.[274]

3. *Förderung*

Das Gesamtförderbudget von £ 14 Mio. verteilt sich auf die geförderten Industriebereiche wie folgt: für Film- und TV-Produktionen £ 1,2 Mio. (8% des gesamten Förderbudgets), für Filmtalententwicklung und Produktionsdienstleistungen £ 6,4 Mio. (46%), für Videospiele und digitale Medien 6,15 Mio. (44%) und Aus- und Weiterbildung £ 0,25 Mio. (2%).[275]

Filmförderung wird angeboten für Entwicklung, Produktion, Unternehmenswachstum und Anwerbung ausländischer Investitionen. Creative England verbindet die Vergabe von finanziellen Mitteln mit weiteren Unterstützungsangeboten von Beratung und Vermittlung von Netzwerken, Workshops und Fachveranstaltungen. Im Bereich der Filmförderung gibt es verschiedene Förderfonds und -programme[276] für die Filmproduktion (Production Fund, West Midlands Production Fund), für die Förderung von Nachwuchsfilmschaffenden (Emerging Talent, iShorts, iShorts + „Funny Girls" [zugleich Kurzfilmförderungen]), für die Unternehmensförderung (u.a. Business Loan Fund, Film Enterprise Fund und Compass Programm, Strategic Partnership Fund) und für Low-Budget-Filmproduktionen (Low Budget Production [iFeatures]).

Einige der finanziell größten Förderprogramme verfügten über folgende Fördermittel zur Vergabe: der Production Fund £ 1 Mio. für 2014/15, der West Midlands Production Fund rund £ 4 Mio. für 2015, der Business Loan Fund £ 1,5 Mio. für 2014/15.[277]

---

271 Vgl. Corporate Business Plan 2014-15, S. 19.

272 Vgl. Board Appointment Information Pack 2014, S. 2.

273 Vgl. Corporate Business Plan 2014-15, S. 20.

274 Dieser wurde früher vom UK Film Council verwaltet und finanzierte die Regional Screen Agencies.

275 Vgl. Corporate Business Plan 2014-15, S. 20.

276 Zum Verständnis: teilweise sind Fonds und Programme identisch, teilweise nicht, sodass ein Fonds mehrere Programme finanziert.

277 Vgl. Business Loans Guidelines; Lottery Production Fund Guidelines; Aussage von Richard Holmes, Senior Film Executive, im Filmclip West Midlands Production Fund

Creative England bietet verschiedenste Programme an. Im Folgenden werden die für die Filmproduktion und die Filmschaffenden wichtigsten Förderprogramme im Einzelnen mit dem jeweiligen Vergabeverfahren vorgestellt.

a. Produktionsförderung

aa. Production Fund

Der Production Fund (auch Lottery Production Fund genannt) hatte für 2014/15 Fördermitteln aus Lotteriegeldern in einer Gesamthöhe von £ 1 Mio. zur Verfügung.[278] Der Production Fund vergibt Fördermittel für Spielfilmproduktionen, einschließlich Dokumentationen. Gefördert werden sowohl Nachwuchsfilmschaffende als auch etablierte Filmschaffende. Bewerben können sich Unternehmen, die in UK oder in einem Staat der EU bzw. des europäischen Wirtschaftsraums registriert sind. Pro Jahr werden in der Regel zwischen drei bis fünf Filmprojekte gefördert. Die Fördersummen betragen in der Regel zwischen £ 50.000 und £ 200.000, wobei sie maximal 50% des Produktionsbudgets betragen können. Das sind jedoch Ausnahmefälle, in der Regel liegt die Fördersumme zwischen 10-30% des Budgets. Das Projekt darf maximal ein Budget von £ 2 Mio. aufweisen. Eine Partnerfinanzierung (match funding) ist Voraussetzung. Darunter ist zu verstehen, dass der gleiche Betrag wie von Creative England auch von einem anderen Finanzpartner erbracht wird. Im Gegensatz zum zweiten Produktionsfonds (West Midlands Production Fund, siehe unten) steht hier die kulturelle und kreative Förderung im Mittelpunkt. Voraussetzungen sind ferner, dass wesentliche regionale Elemente bei der Produktion vorliegen, es sich um ein regionales Filmteam handelt, der Film eine regionale Geschichte erzählt und in einer von Englands Regionen gedreht wird. Der Film muss zudem für eine Kinoauswertung geeignet sein, mindestens eine zugelassene Altersklassifizierung von 18 Jahren des British Board of Film Classification (BBFC) erlangen können sowie als britischer Film qualifiziert werden können. Bewerbungsvoraussetzungen sind ferner, dass das Projekt einen Regisseur und Produzenten vorweisen sowie einen Finanzplan, eine Vertriebsstrategie und Rechtekette darlegen kann und bereit zur Produktion ist.

Sowohl für den Production Fund wie den West Midlands Production Fund gilt ein ähnliches Bewerbungsverfahren mit einer vorgeschalteten Interessenserklärung und mit den Auswahlkriterien, die in den Richtlinien dargelegt werden.

Update v.16.12.2014, abzurufen unter https://www.youtube.com/watch?v=lqR1eJYuseY, Stand 25.02.2020.

278 Vgl. Lottery Production Fund Guidelines.

Eine Bewerbungsfrist gibt es nicht. Die Bewerbung wird mit einer Einschätzung von dem für die Produktionsfonds zuständigen Mitarbeiter dem Creative England's Lottery Finance Committee vorgelegt, die über eine Förderung entscheiden. Erfolgreichen Bewerbern wird ein Angebot mit Förderbedingungen gemacht. Abgelehnte Bewerbungen sind nur bei wesentlichen Änderungen für erneute Bewerbungen zugelassen. Fördermittel aus dem Lottery Production Fund sind zurückführbar, wobei sich Creative England vorbehält, den rückgeführten Betrag mit dem Produzenten für die Entwicklung oder Produktion künftiger Filmprojekte zu teilen. Auch erhält Creative England einen Anteil an den Einnahmen.[279]

bb. West Midlands Production Fund

Der zweite Produktionsförderfonds von Creative England ist der West Midlands Production Fund ebenfalls für Spielfilme und (high-end) TV-Drama-Produktionen (früher Advantage Media Production Fund, umbenannt Ende 2013). Der West Midlands Production Fund hatte zu einem Budget von £ 2 Mio. im November 2014 zusätzliche £ 3 Mio. zur Fördervergabe akquiriert, sodass im Jahr 2015 ein Budget von rund £ 4 Mio. zur Verfügung steht. Der Fonds wird gespeist aus ERDF-Mitteln. Aufgrund der Förderausrichtung der ERDF-Mittel auf regionale Wirtschaftsförderung steht bei diesem Fonds die Wirtschaftlichkeit der geförderten Projekte im Vordergrund. Es sollen regionale Unternehmen oder die Infrastruktur und die Filmschaffenden (nachhaltig) gefördert werden. Voraussetzung ist, dass das sich bewerbende Unternehmen seinen Sitz in der Region der West Midlands bzw. die Intention hat, dort einen Sitz aufzubauen (mindestens aktiv für 24 Monate nach Investition) und eine in UK oder der EU bzw. dem europäischen Wirtschaftsraum registrierte Gesellschaft ist. Bewerbungsberechtigt sind kleine und mittelgroße junge Unternehmen. Bewerbungsvoraussetzungen sind ferner, dass das Projekt einen Regisseur und Produzenten vorweisen sowie einen Finanzplan, eine Vertriebsstrategie und Rechtekette darlegen kann, zur Produktion bereit ist sowie einen Regionaltest besteht. Ein Projekt kann bis zu £ 1 Mio. Fördermittel erhalten, die Minimumfördersumme beträgt £ 100.000. Notwendig ist eine Partnerfinanzierung (match funding) in gleicher Höhe. Während bislang eine rein privatwirtschaftlich-orientierte Partnerfinanzierung durch Kapitalinvestitionen (equity investor) erforderlich war, können seit einer Änderung der Regelungen von Ende 2014 Ko-Investitionen von privaten wie anderen öffentlichen Quellen akzeptiert werden. Angeboten wird eine Mischung

279 Vgl. Lottery Production Fund Guidelines.

von Debt und Equity Finanzierung. Das bedeutet, dass entweder eine anteilige Eigenkapitalfinanzierung des Budgets (Equity) oder Fremdkapitalfinanzierung (als Zwischenfinanzierung) z.B. für vertragliche Vertriebsvorschüsse (distributor advances), Vorverkaufsabzüge (pre-sales discounts) und Diskontierung von Steuergutschriften (UK Tax Credit discounting) (Debt) vorgenommen werden kann. Ziel des Fonds ist grundsätzlich die Fördermittel zurückzuerhalten, um sie erneut investieren zu können.

Es gibt keine Bewerbungsfristen, da es ein fortlaufender Förderfonds ist. Der formalen Bewerbung ist eine Interessenerklärung vorgeschaltet. Die Bewerbung wird sodann vom zuständigen Mitarbeiter für den Fonds geprüft und entweder abgelehnt oder mit einer Empfehlung an das West Midlands Production Fund Investment Panel weitergeleitet, dem die Geschäftsführerin von Creative England, die Leiterin für Finanzen und Leiter für Film sowie ein Aufsichtsratsmitglied und ein Praktiker angehören. Bei einer Förderentscheidung wird ein Angebot mit Bedingungen unterbreitet. Aufgrund der ERDF-Fördermittelherkunft muss von den geförderten Unternehmen dargelegt werden, dass eine Vereinbarkeit mit dem Beihilfenrecht gegeben ist und insbesondere sämtliche Beihilfen nicht den Betrag von € 15 Mio. überschreiten (siehe unten Teil 4). Eine abgelehnte Bewerbung kann nur bei wesentlichen Änderungen erneut eingereicht werden.[280]

b. Entwicklungs- und Kurzfilmförderung

aa. Emerging Talent

Das Programm Emerging Talent gehört zum BFI-Programm NET.WORK (siehe oben im Kapitel über das BFI). Im Rahmen des NET.WORK-Programms kann eine Zusammenarbeit mit anderen Partnern dieses Netzwerks stattfinden, z.B. den nationalen Filmfördereinrichtungen in Nordirland, Schottland oder Wales. Emerging Talent fördert junge Drehbuchautoren, Regisseure und Produzenten mit einiger Berufserfahrung (grundsätzlich zwei Nachweise) im Bereich Kurzfilm, Fernsehen, Musikvideos, Animation, Theater, Werbung oder visuelle Kunst, die jedoch noch keinen Spielfilm gemacht haben, der bereits vertrieben wird. Die Förderung umfasst eine Projektförderung, entweder eine Spielfilmentwicklungsförderung oder eine Kurzfilmproduktionsförderung, und eine persönliche Förderung, z.B. Training und Betreuung. In Ausnahmefällen können auch Dokumentarfilme gefördert werden, ausgeschlossen sind dagegen Animationsfilme. Bei Emerging Talent werden Fördermittel in Höhe von maximal £ 30.000

280 Vgl. West Midlands Production Fund Guidelines.

bei der Entwicklungsförderung und in Höhe von maximal £ 50.000 bei der Kurzfilmförderung vergeben. Bei der Entwicklungsförderung für Spielfilme kann die Förderung in Gestalt einer Kofinanzierung mit anderen Förderern sein. Gefördert wird das Schreiben des Drehbuchs oder die weitere Entwicklungen eines bereits bestehenden Treatments. Bei der Kurzfilmförderung handelt es sich um eine Produktionsförderung für einen Kurzfilm, der eine Länge zwischen 10 und 30 Minuten haben sollte.

Voraussetzung bei beiden Fördersträngen ist, dass zumindest ein Treatment vorgewiesen werden kann, das Projekt auf die Herstellung eines Films gerichtet ist, der für eine Kinoauswertung geeignet ist und mindestens eine zugelassene Altersklassifizierung von 18 Jahren des BBFC erlangen wird sowie als britischer Film qualifiziert werden kann. Projektbudgets sollten jeweils die Höchstfördergrenze einhalten. Sollte bei der Kurzfilmförderung das Budget £ 50.000 überschritten werden, ist eine Finanzierung für diese Differenz vorzuweisen. Gefördert werden bei beiden Fördersträngen Unternehmen und Einzelpersonen. Einzelpersonen müssen aber nachweisen können, dass sie die entsprechenden Rechteinhaber sind. Bewerbungen für Spielfilmentwicklung müssen einen Drehbuchautor im Team vorweisen können, Bewerbungen für Kurzfilmförderungen einen Drehbuchautor und einen Regisseur. Ein Produzent muss nicht zwingend bei Bewerbungseinreichung zum Team gehören. Für die Durchführung des Projekts wird dem Projekt jedoch dann ein Produzent zur Seite gestellt. Ähnliches gilt bei erfolgreichen Bewerbern, die kein vollständiges Team bilden. Das Team wird dann von Creative England zusammengestellt. Bewerber müssen in England ansässig sein. Die Besonderheit dieses Programms ist, dass sich Filmemacher aus ganz England, also auch London, bewerben können. Die Bewerbung für den einen Strang des Programms schließt eine Bewerbung für den anderen Strang nicht aus. Grundsätzlich sind Bewerbungen für Projekte ausgeschlossen, die entweder bereits von Creative England oder dem BFI für Entwicklungsförderung abgelehnt wurden, es sei denn, dass sie bei erneuter Bewerbung wesentliche Änderungen aufweisen, wobei aber auch in diesen Fällen Bewerbungen nur unter vorheriger Rücksprache zugelassen sind.

Es gibt keine Bewerbungsfristen. Das Vergabeverfahren ist anders als bei den Produktionsförderfonds gestaltet. Bewerbungen werden von den Talent Zentren gegebenenfalls unter Hinzuziehung von externen Prüfern begutachtet und bewertet. Folgende Kriterien werden u.a. in die Prüfung einbezogen: der kreative Verdienst mit dem Projekt, Qualifikation und bisherige Leistungen des Filmteams, Realisierbarkeit des Projekts hinsichtlich Budget, Zeitplan und Publikumsorientiertheit, vorteilhafte Auswirkungen auf Karrieren der Filmschaffenden. Die Förderentscheidung wird von Creative England unter Beratung mit dem BFI auf Grundlage einer Bewertung und Empfehlung der Talent Zentren getroffen. Die Förderzusage wird an Bedingungen geknüpft.[281]

bb. Shorts und iShorts + „Funny Girls"

Zudem gibt es verschiedene Förderprogramme für Kurzfilme. Ein Programm davon ist iShorts. iShorts ist auf die Förderung von (ersten) Kurzfilmen von Nachwuchsfilmemachern ausgerichtet und gehört ebenfalls zum BFI-Programm NET.WORK. Mit Nachwuchsfilmemacher sind solche gemeint, die keine oder wenig Berufserfahrung haben. Gefördert werden Kurzfilme zwischen 5 und 15 Minuten, auch Dokumentarkurzfilme, jedoch keine Animationsfilme. Es ist ebenfalls eine Mischung aus finanzieller Förderung und fachlicher Unterstützung. Ein Kurzfilm kann mit maximal £ 5.000 gefördert werden. Die Budgets können zwar darüber liegen, jedoch sollte dann jegliche Finanzierung dafür abgeklärt sein. Weder ist die Rückzahlung der Fördermittel noch eine Beteiligung von Creative England an den Einnahmen vorgesehen; es handelt sich um einen nichtrückzahlbaren Zuschuss. Bewerbungsberechtigt sind Drehbuchautoren und Regisseure einzeln oder als Team mit einem Produzenten. Es ist keine notwendige Voraussetzung, sich als oder über ein Unternehmen zu bewerben. Voraussetzung ist aber, dass die Bewerber ihren Sitz in England und außerhalb des Großraums London haben.

Für iShorts existieren Bewerbungsfristen. Bei der Bewerbung können zwei Ideen vorgeschlagen werden, wobei ein fertiges Drehbuch bei Einreichung der Bewerbung nicht notwendig ist, erst in späteren Stufen des Bewerbungsprozesses. Einmal abgelehnte Bewerbungen können nicht erneut eingereicht werden. Die Bewerbungen werden vom Creative England Film Team gegebenenfalls unter Hinzuziehung externer Prüfer bewertet. Die Kriterien für die Prüfung sind u.a. das Potential des Filmschaffenden anhand bisheriger Arbeiten, ob das Projekt hinsichtlich Kreativität und Realisierbarkeit vielversprechend ist, ob die Einhaltung von Zeitplan und Finanzplan wahrscheinlich ist, sowie, ob das Projekt geeignet ist, die Karriere des Filmschaffenden zu fördern. Anfänglich werden 30 Bewerber ausgewählt, die eine Entwicklungsphase absolvieren müssen. Für diese Phase erhalten sie eine finanzielle Unterstützung und editorische Beratung von den Talent Zentren und müssen am Ende einen fertigen Drehbuchentwurf einreichen. Aus diesem Bewerberkreis werden in einem nächsten Schritt bis zu 20 von ihnen endgültig zur Förderung ausgewählt. Erfolgreiche Bewerber erhalten

281 Vgl. Emerging Talent FAQ's, Emerging Talent Guidelines.

neben der finanziellen Förderung ein Onlinetraining, Zweitagesworkshops und Networking-Möglichkeiten.[282]

Eine spezielle Frauenförderung bietet das Programm iShorts+"Funny Girls", das Regisseurinnen mit geringer Berufserfahrung für Komödien-Kurzfilme zwischen 5 und 15 Minuten mit £ 10.000 pro Film unterstützt. Das Programm erhält vom BFI NET.WORK Lotteriegelder. Die Förderung wird wie bei iShorts als Zuschuss gewährt. Es werden fünf Projekte gefördert. Neben der finanziellen Förderung wird eine Entwicklungsunterstützung angeboten, ein Comedyworkshop und Mentoren aus der Praxis. Bewerben können sich nur Teams, bei denen mindestens die Regie von einer Frau übernommen wird. Voraussetzung ist, dass sie noch keinen Spielfilm gedreht haben, der in UK bereits vertrieben wurde. Anders als beim Programm iShorts bezieht iShorts +"Funny Girls" die Region London in die Förderreichweite mit ein. Im Unterschied zu iShorts ist ein fertiges Drehbuch einzureichen und Animationen sind ausgeschlossen. Es existieren Bewerbungsfristen. Die Bewerbung wird von den Talent-Zentren mithilfe von externen Prüfern bewertet. Der Bewerbungsablauf ist ebenfalls gleich wie bei iShorts mit dem Unterschied, dass hier zunächst 10 Teams für die Entwicklungsphase ausgewählt werden und danach fünf für die endgültige Förderung.[283]

Anders als iShorts, das erneut angeboten wird, war die spezielle Ausrichtung auf Komödienkurzfilme als Frauenförderung bis 2015 begrenzt. Zwar wird iShorts + zukünftig erneut angeboten, allerdings mit anderer Schwerpunktsetzung.

c. *Weitere Förderprogramme und -aktivitäten*

Wie bereits ausgeführt, hat das BFI im Rahmen des BFI NET.WORK-Programms in Zusammenarbeit mit Creative England zwei sog. Talent-Zentren in Sheffield und Brighton eingerichtet. Sie dienen der Nachwuchsförderung und -fortbildung anhand von Förderstufen von Kurzfilmen zu Spielfilmen. Es gibt Entwicklungsförderung für Projekte. Im Rahmen der Zusammenarbeit durch NET.WORK bietet Creative England neben den oben dargestellten Programmen Projektentwicklungsveranstaltungen, Beratung und Fachveranstaltungen an.

Das seit 2009 existierende Förderprogramm Low Budget Production (iFeatures) ist das Förderprogramm von Creative England für Micro- oder Low-Budget-Spielfilmproduktionen (Budget bis £ 350.000). Das Programm ist für Filmemacher, die bereits Berufserfahrung vorweisen können. iFeatures besteht in Zusammenarbeit mit dem BFI Film Fund, Creative Skillset und BBC Films.

282 Vgl. iShorts FAQ's und iShorts Guidelines.

283 Vgl. iShorts + „Funny Girls" FAQ's.

Unterstützt wird die Entwicklung von regelmäßig mehreren Filmprojekten, von denen zum Ende hin drei für Produktionsförderung ausgewählt werden.[284] Durch den längeren Auswahlprozess läuft das Programm jeweils über einen längeren Zeitraum; im Jahr 2015 war es in seiner dritten Runde.

Weitere Förderprogramme hinsichtlich einer Unternehmensförderung sind der Business Loans Fund, Film Enterprise und der Strategic Partnership Fund.

Der Business Loans Fund bzw. Business Investment Fund ist ein Förderprogramm zur Unterstützung kleiner bis mittelgroßer Unternehmen, die aufgrund hohen Risikos oder ungewisser Erfolgsaussichten ihres Projekts Schwierigkeiten haben, Zugang zu Finanzierungsmöglichkeiten zu erhalten. Die Förderung bezweckt das Wachstum von Unternehmen mittels zinslosen Darlehen mit günstigen Rückzahlungsbedingungen. Gefördert werden Unternehmen, die im Digital Creative Bereich tätig sind und die bestehende oder neue Technologien, Produkte oder Dienstleistungen entwickeln. Der Fonds gehört zum Growth Programme von Creative England mit einem Gesamtbudget von insgesamt £ 4,2 Mio., ausgestattet mit Finanzmitteln vom Regional Growth Fund des Wirtschaftsministeriums (BIS). Es stehen Mittel zur Darlehensvergabe in Höhe von £ 1,5 Mio. zur Verfügung. Die Darlehenshöhe kann zwischen £ 50.000 bis £ 200.000 für einzelne Projekte betragen, wobei maximal 50% der Projektkosten als Darlehen vergeben werden, der Rest ist durch eigene oder Partnerfinanzierung zu erbringen. Voraussetzung für eine Vergabe ist die Schaffung oder Erhaltung von Arbeitsplätzen.[285] Der Business Loan Fund agiert ausdrücklich unter der De-minimis-Ausnahme von Beihilfen, sodass ein Unternehmen nachweisen muss, dass es insgesamt in einem Zeitraum von drei aufeinanderfolgenden Jahren nicht mehr als € 200.000 staatliche Mittel jeglicher Quellen erhalten hat bzw. erhalten wird.

Film Enterprise ist eine Unternehmensförderung für jegliche filmbezogene Aktivitäten und wird durch Lotteriegelder finanziert. Über vier Jahre werden £ 2 Mio. in die Unternehmensförderung investiert. Es ist ein fortlaufendes Programm, für das sich nur selbständige private Unternehmen mit Sitz und Tätigkeitsbereich in England außerhalb von London bewerben können, die im Filmbereich tätig sind oder planen, tätig zu werden, und nicht nur für ein einziges Projekt gegründet wurden. Film Enterprise ist eine jeweils auf das

284 Vgl. www.creativeengland.co.uk/ifeatures/; www.ifeatures.co.uk/about, Stand 25.02.2020.

285 Vgl. Business Loans Guidelines sowie Creative England Policy Brief – Access to finance.

geförderte Unternehmen zugeschnittene Förderung, entweder als Unternehmensplanung mit kreativen und ökonomischen Strategien zur Verbesserung des Unternehmensmodells oder als Unternehmensfinanzierung hinsichtlich der Einkommensquellen. Voraussetzung ist, dass die Förderung für eine Unternehmenstätigkeit mit einem wesentlichen Anteil in den Bereichen Filmentwicklung, Produktion, Vertrieb oder Verkauf oder jeglicher anderer filmbezogener Tätigkeit beantragt wird. Die Art der Förderung ist nicht festgelegt, sondern wird individuell angeboten. Sie kann z.B. aus rückzahlbaren Zuschüssen, Beteiligungsinvestitionen und Fremdfinanzierungsmitteln (Equity und Debt) neben Betriebsberatung, Weiterbildung und Führungsqualifikation, Anleitung und die Unterstützung durch Direktoren ohne Geschäftsbereich bestehen. Bei der Förderung für Unternehmensplanung beträgt die Förderhöchstsumme £ 5.000, für Unternehmensfinanzierung ist keine maximale Höchstsumme festgelegt, da die Finanzierung auf das Unternehmen im Einzelfall zugeschnitten ist. Gemäß den Richtlinien überschreitet sie in der Regel aber nicht £ 300.000. Voraussetzung einer Förderung für die Unternehmensfinanzierung ist eine Partnerfinanzierung (match funding). Für jegliche Förderung gilt, dass sie mit den beihilferechtlichen Vorschriften vereinbar sein muss. Die erste Begutachtung, Auswahl und Empfehlung der Bewerbungen durch den zuständigen Mitarbeiter des Fonds wird dem Lotteriefinanzkomitee von Creative England (Creative England's Lottery Finance Committee) vorgelegt, das über die Bewerbungen entscheidet. Der erfolgreichen Bewerbung folgt ein Angebot durch Creative England, in dem die Details zur Finanzierungsförderung und die Bedingungen aufgeführt sind.[286]

Der Strategic Partnership Fund ist eine Förderung für Unternehmen mit innovativen Ideen und wird mit Lotteriegeldern finanziert. Für das Finanzjahr 2014/15 verfügte der Fonds über £ 200.000. Gefördert werden strategische, auch sektorübergreifende Projekte für die Bildung von Partnerschaften innerhalb der Industrie mit einer positiven Auswirkung für den ganzen Filmsektor. Fördermittel werden in diesem Rahmen zwischen £ 10.000 und £ 50.000 pro Projekt vergeben. Voraussetzung ist eine Partnerfinanzierung (match funding) in Höhe von 20-50% des Gesamtbudgets, abhängig von der Größe und dem Risiko des Projekts (50% dieser Partnerfinanzierung als Barmittel, keine Lotteriegelder). Der Bewerberkreis ist nicht so eng gefasst wie bei Film Enterprise: bewerbungsberechtigt sind private oder öffentliche Unternehmen, Partnerschaften,

286 Vgl. Film Enterprise Guidelines.

sogenannte gemeinwohlinteressierte Gesellschaften (community interest company[287]), Wohltätigkeitsorganisationen und Stiftungen, vorausgesetzt sie sind in England ansässig und ihr Tätigkeitsfeld unterstützt die Regionen Englands. Das heißt, dass ein Unternehmen zwar in London ansässig sein könnte, dann jedoch einen Gewinn für andere englische Regionen außerhalb von Greater London nachweisen muss. Kooperationen mit Unternehmen in Nordirland, Schottland und Wales sind unter der Voraussetzung der leitenden Rolle des englischen Unternehmens möglich. Die Projekte dürfen weder von anderen Fonds von Creative England abgedeckt sein noch von Förderzusagen anderer Fördereinrichtungen. Des Weiteren darf die Arbeit an dem Projekt noch nicht begonnen haben. Strategic Partnership ist ein fortlaufendes Förderprogramm ohne Bewerbungsfristen. Die Bewerbung hat mit einer Interessenerklärung zu beginnen, der nach Rücksprache mit Creative England eine vollständige Bewerbung folgt. Nach einer ersten Begutachtung durch Mitarbeiter von Creative England und u.U. unter Heranziehung externer Fachleute wird eine Empfehlung an das interne Vergabegremium Creative England's Investment Committee gegeben. In dem Gremium sind hauptsächlich das Leitungsteam von Creative England vertreten sowie externe Fachleute, die je nach zu entscheidender Förderung und Unternehmenstypus wechseln. Bei erfolgreicher Bewerbung wird ein Fördervertrag zwischen Creative England und dem Unternehmen geschlossen, in dem u.a. als Bedingung der Nachweis der Partnerfinanzierung und die zweckgebundene Verwendung der Fördermittel vereinbart werden kann. Bereits das Angebotsschreiben enthält die Förderhöhe, bestimmte Bedingungen, Ergebnis- und Zeitabschnittsanforderungen.[288]

4. *Beschwerdeverfahren*

Wie oben dargestellt, bestehen für die einzelnen Förderprogramme eigene Vergabeverfahren. Der Bewerbung ist häufig eine Interessenserklärung vorgeschaltet (Film Enterprise, Strategic Partnership Fund). Die Förderentscheidung ist final und ausschließlich aufgrund von Verfahrensfehlern anfechtbar, wenn das Verfahren nicht eingehalten worden ist oder die Verfahrensregelungen in einer Weise angewandt worden sind, dass sie zu voreingenommenen Entscheidungen

287 Eine in UK mögliche Gesellschaftsform für sozialorientierte Unternehmen, die ihre Gewinne für Gemeinwohlzwecke verwenden wollen. Es existieren verschiedenste Ausprägungen.

288 Vgl. Strategic Partnership Fund Guidelines und Strategic Partnership Fund FAQ's.

geführt haben.[289] Die inhaltliche Entscheidung liegt im Ermessen des Vergabegremiums und kann nicht angefochten werden. Das Beschwerdeverfahren richtet sich nach den Richtlinien der Fonds und allgemeinen Vorschriften von Creative England. Jegliche Fonds, die Lotteriegelder vergeben, sind zudem wie beim BFI einem eigenen Beschwerdeverfahren für Lotteriegelder zugänglich (Lottery Complaints Procedure). Beide Verfahren sind ähnlich, jedoch mit dem Unterschied, dass bei den Lotteriebeschwerderegelungen an letzter „Instanz" ein externer Ombudsmann steht, während die Fondsregelungen eine rein interne Behandlung vorsehen. Für das Beschwerdeverfahren bei der Lotteriegeldervergabe wird auf die Ausführungen beim BFI verwiesen. Bei dem internen Beschwerdeverfahren von Creative England kann zunächst eine informelle Beanstandung beim Sachbearbeiter oder dessen Vorgesetzten erhoben werden. Sodann kann eine formale schriftliche Beschwerde an Creative England als Adressaten erhoben werden: Im ersten Schritt ist der Sachbearbeiter oder dessen Vorgesetzter innerhalb von drei Monaten nach dem angefochtenen Ereignis, im zweiten Schritt die Geschäftsführerin und im dritten Schritt der Aufsichtsrat ohne externe weitere Instanz zuständig. Ebenso wie beim BFI, gibt der Ombudsmann bei begründeter Beschwerde lediglich eine Empfehlung an Creative England ab, wie die Angelegenheit zu berichtigen ist. Die Förderentscheidung kann er weder rückgängig machen noch eine rechtliche Verpflichtung von Creative England bewirken.[290]

III. Film London

Film London ist die Födereinrichtung für den Großraum London. Der Großraum London umfasst 33 Stadtbezirke (Boroughs). Teilweise gibt es in einzelnen Londoner Bezirken von den Bezirksräten zudem eine Unterstützung von lokal ansässigen Künstlern.[291] Film London hat zum einen die Aufgabe, den Standort London für Filmproduktionen, Fernsehproduktionen, aber auch für die Produktion von Werbesendungen, Videospielen und neuen Medien zu fördern und zu bewerben. Zum anderen bietet Film London Förderung und Beratung für

289 Vgl. z.B. iShorts FAQ‘s und iShorts Guidelines, iShorts + „Funny Girls" FAQ‘s, Film Enterprise Guidelines.

290 Vgl. Regelungen zu Customer Service und Terms and Conditions, Strategic Partnership Fund Guidelines.

291 Borough Production Funds in einzelnen Londoner Bezirken; bei den Kurzfilmförderungen arbeitet Film London mit den Bezirken zusammen, die hierfür Förderungen anbieten.

Filmproduzenten aus London an. London hat sich in den letzten Jahren zu einer Filmhauptstadt entwickelt. Einen wesentlichen Anteil daran hat die Fördereinrichtung Film London. Seit der Etablierung der Einrichtung im Jahr 2003 gab es einen Anstieg von Filmdrehs, der sich bis zum Jahre 2012 auf 30% belief.[292] Im Jahr 2012 wurden über 1600 Drehtage in London verzeichnet und es waren durchschnittlich 35 Filmcrews täglich in London am Drehen.[293] Film London sieht sich selbst als Netzwerker und Vermittler von Partnerschaften zwischen Einrichtungen und Filmschaffenden. Zweck der Einrichtung ist die Unterstützung von Filmschaffenden und der Filmindustrie in London. Daneben soll der Standort London für die außerhalb von London bzw. UK ansässige Filmindustrie für die Produktion, Postproduktion und Spezialeffekte beworben und ausländische Investitionen angeworben werden.

Im Rahmen der Umstrukturierung der Fördereinrichtungen und Abschaffung des UK Film Council im Jahr 2011 hat sich auch Film London neu aufgestellt und u.a. durch die Übernahme der Geschäfte der British Film Commission (BFC) sein eigenes Überleben abgesichert. Obwohl die BFC eine UK-weite Einrichtung ist, ist sie nun bei der regionalen Fördereinrichtung für London angesiedelt. Dies hat seinen Grund nicht in der Bedeutung von London als Hauptstadt von UK, sondern in der funktionalen Überlappung der Aufgaben. Da sowohl Film London als auch die BFC für Investitionen aus dem Ausland werben und in den vorherigen Jahren Film London ein starkes Engagement in diesem Bereich gezeigt hatte, wurde 2011 entschieden, dass aufgrund der ähnlichen Ausrichtung und Expertise die BFC unter dem Dach von Film London geführt und organisiert sein kann. Seit 2011 ist die BFC daher eine Abteilung von Film London.

Seit der Abschaffung der Regional Development Agency für London (London Development Agency)[294] ist Film London die einzige Einrichtung, die die Londoner Filmindustrie unterstützt.

Zu Zeiten des UK Film Council war Film London auch Verteiler von Lotteriegeldern (Lottery Distributor). Dieser Status ist mit der Abschaffung des UK Film Council erloschen.

---

292 Vgl. Film London, PM v.9.8.2012, „London's film industry booming as Film London announces titles shooting in the city".

293 Vgl. Film London, PM v.31.1.2013, „2012 UK Production Statistics".

294 In London gehörte die London Development Agency zu der Verwaltung von London und war beim Mayor of London angesiedelt.

1. Rechtsnatur

Die Einrichtung Film London besteht seit 2003 und ist aus der London Film and Video Development Agency (LFVDA) und London Film Commission hervorgegangen. Film London ist eine non-for-profit-agency und als Film London Private Company Limited by guarantee in England und Wales registriert. Ebenso wie bei Creative England ist die garantierte Haftung der Mitglieder bei der Gründung und Eintragung auf £ 1 festgelegt worden.[295] Bei Film London handelt es sich um eine privatrechtliche Gesellschaft. Sie ist nicht in den öffentlichen Staatsapparat eingegliedert und wird nicht von der öffentlichen Hand beherrscht. Die Mitglieder sind keine Staatsvertreter. Im Aufsichtsrat sind ebenfalls keine staatlichen Vertreter beteiligt, sondern Vertreter aus der Filmwirtschaft und Filmkultur sowie aus dem Fernseh- und Medienbereich. Film London ist zusätzlich im Jahr 2015 als Wohltätigkeitsorganisation (charity) eingetragen worden. Für diese neue Ausrichtung spricht, dass die Einrichtung von Vorteilen profitieren könnte, die nur Wohltätigkeitsorganisationen offen stehen, z.B. von anderen Steuervorschriften sowie von anderen Möglichkeiten privater Sponsoren.

Film London nimmt für die Region London eine Förderaufgabe für den Film wahr, ohne in seiner rechtlichen Struktur eine regionale öffentlich-rechtliche Fördereinrichtung zu sein. 90% der vergebenen Gelder sind (wie sogleich näher dargelegt wird) allerdings öffentliche Gelder. Zudem wendet Film London als Vergabe- und Transparenzregeln die sog. Nolan-Prinzipien[296], die für Behörden gelten, an. Durch die Verteilung öffentlicher Gelder als privatrechtliche non-forprofit Gesellschaft kann Film London als eine Mischform -von Rechtsnatur und Funktion aus gesehen-, im Englischen bezeichnet als „publicly funded organisation", angesehen werden. Film London wird deshalb in der vorliegenden Arbeit als Teil des öffentlichen Filmfördersystems behandelt.

Die Übernahme der Geschäfte der BFC erfolgt im Rahmen einer öffentlich-privaten Partnerschaft (public-private partnership), die vom DCMS durch das BFI finanziell unterstützt wird.

2. Finanzierung

Film London hat ein kompliziertes weit verzweigtes Finanzierungskonstrukt mit einer Mischfinanzierung aus öffentlichen und privaten Geldern. Die

---

295 Vgl. Certificate of Incorporation, abzurufen unter https://beta.companieshouse.gov.uk/company/04699825, Stand 25.02.2020.

296 Siehe zum BFI oben unter D. I. 2.

Finanzierung speist sich aus öffentlichen und privaten Quellen. Film London steht kein festes jährliches Budget zur Verfügung. Stattdessen akquiriert die Einrichtung projektbezogene Finanzmittel und ist auf die Vergabe von Mitteln verschiedener Quellen angewiesen, die für unterschiedlich lange Zeiträume vergeben werden und für die sich Film London jeweils bewirbt. Teilweise sind es einjährige Verträge, vermehrt aber auch zwei- bis dreijährige Verträge, die eine gewisse Finanzplanung zulassen. Das bedeutet, dass die jeweiligen Mittel sehr spezifisch am Ziel orientiert und an bestimmte inhaltliche Projekte und Förderungen gebunden sind. Hinzu kommt, dass die Gelder untereinander im Verwendungszweck verknüpft sind, da es üblich ist, Fördermittel auszuschreiben und eine Partnerfinanzierung (match funding) zu verlangen. Das heißt, dass Film London sich mit einem Konzept eines bereits bestehenden auslaufenden oder neuen Förderprogramms bewirbt und einen Anteil (meist 25%) als eigene Finanzierung vorweisen muss. Den eigenen Anteil erbringt Film London sodann aus anderen zuerkannten Fördermitteln (innerhalb der Förderverträge), sodass eine Kopplung an andere Förderer bzw. Investoren besteht. Diese Art der Finanzierung führt dazu, dass Film London nicht von einer Hauptquelle abhängig, sondern das finanzielle Risiko verteilt ist. Eine solche Struktur der Finanzverteilung trägt zur existentiellen Absicherung von Film London bei. Das gleiche System der Partnerfinanzierung wird auch auf der Seite der Förderprogramme für die Filmschaffenden und Filmunternehmen angewandt.

Für das Jahr 2014 betrug das Budget etwas unter £ 5 Mio. jährlich (£ 4,6 Mio.). Davon standen £ 1 Mio. der BFC und £ 4 Mio. Film London zur Verfügung.[297] Die Finanzmittel stammten aus ca. 20 Förderverträgen mit verschiedenen Financiers. Im Jahr 2015 betrug das Budget -erstmalig als charity- knapp £ 5,6 Mio.[298]

Die konkrete Aufschlüsselung der Finanzmittel kann in Abhängigkeit der Förderprojekte in den einzelnen Haushaltsjahren variieren. Im Jahr 2014 verfügte Film London z.B. über folgende Finanzmittel:

30% der Finanzmittel stammen vom BFI mit Lotteriegeldern und Grant-in-Aid. Das BFI erfüllt mit der Finanzierung eines seiner eigenen Ziele, nämlich die Stärkung des Standortes London für Filmproduktionen. Verträge über die Verwendung von Lotteriegeldern bestehen u.a. für folgende Aktivitäten von

297 Die Informationen stammen aus einem Fachgespräch der Verf. mit der Finanzdirektorin von Film London, stattgefunden im Rahmen des Forschungsaufenthalts in London im Juli 2014; es gibt keine veröffentlichten Geschäftsberichte, lediglich Finanzberichte der Wirtschaftsrechnungsprüfungen ohne Details.

298 Vgl. Film London Finanzbericht/ Financial statement 2015-16.

Film London: Production Finance Market, Microwave, London Screening, Hub London, Screen Heritage, Talent Network. Die BFI-Mittel werden z.B. für die Kurzfilmförderprogramme London Calling und London Calling Plus verwandt, die Teil des BFI.NETWORK sind und auch von Creative Skillset mit weiterer Unterstützung verschiedener Londoner Bezirksverwaltungen[299] finanziert werden.

Weitere 30% des Budgets werden von der Greater London Authority (GLA) bzw. der London Enterprise Partnership[300] erbracht, davon ca. £ 1,55 Mio. von der GLA und £ 250.000 von London Enterprise Partnership. Diese Mittel sind für Werbetätigkeiten, London als Drehort und das London Film Festival vorgesehen.

Der Arts Council England hat einen Fördervertrag über gesamt £ 1 Mio., anteilig für ca. £ 300.000 jährlich entsprechend 7% des Budgets von Film London. Dieses Geld ist zweckbestimmt für Künstlerförderung und Filminstallationen, z.B. das Programm FLAMIN.

Creative Skillset ist ein weiterer Finanzier von sieben bis acht Projekten, wie Microschool und Training/ Mentoring im Rahmen von Microwave, Micromarket, „build your audience", „talent network"/ London Calling, ein Pilotprojekt für das FLAMIN-Trainingsprogramm, Screen Heritage und „cultivate exhibitors", mit teilweise kleineren, teilweise größeren Beträgen zwischen 20.000 und 100.000 (durchschnittlich 40.000).

Die Fernsehunternehmen BBC und Channel 4 gehören ebenfalls zu den Finanziers von Film London. Die BBC unterstützt das Programm Microwave, Channel 4 den Jarman Award und FLAMIN.

Ferner stammt ein Teil des Budgets von dem British Council, einer Einrichtung, die zum Außenministerium (Foreign and Commonwealth Office) zugehörig ist und sog. Foreign Commonwealth Gelder vergibt. Diese Mittel werden z.B. für Microschool im Ausland verwendet, z.B. Schweden und Indonesien, mit denen insoweit ein Kulturaustausch stattfindet.

---

299 Die Bezirke Haringey (North London Film Partnership), Kensington & Chelsea und Wandsworth (Shorts Film Fund), Lambeth und Southwark (Southern Exposure Film Fund), Redbridge und Waltham Forest (Eastern Edge Film Fund)bieten im Rahmen des Programms London Calling Kurzfilmförderungen an in unterschiedlicher Anzahl und Förderhöhe, in der Regel bis zu £ 4.000, sowie Training.

300 Neue Organisation als Ersatz für die frühere Development Agency.

Der Heritage Lottery Fund unterstützt Film London zudem bei der Digitalisierung von Archiven der Londoner Gemeinden und der Einrichtung eines Fahrzeuges, dass als fahrbares Kino umgerüstet ist.

Daneben unterstützen zwei weitere Einrichtungen „Research and Development Funding“: zum einen die öffentliche Einrichtung Technology Strategy Board (NDPB, arm's length body), die an das Wirtschaftsministerium (Department for Business, Innovation and Skills, kurz: BIS) angegliedert und die vorrangige Einrichtung der Regierung für Innovationsförderung ist. Das Technology Strategy Board fördert das Projekt „Visible Rights“, an dem Film London sowie die BAFTA und das University College London teilnehmen. Film London hat £ 70.176 im Zeitraum über eineinhalb Jahre von April 2014 bis September 2015 erhalten.[301] Die andere Einrichtung, die den Bereich „Research and Development“ unterstützt, ist Nesta (Kurzform für National Endowment for Science, Technology and the Arts), eine unabhängige Wohltätigkeitsorganisation (charity), die Innovation in UK fördert und den sog. „Digital Research & Development Fund" zusammen mit dem Arts Council England und Arts and Humanities Research Council führt. Nesta unterstützt seit Mai 2014 der Aufbau einer Plattform im Internet mit £ 124.993, um Micro-Budget-Filme anzubieten.[302]

Außerdem gibt es von der Industrie private Finanzmittel, z.B. Gelder aus Sponsorships. Die nicht-öffentlichen Gelder machen ca. 10% des Gesamtbudgets von Film London aus.

Durch dieses System der Finanzmittelakquirierung sind die Mittel stets auf bestimmte Programme zugeschnitten und an die jeweiligen speziellen Anträge mit Ausgaben gebunden. In dem Fall, dass nicht alles verfügbare Geld aus einem Förderantrag gemäß der Fördermittelbewilligung des Finanziers ausgegeben wird, wird es von Film London entweder zurückgezahlt oder es wird zwischen Film London und dem jeweiligen Finanzier über die weitere Verwertung und Ausweitung der Förderprogramme nachverhandelt. Die obige Finanzaufstellung zeigt deutlich, wie projekt- bzw. förderprogrammbezogen Film London die eigene Finanzierung erwirtschaftet, wie viele unterschiedliche Mittel Film London einwirbt und wie die Programme an verschiedene Quellen geknüpft sind.

301 Vgl. https://gtr.ukri.org/projects?ref=101767, Stand 25.02.2020.

302 Vgl. Nesta, News v.28.5.2014, abzurufen unter www.nesta.org.uk/news/digital-rd-fund-for-the-arts-to-answer-big-questions-about-big-data/, Stand 25.02.2020.

3. *Förderung*

Film London bietet ein Beratungsangebot für Koproduktionen, Drehbuchbewertung, Entwicklung von Animationsstudios, wirtschaftliche Einzelberatung und Kontakte zu regionalen und nationalen Regierungen in UK an. Die Förderung durch Film London besteht jedoch nur zu einem kleinen Teil aus einer finanziellen Förderung, ungefähr in Höhe von £ 1 Mio. jährlich. Der Rest des Gesamtbudgets fließt in die eigenen Aktivitäten von Film London, v.a. die Beratungs- und Trainingstätigkeit. Hauptsächlich findet eine Förderung durch Beratung, Training und Ausbildungsworkshops, Hilfestellung beim Dreh, Vermittlung bei der Partnersuche zwischen Produzenten und Finanziers sowie dem Zusammenbringen von Filmschaffenden durch Veranstaltungen statt.

Film London hat es sich zum Ziel gemacht, eine Förderung in den Bereichen anzubieten, in denen (noch) keine Unterstützung existiert oder die noch nicht von anderen Einrichtungen abgedeckt wird, quasi eine Förderung von Lücken mit innovativen Programmen. Film London sieht seine Aufgabe als erfüllt an, wenn das Förderkonzept von einer anderen Einrichtung angeboten wird. Die Förderprogramme von Film London sind daher wechselnd und werden flexibel an die Bedürfnisse der Filmwirtschaft und Filmschaffenden angepasst. Beispiele für innovative neue Förderungen von Film London sind: Production Finance Market, Ausbildungs- und Trainingsmöglichkeiten für Location Manager oder Sales Agents.

Koproduktionen finden im Rahmen der Förderung durch Film London kaum statt, da sich Micro-Budget-Filme dafür in der Regel nicht eignen und zudem Kriterium einer Förderung von Film London ist, dass entweder die erzählten Geschichten in London gefilmt werden oder einen Hauptbezug zur Stadt haben („London stories").

Im Folgenden werden die wichtigsten Förderprogramme dargestellt.

a. *Microwave*

Ein wesentliches Programm ist Microwave. Das Programm ist darauf ausgerichtet, Micro-Budget-Filme in kurzer Zeit unter Beratungsbegleitung und mit Entwicklungs- und Mentoringangeboten herzustellen.[303] Es besteht aus einem mehrstufigen Förderverfahren, an dessen Ende bei jedem Durchgang die komplette Herstellung und der Vertrieb von jeweils zwei Filmen von zwei Teams gefördert werden. Microwave existiert seit 2006 und war bislang ein Programm

303 Vgl. Microwave Guidelines.

von Film London und BBC Films. Unterstützt wird es zudem von Creative Skillset (Film Skills Fund). Im Mai 2014 wurde das Programm für die nächsten drei Jahre angekündigt. Neu ist eine Zusammenarbeit mit dem BFI. Gefördert wurden bislang Filme mit einem maximalen Budget von £ 100.000, dieses ist nunmehr auf £ 150.000 angehoben worden. Die Förderung beträgt £ 100.000 direkt von Film London, der Rest des Budgets muss der Produzent des Teams eigenständig akquirieren, wobei Film London Support anbietet. Der Betrag von £ 100.000 durch Film London setzt sich zusammen aus £ 50.000 vom BFI und £ 50.000 von BBC Films aus dem Rechteverkauf. Für alle fertiggestellten Filme können in Absprache mit dem Microwave-Team bis zu £ 25.000 für Vertrieb(sstrategien) und Werbung beansprucht werden. Diese Distributionsförderung wird durch das BFI ermöglicht. Die Förderung mit dem Microwave-Programm ist ausschließlich auf Micro-Budget-Langfilme ausgelegt. Das schließt andere Förderer für die Entwicklung nicht aus, es soll aber eine Begrenzung des Produktionsbudgets sein, die sich im Rahmen von kleinen Budgets befindet. Geeignet ist die Förderung für Erstlingsfilme sowie Filmprojekte von ethnischen Minoritäten. Das Programm fördert Filme im Bereich Dokumentation, Fiktion, Animation sowie Filmprojekte von Künstlern, die mit Bewegtbildern arbeiten. Bei Spielfilmen wird versucht, einen Teil der Einnahmen in einen Pool von Film London zurückfließen zu lassen, der für neue Förderprojekte zur Verfügung steht. In der Regel werden beim Durchgang des Microwave-Programms bis zu sechs Filme im Zeitraum von drei Jahren gefördert. Microwave beinhaltet neben einer traditionellen Förderung für Entwicklung und Vertrieb eine Produktionsförderung und individuelle Fortbildung sowie Mentorenbetreuung. Es wird die professionelle Entwicklung vom Drehbuch bis zum Vertrieb geboten. Es handelt sich quasi um integriertes Training anhand einer Filmproduktion.

Eine weitere Neuheit für die nächsten Jahre ist, dass Microwave durch Lotteriegelder der National Lottery via dem Skills Investment Fund (s.o. verwaltet von Creative Skillset) finanziell gefördert wird. Für die nächsten drei Jahre steht ein Budget von £ 2 Mio. für die Unterstützung von sechs Spielfilmen zur Verfügung. Es sollen bis zu 36 Filmteams in drei Jahren und in finaler Auswahl die Herstellung und der Vertrieb zweier Filme unterstützt werden. Mit dem erneuerten Programm findet eine finanzielle Förderung auch für die dreimonatige Entwicklungsphase und nicht nur für die Produktionsphase statt. Pro Team werden bis zu £ 10.000 vergeben. Zudem stellt Film London Material und Empfehlungen zur Einführung in Themen rund um die Filmproduktion online bereit.

Zu den Bewerbungsvoraussetzungen von Microwave gehört zunächst, dass zumindest eine Produktion vorzuweisen ist (Sachfilm oder [außerbudgetärer] Spielfilm, der noch nicht in Kinos veröffentlicht wurde, Kurzfilm, Werbefilm,

Künstlerfilm, Musikvideo, TV oder Theaterprojekt). Weiterhin ist Voraussetzung, dass die Bewerbung von einer Produktionsgesellschaft, die in einem der 33 Londoner Bezirke ihren Sitz hat und als UK GmbH registriert ist, eingereicht wird. Es werden nur Bewerbungen berücksichtigt, bei denen ein Team von mindestens zwei Personen, bestehend aus einem Produzenten und/oder Regisseur und/oder Drehbuchautor, vorhanden ist. Für das Projekt muss bei einem langen Spielfilm ein fertiges Drehbuch, bei einem Dokumentarfilm ein umfangreiches Treatment oder bei einem anderen förderfähigen Projekt entsprechendes Material vorliegen. Das Projekt sollte hauptsächlich im Großraum London gefilmt werden, muss aber nicht notwendig eine London-Geschichte sein. Es muss sich aber als britischer Film im Sinne des Films Act 1985 qualifizieren können. Zudem darf es keine höhere Altersbeschränkung als 18 Jahre der Filmklassifizierungsstelle erlangen. Ferner muss das Projekt geeignet sein, die Steuererleichterungen in Anspruch zu nehmen. Es kann eine Koproduktion sein, aber die Hauptproduktionsgesellschaft muss ihren Sitz in London haben und den Mehrheitsteil der Produktion ausmachen. Projekte, die bereits Fördermittel zur Entwicklung erhalten hatten, sind grundsätzlich nicht antragsberechtigt, außer es wird der Nachweis erbracht, dass es sich um einen nichtrückzahlbaren Zuschuss handelte oder die Rückzahlung erst anhand der Nettoeinnahmen erfolgt.

Wie bereits oben erwähnt, ist es ein mehrstufiges Förderverfahren, bei dem auf jeder Stufe zugleich eine Förderung sowie eine Auswahl für die weiteren Förderstufen stattfinden. Auf der ersten Stufe findet eine Auswahl der Bewerbungen statt. Diese erste Auswahl nimmt das Microwave-Team von Film London unter eventueller Hinzuziehung externer Prüfer vor. Anfänglich werden 12 Projekte zur Förderung ausgewählt. Hinter den Projekten stehen Teams bestehend aus mindestens zwei Personen, die die Bereiche Regie, Drehbuch und Produzent abdecken. Diese Teams nehmen an der Microschool teil und erhalten während dieser Phase £ 1.000. Microschool ist ein Fünf-Tagesprogramm mit Workshops und Drehbuchentwicklungshilfe und berät von der Entwicklung bis zum Vertrieb und Verkauf. Jedes Team erhält die Möglichkeit, eng mit einem Produzenten, einem Lektor für das Drehbuch und einem Regiementor zusammen zu arbeiten. Danach folgt eine sechswöchige Nachbearbeitungszeit. Auf der zweiten Stufe präsentieren die Teams ihre bis dahin entwickelten Projekte und es werden sodann sechs Teams für eine weitere Entwicklungsphase von sechs Wochen in die engere Auswahl gezogen. Die sechs ausgewählten Teams erhalten für diese weitere Entwicklung £ 2.000. Auf der dritten Stufe findet eine finale Auswahl für die Projekte statt, die in der weiteren Entwicklung unterstützt werden und grünes Licht zur Produktion bekommen sollen. Die Auswahl trifft ein Ausschuss, sog. Commissioning Panel. Das Commissioning Panel ist mit

Vertretern des Microwave-Teams, BFI, BBC Films und eventuell Film London-Aufsichtsratsmitgliedern sowie externen Prüfern besetzt. Die zwei finalen Teams erhalten weitere £ 7.000 für den vollständigen Entwicklungsprozess und Hilfestellungen, um die Finanzmittel für das restliche Budget zu erlangen sowie einen Mentor, um eine Release-Strategie zu erarbeiten. Auf der vierten Stufe erfolgt durch eine Sonderkommission (Greenlight Panel) die Bewilligung zur Produktion und zur Auszahlung der £ 100.000 für das Produktionsbudget, wenn das Projekt fertig entwickelt ist. Jedes für die Produktion freigegebene Projekt hat Zugang zu Distributionshilfen von bis zu £ 25.000 und erhält einen Vertriebsberater, um ein größtmögliches Publikum national wie international zu erreichen. Die Teams werden dahingehend unterstützt, dass sie eine Starthilfe auf dem internationalen Markt haben, und erhalten Beratung zu Verkauf und Marketing. Angestrebt ist zunächst eine Kinoauswertung. Film London übernimmt die Beratung in rechtlichen, betriebswirtschaftlichen und bilanzbetreffenden Fragestellungen. Den Teams stehen professionelle Mentoren aus der Industrie zur Seite, um die finanzielle und rechtliche Seite des Projekts fertigzustellen und mit der Produktion zu beginnen. Außerdem bietet Film London Unterstützung mit Sachmitteln an, wie z. B. Produktionseinrichtungen und -equipment sowie Beratung hinsichtlich einer Filmproduktion. Das Filmteam erhält einen 40%igen Anspruch auf den Rückfluss der Nettoeinkünfte aus dem Vertrieb des Films, sog. recoupment corridor. Film London, BFI und gegebenenfalls andere Finanziers haben Anspruch auf einen Anteil an den verbleibenden 60%. Der BBC werden im Gegenzug für die Fördermittel durch BBC Films die Free-TV-Ausstrahlungsrechte und sonstige Rechte im Zusammenhang mit dem öffentlichen Auftrag der BBC (BBC Public Service Rights[304]) eingeräumt. Die fertiggestellten Filme haben Verwertungsfristen, beginnend mit der Kinoauswertung, bevor eine Ausstrahlung bei der BBC erfolgt. Inhalt der Förderverträge sind auch verschiedene Rechte, die Film London eingeräumt werden, darunter die Priorität bei der Rangfolge gegenüber anderen Investoren, Zustimmungsrechte bei wesentlichen Entscheidungen wie mitwirkenden Personen,

---

304 Z.B. fallen unter BBC Public Service Rights neben dem Ausstrahlungsrecht im Rundfunk terrestrisch und digital das Recht der Verbreitung in Onlineangeboten (z.B. Streaming, Video-on-Demand) oder neuen Medienangeboten und sämtlichen Plattformen (z.B. interaktives Fernsehen), die vom öffentlichen Auftrag eingeschlossen sind. Es kann aber auch das Recht der Produktion zugrunde liegendes Material zu benutzen oder Teile der Produktion für Werbezwecke zu verwenden erfassen, vgl. BBC General Terms 2010.

Drehbuch, fertiger Filmschnitt und finanzielle sowie organisatorische Belange, Zustimmungsrecht zur Vertriebsstrategie, verschiedene Zugangsrechte, das Aufsichtsrecht über die Produktion und den Gebrauch der Fördermittel (right to audit). Details zu den erforderlichen Bewerbungsunterlagen und den Auswahlkriterien finden sich in den Richtlinien.

b. FLAMIN

Film London Artists' Moving Image Network (FLAMIN) ist ein Finanz- und Trainingsprogramm zur Unterstützung von in London ansässigen Künstlern, die mit jeder Form von Bewegtbildern arbeiten (Film, Video, digitale und neue Technologien für Kino, Installationen, Animationen, Ausstellungen in Galerien und im öffentlichen Raum, TV-Ausstrahlungen im Rahmen von 20 und mehr Minuten). Die Unterstützung erfolgt innerhalb des Netzwerks anhand von Veranstaltungen, Seminaren und Workshops.

FLAMIN bietet laut der FLAMIN Productions Guidelines eine finanzielle Förderung zwischen £ 20.000 und £ 40.000 für Produktionen, verbunden mit gleichzeitigen individuellen Mentoringangeboten, Online-Ressourcen und Beratung. Zudem wird jährlich eine Auszeichnung für Kunst-Filmemacher verliehen, der Jarman Award, mit einem Preisgeld in Höhe von £ 10.000 und der Auftragsvergabe einer Kurzfilmproduktion für die Random Acts-Reihe des Fernsehsenders Channel 4. Film London ist nicht die einzige Fördereinrichtung, die Kurzfilmproduktionen für die Random Acts-Kunstreihe des Senders Channel 4 vergibt. Auch Northern Film & Media arbeitet mit Channel 4 in diesem Rahmen zusammen (siehe unter IV.). FLAMIN existiert seit 2009 und hat bis 2014 19 Filme unterstützt. Gefördert werden vielversprechende Filmprojekte, die einen Sprung in der Entwicklung des Künstlers darstellen sollen und die sich zur weiteren Ausstellung, Ausstrahlung und/oder Verbreitung eignen. Es besteht ein zweistufiges Auswahlverfahren. Auf der ersten Stufe erfolgt eine erste Auswahl von drei Bewerbern und deren Teilnahme an einer Entwicklungshilfestellung für den Zeitplan, Budget und erstem Vorschlag. Die Künstler werden mit jeweils £ 1.000 unterstützt. Die Stufe läuft über die Dauer von sechs Monaten. Auf der zweiten Stufe können die Bewerber ihr ausgearbeitetes Projekt für den Produktionszuschlag mit Finanzierung einreichen. Hierbei wird über eine Produktionsfinanzierung entschieden. Die Fertigstellung ist innerhalb von 12 Monaten nach Ende der Entwicklungsphase vorgesehen. Auf beiden Stufen werden den ausgewählten Bewerbern Mentoren zur Seite gestellt.

c. *London Calling und London Calling Plus*

London Calling und London Calling Plus sind die Kurzfilmförderungen von Film London, wobei London Calling Plus ausschließlich ethnische Minderheiten in London fördert. London Calling besteht seit über zehn Jahren (früher genannt London Borough Film Fund Challenge) und hat bislang mehr als 170 Kurzfilme gefördert. London Calling wird in Zusammenarbeit mit sieben Londoner Bezirken (siehe oben) ausgeführt, die Förderungen für Kurzfilme für Filmschaffende in ihrem Bezirk anbieten. Das Programm wird auch als Graswurzelförderung bezeichnet, weil es lokal ansetzt. Ergänzend ist im Jahr 2013 das Programm London Calling Plus hinzugekommen. Die beiden neunmonatigen Programme bieten eine finanzielle Unterstützung und Trainings- und Mentorenangebote für die Filmteams. Bei London Calling können sich Nachwuchs-Filmteams, die in London ansässig sind, bewerben. 18-19 Kurzfilmen wird eine maximale finanzielle Förderung in Höhe von £ 4.000 zuerkannt. Bei London Calling Plus werden fünf Kurzfilme mit einer maximalen finanziellen Förderung von £ 15.000 unterstützt. Bewerben können sich Regisseure und Drehbuchautoren mit BAME-Hintergrund (Black Asian Minorities Ethnics[305]), die in London ansässig sind. Auch Produzenten sind bewerbungsberechtigt. Wenn sie selbst keinen BAME-Hintergrund haben, dann muss ein Regisseur oder Drehbuchautor mit BAME-Hintergrund in ihrem Team sein. Weitere Voraussetzung ist, dass die Bewerber bereits Arbeiten im Bereich von Fernsehen, Radio, Theater oder Kurzfilm mit Teilnahme an bedeutenden Kurzfilmwettbewerben vorweisen können. Allerdings kann sich nicht bewerben, wer bei einem Spielfilm, der bereits vertrieben wird, das Drehbuch geschrieben hat oder als Regisseur tätig war. Für beide Programme gilt, dass alle Teilnehmer Fortbildungsmöglichkeiten und Mentorenberatung erhalten. Vor Produktionsbeginn finden sechs Trainingseinheiten statt. Die fertigen Filme werden Vertretern der Industrie gezeigt und nehmen am Wettbewerb um die London Calling Awards teil, die mit einem Preisgeld von £ 2.000 ausgestattet sind und von einer Jury mit Fachexperten aus der Filmindustrie ausgewählt werden.

305 Zu BAME werden in der Regel folgende Ethnien gezählt: britisch-asiatische, indische, pakistanische, bangladeshi, chinesische, andere asiatische, britisch-schwarze, afrikanische, karibische, schwarzafrikanisch-karibische, weiß-schwarz karibische, weiß-schwarz afrikanische, weiß-asiatische, arabische, weiß-arabische und sonstig gemixte Ethnien.

d. Weitere Förderprogramme und -aktivitäten

Das Projekt zur Vertriebsförderung von Micro-Budget-Filmen nennt sich „We are Colony“ und wurde im Mai 2014 gestartet. Es soll eine digitale Vertriebsplattform werden, um Filme schneller herauszubringen und ein Publikum aufzubauen. Filmemacher können ungenutztes Material und Making-of-Inhalte vor oder während der Filmveröffentlichung auf der Plattform veröffentlichen. Die Plattform bietet auch Material als Vertriebshilfe für Filmemacher rund um Video-on-Demand-Nutzerverhalten.

Ein weiteres Förderprogramm namens „Visible Rights“ ist ein Projekt, das sich mit der Rechtekette und Lizenzen, vor allem bei der Weiterverwendung, von Medieninhalten (Bewegtbilder und Presseartikel) beschäftigt und ein alternatives Rechtemanagement zur üblichen sog. post-sales-Tätigkeit eröffnen will. Die kommerzielle und Creative Common-Nutzung soll verbunden und die Menge an für Lizenzierungen verfügbaren Inhalten gesteigert werden. Außerdem gibt es ein Lizenzierungsportal für die Mitglieder der London Screen Archives und es wird ein Rechteklärungsinstrument bereitgestellt.

Wie oben als innovative Förderaktivität erwähnt, organisiert Film London den Production Finance Market. Der Film London Production Finance Market ist eine Veranstaltung im Rahmen des BFI London Film Festivals, die seit 2006 stattfindet und die auf der Idee des individuell organisierten „match making“ von unabhängigen Produzenten und Finanziers zum Networking und zur Filmfinanzierung basiert. Die organisierten Gespräche haben die Form eines „speed dating“, sodass sie lediglich für die Dauer von 30 Minuten angesetzt sind, in denen der Produzent den Investor von seinem Projekt überzeugen muss, bevor zum nächsten Treffen gewechselt wird. Aufgrund dieses Ablaufs ist eine Anmeldung erforderlich, anmeldeberechtigt sind Produzenten (Spielfilm mit einem Budget von mindestens £ 1 Mio. gerichtet auf den internationalen Kinomarkt) und Investoren. Innerhalb von zwei Tagen finden so insgesamt über 800 Treffen zwischen Produzenten und Investoren statt, 300 zwischen Investoren. Seit 2013 gibt es im Rahmen des Production Finance Market der Micro Market eine ähnliche Veranstaltung in kleinerem Umfang für Produktionen mit einem Budget unter £ 1 Mio. (Gespräche über 20 Minuten), die eine Finanzierung suchen oder eine Finanzierungslücke zu schließen suchen (maximal 20% des Budgets). Zusätzlich werden beim Micro Market Fortbildungskurse für die Produzenten für Verhandlungen und erfolgreiche Projektvorstellung (pitching) angeboten.

Die Veranstaltung von London UK Film Focus für den Filmexport trägt ebenfalls zu einem wirtschaftlichen Gewinn für die Hauptstadt und die Filmindustrie bei. So wurden z.B. 2011 durch die Veranstaltung UK-Filme im Wert von 11,5 Mio. Dollar verkauft.[306]

Film London organisiert zudem ein Kurzfilmfestival (London Short Film Festival) und ein Comedyfilmfestival (LOCO London Comedy Film Festival). Das Kurzfilmfestival besteht seit 2002, das Comedyfestival erst seit 2012. Das Comedyfilmfestival zeigt sowohl Lang- wie Kurzfilme.

Ferner richtet Film London die Veranstaltung London Screenings (früher bekannt unter dem Namen London UK Film Focus, kurz LUFF) aus. London Screenings ist eine jährliche Vier-Tages-Veranstaltung als Export-Markt für internationale Käufer (Vertriebsunternehmen, Sales Agents sowie Film Festivals) von UK-Filmen. In geringer Anzahl werden auch UK-Filme vorgestellt, die von ausländischen Sales Agents repräsentiert werden und ausländische Filme, die von Sales Agents aus UK repräsentiert werden, sowie Filme, die noch keine Repräsentation von (UK) Sales Agents besitzen. London Screenings besteht seit 2003.

Die Londoner Film Archive (London's Screen Archives) werden von Film London geführt. In diesem Rahmen dient das Programm „London: A Bigger Picture" der Unterstützung der Londoner Filmarchive. Es läuft über drei Jahre und wird finanziert von Film London über den Heritage Lottery Fund sowie dem BFI und Creative Skillset. Zu dem Programm zählt auch der KinoVan, ein fahrbares Kino, das in die 15 äußeren Bezirke Londons fährt und vor allem historische lokale Filme zeigt. Die Filmarchive sammeln historisches, privates und professionelles, Filmmaterial über London, archivieren, katalogisieren und digitalisieren dies und führen es örtlich und online vor.

Film London organisiert die London Filming Partnership. Die London Filming Partnership ist ein seit 2005 bestehender Zusammenschluss von über 330 Londoner Behörden und Unternehmen, um das Drehen von Filmen in London zu erleichtern. Zu den Beteiligten gehören die Stadtteilsverwaltungen (Boroughs), öffentliche Verkehrsbetriebe, Londoner Polizei, Parkverwaltungen, Produktionsgesellschaften und Studios sowie andere private Unternehmen, Fördereinrichtungen, Rundfunkunternehmen und Industrieverbände. Die Beteiligung basiert auf einer freiwilligen Mithilfe und Mitarbeit.

Film London ist ferner am Netzwerk Europa Cinemas[307] beteiligt, ein Netzwerk von Kinos in verschiedenen europäischen Ländern, die einen Fokus auf

306 Vgl. Film London, PM v.21.5.2012 „London UK Film Focus 2012".

307 1992 gegründet mit Unterstützung vom MEDIA-Programm sowie dem französischen Centre national du cinéma et de l'image animée. Es soll finanzielle und strukturelle

europäische Filme legen. In London gibt es drei Kinos von Europa Cinemas, für die Film London als Netzwerkleiter agiert.

4. Art der Förderung

Die Fördermittel werden als Zuschüsse vergeben, wobei Gewinnbeteiligungen festgelegt werden können. Über die Vergabe der Fördermittel entscheidet je nach Programm (siehe oben) ein internes Gremium unter Mitwirkung des Head of Production, wobei die Hauptförderer von Film London auch in diesem Gremium vertreten sind, also externe Prüfer vom BFI, der BBC und aus der Industrie. Bei der Förderung im Rahmen des Microwave-Programms gehört das Microwave Team mit zu den Entscheidern. Die Vergabeentscheidungen werden vom Vorstand genehmigt. Außer dem Lottery Act gibt es keine veröffentlichten Förderrichtlinien für die Geldvergabe. Es existieren interne Vorstandspapiere, die Richtlinien enthalten, die in Zusammenarbeit mit den eigenen Förderern erarbeitet wurden. Auch in den Ausschreibungen der Förderanträge, für die sich Film London selbst bewirbt, werden Kriterien für die Mittelvergabe aufgestellt, an die sich Film London zu halten hat. Alle Förderentscheidungen liegen im Ermessen von Film London und sind final und unanfechtbar.

Es besteht die Möglichkeit einer Beschwerde hinsichtlich des Verfahrens nach einer internen Unternehmenspraxis. Da Film London nicht mehr Verteiler von Lotteriegeldern ist, ist das Beschwerdeverfahren mit Ombudsmann nicht anwendbar.

IV. Screen Yorkshire

Screen Yorkshire ist eine Filmfördereinrichtung für die Region Yorkshire im Nordosten Englands und gehört zu den ehemaligen Regional Screen Agencies, die seit der Umstrukturierung weiter fortbestehen. Die Yorkshire-Region umfasst die Grafschaften North Yorkshire, West Yorkshire und South Yorkshire sowie Humberside (auch Yorkshire and the Humber genannt). Screen Yorkshire ist eine in England und Wales registrierte Gesellschaft mit beschränkter Haftung (private company limited by guarantee) mit Sitz in Leeds. Die Haftung der Mitglieder ist auf £ 1 beschränkt. Weder die Mitglieder der Gesellschaft noch die Aufsichtsratsmitglieder sind staatliche Vertreter, sodass Screen Yorkshire eine

---

Unterstützung bieten für Kinos, die europäische Filme zeigen wie z.B. die Ermöglichung von Veranstaltungen, Werbeaktivitäten und digitale Vorführungen.

privatrechtliche Gesellschaft ist, die nicht von der öffentlichen Hand beherrscht wird.[308]

1. Finanzierung

Screen Yorkshire verfügt über den größten regionalen Investment-Fund in UK, den Yorkshire Content Fund, einen öffentlich-privaten Investmentfonds (public-private investment fund). Dieser ist mit Mitteln aus dem EU-Programm European Regional Development Fund 2007-2013 (ERDF) finanziert und verfügte zunächst über ein Investitionsbudget von £ 7,5 Mio. bis er durch eine erneute Mittelzuteilung vom ERDF[309] im Jahr 2014 um weitere £ 7,5 Mio. aufgestockt wurde.[310] Der Förderfonds ist in den Folgejahren bis heute fortgelaufen. Pro Kalenderjahr werden maximal £ 10 Mio. (bis 2014 noch £ 7,5 Mio.) an Fördermitteln ausgegeben.[311] Da die Vergabe pro Projekt an private Finanzmittel mindestens in gleicher Höhe gebunden ist, handelt es sich insgesamt um Investitionen in die Filmwirtschaft der Region in Höhe von zunächst £ 15 Mio., später von bis zu knapp £ 30 Mio., die mit dem Yorkshire Content Fund ermöglicht werden, sog. Ko-Investment-Fonds. Der Fonds selbst wird als Beteiligung eines gewinnorientierten privaten Kapitalbeteiligungsfonds auf wirtschaftlicher Grundlage verwaltet.

Das weitere Programm Triangle wird durch Creative Skillset's Film Skills Fund (der Lotteriegelder über das BFI erhält) sowie den Skills Investment Fund (SIF) finanziert.[312] Für das Jahr 2013/2014 hat Screen Yorkshire 2013 Lotteriegelder in Höhe von £ 20.000 von Creative England erhalten.

2. Förderung

Screen Yorkshire investiert in audiovisuelle Produktionen sowie in Talentförderung. Dafür stehen die zwei Förderprogramme Yorkshire Content Fund und Triangle bereit. Eine finanzielle Förderung findet allein über den Yorkshire Content

---

308 Vgl. Certificate of Incorporation, abzurufen unter https://beta.companieshouse.gov.uk/company/04490352, Stand 25.02.2020.

309 Der ERDF wurde verlängert mit einer Laufzeit von 2014-2020.

310 Vgl. Screen Yorkshire, Mitteilung 2014 „Screen Yorkshire secures additional £ 7.5 million".

311 Vgl. GBER State Aid Scheme – The Yorkshire Content Fund 2014 und nachfolgende Version 2015.

312 Genaue Angaben über die Finanzmittel im Einzelnen von Creative Skillset waren nicht erhältlich.

Fund statt. In Zusammenarbeit mit Creative Skillset hatte Screen Yorkshire 2013 das Programm „The List" für Traineeships in Filmunternehmen in der Region angeboten. Das Förderprogramm wurde finanziert durch Creative Skillset's Film Skills Fund im Rahmen des Strategieprogramms „A Bigger Future 2"[313]. Im Folgenden werden der Vollständigkeit halber beide Förderprogramme mit dem Schwerpunkt auf dem Yorkshire Content Fund dargestellt.

a. Yorkshire Content Fund

Der Yorkshire Content Fund[314] ist für den Kreativen und Digitalen Sektor vorgesehen und steht Produzenten mit Sitz in Yorkshire oder solchen, die in der Region filmen wollen, offen. Antragsberechtigt sind kleine und mittelgroße Unternehmen[315] in Form von Gesellschaften mit beschränkter Haftung. Der Fond fördert Projekte im Bereich Film, TV, Videospiel, Handyprogrammen, Internetbasierte und digitale Medienprodukte. Es kann sowohl die Entwicklung als auch die Produktion gefördert werden. Kurzfilmförderung ist zwar nicht ausgeschlossen, dennoch ist der Fonds weniger auf Kurzfilme ausgerichtet, da die Fördermittel zurückzuzahlen sind und nur Projekte gefördert werden, bei denen die Rückzahlung der Fördermittel wahrscheinlich ist. Dies gilt auch für andere Filmvorhaben mit unsicherer Rückzahlungsprognose. Die Entwicklungsförderung ist zuvorderst für Videospiele und digitale Projekte vorgesehen. Unternehmen, die mindestens seit 12 Monaten in der Region ihren Sitz haben, können auch Entwicklungsförderung für Film- und TV-Projekte beantragen, soweit diese mit hoher Wahrscheinlichkeit innerhalb von sechs bis zwölf Monaten in Produktion gehen. Es darf allerdings noch nicht mit der Produktion begonnen worden sein. Der Fonds bezweckt mit der Förderung vor allem wirtschaftliche Ziele, nämlich die Rückzahlung der Investition durch Kapitalerträge, eine Bruttowertschöpfung, die Schaffung von Arbeitsplätzen und Ausgaben in der Region.

Der Fonds operiert nach den Vorschriften der europäischen Allgemeinen Gruppenfreistellungsverordnung (AGVO) zu Risikofinanzierungsbeihilfen (Art. 21) und legt pro SMU eine maximale Höchstfördersumme von £ 15 Mio. fest. In der Regel werden pro Projekt aber nicht mehr als £ 500.000 vergeben und nicht unterhalb einer Mindestfördersumme von £ 5.000. In einem Kalenderjahr werden zusammen

313 Siehe oben D. III. 1.

314 Vgl. Yorkshire Content Fund FAQs, Version 8, 20.09.2012; Yorkshire Content Fund Overview; GBER State Aid Scheme – The Yorkshire Content Fund 2015.

315 Sog. small and medium-sized enterprises, Kurzform SMEs bzw. kleine und mittlere Unternehmen, kurz KMU.

maximal Mittel in Höhe von £ 10 Mio. (bis 2014 £ 7,5 Mio.) vergeben. Die Förderung kann von den Begünstigten z.B. als Beteiligung oder beteiligungsähnliche Form an einem anderen Unternehmen, Startkapital oder Expansionsfinanzierung, Lücken- oder Zwischenfinanzierung eingesetzt werden. Ausgeschlossen ist die Vergabe der Mittel u.a. zu Exporthilfen oder zur Unterstützung einheimischer Produkte, für Unternehmen, die sich in einer wirtschaftlichen Notlage befinden, für Beteiligungsinvestitionen außerhalb des Anwendungsbereichs der AGVO, für Unternehmen, die in den vorangegangenen drei Jahren vor Antragstellung Empfänger von Beteiligungsinvestitionen waren, die von der AGVO ausgenommen sind, es sei denn, dass das Ministerium für Gemeinden und regionale Regierungen (Department of Communities and Local Governments/ DCLG) seine ausdrückliche schriftliche Genehmigung für die neuerlichen Investitionen durch Screen Yorkshire erteilt hat. Ferner sind Mittel für Unternehmen ausgeschlossen, deren Ziel der Aufbau eines Vertriebsnetzwerks in ausländischen Ländern ist, und für Unternehmen, die einem Rückerstattungsbescheid einer unzulässigen Beihilfe aufgrund einer EU-Kommissionsentscheidung noch nicht nachgekommen sind. Ein Unternehmen kann während der Laufzeit nur einmal von dem Yorkshire Content Fund gefördert werden.

Da die Investition seitens Screen Yorkshire gewinnbringend erfolgen soll, handelt es sich um rückzahlbare Zuschüsse. Die Förderung wird zu üblichen Marktkonditionen gewährt, wobei die Kapitalerträge in einen neuen Fonds fließen, um auch eine künftige Förderung zu ermöglichen. Die Förderung von Screen Yorkshire wird mit mindestens 50%-Anteil privater Finanziers gekoppelt (match funding). Als match funding werden weder die Finanzmittel des Unternehmens selbst noch öffentlich-rechtliche Gelder noch solche von Einrichtungen anerkannt, deren Ordnung in einer öffentlich-rechtlichen Charta festgelegt ist. Gelder dieser Einrichtungen können Teil der Finanzierung sein, aber nicht als match funding dienen. Die Finanzierung mittels des Yorkshire Content Fund wird zu den gleichen Bedingungen gewährt wie die der jeweiligen privaten match funding-Finanziers, d.h. rechtliche Gleichstellung, kein unterschiedlicher Rang bei Anteilen, Sicherheiten, Kündigungsrechten, Risikoübernahme oder Gewinnbeteiligung. Für die Rückzahlung können verschiedene Alternativen vereinbart werden entsprechend den Rückzahlungsmodalitäten des privaten Investors mittels sog. recoupment corridor oder einer Rückzahlung des Investitionsbetrags mit einer festgesetzten Prämie und/oder mittels eines fortlaufenden Anteils der Nettogewinne.[316] Es wird zudem eine Gebühr

316 Vgl. Screen Yorkshire Fund Overview.

für den Verwaltungs- und Abwicklungsaufwand erhoben. Außerdem wird allen Unternehmen, die über die Förderung durch den Yorkshire Content Fund private Investoren anwerben können, eine zu zahlende Gebühr auferlegt. Die Fördermittel können mit weiteren Fördermitteln im Rahmen der Regelungen der AGVO kumuliert werden, soweit diese weiteren Mittel für andere separat bestimmbare und geeignete Kosten vorgesehen sind und, wenn es sich ebenfalls um freigestellte Beihilfen nach der AGVO handelt, die für die gleichen Kosten vorgesehen sind, dass sie zusammen die Beihilfehöchstintensität oder den Beihilfehöchstbetrag nicht überschreiten.

Das Verfahren der Fördermittelvergabe beginnt ebenfalls mit einer Interessenserklärung (expression of interest). Screen Yorkshire nimmt sodann eine Einschätzung der Aussichten einer formalen Bewerbung zur Vereinbarkeit mit den Zielen des Förderprogramms vor mit anschließendem Kontakt mit den Bewerbern. Bei positiver Rückmeldung ist innerhalb von sechs Monaten eine formale Bewerbung elektronisch über die Webseite einzureichen. Es gibt keine Bewerbungsfristen; das Förderprogramm ist fortlaufend. Die Bewerber müssen darlegen, dass sie lediglich eine unzureichende private Finanzierung erlangen können. Voraussetzung ist allerdings, dass ein privater Investor das Projekt mit einem mindestens genauso hohen Betrag als match funding finanziert wie die beantragte Förderung für den Yorkshire Content Fund. Der match funding-Partner sollte idealerweise vor Antragstellung feststehen. Fehlt ein Partnerfinanzier, gibt Screen Yorkshire Hilfestellung, indem es die Bewerber für die Suche nach geeigneten privaten Investoren gegebenenfalls an andere Einrichtungen und Behörden weiterleitet, mit denen Screen Yorkshire ein Netzwerk unterhält. Neben den oben genannten Zielen des Fonds wird das dem Antrag zugrundeliegende Projekt auf wirtschaftliche, kreative und regionale Faktoren sowie darüber hinaus auch auf die Beachtung von Geschlechtergleichheit und ethnischer Vielfalt und Einwirkungen auf die Umwelt geprüft[317]. Der Schwerpunkt liegt insbesondere auf der wirtschaftlichen und finanziellen Lage des antragstellenden Unternehmens und des Projekts. Nach der ersten Eignungsprüfung wird die Bewerbung mit einer Empfehlung des Abteilungsleiters für Investitionen von

317 Der Beachtung und Förderung ethnischer Vielfalt wird in UK große Bedeutung beigemessen, da die Bevölkerung aus zahlreichen unterschiedlichen -hauptsächlich historisch durch das Commonwealth begründet- Weltregionen kommt und dementsprechend viele Ethnien vertreten sind. Hinsichtlich der Umweltkriterien findet sich die Reduzierung von CO_2-Emmissionen als Berücksichtigungsziel nicht nur bei Screen Yorkshire, sondern auch in anderen Bereichen der Filmwirtschaft.

Screen Yorkshire dem Investment Commitee von Screen Yorkshire zur Entscheidung weitergeleitet. Bei positiver Entscheidung wird ein Angebot unterbreitet (offer letter) bevor ein Investitionsfördervertrag geschlossen wird. Vertragliche Bedingung der Investition ist, dass Screen Yorkshire über die finanziellen, geschäftlichen und kreativen Angelegenheiten und Entscheidungen des Projekts das Aufsichtsrecht erhält. Zudem wird ein sog. Interparty Agreement mit allen Finanziers des Projekts und beteiligten Parteien geschlossen, um Widersprüche oder entgegenstehende Klauseln in den einzelnen Verträgen auszuschließen und gleichlaufende Bedingungen des match funding von privaten Investoren und Screen Yorkshire sicherzustellen. Diese gegenseitige Verbindung der Förderung hat zur Folge, dass die Förderung von Screen Yorkshire eingestellt wird, wenn der private Investor abspringt oder von einer der anderen Vertragsparteien Regelungen des Investitionsabkommens nicht eingehalten werden. Die Zusammensetzung und Besetzung des Investment Commitee werden nicht öffentlich gemacht. Das Investment Commitee wird vom Aufsichtsrat auf die Einhaltung eines ordentlichen Verfahrens, Unabhängigkeit und richtige Gesellschaftsführung kontrolliert sowie von einem gesonderten Audit Committee auf die unabhängige Entscheidungsfindung. Außerdem gibt es ein sog. Independent Advisory Panel (Unabhängiges Beratungsgremium) für die Durchführung und das Verfahren sämtlicher Investitionen des Yorkshire Content Fund.

Die Förderentscheidung von Screen Yorkshire ist final. Die Investitionsentscheidung kann nicht inhaltlich, sondern lediglich aufgrund eines Verfahrensfehlers angegriffen werden. Das Beschwerdeverfahren bei Screen Yorkshire sieht als ersten Schritt die informelle Beanstandung gegenüber dem zuständigen Sachbearbeiter oder seinem Vorgesetzten vor. Als zweiter Schritt ist die formale Beschwerde in Schriftform an die Geschäftsführerin zu richten, die ein internes Prüfungsverfahren einleitet und das Ergebnis dem Beschwerdeführer mitteilt. Besteht die Beschwer weiterhin fort, kann als dritter Schritt eine schriftliche Beschwerde an den Vorsitzenden des Aufsichtsrats gerichtet werden.[318]

b. Triangle

Triangle ist ein Programm zur Entwicklung und Förderung von „talent“, das aber nicht direkt in Projekte investiert, also finanziell fördert, sondern anderweitige Unterstützung anbietet. Es ist ein zehnmonatiges Programm mit Workshops und Veranstaltungen für die Entwicklung eines Projekts und richtet sich an Regisseure, Drehbuchautoren und Produzenten. Hierbei werden nicht nur

318 Vgl. Screen Yorkshire Complaints Procedure.

Nachwuchskräfte gefördert. Bei dem Programm werden aus den ausgewählten Teilnehmern Teams zur Entwicklung eines Projekts gebildet, das von Mentoren aus der Industrie begleitet wird. Das Programm ist zugleich ein Auswahlprozess über verschiedene Stufen, an dessen Ende drei Teams ausgewählt und bei dem Entwurf einer ersten Drehbuchfassung unterstützt werden, um damit und für dieses Projekt Finanziers zu werben. Das Triangle-Programm 2014 arbeitet mit Creative England's iFeatures-Programm zusammen. Triangle besteht seit 2011 (2014 im vierten Durchlauf). Der Name ist Programmziel, es soll damit ein neues Berufsnetzwerk zwischen diesen drei Akteuren der Filmherstellung geschaffen werden. Seit Abschaffung der Regional Development's Agency Yorkshire Forward gibt es keine finanzielle Förderung mehr, die speziell auf die Entwicklung von Filmprojekten ausgerichtet ist.

V. Northern Film & Media

Northern Film & Media (kurz NFM) wurde im Oktober 2002 als eine der neun Regional Screen Agencies für die nördlichste Region im Nordosten Englands eingerichtet. Zu dieser Region zählen die Grafschaften Northumberland, Tyne and Wear, Durham und Cleveland. Nach der Umstrukturierung und Abschaffung der Regional Screen Agencies besteht Northern Film & Media als etwas verkleinerte eigenständige regionale Fördereinrichtung für Film-, Fernsehen- und digitale Kunstprojekte weiter fort. Sitz der Einrichtung ist Gateshead bei Newcastle. Northern Film & Media ist seit seiner Gründung eine Gesellschaft mit beschränkter Haftung (private company limited by guarantee).[319] Die Abschaffung des Status einer Regional Screen Agency hat an der Rechtsform nichts geändert. Die Umstrukturierungen im Fördersystem im Jahr 2011 haben sich ausschließlich auf die zur Verfügung stehenden Haushaltsmittel von NFM ausgewirkt, indem die vorher bestehenden Finanzierungsquellen für NFM weggefallen sind. NFM ist ein rein privatrechtliches Unternehmen, an dem weder als Mitglieder der Gesellschaft noch im Aufsichtsrat staatliche Vertreter vertreten sind.

Erklärte Ziele der Einrichtung sind die Stärkung der ansässigen Kreativen Industrie durch den Aufbau von Expertennetzwerken und der Ermöglichung von Expertenberatung hinsichtlich Publikum und Märkten, die Schaffung und Erhaltung von Arbeitsplätzen, den Aufbau von Fachkenntnissen, die Organisation

319 Vgl. Certificate of Incorporation, abzurufen unter https://beta.companieshouse.gov.uk/company/04357249, Stand 25.02.2020.

fachlicher Veranstaltungen, den Aufbau eines Netzwerks zwecks erfolgreicherer auf einander abgestimmter Durchführung von Filmproduktionen und Profitierung von ausländischen Investitionen sowie durch Öffentlichkeitsarbeit. Zur Erreichung dieser Ziele werden Dienstleistungen, Förderprogramme, Talentinitiativen sowie Beratung angeboten. Zudem findet eine Zusammenarbeit mit anderen Einrichtungen und Experten statt.[320] Neben der Filmförderung gibt es Förderangebote für Künstler und digitale Projekte.

1. Finanzierung

Nach der Umstrukturierung und Abschaffung des UKFC und den Regional Development Agencies hat NFM neue Finanziers suchen müssen, um als Einrichtung ökonomisch bestehen bleiben zu können. Früher waren das BFI, Creative England, Business Link und Creative Skillset strategische Partner. Heute wird die Einrichtung durch verschiedene hauptsächlich öffentliche Quellen bzw. öffentliche Gelder finanziert, nämlich den Arts Council England, Creative Skillset, Creative England, Durham County Council, Newcastle Gateshead Initiative (Gateshead Council und Newcastle City Council) und Northumberland County Council. Die Finanzierung vom Arts Council England, von Creative England und Creative Skillset ist an bestimmte Förderprogramme geknüpft, meist auf die Förderung von „talent" ausgerichtet als Talentinitiativen. So hat im Jahr 2014 Northern Film & Media für das Programm CREATE.iNNOVATE von Creative England £ 22.000 aus Lotteriegeldern erhalten, im Jahr 2012 £ 18.000 für das Programm The Digital Bridge. Creative England via seinem Innovations and Partnership Fund finanziert zusammen mit ERDF-Mitteln das Programm CREATE.iNNOVATE. Das Programm Rise erhält von Creative Skillset's Skills Fund Finanzmittel, der von Lotteriegeldern des BFI aus dem Skills Investment Fund finanziert wird. Allerdings ist die finanzielle Unterstützung der regionalen und lokalen Verwaltungseinheiten aufgrund von nationalen Sparmaßnahmen in den letzten Jahren gesunken. Das Fernsehunternehmen Channel 4 hat NFM in 2014 mit Fördermitteln für die Produktion von zehn Programmen für die Random Acts-(Kunst-)Reihe des Fernsehsenders unterstützt. Zudem wird NFM vom EU Regional Development Fund finanziert.[321] Durch Reduzierung

---

320 Vgl. NFM General Guidance Notes Funds, S. 1.

321 Zunächst mit dem ERDF-Programm 2007-2013, dann mit dem Nachfolgeprogramm 2014-2020. Anfänglich wurde diese Förderung über die Regional Development Agency für den Nordosten Englands, One North East, abgewickelt, die im Jahr 2012 abgeschafft wurde. Die ERDF-Mittel für diese Region betragen über £ 300 Mio.

der Finanzmittel wird die geforderte korrespondierende private Finanzierung (match funding) zum Erhalt von Fördermitteln allerdings schwieriger. Daneben kooperiert NFM mit seinen verschiedenen Partnern Baltic, Generator, Film, BBC und Shooting People.

2. *Förderung*

Die drei Förderprogramme von Northern Film & Media sind der Market Access Fund, der Film, Television and Digital Development Fund und der Familiarisation Fund. Das Förderziel von Northern Film & Media mit diesen drei Fonds ist die Entwicklung eines regionalen wettbewerbsfähigen Mediensektors durch Veranstaltungen, Festivals, Netzwerke, Film-, TV- und digitalen Projekten. Der Market Access Fund bietet eine Unterstützung zum Zugang oder der Teilnahme eines anvisierten Marktes, Festivals oder Netzwerks. Der Film, Television and Digital Development Fund fördert Film-, Fernseh- und digitale Projekte in der Entwicklung. Gefördert werden aber auch Unternehmensentwicklungen, die auf die Unterstützung bestehender Unternehmen im Kreativen Sektor bei der Entwicklung neuer Einkommensquellen abzielen. Der Familiarisation Fund besteht erst seit 2014 und stützt die Beratungstätigkeit rund um die Produktion, v.a. für Unternehmen mit Sitz außerhalb der Region, die in der Region große Film- oder TV-Projekte umsetzen wollen.

Bei dem Market Access Fund und dem Film, Television and dem Digital Development Fund handelt es sich um eine finanzielle Förderung mit kleineren Summen. Die Förderhöchstsumme beim Market Access Fund ist £ 300, beim Film, Television and Digital Development Fund für Projektentwicklung £ 1.500, für Unternehmensentwicklung £ 3.000. Die Budgets der Fonds sind variabel, zusammen aber nicht höher als £ 100.000.

Ein früherer, nicht mehr existierender Fonds (Finance for Business North East Creative Content Fund), der mit Fördermitteln in Höhe von £ 2,4 Mio. aus dem ERDF ausgestattet war, war der erste Fonds, der außerhalb von London in Form einer öffentlich-privaten Partnerschaft bestand (public-private partnership), d.h. bereits auf dem match funding-Modell von öffentlichen Fördergeldern mit privaten Finanziers basierte. Deswegen wurde er als Vorreiter eines mehr wirtschaftlich orientierten öffentlich-rechtlichen Förderfonds angesehen.[322]

Neben der finanziellen Unterstützung bietet NFM Serviceangebote rund um die Produktion (z.B. bzgl. Drehorte, regional ansässige Arbeitnehmern,

322 Vgl. Creative Content Evaluation, S. 6.

Infrastruktur, Regionalkontakten) und Weiterbildungskurse (z.B. für crossmediale Kompetenzen) an sowie die Programme Rise und CREATE.iNNOVATE. Rise ist ein Talententwicklungsprogramm für Frauen (Drehbuchautorinnen und Regisseurinnen aus UK). In einem individuellen Einjahresprogramm werden vier Geförderte bei dem Herstellungsprozess ihres Projekts unterstützt und bekommen einen Mentor aus der Industrie zur Seite gestellt. Die Unterstützung bezieht sich u.a. auf die Entwicklung, die Suche nach einem Produzenten und das Vertriebs- und Marketingverfahren. Ziel ist eine erfolgreiche Vorstellung des fertigen Projekts bei Produktionsstudios und Finanziers. Mit dem weiteren Programm CREATE.iNNOVATE bietet NFM in Zusammenarbeit mit Mentoren aus der Filmindustrie ein Mentoring-Programm mit einem geringen finanziellen Betrag für vier ausgewählte erfahrene Filmproduzenten und Drehbuchautoren zur innovativen cross-medialen digitalen Erweiterung ihrer Spielfilme an. Ein anderer Teil des Programms besteht aus Weiterbildungskursen, offen für alle Berufstätige.

Für den Film, Television and Digital Development Fund gilt, dass Bewerbungen mehrmals im Jahr möglich sind und die entsprechenden Fristen auf der Homepage von NFM bekannt gegeben werden. Beim Market Access Fund sind laufend Bewerbungen möglich. Für den Familiarisation Fund werden die Fristen ebenfalls auf der Homepage bekannt gegeben. Die Voraussetzungen der Fonds sind ähnlich. Allgemeine Voraussetzungen der Förderung sind, dass die Bewerber ihren Sitz in der Region haben, ein kleines oder mittelgroßes Unternehmen (SME), Personengesellschaft oder Einzelkaufmann sind, mindestens 50% der Finanzierung selbst (oder mithilfe privater Finanziers) aufbringen, von der höchstens 25% in Sachmitteln sein dürfen, eine Mindestförderung von £ 100 beantragt wird, kein ungeeignetes Fördervorhaben vorliegt (Werbung, Unternehmenstrainingsvideos, Spendenaktionen, parteipolitische Projekte oder solche, die sich gegen/ für bestimmte Religionen oder Kulturen richten, vor Förderentscheidung bereits durchgeführte Projekte, Ausstattungsanschaffungen oder Bauarbeiten). Nicht antragsberechtigt sind Studierende ohne Abschluss (undergraduate).[323]

Das Verfahren ist mehrstufig ausgestaltet. Zunächst ist das Projekt mit dem Leiter für Kreative Industrien von NFM zu besprechen. Danach ist eine formelle Bewerbung mit Bewerbungsformular und entsprechenden Unterlagen einzureichen. Sie wird von NFM eingeschätzt und mit einer Empfehlung an den Auswahlausschuss von NFM weitergegeben. Dieser ist mit Mitarbeitern von NFM

---

323 Vgl. NFM General Guidance Notes Fund.

und, je nach Projekt, externen Fachleuten besetzt und trifft die Endentscheidung über eine Förderung. Einer erfolgreichen Bewerbung wird ein annahmebedürftiges Angebot zur Förderung unterbreitet (offer letter), in dem die Bedingungen für die Förderung festgelegt werden. Die Förderung wird in der Regel mit zeitlichen Auflagen gewährt, wie z.B. die Erreichung bestimmter Meilensteine oder die Fertigstellung zu einem bestimmten Zeitpunkt. Werden diese Fristen nicht eingehalten, endet die Förderung und es wird die Auszahlung der Förderraten gestoppt. Die verbleibenden Mittel fallen in diesem Fall an NFM zurück. Die Fördersumme ist im Betrugsfall zurückzuzahlen. Eine Beschwerde ist über das Verfahren möglich. Die sachliche Förderentscheidung des Ausschusses ist jedoch final und kann nicht Gegenstand einer Beschwerde sein.

VI. Screen South

Screen South ist die Fördereinrichtung für die Region Südostengland. Der Südosten umfasst die Grafschaften Berkshire, Buckinghamshire, East Sussex, Hampshire, Kent, Oxfordshire, Surrey und West Sussex sowie die Isle of Wight. Screen South hat die Rechtsform einer in England registrierten Gesellschaft mit beschränkter Haftung. Sie wurde 2001 als eine der regionalen Screen Agencies gegründet. Während sie vor der Umstrukturierung eine effektive finanzielle Förderung vorgenommen hat, ist sie heute eine stark verkleinerte reine Beratungseinrichtung für Service, Training, Förderungsmöglichkeiten und internationale Vermittler und Zwischenhändler, nicht dagegen eine Fördereinrichtung für finanzielle Filmförderung. Die Hauptausrichtung ist auf Film und Medien bezogen, aber auch andere kulturelle Gebiete sind vom Tätigkeitsgebiet umfasst. In dieser Hinsicht hat sich Screen South eine Nischenfunktion nach der Umstrukturierung aufgebaut und macht sich seine Expertise und sein Netzwerk aus der Zeit als Regional Screen Agency als Beratungsangebot zunutze. Eine Ausnahme ist das Programm Accentuate, das eine finanzielle Unterstützung vom Heritage Lottery Fund erhält und auf die kulturelle Integration von Menschen mit Behinderung ausgerichtet ist.

F. Filmfördereinrichtungen in den anderen UK-Nationen

Kurz erwähnt sein soll, dass es in den anderen Nationen von UK Filmfördereinrichtungen gibt. In Wales, Nord-Irland und Schottland bestehen auf nationaler Ebene jeweils Filmfördereinrichtungen, die zum Teil vom BFI und der National Lottery unterstützt werden.

In Wales existiert die Ffilm Cymru Wales (früher Film Agency for Wales). Die Filmfördereinrichtung für Wales wird neben dem BFI, der Walisischen Regierung, dem Arts Council Wales und der National Lottery finanziell mit Zuschüssen unterstützt. Außerdem gibt es die Wales Screen Commission.

In Nordirland besteht die Fördereinrichtung Northern Ireland Screen (früher Northern Ireland Film Commission). Northern Ireland Screen wird vom BFI mit Zuschüssen finanziell unterstützt, zweckgebunden an bestimmte Initiativen und Projekte. Darunter fallen der Irish Language Broadcast Fund (ILBF), um die irische Sprache und den irischsprechenden unabhängigen Filmproduktionssektor zu fördern, weiterhin der Ulster-Scots Broadcast Fund (USBF), um die Sprache, Kultur und Kulturerbe von der sog. Ulster-Scots Bevölkerung mittels Film zu darzustellen sowie den unabhängigen Ulster-Scots Filmproduktionssektor zu fördern.

Creative Scotland als nationale Fördereinrichtung in Schottland wird hauptsächlich durch Mittel der Schottischen Regierung und der National Lottery gefördert. Neben Creative Scotland bestehen teilweise regionale Förderorganisationen, z.B. Glasgow Film Office, Edinburgh Film Office (Film Commission for Edinburgh, East Lothian and Scottish Borders). Zudem existiert die Einrichtung Scottish Enterprise zur Förderung der Wirtschaft und von Unternehmen. Es gibt eine Diskussion zur Wiederbelebung der schottischen Filmindustrie, in dessen Rahmen auch die Frage nach einer einzigen zuständigen Einrichtung zur Förderung des Filmsektors gestellt wird.[324]

G. Filmförderung durch Rundfunkunternehmen

I. Allgemein

Zu der Filmförderung in UK tragen auch die Rundfunkunternehmen (public service broadcasters) bei. Eine gesetzliche Verpflichtung wie in anderen europäischen Ländern zur Beteiligung an der Förderung der Filmwirtschaft mit Investitionen in die Filmproduktion oder durch die Verbreitung von Filmen im Fernsehen existiert in UK nicht. Eine etwaige Förderung wird von den entsprechenden Entscheidungsstellen in den Rundfunkunternehmen festgelegt und kann sich je nach Haushaltslage ändern oder gänzlich entfallen. Die Ausgestaltung der Filmförderung unterscheidet sich daher zum Teil sehr stark und

324 Vgl. Ferguson, Taskforce call for Scotland's ailing film industry, The Scotsman v.21.1.2015; Brooks, Scottish film industry 'left to wither' and lags behind neighbours, Holyrood finds, The Guardian v.18.2.2015.

variiert von der Ausstrahlung heimischer Filme zu einem bestimmten Prozentanteil über die Investition eines Teils der (Werbe-)Einnahmen, der Ausstrahlung von Filmwerbung, der Bereitstellung von Einrichtungen der Rundfunkunternehmen und Beteiligung an regionalen Förderfonds bis zu direkten Investitionsquoten. Da Filme einen wesentlichen Anteil am wirtschaftlichen Erfolg der Fernsehunternehmen haben[325], sehen die Experten der Filmpolitik-Berichte die Rundfunkunternehmen in der Verantwortung, die Verbreitung des UK-Films zu unterstützen und ihre Zuschauer an heimischen Filmen ebenso wie Hollywood-Filmen zu beteiligen. Fernsehen bleibt trotz der neuen digitalen Plattformen und Änderung im Konsumverhalten der Verbraucher das wichtigste Medium für Film in UK.[326] Die Filmförderung wird zum Großteil von den öffentlich-rechtlichen Rundfunkunternehmen BBC und Channel 4 bestritten. Beide produzieren Filme mit ihren Tochterfirmen BBC Films und Film4 Productions. Die Förderung durch BBC und Channel 4 ist nach den Steuererleichterungen, Lotteriegeldern und DCMS-Grant-in-Aid eine bedeutende Förderquelle und summierte sich im Jahr 2014 auf £ 26,2 Mio., entsprechend 6,5% der gesamten öffentlichen Fördermittel. Während die Förderung durch die BBC in den letzten Jahren fast gleichbleibend war, ist die Förderung von Channel 4 in 2016 um mehr als £ 10 Mio. gestiegen und betrug in 2017 £ 25,7 Mio., zusammen mit der BBC insgesamt beachtliche £ 36,1 Mio., wobei dies 6,2% aller öffentlichen Fördermittel darstellte.[327] Die unterschiedlich hohe Beteiligung aller Rundfunkunternehmen wird aber im Filmpolitik-Bericht 2012 von der Expertenkommission als Hürde gesehen, um eine gemeinsame Film- und Fernsehpolitik umzusetzen.

Als Vorschlag wird deshalb eine enge Zusammenarbeit zwischen dem Film- und Fernsehsektor mit einer langfristigen Beteiligung eingebracht. Im Filmpolitik-Bericht 2012 wurde lediglich eine Empfehlung zu einem angemessenen Anteil von UK-Filmen im gesamten Programm und zu Investitionen in den Erwerb und die Produktion auf freiwilliger Basis mit dem Ziel eines Memorandum of Understanding ausgesprochen. Erst bei Erfolglosigkeit sollte eine gesetzliche Regelung geprüft werden.[328] Diese sollte jedoch aufgrund der

---

325 Vgl. Film Policy Review 2012, S. 52, ein Wert von geschätzten £ 1,2 Mrd. in 2010; BFI Statistical Yearbook 2018, S. 117, ein geschätzter Wert von £ 861 Mio. in 2017.

326 Das war zum Zeitpunkt der Erstellung der Filmpolitik-Berichte der Fall, Film Policy Review 2012, S. 52, und gilt noch wie vor, die Anzahl der Fernsehzuschauer von Filmen ist 21 Mal höher als die der Kinozuschauer, vgl. BFI Statistical Yearbook 2018, S. 107, 116.

327 Vgl. BFI Statistical Yearbook 2016, S. 232; BFI Statistical Yearbook 2018, S. 178.

328 Vgl. Film Policy Review 2012, S. 93, Empfehlung Nr. 32.

Unterschiedlichkeit der Rundfunkunternehmen keine gesetzliche Verpflichtung im Sinne einer „one size fits all"-Regelung sein. In der Antwort des Kultusministeriums[329] auf den Filmpolitik-Bericht 2012 hatte die Regierung die Absicht zu einer entsprechenden Vereinbarung mit den Rundfunkunternehmen verlautbart. Allerdings kritisiert der Filmpolitik-Bericht 2014 in ungewöhnlich scharfen Ton die Untätigkeit der Regierung, solche Einverständnisübereinkommen zu erzielen, und betont die Erforderlichkeit und Dringlichkeit einer Beteiligung der privaten Rundfunkunternehmen an der Förderung der UK-Filmindustrie.[330] Im Filmpolitik-Bericht 2014 werden daher konkrete Zahlen für die Investition von den privaten Rundfunkunternehmen im Rahmen einer Vereinbarung vorgeschlagen. Demnach sollten sich die privaten Unternehmen BSkyB mit £ 20 Mio. jährlich, ITV mit £ 10 Mio. jährlich und Channel 5 mit £ 5 Mio. jährlich an der Produktion von Spielfilmen beteiligen sowie zusätzlich eine nennenswerte Anzahl von UK-Filmen erwerben. Online-Dienste-Anbieter wie Apple, Lovefilm oder Netflix sollen laut der Expertenkommission in die Filmpolitik, v.a. für eine Vereinbarung zur Beteiligung an der Filmförderung, miteinbezogen werden, da deren Bedeutung als Filmdistributor beträchtlich steigt.

II. Die einzelnen Rundfunkunternehmen

1. Öffentlich-rechtliche Rundfunkunternehmen

Die Royal Charter und das Agreement der BBC (British Broadcasting Corporation)[331] sehen vor, dass die BBC eine Filmstrategie hat. Mit dem UK Film Council hatte die BBC 2006 z.B. ein Memorandum of Understanding über die Steigerung des Erwerbs von Filmen geschlossen; ein Vergleichbares mit dem BFI existiert nicht. Die Anzahl von jüngeren UK-Filmen (solche seit 2002) im BBC-Programm ist im Vergleich zum gesamten Filmangebot im Programm recht

329 The Government's Response 2012.

330 Vgl. Film Policy Review 2014, S. 5 ("The area of greatest disappointment is the lack of any discernible progress on this since our report. We urge the government to take active steps to put this right."), 17 ("The Panel is frustrated...", "The Panel is disappointed there has been no progress...", "The Panel [...] strongly urges the government to prioritise their [recommendations] implementation as a key strategic component of an effective UK national film policy.").

331 Die BBC ist eine gesetzlich eingerichtete öffentlich-rechtliche Körperschaft, der eine Royal Charter verliehen wurde (statutory corporation with Royal Charter), siehe auch zur ausführlichen Erklärung der Rechtsnatur des BFI oben unter D. I. 2.

niedrig.[332] Die BBC beteiligt sich neben der Filmausstrahlung in den diversen BBC-Programmen mit rund £ 12 Mio. jährlich an der Filmförderung durch ihre Produktionsfirma BBC Films.[333] Sie hat auch maßgeblich an Vereinbarungen mit der Organisation PACT (Producers Alliance for Cinema and Television) für Produzentenverträge hingewirkt. Der Filmpolitik-Bericht regt deshalb an, dass die BBC einen Anteil von UK-Filmen für den Programmankauf festlegt, die sich für eine Ausstrahlung auf BBC One und Two eignen, sowie den Anteil von Filmen im Programm zu erhöhen.

Channel 4 als zweites öffentlich-rechtliches Rundfunkunternehmen[334] mit verschiedenen Kanälen beteiligt sich ebenfalls in größerem Umfang an der Filmförderung. Das Tochterunternehmen Film4 Productions hat in den Jahren 2011 bis 2015 jährlich ein Budget von £ 15 Mio. für Filmproduktionen zur Verfügung.[335] Für das Jahr 2017 gibt es eine Erhöhung der Förderung auf £ 25 Mio., auch aufgrund der Vielzahl von erfolgreich nominierten Filmen von 22 BAFTA- und 15 Oscarnominierungen, die Film4 produziert hat.[336] Hinsichtlich Channel 4 gibt es die Besonderheit, dass gesetzliche Regelungen bestehen. Im Digital Economy Act sind Pflichten für Channel 4 geregelt, die sich auf die Art der Investition und die Ausstrahlung eines breiten Bouquets von Filmen beziehen. Die Einhaltung wird jährlich von der britischen Aufsichtsbehörde für das Fernsehen, Ofcom, überprüft. Channel 4's Bedeutung liegt auch darin, Filme auszustrahlen, die anderweitig das Publikum schwerer erreichen, darunter viele fremdsprachige Filme. Der Anteil jüngerer UK-Filme von allen gesendeten Filmen ist allerdings auch hier gering. Die Empfehlung der Expertenkommission des Filmpolitik-Berichts 2012 an Channel 4 bezieht sich ebenfalls auf den Einkauf von jüngeren UK-Filmen und eine Erhöhung der Ausstrahlung im Fernsehprogramm.

332 Im Jahr 2010 bei BBC One und Two 10 bzw. 13,7%, Film Policy Review 2012, S. 55.

333 £ 12,7 Mio. im Jahr 2012-13 laut BFI Statistical Yearbook 2014, S. 205.

334 Anders als die BBC, die durch eine Royal Charter geregelt wird, ist Channel 4 eine sog. statutory corporation, also gesetzliches Unternehmen durch Parlamentsgesetz. Der Unterschied zur BBC ist eine größere Unabhängigkeit von der Regierung, denn Änderungen müssten vom Parlament angenommen werden, während bei der BBC die Regierung in festgelegten Abständen die Royal Charter ohne Parlamentsbeteiligung neu fasst.

335 Im Jahr 2012-13 £ 18,1 Mio. gemäß BFI Statistical Yearbook 2014, S. 205.

336 Vgl. Ellis-Petersen, Bafta chief hails British films despite none making best film category, The Guardian v.13.2.2016.

2. *Private Rundfunkunternehmen*

ITV (Independent Television) ist ein privates Rundfunkunternehmen mit verschiedenen Kanälen. Zwar macht dort der Anteil von Filmen am Programm einen wesentlichen Teil aus, aber auch hier liegt der Anteil von aktuelleren UK-Filmen im niedrigen Bereich.[337] ITV beteiligt sich mit Investitionen an Filmproduktionen, z.B. „The Queen" aus dem Jahr 2006, jedoch existieren keine genauen Zahlen. Eine regelmäßige Förderung gibt es jedenfalls nicht. ITV ist über das Tochterunternehmen ITN Source im Besitz von Rechten an diversen Filmsammlungen (catalogues). Die Experten empfehlen im Filmpolitik-Bericht 2012, dass ITV die Nutzung und Zugänglichmachung der Filme mittels digitaler Technologie zugunsten von Publikum und Filmkultur prüft.

BSkyB (British Sky Broadcasting) ist der größte Pay-TV-Anbieter in UK und konnte in der Vergangenheit von liberalen Rundfunkrechtsvorschriften profitieren.[338] Zudem bestehen keinerlei Verpflichtungen eines kulturellen Beitrags. BSkyB investiert zwar jährlich £ 2 Mrd. in seine Programminhalte, ein Großteil liegt allerdings im Erwerb von Hollywood-Produktionen. Das Budget für original-qualitativ hochwertiges TV-Programm betrug bis 2015 £ 600 Mio. jährlich. Eine besondere Förderung und Investition von UK-Filmen und der UK-Filmindustrie findet jedoch trotz der Stellung als Marktführer in UK für Bezahlfernsehen nicht statt. Der Filmpolitik-Bericht 2012 regt deshalb an, dass BSkyB für den hochwertigen Programminhalt auch in den UK-Film investieren sollte, da auch geringe Investitionen und Änderungen im Programm aufgrund der Reichweite von BSkyB-Programmen einen verhältnismäßig größeren positiven Effekt hätten.[339] Der Filmpolitik-Bericht 2012 zieht die bestehende gesetzliche Beteiligungsquote an der Filmindustrie in Frankreich für Pay-TV-Anbieter als Vergleich heran. Trotz der Empfehlungen in dem Filmpolitik-Bericht 2012 ist bei BSkyB keine Förderung des UK-Films, weder durch Einkäufe noch Eigenproduktionen, zu verzeichnen.

Channel 5 ist ein kleines privates Rundfunkunternehmen, das zu dem Medienunternehmen Northern&Shell gehört, und nach Meinung der Experten in die Filmpolitik mit einbezogen werden sollte, wenngleich mit einer entsprechend geringeren Beteiligung.

---

337 Im Jahr 2010 bei ITV insgesamt bei 10%, Film Policy Review 2012, S. 56.

338 Zum Einfluss von BSkyB siehe Gibbons, Cambridge Yearbook of European Legal Studies 2007, 9, 239 (250).

339 Vgl. Film Policy Review 2012, S. 57.

H. Steuerliche Filmförderung

I. Einführung in die Steuererleichterungen für die Kreativen Industrien (Creative Industry Tax Reliefs)

Die UK-Filmindustrie ist auf private Investitionen stark angewiesen.[340] Um solche Investitionen zu fördern, gibt es verschiedene Steuerbegünstigungen, die zum einen auf die Filmunternehmen selbst und zum anderen auf die Investoren zielen. Die Steuererleichterungen für die Kreativen Industrien im Medienbereich[341], Creative Industry Tax Relief genannt, umfassen vier Unternehmenssteuererleichterungsgruppen: den Film Tax Relief, High-end TV Tax Relief, Animations Tax Relief sowie Videogames Tax Relief. Für die Finanzierung eines Films und zur Anwerbung von Finanzmitteln können weitere Unternehmensinvestitionsprogramme relevant sein, die für kleine Unternehmen geschaffen worden sind und bei denen nicht das Filmproduktionsunternehmen von den steuerlichen Begünstigungen profitiert, sondern die Investoren. Diese Steuerbegünstigungen können zwar für die Filmfinanzierung bedeutsam sein, sie zählen jedoch nicht unmittelbar zur Filmförderung und seien deshalb lediglich kurz erwähnt.

Steuererleichterungen im Filmbereich reduzieren die Unternehmenssteuer, die ein Unternehmen jährlich zu zahlen hat. Die Unternehmenssteuer in UK beträgt 20%, ab April 2017 19%. Im Vergleich dazu beträgt die Unternehmensbesteuerung in Deutschland 29,72%, ab 2018 30%.[342] Unter Steuererleichterungen ist zu verstehen, dass Unternehmen steuerlich begünstigt werden und aus wirtschaftspolitischen Gründen nicht den vollen Steuersatz abzuführen haben. Solche Steuervergünstigungen können unterschiedlicher Art sein, z.B. Abschreibungsvergünstigungen, steuerfreie Rücklagen, Investitionszulagen und -zuschüsse, Steuerabzugsbeträge, Aufschub der Gewinnrealisierung oder der Besteuerung von Gewinnen.[343]

---

340 So u.a. auch Pacey, Ent.L.R. 2012, 23(8), 245.

341 Seit September 2014 gibt es zudem einen Theatre Tax Relief für Theater, der in die Gruppe der Steuererleichterungen für die Kreativen Industrien fällt, in dieser Arbeit jedoch nicht weiter von Bedeutung ist.

342 Zahlen von 2015 bzw. 2017, 2018, vgl. www.gov.uk/corporation-tax-rates; www.kpmg.com/global/en/services/tax/tax-tools-and-resources/pages/corporate-tax-rates-tables.aspx, Stand 02.03.2020. Die Unternehmensbesteuerung in Deutschland setzt sich zusammen aus Körperschaftssteuer gemäß § 23 KStG, Solidaritätszuschlag und anderen Steuern, wie Gewerbesteuern.

343 Vgl. Gabler Wirtschaftslexikon, Stichwort Steuervergünstigungen.

Steuererleichterungen führen zu einem Zufluss von Kapital in die Filmindustrie. Das wiederum hat zur Folge, dass weiteres Kapital angezogen wird, da das Risiko der Investoren sinkt.

Wie oben in der Einleitung unter A. bereits geschrieben, sind Steuererleichterungen die wichtigste Förderung des Films in UK. Eine Studie aus dem Jahr 2012[344] hat festgestellt, dass die Steuererleichterungen für die Filmindustrie in UK zwingend erforderlich seien, um die Wettbewerbsfähigkeit zu erhalten. Im Jahr 2013 konnten die meisten öffentlichen Gelder, die in die Filmförderung geflossen sind, auf die Steuererleichterungen (Film Tax Relief) zurückgeführt werden, gefolgt von den Lotteriegeldern und Grant-in-Aid.[345] 57% der gesamten öffentlichen Fördermittel bzw. £ 206 Mio. entfielen auf die Steuererleichterungen.[346] Angesichts der im Jahr 2014 vorgenommenen neuen rechtlichen Änderungen ist die Höhe der Steuererleichterungen in den Folgejahren weiter gestiegen auf £ 251 Mio. im Jahr 2014/15 und £ 338 Mio. in 2015/16.[347] Zwischen 2007 und 2014 waren 1.680 Filmproduktionen mit einem Zertifikat als britischer Film ausgestattet worden, das Voraussetzung für eine Anspruchsberechtigung der Steuererleichterungen (Film Tax Relief) ist. Den Film Tax Relief haben 1.240 Filmproduktionen in Anspruch genommen, davon haben 550 Filmproduktionen Ansprüche für einen und 690 Filmproduktionen Ansprüche für mehrere Abrechnungszeiträume geltend gemacht. Ausgezahlt wurde ein Gesamtbetrag von £ 1,22 Mrd. an letztlich 2090 Ansprüche. Im gesamten Zeitraum sind von den entstandenen Gesamtproduktionskosten in Höhe von £ 7,8 Mrd. 72% in UK angefallen. Allein im Zeitraum 2013-14 wurden £ 220 Mio. Film Tax Relief an 327 Filmproduktionen gezahlt, die Gesamtkernausgaben in UK in Höhe von über £ 3 Mrd. hatten.[348] Die oben genannte Studie kommt zu dem Schluss, dass die UK-Filmproduktion ohne die Steuererleichterungen um 71% kleiner wäre und unter Berücksichtigung von direkten und indirekten Folgen zu verringerten jährlichen Einnahmen des Bruttoinlandsprodukts von £ 1,4 Mrd., verringerten jährlichen Einnahmen des Fiskus von £ 430 Mio. und einem Verlust von £ 500 Mio. pro Jahr an ausländischen Investitionen in

344 Oxford Economics, The Economic Impact of the UK Film Industry.
345 Vgl. BFI Statistical Yearbook 2014, S. 204.
346 Vgl. BFI Statistical Yearbook 2014, S. 205.
347 Vgl. BFI Statistical Yearbook 2016, S. 234; BFI Statistical Yearbook 2017, S. 224.
348 Die vorstehenden Zahlen für 2007-2014 sind dem FTR Monitoring Summary July 2014 der britischen Steuerbehörde HMRC entnommen.

UK führen würde.[349] Jeder in die Filmförderung durch Steuererleichterungen investierte £ 1 generiert £ 12.[350]

Trotz der gewichtigen Auswirkungen der Steuererleichterungen auf die UK-Filmindustrie ist der Anteil unabhängiger britischer Produzenten an der gesamten UK-Filmproduktion relativ gering. Die UK-Filmindustrie verlässt sich auf ausländische Investitionen und sog. studio-backed Koproduktionen (auch bezeichnet als „runaway productions“, siehe oben Einleitung). Die Situation für unabhängige Produzenten in UK ist von Unterkapitalisierung und Fragmentierung geprägt.[351] Dies liegt unter anderem daran, dass sich die Förderung wesentlich auf die Produktion konzentriert und weniger auf den Vertrieb und das Marketing, wobei diese in neueren Gesetzesänderungen Berücksichtigung finden.

1. *Überblick Film Tax Regime und Film Tax Relief*

Die derzeit bestehende Steuererleichterung für die Filmindustrie (Film Tax Regime), darunter der Film Tax Relief (FTR), gemäß Corporation Tax Act (CTA) 2009 wurde mit Inkrafttreten zum 01.01.2007 mit dem Finance Act (FA) 2006, chap 3 eingeführt und hat die bis dahin bestehende Steuererleichterung und steuerliche Behandlung von Filmproduktion und Filmerwerb gemäß Finance Act 1992 und 1997 und Income Tax (Trading and Other Income) Act (ITTOIA) 2005 ersetzt.[352] Zudem wurde sch 29 des Finance Act 2002 (FA02/sch29) ersetzt, der den Erwerb im Rahmen von Filmen von der Besteuerung der Gewinne und Verluste für immaterielle Vermögenswerte ausnahm.

Die Besteuerung der Filmindustrie wurde mit dem Finance Act 2006 reformiert. Im Finance Act 2006 enthalten folgende Abschnitte Vorschriften für die Besteuerung von Filmproduktionsunternehmen und die Steuererleichterung: FA06, ch 3, ss 31-53 (Film and Sound Recordings), sch 4 (Taxation of

---

349 Vgl. Oxford Economics, 2012, S. 7, 50ff.

350 Vgl. Oxford Economics, 2012, S. 7.

351 Siehe auch Gornostaeva/Brunet, Int. Journal of Arts Management, Vol. 12, No. 1, 2009, 21 (28).

352 Genauer: Finance Act 2006, ss 46, 47 regelt den Wegfall der bisherigen Regelungen für Steuererleichterungen in s 40A-42 des Finance (No.2) Act 1992, s 48 des Finance (No.2) Act 1997 und ss 134-144 des Income Tax (Trading and Other Income) Act 2005. Die englische Zitierweise stützt sich im Wesentlichen auf OSCOLA und verwendet bei Gesetzen die Abkürzung s für section, meinend Paragraph, und ch für chapter, also Kapitel, pt für part, also Teil, sowie sch für schedule, übersetzt Anhang.

Activities of Film Production Company) und sch 5 (Film tax relief: further provisions). Die Regelungen in den ss 31-53 verweisen hauptsächlich auf die neuen Regelungen in CTA 2009. In sch 4 sind die allgemeinen filmsteuerrechtlichen Regelungen des Film Tax Regime enthalten und in sch 5 sind die Regelungen zum Film Tax Relief (FTR) eingeführt worden.

Die Regelungen des Finance Act 2006 sind seitdem durch verschiedene Gesetze geändert worden.[353] In dem Finance Act 2006 werden jährlich Neuerungen und Änderungen vorgenommen, die ihrerseits in den CTA 2009 eingearbeitet und integriert werden.[354] Beschlossen wurde die Einführung der neuen

353 Namentlich **SI2006/643 The Films (Definition of "British Film") Order 2006** bzgl. Definition "British film", der die Definition im Filmgesetz 1985, sch 1 ersetzt hat (richtete sich hauptsächlich nach Betrag der UK Ausgaben) und einen kulturellen Test (first cultural test) eingeführt hat, **SI2006/3399 The Finance Act 2006, s 53(1) (Films and Sound Recordings) (Appointed Day) Order 2006** bzgl. Inkrafttreten zum 01.01.2007, **SI2206/3265 The Finance Act 2006, s 53(2) (Films and Sound Recordings: Power to alter Dates) Order 2006** bzgl. Änderung des Datums des Inkrafttretens sowie Änderungen zu FA 2006, ss 46f. hinsichtlich des Auslaufens der bisherigen Steuererleichterungen, **SI2006/3430 The Films (Definition of „British Film") (No.2) Order 2006** bzgl. Definition „British film" und Abänderung der vorher genannten SI2006/643 durch eine engere Definition in Vereinbarkeit mit der EU-Kommission ab 01.01.2007, **SI2007/678 The Corporation Tax (Surrender of Terminal Losses on Films and Claims for Relief) Regulations 2007** bzgl. Unternehmenssteuerregulierung 2007 zu endgültigen Verlusten bei Filmen und der Steuererleichterung mit der Möglichkeit der Übertragung von endgültigen Verlusten zwischen zwei Filmproduktionsunternehmen einer gleichen Unternehmensgruppe, **SI2007/1050 The Corporation Tax (Taxation of Films) (Transitional Provisions) Regulations 2007** bzgl. der Unternehmenssteuerregulierung 2007 zu der Besteuerung von Filmen mittels Übergangsvorschriften für Filme, die bereits in Produktion wären zum Zeitpunkt der Neueinführung und für die ab dem 01.01.2007 der FTR anwendbar ist, wenn sie für die Kinovorführung bestimmt sind und als „British" zertifiziert werden, falls sie den zweiten kulturellen Test nicht bestehen, sind die Steuererleichterungen gemäß F2A 1992 und ITTOIA 2005 anwendbar, aber nicht die erweiterte Erleichterung für limited-budget Films, vorausgesetzt, dass jegliche Ausgaben vor dem 31.03.2008 anfallen, **FA 2007, s 58 Election out of special film rules for film production companies** bzgl. der Wahl, ob von den speziellen Steuervorschriften für die Filmindustrie Gebrauch gemacht werden soll oder nicht, ein Unternehmen also nicht als Filmproduktionsunternehmen eingestuft wird und die gesamte Struktur des FA 2006 unanwendbar wird, stattdessen normale Steuerregelungen anwendbar sind, unter Abänderung FA 2006, s 32.

354 Die Gesetzesbezeichnung mit Name und Jahr bleibt aber erhalten, ob FA 2006 oder CTA 2009.

Steuervorschriften für die Anwendung bei Filmen, die die Hauptproduktion ab 01.04.2006 begonnen haben, das Inkrafttreten wurde jedoch aufgrund von verschiedenen Rechtsverordnungen (SI2006/3399 und SI2006/3265) geändert und auf den 01.01.2007 verschoben.

Im CTA 2009 sind die Steuererleichterungen für Filmproduktionen in pt 15, ss 1180ff., speziell der FTR in ss 1195ff. umgesetzt.[355]

Bei den Filmsteuererleichterungen handelt es sich um einen Anreiz für Investoren, Kapital in die Filmindustrie zu investieren, um der unterfinanzierten UK-Filmindustrie zu neuem Geld zu verhelfen. Das Neue an den Steuererleichterungen des Film Tax Regime mit seinem Kernelement des FTR war, dass sie direkt auf Filmproduzenten abzielte und eine Inanspruchnahme bereits während der Produktion in Raten und nicht erst nach Fertigstellung vorsah.[356] Bei der Steuererleichterung handelt es sich um eine Unternehmenssteuererleichterung, sodass sie nur Filmproduktionsunternehmen (film corporations), aber keine Privatpersonen oder Partner einer Partnerschaftsgesellschaft, geltend machen und direkt davon profitieren können. Im Gegensatz dazu begünstigten die früher existierenden Steuererleichterungen die Investoren und nicht die Filmproduktionsunternehmen. Deswegen wird der FTR auch als Producer Tax Credit bezeichnet. Da aber der FTR eingeführt wurde, um einen Anreiz für private Investoren zu schaffen, Geld in der Filmproduktion anzulegen, werden die Unternehmenskonstrukte rechtlich dementsprechend aufgebaut, dass selbstredend die dahinter stehenden natürlichen Personen von der Steuererleichterung profitieren. Investoren können auf verschiedene Weise an Filmproduktionen beteiligt sein, z.B. durch eine Beteiligung an dem Filmproduktionsunternehmen über Anteile (equity) oder der Gründung einer Gesellschaft, die eine Filmproduktion herstellt. Es bleibt eine Risikokapitalanlage, da sich die Investoren auf den Film für einen Erfolg verlassen müssen, wobei dieser nicht vorhersehbar ist.[357]

---

355 Engl. Zitierweise: pt als Abkürzung von part, auf deutsch Teil, siehe auch Fn. 352.

356 Vgl. Copinger and Skone James, 26-226.

357 Die Risikominimierung und Erfolgsvorhersage von Filmproduktionen ist ein eigenes Thema. Trotz Berechnungssystemen von Anlage- und Finanzberatern für Investoren und Produktionsunternehmen sowie Faktoren, die bei einer Produktion und ihrem Erfolg eine Rolle spielen, bleibt es bei einer generell unsicheren Erfolgsprognose für Filme. Minimierend sind z.B. Fortsetzungsproduktionen eines erfolgreichen Films als Sequels oder Prequels. Diese Tendenz lässt sich in den letzten Jahren insbesondere bei Hollywood-Produktionen beobachten. Als Randbemerkung sei hier noch angemerkt, dass diese Entwicklung trotz eigenem finanziellen Vorsprung und Marktmacht von

Beispielsweise stellt sich der Vorteil des FTR bei beschränkt haftbaren Partnerschaftsgesellschaften, die ein Gewerbe mit Gewinnerzielungsabsicht ausüben, so dar, dass die Gewinne und Verluste nach den Anteilen von der Steuerpflicht der Partner erfasst werden. Die Partner können damit Verluste (auch Zinszahlungen für ein Darlehen) der Partnerschaftsgesellschaft gegen andere Einkommen verrechnen (sog. seitwärtige Verrechnung). Die einschlägigen Regelungen für die steuerliche Begünstigung der Investoren finden sich in den Einkommenssteuergesetzen Income Tax Act (ITA) 2007, Income and Corporation Taxes Act (ICTA) 1988 und Income Tax (Trading and Other Income) Act (ITTOIA) 2005. Der FTR ist dagegen nicht auf die Steuerpflicht der Investoren anwendbar. Investoren können zudem im Rahmen anderer Investitionsprogramme von Steuerbegünstigungen profitieren, nicht aber das Filmproduktionsunternehmen selbst, z.B. Enterprise Investment Scheme (EIS) und Seed Enterprise Investment Scheme (SEIS)[358].

Die Steuererleichterungen des Film Tax Regime bestehen aus einem allgemeinen Teil und einem besonderen Teil, dem FTR. Der allgemeine Teil bietet für Filmproduktionsunternehmen Sonderregelungen zur steuerlichen Behandlung. Der FTR ist eine zusätzliche Steuerbegünstigung und besteht aus den zwei Elementen, nämlich einem zusätzlichen Abzug (additional deduction) und einem auszahlbaren Steuerguthaben (payable tax credit). Jede Filmproduktion eines Filmproduktionsunternehmens wird gemäß des Film Tax Regime (CTA 2009,

---

Hollywood dort besonders auffällig zum Vorschein tritt und als solche zeigt, wie sehr der finanzielle Erfolg und das Risiko im Filmgeschäft eine Rolle spielen.

358 Beide Programme sind Unternehmensinvestitionsprogramme, EIS für Investitionen in kleine Unternehmen, SEIS für Investitionen als Startkapital für Unternehmen. Die Programme sind nicht speziell für Investitionen in Unternehmen im Filmsektor geschaffen, können aber für potentielle Investoren, die in Form von Anteilen in Filmunternehmen investieren wollen, von Interesse bei kleinen Unternehmen und geringen Investitionen oder neu gegründeten Filmproduktionsunternehmen für Low-Budget-Produktionen sein. Aufgrund der Voraussetzungen u.a. eines ausgeübten qualifizierenden Gewerbes, der Höchstgrenze für Investitionsbeträge, Dauer der Investition und Zeitfenster für eine steuerliche Geltendmachung, sind die Programme nicht für alle Filmproduktionen gleichermaßen geeignet, insbesondere bei Koproduktionen können Probleme auftreten. Investoren können von steuerlichen Vorteilen im Rahmen ihrer Einkommenssteuer (income tax), Kapitalertragssteuer (capital gains tax =CGT) sowie der Erbschaftssteuer (inheritance tax = IHT) profitieren. Vgl. auch Pacey, Ent.L.R, 2012, 23 (8), 245, der die Bedeutung von EIS und SEIS allerdings vor der Einführung aller heute bestehenden Creative Industry Tax Reliefs beschreibt; Johnson, Ent.L.R. 2014, 25(5), 173.

s 1188) als ein eigenes Gewerbe (trade) angesehen. Die Folge ist die separate Berechnung von Verlusten und Gewinnen für jeden Film. Die Steuerregelungen legen Einnahmen und Ausgaben an, die für die Berechnung mit einbezogen werden, und schreiben vor, in welchen Steuerzeiträumen die Ausgaben berücksichtigt werden. Außerdem beschränken sie den Rahmen, in welchem Verluste dieses Handelsgeschäfts während und nach der Filmproduktion und nach Beendigung des Handelsgeschäfts angerechnet werden können. Für die Berechnung der beiden Faktoren des FTR kommt es auf die Größe des Filmbudgets an. Für kleine Budgets bis £ 20 Mio. (limited-budget Film[359]) beträgt der zusätzliche Steuerabzug 100% der erhöhbaren Ausgaben[360] und das zahlbare Steuerguthaben 25% bei geltend gemachten Verlusten, bei größeren Budgets ab £ 20 Mio. (large-budget Film) entsprechend 80% zusätzlicher Steuerabzug und gestaffelt absteigend von 25-20% zahlbares Steuerguthaben. Die Filmproduktionsunternehmen, die gemessen an der Anzahl der Anspruchsberechtigten am meisten profitieren, sind solche, die limited-budget Filme herstellen. Das ist die Masse, die den FTR geltend macht. Von der Summe her gesehen profitieren jedoch die großen Filmproduktionsunternehmen mit den large-budget Filmen. So kamen im Zeitraum 2007-2014 2.050 Ansprüche von limited-budget Filmen und 250 Ansprüche von large-budget Filmen. Es wurden insgesamt £ 420 Mio. an limited-budget Filme und £ 850 Mio. an large-budget Filme gezahlt.[361] Dennoch bildet der FTR den größten Finanzierungsbaustein für limited-budget Filme, wobei es schwer ist, den genauen durchschnittlichen Anteil einzuschätzen. Die direkte Förderung von Filmfördereinrichtungen macht nur einen geringen Anteil an der Gesamtfinanzierung einer Produktion aus.

2. *Überblick über sonstige Steuererleichterungen für die Kreativen Industrien (Creative Industry Tax Reliefs)*

Wie oben erwähnt, gibt es verschiedene steuerliche Begünstigungen für die Kreativen Industrien, die sog. Creative Industry Tax Reliefs. Neben dem Filmsektor fallen hierunter die Bereiche qualitativ hochwertige Fernsehprogrammproduktionen (high-end TV), Animationen sowie Videospiele. Die Steuererleichterungen werden entsprechend High-end TV Tax Relief, Animations

---

359 Vgl. Legaldefinition in CTA 2009, s 1184(2).

360 Als Übersetzung des englischen Wortes „enhanceable“ wird in dieser Arbeit der Ausdruck „erhöhbar“ verwandt, was sich auf die Ausgaben bezieht und meint, dass diese bestimmten Ausgaben für die Steuerberechnung erhöht werden können.

361 Vgl. HMRC FTR Monitoring Summary July 2014.

Tax Relief sowie Videogames Tax Relief genannt. Diese hat die britische Regierung nach dem Vorbild des Film Tax Relief geschaffen. Sie bauen auf den Regelungen des FTR auf und haben als Kernelemente ebenfalls die Erhöhung der steuerabzugsfähigen Ausgaben und bei geltend gemachten Verlusten ein auszahlbares Steuerguthaben. Diese Tax Reliefs sind in CTA 2009/Pt15A, B geregelt. Die anspruchsberechtigten Unternehmen müssen in der Produktion und Entwicklung von high-end TV-Programmen, Animationen oder Videospielen tätig sein. Die Werke müssen einen kulturellen Test bestehen, der jeweils für die einzelnen Industriezweige ausgestaltet ist und gleichfalls vom BFI zertifiziert wird. Der Kulturtest für TV und Animationen ist in sch16, Finance Act 2013 und der für Videospiele in sch17, Finance Act 2013 enthalten. Anstelle des Kulturtests kann bei high-end TV-Produktionen und Animationen auch ein Koproduktionsabkommen herangezogen werden, soweit es neben Filmen auch TV-Produktionen erfasst.[362]

Im Einzelnen: Die Steuererleichterungen für high-end TV und Animationen haben ähnliche Voraussetzungen, was sich bereits daran zeigt, dass die Regelungen für Animationen bei denen für Fernsehen in CTA 2009/Pt15A beinhaltet sind. Die Steuererleichterungen für high-end TV setzen voraus, dass der kulturelle Test erfüllt ist, das Programm zur Rundfunkverbreitung bezweckt ist, es sich bei dem Programm um Drama, Comedy oder Dokumentation handelt, mindestens 25% der Gesamtausgaben UK-Ausgaben sind, die durchschnittlichen Kernproduktionskosten pro Stunde der Produktionslänge nicht weniger als £ 1 Mio. betragen, die Slotlänge des Programms größer als 30 Minuten ist und es sich nicht um bestimmte ausgeschlossene Programmarten handelt, wie u.a. Werbung, Entertainment Shows oder Liveübertragungen. Die Steuererleichterungen für Animationen sind einschlägig, wenn der kulturelle Test erfüllt ist, das Programm zur Rundfunkverbreitung bezweckt ist, mindestens 51% der Gesamtkernausgaben sich auf die Animation bezieht, mindestens 25% der Gesamtausgaben UK-Ausgaben sind und es sich nicht um bestimmte ausgeschlossene Programmarten handelt wie bei high-end TV. Die Steuererleichterungen führen zu einem zusätzlichen Abzug von 100% von den erhöhbaren Ausgaben, nämlich dem geringeren Betrag von entweder 80% der Gesamtausgaben oder der UK-Kernausgaben und eine Steuergutschrift für verlustbringende Produktionen in Höhe von 25% der erhöhbaren Ausgaben (payable tax credit for loss-making

362 Das ist bei den Koproduktionsabkommen mit Australien, China, Israel, Kanada, Neuseeland und Palästina der Fall.

productions). Anders als beim FTR ist der Faktor für den zusätzlichen Abzug und das zahlbare Steuerguthaben unabhängig vom Budget des Projekts.

Videospiele haben die folgenden Voraussetzungen zu erfüllen: Das Videospiel muss als britisch zu qualifizieren sein (Kulturtest), es muss zur Bereitstellung bestimmt sein und mindestens 25% der Kernausgaben müssen im Europäischen Wirtschaftsraum angefallen sein. Es gibt keine Mindestschwelle für das Budget eines Videospiels. Das Videospiel darf jedoch keinen Werbezwecken oder dem Glücksspiel dienen. Die Steuererleichterungen für Videospiele bewirken einen zusätzlichen Abzug und ein auszahlbares Steuerguthaben bei Verlusten. Die Berechnung stützt sich ebenfalls auf einen zusätzlichen Abzug von Ausgaben, die entweder Ausgaben des Europäischen Wirtschaftsraums sind oder 80% der Gesamtausgaben, wobei dieser Betrag der erhöhbaren Ausgaben zu 100% angerechnet wird. Das auszahlbare Steuerguthaben wird in Höhe von 25% des geringeren Betrags von entweder einem Verlust in dem Abrechnungszeitraum oder der qualifizierten Ausgaben in dem Abrechnungszeitraum gezahlt. Bereits in Anspruch genommene andere Erleichterungen (z.B. Research and Development Relief) können je nach Umständen des Einzelfalls und Größe des Unternehmens die dort geltend gemachten Kosten von einer erneuten Geltendmachung im Rahmen des Videogames Tax Relief ausschließen.

Zusammengefasst ähneln sich die verschiedenen Steuererleichterungen der Creative Industry Tax Reliefs und haben auf ihren jeweiligen Wirtschaftszweig angepasste, gering unterschiedliche Voraussetzungen. Gemeinsam ist ihnen die Voraussetzung von 25% UK-Ausgaben bzw. Ausgaben im Europäischen Wirtschaftsraum und die Rechtsfolge eines zusätzlichen Abzugs in Höhe von 100% von maximal 80% der Gesamtausgaben sowie eines zahlbaren Steuerguthabens von 25% der erhöhbaren Ausgaben.

Der Animations Tax Relief und der High-end TV Tax Relief sind seit April 2013 anwendbar. Die Einführung des Videogames Tax Relief dagegen verzögerte sich aufgrund von Einwänden im Rahmen der europäischen Beihilfeprüfung[363], seit April 2014 sind auch diese in Kraft. Da UK hinsichtlich der Steuererleichterung für Videospiele Vorreiter in der EU ist, bestanden von der EU-Kommission Bedenken, ob eine Zulässigkeit auf eine Vereinbarkeit gemäß der Filmmitteilung gestützt werden könnte. Letztendlich wurde die Anwendung der Filmmitteilung abgelehnt, die Steuererleichterung jedoch unter der (allgemeinen) Kulturausnahme genehmigt (siehe unten Teil 5 A. III.).

363 Vgl. Copinger and Skone James, S29-52A.

3. *Weitere steuerrechtliche Entwicklung*

Zwischenzeitlich sind Änderungen des FTR im Jahr 2014 umgesetzt worden.[364] Diese beziehen sich auf die Höhe der erforderlichen UK-Ausgaben. Mit diesen Regelungen können Produktionsunternehmen Steuererleichterungen für ihre UK-Ausgaben in einer Höhe wie nie zuvor geltend machen. Die erforderlichen Mindestausgaben in UK wurden von 25% auf 10% gesenkt (siehe sogleich ausführlich unter II.). Des Weiteren ist die Höhe des auszahlbaren Steuerguthabens von large-budget Filmen der von limited-budget Filmen angeglichen worden. Die Höhe des auszahlbaren Steuerguthabens beträgt für die ersten £ 20 Mio. qualifizierende UK-Kernausgaben 25%, auf alle darüber gehenden Ausgaben 20% bis zu einer Gesamthöhe von 80% der Ausgaben. Diese Änderung kann einen Gewinn im Unterschied zu den bisherigen Regelungen von 16% (£ 1 Mio.) ausmachen. Damit ist die Grenze der Steuererleichterungen deutlich angehoben worden. Ferner erleichtern die neuen Regelungen auch die Förderung der Postproduktion und der VFX-Industrie (Spezialeffekte-Industrie). Diese sollen insbesondere internationale Koproduktionen, aber auch die Nutzung der Postproduktions- und VFX-Möglichkeiten und entsprechende Unternehmen in UK fördern. In den letzten Jahren gab es gerade im Postproduktionsbereich eine starke Konkurrenz aus Kanada, wo es spezielle Anreize gibt.[365] Mit dieser Einbeziehung wird eine steuerliche Förderung von Filmen ermöglicht, die hauptsächlich außerhalb von UK produziert werden und nur einen Anteil von mindestens 10% Ausgaben in UK haben. Ferner wurde der Kulturtest dergestalt geändert, dass sowohl die europäische wie britische Kultur berücksichtigt werden. Die Punkteverteilung im Rahmen des Kulturtests[366] hat eine andere Gewichtung erfahren. Eine größere Anzahl von Punkten wird nun aufgeteilt auf Produktion (principal photography), Postproduktion und VFX (special and visual effects). Auch solche Koproduktionen mit einem geringen UK-Anteil an der Produktion können nun über Steuererleichterungen in UK gefördert werden wie auch die Förderung in dem Land des Koproduktionspartners beanspruchen. Das bietet sich vor allem bei kleinen europäischen Filmkoproduktionen an.

Weitere steuerrechtliche Änderungen betreffen die vollständige Angleichung von high-budget und low-budget Filmen beim auszahlbaren Steuerguthaben auf 25%.

---

364 Vgl. UKTI, Creative Sector Tax Reliefs, 2014; Johnson, Ent.L.R. 2014, 25(5), 173.

365 Vgl. Tutt, LocationUK, BFC, 2014, Heft 3, 23 (25).

366 Zum Kulturtest ausführlich unten unter dem Abschnitt II., 3., b., bb.

Mit den Regelungen für high-end TV und Animationen sind in deren Einführungsjahr des Steuerjahrs 2013-14 57% der gesamten UK-Ausgaben bei high-end TV-Produktionen auf ausländische Investitionen zurückzuführen gewesen.[367] Das entspricht rund £ 225 Mio. für 13 Produktionen. Bei Animationen sind dagegen lediglich 15% (£ 7,8 Mio.) der gesamten UK-Ausgaben für 4 von insgesamt 25 Produktionen durch ausländische Investitionen angefallen. Zwei Jahre später im Steuerjahr 2015-16 ist bereits eine eindeutig positive Entwicklung sichtbar: von gesamten 18 Animationsproduktionen sind 10 ausländische Investitionen und Koproduktionen mit einem Anteil an den UK-Ausgaben in Höhe von £ 18,7 Mio., entsprechend 64%. Bei high-end TV-Produktionen ist zwar der Anteil von ausländischen Investitionen an den gesamten UK-Ausgaben leicht zurückgegangen auf knapp 50%, allerdings bei gestiegenen Ausgaben (£ 379 Mio.) und einer erhöhten Anzahl von 25 Produktionen. Diese positive Entwicklung setzte sich in den folgenden Jahren fort.

II. Film Tax Regime

1. Richtlinien der britischen Steuerbehörde (HMRC)

Die britische Steuerbehörde, Her Majesty's Revenue and Customs (im Folgenden HMRC), hat Richtlinien für die Anwendung der Steuererleichterungen des Film Tax Regime und vor allem des FTR erlassen. HMRC ist eine direkte öffentlich-rechtliche Einrichtung (direct public body), die dem Finanzministerium (HM Treasury) untergliedert ist. Dieses gibt die übergeordneten (politischen) Ziele vor. Die aktuellen Richtlinien namens Film Production Company Manual (FPCManual) beziehen sich auf die Regelungen zu den Steuererleichterungen des Finance Act 2006. Das FPCManual ist keine Konkretisierung des CTA 2009 (und auch nicht des FA 2006), da es nicht bindend ist. Das Manual kann vielmehr als Interpretation der Gesetzgebung angesehen werden. Es gibt die Auffassung der HMRC wieder und kann als Orientierungshilfe und Leitfaden für die Praxis gesehen werden, wie HMRC ein steuerliches Modell beurteilen würde. Zudem ist es in Zusammenarbeit mit Industrieverbänden entstanden, was insbesondere hinsichtlich einheitlich verwendeter Begrifflichkeiten hilfreich ist. Die Richtlinien bilden eine Detaillierung der Ziele des Finanzministeriums aus Sicht der HMRC. Die Umsetzung der politischen Ziele erfolgt dagegen direkt mittels Gesetz, hier des Finance Act.

---

367 Vgl. für die Zahlen in diesem Absatz BFI Statistical Yearbook 2014, S. 191f., 2016, S. 215f. und 2018, S. 171f.

HMRC hat eine spezielle Abteilung, die Manchester Film Tax Credit Unit (für die Creative Industries: Manchester Incentives and Relief Team), die sachlich für die filmsteuerrechtliche Prüfung zuständig ist. Ausnahmen bestehen insoweit, als die Prüfung bei Unternehmen, die Teil einer Unternehmensgruppe sind, durch die Large Business Service-Abteilung erfolgt, oder in Fällen, die vor dem 01.01.2008 bereits von anderen Abteilungen bearbeitet wurden und fortsetzend bearbeitet werden.[368] Ein Filmproduktionsunternehmen hat bei der Steuererklärung die Wahl, ob es die Steuerregelungen für die Ausgaben einer Filmproduktion in Anspruch nehmen will oder nicht. Wenn diese nicht gewählt werden, werden die normalen anderweitigen Steuerregelungen angewandt und jegliche Filmproduktionstätigkeit darunter gefasst. Die Wahl einer Anwendung des FTR bezieht sich auf sämtliche Filme des Filmproduktionsunternehmens für den Steuerzeitraum. Sie kann innerhalb einer bestimmten Frist rückgängig gemacht werden.[369]

2. Zum Unterschied zwischen Film Tax Regime und Film Tax Relief

Das FPCManual beinhaltet detaillierte Regelungen für Filmproduktionsunternehmen mit und ohne Berechtigung einer Inanspruchnahme des FTR. Allein die allgemeinen filmsteuerrechtlichen Vorschriften des Film Tax Regime sind vorteilhaft für Filmproduktionsunternehmen: So werden z.B. manche Ausgaben als Kapitalaufwand behandelt, die sonst als Investitionsaufwand gelten würden v.a. beim Rechteerwerb, der die Filmproduktion erst ermöglicht.[370] Zudem werden Verlust und Gewinn bereits als vorliegend betrachtet, auch wenn sie eventuell auf Grundlage einer Schätzung basieren, mit der Folge, dass eine vorzeitige Möglichkeit steuerlicher Abzüge vor endgültiger Feststellung besteht[371]. Weiterhin gibt es spezielle Verlustverrechnungsmöglichkeiten, die sich von den normalen nicht-filmsteuerrechtlichen Regelungen unterscheiden[372] und bereits eine steuerliche Erleichterung darstellen.

Der FTR kann bei Vorliegen der Voraussetzungen zusätzlich zu diesen allgemeinen Vorteilen des Film Tax Regime zu einer Steuerbegünstigung führen,

368 Vgl. FPCManual, FPC10020.

369 Vgl. FPCManual, FPC10110.

370 Vgl. FPCManual, FPC20230; Kapitalaufwand wird im Gegensatz zum Investitionsaufwand unmittelbar in der laufenden Abrechnungsperiode abgeschrieben und gegen Einnahmen verrechnet.

371 Vgl. FPCManual, FPC20200.

372 Vgl. FPCManual, FPC30010.

indem er Verluste bei Ausgaben von Filmproduktionstätigkeiten schaffen oder vergrößern und indem er zu einer Steuergutschrift berechtigen kann.

Wichtig ist es, zwischen Verlusten zu unterscheiden, die die Erleichterungen der Verlustverrechnung nach den allgemeinen Regelungen des Film Tax Regimes auslösen, und solchen, die dem FTR zuzuordnen sind. Der Verlust beim FTR wird allein durch den zusätzlichen Abzug des Betrags der erhöhbaren Ausgaben begründet. Verluste der anderen Erleichterungen des Film Tax Regimes meinen solche, die durch eine Verlustverrechnung unter Einbeziehung übertragener Verluste aus anderen Abrechnungszeiträumen entstehen. Der Verlustbegriff beim FTR ist damit begrenzter und zugleich in seiner Berechnung klarer.

3. *Anwendungsvoraussetzungen des Film Tax Regime und des Film Tax Relief*

Zunächst muss ein Filmproduktionsunternehmen die allgemeinen filmsteuerrechtlichen Vorschriften gemäß FA 2006, sch 4 und CTA 2009, ss 1180ff. für die Berechnung der steuerpflichtigen Einnahmen und Ausgaben bzgl. der Produktionstätigkeit in Zusammenhang mit einem Film (Film Tax Regime) anwenden.[373] Abschnitt 15 des CTA 2009 ist auf alle Filmproduktionsunternehmen anwendbar. Danach ist zu prüfen, ob auch die besonderen Voraussetzungen für den FTR gemäß FA 2006, sch 5 sowie CTA 2009, ss 1195ff. vorliegen. Entscheidend ist, dass zunächst die allgemeinen Voraussetzungen erfüllt sind, also das Filmproduktionsunternehmen anspruchsberechtigt ist, um den FTR beantragen zu können. Dafür muss der zeitliche Anwendungsbereich eröffnet sein und es sich um ein Filmproduktionsunternehmen und einen Film handeln.

a. *Allgemeine Voraussetzungen nach FA 2006, sch 4 und CTA 2009, ss 1180ff.*

aa. *Zeitlicher Anwendungsbereich*

Als zeitlicher Anwendungsbereich sind die Steuerregelungen nur anwendbar auf Ausgaben für eine Filmproduktion von einem Filmproduktionsunternehmen, die am oder nach dem 01.01.2007 mit dem tatsächlichen Filmdreh (principal photography) angefangen hat oder auch vor diesem Datum, wenn sie zu dem Zeitpunkt noch unvollendet war.[374] Gleiches gilt für Koproduktionen, die nicht

373 Vgl. FPCManual, FPC40010.
374 Vgl. FPCManual, FPC10010.

unter eines der Koproduktionsabkommen fallen, aber die allgemeinen und besonderen Voraussetzungen erfüllen.[375]

bb. Persönlicher Anwendungsbereich: Filmproduktionsunternehmen

Der persönliche Anwendungsbereich ist ausschließlich Filmproduktionsunternehmen eröffnet. Diese Beschränkung stellt einen Schutzmechanismus gegen den Missbrauch der Steuererleichterungsvorschriften dar, damit in erster Linie die Filmindustrie von den filmsteuerrechtlichen Vorschriften und dem FTR, nicht dagegen vorrangig eine Privatperson, ein Investor oder ein Finanzinstitut profitiert. Zudem wird sichergestellt, dass die Steuererleichterung der gesamten Filmproduktion zugutekommt und nicht nur einzelnen Filmproduktionstätigkeiten.[376] Mit Filmproduktionsunternehmen sind im Hinblick auf den Zweck der Steuererleichterungen solche Unternehmen gemeint, die tatsächlich einen Film im Sinne des Handwerks herstellen und nicht nur beim kreativen Entstehungsprozess beteiligt sind.[377] Einbezogen sind Unternehmen, die Fernsehfilme und Videoproduktionen herstellen. Filmproduktionstätigkeiten im Sinne des FA 2006, ss 33, 34 und CTA 2009, s 1183 umfassen die Entwicklung, die Pre-Produktion, den tatsächlichen Filmdreh als Hauptproduktion unter Einbeziehung von computergenerierten Bildern (CGI=computer-generated imagery/ 3-D-Computergrafik-Bild-Synthese) und die Postproduktion.

Ein Filmproduktionsunternehmen muss folgende Voraussetzungen erfüllen, um als solches zu gelten: Es muss gemäß CTA 2009, s 1182 für die Pre-Produktion (u.a. Drehgenehmigungen, Studioorganisation, Kostüme, Set-Design, Beschäftigung von Crew und Cast), das tatsächliche Filmen, die Postproduktion und für die Ablieferung des fertigen Films nach Fertigstellung verantwortlich sein. Ferner muss es an der Produktionsplanung und der Entscheidungsfindung während der gesamten Herstellungsstadien aktiv beteiligt sein und unmittelbar über Rechte, Waren und Dienstleistungen verhandeln, Verträge schließen und zahlungsverpflichtet sein.[378] Allerdings ist es weder erforderlich, dass das Filmproduktionsunternehmen sämtliche Tätigkeiten selbst ausführt und für diese unmittelbar verantwortlich ist, vielmehr kann es Dritte mit der Erfüllung beauftragen; das Filmproduktionsunternehmen muss jedoch an jeder der oben genannten Tätigkeiten in irgendeiner Weise beteiligt sein. Auch ist es nicht notwendig, dass das

375 Vgl. FPCManual, FPC70020.
376 Vgl. FPCManual, FPC55010.
377 Vgl. FPCManual, FPC10110.
378 Vgl. FPCManual, FPC10110.

Unternehmen allein verhandelt und Verträge schließt oder alleinzahlungsverpflichtet ist, da in der Praxis meist weitere Parteien beteiligt sind. Die Voraussetzungen sollen lediglich die Unterscheidung zwischen dem Hersteller zu anderen Beteiligten bestärken.[379]

Für Koproduktionen sind die Voraussetzungen leicht geändert und abgeschwächt.

Unter einer Koproduktion ist gemäß CTA 2009, s 1186 ein Film zu verstehen, der unter den Bedingungen eines internationalen bilateralen oder multilateralen Koproduktionsabkommens (bilaterales Abkommen von UK mit einem anderen Staat oder Europäisches Koproduktionsabkommen) hergestellt und als nationaler, also britischer Film anerkannt wird.[380] Ein Film in Koproduktion, der unter einem bilateralen Abkommen oder dem Europäischen Koproduktionsabkommen hergestellt wird, ist bereits dadurch als britischer Film qualifiziert. Es bestehen 12 bilaterale Koproduktionsabkommen von UK, u.a. mit Frankreich und Kanada.[381] Bilaterale Abkommen zwischen europäischen Staaten sind mit Ratifizierung des Europäischen Koproduktionsabkommens praktisch obsolet geworden, außer für den Fall weitergehender Regelungen als es das Europäische Koproduktionsabkommen vorsieht. Vorteil einer Koproduktion ist es, dass in den Ländern der beteiligten Koproduzenten die jeweiligen Fördermechanismen in Anspruch genommen werden können.

Der UK-Koproduzent muss nicht alle Tätigkeiten wie ein einzelnes Filmproduktionsunternehmen vorweisen, sondern hat gemäß CTA 2009, s 1182 nur eine effektive kreative, technische und künstlerische Beteiligung nachzuweisen. Die strikten Bedingungen, die ein alleiniges Filmproduktionsunternehmen erfüllen muss, um als solches zu gelten, sind insoweit nicht anwendbar.[382] Als Grund dafür wird in den Richtlinien des HMRC aufgeführt, dass sämtliche Tätigkeiten bei einer Koproduktion geteilt werden können und naturgemäß ein Unternehmen allein nicht alle Kriterien erfüllen wird. Diese Modifikation gilt jedoch nicht für Koproduktionen, die nicht unter ein Abkommen fallen; diese müssen die normalen Kriterien erfüllen. In Fällen, in denen das Filmproduktionsunternehmen selbst mit der Herstellung des Films von einem Dritten beauftragt worden ist, kommt es auf das Filmproduktionsunternehmen an und nicht auf

---

379 Vgl. FPCManual, FPC10110.

380 Vgl. FPCManual, FPC70010; siehe auch FA06/S36 für den Begriff des „co-producer".

381 Vgl. BFI Statistical Yearbook 2018, S. 149.

382 Vgl. FPCManual, FPC70030.

den Dritten, der in den meisten Fällen nicht am Herstellungsprozess und den genannten Tätigkeiten beteiligt ist.

Die Definition in CTA 2009, s 1182 schließt ausdrücklich Unternehmen von dem Begriff des Filmproduktionsunternehmens aus, die einen Film im Rahmen einer rechtlichen Partnerschaft[383] herstellen, da die steuerrechtliche Beurteilung selbständig für ein Unternehmen erfolgen können soll und nicht von einem anderen Unternehmen und dessen Erfüllung der Voraussetzungen abhängig sein soll. Allerdings schließen die Regelungen nicht aus, dass ein Filmproduktionsunternehmen, das Teil einer Partnerschaft ist, als Filmproduktionsunternehmen im Sinne der Vorschrift gilt, wenn es allein einen Film herstellt. Lediglich bezüglich dieses in Partnerschaft hergestellten Films gilt es dann nicht als Filmproduktionsunternehmen.[384] Diese Regelungen haben zur Folge, dass nicht alle Beteiligten von der Steuererleichterung profitieren können. Möglicherweise stellt die Ausgestaltung der Regelungen einen Hinderungsgrund für Koproduktionen dar, soweit sie als Partnerschaftsgesellschaft durchgeführt werden.[385]

Es kann pro Film nur ein Filmproduktionsunternehmen im Sinne des FTR geben, unabhängig davon, ob es sich um ein (UK-)Filmproduktionsunternehmen als Ko- oder Einzelproduzenten handelt.[386] Bei mehreren Unternehmen kann dasjenige Unternehmen aus UK den FTR beanspruchen und wird als Filmproduktionsunternehmen im Sinne der Vorschrift anerkannt, das am nächsten an den Filmproduktionshandlungen beteiligt ist. Was unter „am nächsten beteiligt ist" zu verstehen ist, ist gesetzlich nicht bestimmt und richtet sich nach dem Einzelfall im Ermessen der HMRC, wobei die alltägliche Bedeutung zugrunde gelegt wird.[387]

Alle Tätigkeiten des Filmproduktionsunternehmens in Bezug auf den Film werden als eigenes Gewerbe angesehen (seperate film trade), CTA 2009, s 1188. Das bedeutet, dass die Filmproduktion von anderen Handelsaktivitäten des Unternehmens unabhängig ist. Nur Einnahmen und Ausgaben für den Film werden bei der Berechnung der Steuererleichterungen berücksichtigt.

---

383 Partnerschaft meint hier die rechtliche Partnerschaft nach britischem Gesellschaftsrecht.
384 Vgl. FPCManual, FPC10110.
385 Siehe ausführlich unter Teil 5 B. III.
386 Vgl. CTA 2009, s 1182; FPCManual, FPC10110, 70040.
387 Vgl. FPCManual, FPC10110/70040.

cc. Sachlicher Anwendungsbereich: Film

Des Weiteren ist allgemeine sachliche Voraussetzung, dass es sich um einen Film im Sinne der Filmsteuervorschriften handelt. Der Begriff Film wird gemäß CTA 2009, s 1181(2) definiert als „...a record, however made, of a sequence of visual images that is capable of being used as a means of showing that sequence as a moving image", also „eine Aufzeichnung einer Folge von visuellen Bildern, die geeignet ist eingesetzt zu werden, um diese Folge als Bewegtbild zu zeigen, unabhängig von der Art der Herstellung", anlehnend an das Films Act 1985. Diese Definition ist weit gefasst. Der Begriff Film umfasst nicht nur Kinofilme, sondern auch andere Filmproduktionen, wie Fernsehfilme oder Filme, die ausdrücklich für die Veröffentlichung und Verbreitung im Internet produziert werden.[388] Teile einer Serie werden nach CTA 2009, s 1181(3) als ein Film angesehen, wenn sie nicht mehr als 26 Folgen umfassen, insgesamt eine Laufzeit von weniger als 26 Stunden haben und die Serie in sich abgeschlossen ist bzw. die Serie eine Dokumentation mit einem gemeinsamen zugrundeliegende Thema ist.[389] Bei langlaufenden Serien können Blockabschnitte gebildet werden, die jeweils als ein Film zu betrachten sind.[390] Rechtsfolge bei Vorliegen der Bedingungen ist die steuerrechtliche Behandlung einer Serie als ein Handelsgeschäft. Andernfalls werden die einzelnen Teile jeweils als verschiedene Filme angesehen und demensprechend als verschiedene Handelsgeschäfte behandelt. Die Definition beschränkt Film auch nicht auf die Art der Aufzeichnung, sodass nicht nur das herkömmliche Filmmaterial oder Videokassetten einbezogen werden. Jede Filmproduktion eines Filmproduktionsunternehmens wird im Sinne der steuerrechtlichen Vorschriften, wie oben bereits erwähnt, als eigenes Handelsgeschäft betrachtet, für das Verluste und Gewinne zu berechnen sind.[391]

Die allgemeinen Vorschriften des FA 2006, sch 4 beziehen anders als der FTR, der den Anwendungsbereich auf die Filmproduktion von Filmen zum Zweck der kommerziellen Filmvorführung in Kinos gemäß FA 2006, sch 5 beschränkt, wie unten noch zu erläutern sein wird, in weiterer Anwendung Filme mit ein, u.a. solche für das Fernsehen, DVD und andere Medien. Es kann somit ein Filmproduktionsunternehmen im Sinne der filmsteuerrechtlichen Vorschriften

388 Vgl. FPCManual, FPC10010.

389 Vgl. auch Films Act 1985, sch 1, s 1.

390 Vgl. FPCManual, FPC20130.

391 Das Handelsgeschäft beginnt regelmäßig mit Aufnahme der Pre-Produktion und endet, wenn der Film nicht mehr ausgewertet wird und kein Einkommen durch Rechteauswertung mehr zu erwarten ist, FPCManual, FPC20100f.

vorliegen, das aber nicht zur Inanspruchnahme des FTR qualifiziert ist. In dem Fall gelten dann die allgemeinen Steuervorschriften für Filmproduktionsunternehmen des Film Tax Regime (FA 2006, sch 4).

b. Besondere Voraussetzungen des FTR nach FA 2006, sch 5 und CTA 2009, ss 1195ff.

Um die Steuererleichterung des Film Tax Relief in Anspruch nehmen zu können, sind die besonderen sachlichen Voraussetzungen gemäß CTA 2009, ss 1195ff. zu erfüllen. Diese können die Höhe des steuerlichen Abzugs vergrößern.

Der FTR hat drei besondere voneinander unabhängige aber kumulative Voraussetzungen. Der Film muss für die Kinovorführung bezweckt sein und zudem als „British film" zertifiziert sein. Des Weiteren müssen mindestens 10% der Kernausgaben der Filmherstellung für Waren und Dienstleistungen UK-Ausgaben sein, also im Vereinigten Königreich ge- oder verbraucht worden sein („used or consumed"). Liegen die Voraussetzungen vor, ist ein sich für den FTR qualifizierender Film zu bejahen und ein Anspruch auf FTR gegeben. Liegen die Voraussetzungen nicht vor, bleibt es bei den allgemeinen filmsteuerrechtlichen Vorschriften des Film Tax Regime.

aa. Für die Kinovorführung bezweckt (intended for theatrical release)

Ein Film ist gemäß CTA 2009, s 1196 für die Veröffentlichung im Kino vorgesehen, wenn der Film einem zahlenden öffentlichen Publikum in einem kommerziellen Kino vorgeführt wird und der wesentliche Anteil der Einnahmen auf diesem Weg erfolgen soll.

Im Sinne der Steuervorschriften liegt eine Fertigstellung des Films vor, wenn das Endprodukt zur Vorführung der Öffentlichkeit bereit ist, also in der Regel zu dem Zeitpunkt, in dem es dem Vertriebsunternehmen übergeben wird. Entscheidend ist die Intention, auf eine tatsächliche Vorführung kommt es nicht an.[392] Kommt es jedoch nicht zur Kinovorführung, ist sorgfältig zu prüfen, ob überhaupt die Intention vorlag bzw. ob sie zu einem Zeitpunkt weggefallen ist. Folgende Faktoren können auf eine Intention zur Kinovorführung hinweisen: ein Finanzierungsplan, dem eine Kinoauswertung zugrunde liegt, die Länge eines üblichen Kinospielfilms in Form eines Lang- oder Kurzfilms, ein für die Kinovorführung geeignetes Produktionsformat, die Bezahlung der Schauspieler und der anderen Beteiligten auf Grundlage der vorgesehenen Bezahlung für

---

392 Vgl. FPCManual, FPC10150, FPC40020.

Kinofilme im Gegensatz zu Fernsehfilmen sowie die belegte Intention für den Abschluss eines Vertrages zur Kinoauswertung. Handelt es sich um einen Film, der von seiner Art nicht in einem kommerziellen Kino gezeigt wird, ist die Intention dagegen zu verneinen, da eine Möglichkeit zur Kinovorführung dann unwahrscheinlich ist.[393] Bei Filmen, die eindeutig als Fernsehfilm oder für das Fernsehprogramm hergestellt wurden, ist die Intention zu verneinen mit der Folge, dass sie nicht in den Anwendungsbereich des FTR fallen. Dies gilt auch, wenn der Film vor der Fernsehausstrahlung im Kino aufgeführt wurde, da es auf die Intention ankommt.

Der wesentliche Anteil der gesamten Einnahmen muss zudem aus dem Verkauf der Kinokarten mit der Kinovorführung bezweckt werden. Wesentlicher Anteil ist nicht gesetzlich definiert. Eine Einschätzung hängt laut den Richtlinien vom Einzelfall ab, wobei HMRC 5% der geschätzten Einnahmen als ausreichend erachtet.[394] Der Film muss grundsätzlich für die Kinovorführung in UK vorgesehen sein, wobei es unschädlich ist, wenn auch eine Kinoverwertung außerhalb UK geplant ist und dort die meisten Einnahmen erzielt werden sollen.[395] Für das Vorliegen der Intention der Kinovorführung kommt es auf die Person an, die über die Kinodistribution entscheidet (z.B. der Auftraggeber).[396] Sie muss am Ende der Abrechnungsperiode gegeben sein, da alle Voraussetzungen für die Steuererleichterung für den Steuerzeitraum vorliegen müssen, in dem der FTR geltend gemacht wird. Ein Wegfall der Intention als Kinofilm wirkt sich nicht rückwirkend auf vorangegangene Abrechnungsperioden aus.[397]

bb. Britischer Film („British film")

Gemäß CTA 2009, s 1197 muss der Film als britischer Film nach Anhang 1 des Films Act 1985 vom Kultusminister zertifiziert werden. Es gibt drei Möglichkeiten, damit ein Film als britischer Film anerkannt wird. Die erste Möglichkeit ist das Bestehen eines kulturellen Tests. Der kulturelle Test wurde mehrfach geändert und in Einklang mit dem EU-Beihilfenrecht gebracht.[398] Bei dem aktuellen

393 Vgl. FPCManual, FPC40020.

394 Vgl. FPCManual, FPC40020.

395 Vgl. FPCManual, FPC40020.

396 Laut den Richtlinien gesetzlich nicht geregelt, aber vom HMRC so konkretisiert; vgl. FPCManual, FPC40020.

397 Vgl. FPCManual, FPC40020.

398 In der Beihilfeentscheidung C(2006)3982 v.22.11.2006 hat sich die EU-Kommission ausführlich mit dem ursprünglichen und geänderten Kulturtest auseinandergesetzt. Während die EU-Kommission bei dem ursprünglichen Test die kulturellen Kriterien

Test gemäß Films Act 1985, sch 1, s 4Aff.[399] (geändert durch SI2006/3430) muss der Film eine bestimmte Punktzahl erreichen. Die Punkte können sich aus verschiedensten Kriterien zusammensetzen, die in den Vorschriften aufgeführt sind. Punkte gibt es für inhaltliche, personelle oder organisatorische sowie kulturbeitragsleistende Kriterien[400], z.B. wenn die Filmhandlung in UK angesiedelt ist, die Charaktere und Handlung britisch sind, der Film einen Beitrag zur britischen Kultur leistet, die Produktion in UK stattfindet, die beteiligten Filmschaffenden britischer oder solcher Herkunft eines Staats eines internationalen Koproduktionsabkommens sind. Die zweite und die dritte Möglichkeit sind, dass der Film entweder unter eines der bilateralen Koproduktionsabkommen von UK fällt oder unter das Europäische Koproduktionsabkommen für Kinofilme gefasst werden kann (gemäß Films Act 1985, sch 1, s 4). Koproduktionen, die nicht unter eines dieser Abkommen fallen, werden nicht als Koproduktionen im Sinne des FTR angesehen.[401] Diese müssen die übliche Voraussetzung des Kulturtests erfüllen, um als britischer Film qualifiziert werden zu können.

Zuständig für die Erteilung des Zertifikats ist der Kultusminister (Secretary of State for Culture, Media and Sport) gemäß Films Act 1985, sch 1, ss 2f. Dieser zertifiziert den Film auf Empfehlung der Zertifizierungsabteilung des BFI (BFI Certification Unit). Die Prüfung wird damit vom BFI aufgrund Ermächtigung durch das DCMS vorgenommen, wobei die Endentscheidung dem DCMS verbleibt. Bei Vorliegen der Voraussetzungen ist ein Zertifikat zu erteilen, bei Nichtvorliegen zu versagen. Es handelt sich jeweils um eine bindende Entscheidung (Films Act 1985, sch 1, s 3).

Eine Zertifizierung kann entweder vorläufig oder endgültig sein. Eine vorläufige Erteilung einer Zertifizierung kann beantragt und vorgenommen werden, wenn der Film noch nicht fertiggestellt ist, jedoch für die Steuererklärung der FTR in Anspruch genommen werden soll und das Zertifikat dafür vorgelegt werden muss.[402] Jedoch muss bei Erteilung eines vorläufigen Zertifikats nach Fertigstellung zwingend ein endgültiges beantragt werden. Andernfalls kann

als unzureichend bemängelte, wurde die Einführung einer neuen Kategoriengruppe eines kulturellen Beitrags mit der Punkteverteilung sowie den Bedingungen der Punkteverteilung innerhalb der verschiedenen Kategorien als vereinbar erachtet.

399 Films Act 1985, sch 1, s 4A regelt den Kulturtest für alle Filme außer Dokumentarfilmen und Animationen, s 4B des Gesetzes regelt den Kulturtest für Dokumentarfilme und s 4C für Animationen.

400 Cultural content, cultural contribution, cultural hubs, cultural practitioners.

401 Vgl. FPCManual, FPC70010.

402 Siehe auch unten unter 6.

HMRC die aufgrund des vorläufigen Zertifikats gewährten Steuererleichterungen zurückfordern.

cc. UK-Ausgaben (UK expenditure)

Der FTR setzt gemäß CTA 2009, ss 1198, 1185 voraus, dass 10% der Ausgaben der Produktion UK-Ausgaben sind.

Bei den Ausgaben muss es sich zunächst um qualifizierende Ausgaben von Filmproduktionstätigkeiten handeln (eligible expenditure). Nicht sämtliche, sondern nur sogenannte Kernausgaben (core expenditure) zählen zu den qualifizierenden Ausgaben. Die Kernausgaben beziehen sich auf Ausgaben für Tätigkeiten im Zeitraum von dem Beginn der Filmproduktion bis zur Fertigstellung des Films. Kernausgaben erfassen nicht sämtliche Produktionsausgaben, sondern gemäß CTA 2009, s 1184(1) ausschließlich Ausgaben für Tätigkeiten in Produktion sowie Pre- und Postproduktion, nicht dagegen Ausgaben für die Entwicklungsphase, den Vertrieb sowie für nicht unmittelbar produktionsbezogene Ausgaben. Die Kosten für die Entwicklungsphase und die Pre-Produktion müssen für die Steuervorschriften unterschieden werden, wobei die Abgrenzung nicht immer deutlich ist.[403] Die Richtlinien unterscheiden sie durch den spekulativen Charakter in der Entwicklungsphase, in der die Durchführungsmöglichkeiten eines Filmprojekts überhaupt erst geprüft werden. Sind Ausgaben für Tätigkeiten angefallen, die sich durch mehrere Stadien ziehen, sind die Kosten auf die jeweiligen Stadien aufzuteilen, in denen sie angefallen sind oder entsprechend anteilig zuzuordnen, und nur die Ausgaben, die sich als Kernausgaben qualifizieren, anzusetzen.[404]

Einengend sind nur solche Kernausgaben qualifizierend, die zugleich UK-Ausgaben sind. Mit UK-Ausgaben sind die Ausgaben der Filmproduktion gemeint, die in UK angefallen sind. Die Kernausgaben müssen sich zwingend auf Ausgaben von Dienstleistungen oder Waren beziehen, die in UK genutzt bzw. ge- oder verbraucht wurden (used or consumed in the UK).[405] Es kommt nicht auf die Herkunft der Waren oder des Dienstleisters an, sondern auf den

---

403 Vgl. FPCManual, FPC50030.

404 Z.B. fallen Ausgaben für das Drehbuch in der nicht qualifizierenden Entwicklungsphase an, aber möglicherweise auch in Pre-Produktion und Produktion; eine Zahlung für die Option zum Erwerb von Rechten wird als spekulativ beurteilt, der Erwerb der Rechte dagegen kann als Produktionsausgaben geltend gemacht werden. Vgl. FPCManual, FPC50010.

405 Vgl. CTA 2009, s 1185.

Empfänger. Bei der Prüfung ist die Art der Ware/ Dienstleistung und insbesondere der Ort des Empfängers zu konkretisieren, an dem die Ware/ Dienstleistung in Anspruch genommen wurde.[406] Das „used or consumed"-Kriterium spielt eine entscheidende Rolle für die Qualifizierung als UK-Kernausgaben.

Die UK-Kernausgaben müssen mindestens 10% der gesamten qualifizierenden Ausgaben betragen.[407] Sie werden bis zu einer Höchstgrenze von 80% der gesamten Kernausgaben berücksichtigt. Hat eine Kostenaufteilung zwischen UK-Ausgaben und Nicht-UK-Ausgaben zu erfolgen, so ist laut der HMRC-Richtlinien ein angemessener Maßstab hierfür im jeweiligen Einzelfall anzulegen, insbesondere wenn es nicht möglich ist, die genauen Kosten des Gebrauchs in UK festzulegen.[408] Dabei sind die Auswirkungen im Blick zu behalten: die Schwelle eines limited- oder large-budget Films sowie die 10% Schwelle der UK-Ausgaben. Diese Faktoren bestimmen über den Anspruch und die Höhe des FTR.[409]

Die beschriebene Differenzierung der Merkmale der qualifizierenden Ausgaben bedeutet, dass es Kernausgaben geben kann, die jedoch keine UK-Ausgaben sind, und UK-Ausgaben, die keine Kernausgaben sind. Deshalb ist eine genaue Definierung der Ausgaben notwendig.

Liegen keine qualifizierenden UK-Ausgaben vor, so bleibt es bei den allgemeinen filmsteuerlichen Vorschriften nach FA 2006, sch 4. Die Ausgaben können bei jenen Vorschriften in der Regel gegen das Einkommen abgesetzt werden.

Dagegen gilt für Koproduktionen eine davon abweichende Berechnung der UK-Kernausgaben. Bei Koproduktionen kommt es nicht auf die gesamten Kernausgaben an, sondern auf die in UK angefallenen Kernausgaben aller Koproduzenten. Das heißt, dass zwar nur ein Unternehmen als Filmproduktionsunternehmen im Sinne der Vorschriften anerkannt wird, aber für dessen Berechnung die UK-Ausgaben aller anderen Koproduzenten miteinbezogen werden.[410]

Für alle Produktionen gilt, dass erst am Ende der Endabrechnungsperiode festgestellt werden kann, ob diese Voraussetzung der UK-Ausgaben erfüllt wird. Allerdings kann der FTR in Steuererklärungen auch in den davor liegenden Steuerperioden auf der Grundlage der (belegten) Erwartung, dass die Schwelle

406 Vgl. FPCManual, FPC50050.
407 Vgl. CTA 2009, s 1198.
408 Vgl. CTA 2009, s 1185(2); "just and reasonable"; FPCManual, FPC10140, FPC50110.
409 Vgl. FPCManual, FPC50110.
410 Vgl. FPCManual, FPC40040, 70050.

der UK-Ausgaben nach Fertigstellung des Films erreicht wird, geltend gemacht werden. Die Geltendmachung des FTR in diesen Zwischensteuerperioden unterliegt der Überprüfung und gegebenenfalls Rückzahlung des fälschlicherweise gemäß FTR erstatteten Betrags. Die Steuererklärung für die letzte Steuerperiode nach Fertigstellung des Films hat einen Endbericht über alle Kernausgaben (und solche, die noch zu erwarten sind) und vor allem die UK-Ausgaben des Filmproduktionsunternehmens zu beinhalten sowie die Angabe über die Fertigstellung oder Aufgabe des Films. Falls das Handelsgeschäft des Filmproduktionsunternehmens nach der letzten Steuerperiode noch weitergeführt wird und weitere Ausgaben hinzukommen, ändert das nichts an den Angaben der Steuererklärung der letzten Steuerperiode, sofern diese in den damals vorliegenden Umständen begründet und nachvollziehbar waren, und ändert damit nichts an der Berechnung der 10% Schwelle der UK-Ausgaben, obwohl diese im Verhältnis zu den Gesamtausgaben stehen.[411]

4. Rechtsfolge bei Vorliegen der allgemeinen Voraussetzungen

Liegen die allgemeinen Voraussetzungen vor, ist das Film Tax Regime für die steuerrechtliche Beurteilung des Filmproduktionsunternehmens anwendbar. Das Unternehmen kann nun u.a. von der speziellen Verlustverrechnung profitieren. Die Regelungen für Filmproduktionsunternehmen des Film Tax Regime ändern die normale steuerliche Verlustgeltendmachung und -verrechnung ab. Die normalen Steuererleichterungen für Verluste erlauben die Verrechnung von Verlusten mit Gewinnen aus demselben Handelsgeschäft, eine Aufrechnung mit Gewinnen desselben Unternehmens oder die Zurücktragung gegen Gewinne des Vorjahrs. Beim Film Tax Regime gilt: Verlustverrechnungen für Abrechnungszeiträume vor Fertigstellung des Films werden beschränkt, Verluste, die in dem Abrechnungszeitraum der Fertigstellung oder später vorgebracht werden, werden als Verluste dieses Zeitraums behandelt (wenn sie nicht dem FTR zuzuschreiben sind) und es sind großzügigere Erleichterungen für endgültige Verluste vorgesehen.[412] Unter Verlust ist hier der Jahresfehlbetrag zu verstehen, der sich als (Unternehmens-)Ergebnis der Gewinn- und Verlustrechnung ergibt.[413] Das heißt, dass Erträge aus dem Film im Verlust bereits gegengerechnet sind und

411 Vgl. FPCManual, FPC40040.
412 Vgl. FPCManual, FPC30010.
413 Vgl. Gabler, Wirtschaftslexikon, Stichwort Verlust.

sich die Verlustverrechnung im Rahmen der filmsteuerlichen Vorschriften auf andere Gewinne, z.B. Zinsen, bezieht.[414]

Die Verlustverrechnung des Film Tax Regime funktioniert wie folgt:

Verluste von Abrechnungszeiträumen vor Fertigstellung (= Produktionsabrechnungszeitraum) können nur für zukünftige Gewinne desselben Handelsgeschäfts vorgetragen werden, nicht für den Abrechnungszeitraum vor Fertigstellung gemäß ICTA 1988, s 393(1)[415]. Sie können nicht für den FTR geltend gemacht werden.[416]

Verluste aus den Produktionsabrechnungszeiträumen und dem Fertigstellungsabrechnungszeitraum werden zusammengerechnet und als solche des Fertigstellungszeitraums behandelt. Zunächst werden die Verluste aus Produktionsabrechnungszeiträumen bis zum Fertigstellungszeitraum übertragen. Sodann kommen die Verluste aus dem Fertigstellungszeitraum hinzu. Bleibt von dem Verlust aus dem Fertigstellungszeitraum ein Restverlust, kann dieser im Fertigstellungszeitraum verrechnet werden und für den nächsten Abrechnungszeitraum zur Verrechnung mit zukünftigen Gewinnen übertragen werden. Sobald die Verluste als solche des Fertigstellungsabrechnungszeitraums behandelt werden, können sie auch mit Gewinnen aus vorangegangenen Abrechnungszeiträumen verrechnet werden. Die Verluste aus dem Fertigstellungsabrechnungszeitraum können also mit Gewinnen desselben Zeitraums oder früherem Zeitraum verrechnet werden, wenn sie nicht dem FTR zuzuschreiben sind (durch diesen geschaffen wurden). Bleibt nach Verrechnung ein Restverlust bestehen, kann dieser für den nächsten Abrechnungszeitraum übertragen werden. Ein solcher übrigbleibender Verlust nach der Verrechnung wird als Verlust des Fertigstellungszeitraums behandelt und gilt als solcher für die Steuererleichterungen der Verlustverrechnung. Er kann also aufgerechnet oder zurückgetragen werden. Nicht aufgerechnete Verluste werden auf den nächsten Zeitraum übertragen, in dem sie wieder gegen die Gewinne angesetzt werden und bei einem Restbetrag für Steuererleichterungen in diesem Zeitraum zur Verfügung stehen. Das wird so lange über die Abrechnungszeiträume fortgeführt bis der Verlust „aufgebraucht" ist oder das Handelsgeschäft besteht.[417] Vorgebrachte Verluste können aber nicht den einzureichenden Verlust für den FTR vergrößern. Wenn ein Verlust dem FTR zuzuschreiben ist, kann er nur gegen Gewinne desselben Handelsgeschäfts

---

414 Vgl. Case III, Schedule D, ICTA 1988, pt 1, s 18.

415 ICTA = Income and Corporation Taxes Act 1988.

416 Vgl. FPCManual, FPC30020.

417 Vgl. FPCManual, FPC30030.

in dem Abrechnungszeitraum der Fertigstellung oder danach geltend gemacht werden, solange das Handelsgeschäft fortgeführt wird. Er steht nicht für andere Erleichterungen der Verlustverrechnung zur Verfügung.

Die Modifikation im Fall endgültiger Verluste ist anwendbar auf ein beendetes Handelsgeschäft eines Filmproduktionsunternehmens bezüglich eines Films, der sich für den FTR qualifiziert. Normalerweise wären Verluste, die nicht in dem Zeitraum der Beendigung des Handelsgeschäfts vollständig verrechnet werden, verloren. Die Modifikation führt jedoch dazu, dass ein Filmproduktionsunternehmen die übrigen Verluste unter der Bedingung abtreten kann, dass sie nicht aus dem FTR stammen und aus einem Produktionsabrechnungszeitraum übertragen wurden. Sie können entweder auf ein anderes zeitgleiches bestehendes Handelsgeschäft eines FTR-qualifizierenden Films dieses Filmproduktionsunternehmens oder eines anderen Gruppenunternehmens übertragen werden.[418] Ob ein Unternehmen in der gleichen Gruppe ist, richtet sich nach anderen Steuerbestimmungen (ICTA 1988, pt 10, ch 4).[419] Diese abgetretenen Verluste werden als vorgebrachte Verluste gegen Gewinne des FTR-Handelsgeschäfts in dem der Beendigung folgenden Abrechnungszeitraums behandelt und können, wenn Restbeträge davon verbleiben, in den darauffolgenden Abrechnungszeitraum übertragen werden.[420]

Ausgaben und Einnahmen, die zwar zum Handelsgeschäft zu zählen sind, aber keine direkten Herstellungskosten des Films sind, werden nach den normalen Steuerregelungen behandelt.

5. *Rechtsfolge bei Vorliegen der besonderen Voraussetzungen*

Bei zusätzlichem Vorliegen der besonderen Voraussetzungen ist der Film Tax Relief (FTR) anwendbar. Die Steuererleichterungen des FTR bestehen aus zwei

418 Nur Restverluste können auf ein anderes Unternehmen übertragen werden, nicht das Handelsgeschäft an sich. Denn im Sinne der filmsteuerrechtlichen Vorschriften wird stets nur ein Unternehmen als Filmproduktionsunternehmen anerkannt bzgl. eines Films, was in diesem Fall das ursprüngliche Filmproduktionsunternehmen ist. Damit sind die Regeln zur Übertragung und Rechtsnachfolge nach ICTA 1988, s 343 hier nicht anwendbar. Somit kann bei Beendigung des Handelsgeschäfts lediglich der Verlust übertragen werden auf ein anderes Handelsgeschäfts des gleichen Filmproduktionsunternehmens oder abgetreten werden an Gruppenunternehmen für deren Handelsgeschäft.

419 Die Unternehmen müssen in gesellschaftsrechtlicher Weise durch Anteilsverhältnisse miteinander verbunden sein, genaue Definition in ICTA 1988, s 402, 413.

420 Vgl. FPCManual, FPC30040.

Faktoren: zunächst gibt es einen zusätzlichen Steuerabzug, sog. additional deduction[421], und wenn ein Verlust in der Abrechnungsperiode geltend gemacht wird, gibt es zudem ein zahlbares Steuerguthaben, sog. payable film tax credit[422]. Der zusätzliche Abzug kann entweder sofort oder später geltend gemacht werden. Wird er sofort geltend gemacht, kann er als Verlust beim Film Tax Credit abgesetzt werden. Soll er später geltend gemacht werden, können die Geschäfte zunächst weiter fortgesetzt werden und der zusätzliche Abzug zu einem späteren Zeitpunkt gegen Gewinne verrechnet werden. Beim Film Tax Credit, dem Steuerguthaben, gibt es keine (Höchst)Grenze für die Auszahlung. Die Steuererleichterungen des FTR kreieren somit einen künstlichen Verlust, indem die angesetzten Ausgaben künstlich erhöht werden (zusätzlicher Abzug = additional deduction) und dadurch dann ein Verlust entsteht oder vergrößert wird. Das bedeutet, dass der FTR als finanzielle Förderung quasi vom Negativen ansetzt. Bei Fertigstellung liegt somit regelmäßig ein Verlust vor. Das gilt für alle Filme, ob limited- oder large-budget Film. Der Verlust kann zusätzlich dazu führen, dass der FTR eine Kompensationszahlung bewirkt (payable tax credit). Dieses Steuerguthaben ist grundsätzlich verzinst[423] auszuzahlen. In folgenden Ausnahmefällen besteht jedoch kein Anspruch auf Auszahlung[424]: In dem Fall, dass das Filmproduktionsunternehmen Unternehmenssteuern schuldet, kann das Filmsteuerguthaben und eventuelle Zinsen mit der Steuerpflicht verrechnet werden. Wenn ausstehende Verpflichtungen gegenüber PAYE (Pay-as-you-earn-tax, in UK so bezeichnete von dem Arbeitgeber einbehaltene Lohnsteuer sowie Sozialabgaben) bestehen oder wenn Abzüge bezüglich ausländischen Gastkünstlern (visiting performers, gemäß Einkommenssteuergesetz/ Income Tax Act 2007 [ITA 2007, s 966]) bestehen oder ferner wenn gewisse Versicherungsbeiträge (Class 1 national insurance contributions) für den Zeitraum des Filmsteuerguthabens bestehen, muss das Guthaben nicht ausgezahlt werden. Des Weiteren muss keine Auszahlung erfolgen, wenn die Unternehmenssteuererklärung des entsprechenden Zeitraums von HMRC überprüft wird. In letzterem Fall kann eine vorläufige Teilzahlung vorgenommen werden.

Die Quoten für die Erhöhungen des zusätzlichen Abzugs und des zahlbaren Steuerguthabens hängen von den Gesamtkernausgaben und UK-Kernausgaben

---

421 CTA 2009, ss 1199, 1200.

422 CTA 2009, ss 1201-1203.

423 Vgl. FPCManual, FPC60070.

424 Vgl. FPCManual, FPC60070 mit Verweis auf CTA 2009, s 1203 und ICTA 1988, s 826(3C).

ab. Damit wird an dieser Stelle erstmals unterschieden, ob es sich um einen limited- oder large-budget Film handelt. Denn für die Berechnung der Höhe der Steuererleichterung ist nach dem Budget eines Films zu unterscheiden. Wie oben bereits erwähnt, ist ein limited-budget Film ein Film mit einem Budget unter £ 20 Mio.[425], wobei sich das Budget auf die Kernausgaben beziehen muss. Zur Verhinderung einer missbräuchlichen Einstufung als limited-budget Film und einer dementsprechenden höheren Steuererleichterung besteht eine sog. anti-avoidance rule, also eine Vorschrift zur Verhinderung von Missbrauch, die eine Zahlung zwischen beteiligten Personen untersagt, die lediglich zur Verhinderung der Überschreitung der £ 20 Mio.-Schwelle vorgenommen werden soll. Ob ein limited-budget Film vorliegt, kann naturgemäß erst nach Fertigstellung des Films beurteilt werden. Wenn vor Fertigstellung in einer anderen Abrechnungsperiode (interim accounting period) in einer Steuererklärung der FTR geltend gemacht wird, sind die voraussichtlichen Kosten (Kernausgaben) zugrunde zu legen, um eine Einordnung unter den limited-budget Film vornehmen zu können. Nach Fertigstellung ist sodann zu überprüfen, ob die Grenze der £ 20 Mio. nicht überschritten wurde. Die Steuererklärung für die letzte Abrechnungsperiode nach Fertigstellung des Films muss sämtliche Kernausgaben enthalten, die bei der Filmproduktion angefallen sind, sowie solche, die nach verständiger Wahrscheinlichkeit noch anfallen werden (Beurteilung ex-ante). Sollten in späteren Abrechnungsperioden weitere Ausgaben hinzukommen, ändert dies an der Beurteilung als limited-budget Film nichts, wenn die Aufstellung der Kernausgaben zum Zeitpunkt der finalen Steuererklärung verständig war, d.h. keine ex-post-Korrektur.[426]

a. Zusätzlicher Steuerabzug (additional deduction)

Der Steuerabzug gemäß CTA 2009, ss 1199, 1200 begünstigt ein Filmproduktionsunternehmen, indem ein Verlust geschaffen oder vergrößert wird, den das Unternehmen zum einen gegen Einnahmen aus dem Verkauf oder der Verwertung des Films verrechnen kann, sodass eine geringere Steuerpflicht anfällt, oder zum anderen für ein zahlbares Steuerguthaben geltend machen kann. Für den zusätzlichen Steuerabzug wird der Betrag der steuerabzugsfähigen Kernausgaben vergrößert. Bei einer Verrechnung mit den Einnahmen verringert sich so der Umsatzgewinn, auf den die Steuern zu zahlen sind. Mit dem zusätzlichen Abzug kann die Unternehmenssteuerpflicht massiv verringert und der

425 Siehe auch Fn. 359.
426 Vgl. FPCManual, FPC10160.

Steuersatz faktisch reduziert werden. Die Kernausgaben werden quasi zweimal geltend gemacht, daher die Bezeichnung zusätzlicher Steuerabzug.

Für die Berechnung der Erleichterungen der Steuerlast werden zunächst sämtliche Ausgaben bei der Steuerberechnung angegeben. Zusätzlich können mit dem FTR noch weitere Kernausgaben als Steuerabzug angesetzt werden. Die Berechnung des zusätzlichen Abzugs erfolgt nach der Formel E R.[427] E ist der geringere Betrag von entweder dem Betrag der tatsächlich angefallenen qualifizierenden UK-Kernausgaben oder 80% des Betrags der gesamten qualifizierenden Kernausgaben. R ist der Erhöhungswert (rate of enhancement) für E. Bei Filmen mit einem Budget unter £ 20 Mio. beträgt R 100%, bei Filmen über £ 20 Mio. beträgt er 80%. Das bedeutet, dass bei kleineren Budgetfilmen der Wert von E zu 100% anerkannt wird (also der volle Betrag von E als der qualifizierende Betrag der UK-Ausgaben/ Kernausgaben), bei Filmen mit größerem Budget dagegen nur zu 80%. E wird folglich um R erweitert und stellt dann im Ergebnis den Betrag des zusätzlichen Steuerabzugs dar. Dieser Betrag von tatsächlich angefallenen UK-Kernausgaben bzw. 80% der Kernausgaben, die zusätzlich geltend gemacht werden zu 100% oder 80% je nach budgetiertem Film, macht eine Steuerermäßigungsdifferenz von 16% bei limited-budget Filmen und 12,8% bei large-budget Filmen aus, d.h. diese hypothetischen erhöhten 80% zusätzlichen Kosten entsprechen dem Wert, um den der Steuersatz reduziert wird. Dies ist die Steuerersparnis bzw. der Wert der Steuererleichterung.[428] Es ist zugleich die Beihilfeintensität. Faktisch beträgt die Unternehmenssteuer bei limited-budget Filmen dann nur noch 4%, bei large-budget Filmen 7,2% (anstatt des normalen Unternehmenssteuersatzes von 20%).

Bei der Berechnung ist zu berücksichtigen, ob es sich um eine Filmproduktion handelt, die in einer einzigen Abrechnungsperiode oder über mehrere Abrechnungszeiträume hergestellt wurde. Wird in mehreren Abrechnungsperioden hintereinander der zusätzliche Steuerabzug geltend gemacht, so kumulieren sich die Ausgaben. In dem ersten Abrechnungszeitraum werden die

---

427 Vgl. CTA 2009, s 1200; auch Copinger and Skone James, Part VIII, Chap. 29, 3., C., 29-52.

428 Vgl. FPCManual FPC55030. Die Richtlinien führen Beispiele auf mit dem Unternehmenssteuersatz von 28%, der bis 2010 galt, danach wurde der Satz mehrfach gesenkt bis auf 21%. Von 2015 bis 2017 beträgt er 20%, seit 01.04.2017 gilt eine neue reduzierte Unternehmenssteuer von 19%. Der neue Steuersatz wurde in die Richtlinien noch nicht eingearbeitet. Die Kurzformel zur Berechnung des Werts des FTR für den zusätzlichen Abzug lautete bis 2010: 80%x100%x28%=22,4% bzw. 80%x80%x28%=17,9%, mit dem Steuersatz von 20%: 80%x100%x20%=16% bzw. 80%x80%x20%=12,8%.

steuerabzugsfähigen Kernausgaben aus den bis zu dem Zeitpunkt angefallenen Kernausgaben berechnet. In den nächsten Abrechnungszeiträumen werden zu den Kernausgaben aus der ersten Abrechnungsperiode die weiteren Kernausgaben, die seitdem angefallen sind, addiert. Von dem Ergebnis werden jedoch die bereits geltend gemachten Abzüge subtrahiert.[429] Der Steuerabzug wird damit vergrößert.

b. Zahlbares Steuerguthaben (Film Tax Credit)

Wenn ein Filmproduktionsunternehmen sich für den zusätzlichen Abzug qualifiziert, ist es auch berechtigt, eine steuerliche Gutschrift gemäß CTA 2009, ss 1201-1203 als Auszahlung (payable tax credit) bei einem bestehenden Verlust (surrenderable loss) geltend zu machen. Dieser Verlust ist der geringere Betrag entweder des Betrags des verfügbaren Verlusts des Unternehmens in dem Abrechnungszeitraums oder des Betrags der erhöhbaren qualifizierenden Kernausgaben des zusätzlichen Steuerabzugs in diesem Abrechnungszeitraum. Der verfügbare Verlust ist die Summe des Verlusts für den Abrechnungszeitraum und übertragener nicht verrechneter oder geltend gemachter Verluste.[430] Er wird nach der Formel L+RUL berechnet. L ist der Betrag des Unternehmensverlusts dieses Handelsgeschäfts in dem Abrechnungszeitraum, RUL ist der Betrag jeglicher „unverbrauchter" Verluste des Unternehmens. „Unverbrauchte Verluste" meint solche, die nicht in früheren Abrechnungsperioden als auszahlbares Guthaben geltend gemacht oder mit Gewinnen verrechnet wurden. Die Summe dieser beiden Verlustbeträge ergibt den verfügbaren Verlust. In der Höhe ist das zahlbare Steuerguthaben 25% des geltend gemachten Verlusts, soweit dieser nicht eine sogenannte unverbrauchte 25% Bandbreite übersteigt, wobei diese Bandbreite £ 0-20 Mio. des geltend gemachten Gesamtbetrags beträgt. Für den verbleibenden Verlust, wenn ein solcher besteht, beträgt die Quote 20%. Die vorherige Regelung bis 2015 sah für Filme mit einem Budget unter £ 20 Mio. eine Quote für die Höhe des geltend zu machenden Verlusts von 25%, für Filme über einem Budget von £ 20 Mio. 20% vor.[431] Die neue Regelung begünstigt large-budget Filme, die nun für die ersten £ 20 Mio. ebenfalls 25% des

429 CTA 2009, s 1200; weitere Beispiele sind in den HMRC Richtlinien des FPCManual enthalten.

430 Vgl. CTA 2009, s 1201; FPCManual FPC55100.

431 Der Wert der Steuererleichterung betrug beim zahlbaren Guthaben 20% bei limited-budget Filmen und 16% bei large-budget Filmen. Die Kurzformel zur Berechnung des Werts des FTR für das Steuerguthaben lautete 80%x100%x25%=20% bzw. 80%x100%x20%=16%.

Verlusts geltend machen können, für alle darüber hinausgehenden Verluste 20%. Für limited-budget Filme hat sich nichts geändert. Die Beihilfehöchstintensität liegt nie höher als 20% des gesamten Produktionsbudgets. Bei limited-budget Filmen bis £ 20 Mio. beträgt die Beihilfeintensität 20% des gesamten Produktionsbudgets, bei large-budget Filmen über £ 20 Mio. sinkt die Beihilfeintensität schrittweise von 20% ab, je höher das Budget ist.

Ein Filmproduktionsunternehmen kann den vollen Betrag oder auch nur einen Teil geltend machen. Das heißt, dass für die Berechnung des auszahlbaren Steuerguthabens der Verlustbetrag vergrößert wird, von dem dann stufenweise ein tatsächlich zu zahlender Guthabenbetrag errechnet wird.

Hier ist ebenfalls zu unterscheiden, ob ein Film in einer Abrechnungsperiode oder mehreren Abrechnungsperioden hergestellt wird. Die Berechnung des zusätzlichen Abzugs sowie der angesetzten Einnahmen und Ausgaben unterscheidet sich, je nachdem, ob es sich um den ersten Abrechnungszeitraum oder folgende Abrechnungszeiträume handelt. Bei mehreren Abrechnungszeiträumen ist beim geltend gemachten Verlust hinsichtlich der erhöhbaren qualifizierenden Kernausgaben zu beachten, dass Beträge, die in vorherigen Abrechnungszeiträumen bereits für das auszahlbare Steuerguthaben geltend gemacht wurden, subtrahiert werden. Die Berechnung der qualifizierenden Kernausgaben erfolgt wie oben unter a. beschrieben.

Bei der Regelung bis 2015 wurde der Verlust z.B. wie folgt berechnet: Bei der Berechnung des Verlusts wurden in der ersten Abrechnungsperiode nicht die tatsächlich angefallenen Einnahmen für diesen Zeitraum angesetzt. Stattdessen wurden die tatsächlichen Einnahmen in ein Verhältnis zu den wahrscheinlichen bzw. geschätzten gesamten Einnahmen und Ausgaben gesetzt und so anteilig berechnet. Das hatte zur Folge, dass die Beträge der Einnahmen verringert, die der Verluste vergrößert wurden. Bei den folgenden Abrechnungszeiträumen kumulierten sich die Beträge von Einnahmen und Ausgaben aus den einzelnen Zeiträumen. Von den Gesamtbeträgen wurden die anteiligen Beträge für den zweiten Abrechnungszeitraum angesetzt. Auch der Verlust wurde zunächst berechnet, indem der Verlust des zweiten Abrechnungszeitraums (Ergebnis von Verrechnung anteiliger Ausgaben eingeschlossen des zusätzlichen Abzugs für den zweiten Zeitraum mit anteiligen Einnahmen) und der Betrag von L der ersten Abrechnungsperiode addiert wurden. In dem zweiten Abrechnungszeitraum wurde L berechnet als der geringere Betrag von Faktor E (des zusätzlichen Abzugs), jedoch abzüglich des in der ersten Abrechnungsperiode geltend gemachten zusätzlichen Abzugs und des Verlusts. Zu beachten war dabei, dass ein bereits geltend gemachter zusätzlicher Abzug oder zahlbares Guthaben in dem ersten Abrechnungszeitraum von dem Ergebnis der folgenden

Abrechnungszeiträume abgezogen wurden, sodass sie nicht doppelt abgezogen wurden.[432]

Ein etwaiger FTR kann mit einem Verlust, der nicht dem FTR zuzurechnen ist, übertragen werden. Beim Einsatz der Verlustsummen im Rahmen der Verrechnung ist jedoch noch zwischen der Herkunft von dem FTR und Nicht-FTR zu unterscheiden. Das Filmproduktionsunternehmen kann in jedem Abrechnungszeitraum entscheiden, in dem ein übertragbarer Verlust besteht, ob es den FTR für das zahlbare Steuerguthaben (Film Tax Credit) als Maximal- oder Teilbetrag geltend machen will oder den Verlust in zukünftige Abrechnungszeiträume weiter überträgt.

6. Anspruch und Verfahren der Geltendmachung

Wenn die Voraussetzungen des FTR vorliegen und das Unternehmen den Anspruch geltend macht, ist das Steuerguthaben auszuzahlen. Es handelt sich um eine gebundene Entscheidung, gemäß CTA 2009, s 1203.

Der FTR ist in der Unternehmenssteuererklärung geltend zu machen. Er kann in mehreren Abrechnungsperioden hintereinander geltend gemacht werden, unter der Bedingung, dass in jeder Abrechnungsperiode die Voraussetzungen für den FTR vorliegen. Neben der Voraussetzung UK-Ausgaben können auch die Voraussetzungen britischer Film und die Feststellung, ob es sich um einen limited- oder large-budget Film handelt, erst nach Fertigstellung des Films endgültig beurteilt werden. Deswegen kann der FTR interimistisch in den Zwischenzeiträumen bis zum endgültigen Abrechnungszeitraum geltend gemacht werden und unterliegt damit einer erneuten Überprüfung am Ende nach Vorliegen aller Fakten sowie einer eventuellen Rückzahlung an das HMRC des zu viel rückerstatteten Steuerbetrags inklusive Zinsen.[433] Da für eine Filmproduktion in der Regel ein detaillierter Finanzierungsplan aufgestellt wird, kann auch für die Zwischenzeiträume meist mit hoher Wahrscheinlichkeit angegeben werden, ob die Kriterien erfüllt werden. Auch bei Abbruch einer Filmproduktion kann der FTR bei Vorliegen der Voraussetzungen für Abrechnungszeiträume bis zu diesem Zeitpunkt geltend gemacht werden.

Bei Filmen, für die in einem Abrechnungszeitraum der FTR geltend gemacht wird, sollte die Steuererklärung zusätzlich zu den Erfordernissen für den FTR eine Aufteilung der Kosten auf die verschiedenen Filmtätigkeiten sowie eine

---

432 Ausführliche Beispiele für single und multi-period Filmproduktionen in FPCManual, FPC55110, 55120.

433 Vgl. FPCManual, FPC60010.

Aufstellung der Gesamtkosten in Nichtkernausgaben (keine produktionsbezogenen Ausgaben, Vertriebskosten) und Kernausgaben (UK, nicht UK, Entwicklung) enthalten.[434] Bei Filmen, für die der FTR in mehreren Abrechnungsperioden geltend gemacht wird, müssen außerdem jeweils die geplanten Kosten (Kernausgaben, UK-Kernausgaben) aufgeführt werden.

Das Steuerjahr in UK läuft von März bis April des darauffolgenden Jahres. Wenn bei den Steuerregelungen die Rede von Abrechnungszeiträumen ist, können diese allerdings frei gewählt werden. Das hat zur Folge, dass die Filmproduktionsunternehmen flexibel ihre Abrechnungszeiträume gestalten können. Kleineren Produktionsunternehmen ermöglicht es, kürzere Abrechnungszeiträume einzuteilen, dann bereits den FTR geltend zu machen und das Steuerguthaben ausgezahlt zu bekommen. Damit wird anhand der Ausgestaltung der Steuererleichterungen den Filmproduktionsunternehmen ein größerer finanzieller Spielraum gelassen.

Der Anspruch auf den FTR kann innerhalb eines Jahres ab dem Datum der Einreichung der Steuererklärung der entsprechenden Abrechnungsperiode geltend gemacht, verändert oder zurückgenommen werden.[435] Die Frist kann im Rahmen eines Abkommens vom HMRC verlängert werden. Bei verspäteter Geltendmachung von Ansprüchen gelten weitere allgemeine Regelungen von HMRC, nach denen unter bestimmten Umständen der Anspruch noch angenommen werden kann.[436] Diese Frist ist außer Kraft gesetzt für den Fall, dass ein Filmproduktionsunternehmen seine Steuererklärung im Hinblick darauf ändern muss, dass es nicht mehr zur Geltendmachung des FTR berechtigt ist, weil entweder kein britischer Film mehr vorliegt, die UK-Ausgaben unterhalb 10% liegen oder der Film nicht mehr als limited-budget-Film eingeordnet werden kann.[437]

Die Steuererleichterungen können mit anderen öffentlichen Förderungen, vor allem Zuschüssen der verschiedenen Filmfördereinrichtungen, kumuliert werden. Hierbei gilt die Regel, dass die staatliche Förderung insgesamt nicht mehr als 50% der gesamten Produktionskosten betragen darf. Ausnahmen von dieser Regel bestehen, wie oben bereits erwähnt, bei schwierigen Filmen. Die

---

434 Vgl. FPCManual, FPC60020.

435 Vgl. FPCManual, FPC60050 mit Verweis auf FA 1998, sch 18, para 83W.

436 Vgl. FPCManual, FPC60050 mit Verweis auf Statement of Practice SP05/01.

437 Vgl. FPCManual, FPC60050 mit Verweis auf CTA 2009, s 1216.

Einhaltung der 50%-Grenze wird von den jeweiligen gewährenden Stellen, z.B. HMRC, zusammen mit den anderen Voraussetzungen geprüft.[438]

7. Missbrauch der Steuererleichterungsvorschriften (Tax avoidance)

Die Kehrseite der Investitionsanreize ist der Missbrauch der Steuererleichterungsvorschriften. Unter Missbrauch ist hierbei ein unzulässiges Ausnutzen der Steuererleichterungen zu verstehen, indem die Voraussetzungen durch unlautere Absichten herbeigeführt werden.

Die früheren Steuererleichterungen waren Gegenstand von missbräuchlicher Anwendung und wurden aus diesem Grund abgeschafft. Aber auch die jetzigen Regelungen sind immer wieder Missbrauch ausgesetzt. Die Gefahren des Missbrauchs der Steuererleichterungen sollen im Folgenden wegen der immensen Bedeutung des Film Tax Regime im britischen Fördersystem anhand Gerichtsentscheidungen vorgestellt werden, die exemplarisch für die Missbrauchsfälle sind und eindrücklich die Problematik verdeutlichen.

Im Rahmen des Film Tax Regime gibt es Missbrauchsvorkehrungen.[439] Um einen Missbrauch der Steuererleichterungen zu vermeiden, bestehen Regelungen, die eine Anwendung ausschließen, wenn teilweise oder ganz zu einem disqualifizierenden Zweck in Konstellationen oder Vereinbarungen (arrangements) eingewilligt wurde, die eine Anwendung der Steuererleichterungen erst ermöglichen. Disqualifizierender Zweck im Sinne des CTA 2009, s 1205(2) meint, dass ein Filmproduktionsunternehmen ohne diese Konstellation und Vorkehrungen nicht oder nicht in der Höhe berechtigt wäre, den FTR geltend zu machen.

Diese Konstellation kann mittels Aufbaus einer gesellschaftsrechtlichen Konstruktion erfolgen, die vorwiegend nicht Geldmittel in die jeweilige Industrie, z.B. die Filmindustrie oder andere kreative Industrien, investieren will, um diese vorrangig zu unterstützen und nachrangig von der Steuererleichterung zu profitieren, sondern in erster Linie das Steuererleichterungsregime dazu benutzt, die eigene Steuerschuld in unzulässiger Weise zu verringern, die dann bei der Steuererklärung geltend gemacht wird. Bei diesen Konstruktionen wird eine Summe in eine neu gegründete Gesellschaft investiert, die z.B. in die Filmindustrie fließen soll. Dann wird diese Investition gegen Einnahmen aus anderen Quellen aufgerechnet, um sodann eine geringere Steuerschuld herzustellen. Teilweise wird damit auch künstlich ein Verlust kreiert. Es handelt sich

---

438 Vgl. Information von UK im Rahmen der Beihilfenotifizierung N 461/2005, Beihilfeentscheidung C(2006)3982 final, Ziff. 20ff.

439 Vgl. u.a. CTA 2009, s 1205.

aus steuerrechtlicher Sicht um eine unrechtmäßige Umgehung der Steuerpflicht. Gleiches gilt für finanzielle Transaktionen oder Verpflichtungen, die einzig mit dem Zweck vorgenommen bzw. eingegangen werden, die Voraussetzungen des FTR zu erfüllen.

Trotz der Regelungen zur Missbrauchsvermeidung gibt es Fälle von Steuerbetrug. Die Finanzmodelle scheitern in diesen Fällen regelmäßig bereits an der allgemeinen Voraussetzung Filmproduktionsunternehmen, genauer dem Merkmal des Gewerbes (trade) von Filmproduktionstätigkeiten, entweder gemäß CTA 2009 oder entsprechend im Rahmen einer Vorschrift in den Einkommenssteuergesetzen ITA 2007 und ICTA 1988. Diesen Fällen ist die Konstruktion gemeinsam, dass zunächst Rechte erworben werden, die sodann mit dem Ziel wieder sublizensiert werden, einen Verlust zu kreieren, der von den Investoren gegen anderes Einkommen geltend gemacht wird, um die Steuerpflicht zu reduzieren. Vordergründig wird ein Verlust geschaffen, der jedoch über die verschiedenen Vereinbarungen durch andere Zahlungen exakt ausgeglichen wird, sodass der geltend gemachte Verlust bzw. die gesparten Steuern höher sind als das tatsächliche Investment.[440] In den gesellschaftsrechtlichen und vertragsrechtlichen Konstruktionen tauchen regelmäßig sog. Ringzahlungen auf. Problematisch daran ist, dass der Preis des Anlagegegenstands künstlich hoch sein kann, also über dem tatsächlichen Wert, d.h., dass nicht notwendigerweise für den Erwerb bezahlt wird, sondern für die Einkommensströme, die mit dem Anlagegegenstand erzielt werden sollen.[441] In den Verdachtsfällen von Steuererleichterungsmissbrauch kommt es dann darauf an, ob die Transaktionen einen tatsächlichen wirtschaftlichen Wert haben und den vorgeblichen Zweck verfolgen oder eben einem anderen Zweck dienen. Verneint das Gericht ein Gewerbe, wird die Anwendung der Steuererleichterungsvorschriften abgelehnt. Auf den disqualifizierenden Zweck im Sinne der filmsteuerrechtlichen Missbrauchsvorschrift kommt es dann gar nicht mehr an, da bereits die Voraussetzungen für die filmsteuerrechtlichen Erleichterungen nicht vorliegen. In der Rechtsfolge kann es zu hohen Nachzahlungen oder auch Rückzahlungen an HMRC kommen.

---

440 Vgl. Crosley, British Tax Review 2014, 3, 256 (256f.), der anlässlich der Eclipse-Entscheidung einen Überblick über verschiedene von ihm so bezeichnete „film scheme cases" gibt.

441 So auch in Tower MCashback LLP 1 v HMRC Commissioners [2011] UKSC 19 (SC); Goldberg, British Tax Review 2011, 5, 522 (524).

a. *„Micro Fusion"*

Im Jahr 2010 gab es ein Urteil über einen Rechtsstreit in UK, der kurzzeitig für Rechtsunsicherheit bei den Anwendern des Film Tax Relief gesorgt hat.[442] HMRC hatte die Anwendung der Steuererleichterungen und den zusätzlichen Abzug (gemäß den damals noch geltenden F2A 1992, s 42, F2A 1997, s 48 für den streitgegenständlichen Abrechnungszeitraum 2004/05) bei einem Filmproduktionsunternehmen, hinter dem eine übliche gesellschaftsrechtliche Filminvestmentstruktur stand, im Jahr 2007 abgelehnt. HMRC wandte sich zwar nicht gegen die Unternehmensstruktur und Vertragsvereinbarungen als solche aufgrund möglicher Scheingeschäfte, hatte jedoch die Erfüllung der Steuervorschriften durch das Filmproduktionsunternehmens angezweifelt und in den Tätigkeiten keine dem Film zugehörigen Tätigkeiten, die als Gewerbes eines Filmproduktionsunternehmens hätten angesehen werden können, gesehen (aufgrund verschiedenster Vertragsvereinbarungen mit anderen Unternehmen[443]). Das Unternehmen hatte daraufhin die Entscheidung bei den Special Commissioners[444] angefochten. Gegen die Entscheidung der Special Commissioners, die die Entscheidung aufgehoben hatten, hatte HMRC Klage beim High Court erhoben. Der High Court hatte die Ablehnung eines zusätzlichen Abzugs der Steuererleichterungen durch HMRC bestätigt, der Fall ging jedoch weiter zum Court of Appeal, der diese Entscheidung abänderte.

---

442 Vgl. HMRC Commissioners v Micro Fusion 2004-1 LLP [2009] EWHC 1082 (Ch) - „Micro Fusion"; High Court- und Court of Appeal-Urteilsbesprechungen von Darnley, Ent.L.R 2010, 21(1), 10; 21(7), 274.

443 Hierbei handelte es sich um verschiedene Lizenzvereinbarungen, Rechteübertragungen und Vereinbarungen zur Verwertung sowie die Übergabe der Masterversion des Films mit zwei anderen Gesellschaften. Kurz gesagt hat das Filmproduktionsunternehmen die Lizenz zur Herstellung eines Films für ein Drehbuch von einem Unternehmen erworben und nach Fertigstellung die Masterversion des Films sowie die Verwertungsrechte an das gleiche Unternehmen für die Dauer von 21 Jahren zurückübertragen im Gegenzug für bestimmte Mindestzahlungen.

444 Zur Zeit des Rechtsstreits waren die General und Special Commissioners die erste, der High Court in England und Wales die zweite und der Court of Appeal die dritte Instanz. 2009 wurde der Rechtsweg gegen Entscheidungen von HMRC geändert und ein sog. zweifach strukturiertes Tribunal eingerichtet mit der Tax Chamber als dem First-tier Tribunal (lower-tier tribunal) in der ersten und der Finance and Tax Chamber als Upper Tribunal (second-tier tribunal) in der zweiten Instanz. Für Berufungen gegen Entscheidungen des second-tier tribunal ist der Court of Appeal in England and Wales als dritte Instanz zuständig; siehe auch Appeals, Reviews and Tribunal Guidance – ARTG, ARTG1010.

In den Instanzen des High Court und Court of Appeal ging es vor allem um die Frage, ob eine Verwertung des Films durch das Unternehmen vorlag, um die Ausübung eines Gewerbes im Sinne der filmsteuerrechtlichen Vorschriften und damit die Voraussetzung eines Filmproduktionsunternehmens bejahen zu können. Es kam insbesondere darauf an, ob eine Verwertung allein der geistigen Eigentumsrechte an dem Film ausreichend sei. Zudem stellte sich die Frage, ob ICTA 1988, s 100 erfüllt war, was bei einer Bejahung zur Folge gehabt hätte, dass Erleichterungen ausgeschlossen gewesen wären. Ferner war von den Gerichten zu prüfen, ob der Sachverhalt in den Anwendungsbereich des FA 2005, s 60 fiel, mit der Folge, dass der zusätzliche Abzug reduziert gewesen wäre.

Vom High Court wurde das Vorliegen eines Filmgewerbes abgelehnt, da keine Verwertung des Films anzunehmen gewesen sei, insbesondere sei die Verwertung geistiger Eigentumsrechte allein nicht ausreichend.[445] Zu den weiteren aufgeworfenen Fragen bejahte der High Court in zwei obiter dicta zuungunsten des Unternehmens auch ICTA 1988 und FA 2005. Der Court of Appeal bejahte dagegen, auch zur Beruhigung der Filminvestoren, eine Verwertung des Films durch die Übertragung der geistigen Eigentumsrechte und damit in Konsequenz ein Filmgewerbe, das das Filmproduktionsunternehmen zur Inanspruchnahme der Filmsteuererleichterungen berechtigte. ICTA 1988 wurde verneint, FA 2005 allerdings bejaht. Steuererleichterungen konnten daher in Anspruch genommen werden, aber mit einer Korrektur bezüglich der Höhe.

Der Fall fand deshalb Beachtung, da er als Präzedenzfall, den HMRC gegen ein filmfinanzierungsstrukturell übliches Filmproduktionsunternehmen geführt hatte, angesehen wurde und da er gleichzeitig Klarheit und Rechtssicherheit für die Anwendung des FTR für private Investoren geschaffen hat. Die Entscheidung des High Court hätte potentiell die Modelle der Finanzierung an Filmproduktionen in Gefahr gebracht und viele andere Fälle betroffen, da die Verneinung der Steuererleichterungen zu Rückzahlungen geführt hätte. Seitdem hat sich allerdings die Rechtslage verändert. Die damals anzuwendenden Rechtsvorschriften des FA 1992 und 1997 sind, wie oben ausgeführt, ersetzt worden. Betroffen worden wären, wäre es bei der Ablehnung der Steuererleichterungen geblieben,

445 Es wurde um die Auslegung des Begriffs des Films gestritten, ob dieser den verkörperten Filmträger oder neben dem verkörperten Träger auch die geistigen Eigentumsrechte an dem Film umfasst, auf die sich die Tätigkeiten beziehen. Der High Court hat zwar die zweite Auffassung geteilt, aber eine Tätigkeit angenommen, die sich einzig auf die geistigen Eigentumsrechte bezogen hat und das als nicht ausreichend angesehen für ein Gewerbe, das den Film verwertet.

Unternehmen, die unter alter Rechtslage gegründet worden sind. Der Rechtsstreit bleibt dennoch von Bedeutung, da er zur Verwertung des Filmnegativs und der geistigen Eigentumsrechte sowie zu der Frage, inwieweit ein Gewerbe als Voraussetzung der Filmsteuererleichterungen vorliegt, grundlegend Stellung nimmt. Das Modell eines Filmproduktionsunternehmens als Investitionsgesellschaft zur Inanspruchnahme des FTR von privaten Investoren ist daher durch den Rechtsstreit im Ergebnis nicht gefährdet worden.

Insbesondere in jüngster Zeit ist die Diskussion um die Missbrauchsgefahr wieder aufgeflammt, da es neuere Gerichtsentscheidungen[446] gegeben hat, in denen ein Modell von gegründeten Investmentgesellschaften vor Gericht als Steuerhinterziehung angesehen worden ist (siehe sogleich b. „Eclipse" und c. „Icebreaker 1" und „Acornwood"). Größere Bekanntheit haben die Fälle aus dem Grund erlangt, da sich einige sehr bekannte britische Musiker, Popstars, Sportpersönlichkeiten und Moderatoren unter den Investoren befanden.[447]

b. „Eclipse"

Die Entscheidungen im Eclipse-Fall von Mai 2012 in erster Instanz und Dezember 2013 in zweiter Instanz hatten sich ebenfalls mit der Voraussetzung des Filmproduktionsunternehmens, v.a. dem Merkmal Gewerbe mit ökonomischer Gewinnerzielungsabsicht, befasst und in beiden Instanzen abgelehnt.[448] Der Fall unterschied sich von Micro Fusion insofern, als es nicht um den FTR des Unternehmens ging, sondern um eine Bewertung, die Auswirkungen auf die steuerrechtliche Behandlung der hinter dem Unternehmen stehenden Investoren hatte.

---

446 Vgl. Icebreaker 1 LLP v HMRC Commissioners [2010] UKUT 477 (TCC), [2011] S.T.C. 1078 (Icebreaker 1); Eclipse Film Partners No.35 LLP v HMRC Commissioners [2012] UKFTT 270 (TC), [2012] S.F.T.D. 823 (Eclipse); Acornwood LLP v HMRC Commissioners [2014] UKFTT 416 (TC) (Acornwood).

447 Z.B. beim Acornwood-Fall drei Mitglieder sowie der Manager von der Popgruppe Take That. Da das Take That-Mitglied Gary Barlow erst Ende 2012 eine königliche Auszeichnung für besondere soziale und musikalische Verdienste verliehen bekommen hat, ist seine Steuerhinterziehung in den Medien im Hinblick auf ein scheinheiliges Verhalten im Verhältnis zum Sozialstaat besonders in den Vordergrund gerückt. Im Eclipse-Fall befanden sich die Fußballmanager Sir Alex Ferguson und Sven-Göran Eriksson unter den Gesellschaftern.

448 Vgl. Eclipse Film Partners No.35 LLP v HMRC Commissioners [2012] UKFTT 270 (TC), [2012] S.F.T.D. 823; vertiefend Entscheidungsanmerkung von Vella, British Tax Review 2012, 3, 252; Eclipse Film Partners No.35 [2013] UKUT 639 (TCC), [2014] S.T.C. 1114 (Eclipse).

Das Unternehmen (Eclipse Film Partners No.35 LLP) wandte sich gegen die steuerrechtliche Einordnung durch HMRC, dass es im ersten Abrechnungsjahr kein Gewerbe ausgeübt hätte. Beschränkt haftbare Partnerschaftsgesellschaften, die ein Gewerbe mit Gewinnerzielungsabsicht ausüben, sind nicht als solche steuerpflichtig. Stattdessen werden die einzelnen Partner nach ihren jeweiligen Anteilen an den Gewinnen oder Verlusten besteuert.[449] Dementsprechend kann ein Gesellschafter, der ein Darlehen aufnimmt, um in die Gesellschaft zu investieren, die Zinszahlungen in seiner Einkommenssteuer als Abzüge geltend machen. Im Eclipse-Fall wäre die Einordnung als Gewerbe Voraussetzung dafür gewesen, dass die Gesellschafter solche Zinszahlungen für aufgenommene Kredite für die Tätigkeit des Unternehmens gemäß ICTA 1988, ss 353, 362 als Abzug ihrer jeweiligen Einkommens- und Einkommensertragssteuerpflicht hätten geltend machen können. Die streitgegenständlichen Normen entstammten nicht dem Film Tax Regime des CTA 2009, sondern ICTA 1988 und ITTOIA 2005. Die Eclipse-Partnerschaft hatte laut Gründungsurkunde als ihr Gewerbe die Produktion, die Finanzierung, den Vertrieb und die Verwertung von Filmen angegeben. Das Gericht 1. Instanz stellte fest, dass die Tatsache, dass hinter den Transaktionen auch das Motiv einer Steuerreduzierung stand, nicht per se ein Gewerbe ausschloss, solange es nicht den Charakter und die Wirtschaftlichkeit der Transaktionen derart veränderte, dass diese nicht länger als gewerbliche Transaktionen zu qualifizieren gewesen wären. Allerdings waren hier die Art und der Umfang, in welchem die Gesellschafter ihre Kapitalanteile an dem Unternehmen erbrachten, irrelevant für die Tätigkeiten des Unternehmens. Die Konstruktion des Unternehmens war dergestalt, dass laut dem Gericht ein dem Gewerbe immanentes Risikoelement nicht erkennbar war. Vielmehr legten die verschiedenen Lizenzvereinbarungen den Gewinn von vornherein unabhängig von dem Erfolg einer Rechteauswertung des Films fest. Das Unternehmen hatte zudem tatsächlich weder Waren oder Dienstleistungen erbracht noch hatte es dafür einen Kunden. Da HMRC und die Gerichte deswegen ein Gewerbe abgelehnt und stattdessen spekulatives Investment angenommen hatten, dem die Kredite tatsächlich zuzuordnen gewesen waren (non-trade business gemäß ITTOIA 2005, s 609), wurde ein steuerlicher Abzug verneint. Rechtsfolge der Entscheidung waren höhere Steuer(nach)zahlungen der Investoren an HMRC.

---

449 Vgl. Johnson, Ent.L.R. 2014, 25 (4), 168; Eclipse Film Partners No.35 [2013] UKUT 639 (TCC), 2013 WL 6865273, para 8.

c. *„Icebreaker 1" und „Acornwood"*

Die Fälle Icebreaker 1 und Acornwood sind ebenso wie der Eclipse-Fall etwas anders als der Micro Fusion-Fall gelagert, denn der FTR bzw. andere Creative Industry Tax Reliefs waren nicht unmittelbar Gegenstand des Rechtsstreits. Vielmehr ging es um die Einkommenssteuern und Kapitalertragssteuern der beteiligten Gesellschafter, sodass bestimmte Vorschriften des ICTA 1988 und ITA 2007 und die Möglichkeit einer seitwärtigen Verrechnung von Verlusten aus einem ausgeübten Gewerbe mit anderen Einkünften des Gesellschafters (sideways relief) zur Auslegung standen.

Im Mai 2014 hat das First-tier Tribunal in mehreren, teilweise verbundenen Entscheidungen über 51 Gesellschaften, die für sechs Steuerjahre gesamt über £ 330 Mio. Verluste geltend gemacht hatten, auf Steuerhinterziehungsmodelle geurteilt und Steuererleichterungen abgelehnt (sog. Icebreaker Partnerships im „Acornwood"-Fall[450]). Die Gesellschaften haben sowohl in Film- und Fernsehproduktionen als auch in andere Bereiche der Kreativen Industrien investiert. Das Gericht hat die Frage geprüft, ob die vorgenommenen Zahlungen tatsächlich den Tätigkeiten des von den Gesellschaften ausgeübten Gewerbes dienten und damit ein redliches Investmentmodell vorlag oder lediglich dazu dienen sollten, Verluste zu schaffen und die Steuerpflicht der Gesellschafter in unredlicher Weise zu senken. Das First-tier Tribunal hat bei allen Fällen die Investmentmodelle als Steuerhinterziehung eingeordnet, da die Unternehmen im Grunde lediglich gegründet wurden, um von den sog. seitwärtigen Erleichterungen (sideways relief) Gebrauch zu machen. Der Umfang der Steuererleichterungen wurde durch unnötige Darlehen vergrößert, verbunden mit der Täuschung, dass die Darlehen für die Verwertung von geistigen Eigentumsrechten zur Verfügung standen, nämlich durch eine angebliche Zahlung für eine hohe Produktionsgebühr, die durch eine ebenfalls angebliche Zahlung einer Gebühr für einen Anteil an den entstehenden Einnahmen ausgeglichen wurde. Tatsächlich wurden die meisten aufgenommenen Darlehen nicht für das Gewerbe der Gesellschaften aufgenommen, sondern für den Erwerb von Kapitalanlagen. Den Unternehmen wurden unabhängig von der Verwertung der Rechte garantierte Summen gezahlt, die ausreichten, die zur Gründung und zum Tätigwerden des Unternehmens aufgenommenen Kredite zurückzuzahlen. Es gab keine Risikobeteiligung. Die kreierten Verluste sollten und wurden sodann gegen andere Einkommen

450 Die streitgegenständlichen Gesellschaften in der Acornwood-Entscheidung wurden Icebreaker-Partnerships genannt, aufgrund der Ähnlichkeit mit der früheren Entscheidung, die unter dem Namen Iceabreaker 1 bekannt ist.

verrechnet, um so die Einkommenssteuerpflicht bzw. Kapitalertragssteuerpflicht zu senken. Teilweise wurden Verluste bei den Steuererklärungen geltend gemacht, die fünfmal höher als die Investitionen waren. Es wurde zwar festgestellt, dass die Unternehmen tatsächlich ein Gewerbe ausgeübt hatten, das die Verwertung geistiger Eigentumsrechte zum Gegenstand hatte, jedoch wurde keines mit ökonomischer Gewinnerzielungsabsicht ausgeführt. Der allen Beteiligten bekannte Hauptzweck des Modells war die Reduzierung von Steuern.[451]

Bereits im Fall „Icebreaker 1“ wurde bei einem Investmentmodell der steuerliche Abzug nicht gewährt, da die vorgenommene Zahlung nicht alleinig und ausschließlich für den Zweck des Gewerbes des Unternehmens des Filmvertriebs getätigt wurde. Vielmehr wurde auch hier der größte Anteil der gezahlten Summe als Kapitalanlage oder Vorauszahlung eingeordnet und nur derjenige Teil, der die Verwertung des Films betraf, anerkannt.[452]

Während HMRC in den ersten Fällen (Micro Fusion, Icebreaker 1 u.a.) argumentierte, dass das Gewerbe zum Zeitpunkt der Entstehung von Verlusten noch gar nicht begonnen wurde, sodass es kein Verlust des Gewerbes sein konnte, hat HMRC später die Ansicht vertreten, dass die Partnerschaftsgesellschaften überhaupt kein Gewerbe ausübten.[453] Die Gerichtsentscheidungen zeigen, dass für die Beurteilung, ob ein Gewerbe vorliegt, die Umstände des Einzelfalls und vor allem die abgeschlossenen zugrunde liegenden Lizenzvereinbarungen entscheidend sind. Für die Prüfung des Gewerbes legen die Gerichte eine Reihe von Kriterien an, die in der sog. Marson-Entscheidung entwickelt wurden (genannt Marson badges). In der sog. Ensign-Entscheidung sind vom Gericht 1. Instanz die Kriterien der Wirtschaftlichkeit der Transaktion und Gewinnerzielungsabsicht des Gewerbes entwickelt worden. Zwar hat das damals höchste Gericht, das House of Lords, diese Kriterien nicht aufrechterhalten, andere Gerichte haben in weiteren Entscheidungen, wie z.B. Eclipse, dennoch für die Definition eines Gewerbes darauf zurückgegriffen.[454]

---

451 Vgl. Acornwood LLP v HMRC Commissioners [2014] UKFTT 416 (TC), 2014 WL 1220157 para 506.

452 Vgl. Icebreaker 1 LLP v HMRC Commissioners [2010] UKUT 477 (TCC), [2011] S.T.C. 1078.

453 Wobei HMRC bei Acornwood nicht auf dem „no trade at all“-Argument beharrt hat, nach Ansicht von Crosley, BTR 2014, 3, 256 (257), vielleicht deshalb, weil der Fall zu ähnlich mit Icebreaker 1 gelagert war, bei dem noch die Argumentation „no trade“ verfolgt wurde.

454 Vgl. Crosley, BTR 2014, 3, 256 (265) mit sämtlichen Nachweisen für die genannten Entscheidungen.

Einschränkend ist zudem anzumerken, dass es sich um einige wenige Steuerhinterziehungsfälle handelt, die lediglich aufgrund der prominenten Investoren Beachtung in den Medien und der Öffentlichkeit gefunden haben. Rechtlich gesehen haben die genannten Entscheidungen zur Klarheit bei der Auslegung bestimmter Begriffe, insbesondere des Merkmals Gewerbe im Rahmen der Voraussetzung des Filmproduktionsunternehmens, sowie zur Rechtssicherheit bei der Anwendung des FTR durch HMRC beigetragen.

J. Entwicklung der UK-Filmpolitik

Die Filmpolitik in UK ist stark fokussiert auf eine bestmögliche Anwerbung von ausländischen Investitionen. Dafür unterliegt das bestehende System der filmsteuerrechtlichen Erleichterungen einer ständigen kritischen Überprüfung. Die UK-Regierung beobachtet diesbezüglich die Entwicklungen in den europäischen Staaten, um gegebenenfalls die Steuererleichterungen erneut anzupassen, so z.B. die Entwicklung in Irland, die in den letzten Jahren ebenfalls Steuererleichterungsregelungen für die Filmindustrie geschaffen haben und die im Vergleich zu UK deutlich höher ausfallen.

DCMS hatte im Jahr 2011 eine Untersuchung durch eine unabhängige Expertenkommission für die Bewertung der Filmpolitik und Fördersituation der Filmindustrie in UK in Auftrag gegeben. Der bis dato letzte von der Regierung in Auftrag gegebene Bericht über die Lage des Films und der Filmindustrie in UK stammte aus dem Jahr 1998.[455] Seitdem hatte sich die Lage des britischen Films und der Filmindustrie durch verschiedenste Entwicklungen wie z.B. der Digitalisierung, neuen Filmkonsummöglichkeiten im Internet und Steuererleichterungen stark verändert. Die Kommission für die neue Untersuchung bestand aus neun Experten, die Anfang 2012 ihren umfangreichen Film Politik-Bericht (Film Policy Review) vorgestellt hatten. Als Ziele waren u.a. die Identifikation von Wachstumsbarrieren für die Filmindustrie und die Erhöhung der Publikumsnachfrage für Film, v.a. des britischen unabhängig produzierten Films, vorgegeben worden. Die Expertenkommission stellte im Filmpolitik-Bericht das

455 Vgl. Film Policy Review 1998, von der damals neu gewählten Labour-Regierung 1997 in Auftrag gegeben. Anfang 2010 gab es auch vom House of Lords eine ausführliche Stellungnahme mit Empfehlungen zur Lage der britischen Filmwirtschaft als Informationsgrundlage für filmpolitische Entscheidungen, House of Lords Select Committee on Communications, The British film and television industries-decline or opportunity? v.24.1.2010; kritische Anmerkungen hierzu von Blair/Corre, Ent.L.R. 2010, 21(5), 169.

Publikum in den Mittelpunkt und untersuchte die gesamte Filmpolitik unter diesem Ansatz. Der Bericht schloss mit 56 Vorschlägen an die Politik, das BFI und die Filmindustrie.

DCMS veröffentlichte daraufhin im Mai 2012 gegenüber dem Parlament eine Antwort, in der es stellvertretend für die Regierung zu dem Filmpolitik-Bericht und den verschiedenen Vorschlägen Stellung nahm.[456] Die Stellungnahme ließ indes kaum konkrete Zusagen oder politische Umsetzungsmotivation zu den gemachten Vorschlägen erkennen, stattdessen blieb es bei vagen zustimmenden und einigen ablehnenden Antworten.

Im Januar 2014 veröffentlichte die Expertenkommission als Bilanz zu ihrem ersten Bericht zwei Jahre zuvor einen weiteren kurzen Bericht, den Film Policy Review 2014.

Diese beiden Berichte sind nach wie vor die aktuellsten Studien zur britischen Filmpolitik und insbesondere das BFI hat in den auf die Berichte folgenden Jahre bis heute zahlreiche Vorschläge in seinen eigenen Strategieplänen und Fördertätigkeiten berücksichtigt.

Im Folgenden soll auf die für diese Arbeit wichtigsten Vorschläge der Filmpolitik-Berichte eingegangen werden. Vorweg sei gesagt, dass der Filmpolitik-Bericht 2012 im Jahr 2011 zu einer Zeit entstanden ist, als der britische Film und die britische Filmindustrie einen Aufschwung und sehr erfolgreiches Jahr hatten, andererseits, wie an anderer Stelle beschrieben, große Strukturveränderungen in der Förderlandschaft stattfanden.

Eine Schlussfolgerung von beiden Berichten ist die schwache Situation des unabhängigen UK-Films. Trotz eines Aufwärtstrends in den letzten Jahren lag der durchschnittliche Marktanteil von unabhängigen UK-Filmen in diesem Zeitraum (2006-2015) bei nur 8,6%.[457] Die Stärkung des unabhängigen UK-Films bleibt damit ein fortdauerndes Ziel der Filmpolitik.

In beiden Filmpolitik-Berichten wird der Aufbau einer sog. Erforschungs- und Wissensstelle beim BFI empfohlen, um eine umfassende Informationsdatenbank und Faktenbasis für die zukünftige Filmpolitik zu schaffen. Dem BFI legt der Filmpolitik-Bericht 2012 zudem nahe, seine Risikobereitschaft zu erhöhen, da es als öffentliche Einrichtung dazu in einer anderen Lage als private Investoren sei.

Der Bericht versucht des Weiteren, Wege zu finden, um die Abhängigkeit von öffentlicher Förderung zu reduzieren und vermehrt privates Kapital zu

---

456 Vgl. Antwortbericht des DCMS The Government's response 2012.
457 Vgl. BFI Statistical Yearbook 2016, S. 20.

akquirieren. Insbesondere gibt es Vorschläge zur Stärkung der unabhängigen UK-Filmproduktionsunternehmen und Vertriebsunternehmen, die auf dem Erhalt der geistigen Eigentumsrechte und der Teilhabe der Produzenten am finanziellen Erfolg ihres Films basieren. BBC Films, Film4 und BFI nutzen den FTR in einer Weise, dass durch begünstigte Rückführung der FTR als Produzenteneigenkapitalanteil genutzt wird. In den Fällen, in denen dies nicht möglich ist, stellt das BFI einen Durchschnittsanteil in Höhe von 37,5% (blended rate) als Produzenteneigenkapitalanteil-Korridor (sog. producer equity corridor) mit dem eigenen Rückfluss der Anteile zur Verfügung. Auf Empfehlung des Filmpolitik-Berichts 2012 hat das BFI diese Praxis fortgeführt, mit der Modifikation, dass der Produzentenkapitalanteil anteilig (pro-rata) und gleichrangig (pari-passu) mit BFI Lottery Investment zurückfließt. Nach Meinung der Experten solle der Produzentenkapitalanteils-Korridor als Ergänzung möglich sein, anstatt allein den FTR als Produzentenkapitalanteilsrückfluss zu nutzen. Hinsichtlich des Rückflusses der Investitionen hat das BFI bereits im ersten Jahr des Film Forever-Plans das sog. ‚locked box'-System eingeführt, wonach alle zurückerhaltenen Fördermittel von BFI unterstützten Projekten quasi treuhänderisch verwaltet werden und für zukünftige Projekte als Reinvestition den jeweiligen Produzenten zur Verfügung stehen.[458]

Interessanterweise schlagen die Experten im Bericht 2012 der Regierung zudem vor, mit den Banken, die ganz oder teils öffentlich sind, eine Vereinbarung über die Einrichtung eines Darlehensgarantiefonds zu treffen, um den Filmproduktionsunternehmen Finanzierungen durch Banken zu erleichtern (loan guarantee fund).

Die unabhängigen UK-Vertriebsunternehmen sind mit dem Problem konfrontiert, ihre Filme gegen die Macht der US-Studios[459] am Markt zu platzieren und Zugang zur größten Pay-TV-Plattform in UK von BSkyB zu bekommen. Die Herausbringungskosten eines Films in UK bei sog. weitreichender

458 Vgl. Film Policy Review 2014, S. 15. Laut Experten betrifft diese Regelung nur eine kleine Anzahl von Filmen, da in der Regel ein Rückfluss niedrig sei (statt der Auszahlung findet eine Verrechnung mit Verlusten statt), und die Produzenten genau dieser Filme unterstützt werden sollen, so dass die Kontrolle des BFI über die Mittel keine Einschränkung des Spielraums der Produzenten und kein Widerspruch zu der intendierten Unabhängigkeit bedeuten würde.

459 Marktanteil der US-Studios an Filmen, die 2010 herausgebracht wurden: 80,1% mit 151 Filmen. Dagegen kamen die vier größten unabhängigen Vertriebsunternehmen in UK auf gerade einmal 13,7% mit 86 Filmen und die restlichen 88 Vertriebsunternehmen in UK auf 6,3% mit 379 Filmen; vgl. Film Policy Review 2012, S. 44.

Herausbringung (500 und mehr Leinwände) sind mehr als doppelt so hoch wie die durchschnittlichen Produktionskosten eines UK-Films.[460] Die Expertenkommission schlägt in den Film Policy Reviews deshalb Joint Ventures von Vertriebs- und Produktionsunternehmen zur Finanzierung und zum Vertrieb eines Films vor, bei denen die BFI-Förderung in Höhe von 50% der Minimumgarantie des Vertriebsunternehmens eine Garantieabsicherung bilden solle und im Gegenzug für die Risikominimierung des Vertriebsunternehmens das Produktionsunternehmen ein 50%-Anteil an den Nettoeinnahmen des Films erhalten solle, die vom BFI als Reinvestition in zukünftige Filmprojekte treuhänderisch verwaltet würden. Hierfür empfiehlt die Expertenkommission die Einrichtung eines Lotteriegeld-Förderfonds. Allerdings konnten sich diese Joint Ventures laut dem Bericht 2014 bei den Interessensgruppen von Vertriebs- und Produktionsunternehmen nicht durchsetzen.

460 Vgl. Film Policy Review 2012, S. 42.

Teil 3 Darstellung und Spezifika des Filmfördersystems in Deutschland

A. Einleitung

Für die Produzenten in Deutschland gilt das Gleiche wie für die britischen hinsichtlich ihrer finanziellen Ausgangssituation: Die Eigenkapitaldecke ist in der Regel schwach und eine Produktion eines Films kann von dem Produzenten meist nicht aus eigenen Mitteln bewirkt werden.[461] Eine Finanzierung setzt sich in der Regel aus unterschiedlichen privaten und öffentlichen finanziellen Quellen zusammen. Bei der Finanzierung von Filmen in Deutschland gibt es verschiedene Möglichkeiten: Es gibt die Filmförderung von Bund oder Ländern, private Investoren, Banken oder Versicherungen, andere Produktionsunternehmen als Koproduzenten, Rundfunkunternehmen als Produzenten oder Lizenznehmer, Verleihgarantien, andere Lizenznehmer und Vertriebspartner sowie Finanzierungen durch Sponsoring und Merchandising. Problematisch hat sich in den letzten zehn Jahren die wachsende Zurückhaltung der Banken bei der Filmfinanzierung dargestellt, da hierdurch Lücken bei der Finanzierung, vor allem der Zwischenfinanzierung entstanden sind. Zeitgleich sind jedoch die Produktionskosten gestiegen und die Wettbewerbsanforderungen schwieriger geworden insofern als US-Produktionen massiv höhere Vermarktungsbudgets haben als deutsche bzw. europäische Filme.[462] Filmproduzenten bzw. Filmproduktionsunternehmen benötigen daher andere Quellen für Fremdkapital. Ein funktionierender Kinofilmmarkt in Deutschland ist deshalb existentiell auf die Filmförderung mit öffentlichen Geldern angewiesen.

Wie bereits im UK-Teil dargestellt, ist die Erforderlichkeit einer öffentlichen Filmförderung in den europäischen Staaten in den Ursachen der historischen Entwicklung des Films und der Filmwirtschaft bereits ab den 1910er Jahren über die zwei Weltkriege angelegt. Hinsichtlich der gemeinsamen europäischen Entwicklung wird auf die obige Darstellung verwiesen (Teil 2, B.). Was spezifisch die deutsche Entwicklung anbetrifft, so soll an dieser Stelle nur ein kurzer Überblick gegeben werden, da die Geschichte der deutschen Filmförderung im Gegensatz zum britischen Filmfördersystem bereits Gegenstand verschiedenster

---

461 Für einen weiterführenden Überblick der deutschen Situation siehe Harris, S. 61ff.

462 In der Begründung zum Gesetzesentwurf des FFG 2004 werden die Vermarktungskosten auf die Hälfte der Herstellungskosten beziffert, vgl. BR-Drs. 376/03, S. 48.

Veröffentlichungen ist.[463] Die Geschichte der Filmförderung ist eng mit der Geschichte und Politik des jeweiligen Staates verbunden, das heißt, es ist bedeutsam, welche Rolle in diesem Verhältnis dem Kinofilm von der Regierungspolitik zugewiesen wird.[464] In Deutschland wurden Filme vor allem während des Ersten und Zweiten Weltkriegs und während der Zeit der nationalsozialistischen Diktatur politisch von der Staatsmacht für Propagandazwecke instrumentalisiert und wurde die Filmwirtschaft verstaatlicht. Das UFA-Unternehmen hatte hier eine zentrale Rolle gespielt. Nach dem zweiten Weltkrieg wurde das UFA-Unternehmen und seine Standorte und Studios zwischen den Siegermächten aufgeteilt, ebenso das UFI-Sondervermögen[465]. Der Wiederaufbau der Filmwirtschaft erfolgte langsam. Insbesondere von den Amerikanern wurden neue sich entwickelnde Produktionsunternehmen zugelassen, da es in deren politischem Interesse lag, zwar einerseits die Filmwirtschaft wieder aufzubauen und die deutsche Bevölkerung aus kulturellen und bildungspolitischen Gründen mit Filmen zu versorgen, andererseits einen Zugang zum Markt für U.S.-amerikanische Filmunternehmen zu sichern.[466] Die Amerikaner führten eine Genehmigungspflicht für Produzenten ein, die bis 1950 galt, und verhinderten mit ihrer Politik eine vertikale Konzentration bzw. jegliche monopolartige Verhältnisse im Filmsektor: Produktion und Vertrieb sowie Kinovorführung sollten nicht in einer Hand liegen. Dies wurde von der russischen Besatzungsmacht anders gehandhabt, die ihren Anteil an der UFA in die DEFA umwandelte und eine zentralistische Organisationsstruktur beibehielt.[467] Durch die Zerschlagung des staatlichen Monopolunternehmens UFA, der gezielten Entflechtung vertikaler Verbindungen und dem Fehlen jeglicher wirtschaftskräftiger Filmwirtschaft wurde der uneinholbare Wettbewerbsvorteil der Amerikaner auf dem Filmmarkt in Westdeutschland gelegt. Für Deutschland war auch die Emigration jüdischer Filmschaffender ein Faktor für die schwierige Ausgangslage der Filmwirtschaft nach 1945.[468] Das Aufkommen des Fernsehens seit Ende der

463 Für weitergehende Darstellungen wird auf andere Quellen der deutschen rechtswissenschaftlichen Literatur verwiesen, z.B. Behrmann, S. 64ff.; Harris, S. 68ff. jeweils m.w.N.

464 Vgl. Behrmann, S. 64.

465 Der UFI-Konzern umfasste die UFA und das gesamte Vermögen der staatlichen Filmindustrie im Dritten Reich, vgl. Behrmann, S. 67.

466 Vgl. Behrmann, S. 68.

467 Vgl. Harris, S. 74.

468 Zwischen 1.500 und 3.000 jüdische Filmschaffende immigrierten vorwiegend in die USA, vgl. Harris, S. 72.

1950er Jahre und vor allem der Fernsehboom in den 60er Jahren führten zudem zu einem Zuschauerrückgang und einer weiteren Verschlechterung der Wirtschaftslage der Filmindustrie.

Die Etablierung einer Filmförderung im Nachkriegsdeutschland auf Bundesebene begann 1951 in wirtschaftlicher Hinsicht mit der Vergabe sog. Bundesbürgschaften vom Bund und in kultureller Hinsicht mit der Verleihung des Bundesfilmpreises im gleichen Jahr. Dem ersten Filmfördergesetz gingen seit Mitte der 50er Jahre verschiedene Ideen und Pläne sowohl seitens der Bundesregierung wie der Filmindustrie voraus, die bereits unterschiedliche Ausgestaltungen einer Filmabgabe und den Gedanken einer Förderung als staatlich organisierter Selbsthilfe enthielten.[469] In Deutschland gab es das erste Filmfördergesetz 1967. Kurz zuvor war 1965 die erste Filmfördereinrichtung in Deutschland, das Kuratorium junger deutscher Film, entstanden. 1968 folgte die Einrichtung der Filmförderungsanstalt FFA auf Grundlage des Filmfördergesetzes.

Parallel zum Bund hatten einige Bundesländer ab 1949 (als erstes Land Bayern) bis zur Einführung des Filmfördergesetzes ebenfalls Bürgschaften zur Filmförderung vergeben; Nordrhein-Westfalen richtete zwischen 1948-1954 Steuerermäßigungen und einen Filmfonds ein, der teilweise aus diesen gespeist wurde.[470] Erst mit dem dualen Rundfunksystem zwei Jahrzehnte später begann erneut eine Filmfördertätigkeit auf Länderebene. 1980 entstanden die ersten institutionellen kulturell wie wirtschaftlichen Filmförderungen in Nordrhein-Westfalen und Hamburg. In den 1990er Jahren gründeten sich viele der heute bestehenden Fördereinrichtungen. Derzeit bietet jedes Bundesland eine eigene Filmförderung an und es gibt bis auf eine Ausnahme in jedem Bundesland eigene Filmfördereinrichtungen.

Bis Anfang der 2000er Jahre waren Filmfonds ein üblicher Finanzierungsbaustein für Filmprojekte, da Investoren Einkommenssteuervorteile nutzen konnten. Mit dem sog. Medienerlass des Bundesministerium für Finanzen (BMF) 2003[471] und der Vorschrift des § 15b EStG 2005 wurde die Verlustverrechnung

---

469 „Semler"-Plan, „Filmgroschen"-Plan, „Martin"-Plan. Während der „Semler"-Plan eine Mischabgabe aus Erstaufführungsabgabe aller Kinofilme sowie einer Abgabe der Kinobetreiber vorsah, basierte der „Filmgroschen"-Plan auf einem Zuschlag auf Kinokarten, der von den Kinobetreibern erhoben und sodann abgeführt werden sollte um damit die Filmproduktion zu unterstützen, und nach dem „Martin"-Plan sollte von den Kinobetreibern eine Sonderabgabe auf Kinoerlöse erhoben werden. Für weitere Informationen siehe z.B. Behrmann, S. 71f.; Harris, S. 75ff.

470 Vgl. Behrmann, S. 105f., 130.

471 Schreiben des BMF, sog. Medienerlass v. 5.8.2003, in Ergänzung zum Schreiben des BMF v. 23.2.2001, BStBl. I 2003, 406.

bei Steuerstundungsmodellen eingeschränkt.[472] Verluste im Zusammenhang mit solchen Steuerstundungsmodellen können nicht mehr mit den sonstigen Einkünften des Steuerpflichtigen, sondern nur mit den späteren Gewinnen aus den Steuerstundungsmodellen verrechnet werden, wenn die prognostizierten Verluste 10% des gezeichneten und aufzubringenden oder eingesetzten Kapitals übersteigen. Steuervorteile durch Verlustverrechnung bei modellhaft gestalteten Medienfonds, hier vor allem Filmfonds, wurden damit reduziert und infolgedessen die Attraktivität dieser Investmentfonds gemindert.

Das deutsche Filmfördersystem ist durch den Föderalismus geprägt. Das Verfassungsrecht setzt in Deutschland den Grundrahmen für das Filmfördersystem. Der Föderalismus bedingt das deutsche Vielfördereinrichtungssystem. Es gibt Fördereinrichtungen auf Bundesebene und Bundesländerebene. In manchen Bundesländern sind die Fördereinrichtungen, z.B. in Bayern, Nordrhein-Westfalen oder Berlin-Brandenburg, stark aufgebaut und entwickelt. Interessen der nationalen und regionalen Wirtschaftsförderung, kulturelle Aspekte, Standortpolitik und Verbreitung des deutschen Films im In- und Ausland fließen in dieses komplexe System der Filmförderung ein. Die Filmförderung des Bundes ist kompetenzverfassungsrechtlich begrenzt auf eine Filmwirtschaftsförderung (dazu sogleich unter B.I.4.), während die Bundesländer sich auf ihre Kulturkompetenz berufen und eigene Filmkulturförderungen eingerichtet haben. Daraus resultierend besteht ein Kulturföderalismus auch in der Filmförderung, bei dem jedes Bundesland eine eigene Filmförderung betreibt. Die Bundesländer stützen ihre Filmfördertätigkeiten auf ihre Gesetzgebungskompetenz für Kultur. In der Regel haben die Länder keine Filmfördergesetze erlassen, sondern Fördereinrichtungen errichtet, die ihre eigenen Förderrichtlinien erlassen. Die rechtlichen Grundlagen für die Filmförderung sind daher auf Bundes- und Landesebene unterschiedlich.

In Deutschland gibt es nur direkte finanzielle Hilfen. Im Jahr 2017 wurden von Bundes- und Länderförderungen insgesamt € 338,04 Mio. ausgegeben (2015 € 310,91 Mio.).[473] Zum Teil wird zwischen den Arten der Förderung

---

472 Es handelt sich um modellhaft gestaltete Medienfonds, wenn sie ein vorgefertigtes Konzept und gleichgerichtete, im Wesentlichen identische Leistungsbeziehungen aufweisen, was bei Filmfonds regelmäßig der Fall war. Die Fonds müssen zudem als Filmhersteller anzusehen sein. Vgl. auch Homann, S. 266.

473 Vgl. SPIO, Filmstatistisches Jahrbuch 2018, Überblick, S. 13.; SPIO, PM zum Filmstatistischen Jahrbuch 2016 „Zurück blicken, nach vorne denken: Mehr Planungssicherheit für die Filmwirtschaft" v.5.10.2016.

unterschieden, wie auf Bundesebene bei der Förderung der FFA von Referenz- und Projektförderung. Meist wird bei der Förderung zudem unterschieden zwischen der Art des zu fördernden Filmprojekts und der Art des vorgesehenen Verbreitungsmediums: Lang- und Kurzfilme, Spielfilme, Animationen, Dokumentationen, Kinofilm oder TV-Film oder TV-Serie. Zudem wird zwischen automatischer und selektiver Filmförderung differenziert. Automatische Förderung bedeutet, dass ein Filmprojekt lediglich bestimmte objektive, formale Voraussetzungen erfüllen muss, um eine Förderung zu erhalten. Bei der selektiven Filmförderung kommt zu den formalen Voraussetzungen noch ein Beurteilungsspielraum des entscheidenden Gremiums hinzu. Beide Arten der Förderung finden sich bei der Förderung der FFA, ansonsten finden sich bei den Förderungen auf Bundesebene und Länderebene entweder jeweils eine automatische Förderung oder eine selektive. Bei der Art der Fördermittel gibt es die unterschiedlichsten Ausprägungen von Zuschüssen und rückzahlbaren oder nichtrückzahlbaren verzinsten oder zinslosen Darlehen.

B. Filmförderung auf Bundesebene

Die Filmförderung des Bundes unterteilt sich im Wesentlichen in drei Säulen: die Förderung der Filmförderungsanstalt auf Grundlage des Filmförderungsgesetzes (FFG), die Förderung durch die Beauftragte der Bundesregierung für Kultur und Medien (BKM) und die Förderung des Deutschen Filmförderfonds (DFFF). Daneben bestehen weitere Fördermöglichkeiten auf Bundesebene, die ebenfalls dargestellt werden sollen.

I. Filmförderungsanstalt (FFA)

Die Filmförderungsanstalt (im Folgenden FFA) ist die nationale Filmfördereinrichtung in Deutschland mit dem wichtigsten Förderangebot auf Bundesebene. Sie unterhält ein zweigleisiges Fördersystem von Projektförderung und Referenzförderung und deckt mit ihren Förderprogrammen die gesamten Stufen des Filmherstellungsprozesses ab.

1. Rechtsnatur und Rechtsgrundlagen

Die FFA besteht seit 1968 und wurde auf der Grundlage des FFG als Fördereinrichtung für den deutschen Film und die deutsche Filmwirtschaft errichtet. Es gilt nunmehr das Filmförderungsgesetz 2017, das am 01.01.2017 in Kraft getreten ist. Die FFA ist als eine bundesunmittelbare rechtsfähige Anstalt des öffentlichen Rechts organisiert, § 1 FFG, Art. 86, 87 GG. Sie ist damit eine eigenständige juristische Person, die Teil der mittelbaren Bundesverwaltung ist. Als solche untersteht sie der Rechtsaufsicht des Bundes. Die Rechtsaufsicht über die FFA obliegt gemäß § 38 Abs. 1 FFG der zuständigen obersten Bundesbehörde, der Beauftragten der Bundesregierung für Kultur und Medien (BKM).

Neben den §§ 1-38 FFG enthalten die Satzung der FFA und die Geschäftsordnungen der einzelnen Organe weitere Vorschriften für die FFA. In der Satzung sind Regelungen zu Organisation, Wahlen, Abstimmungsverfahren und Finanzordnung enthalten. Hinsichtlich der Gewährung der Fördermittel gelten zudem die Richtlinien des Verwaltungsrats.

Die FFA verfügt als Anstalt des öffentlichen Rechts über folgende Organe: einen Vorstand, einen Verwaltungsrat und ein Präsidium, geregelt in §§ 5 ff. FFG. Zudem gibt es verschiedene Kommissionen, die jedoch keine Organe sind, sondern rein interne Untergliederungen der FFA.[474] Gesetzlich festgelegt wurden drei ständige Förderkommissionen: die Kommission für Produktions- und Drehbuchförderung, die Kommission für Verleih-, Vertriebs- und Videoförderung sowie die Kommission für Kinoförderung (§§ 20 ff. FFG). Zudem wird dem Präsidium der FFA zur Umsetzung bi- oder multilateraler Abkommen über Gemeinschaftsproduktionen die Möglichkeit der Errichtung weiterer Kommissionen eingeräumt (§ 30 FFG).[475]

Der Vorstand, bestehend aus einer Person, wird für fünf Jahre vom Verwaltungsrat ernannt und vertritt die FFA nach außen (§ 15 FFG). Er führt die Geschäfte der FFA in eigener Verantwortung nach Maßgabe der Beschlüsse des Präsidiums und Verwaltungsrats (§ 16 FFG). Der Vorstand und seine zwei Stellvertreter sowie die Angestellten der FFA dürfen nicht selbst in der Filmwirtschaft geschäftlich tätig sein noch sich als Gesellschafter beteiligen (§ 15 Abs. 4 FFG).

Der Verwaltungsrat hat 36 Mitglieder und setzt sich aus Experten der Filmwirtschaft (26 Vertreter verschiedener Verbände) sowie Rundfunkunternehmen, Politik, Gewerkschaften und Kirchen zusammen. Die genaue Zusammensetzung und Benennung der Mitglieder sowie die Berufung durch die BKM sind in §§ 6, 7 FFG geregelt. Aufgabe des Verwaltungsrats ist die Befassung und Beschließung aller grundsätzlichen Fragen der FFA und Verabschiedung des Haushalts (§ 8 FFG). Er hat zudem von seiner Ermächtigung in § 10 FFG i.V.m.

474 Vgl. v.Have, FFG 2004, § 3, Rn. 1 (bezogen auf frühere Fassung, aber da keine inhaltliche Änderung, nach wie vor zutreffende Aussage).

475 Mit dem FFG 2017 wurden die Förderkommissionen neu eingerichtet und ihre Zuständigkeitsbereiche anders definiert; vorher gab es eine Vergabekommission für Projektfilmförderung und verschiedene Unterkommissionen.

§ 9 FFA-Satzung Gebrauch gemacht und weitere Ausschüsse zur Unterstützung seiner Tätigkeiten gebildet, besetzt mit seinen Mitgliedern und deren Stellvertretern. Es gibt vier Ausschüsse: die Ausschüsse für Internationale Zusammenarbeit und EU-Filmfragen sowie für Innovations- und Strukturfragen, der Richtlinienausschuss und die Film/Fernsehkommission.[476]

Das Präsidium besteht aus zehn Mitgliedern, die aus den Reihen des Verwaltungsrats gewählt werden. Der Vorsitzende des Verwaltungsrats ist zugleich Vorsitzender des Präsidiums, § 12 Abs. 2 FFG. Derzeit wird das Amt von dem ehemaligen BKM Bernd Neumann ausgeübt. Das Präsidium setzt sich zusammen aus je einem von dem Bundestag und einem von der BKM benannten Mitglied aus dem Verwaltungsrat, zudem je einem Mitglied, das von dem Verwaltungsrat mit Mehrheit gewählt wird aus den Vertretern der Filmhersteller, Filmverleiher, Filmtheater, Videowirtschaft und privaten Fernsehunternehmen sowie öffentlich-rechtlichen Rundfunkanstalten (§ 12 Abs. 2 S. 2 FFG). Ein weiteres Mitglied wird mit der Mehrheit der Stimmen aus dem Kreis der Vertreter der AG Dok e.V., dem Bundesverband Regie e.V., der AG Kurzfilm e.V. und Verband Deutscher Drehbuchautoren e.V. von dem Verwaltungsrat gewählt. Aufgabe des Präsidiums ist die Überwachung der Tätigkeit des Vorstandes (§ 13 FFG). Der Vorsitzende vertritt die FFA gegebenenfalls bei Rechtsgeschäften und -streitigkeiten mit dem Vorstand.

Die Besetzung und Aufgaben der Förderkommissionen sind in §§ 20-31 FFG mit konkretisierenden Regelungen in § 10 und Anlage 2 FFA-Satzung geregelt. Die Mitglieder der Kommissionen werden jeweils vom Verwaltungsrat für drei Jahre mit einer Wiederbestellmöglichkeit gewählt. Sie müssen sachkundig sein und über eine bestimmte Praxiserfahrung in der Film- und Kinowirtschaft verfügen. Vorschlagsberechtigt für eine Auswahl der zu wählenden Personen sind für die Kommissionen für Produktions- und Drehbuchförderung und für Verleih-, Vertriebs- und Videoförderung alle Verwaltungsratsmitglieder, dagegen für die Kommission für Kinoförderung nur Verwaltungsratsmitglieder der Verbände aus der Kinowirtschaft (§§ 21, 23 FFG). Die Kommission für Produktions- und Drehbuchförderung besteht aus 42 Mitgliedern, die in unterschiedlicher Zusammensetzung in einer siebenköpfigen Gruppe tagt. Die Kommission für Verleih-, Vertriebs- und Videoförderung besteht aus 20 Mitgliedern, die ebenfalls in unterschiedlicher Zusammensetzung mit jeweils fünf Personen tagt. Die jeweilige Sitzungszusammensetzung dieser beiden Vergabeausschüsse entscheidet der Vorstand nach Maßgabe des § 28 FFG. Zudem ist gesetzlich vorgeschrieben,

476 Vgl. FFA Geschäftsbericht 2018, S. 10.

dass bei der Kommission für Produktions- und Drehbuchförderung mindestens 24 Mitglieder aus dem Bereich der Filmverwertung kommen, mindestens weitere sechs Hersteller und drei Drehbuchautoren oder Dramaturgen sind. Für die Kommission für Verleih-, Vertriebs- und Videoförderung sieht das FFG ebenfalls eine Mindestanzahl von 16 Vertretern aus dem Bereich der Filmverwertung und von vier Vertretern aus dem Bereich der Hersteller vor. Die Kommission für Kinoförderung hat insgesamt sechs Mitglieder, drei ordentliche und drei Stellvertreter. Vorsitzender ist bei allen Kommissionen der Vorstand der FFA bzw. seine Stellvertretung, jedoch ohne Stimmrecht. Diese formalen Ausgestaltungen unterstützen eine unabhängige Vergabe der Fördermittel und vermeiden eine Vergabepraxis, die von einer oder mehreren langjährigen Entscheidungspersonen mit ihren jeweiligen Sachkenntnissen, in die naturgemäß auch Meinungen einfließen, abhängig ist. Zudem wird wechselnder praxiserfahrener und aktueller Sachverstand förderlich eingesetzt.[477]

Die Kommission für Produktions- und Drehbuchförderung ist für die antragsgemäße Vergabe von Fördermitteln für die Projektfilmförderung, Drehbuch- und Treatmentförderung und Drehbuchfortentwicklungsförderung zuständig, die Kommission für Verleih-, Vertriebs- und Videoförderung für die Vergabe von Fördermitteln der Projektabsatzförderung und die Kommission für Kinoförderung für die Vergabe von Fördermitteln an Kinos im Rahmen der Kinoprojektförderung, soweit jeweils nicht der Vorstand gemäß § 17 FFG zuständig ist.

Verwaltungsrat und Präsidium geben sich eine Geschäftsordnung, §§ 9 Abs. 5, 12 Abs. 5 FFG. Das Präsidium beschließt zudem eine Geschäftsordnung für den Vorstand gemäß § 15 Abs. 5 FFG und der Verwaltungsrat für die Förderkommissionen gemäß § 25 FFG. Die Geschäftsordnungen regeln Formvorschriften u.a. zu der Einberufung von Sitzungen, Abstimmung und Beschlussfähigkeit.

Die Zusammensetzung von Präsidium, Verwaltungsrat und Kommissionen ist pluralistisch ausgestaltet. Die Besetzung muss gesellschaftlich relevant und repräsentativ sein.[478] Hierbei kommt es auf die Gesamtbesetzung an. Die einzelnen Mitglieder müssen als Vertreter ihrer jeweiligen Gruppen fachkundig auf ihrem Gebiet sein, und möglichst auch sachverständig.[479] Zwar bringen die einzelnen Mitglieder als Vertreter ihrer jeweiligen Gruppen auch deren spezifische Interessen ein. Die Pluralität und erforderliche Entscheidungsunabhängigkeit wird jedoch durch die Gesamtheit des Gremiums gewährleistet. Die jeweiligen

---

477 So auch v.Have/Schwarz, in: v.Hartlieb/Schwarz, Kap. 107, Rn. 7.

478 Vgl. v.Have, FFG 2004, § 3, Rn. 3 (zur Aktualität siehe Fn. 474).

479 So jedenfalls v.Have/Schwarz, in: v.Hartlieb/Schwarz, Kap. 107, Rn. 10.

Regelungen für die Zusammensetzung von Präsidium, Verwaltungsrat und Förderkommissionen spiegeln die verschiedenen filmrelevanten Interessengruppen aus Filmwirtschaft sowie Politik, Gewerkschaft, Kirchen wider. Die Ausschüsse des Verwaltungsrats sind jeweils in kleinerem Umfang pluralistisch und repräsentativ besetzt, da sie sich aus Mitgliedern des Verwaltungsrats zusammensetzen, ohne dass gesondert Regelungen für die genaue Zusammensetzung bestehen. Im Falle des individuellen Interesses eines Mitglieds eines Organs oder einer Kommission der FFA an einer Entscheidung gibt es Regelungen für einen Ausschluss wegen Befangenheit bzw. die Folge der Unwirksamkeit bereits ergangener Beschlüsse bei rechtswidriger Mitwirkung des befangenen Mitglieds (§§ 11, 14, 25 Abs. 2 FFG, § 6 Abs. 1 FFA-Satzung).

Die repräsentative Besetzung der pluralen Organe und Unterteilungen der FFA ist zweifach rechtlich bedeutsam. Zum einen gewährleistet ein vielfältig, sowohl filmwirtschaftlich fachkundig als auch gesellschaftlich, besetztes Gremium im Hinblick auf die Filmabgabe eine verfassungsgemäße und im Sinne des Abgabenrechts gruppennützige Verwendung der Mittel (sowohl Mitglieder aus der Gruppe der Abgabepflichtigen wie Abgabeberechtigten) sowie es die Vermutung einer verfassungsgemäßen Auslegung des FFG als Wirtschaftsgesetz im Allgemeinen nahelegt, indem die Besetzung unter Berücksichtigung der filmwirtschaftlichen Repräsentanz die Entscheidungen und Fördertätigkeiten prägt. Zum anderen hat die Besetzung Auswirkungen auf die verwaltungsrechtliche und -gerichtliche Beurteilung der Entscheidungen der Gremien. Die Gremien fällen eine Entscheidung mit Beurteilungsspielraum, die verwaltungsgerichtlich nur eingeschränkt überprüfbar ist, vor allem die Förderkommissionen bei der Vergabeentscheidung hinsichtlich der Auswahl der zu fördernden Filme sowie bei der Auslegung unbestimmter Rechtsbegriffe, wie z.B. der Eignung des Films „die Qualität und Wirtschaftlichkeit des deutschen Films zu verbessern" gemäß § 59 Abs. 1 FFG.[480]

2. *Finanzierung und Fördermittel*

Die FFA wird finanziert durch die Filmabgabe. Diese wird von den Kinobetreibern, der Videowirtschaft und den Fernsehveranstaltern und Programmvermarktern

480 So auch v.Have/Schwarz, in: v.Hartlieb/Schwarz, Kap. 107, Rn. 9. Zu der verwaltungsrechtlichen Relevanz der Entscheidungen siehe unter 9., insbesondere für die Auslegung unbestimmter Rechtsbegriffe in § 59 Abs. 1 FFG wie die Eignung zur Verbesserung eines Filmvorhabens von Qualität und Wirtschaftlichkeit des deutschen Films.

erhoben. Die Kinobetreiber hatten die Verfassungsmäßigkeit der Abgabe 2004 in einem langjährig währenden Rechtsstreit angegriffen, an dessen Ende die Verfassungsmäßigkeit der Abgabe 2014 endgültig vom Bundesverfassungsgericht bestätigt wurde.[481] Weitere Einnahmen der FFA sind Rückzahlungen der Fördermittel, Beiträge der Rundfunkunternehmen und Zuführungen von dritter Seite (BKM, Bundesländer, Sonstige) und andere Verwaltungseinnahmen, Zinseinnahmen und Mieten sowie Entnahmen aus Rücklagen oder Einnahmen aus Überschüssen.[482]

Im Jahr 2018 beliefen sich die Einnahmen aus der Filmabgabe auf € 47,6 Mio. bei Gesamteinnahmen von € 74,2 Mio., im Vergleich dazu lagen 2015 die Einnahmen der Filmabgabe noch bei € 58,3 Mio. bei Gesamteinnahmen von € 84 Mio.[483]

Das Jahresbudget für die Filmförderung der FFA lag im Jahr 2018 bei € 69,4 Mio. (2015 bei rund € 64 Mio.).[484] Tatsächliche Ausgaben für Förderungsmaßnahmen wurden in Höhe von € 61,9 Mio. (2015 € 65,4 Mio.) getätigt.[485] Im Einzelnen wurden 2018 für die jeweiligen Förderprogramme Mittel wie folgt bewilligt[486]: für die Referenzfilmförderung € 11,941 Mio. (2015 € 12,087 Mio.), für die Projektfilmförderung € 14,913 Mio. (2015 € 14,988 Mio.) und für die Förderung nach dem Deutsch-französischen Minitraité € 1,565 Mio. (2015 € 1,5 Mio.), ferner für die Kurzfilmförderung € 0,637 Mio. (2015 € 0,666 Mio.), für die Drehbuchförderung € 1,341 Mio. (2015 € 0,98 Mio.), für die Projektverleihförderung € 7,765 Mio. und die Referenzverleihförderung € 3,02 Mio. (2015 für beide zusammen € 8,749 Mio.), für die Referenzkinoförderung € 2,09 Mio. und die Projektkinoförderung € 17,617 Mio. (2015 für die Kinoförderung insgesamt € 13 Mio.), für die Abspielkurzfilmförderung € 0,183 Mio. (2015 € 183.000), für die Förderung zur Herausbringung auf DVD/Blu-ray € 2,4 Mio. (2015 € 3,3 Mio.), für die Förderung zur Herausbringung über Video-on-Demand-Dienste € 35.000 (2015 € 55.000) sowie für sonstige Fördermaßnahmen € 10 Mio. (2015 €

481 BVerfG, Urt.v.28.1.2014 – 2 BvR 1561/12 u.a., BVerfGE 135, 155=NVwZ 2014, 646. Zum Rechtsstreit der Kinobetreiber gegen die Abgabe, siehe unter 4.

482 Vgl. Anlage zu § 15 der Satzung der FFA.

483 Vgl. FFA Geschäftsbericht 2018, S. 14; 2015, S. 11f.

484 Vgl. FFA Geschäftsbericht 2018, S. 16; 2015, S. 13. Für die Vergleichbarkeit mit UK wird hier zudem das Jahr 2015 aufgeführt, siehe auch entsprechende Erklärung in Teil 1 Einführung.

485 Vgl. FFA Geschäftsbericht 2018, S. 14; 2015, S. 11.

486 Vgl. FFA Geschäftsbericht 2018, S. 16; 2015, S. 13.

5,598 Mio.). Für die Initiative „Der besondere Kinderfilm“ stellt die FFA jährlich Mittel in Höhe von € 500.000 zur Verfügung.[487]

Grundsätzlich legt das FFG eine Verwendung der Mittel wie folgt fest. Vor der Distribution der Einnahmen auf die einzelnen Förderprogramme erfolgt ein Abzug von bis zu 10%, maximal € 50 Mio., für Aufwendungen zur Erfüllung der allgemeinen Aufgaben und zur Förderung der Digitalisierung des Filmerbes gemäß §§ 159 Abs. 1, 3 Abs. 2 FFG sowie der Verwaltungskosten gemäß § 159 Abs. 2 S. 1 FFG. Danach erfolgt die eigentliche Aufteilung der Gesamteinnahmen nach dem Verteilungsschlüssel des § 159 Abs. 2 S. 1 Nr. 1-8 FFG unter Berücksichtigung der Konkretisierungen der Absätze 3 bis 6: 30% der Einnahmen werden für die Projektfilmförderung und 28,5 % für die Referenzfilmförderung verwandt, 1,5% stehen für die Referenzförderung von Kurzfilmen und nicht programmfüllende Kinderfilmen zur Verfügung, 4% für die Drehbuch- und Drehbuchfortentwicklungsförderung, 14% sind zur Projektförderung für Verleih, Vertrieb und Videowirtschaft, 7% für die Referenzförderung für Verleihunternehmen, 10% für die Kinoprojektförderung und 5% für die Kinoreferenzförderung einzusetzen. Die Einnahmen der Fernsehveranstalter und Programmvermarkter sind ausschließlich für die Projektfilmförderung zu verwenden, § 160 FFG.

3. *Aufgaben*

Der FFA obliegt im Wesentlichen die Förderung des deutschen Films und der deutschen Filmwirtschaft. Sie ist darüber hinaus aber auch in Auftragsverwaltung für die Durchführung der Förderung anderer Stellen zuständig und insgesamt zentraler Dienstleister für die deutsche Filmwirtschaft.

Die Aufgaben der FFA sind in § 2 ff. FFG geregelt. Wichtigste Aufgabe ist die eigene Fördertätigkeit mit verschiedenen normierten Förderprogrammen gemäß § 3 Abs. 1, §§ 39 ff. FFG. Die Förderprogramme werden unten in den Abschnitten 5.-7. dargestellt. Der FFA sind verschiedene weitere Aufgaben übertragen worden. Die Aufgaben umfassen laut Aufgabenkatalog des § 2 S. 1 FFG folgende: in inhaltlicher Art Fördermaßnahmen für den deutschen Film und die Förderung der Strukturverbesserung der Filmwirtschaft in Deutschland (Nr. 1), die Unterstützung der gesamtwirtschaftlichen Belange der Filmwirtschaft, insbesondere die Bekämpfung von Urheberrechts- und Leistungsschutzrechtsverletzungen und die Filmbildung junger Menschen (Nr. 2), die Digitalisierung des

487 Vgl. FFA Geschäftsbericht 2018, S. 64; 2015, S. 19.

deutschen Filmerbes (Nr. 3), die Verbesserung der internationalen Orientierung des deutschen Filmschaffens und der Grundlagen für die inländische Verbreitung und Auswertung und der wirtschaftlichen sowie kulturellen Ausstrahlung im Ausland (Nr. 4) sowie die Unterstützung von deutsch-ausländischen Gemeinschaftsproduktionen (Nr. 5). Ferner listet der Katalog in organisatorischer Natur die Aufgaben der Unterstützung der Zusammenarbeit zwischen der Filmwirtschaft und den Fernsehveranstaltern zur Stärkung des deutschen Kinofilms (Nr. 6), der filmpolitischen Beratung der Bundesregierung zu zentralen Belangen des deutschen Films eingeschlossen zu Harmonisierungsmaßnahmen durch die EU (Nr. 7), der Hinwirkung auf eine Abstimmung der Filmförderung von Bundes- und Länderförderung (Nr. 8) sowie der Hinwirkung von sozialverträglichen Beschäftigungsverhältnissen in der Filmwirtschaft (Nr. 9).

Die FFA nimmt also neben den normierten Förderprogrammen nach dem FFG sonstige Fördermaßnahmen vor, die den Aufgaben des § 2 FFG und Zielen des FFG entsprechen, und kann in diesem Rahmen Fördermittel gewähren gemäß § 3 Abs. 2 FFG. So führt die FFA z.B. eigene Marktforschungen und Statistiken u.a. zu Kinobesuchen, Marktanteilen, Sehgewohnheiten des Publikums durch, deren Ergebnisse regelmäßig auf den Internetseiten der FFA und in den Publikationen FFA-info und FFA info-compact veröffentlicht werden.

Das FFG gestattet gemäß § 3 Abs. 3 FFG der FFA mit Zustimmung der BKM zur Erfüllung ihrer Aufgaben eine Beteiligung an anderen Einrichtungen. Dazu zählt z.B. die Beteiligung an der Organisation der Außenvertretung des deutschen Films im Ausland. In diesem Rahmen ist die FFA Gesellschafterin der Einrichtungen German Films Service + Marketing GmbH (siehe unter VI.) und Vision Kino gGmbH. Die Vision Kino gehört zum Aufgabenbereich der Filmbildungsarbeit. Darüber hinaus beteiligt sie sich an verschiedenen Initiativen, z.B. „Der besondere Kinderfilm" (siehe unter VII.), dem Kurzfilmpreis Short Tiger (zusammen mit German Films) und dem Drehbuchpreis Kindertiger (zusammen mit Vision Kino und KiKA).

Gemäß § 4 FFG kann die FFA gegen Kostenerstattung auch Fördermaßnahmen für andere Fördereinrichtungen vornehmen. Zusätzlich zu der eigenen Fördertätigkeit übernimmt die FFA in Auftragsverwaltung die Durchführung der Förderung der BKM und des Deutschen Filmförderfonds (DFFF) sowie des neuen German Motion Picture Fund.

Zur Unterstützung von deutsch-ausländischen Gemeinschaftsproduktionen ist die FFA gemäß § 3 Abs. 4 FFG befugt, bi- oder multilaterale Vereinbarungen mit ausländischen Förderstellen oder den Fördereinrichtungen der Länder abzuschließen.

Im Rahmen von Eurimages vertritt die FFA Deutschland und stellt die deutsche Vertretung im Eurimages Board of Management.

4. *Rechtsgrundlagen für die Fördertätigkeit*

a. *Filmförderungsgesetz (FFG)*

Die Filmförderung der FFA ist vor allem im Gesetz über Maßnahmen zur Förderung des deutschen Films, kurz Filmförderungsgesetz (FFG), geregelt. Die ursprüngliche Fassung vom 22.12.1967 ist in Kraft getreten am 01.01.1968. Seit dem 01.01.2017 gilt die Neufassung des FFG vom 23.12.2016. Das FFG ist ein abgabenbasierendes Wirtschaftsförderungsgesetz und als solches in seiner zeitlichen Geltungsdauer befristet, um verfassungsrechtlich konform die Notwendigkeit in regelmäßigen Abständen zu überprüfen. Neben den verfassungsrechtlichen Fragen der Kompetenz des Bundes zum Erlass des Gesetzes und der Filmabgabe wird bisweilen die Kritik erwähnt, dass durch die Selektion der Förderung des FFG eine verfassungswidrige Vorzensur stattfände. Dies wird jedoch von der herrschenden Meinung zurückgewiesen.[488] Im Folgenden werden die anderen zwei aufgeworfenen verfassungsrechtlichen Probleme erörtert.

aa. *Kompetenzielles Problem des FFG*

Jahrelang wurde immer wieder die Janusköpfigkeit des FFG mit Wirtschaftsförderung auf der einen Seite und Kulturförderung auf der anderen Seite diskutiert und die Gesetzgebungskompetenz des Bundes für das FFG in Frage gestellt. Dem Bund stehen nur dann Gesetzgebungskompetenzen zu, wenn das Grundgesetz ihm diese ausdrücklich einräumt. Dafür führt das Grundgesetz eine Enumeration der Bundeszuständigkeiten auf. Zugleich stellt es eine Zuständigkeitsvermutung zugunsten der Bundesländer in Art. 70 GG auf. Der Bund muss sich für den Erlass eines Gesetzes auf einen der niedergelegten Kompetenztitel berufen können. Inzwischen besteht weitgehend Einigkeit darüber, dass das FFG sich schwerpunktmäßig als Wirtschaftsförderung darstellt und sich daher auf das konkurrierende Gesetzgebungsrecht des Bundes für das Recht der Wirtschaft gemäß Art. 74 Abs. 1 Nr. 11 GG stützen kann.[489] Im Folgenden

---

488 Ausführliche Argumentation gegen die Annahme einer verfassungswidrigen Vorzensur (Art. 5 Abs. 1 S. 3 GG) durch das FFG bei v.Have/Schwarz, in: v.Hartlieb/Schwarz, Kap. 106, Rn. 12; zu der lenkenden Funktion von Subventionen siehe Ruthig/Storr, Rn. 763ff. sowie Maurer, § 17, Rn. 1ff.

489 Vgl. v.Have/Schwarz, in: v.Hartlieb/Schwarz, Kap. 106, Rn. 5.

wird diese komplexe und lang umstrittene verfassungsrechtliche Kompetenzfrage erörtert und es werden die überzeugenden dafür sprechenden Argumente zusammengefasst.

(1) Wirtschafts- und Kulturkompetenz, Kompetenzkonflikt

Die Kompetenznorm „Recht der Wirtschaft" ist eine weite Norm und dadurch besonders abgrenzungsbedürftig.[490] Zu den in der Vorschrift aufgezählten Wirtschaftsbereichen treten weitere von der Rechtsprechung anerkannte Bereiche.[491] Umfasst sind laut der Rechtsprechung des Bundesverfassungsgerichts grundsätzlich „alle das wirtschaftliche Leben und die wirtschaftliche Betätigung als solche regelnde Normen zu begreifen und vor allem diejenigen Vorschriften dazuzurechnen, die sich in irgendeiner Form auf die Erzeugung, Herstellung und Verteilung von Gütern des wirtschaftlichen Bedarfs beziehen"[492], und darüber hinaus „auch alle anderen das wirtschaftliche Leben und die wirtschaftliche Betätigung als solche regelnde Normen".[493] Die Rechtsprechung des BVerfG hat also eine umfangreiche Bundeskompetenz anerkannt. Es können das Wirtschaftsleben insgesamt oder einzelne Wirtschaftszweige geregelt sowie Regelungen zur Ordnung und Lenkung der Wirtschaft und Wirtschaftsorganisation erlassen werden.[494] Es liegt in der Natur der Filmförderung, dass sie sowohl dem Bereich Wirtschaft als auch dem Bereich Kultur zugeordnet werden kann, sozusagen eine Schnittstelle zwischen beiden Bereichen darstellt.[495] Bei der allgemeinen Pflege der Kultur handelt es sich um eine ausschließliche Länderkompetenz, da es dem Bund an einer Zuständigkeit fehlt.[496] Das Kulturrecht umfasst als

---

490 Vgl. Seiler, in: BeckOK GG, Art. 74, Rn. 31.

491 Ob und wieweit die Aufzählung der Bereiche in der Klammer in Nr. 11 abschließend ist, ist umstritten. Nach der wohl h.M. hat sie lediglich Beispielcharakter ohne erschöpfend zu sein, siehe Maunz, in Maunz/Dürig, GG, Art. 74, Rn. 135 m.w.N., der jedoch eine erschöpfende Aufzählung insoweit sieht, als Regelungen für ein oder mehrere Wirtschaftszweige zumindest unter ein aufgezähltes Sachgebiet zu fassen sein sollen, wobei die Sachgebiete weit auszulegen seien.

492 BVerfGE 8, 149=NJW 1995, 29.

493 BVerfGE 29, 409=NJW 1971, 319.

494 Vgl. Seiler, in: BeckOK GG, Art. 74, Rn. 32.

495 So auch Hertel/Müller/Schapiro, FFG, Einl., Rn. 1 (bezogen auf frühere Fassung, aber da keine inhaltliche Änderung, nach wie vor zutreffende Aussage).

496 Vgl. Uhle, in: Maunz/Dürig, GG, Art. 70, Rn. 106; Wittreck, in: Dreier, GG, Art. 70, Rn. 15 (bezeichnet als Real-Residualkompetenz); u.a. BVerfGE 135, 155=NVwZ 2014, 646, Ziff. 103.

Oberbegriff verschiedene Einzelbereiche, für die eine Gesetzgebungskompetenz des Bundes nicht besteht. Die Kulturkompetenz der Länder folgt daher aus der Zuständigkeitsvermutung der Länder gemäß Art. 70 GG. Die Kulturhoheit der Länder schließt allerdings nicht aus, dass der Bund vereinzelte Kompetenzen auf dem Gebiet der Kultur hat.[497] Zudem folgt aus der Landeskompetenz für Kultur auch nicht, „dass die Gesetzgebungszuständigkeiten des Bundes Einwirkungen auf den Kulturbereich und eine Berücksichtigung kultureller Belange von vornherein nicht ermöglichen."[498] So steht dem Bund die ausschließliche Gesetzgebungskompetenz über den Schutz deutschen Kulturguts gegen die Abwanderung ins Ausland (Art. 73 Abs. 1 Nr. 5a GG) und über den gewerblichen Rechtschutz, sowie das Urheberrecht und Verlagsrecht (Art. 73 Abs. 1 Nr. 9 GG) zu. Ferner verfügt der Bund u.a. über die Kompetenz im Bereich der Auslandsschulen[499] und für den Auslandsrundfunk, also die Ausstrahlung von Rundfunksendungen, die ausschließlich oder zumindest ganz überwiegend für Verbreitungsgebiete im Ausland bestimmt sind[500].

Eine Abgrenzung der Kompetenzen zwischen Bund und Ländern wird erforderlich, wenn die Länder eine Kompetenz inne haben, die selbständig neben die Bundeskompetenz tritt, wie hier die Kulturkompetenz der Länder und die Wirtschaftskompetenz des Bundes, und die zu regelnde Materie abstrakt betrachtet in beide Kompetenzen fallen kann und damit sowohl ein Bundesgesetz wie Ländergesetze in Betracht kommen.[501] Es kommt mithin zu einem Kompetenzkonflikt, bei dem der Regelungsgegenstand sachlich mit der Materie verschiedener Gesetzgebungszuständigkeiten verknüpft ist. Um Kompetenzkonflikte zu lösen, bestehen verschiedene Auslegungsgrundsätze für die Abgrenzung der Kompetenzen. Für den bestehenden Konflikt können insbesondere Zuordnungskriterien speziell für Kompetenzkonflikte im Rahmen der konkurrierenden Gesetzgebung herangezogen werden. Dazu zählt das in der Literatur angewandte Kriterium des überwiegenden Sachzusammenhangs oder auch des Schwerpunkts der Regelung.[502] Das BVerfG hat stattdessen auf einen

---

497 Vgl. Uhle, in: Maunz/Dürig, GG, Art. 70, Rn. 106; zur Reichweite der Kulturkompetenz und des Kulturauftrags des Bundes siehe weiterführend Becker, ZUM 2010, 752 (755).

498 So BVerfGE 135, 155=NVwZ 2014, 646, Ziff. 104.

499 Vgl. Uhle, in: Maunz/Dürig, GG, Art. 70, Rn. 106 m.w.N.

500 Vgl. ausführlich Dörr, Die verfassungsrechtliche Stellung der Deutschen Welle, S. 20ff. (21); auch Uhle, in: Maunz/Dürig, GG, Art. 70, Rn. 106 m.w.N.

501 Vgl. Maunz, in: Maunz/Dürig, GG, Art. 74, Rn. 7.

502 Vgl. Maunz, in: Maunz/Dürig, GG, Art. 74, Rn. 12 m.w.N.

inneren, notwendigen, sachlichen, unmittelbaren oder unerlässlichen Zusammenhang zwischen Regelung und Kompetenz abgestellt.[503] Darunter zählt auch der Fall einer dienenden Funktion, die als Hilfszuständigkeit miterfasst ist, oder eines mit der Hauptmaterie verbundenen Nebenzwecks, der von der Kompetenz der Hauptmaterie erfasst ist. Ein weiteres Kriterium zur Kompetenzlösung ist der Grundsatz des Art. 30 GG, dem Primat der Länderzuständigkeit. Diese darf nicht durch den Bundesgesetzgeber ausgehöhlt werden.[504] Besondere Vorsicht ist bei einer ausschließlichen Länderzuständigkeit walten zu lassen, die sich nicht durch Subtraktion ergibt, sondern im Grundgesetz ausdrücklich den Ländern vorbehalten ist, wie das Landesverfassungsrecht oder das Kommunalrecht. Das Kulturrecht dagegen ergibt sich aus der Subtraktion. Besondere Zurückhaltung ist bei der Auslegung einer Bundeskompetenz aber auch angebracht, wenn es um das Hineinragen in Bereiche wie der Kultur geht, die in der Zuständigkeit der Länder liegen.

(2) Zuordnung des FFG

Im Folgenden wird näher betrachtet, wie das FFG einzuordnen ist, insbesondere in welchem Kompetenzbereich der geregelte Sachverhalt seinem Schwerpunkt bzw. seinem inneren, sachlichen, unmittelbaren Zusammenhang nach anzusiedeln ist.

Die Filmförderung wurde von der Rechtsprechung bereits früh als von der Wirtschaftskompetenznorm umfasster Bereich anerkannt.[505] Bestätigt hat dies erst zuletzt das BVerfG 2014 im jüngsten Streit um das FFG, dass eine im Schwerpunkt wirtschaftsbezogene Regelung zugleich eine den Bundesländern zugeordnete Kompetenzmaterie berühren kann, ohne dass dies die Verfassungsmäßigkeit der Bundeskompetenz in Frage stellt.[506] Solange der Schwerpunkt in der Wirtschaftsförderung liegt, ist es demnach grundsätzlich unschädlich, dass das FFG auch die kulturelle Seite der Filmförderung berührt.

Zielsetzung des FFG war und ist die Stärkung der deutschen Filmwirtschaft und des deutschen Films als Kulturwirtschaftsgut, die Verbesserung der wirtschaftlichen Grundlagen und die Gewährleistung günstiger rechtlicher Rahmenbedingungen, die Qualitätssteigerung sowie die Verbreitung des deutschen

503 Vgl. BVerfGE 7, 39.

504 Vgl. Maunz, in: Maunz/Dürig, GG, Art. 74, Rn. 15, 16.

505 Vgl. BVerwG, Urt.v.8.2.1974 – VII C 40/72, BVerwGE 45, 1, Ziff. 16ff.; zuletzt bestätigt in BVerwGE 139, 42; BVerfGE 135, 155.

506 Vgl. BVerfGE 135, 155=NVwZ 2014, 646, Ziff. 102 ff.

Films im In- und Ausland und die Verbesserung der internationalen Wettbewerbsfähigkeit.[507] Dieses sind sämtlich primär wirtschaftliche Ziele.[508] Das FFG erwähnt an keiner Stelle ausdrücklich die Kunst- oder Kulturförderung.

Beim Erlass des ersten FFG hat der Bundesgesetzgeber die föderale Kompetenzverteilung und zugleich seinen Willen für ein Wirtschaftsförderungsgesetz unterstrichen, indem das FFG dem Bundestag in seiner zweiten und dritten Beratung vorgestellt wurde „ausschließlich als Wirtschaftsförderungsgesetz [zu] begreifen, ein Wirtschaftsförderungsgesetz, welches zwar kulturelle Impulse geben soll und geben kann, in dem es aber nicht möglich war [...] mehr als bisher kulturpolitische Akzente zu setzen“[509]. Zur Klarstellung hat der Bundestag in einer Entschließung die begrenzte Reichweite von Fördermaßnahmen gestützt auf die Bundeskompetenz hervorgehoben und festgestellt: „eine umfassende, von dem Grundsatz der Untrennbarkeit zwischen Filmwirtschaft und Filmkultur ausgehende Filmförderung scheitert an der fehlenden kulturpolitischen Gesetzgebungskompetenz des Bundes“[510]. Weiter macht der Gesetzgeber in der Entschließung deutlich, dass das FFG als Wirtschaftsgesetz die kulturelle Dimension des deutschen Films nicht angemessen behandeln könne, die „Erneuerung und Weiterentwicklung des deutschen Films auf rein wirtschaftlicher Basis ohne gleichzeitige Qualitätshebung, ohne nachhaltige Förderung der Forschung, Entwicklung und Bildung im Filmbereich und ohne planmäßige und kontinuierliche Unterstützung des Filmnachwuchses sowie der Stärkung bereits vorhandener Reformimpulse bliebe unvollständig“[511]. Deswegen werden die Länder ferner aufgefordert, durch filmkulturelle Fördermaßnahmen die filmwirtschaftlichen Fördermaßnahmen des FFG zu ergänzen.

Es stellt sich jedoch die Frage, ob sich mit verschiedenen Änderungen, die mit dem FFG 2004 eingeführt wurden und mit denen die zu fördernde Qualität hervorgehoben wurde, der Förderungszweck verschoben hat, von einer Wirtschaftsförderung hin zu einer Kulturförderung.

Der Qualitätsbegriff wird in mehreren Vorschriften des FFG erwähnt, nämlich in § 1 Abs. 1 S. 1 (Gesetzeszweck), § 46 S. 2 (nicht förderfähige Filme aufgrund

---

507 Vgl. Protokoll der 139. Sitzung des Bundestags am 1.12.1967, S. 7073; BR-Drs. 376/03, S. 47.

508 So findet sich denn auch in der Begründung des Gesetzesentwurfs des FFG 2004 die Formulierung: „Innerhalb des Gesamtkonzepts der Filmförderung in Deutschland verfolgt das FFG primär wirtschaftliche Ziele“; BR-Drs. 376/03, S. 50.

509 Protokoll der 139. Sitzung des Bundestags am 1.12.1967, S. 7030.

510 Anlage 6 zum Protokoll der 139. Sitzung des Bundestags am 1.12.1967, S. 7073.

511 Anlage 6 zum Protokoll der 139. Sitzung des Bundestags am 1.12.1967, S. 7073.

geringer Qualität), § 59 Abs. 1, § 100 Abs. 1, 107 Abs. 1 FFG (Verknüpfung des Qualitätsbegriff mit Wirtschaftlichkeit bei Projektfilmförderung, Drehbuchförderung und Drehbuchfortentwicklungsförderung). Grundsätzlich ist der Begriff der Qualität ein unbestimmter Rechtsbegriff, der weit auszulegen ist.[512]

Fraglich ist, ob der Qualitätsbegriff stets kulturbezogen ist und gleichzusetzen ist mit Kulturförderung oder sich auch auf die Wirtschaftlichkeit beziehen kann.

In § 1 FFG wird die Qualität ausdrücklich bezogen auf die kreativ-künstlerische. Absatz 1 der Vorschrift wurde mit der 4. Novellierung des FFG 2004 geändert und erstmals die Förderung der kreativ-künstlerischen Qualität neben der Wirtschaftsförderung als Gesetzeszweck erwähnt. In der alten Fassung war die kreativ-künstlerische Qualität als Aufgabe in § 2 Abs. 1 Nr. 1 FFG a.F. geregelt. Die Förderung der wirtschaftlichen Qualität des deutschen Films war in einem früheren Entwurf und auch in der Stellungnahme des Bundesrats[513] zur Neufassung des § 1 FFG 2004 formuliert, jedoch blieb in der verabschiedeten Fassung allein die kreativ-künstlerische Qualität stehen. Die verschiedenen Formulierungen hinsichtlich des Qualitätsbegriffs zeigen, dass differenziert werden soll, auf welche Eigenschaft die Qualität bezogen wird. Damit ist mit der nicht in die Endfassung des Gesetzes übernommenen Formulierung (Förderung der wirtschaftlichen Qualität) und der zugleich beibehaltenen Konkretisierung der kreativ-künstlerischen Qualität deutlich, dass eben auch nur diese Förderziel sein soll und kein Raum für Interpretationen bleibt, die Wirtschaftlichkeit in den Begriff der kreativ-künstlerischen Qualität i.S.d. § 1 Abs. 1 hinein zu lesen.

Durch die Einfügung der kreativ-künstlerischen Qualität in § 1 Abs. 1 als Gesetzeszweck wird die Zweckbestimmung des FFG erweitert. Diese Ergänzung stellt damit die kulturpolitische Intention der Filmförderung und die Verdeutlichung der kulturellen Komponente dar, wobei zentraler Ausgangspunkt die Strukturförderung und ökonomische Leistungsfähigkeit und Wettbewerbsfähigkeit der Filmwirtschaft ist.

Zwar könnte bei einer isolierten Betrachtung des Wortlauts die Schlussfolgerung gezogen werden, dass beide Zwecke gleichrangig nebeneinander stehen. Allerdings soll ausweislich der amtlichen Gesetzesmaterialien des 4. Änderungsgesetzes der Förderung der kreativ-künstlerischen Qualität des deutschen Films nur eine dienende Funktion zukommen, denn „der wirtschaftliche Erfolg im Inland und im Ausland [ist] ohne eine Stärkung qualitativer und damit auch kultureller Merkmale einschließlich des kreativ-künstlerischen Filmschaffens

512 Vgl. v.Have/Schwarz, in: v.Hartlieb/Schwarz, 106. Kap., Rn. 6, 115. Kap., Rn. 2.
513 Vgl. Stellungnahme des Bundesrats, BR-Drs. 376/03 (B), FFG 2004, S. 2, 2.

nicht dauerhaft erreichbar“[514]. § 1 FFG benennt die kreativ-künstlerische Qualität zudem als Voraussetzung für den Erfolg des deutschen Films. Hier wird durch den Wortlaut bereits deutlich gemacht, dass die Qualität Voraussetzung für das Wirtschaftsgut Film und der kulturelle künstlerische Aspekt ein untrennbares Kriterium ist. Zwar werden Qualität und Wirtschaftlichkeit als zwei unterschiedliche Begriffe genannt wie in § 59 Abs. 1 FFG, jedoch macht gerade die Formulierung in § 1 Abs. 1 FFG die Konnexität der Wirtschaftlichkeit und der künstlerischen Qualität des deutschen Films deutlich.[515] Die kulturelle Qualität des deutschen Films ist schwer von dem Wirtschaftsgut Film zu trennen[516], wird doch mit einer Verbesserung der Qualität des deutschen Films auch die Filmwirtschaft gestärkt. Dieses Ineinandergreifen von Kultur und Wirtschaft ist in allen Bereichen gegeben, in denen ein kulturelles Gut zugleich ein Wirtschaftsgut darstellt.[517] Die mit dem FFG 2004 eingeführte Ergänzung des Wortlauts in § 1 Abs. 1 FFG von „kreativ-künstlerischer Qualität“ hebt vor dem oben ausgeführten gesetzeshistorischen Hintergrund lediglich die Untrennbarkeit von Filmwirtschaft und Filmkultur hervor, die der Gesetzgeber bereits bei Einführung des FFG erkannt hat, ohne das FFG als Wirtschaftsgesetz in Frage zu stellen.

Auch die Rechtsprechung hat festgestellt, dass das FFG primär wirtschaftliche Ziele verfolgt und der kulturelle Zweck hinter dem wirtschaftspolitischen Hauptzweck zurücktritt.[518] Es handelt sich folglich nicht um einen Selbstzweck, sondern um ein unterstützendes Mittel zur Erreichung des Zwecks der Wirtschaftsförderung.[519] Ferner hat die Rechtsprechung ebenfalls die dienende Bedeutung des Qualitätsmerkmals anerkannt.[520]

---

514 BR-Drs. 376/03, S. 54.

515 „Das Ziel der Qualitätsförderung auch in kreativ-künstlerischer Hinsicht macht das FFG jedoch noch nicht zu einem Kunst- und Kulturförderungsgesetz, das nicht mehr als Wirtschaftsgesetz betrachtet werden kann.“ V.Have/Schwarz, in: v.Hartlieb/Schwarz, Kap. 106, Rn. 5.

516 So auch v.Have/Schwarz, in: v.Hartlieb/Schwarz, Kap. 106, Rn. 6.

517 Für manche Bereiche besteht eine Bundesgesetzgebungskompetenz, wie z.B. die ausschließliche Bundeskompetenz gemäß Art. 73 Abs. 1 Nr. 9 GG, auf die sich das Buchpreisbindungsgesetz stützt, das das Verlagswesen durch eine (bundes-)gesetzliche Buchpreisbindung bei Büchern unterstützt.

518 So BVerwGE 133, 165=ZUM 2009, 492, Ziff. 18; BVerwGE 139, 42=NVwZ 2011, 998, Ziff. 20.

519 Vgl. Hertel/Müller/Schapiro, FFG, § 1, Rn. 2 (zur Aktualität siehe Fn. 495).

520 Vgl. BVerwGE 133, 165=ZUM 2009, 492, Ziff. 18.

Bei Einbeziehung des Willens des Gesetzgebers, Entstehungsgeschichte und Sinn und Zweck der Norm sind daher die genannten Zwecke gerade nicht gleichrangig.[521] Der geänderte Wortlaut des FFG 2017 hat auf den Hauptzweck des FFG als Wirtschaftsförderungsgesetz also keine Auswirkungen.[522]

Das BVerwG hat in seinem Beschluss 2009 auch festgestellt, dass in diesem Licht der dienenden Funktion der Qualität die weiteren Einzelvorschriften zu verstehen sind, insbesondere die Vorschriften, die sich auf die Gewährung der Förderung beziehen, und hier vor allem die Vorschriften, die die allgemeinen und speziellen Qualitätsanforderungen bei der Filmproduktionsförderung betreffen.[523]

In der Vorschrift zu nicht förderfähigen Filmen (§ 46 FFG) ist zwar nicht ausdrücklich die kreativ-künstlerische Qualität erwähnt, jedoch bezieht sich der Begriff „geringe Qualität", der hier einen nicht förderfähigen Film beschreibt, sämtlich auf kreativ-künstlerische Kriterien. § 46 FFG stellt auf die geringe Qualität unter Gesamtbetrachtung von verschiedenen Kriterien der Grundanforderungen filmhandwerklicher und filmkünstlerischer Art ab. Diese sind beispielhaft und nicht abschließend aufgeführt: in inhaltlicher Hinsicht der dramaturgische Aufbau und das Drehbuch, in filmischer Sicht die Gestaltung, die Kameraführung, der Bildschnitt, die schauspielerische Leistungen und die Animation.

Dagegen verbinden die §§ 59, 100, 107 FFG (Projektfilmförderung, Drehbuchförderung und Drehbuchfortentwicklungsförderung) den Qualitätsbegriff mit der Wirtschaftlichkeit des Films. Qualitätsbeschreibende Kriterien wie kreativ-künstlerisch sind nicht aufgeführt. Welche Kriterien die Qualität verbessern sollen, ist dem Wortlaut daher nicht zu entnehmen. Bei der Verknüpfung

---

521 So auch Hertel/Müller/Schapiro, FFG, § 1, Rn. 2 (zur Aktualität siehe Fn. 495). A.A. Kasten, ZUM 2008, 751, der zwar ebenfalls die Auffassung teilt, dass das FFG 2009 die Zwecke nicht gleichrangig ausgestaltet, dies jedoch für falsch erachtet und für eine Gleichrangigkeit plädiert. Kasten verkennt bei seiner Argumentation jedoch, dass die kulturbezogenen Änderungen des FFG der Herstellung der Europarechtskonformität dienen, dass jedoch weder die europarechtliche Einordnung des FFG als Kulturförderung und nationale Einordnung als Wirtschaftsförderung identisch ist noch sich widerspricht und die deutsche Einordnung des FFG von der verfassungsrechtlichen Kompetenzvorgabe bestimmt wird.

522 So auch Hertel/Müller/Schapiro, FFG, § 1, Rn. 2 (zur Aktualität siehe Fn. 495).

523 Vgl. BVerwG, Beschl.v.25.2.2009 - 6 C 47/07 u.a., BVerwGE 133, 165=ZUM 2009, 492, Ziff. 18; die Feststellung des Gerichts ist bezogen auf §§ 2 Abs. 3, 14ff., 68a, 19 S. 2, 32 Abs. 1, 47 Abs. 1 S. 1 FFG 2004.

in § 59 (und §§ 100, 107 FFG) wird also nur ein Film (bzw. Drehbuch) gefördert, der (das einen Film erwarten lässt, der) mindestens die Besucherzahlen erreichen soll, die Voraussetzung für eine Referenzfilmförderung sind.[524] In die Wirtschaftlichkeit fließen neben den Besucherzahlen auch die Auswertungschancen im Fernsehen, im Videovertrieb/ Video-on-Demand-Vertrieb und im internationalen Vertrieb ein. Anhand der Verknüpfung in § 59 FFG von Qualität und Wirtschaftlichkeit wird der Zweck des Gesetzes als Wirtschaftsförderung deutlich. Die Förderung des FFG stellt sowohl bei der Referenzförderung wie der Projektförderung auf den Zuschauererfolg ab. Bei der Referenzfilmförderung werden Preise und Festivalerfolge bei der Berechnung der Referenzpunkte berücksichtigt, die dann in Summe die notwendigen Referenzpunkte aus dem Zuschauererfolg senken, ausschlaggebend bleibt jedoch die Zuschauerzahl, also der wirtschaftliche Erfolg an den Kinokassen. So statuiert auch das BVerwG, dass eine Prämierung häufig den Zuschauererfolg wegen ihrer Werbewirksamkeit bedingt.[525] Damit ist die kreativ-künstlerische Qualität nicht wirtschaftsfremd.

Die Form der Auszahlung der Projektfördermittel als Darlehen verdeutlicht ebenfalls die wirtschaftliche Ausrichtung. Wenngleich die Rückzahlungsquote niedrig ist[526], soll ein intendierter Rückfluss den Bestand der Filmförderung sichern und zu Reinvestitionen in die Filmwirtschaft führen.

Sowohl § 1 Abs. 1 wie §§ 59 Abs. 1, 100 Abs. 1, 107 Abs. 1 FFG beziehen die Qualität nicht auf einen einzelnen Film, sondern den deutschen Film als solchen.[527] Speziell aus § 46 FFG, der den Qualitätsbegriff als Bewertungskriterium für nicht förderungswürdige Filme verwendet, lässt sich ableiten, dass der Qualitätsbegriff im Sinne des FFG als der Wirtschaftlichkeit eines Films dienend zu verstehen ist.

Der Qualitätsbegriff des FFG kann nach den obigen Erläuterungen der verschiedenen Einzelvorschriften in conclusio nicht gleichbedeutend mit Kulturförderung angesehen werden.[528] Vielmehr ist er zunächst neutral und stellt eine Eigenschaft dar, während die Wirtschaftlichkeit ein Kriterium ist. Erst in

---

524 Vgl. v.Have/Schwarz, in: v.Hartlieb/Schwarz, Kap. 115, Rn. 13.

525 Vgl. BVerwGE 133, 165=ZUM 2009, 492, Ziff.18.

526 In dem Zeitraum von 1999-2013 lag die Rückzahlungsquote bei der Projektfilmförderung bei gerade einmal 7%, dagegen lagen die Rückzahlungsquoten bei der Verleihförderung (17%), Videoförderung (56%) und Kinoförderung (70%) im gleichen Zeitraum weitaus höher, vgl. FFA Analyse und Bewertung der Entwicklung der FFA-Förderungen 2009-2013, S. 74.

527 So v.Have/Schwarz, in: v.Hartlieb/Schwarz, Kap. 106, Rn. 6.

528 So auch v.Have/Schwarz, in: v.Hartlieb/Schwarz, Kap. 106, Rn. 10.

Verbindung mit einem Bezugspunkt wird der Qualitätsbegriff ausgefüllt. Das FFG ist daher eine Wirtschaftsförderung, der eine beiläufige Kunst- und Kulturförderung innewohnt.[529]

Auch die Besetzung der Gremien der FFA kann keine Verschiebung des FFG zu einer Kulturförderung begründen. Die kulturpolitisch gewollte Berücksichtigung von filmkünstlerischen Vertretern in der Vergabekommission mit dem FFG 2004 hatte nicht dazu geführt, dass diese in der Mehrheit waren. Seitdem wurden weitere Veränderungen vorgenommen. Die Ausgestaltung der Gremien und Kommissionen der FFA und die Besetzung der Mitglieder mit einem größeren Anteil von filmwirtschaftlichen als filmkünstlerischen Experten und Vertretern sichert die verfassungsgemäße Anwendung als Wirtschaftsförderung. Die Vergabekommissionen setzen sich mehrheitlich aus Vertretern des filmwirtschaftlichen Bereichs zusammen, die Vertreter aus dem filmkünstlerischen Bereich sind in der Minderheit. Die Vergabeentscheidung beinhaltet eine Beurteilung einer Erfolgsprognose. Den Gremien kommt bei ihren Entscheidungen ein Beurteilungsspielraum zu.

Die Änderungen speziell durch die 4. Novellierung mit dem FFG 2004 haben somit den Wirtschaftscharakter des Gesetzes nicht transformiert. Dies gilt auch für die nachfolgenden Gesetzesfassungen bis zum FFG 2017.

Mit dem FFG 2009 wurde u.a. der sog. Kulturtest[530] eingeführt. Die Änderungen, die hierdurch in verschiedene Normen eingeflossen und ausdrücklich kulturbezogen sind, sind europarechtlich motiviert.[531] Für die europäische Filmmitteilung ist entscheidend, dass es sich um eine Kulturförderung handelt um eine Fördermaßnahme als vereinbar mit dem europäischen Beihilfenrecht anzusehen. Deswegen wurde auf europarechtlicher Ebene in die Filmmitteilung ein kultureller Test eingeführt, der in nationales Recht eingefügt werden

529 Zu Recht wird in der Diskussion um die Verfassungsmäßigkeit des FFG einschränkend darauf hingewiesen, dass diese Auslegung des Qualitätsbegriffs freilich von der FFA auch genauso angewandt werden muss, vgl. v.Have/Schwarz, in: v.Hartlieb/Schwarz, Kap. 106, Rn. 10.

530 Näher dazu im Teil 4 Europarechtliche Grundlagen, C.II.2.c.bb.

531 Die dem Bundesamt für Wirtschaft und Ausfuhrkontrolle (BAFA) eingeräumte Hinzuziehungskompetenz der FFA zur Prüfung der kulturellen Kriterien begründet ein Verfahren, das durchaus kritisch im Hinblick auf die kulturpolitische Beeinflussungsmöglichkeit einer mittelbaren Bundesverwaltungseinrichtung, der FFA, betrachtet werden kann, so Pres, DÖV 2009, 155 (156). Es stellt jedoch lediglich eine Folge des europarechtlich motivierten Kulturtests dar und kann die wirtschaftliche Ausrichtung des FFG nicht erschüttern.

sollte. Folglich sind die deutlich kulturbezogenen Kriterien in §§ 41, 42 FFG rein europarechtlich motoviert anzusehen. Für die europarechtliche Beihilfebeurteilung von Filmfördermaßnahmen kommt es auf die Bedeutung an, die diese Fördermaßnahmen für den wirtschaftlichen Wettbewerb haben, aber nicht darauf, dass sie keinen wirtschaftlichen Charakter haben.[532] Die europarechtliche Genehmigung des FFG als vereinbar mit dem Beihilfenrecht ändert daher nichts an der nationalen Gesamtbetrachtung als Wirtschaftsförderung, die durch die verfassungsrechtliche Kompetenzverteilung in Deutschland vorgegeben ist. Die europarechtliche Bewertung des FFG „steht in einem grundlegend anderen Sach- und Regelungszusammenhang als seine Einordnung in das System der Zuständigkeiten von Bund und Ländern"[533]. Die Einordnung der Filmförderung als Kulturförderung auf EU-Rechtsebene ist somit für die nationale Kompetenzabgrenzung unbeachtlich.[534]

Weitere Argumente für das FFG als Wirtschaftsförderungsgesetz sind die Ausgestaltungen der Kurzfilmförderung und der Absatzförderung. In den diesbezüglichen Einzelvorschriften wird der Qualitätsbegriff nicht erwähnt. Der Zweck der Förderung zeigt indes den Charakter einer Wirtschaftsförderung. Bei der Kurzfilmförderung unterliegen die Mittel der Zweckbindung der Verwendung für einen neuen Film. Dies führt zu Investitionen in die Filmwirtschaft. Die Kurzfilmförderung ist aufgrund der Eigenart des Kurzfilms nicht an den wirtschaftlichen Erfolg (Zuschauererfolg) gebunden, eine Auswertungskette wie bei einem Langfilm ist nicht vorhanden. Vielmehr kann der Erfolg beim Kurzfilm an Festivalerfolgen gemessen werden oder an einem Prädikat der Deutschen Film- und Medienbewertung (FBW), die beide durchaus darauf schließen lassen, dass zukünftige Langfilme hierbei (eingeflossen die Besucherzahlen) möglicherweise finanziell erfolgreich sein werden und damit dann wieder einen Beitrag zur deutschen Filmwirtschaft leisten können. Kurzfilme bieten sich strukturell als Einstieg in die Filmproduktion junger Filmschaffender an und die Kurzfilmförderung ist als solche zu sehen, die auf einen Aufbau zukünftiger erfolgreicher Filmschaffender zielt.

Absatz- und Abspielförderung verfolgen ihrem Sinn und Zweck nach offenkundig wirtschaftliche Zwecke.[535] Dies ist aus dem Zweck der Förderung des

532 So BVerfGE 135, 155=NVwZ 2014, 646, Ziff. 112.

533 BVerwGE 139, 42=NVwZ 2011, 998, Ziff. 25.

534 Vgl. BVerfGE 135, 155=NVwZ 2014, 646, Ziff. 111f.; BVerwGE 139, 42=NVwZ 2011, 998, Ziff. 25.

535 So auch BVerwGE 133, 165=ZUM 2009, 492, Ziff. 18.

Absatzes als finanzielle Unterstützung der Verleih- und Vertriebsunternehmen und der aufgeführten Verwendung der Mittel (§§ 116, 117, 130 FFG) deutlich zu erkennen.

Auch die Vorschrift zur Verteilung der Mittel auf die einzelnen Förderarten (§ 159 FFG) gibt einen Rückschluss auf den wirtschaftlichen Charakter des FFG. Die Referenzfilmförderung erhält zusammen mit der Projektfilmförderung den größten Teil der Fördermittel (jeweils 30%) und ist selbst von einem Automatismus geprägt, der sich am finanziellen Erfolg eines Referenzfilms orientiert. Selbst die Berücksichtigung von Festivalerfolgen oder einem Prädikat der Deutschen Film- und Medienbewertung (FBW) soll lediglich kulturell wertvolle Filme mit geringerem wirtschaftlichen Erfolg ausgleichen und ist vom BVerwG als zulässig erachtet wurden.[536] Eine Referenzförderung ist jedoch immer an einen wirtschaftlichen Erfolg geknüpft und nicht an kulturelle Kriterien. Wie oben ausgeführt, dient der Begriff der Qualität in der Regelung zur Projektfilmförderung der Wirtschaftlichkeit des deutschen Films und soll keine Kulturförderung ausdrücken.

An vielen weiteren Stellen des FFG ist ersichtlich, dass es sich um eine Wirtschaftsförderung handelt, so zeigen u.a. die Fristen der Schlussprüfungen[537], also die Vorlage des fertigen geförderten Vorhabens zur Prüfung bei der FFA, dass innerhalb dieser Zeitvorgaben ein Ergebnis vorzulegen ist. Die Förderung ist daher deutlich auf ein verwertbares Wirtschaftsprodukt ausgerichtet und finanziert nicht ein rein künstlerisches Schaffen um seiner selbst willen. Zwar ist davon auszugehen, dass die jeweiligen Antragsteller bereits bei Antragstellung eine gewisse Vorstellung anhand ihres Konzepts haben und haben müssen, ein jahrelanges Feilen an dem Vorhaben (nach Bewilligung der Förderung), wie bei manchen U.S.-amerikanischen Filmen, ist derweil nicht möglich.[538]

Ein Blick auf die FFA, die die Fördertätigkeiten nach dem FFG ausführt, zeigt ebenfalls den wirtschaftsfördernden Charakter des FFG. Die FFA wurde bereits nach ihrer Einführung mit der ersten Fassung des FFG als wirtschaftliche

536 Vgl. BVerwGE 45, 1, Ziff. 23.

537 Z.B. §§ 70, 105, 113 FFG.

538 Ein Vergleich ist freilich kaum möglich, da durch die Finanzkraft der U.S.-amerikanischen Filmstudios keine staatliche Förderung besteht und zumindest in dem Bereich der „Hollywood-Filme" nicht erforderlich ist und daher ganz andere Ausgangsbedingungen für die Realisierung eines Filmvorhabens für die Filmschaffenden bestehen, sodass eine jahrelange Arbeit an einem einzigen Filmprojekt wie bei den Regisseuren Peter Jackson mit seiner „Herr der Ringe"-Trilogie oder James Cameron mit seinem „Avatar"-Filmprojekt durchaus vorkommt.

Unternehmung der Staatsverwaltung gesehen mit allenfalls geringem kulturpolitischem Sekundäreffekt.[539] Die FFA wird als Ausgleichseinrichtung, an die die Filmabgabe zu entrichten ist und die sodann Förderungshilfen aus den Abgabemitteln verteilt, bezeichnet.[540]

Nach obigen Ausführungen lässt sich schließen, dass sowohl der teilweise ausdrückliche Wortlaut wie auch der objektive Gesetzeszweck und Sinn der Vorschriften den wirtschaftsfördernden Charakter des FFG belegen. Die unterschiedlich deutliche Ausprägung des wirtschaftlichen Charakters des FFG bei den einzelnen Vorschriften und Förderarten zeigt in ihrer Gesamtheit deutlich den Hauptzweck der Wirtschaftsförderung des FFG.[541] Eine teilweise Bezugnahme auf kulturelle Kriterien ist für die Einordnung des Hauptzwecks des Gesetzes als Wirtschaftsgesetz unschädlich. Die Tatsache, dass verschiedene Normen des FFG ausdrücklich die kreativ-künstlerische Qualität oder kulturelle Kriterien festschreiben, zeigt eine Affinität zur Kultur[542] und gleichzeitig die Janusköpfigkeit des Films auf. Dass die Normen auf kulturelle Aspekte abstellen, lässt das FFG dennoch nicht zum Filmkulturförderungsgesetz werden. Es mag auch ein kulturpolitisches Werkzeug sein. Dass es sowohl der Filmwirtschaftsförderung wie auch der Filmkulturförderung dient, ist zunächst nicht schädlich. So auch das BVerwG in seiner Entscheidung 2011: „Eine Trennung zwischen Kunst- und Kommerzfilm ist nicht möglich. Filme sind Waren, deren Funktion die Vermittlung von Kultur ist. Damit fällt die Filmwirtschaft in den Bereich der Kulturindustrie. Sowohl der Begriff der Filmwirtschaft als auch der Begriff der Kulturindustrie beinhaltet ein Symbiose von Wirtschaft und Kultur und damit die Verquickung wirtschafts- und kulturrechtlicher Rahmenbedingungen."[543] Entscheidend ist der Schwerpunkt des Gesetzes für die Einordnung der verfassungsmäßigen Bundeskompetenz und der Schwerpunkt des FFG 2017 liegt ebenso wie sämtliche Vorgängerfassungen eindeutig auf der Wirtschaftsförderung der deutschen Filmwirtschaft und des Wirtschaftsguts Film, sodass die Bundeskompetenz einschlägig ist.

539 Vgl. Weides, S. 88 mit Verweis auf Oppermann.

540 Vgl. Weides, S. 88.

541 So auch Pres, DÖV 2009, 155 (160).

542 So auch Pres, DÖV 2009, 155 (157).

543 BVerwG, Urt.v.23.2.2011 – 6 C 22/10, BVerwGE 139, 42=NVwZ 2011, 998, Ziff. 19.

(3) Erforderlichkeit gemäß Art. 72 Abs. 2 GG

Bundesgesetze, die sich auf die Kompetenzgrundlage des Art. 74 Abs. 1 Nr. 11 GG stützen, stehen unter der weiteren Voraussetzung der Erforderlichkeit gemäß Art. 72 Abs. 2 GG (Erforderlichkeitskompetenz in Abgrenzung zur Kernkompetenz) entweder zum Zwecke der Herstellung gleichwertiger Lebensverhältnisse oder der Wahrung der Rechts- und Wirtschaftseinheit im gesamtstaatlichen Interesse.[544] Die Erforderlichkeit eines Bundesgesetzes auf dem Gebiet der Filmförderung als Wirtschaftsförderung ist zu bejahen, da es sich zur Wahrung der Wirtschaftseinheit eignet.[545] Hierunter ist „die Erhaltung der Funktionsfähigkeit des Wirtschaftsraums der Bundesrepublik Deutschland durch bundeseinheitliche Rechtssetzung"[546] zu verstehen. Sie bezweckt die „Beseitigung von Schranken und Hindernissen für den wirtschaftlichen Verkehr im Bundesgebiet und damit die Abwehr erheblicher, wirtschaftspolitisch nachteiliger Auswirkungen einer auf Landesebene bestehenden Rechtsvielfalt oder dort fehlender Regelungen"[547]. Die Wahrung der Wirtschaftseinheit ist im gesamtstaatlichen Interesse, wenn „Landesregelungen oder das Untätigbleiben der Länder erhebliche Nachteile für die Gesamtwirtschaft mit sich brächten"[548]. Laut der jüngsten BVerwG-Rechtsprechung in der Entscheidung zur Filmabgabe ist das Kriterium nicht nur dann erfüllt, wenn der Wirtschaftsraum der Bundesrepublik Deutschland (BRD) insgesamt ohne bundeseinheitliche Regelung gefährdet wäre, sondern wenn eine Regelung nur einen bestimmten Wirtschaftssektor betreffe, ohne dass dieser für die Funktionsfähigkeit der Gesamtwirtschaft von Bedeutung sein müsse. Es komme nur darauf an, dass die Wirtschaftseinheit auf diesem Sektor aus den mit dem Gesetz verfolgten gesamtstaatlichen Interessen einer bundesgesetzlichen Regelung bedürfe.[549]

---

544 Diese ist i.d.R. mit der Wahrung der Rechts- und Wirtschaftseinheit zu begründen. Vgl. Seiler, in: BeckOK GG, Art. 74, Rn. 46.

545 Zwischen den beiden Alternativen der Recht- und Wirtschaftseinheit gibt es Berührungspunkte und Überschneidungen, da „sich die Wirtschaftseinheit typischerweise über die Vereinheitlichung von Rechtslagen herstellen lassen wird", bei der Wirtschaftseinheit werden aber nur Gesetze erfasst, die unmittelbar auf die wirtschaftliche Betätigung abzielen, so Uhle, in: Maunz/Dürig, GG, Art. 72, Rn. 151.

546 BVerwGE 133, 165=ZUM 2009, 492, Ziff. 23.

547 Uhle, in: Maunz/Dürig, GG, Art. 72, Rn. 151.

548 Vgl. Uhle, in: Maunz/Dürig, GG, Art. 72, Rn. 152 mit Verweis auf die Rspr. des BVerfG und BVerwG.

549 Vgl. BVerwGE 139, 42=NVwZ 2011, 998, Ziff. 30.

Ein Bundesgesetz ist aus verschiedenen Gründen notwendig. In der Begründung des FFG 2004 werden für die Inanspruchnahme der Bundeskompetenz die folgenden drei Gründe genannt, die vom BVerfG nicht beanstandet wurden: standortunabhängige Förderung, kultur- und medienpolitische Gesichtspunkte des Bundes und auswärtige Kulturpolitik sowie effektive Unterstützung des Filmschaffens in Deutschland und Verbreitung des deutschen Films.[550] Ohne eine bundeseinheitliche Regelung wären diese Gründe, die zugleich Zielvorgaben des FFG bzw. Aufgaben der FFA sind, nicht oder nicht in gleichem Maße umsetzbar und brächten in Folge dessen erhebliche Nachteile für den Wirtschaftssektor der deutschen Filmwirtschaft mit sich.[551] Wie noch zu zeigen sein wird, bilden die Länderfilmförderungen eine Ergänzung zu der Bundesförderung im föderalen System der deutschen Filmförderung, können jedoch die Förderung auf Bundesebene weder von ihrem Umfang noch in ihrer besonderen Ausgestaltung und Eigenschaft als Länderförderungen im Unterschied zur Bundesförderung ersetzen. Insbesondere eine standortunabhängige Förderung gäbe es bei einem Wegfall auf Bundesebene nicht, da die Länderförderungen zur Unterstützung ihrer jeweils heimischen Filmwirtschaft eine Filmförderung von Mindestausgaben und Regionaleffekten in ihrem Bundesland abhängig machen und die Länderförderungen stets Standortinteressen dienen. Die Förderung auf Bundesebene sichert die Funktionsfähigkeit der deutschen Filmwirtschaft, vor allem eines umfassenden und funktionierenden Produktions- und Auswertungsraums für Kinofilme. Sie „trägt entscheidend dazu bei, dass Filmproduktionen in allen Teilen Deutschlands durchgeführt werden, ein flächendeckendes Angebot an Abspielstätten erhalten wird und eine effiziente Auswertung durch Fördermaßnahmen von Verleih und Vertrieb im gesamten Bundesgebiet gewährleistet ist“[552]. Nur eine Förderung auf Bundesebene kann eine gesamtstaatliche Förderung im Blick behalten, Förderbereiche mit bundesweitem Charakter berücksichtigen, standortunabhängige Fördermaßnahmen zur Strukturverbesserung der deutschen Filmwirtschaft insgesamt durchführen, sodass sie im gesamtstaatlichen Interesse für eine effektive Unterstützung der gesamtdeutschen Filmindustrie erforderlich ist. Entsprechendes gilt für die Verbreitung des deutschen Films im In- und Ausland sowie kulturpolitische Erwägungen und die auswärtige Kulturpolitik des Bundes. Der Bund sichert „damit für die

550 Vgl. BR-Drs. 376/03, S. 50f.

551 So auch BVerwGE 139, 42=NVwZ 2011, 998, Ziff. 31.

552 Begründung des Gesetzesentwurfs zum FFG 2010, BT-Drs. 17/1292, S. 7, auf die BVerwGE 139, 42=NVwZ 2011, 998, Ziff. 31 verweist.

Filmwirtschaft die Funktionsfähigkeit dieses Wirtschaftsraums als eines nicht durch Beschränkung auf regionale Märkte beeinträchtigten Ganzen“[553]. Hinzu kommt das Argument des finanziellen Leistungsumfangs der Filmförderung, die die Länderförderungen nicht im gleichen Ausmaß wie die bestehende Förderung auf Bundesebene aufbringen könnten bedingt durch die unterschiedlichen Finanzierungen der Fördermittel. Wie die Bundesregierung in der Begründung des Gesetzesentwurfs des FFG 2010 ausführt, ist weder eine Erhöhung der Ländermittel bei den bestehenden Finanzierungsmodellen realistisch noch würde ein sonderabgabenbasiertes Modell auf Länderebene gleiche Ergebnisse erzielen können, sondern durch den Sitz der abgabepflichtigen Unternehmen eher zu erheblichen Disproportionalitäten und Wettbewerbsverzerrungen zwischen den Abgabepflichtigen führen und einer Wirtschaftseinheit diametral entgegenwirken.[554]

Sowohl das FFG 2004 als auch das FFG 2010 genügten laut BVerfG und BVerwG den Anforderungen des Art. 72 Abs. 2 GG.[555] Auch bei den nachfolgenden Änderungsgesetzen des FFG 2014 und FFG 2017 besteht die Erforderlichkeit gemäß Art. 72 Abs. 2 GG unverändert fort.

bb. Verfassungsmäßigkeit des FFG hinsichtlich des abgabenrechtlichen Charakters

Gemäß der §§ 151-156 FFG wird eine Filmabgabe von den Kinobetreibern, Videoprogrammanbietern, Anbietern von Videoabrufdiensten[556] und den Fernsehveranstaltern erhoben. Die Höhe der Filmabgabe ist bei den Kinobetreibern, Videoprogrammanbietern und Anbietern von Videoabrufdiensten an den Nettoumsatz geknüpft, bei den öffentlich-rechtlichen Fernsehveranstaltern an die Kosten für die Ausstrahlung von Kinofilmen, bei den privaten

---

553 BVerfGE 135, 155=NVwZ 2014, 646, Ziff. 117.

554 Vgl. Begründung des Gesetzesentwurfs zum FFG 2010, BT-Drs. 17/1292, S. 7.

555 Vgl. BVerfGE 135, 155=NVwZ 2014, 646, Ziff. 119. Das BVerwG nimmt zudem noch das Vorliegen der Voraussetzungen von der übergangsrechtlichen Änderungskompetenz des Art. 125a Abs. 2 S. 1 GG an, der besagt, dass bestehendes Bundesrecht fort gilt, die Änderungen des Rechts, sofern die Voraussetzungen des Art. 72 Abs. 2 GG nicht gegeben sind, jedoch nur begrenzt möglich sind unter Beibehaltung der wesentlichen Elemente; hier seien die Änderungen zwar umfangreich, jedoch lediglich Modifikationen unter Beibehaltung der Grundkonzeption, vgl. BVerwGE 139, 42=NVwZ 2011, 998, Ziff. 35ff.

556 Zur europarechtlichen Vereinbarkeit der Einbeziehung von VoD-Anbietern aus dem Ausland in die Verpflichtung zur Filmabgabe siehe Lütje/Conrad, ZUM 2014, 749.

Fernsehveranstaltern an die Nettowerbeumsätze und bei den Veranstaltern von Bezahlfernsehen an die Umsätze aus Abonnementverträgen. Die Mittel aus der Filmabgabe werden für die Fördertätigkeit der FFA verwendet; die Verwendung im Einzelnen regeln die §§ 159, 160 FFG.

Die Filmabgabe birgt in sich das Problem der gebotenen Distanzwahrung zur Finanzverfassung der Art. 104a ff. GG. Problematisch ist, ob die Filmabgabe als außersteuerliche Geldleistungspflicht die Ordnungs- und Ausgleichsfunktion der Finanzverfassung gefährdet.

Das Grundgesetz enthält in Art. 104a ff. die Finanzverfassung. Sie soll die sachgerechte Beteiligung von Bund und Ländern am Gesamtertrag der Volkswirtschaft sicherstellen. Ihr ist das Prinzip des Steuerstaats zugrunde gelegt. Das bedeutet, dass die Finanzierung der staatlichen Aufgaben von Bund und Ländern hauptsächlich aus den in Art. 105ff. GG geregelten Einnahmequellen erfolgen soll, wobei nicht-steuerliche Abgaben nicht ausgeschlossen sind.[557] Aus der Finanzverfassung ergibt sich eine Schutz- und Begrenzungsfunktion, aus der sich ihrerseits Grenzen für Abgaben ergeben, die der Gesetzgeber in Wahrnehmung einer Sachkompetenz auferlegt. Nicht in dieser Finanzordnung vorgesehene Abgaben, wie Sonderabgaben, geraten „zwangsläufig in Konkurrenz zu dem verfassungsrechtlich umfassend geregelten Institut der Steuer“[558] und bringen daher Gefährdungen der bundesstaatlichen Kompetenzverteilung mit sich. Liegt die organisatorische Ausgliederung des Abgabenaufkommens und dessen Verwendung aus dem Kreislauf staatlicher Einnahmen und Ausgaben vor, gefährden Sonderabgaben zudem das Budgetrecht des Parlaments („haushaltsflüchtig“[559]). Des Weiteren sind sie zusätzliche Lasten außerhalb der Grundsätze steuergerechter Verteilung der Gemeinlasten und bergen die Gefahr einer Belastungsungleichheit der Abgabepflichtigen.

Dem Schutz vor dem Unterlaufen der steuerrechtlichen Kompetenzordnung dienen die folgenden drei grundlegenden Prinzipien der Finanzverfassung: erstens eine besondere sachliche Rechtfertigung, hieraus folgend sich die Abgabe von der Steuer eindeutig abgrenzen lassen muss, zweitens die Belastungsgleichheit der Abgabepflichtigen und drittens die Vollständigkeit des Haushaltsplans. Aus diesen Prinzipien ergeben sich die Voraussetzungen, unter denen die Erhebung nicht-steuerlicher Abgaben allein zulässig ist. Sonderabgaben sind daher

557 Vgl. BVerfG, Beschl.v.7.11.1995 – 2 BvR 413/88 u.a., NVwZ 1996, 469 (470); siehe auch Gersch, in: Klein, AO, § 3, Rn. 18a.

558 BVerfG, Urt.v.10.12.1980 – 2 BvF 3/77, NJW 1981, 329 (330).

559 Vgl. Kube, in: BeckOK GG, Art. 105, Rn. 16.

nur unter engen verfassungsrechtlichen Voraussetzungen zulässig und sollen die Ausnahme bleiben.

(1). Rechtsnatur der Filmabgabe

Bevor die strengen Voraussetzungen an Sonderabgaben ausgeführt werden, ist festzustellen, dass es sich bei der Filmabgabe um eine Sonderabgabe handelt und nicht um eine Steuer, denn die die Steuern betreffenden finanzverfassungsrechtlichen Vorschriften der Art. 105f. GG gehen als Kompetenzvorschriften den allgemeinen Sachkompetenzen der Art. 70ff. GG vor.[560] Vorangestellt sei, dass die gesetzliche Bezeichnung als Abgabe für die finanzverfassungsrechtliche Einordnung nicht aussagekräftig ist, sondern es auf den materiellen Gehalt ankommt.[561] Das GG definiert den Steuerbegriff nicht, knüpft jedoch an den traditionellen Steuerbegriff an, der in § 3 Abs. 1 AO enthalten ist, ohne hieran gebunden zu sein.[562] Steuern sind demnach Geldleistungen, die nicht eine Gegenleistung für eine besondere Leistung darstellen und von einem öffentlich-rechtlichen Gemeinwesen zur Erzielung von Einnahmen allen auferlegt werden, bei denen der Tatbestand zutrifft, an den das Gesetz die Leistungspflicht knüpft (§ 3 Abs. 1 AO). Dagegen sind Sonderabgaben Abgaben, die einem bestimmten Zweck dienen, der zwar keine unmittelbare Gegenleistung darstellt, von dem die Abgabepflichtigen durch gruppennützige Verwendung der Abgabemittel aber profitieren. Es darf sich bei dem Zweck nicht um eine öffentliche Aufgabe handeln, die als allgemeine Aufgabe in die Gesamtverantwortung des Staates fällt, da deren Finanzierung mittels Steuern zu erbringen ist. Abgaben müssen klar von Steuern abgrenzbar sein und einen diesen gegenüber unterscheidungskräftigen Rechtfertigungsgrund für die Erhebung aufweisen. Steuern und Sonderabgaben ist also die Gegenleistungsfreiheit oder Voraussetzungslosigkeit gemein, sind aber ansonsten von ihrem Rechtscharakter wesensverschieden. Neben den Steuern und Sonderabgaben gibt es andere Lasten, namentlich Gebühren und Beiträge. Diese werden als Vorzugslasten bezeichnet. Bei Gebühren und Beiträgen wird die Belastung im Gegenzug für eine konkrete Leistung oder einen Nutzen, die/ der dem Abgabepflichtigen zugutekommt, erhoben. In dieser

---

560 Vgl. Selmer, JuS 2009, 658.

561 Vgl. BVerfG, Urt.v.10.12.1980 – 2 BvF 3/77, NJW 1981, 329 (331); auch Rundfunkbeitragsentscheidung des BVerfG, Urt.v.18.7.2018 – 1 BvR 1675/16 u.a., BVerfGE 149, 222, Ziff. 56.

562 Vgl. Kube, in: BeckOK, GG, Art. 105, Rn. 3; sowie das BVerfG in stRspr. vgl. nur BVerfGE 149, 222, Ziff. 53.

Ausgleichsfunktion liegt auch ihre Legitimation. Die Filmabgabe dient einem bestimmten Zweck, nämlich der Finanzierung der Fördertätigkeit der FFA. Die Abgabepflichtigen erhalten keine unmittelbare Gegenleistung, profitieren jedoch von der Verwendung der Abgabemittel. Die Filmabgabe ist deshalb weder eine Gebühr noch ein Beitrag. Da die Finanzierung der FFA keine allgemeine öffentliche Aufgabe des Staates ist, ist die Filmabgabe auch nicht als Steuer zu qualifizieren. Es handelt sich somit um eine Sonderabgabe mit Finanzierungsfunktion.

Der Kompetenztitel aus Art. 74 Abs. 1 Nr. 11 GG umfasst nicht nur die Fördertätigkeit der FFA, sondern deckt auch die Erhebung der Filmabgabe ab. Der Gesetzgeber ist befugt, die Filmabgabe im FFG zu regeln, da er dafür seine Annexkompetenz der Sachkompetenz aus Art. 74 Abs. 1 Nr. 11 i.V.m. 72 Abs. 2 GG in Anspruch nehmen kann.[563]

(2). Besondere sachliche Rechtfertigung der Sonderabgabe mit Finanzierungsfunktion

Die Begrenzungs- und Schutzfunktion verlangt für die Erhebung nichtsteuerlicher Abgaben, die auf der Grundlage der Sachkompetenzen aus Art. 70 ff. GG erhoben werden, eine besondere sachliche Rechtfertigung. Die Voraussetzungen, die das BVerfG an verfassungsrechtlich zulässige Sonderabgaben aufgestellt hat[564], sind wie folgt: Erstens muss die Sonderabgabe die Verfolgung eines über die bloße Mittelbeschaffung hinausgehenden Sachzwecks aufweisen; zweitens muss eine homogene Gruppe in Anspruch genommen werden, die drittens zu dem verfolgten Zweck in einer Beziehung spezifischer Sachnähe steht, auf Grund derer ihr viertens eine besondere Finanzierungsverantwortung zugerechnet werden kann sowie fünftens das Abgabeaufkommen gruppennützig verwendet werden muss. Zwischen den letzten drei Voraussetzungen besteht eine enge Verbindung. Besonders bei Sonderabgaben ist diese enge Verbindung gegeben, denn Sachnähe und Finanzierungsverantwortung lassen sich ausschließlich mit der Gruppennützigkeit der Mittelverwendung begründen. Der rechtfertigende Gruppennutzen muss deshalb evident sein. Bei der Gruppenbildung einer homogenen Gruppe stehen dem Gesetzgeber Spielräume zu. Gleiches gilt bei der Bewertung der Nähe von anderen Gruppen als den Abgabepflichtigen zum Sachzweck als gleich oder ungleich. Hinzu kommt, dass Abgrenzungsschwierigkeiten die Spielräume vergrößern.

---

563 Vgl. BVerwGE 139, 42=NVwZ 2011, 998, Ziff. 18.

564 Vgl. BVerfGE 135, 155=NVwZ 2014, 646; BVerfGE 122, 316=NVwZ 2009, 641; BVerfGE 113, 128=NVwZ 2005, 1171; BVerfGE 55, 274=NJW 1981, 329, st.Rspr.

Weitere Voraussetzungen sind die Belastungsgleichheit der Abgabepflichtigen, ferner zum Schutz der Vollständigkeit des Haushaltsplans eine haushaltsrechtliche Dokumentationspflicht der Sonderabgaben, zudem eine Überprüfungspflicht in angemessenen Zeitabständen und die summierende Feststellung, dass Sonderabgaben gegenüber Steuern seltene Ausnahmen bleiben müssen.

(a). Zweck

Die Filmabgabe verfolgt den Zweck der wirtschaftlichen Förderung des deutschen Films und der Finanzierung der FFA für diese Aufgabe. Der Sachzweck ist daher gegeben.

(b). Homogene Gruppe

Um eine homogene Gruppe zu sein, müssen die herangezogenen Abgabepflichtigen eine gemeinsame Interessenlage aufweisen. Die Interessenlage müsste in der Rechtsordnung oder der gesellschaftlichen Wirklichkeit vorgegeben sein oder in gemeinsamen Gegebenheiten bestehen, die sie als Gruppe von der Allgemeinheit oder anderen Gruppen unterscheiden. Das FFG zieht für die Filmabgabe nach §§ 151-156 FFG die Filmtheaterbetreiber, die Videoprogrammanbieter und Anbieter von Videoabrufdiensten sowie die Fernsehveranstalter heran. Wie das BVerwG in seinem Urteil 2011[565] festgestellt hat, liegt die Gemeinsamkeit zwischen den Kinobetreibern, den Unternehmen der Videowirtschaft (eingeschlossen den VoD-Anbietern) und den Fernsehveranstaltern in der Verwertung von Filmen auf der Stufe der Endverbraucher im Inland. Die Auswertungskette ist von dieser Einordnung unabhängig, denn die Verwertung von Filmen für Endverbraucher ist allen ein gemeinsames Interesse.[566] Wie das BVerfG in seinem Urteil 2014 festgestellt hat, ist der Gesetzgeber nicht gehalten, „bei mehrstufigen Marktverhältnissen mit der Belastung durch eine Sonderabgabe auf jeder

565 BVerwGE 139, 42=NVwZ 2011, 998.

566 Dass bei der Videowirtschaft die Abgabe größtenteils nicht auf der Stufe der Endverbraucher von den Videothekenbetreibern und Einzelhändlern, sondern von dem Großhandel erhoben wird, hat das BVerwG als Einwand verworfen. Dazu führt es aus, dass ursprünglich die Filmabgabe auf der Stufe der Endverbraucher erhoben wurde, dies jedoch nicht praktikabel gewesen sei und mit dem Änderungsgesetz 1992 zum FFG der Kreis der Abgabepflichtigen auf eine überschaubare Zahl von Lizenzinhabern, deutschen Programmanbietern und Importeuren begrenzt worden ist. Diese Änderung hätte reinen Vereinfachungszwecken gedient und keine Auswirkung an der Bewertung, dass die Videowirtschaft als Verwerter von Filmen für Endverbraucher auf der Stufe der Endverbraucher herangezogen würde.

einzelnen Stufe zuzugreifen."[567] Das Merkmal erfordert also keine Vollständigkeit. Es ist eine Beschränkung des Gestaltungsspielraums des Gesetzgebers keine neuen Gruppen normativ zu bilden, die nicht bereits in der Rechts- und Sozialordnung bestehen. Der Gesetzgeber ist also in positiver Hinsicht an die beschreibbare Realität gehalten, in negativer Hinsicht bei dem Verzicht der Einbeziehung jedoch nicht begrenzt. Zudem lässt sich eine homogene Gruppe mit ihrem abschließenden Verhältnis zu allen vorstellbaren Weiterungen nie abschließend beschreiben. Die Einbeziehung bzw. Nichteinbeziehung in den Kreis der Abgabepflichtigen ist keine Frage der Voraussetzungen der Sonderabgabe, sondern unterliegt dem allgemeinen Gleichheitssatz aus Art. 3 Abs. 1 GG. Der Gesetzgeber braucht vor diesem Hintergrund für die Nichteinbeziehung nur einen rechtfertigenden Grund angeben, der vorliegend darin liegt, dass die Beteiligten der gebildeten homogenen Gruppe der zu finanzierenden Aufgabe näher stehen als andere Beteiligte, die durchaus auch ein Interesse an der Produktion von Filmen haben, aber nicht auf der Stufe der Endverbraucher tätig sind. Die Beschränkung auf die Stufe der Endverbraucher ist gerechtfertigt, da der Gesetzgeber nicht gehalten ist, alle Verwerter aller Stufen der Verwertungskette zur Abgabe heranzuziehen. Es ist also legitim, dass der Gesetzgeber z.B. nicht die Filmverleiher, Filmexporteure und Weltvertriebsfirmen, Filmrechtehändler, Verwerter von Rechten an der Filmmusik sowie Merchandisingunternehmen in die Pflicht nimmt, obgleich sie eine vergleichbare Interessenlage haben.

Die gemeinsame Interessenlage an der Verwertung von Filmen für den Endverbraucher ist damit auf die Zugänglichmachung von Filmen durch Filmvorführungen, Verkauf, Vermietung oder Fernsehausstrahlung und der damit verbundenen Erzielung von Einnahmen bzw. der Erfüllung des Auftrags im Fall der öffentlich-rechtlichen Rundfunkanstalten ausgerichtet. Die Interessen im Einzelnen führen zu einem kontinuierlichen Bedarf an neuen Filmen, sodass die gemeinsame Interessenlage letztendlich auch die Produktion von Filmen anstrebt. Der immer wieder angeführte Einwand der Kinobetreiber, dass sie kein vorrangiges Interesse an deutschen Kinofilmen hätten, wird vom BVerwG u.a. mit der Begründung abgelehnt, dass egoistische Gewinninteressen innerhalb der Verwertungskette die Eigenschaft als homogene Gruppe nicht ausschlössen.

(c). Spezifische Sachnähe

Das Kriterium der spezifischen Sachnähe der Abgabepflichtigen zu dem zu finanzierenden Zweck folgt aus dem Prinzip der steuerlichen Lastengleichheit

567 BVerfGE 135, 155=NVwZ 2014, 646, 2. Leitsatz.

aus Art. 3 Abs. 1 GG, das eine Belastung ohne sachlichen Grund von einzelnen Gruppen verbietet.[568] Daraus folgt, dass die Gruppe der Abgabepflichtigen dem mit der Abgabe verfolgten Zweck evident näher stehen muss als andere Gruppen oder die Gesamtheit der Steuerpflichtigen. Die spezifische Sachnähe zum verfolgten Zweck der Abgabe liegt unproblematisch in dem gemeinsamen Interesse der Abgabepflichtigen an dem zu finanzierenden Zweck vor, der Förderung der deutschen Filmwirtschaft. Als Verwerter von Filmen stehen die Abgabepflichtigen diesem Zweck offenkundig näher als andere Gruppen oder die Gesamtheit der Steuerpflichtigen.

(d). Finanzierungsverantwortung

Die besondere Finanzierungsverantwortung beschreibt die Sachverantwortung der Abgabepflichtigen für den verfolgten Zweck. Die mit der Abgabe zu finanzierende Aufgabe darf nicht in die staatliche Gesamtverantwortung fallen, da es sich andernfalls um eine öffentliche Angelegenheit handeln würde, die nur mit von der Allgemeinheit zu erbringenden Mitteln, also im Wesentlichen durch Steuern, zu finanzieren wäre.[569] Bei der Filmabgabe handelt es sich nicht um eine Sonderabgabe, die an die Zurechnung von Sonderlasten der Abgabepflichtigen im Sinne des Verursacherprinzips anknüpft und durch die Verantwortlichkeit der Abgabepflichtigen für die Folgen gruppenspezifischer Zustände oder Verhaltensweisen gerechtfertigt ist. Vielmehr handelt es sich bei der Sonderabgabe um eine solche, die aus Gründen eines Nutzens erhoben wird. Sie dient nämlich der Fördertätigkeit der FFA. Die Abgabe hat also eine Finanzierungsfunktion, sog. Sonderabgabe mit Finanzierungsfunktion. Die Filmabgabe ist quasi eine „zwangsweise durchgeführte Fördermaßnahme“[570], d.h. der Gesetzgeber zieht die Gruppe für einen Nutzen zu einer Abgabe heran, den er gerade dieser Gruppe zugedacht hat. Daraus begründet sich die Finanzierungsverantwortung für die Tätigkeit der FFA.

Bereits aus der spezifischen Sachnähe und dem Interesse der Abgabepflichtigen an der stetigen Neuproduktion von Filmen und der Förderung der Filmproduktion sowie der Filmwirtschaft ergibt sich auch die besondere Finanzierungsverantwortung.

---

568 Vgl. BVerGE 135, 155=NVwZ 2014, 646, Ziff. 121.
569 Vgl. BVerfG, Urt.v.10.12.1980 - 2 BvF 3/77, NJW 1981, 329 (332).
570 BVerwGE 133, 165=ZUM 2009, 492, Ziff. 33.

(e). Evidenter Gruppennutzen und gruppennützige Verwendung

Die erhobene Sonderabgabe muss gruppennützig verwendet werden. Das Kriterium leitet sich aus dem Erfordernis her, dass zwischen Belastung und Begünstigung der Sonderabgabe eine sachgerechte Verknüpfung bestehen muss, die einen „Nutzenbedarf“[571] fordert. Dieses Verständnis zeigt einen weiteren Aspekt des Kriteriums auf, nämlich nicht nur des Verständnisses, dass die Verwendung der Mittel gruppennützig zu sein hat, sondern die Gruppe für diesen Nutzen einen Bedarf haben muss. Wie oben dargestellt, besteht hier zwischen der Sachnähe, der Finanzierungsverantwortung und dem Gruppennutzen eine enge Verbindung. In diesem Fall der besonderen Nähe zwischen den drei Kriterien führt das Vorliegen von Sachnähe und Finanzierungsverantwortung dazu, dass die zweckentsprechende Verwendung der Abgabemittel zugleich gruppennützig ist, denn die Abgabepflichtigen werden von der ihnen zuzurechnenden Aufgabe entlastet.[572] Allerdings ist dann an die gruppennützige Verwendung der Mittel ein strengerer Maßstab anzulegen. Wenn sich die „Finanzierungsverantwortung der Abgabepflichtigen praktisch ausschließlich mit Blick auf Zweck und Wirkung staatlicher Förderungsmaßnahmen zugunsten der belasteten Gruppe begründen [lässt]“[573], wird ein evidenter Gruppennutzen gefordert. Die Mittel müssen überwiegend im Interesse der Gesamtgruppe verwendet werden, ein spezifisches Interesse eines einzelnen Abgabepflichtigen ist nicht notwendig. „In Konstellationen […], in denen das Abgabeaufkommen nicht für direkte Zuwendungen an Gruppenmitglieder […], verwendet wird, kann sich der erforderliche greifbare Gruppennutzen vor allem dann ergeben, wenn es bei den staatlichen Fördermaßnahmen um das plausibel begründete Erfordernis geht, erheblichen Beeinträchtigungen entgegenzuwirken oder spezielle Nachteile auszugleichen, die die Gruppenangehörigen besonders betreffen und die von diesen selbst voraussichtlich nicht, oder jedenfalls nicht mit gleicher Erfolgsaussicht kompensiert werden könnten.“[574]

---

571 So bezeichnet von Selmer, JuS 2009, 658 (660).

572 StRspr. des BVerfG, vgl. nur BVerfG, Urt.v.6.7.2005 – 2 BvR 2335/95, NVwZ 2005, 1171 (1173); jüngst BVerfG, Urt.v.28.1.2014 – 2 BvR 1561/12 u.a., BVerfGE 135, 155=NVwZ 2014, 646, Ziff. 126.

573 BVerwGE 133, 165=ZUM 2009, 492, Ziff. 34.

574 BVerfG, Urt.v.3.2.2009 – 2 BvL 54/06, NVwZ 2009, 641, Ziff. 110.

Wie oben dargelegt, ist die öffentliche Filmförderung für die deutsche Filmwirtschaft unbedingt erforderlich und existenznotwendig.[575] Im Folgenden werden nochmal die wichtigsten Gründe zusammengefasst.

Die Produktions- und Vermarktungskosten von Filmen sind gestiegen. Die Unternehmen haben meist eine schwache Eigenkapitaldecke. Eine staatliche Förderung bietet daher einen wichtigen Finanzierungsbaustein sowie eine Unterstützung für eine verbesserte Kreditfähigkeit. Hinzu kommt die Dominanz der U.S.-amerikanischen Filme, der die deutschen Filme mit Wettbewerbsfähigkeit entgegen treten müssen. Ohne Förderung droht der deutsche Film zu einer unbedeutenden Nebenrolle zu werden. Zudem wäre die deutsche Filmwirtschaft ohne staatliche Unterstützung mit schwindendem Produktionsaufkommen und Verbreitungsproblemen des deutschen Films mit vielfältigen negativen Folgeauswirkungen von einem sinkenden Marktanteil deutscher Filme am deutschen Filmmarkt über sinkende Qualität, Infrastruktur und arbeitslosen oder aus- oder abwandernden Fachkräften zu Insolvenzen von Filmwirtschaftsunternehmen konfrontiert; ergo wäre die deutsche Filmwirtschaft massiv in ihrer Existenz bedroht. Ferner ist der steigende Marktanteil des deutschen Films zu beachten. Es kann nicht von einem Auffangen durch ausländische Filme bei Wegfall des deutschen Films ausgegangen werden.

Bei einem Zusammenbruch der deutschen Filmwirtschaft wäre die Gruppe der Abgabepflichtigen besonders nachteilig betroffen.

Dass die FFA auch Filme fördert, die keinen Zuschauererfolg finden, steht laut BVerwG nicht entgegen, da der Erfolg eines Films nur schwer, wenn überhaupt, vorauszusehen ist und es deswegen gerechtfertigt ist, eine Bandbreite an Filmen zu fördern, bei der besonders erfolgreiche Filme eingeschlossen sind. Ebenfalls unerheblich ist, dass die FFA auch Qualitätsmerkmale als Förderkriterien einbezieht, in der Kombination der bereits oben ausgeführten Argumente von im Wesentlichen wirtschaftlichen Kriterien, europarechtlichen Vorgaben und der Tatsache, dass die Qualität zumindest tendenziell geeignet ist, den Zuschauererfolg eines Films zu erhöhen.[576]

Die Mittel aus der Filmabgabe werden entsprechend dem Zweck der Unterstützung der deutschen Filmwirtschaft und Förderung des deutschen Films zugeführt, sodass die Abgabepflichtigen zumindest mittelbar davon profitieren. Die Einnahmen werden gemäß §§ 159, 160 FFG überwiegend für die

575 So auch das BVerfG, das sich ausführlich mit den Gründen beschäftigt, vgl. BVerfGE 135, 155=NVwZ 2014, 646, Ziff. 133.

576 Vgl. BVerwGE 133, 165=ZUM 2009, 492, Ziff. 37.

Filmproduktionsförderung verwendet, daneben für die Förderung von Verleih- und Vertriebsunternehmen und Unternehmen der Videowirtschaft und für die Förderung von Kinobetreibern. Die Mittel der Filmabgabe der Fernsehveranstalter sind für die Projektfilmförderung zu verwenden (§ 160 FFG, § 3 12. Abkommen von ARD, ZDF und FFA). Insbesondere hat das BVerfG 2014 festgestellt, dass es „nicht erkennbar [sei], dass die gesetzlichen Förderkriterien oder die gesetzlich vorgegebenen institutionellen Rahmenbedingungen, unter denen die Förderentscheidungen getroffen werden, nicht in der gebotenen Weise auf die Erzielung eines angemessenen Gruppennutzens ausgerichtet wären“[577], nämlich die Wirtschaftlichkeit der Filmförderung.

Der Gruppennutzen ist folglich evident. Die Mittel aus der Filmabgabe werden gruppennützig verwendet, für die die Gruppe der Abgabepflichtigen auch einen deutlichen Bedarf hat.

Die Voraussetzungen an die Filmabgabe sind folglich erfüllt und die sachliche Rechtfertigung gegeben.

(3). Gebot der Abgabengerechtigkeit

Zu den Voraussetzungen an eine Sonderabgabe kommt das aus Art. 3 Abs. 1 GG folgende Gebot der Abgabengerechtigkeit in Form der Belastungsgleichheit hinzu. Hierbei handelt es sich um einen entscheidenden Grundsatz des Abgabenrechts, der besagt, dass grundsätzlich jeder, der den Abgabentatbestand erfüllt, zur Zahlung der Abgabe verpflichtet ist[578], und außerdem alle Abgabepflichtigen nach einem vorteilsgerechten Maßstab belastet werden. Der gewählte Maßstab der Abgabenberechnung ist daher ebenfalls am Gebot der Abgabengerechtigkeit zu messen. Zwar kommt dem Gesetzgeber bei der Festlegung eines Abgabenmaßstabs ein weitgehender Gestaltungsspielraum zu, Bedingung ist jedoch, dass der Maßstab gemessen am Zweck der Abgabenerhebung sachgerecht ist. Dies gewährleistet eine gebotene, verhältnismäßige Belastungsgleichheit zwischen den Abgabepflichtigen.[579] Der mit der Sonderabgabe verbundene Eingriff rechtfertigt sich aus der Gleichheit der Lastenzuteilung.[580]

Bei der Filmabgabe sind daher alle Abgabepflichtigen der homogenen Gruppe zur Abgabe heranzuziehen. Alle Abgabepflichtigen ziehen einen wirtschaftlichen Nutzen aus der Verwertung von Filmen, der mit der Fördertätigkeit der FFA

577 BVerfGE 135, 155=NVwZ 2014, 646, Ziff. 150.
578 Vgl. BVerwGE 133, 165=ZUM 2009, 492, Ziff. 40.
579 Vgl. BVerwGE 133, 165=ZUM 2009, 492, Ziff. 40.
580 Vgl. BVerwGE 139, 42=NVwZ 2011, 998, Ziff. 67.

unterstützt wird. Maßstab ist hier laut BVerwG die Leistungsfähigkeit und der Nutzen, der dem Abgabepflichtigen zugutekommt, wobei eine generalisierende und typisierende Betrachtung von dem Gestaltungsspielraum des Gesetzgebers gedeckt ist. Bei der Bemessung ist es gerechtfertigt, wenn den Besonderheiten der Untergruppen im Verhältnis zueinander Rechnung getragen wird. Anzustreben sei nach dem BVerwG, „dass jede Untergruppe sich in dem Maß an der Finanzierung der staatlichen Aufgabe beteiligt, in welchem sie daraus Vorteile erlangt“[581].

Die Besonderheit der Filmabgabe war zum Zeitpunkt des Rechtsstreits der Kinobetreiber mit der FFA und bis zur Novellierung im FFG 2017, dass zwei Untergruppen mittels verwaltungsrechtlichem Bescheid und eine Untergruppe, nämlich die Rundfunkunternehmen, auf Grundlage von öffentlich-rechtlichen Verträgen herangezogen wurden. Das Abgabenrecht ist grundsätzlich vertragsfeindlich, der Gesetzgeber kann von dem Verbot Ausnahmen zulassen. Jedoch gilt auch für Verträge von Abgabepflichtigen mit dem Staat der Grundsatz der Belastungsgleichheit. Demnach ist es zulässig, dass die Rundfunkunternehmen Verträge mit dem Staat geschlossen haben, auf deren Grundlage sie die Abgabebeiträge zahlen und in dem die Einzelheiten geregelt sind. Sachliche Rechtfertigung einer Zulassung der Vertragsschließung ist, dass die Zahl der Fernsehveranstalter überschaubar ist und sie teilweise als besonders leistungsfähig eingeschätzt werden.

Unter Beachtung der Belastungsgleichheit ist es jedoch unzulässig, wenn die Leistung der Abgabe bei einem Teil der Abgabepflichtigen, nämlich denjenigen, die Verträge geschlossen haben, auf dieser Grundlage in dem Belieben dieser Abgabepflichtigen steht. Zwischen den Abgabepflichtigen herrscht dann keine Belastungsgleichheit mehr. Die die Filmabgabe betreffenden Vorschriften in der Fassung des FFG 2004[582] und aufgrund dessen mögliche Vertragsgestaltungsfreiheit der Verträge zwischen Rundfunkunternehmen und Staat hat das BVerwG in seinem Beschluss zum Filmförderungsgesetz 2009 für verfassungswidrig erachtet. Das BVerwG hatte in seiner Entscheidung 2009 deutliche Anforderungen an den Gesetzgeber für die Zulassung von Verträgen im Abgaberecht aufgestellt: Der Gesetzgeber hat Vorkehrungen zum Schutz der Belastungsgleichheit zu treffen, nämlich, dass der Abschluss der Verträge verpflichtend ist und die Abgabebeiträge „der Höhe nach nicht hinter dem zurückbleiben, was zur Einhaltung der Belastungsgleichheit [...] erforderlich ist“[583]. Entscheidend ist eine

581 BVerwGE 133, 165=ZUM 2009, 492, Ziff. 42.

582 §§ 66, 66a, 67 Abs. 1, 2 FFG 2004.

583 BVerwGE 133, 165=ZUM 2009, 492, Ziff. 43.

normative Festlegung durch den Gesetzgeber, welche Beiträge als angemessen im Verhältnis der Untergruppe untereinander und zu der Gesamtgruppe der Abgabepflichtigen angesehen werden. Zwar wurde § 67 Abs. 1 S. 1 FFG 2004 so ausgelegt, dass die Regelung einen Gesetzesbefehl und also einen Kontrahierungszwang enthält.[584] Bemängelt wurden jedoch fehlende Kriterien zur Bemessung der Mindestbeiträge und für den Umfang der Kostenbeteiligung. Es waren in § 67 FFG 2004 weder ein Maßstab zur Abgabenberechnung noch Abgabensätze oder absolute Beträge oder relative Finanzierungsanteile festgelegt worden anders als in den Vorschriften der §§ 66, 66a FFG 2004 für Kinobetreiber und Unternehmen der Videowirtschaft. Diese Rechtslage führte im Resultat dazu, dass die Fernsehveranstalter die Höhe ihrer Beträge selbst verhandeln konnten.

Diese Anforderungen folgen laut dem BVerwG nicht nur aus der Abgabengerechtigkeit, sondern zudem aus dem Rechtsstaatsprinzip gemäß Art. 20 Abs. 3 GG und dessen Grundsatz des Gesetzesvorbehalts, wonach bei der Berührung von Grundrechten dem Gesetzgeber die Ordnung der Lebensverhältnisse obliegt.[585] Das Erfordernis einer gesetzlichen Grundlage für Eingriffe gilt zwar wegen der einverständlichen Mitwirkung des Vertragspartners, die einen Eingriff in dem Sinn ausschließt, in der Regel nicht bei verwaltungsrechtlichen Verträgen. „Anders verhält es sich jedoch, wenn sich der Abschluss von Verträgen aus sonstigen Gründen als ein Handeln im grundrechtsrelevanten Bereich darstellt."[586] Da bei einem abgabenbezogenen Vertrag jedoch die Grundrechtspositionen aus Art. 3 Abs. 1 GG der anderen Abgabenpflichtigen berührt werden, muss der Gesetzgeber in diesem Fall zur Wahrung der Belastungsgleichheit tätig werden.

Die daraufhin erfolgte Gesetzesänderung im Änderungsgesetz FFG 2010 wurde sodann vom BVerwG 2011 und BVerfG 2014 nicht mehr verfassungsrechtlich beanstandet[587], da die Belastungsgleichheit unter den Abgabepflichtigen nunmehr durch hinreichende Kriterien eines Bemessungsmaßstabs gewahrt wurde.

---

584 Vgl. BVerwGE 133, 165=ZUM 2009, 492, Ziff. 46.

585 Vgl. BVerwGE 139, 42=NVwZ 2011, 998, Ziff. 71.

586 BVerwGE 139, 42=NVwZ 2011, 998, Ziff. 71.

587 Das FFG 2010 enthielt eine gesetzlich angeordnete Rückwirkung zum streitgegenständlichen Zeitpunkt von 2004, sodass die novellierte Rechtslage Entscheidungsgrundlage in dem Rechtsstreit zwischen Kinobetreibern und FFA war. Die Rückwirkung war verfassungsgemäß, weil die Fernsehveranstalter durch die novellierte Abgabenregelung nicht benachteiligt wurden.

Mit der Neufassung des FFG 2017 werden nunmehr alle Abgabepflichtigen mit Bescheid herangezogen (§ 148 FFG), so dass der Unterschied in der Heranziehung zur Abgabe aufgehoben wurde und erst recht keine Belastungsungleichheit besteht. Vielmehr wurden die Abgabesätze innerhalb der Gruppe an die tatsächlichen Entwicklungen angepasst, um eine Belastungsgleichheit zu gewährleisten.[588] Es bleibt die Möglichkeit erhalten, dass über die Abgabepflicht hinausgehende zusätzliche Leistungen der Fernsehveranstalter in Verträgen vereinbart werden können (§ 158 FFG).[589]

(4). Überprüfungspflicht und Dokumentationspflicht

Als Ausnahmefall von der Finanzverfassung sind Sonderabgaben regelmäßig daraufhin zu überprüfen, ob ihre Rechtmäßigkeitsvoraussetzungen noch gegeben sind. Die Erhebung der Filmabgabe im FFG ist befristet, um die Erforderlichkeit der Abgabe in regelmäßigen Abständen zu überprüfen und damit der Überprüfungspflicht Genüge zu leisten (§ 171 Abs. 1 FFG 2017, wie auch vorher § 75 Abs. 1 FFG 2014).

Zudem hat das BVerfG seit einiger Zeit die Voraussetzungen um eine Dokumentationspflicht als ein Gebot wirksamer parlamentarisch-demokratischer Legitimation und Kontrolle über die finanzielle Inanspruchnahme für öffentliche Aufgaben ergänzt.[590] Sonderabgaben sind in einer dem Haushaltsplan des Bundes beigefügten Anlage vollständig zu dokumentieren. Dies wird für das FFG eingehalten.

(5). Demokratische Legitimation der Abgabenerhebung und Aufgabenwahrnehmung der FFA

Im Übrigen weisen die Regelungen des FFG eine hinreichende personelle wie sachlich-inhaltliche Legitimation der FFA gemäß dem Demokratieprinzip aus Art. 20 Abs. 2 GG für die Abgabenerhebung und für die mit der Abgabe zu finanzierende Aufgabenwahrnehmung auf, sodass es auch in dieser Hinsicht keine verfassungsrechtlichen Bedenken gegen die gesetzlichen Regelungen zur Filmabgabe gibt.[591]

---

588 Vgl. Gesetzesentwurf zum FFG 2017, BT-Drs. 18/8592, S. 146ff.

589 Siehe 12. Abkommen von ARD, ZDF und FFA.

590 BVerfG, Beschl.v.17.7.2003 – 2 BvL 1/99 u.a., NVwZ 2003, 1241.

591 Vgl. BVerfGE 135, 155=NVwZ 2014, 646, Ziff. 156ff., das die alte Abgabenregelung des FFG 2004 hinsichtlich der fehlenden normativen Festlegungen der Art, Höhe und weiteren Modalitäten der Abgabe der Fernsehveranstalter allerdings als mangelhafte sachlich-inhaltliche demokratische Legitimation der FFA für die

Die Filmabgabe ist somit in ihren gesetzlichen Ausgestaltungen des FFG verfassungsgemäß und mit der Finanzverfassung des GG vereinbar.

b. *Richtlinien der FFA, Verordnung zum FFG und Abkommen mit Fernsehveranstaltern*

Die FFA ist ermächtigt Einzelheiten hinsichtlich der Anträge, nicht im FFG bestimmter Antragsfristen, der Auszahlung der Fördermittel sowie der Verwendungsnachweise in Richtlinien zu regeln (§ 8 Abs. 3 FFG). Die Richtlinien sind laut der Rechtsprechung rechtsverbindlich und ergänzen die Vorschriften des FFG, „soweit sie auf einer Vorschrift des FFG beruhen oder Begriffe auslegen, die mit der Gewährung der Förderungshilfen zusammenhängen"[592], sodass sie also nicht bloße behördeninterne Verwaltungsvorschriften sind. So werden z.B. die zu berücksichtigenden Festivals bei der Referenzfilmförderung in einer Richtlinie festgelegt (§§ 75 Abs. 3, 78 Abs. 2 FFG). Die Richtlinien beinhalten zum Teil als Anhänge (Antrags-)Formulare, die als Verpflichtungserklärungen der Antragsteller gelten.[593]

Es sind diverse Richtlinien erlassen worden, u.a. für die einzelnen Förderarten, aber auch für Bürgschaften (in Konkretisierung von § 65 Abs. 5 FFG) oder für die strukturverbessernde Eigenkapitalaufstockung mittels Fördermittel und für die Verwendung der Fördermittel für besonders aufwendige Vorbereitungsmaßnahmen (§ 85 FFG), für die Verkürzung der Sperrfristen (§§ 53ff. FFG) und für die Vergabe von Medialeistungen (§ 157 FFG).[594] Richtlinien werden vom Verwaltungsrat in Zweidrittelmehrheit, mindestens der Mitgliedermehrheit, erlassen und sind genehmigungsbedürftig durch die BKM (§ 8 Abs. 4 FFG).

Weiterhin gibt es die Verordnung zum Filmförderungsgesetz vom 21.04.1993, die Durchführungsbestimmungen zur Bewertung von bestimmten Preisen bei Kurzfilmen sowie nicht programmfüllenden Kinderfilmen enthält.

Abgabenerhebung bewertet hat, was jedoch aufgrund der novellierten Rechtslage unerheblich geworden ist.

592 V.Have/Schwarz, in: v.Hartlieb/Schwarz, Kap. 110, Rn. 1, 18 mit Verweis auf die Rspr. des BVerwG. Das BVerwG, UFITA 71 (1974), 331 (333f.), hat bzgl. einer früheren Fassung des FFG entschieden, dass die Richtlinien der FFA über eine innerdienstliche behördliche Verwaltungsvorschrift hinausgehen und vielmehr Sonderverordnungen darstellten.

593 Vgl. v.Have/Schwarz, in: v.Hartlieb/Schwarz, Kap. 110, Rn. 2.

594 Es gibt 18 verschiedene Richtlinien, abzurufen unter www.ffa.de/richtlinien.html, Stand 16.01.2020.

Ferner gibt es die Abkommen zwischen der FFA und den Fernsehveranstaltern, die über die gesetzliche Abgabeverpflichtung hinausgehende zusätzliche Leistungen gemäß § 160 FFG regeln.[595] Wie bereits im Abschnitt über die Abgabe erwähnt, hatte die FFA mit den öffentlich-rechtlichen und privaten Fernsehunternehmen bis zur neuesten Novellierung Abkommen über die Zahlung einer Abgabe sowie Höhe und Art der Förderung geschlossen, bevor der Bemessungsmaßstab der Abgabepflicht der Fernsehveranstalter im FFG 2010 gesetzlich festgelegt wurde und seitdem in den Abkommen lediglich Einzelheiten und zusätzliche Leistungen vertraglich geregelt blieben.[596] Mit der vereinheitlichenden Regelung der Erhebung der Filmabgabe durch Bescheid in § 148 FFG 2017 ist der Vertragsgegenstand nochmal reduziert worden.

5. *Überblick Förderprogramme*

Das FFG sieht eine Filmförderung für sämtliche Phasen der Filmherstellung und Verwertung des Films vor. Gefördert werden können die Drehbucherstellung und Drehbuchfortentwicklung, Produktion, Verleih, Vertrieb und Absatz von mit Filmen bespielten Bildträgern und mittels entgeltlicher Videoabrufdienste sowie Kinos. Umfasst sind Spielfilme, Dokumentarfilme, Kinderfilme, Erstlingsfilme und Kurzfilme. Hinsichtlich Produktion, Absatz und Kinos wird eine Projekt- und eine Referenzförderung angeboten, für Drehbücher eine Projektförderung. Projektförderung meint die Unterstützung eines bestimmten Filmvorhabens mittels selektiver Auswahl. Referenzförderung soll ein bereits erfolgreiches Filmprojekt belohnen, indem Fördermittel für ein neues Projekt bereitgestellt werden. Während die Referenzförderung also eine automatische Erfolgsförderung ist, ist die Projektförderung von einer Vergabeentscheidung eines Gremiums abhängig. Für Projektentwicklung gibt es kein eigenes Förderprogramm, sie ist im Rahmen der Verwendung von Referenzfördermitteln geregelt. Es können außerdem deutsche Gemeinschaftsproduktionen und Auftragsproduktionen sowie internationale Koproduktionen von der FFA gefördert werden. Ferner gibt es für deutsch-französische Koproduktionen ein Förderprogramm im Rahmen des deutsch-französischen Abkommens („Minitraité"), das

595 Das 11. Film-Fernsehabkommen mit einer Laufzeit vom 01.01.2014 bis 31.12.2016, das 12. Film-Fernseh-Abkommen mit einer Laufzeit vom 01.01.2017 bis 31.12.2021.

596 Seit 1974 mit den öffentlich-rechtlichen Rundfunkanstalten, seit 1989 zusätzlich mit den privaten Fernsehveranstaltern, vgl. BVerwGE 139, 42=NVwZ 2011, 998, Ziff. 103. Von 2014-16 gab es auch ein Abkommen mit den Programmvermarktern/Veranstaltern von Pay-TV.

die Produktion unterstützt. Für deutsch-italienische Koproduktionen besteht eine Förderung durch den „Deutsch-italienischen Co-Production Development Fund". Im Gegensatz zu Förderprogrammen auf Bundesländerebene werden Fernsehproduktionen von der FFA nicht gefördert. Ebenso werden weder Filmfestivals unterstützt noch Filmtheaterprogrammprämien vergeben.

Im Mittelpunkt der Referenz- und Projektfilmförderung von Filmproduktionen und des Absatzes dergleichen stehen Langfilme. Langfilme sind programmfüllende Filme ungeachtet der Kategorie oder des filmtechnischen Formats. Gemäß der Definition in § 40 Abs. 1 FFG sind Filme programmfüllend, wenn sie eine Vorführdauer von 79 Minuten, bei Kinderfilmen 59 Minuten, haben. Entscheidend ist, dass sich der Film als Einheit darstellt.[597] Kinderfilme sind solche, die eine Kennzeichnung nach dem Jugendschutzgesetz (JSchuG) erhalten haben und sich speziell an Kinder richten, § 40 Abs. 2 FFG. Kurzfilme sind im Gegensatz zu Langfilmen nach § 40 Abs. 4 FFG Filme mit einer Länge von höchstens 30 Minuten inklusive Vor- und Abspann.

6. *Allgemeine Fördervoraussetzungen und -bedingungen*

Bevor im nächsten Abschnitt die einzelnen Förderprogramme und ihre besonderen Voraussetzungen vorgestellt werden, sollen zunächst die für alle Förderprogramme nach dem FFG geltenden allgemeinen Voraussetzungen der §§ 39 ff., v.a. §§ 41 ff. FFG in Grundzügen beschrieben werden.

a. *Allgemeine Voraussetzungen für sämtliche Förderprogramme*

Den allgemeinen Fördervoraussetzungen vorangestellt ist die Maßgabe in § 39 FFG, dass die Fördermittel zweckgebunden für den Förderungszweck zu verwenden, also in die geförderte Produktion zu investieren sind. Eine Abtretung von Fördermitteln ist unzulässig, ausgenommen die Abtretung oder Verpfändung zur Zwischenfinanzierung, sog. beschränkte Abtretung des Anspruchs auf Fördermittel.

Die Vorschriften der §§ 41ff. FFG stellen sodann allgemeine Fördervoraussetzungen auf, die grundsätzlich für sämtliche Förderprogramme des FFG gelten, soweit sie von den Regelungen berührt sind.[598]

---

597 Es muss also keine Handlungseinheit sein, sondern kann auch eine Folge von Episoden sein. Mehrere Kurzfilme, die unter einen gemeinsamen Oberbegriff gefasst werden können, können sich als Einheit darstellen und ein programmfüllender Langfilm sein; ebenso die Zusammenstellung von Filmausschnitten, vgl. v. Have/Schwarz, 112. Kap., Rn. 5.

598 Siehe Entwurf FFG 2017, BT-Drs. 18/8592, S. 104, Zu § 41.

§ 41 FFG enthält die wesentlichen Fördervoraussetzungen. Zunächst muss der Hersteller des Films gemäß § 41 Abs. 1 Nr. 1 FFG seinen Wohnsitz oder Sitz in Deutschland haben bzw., wenn dieser in einem anderen EU-Mitgliedstaat, Vertragsstaat des EWR oder der Schweiz liegt, eine Niederlassung im Inland haben. Der Begriff des Herstellers ist wesentlich im FFG, so knüpft die Antragsberechtigung der einzelnen Förderprogramme an den Hersteller an. Hersteller ist laut § 40 Abs. 6 FFG, wer die Verantwortung für die Durchführung des Filmvorhabens trägt.[599] Der Begriff ist weit. Dies können sowohl natürliche wie juristische Personen sein. Eine besondere inhaltliche Qualifikation, insbesondere der Nachweis einer vorangegangenen Produzententätigkeit, wird gesetzlich nicht gefordert. Dies kann aus einem Umkehrschluss zu § 44 Abs. 1 FFG gefolgert werden, der in dem dort normierten Fall die Nachweispflicht für die Herstellung eines programmfüllenden Films festschreibt.[600] Der Begriff „Filmvorhaben" meint ein Projekt mit dem Ziel der Herstellung eines Films und umfasst alle Komponenten des Filmprojekts filmischer, organisatorischer und filmwirtschaftlicher Art, die für die Entwicklung und Planung des Projekts erforderlich sind.[601] Unter „Durchführung des Filmvorhabens" ist die Gesamtdurchführung des Filmvorhabens mit allen Tätigkeiten vom Beginn der Herstellung bis zur Fertigstellung zu verstehen.[602] Wesentliches Merkmal der Durchführung ist die Realisierung des Projekts mit sämtlichen filmischen, finanziellen und rechtlichen Schritten. Dazu zählen die zeitweilige Inhaberschaft von Nutzungsrechten am Film und das Eigentum an den Filmmaterialien.[603] Die zumindest

---

599 Wenngleich der Herstellerbegriff im FFG 2017 legaldefiniert wird, greift die Definition lediglich die gleiche umschreibende Formulierung des früheren § 15 Abs. 1 S. 1 Nr. 1 FFG a.F. auf und bleibt inhaltlich so weit umrissen wie vorher auch. So auch für einen weiten Herstellerbegriff des FFG a.F. v.Have/Schwarz, in: v.Hartlieb/Schwarz, Kap. 111, Rn. 3; Hertel/Müller/Schapiro, FFG, § 15, Rn. 8 (zur Aktualität siehe Fn. 495).

600 So v.Have/Schwarz, in: v.Hartlieb/Schwarz, Kap. 111, Rn. 4. Allerdings wird im FFG an verschiedenen Stellen verlangt, dass der Film „einen programmfüllenden Film erwarten lässt, der geeignet erscheint, die Qualität und Wirtschaftlichkeit des deutschen Films zu verbessern" (z.B. § 59 Abs. 1 FFG). Das setzt in der Regel einen fachlichen Sachverstand voraus, der für die Verantwortung der Durchführung des Filmvorhabens erforderlich ist.

601 Vgl. v.Have/Schwarz, in: v.Hartlieb/Schwarz, Kap. 111, Rn. 7.

602 Vgl. v.Have/Schwarz, in: v.Hartlieb/Schwarz, Kap. 111, Rn. 8, darunter zählen keine Vorbereitungshandlungen oder die Auswertung des Films.

603 Vgl. v.Have/Schwarz, in: v.Hartlieb/Schwarz, Kap. 111, Rn. 9.

vorübergehende Inhaberschaft an den Nutzungsrechten lässt sich auch indirekt aus der Sperrfristenregelung des § 53 FFG folgern, da während der Sperrfrist der Förderungsberechtigte sein Nutzungsrecht nicht verwerten kann.[604] Unbeschadet der Herstellereigenschaft kann das Herstellungsunternehmen unter seiner Aufsicht verschiedene Tätigkeiten der Durchführung delegieren und von anderen ausführen lassen. „Verantwortung für die Durchführung des Filmvorhabens“ trägt derjenige, der das wirtschaftliche Risiko übernimmt.[605]

Bei einer deutsch-deutschen Gemeinschaftsproduktion, in der Regel als Gesellschaft bürgerlichen Rechts organisiert, sind die Gemeinschaftsproduzenten Mithersteller und gemeinsam Antragsberechtigte für die Förderung der FFA, sofern sie jeweils den Herstellerbegriff erfüllen.[606] Die deutsche Gemeinschaftsproduktion wird für die Förderung gleich dem Einzelproduzenten behandelt.

Speziell für programmfüllende Filme gilt die Voraussetzung des § 41 Abs. 1 Nr. 2 FFG, wonach mindestens eine Endfassung des Films in deutscher Sprache gedreht oder synchronisiert hergestellt werden muss. Des Weiteren fordert § 47 FFG für alle Filme, die bei der Herstellung oder Digitalisierung gefördert werden, dass eine Endfassung barrierefrei i.S.d. § 40 Abs. 8 FFG ist (Audiodeskription und Untertitel).

Zudem sind nach § 41 Abs. 1 Nr. 3 FFG für Atelieraufnahmen Ateliers, Produktionstechnik und für die Postproduktion technische Dienstleistungsfirmen mit Sitz im Inland, der EU, dem EWR oder der Schweiz zu nutzen. Die BKM ist nach § 41 Abs. 3 FFG ermächtigt, mittels Rechtsverordnung festzulegen, dass bis zu 160% des Förderbetrags in Deutschland ausgegeben werden müssen, wobei hier eine Territorialitätsauflage von bis zu 80% der gesamten Produktionskosten nicht überschritten werden darf.[607] Für Außenaufnahmen in einem anderen Land sind gemäß § 41 Abs. 2 FFG weitere Voraussetzungen zu beachten.

Ferner muss gemäß § 41 Abs. 1 Nr. 4 FFG der Regisseur deutsch im Sinne des Art. 116 GG sein oder dem deutschen Kulturbereich angehören bzw. EU-Bürger,

---

604 Vgl. Hertel/Müller/Schapiro, FFG, § 15, Rn. 11 (zur Aktualität siehe Fn. 495).

605 Vgl. v.Have/Schwarz, in: v.Hartlieb/Schwarz, Kap. 111, Rn. 12.

606 An der Mitherstellereigenschaft ändert auch eine Vereinbarung eines der Gemeinschaftsproduzenten als ausführender Produzent nichts, der nach außen die wesentlichen Rechtsgeschäfte und Tätigkeiten allein ausübt und haftet, im Innenverhältnis den anderen Gemeinschaftsproduzenten verpflichtet ist (Innengesellschaft) noch eine Vereinbarung dergestalt, dass gar keine Gesellschaft vorliegen soll. Vgl. v.Have/Schwarz, in: v.Hartlieb/Schwarz, Kap. 113, Rn. 3f.

607 Davon wurde bislang kein Gebrauch gemacht.

Bürger eines EWR-Vertragsstaats oder der Schweiz sein.[608] Ist dies nicht der Fall, müssen entsprechend der Ausnahmeregelung in Absatz 4 zumindest die übrigen Filmschaffenden die in Nummer 4 geforderte Nationalität aufweisen, ausgenommen den Drehbuchautor oder bis zu zwei Darsteller von Hauptrollen.[609]

Fernerhin erfordert § 41 Abs. 1 Nr. 5 FFG als kulturell-inhaltliches Kriterium, dass der Film kulturelle, historische oder gesellschaftliche Themen behandelt.[610] Sowohl FFA wie Bundesamt für Wirtschaft und Ausfuhrkontrolle (BAFA) legen den Kulturbegriff weit aus.[611]

Überdies muss der Film entweder in deutscher Sprache im Inland oder als deutscher Beitrag auf einem Festival uraufgeführt werden, § 41 Abs. 1 Nr. 6 FFG.

§ 41 Abs. 1 Nr. 7 FFG stellt weiterhin die Voraussetzung eines sogenannten kulturellen Tests auf, für den zwei der dort aufgelisteten weiteren kulturellen Kriterien vorliegen müssen. Die Kriterien des kulturellen Tests beziehen sich auf Drehorte, Inhalt und Stoffvorlage. Im Einzelnen ist zu klären, ob das Drehbuch vorwiegend deutsche (oder in der EU, EWR oder Schweiz befindliche) Drehorte verwendet, die Handlung oder Stoffvorlage deutsch bzw. aus einem der vorgenannten europäischen Staaten ist, die Handlung oder Stoffvorlage ferner auf einer literarischer Vorlage oder einem traditionellen Märchen beruht und/ oder sich mit Lebensformen von Minderheiten, wissenschaftlichen Themen oder natürlichen Phänomenen befasst, der Film deutsche Motive verwendet bzw. solche aus einem vorgenannten europäischen Staat, der Film sich mit sozialen, politischen oder religiösen Fragen des gesellschaftlichen Zusammenlebens oder

---

608 Unter deutschem Kulturbereich sind z.B. Länder zu verstehen, in denen deutsch gesprochen wird oder es eine Minderheit von Deutschen oder anderen im deutschen Kulturbereich verankerten Personen gibt.

609 Die Nummern 1 bis 4 der Vorschrift weisen auf die Zweckverfolgung des FFG hin, eine Stärkung des deutschen Films durch die Förderung zu erreichen, wobei aus europarechtlichen Konformitätsgesichtspunkten (Diskriminierungsverbot, Dienstleistungsfreiheit) die Begrenzung auf Deutschland auf die anderen EU-Mitgliedstaaten erweitert wurde.

610 Eingeführt durch das 5. FFGÄnderungsG aufgrund europarechtlicher Vorgaben (EU-Beihilfenrecht), die den Kulturaspekt betonen. Kulturelle Merkmale waren dem FFG nicht neu, sie wurden jedoch in diese Vorschrift als inhaltliche Anforderungen eingefügt und um die alternativen historischen und gesellschaftlichen Merkmale ergänzt. Vgl. v.Have/Schwarz, in: v.Hartlieb/Schwarz, Kap. 112, Rn. 12.

611 V.Have/Schwarz, in: v.Hartlieb/Schwarz, Kap. 112, Rn. 12 weisen zu Recht darauf hin, dass eine weite Auslegung verfassungsrechtlich nicht ganz unproblematisch hinsichtlich des FFG als Wirtschaftsgesetz sei.

der Lebenswirklichkeit von Kindern und/ oder der Film sich mit Künstlern oder Kunstgattungen befasst.[612]

Für alle Förderprogramme gilt gemäß § 48 FFG ferner, dass die Kopien für die Filmauswertung in Deutschland, der EU oder des Europäischen Wirtschaftsraums auch in einem dieser Länder hergestellt werden, es sei denn, dass dies technisch nicht möglich ist.

Zu beachten ist ferner die Pflicht des Herstellers nach § 49 FFG zur Abgabe einer Kopie zur Archivierung.

Die Filmförderung des FFG setzt zudem voraus, dass kein Tatbestand vorliegt, der die Förderungswürdigkeit gemäß § 46 FFG ausschließt, wie z.B. der Verstoß gegen Gesetze oder die Darstellung von Brutalität und Sexualität in aufdringlich vergröbernder Weise.

Weiterhin ist Bedingung einer Förderung die Einhaltung der Sperrfristen gemäß § 53 FFG, sog. Sperrfristenklausel. Die Sperrfristen regeln die zeitlich gestaffelte Auswertung der Verwertungsstufen, die sogenannte „filmwirtschaftliche Auswertungskaskade“[613]. Sie dienen dem Schutz der einzelnen Verwertungsstufen, angefangen mit dem Schutz der Auswertung der Kinobetreiber, denen gesetzlich ein Vorrang eingeräumt wird und die mit der Filmabgabe zu einem nicht unerheblichen Teil zur Filmfinanzierung beitragen.[614] Die kürzeste Frist besteht für die Bildträgerauswertung und Auswertung durch entgeltliche

---

612 Kritisch zum kulturellen Test und zur Benachteiligung von nationalen Produktionen gegenüber internationalen Koproduktionen durch unterschiedliche kulturelle Anforderungen siehe v.Have/Harris, ZUM 2009, 470 (473ff.); auch v.Have/Schwarz, in: v.Hartlieb/Schwarz, Kap. 112, Rn. 19 m.w.N. Letztere üben insofern Kritik, als die damalige Novellierung über europarechtlichen Anforderungen hinausgehe und den deutschen Film gegenüber internationalen Koproduktionen benachteilige, insbesondere aus dem Grund, dass in § 16 Abs. 3 FFG a.F. entweder eine Übereinstimmung mit den Kriterien des kulturellen Tests in § 15 Abs. 1 S. 1 Nr. 6 FFG a.F. gefordert werde oder die Erfüllung zwei von sieben anderen Kriterien, die § 16 Abs. 3 Nr. 2 FFG a.F. aufstellt, die aber geringere Anforderungen stellen als die Voraussetzungen in § 15 FFG a.F. Eine Koproduktion könne zudem dadurch bevorzugt sein, dass sie dem Punktesystem des Europäischen Koproduktionsabkommens entspricht und die europäische Staatsangehörigkeit der Filmschaffenden genügt. Es gäbe aufgrund der genannten Argumente deswegen die Gefahr einer kontraproduktiven Wirkung des FFG entgegen seiner Intention der Förderung des deutschen Filmwesens.

613 Hertel/Müller/Schapiro, FFG, § 20, Rn. 3 (zur Aktualität siehe Fn. 495).

614 Die Sperrfristenregelung wird auch als zentrales Element für das deutsche Filmfördersystem eingestuft, da sie über die Förderung der FFA hinausgehende Wirkung durch Verweisungen von anderen Förderungen hat, vgl. Radmann, ZUM 2008, 197.

Videoabrufdienste mit sechs Monaten nach der Erstaufführung im Kino, die längste für die Auswertung im Free-TV und durch unentgeltliche Videoabrufdienste mit 18 Monaten nach Erstaufführung. Die Sperrfristen beziehen sich auf die Auswertung von Bildträgern im Inland und die deutsche Sprachfassung im Ausland sowie die Auswertung im Fernsehen im Inland, unabhängig davon, ob aus dem Inland gesendet oder aus dem Ausland und für die Ausstrahlung im Inland bestimmt, sowie deutschsprachige Nachbargebiete.[615] Eine Verkürzung der Sperrfristen ist nach §§ 54, 55 FFG unter bestimmten Antragsvoraussetzungen zulässig, wenn keine filmwirtschaftlichen Belange entgegenstehen und mit der Auswertung noch nicht begonnen wurde. Mit filmwirtschaftlichen Belangen sind die Belange der vorgelagerten Auswertungsstufen gemeint.[616] In den Fällen, dass eine Kinoauswertung keinen hinreichenden Erfolg verspricht oder eine solche überhaupt nicht erfolgen soll, kann nach § 56 FFG auf Antrag die Nichtanwendung der Sperrfristen festgestellt werden. Die Sperrfristen gelten für Projektfilm-, Referenzfilm-, Kurzfilm-[617] und Absatzförderungsmittel. Sie beziehen sich auf solche Filme, die mit diesen Fördermitteln der FFA hergestellt oder ausgewertet wurden. Damit sind die neuen Filme gemeint. Mit dem FFG 2014 wurde hinsichtlich der Referenzfilme klargestellt, dass ungeförderte Filme Referenzfilme im Sinne der §§ 73, 76 FFG sein und Fördermittel der Referenzfilmförderung für neue Projekte erhalten können, aber nicht unter die Sperrfristenregelung fallen.[618]

---

615 Laut dem Wortlaut wird die Auswertung im Fernsehen nicht auf den Empfang im Inland begrenzt, anders als der frühere Wortlaut bis 2003, das wird teilweise kritisch gesehen, so von Hertel/Müller/Schapiro, FFG, § 20, Rn. 4 (zur Aktualität siehe Fn. 495). V.Have/Schwarz, in: v.Hartlieb/Schwarz argumentieren für eine weite räumliche Auslegung der Sperrfristen, um eine geschützte inländische Auswertung sicherzustellen, Kap. 116, Rn. 23. Die Sperrfristen sollen demnach auch gelten für deutschsprachige Ausstrahlungen aus fremdsprachigen Ländern (auch) ins Inland sowie für deutschsprachige Fassungen von Bildträgern für Auslandsgebiete, die den Schutz durch Import ins Inland unterlaufen könnten, europarechtlich aber nicht auszuschließen seien.

616 Vgl. Hertel/Müller/Schapiro, FFG, § 20, Rn. 9 (zur Aktualität siehe Fn. 495).

617 Ob die Einbeziehung von Kurzfilmen sinnvoll ist und dem Sinn und Zweck der Norm entspricht, da eine Auswertung nicht vergleichbar mit der von Langfilmen ist, und daher fraglich ist, ob ein Schutz der Auswertungskette überhaupt notwendig ist, kann aber dahingestellt bleiben.

618 Vgl. Gesetzesbegründung FFG 2014, BT-Drs. 17/12370 v. 19.2.2013, S. 23, Zu Art. 1, zu Nr. 15, zu Abs. 1.

Da sich die Auswertungszeiträume weltweit verkürzt haben, wurden die Sperrfristen in den letzten zehn Jahren ständig an diese Entwicklung angepasst und wiederholt verringert. Die Sperrfristenregelung gilt nur für Fördermittel der FFA. Allerdings findet sie zumeist auch durch Verweisungen für die Fördermittel der Länderfördereinrichtungen Anwendung. Durch privatrechtliche Vereinbarungen kann sie zudem auch für andere (ausländische) Filme Geltung erlangen.[619] Sollte sich allerdings für ausländische nicht geförderte Filme eine Auswertung von Bildträgern und Videoabrufdiensten bereits nach drei oder vier Monaten nach Kinoauswertung in der Praxis durchsetzen, könnte eine Änderung und Verkürzung der Sperrfristen im FFG erneut erforderlich werden, zumindest dürften einer Verkürzung auf Antrag aber keine filmwirtschaftlichen Belange mehr entgegenstehen.[620]

Nicht im Teil der allgemeinen Bestimmungen enthalten, aber dennoch die meisten Förderprogramme betreffend, soll an dieser Stelle erwähnt sein, dass die meisten Förderprogramme Antragsfristen festlegen, nur einige wenige Programme fortlaufend sind, bei denen jederzeit ein Förderantrag gestellt werden kann. Regelmäßig fordern die einzelnen Förderprogramme der Projektförderung als weitere Voraussetzung, dass vor Förderentscheidung mit den Dreharbeiten noch nicht begonnen werden darf.

b. Besonderheiten bei internationalen Koproduktionen

Für internationale Koproduktionen und internationale Kofinanzierungen sehen die §§ 42ff. FFG weitere Voraussetzungen vor. Unter internationalen Koproduktionen werden solche Kooperationen von Herstellern verstanden, bei denen ein Hersteller seinen (Wohn-)Sitz nicht im Inland hat. In Abgrenzung zu einem bloßen Finanzierungspartner hat der Koproduzent neben der finanziellen Beteiligung und Mitübernahme des Risikos ein Mitbestimmungsrecht für die entscheidenden Aspekte der Produktion. Bei einer bloßen Finanzierungsbeteiligung handelt es sich um eine Kofinanzierung. Das FFG unterscheidet drei Arten der internationalen Koproduktion: die Koproduktion nach dem Europäischen Koproduktionsabkommen (§ 42 Abs. 1 Nr. 1 FFG), die Koproduktion gemäß eines bi- oder multilateralen Abkommens der BRD (§ 42 Abs. 1 Nr. 2)[621]

619 Vgl. v.Have/Schwarz, in: v.Hartlieb/Schwarz, Kap. 116, Rn. 20.

620 So v.Have/Schwarz, in: v.Hartlieb/Schwarz, Kap. 116, Rn. 17.

621 Es gibt derzeit 21 bilaterale Abkommen über die Gemeinschaftsproduktion von Filmen, z.B. mit Frankreich und Kanada, sowie trilateral mit Österreich und der Schweiz; vgl. www.bundesregierung.de/breg-de/bundesregierung/

und die sonstige Koproduktion mit einer erheblichen finanziellen Beteiligung des Herstellers und künstlerischen sowie technischen Beteiligung von 30% von deutschen Mitwirkenden oder die sonstige Koproduktion, die bei deutscher Mehrheitsbeteiligung in deutscher Sprache in Deutschland oder bei einem Festival als deutscher Beitrag uraufgeführt wird (§ 42 Abs. 1 Nr. 3 FFG). Daneben regelt das FFG die internationale Kofinanzierung (§ 43 FFG).

Die Systematik der §§ 41ff. FFG begünstigt europäische Koproduktionen, indem sie lediglich dem Punktesystem des Europäischen Koproduktionsabkommens entsprechen müssen (weder thematische Erfordernisse noch kultureller Test im Sinne des § 41 Abs. 1 Nr. 5, 7 FFG), dagegen müssen internationale Koproduktionen gemäß oder ohne Abkommen mit der BRD zwar § 41 Abs. 1 Nr. 5 FFG, aber nicht zwingend dem kulturellen Test in § 41 Abs. 1 Nr. 7 FFG entsprechen, solange sie zwei der weiter gefassten und nicht spezifisch auf Deutschland bezogenen Kriterien des § 42 Abs. 3 Nr. 2 FFG erfüllen. Für europäische und internationale Koproduktionen werden damit die Voraussetzungen an kulturelle Anforderungen, so wie sie rein deutsche Produktionen zu erfüllen haben, erleichtert. Koproduktionen ohne Abkommen haben allerdings die weiteren Voraussetzungen in § 42 Abs. 1 Nr. 3 und Abs. 2 FFG zu erfüllen, die sich auf die Beteiligung von deutschen Filmschaffenden und auf eine finanzielle Beteiligung des Herstellers beziehen.

Bei internationalen Koproduktionen mit einem nicht aus Europa stammenden Koproduzenten sind zudem die zwei Voraussetzungen des § 44 Abs. 1 FFG zu beachten, nämlich eines innerhalb der letzten fünf Jahre vor Antragstellung in Deutschland, der EU, einem EWR-Vertragsstaat oder der Schweiz hergestellten programmfüllenden Films im Inland mindestens in Mehrheitsbeteiligung sowie die bestimmte Höhe der Beteiligung des Herstellers (zwischen 20% und 30%, in Ausnahmefällen 10%).[622] Für alle anderen internationalen Koproduktionen und Kofinanzierungen sind die Beteiligungsquoten in § 44 Abs. 1 Nr. 2 FFG einzuhalten.

Die internationale Kofinanzierung ist gemäß §§ 43, 45 FFG förderbar, wenn ein Abkommen besteht, das diese Finanzierungsmöglichkeit vorsieht und der finanzielle Beitrag des Herstellers den im Abkommen festgelegten Mindestbetrag erreicht sowie weitere Voraussetzungen unter Verweis auf § 41 Abs. 1 Nr. 1, 2

staatsministerin-fuer-kultur-und-medien/medien/filmfoerderung/internationale-filmfoerderung/filmabkommen, Stand 04.03.2020.

622 Das Europäische Koproduktionsabkommen sieht gemäß Art. 6 eine finanzielle Mindestbeteiligung von 20% bei bilateralen und 10% bei multilateralen Produktionen vor.

sowie § 42 Abs. 1 Nr. 1 oder Nr. 2 und Nr. 3 i.V.m. Absatz 3 FFG erfüllt sind. Aufgrund des Verweises auf § 42 FFG ist also entweder bei einer Kofinanzierung, die unter das Europäische Koproduktionsabkommen zu fassen ist, das Punktesystem zu erfüllen, oder bei einer Kofinanzierung entsprechend der anderen Koproduktionen mit oder ohne Abkommen bzw. Nichtanwendbarkeit das kulturelle Kriterium nach § 41 Abs. 1 Nr. 5 und der kulturelle Test nach § 41 Abs. 1 Nr. 7 FFG oder alternativ mindestens zwei Kriterien nach § 42 Abs. 3 Nr. 2 FFG zu erfüllen. Die Referenzförderung nach dem FFG steht der internationalen Kofinanzierung gemäß § 45 Abs. 2 FFG nicht offen.

Eine ungeschriebene Voraussetzung, die in der Praxis von der FFA verlangt wird, ist die Vorlage der Bescheinigung nach § 51 FFG.[623] § 51 FFG regelt die Ausstellung einer Bescheinigung des BAFA auf Antrag des Herstellers, dass der Film den Voraussetzungen des §§ 41, 42-45 FFG entspricht, wobei auf Anforderung des BAFA die FFA eine Stellungnahme für bestimmte inhaltliche und kulturelle Prüfungspunkte zu erstellen hat.[624] Die Vorschrift regelt damit die Anerkennungsfähigkeit als deutscher Film bzw. deutsche Koproduktion. Bei Vorliegen der Voraussetzungen ist eine Bescheinigung auszustellen, dem BAFA kommt kein Ermessen zu.[625]

7. *Die einzelnen Förderprogramme und ihre besonderen Fördervoraussetzungen*

Im Folgenden werden die einzelnen Förderprogramme mit ihren jeweiligen besonderen Fördervoraussetzungen vorgestellt. Allen Förderprogrammen ist die Voraussetzung der Antragstellung für eine Förderung gemein. Die Anforderungen an die Anträge und beizufügenden Unterlagen sind in den einzelnen Richtlinien geregelt, ebenso etwaige Antragsfristen (§ 8 Abs. 3 FFG). Für die einzelnen Förderprogramme gibt es eine unterschiedliche Anzahl von Antragsfristen jährlich.

---

623 Vgl. Hertel/Müller/Schapiro, FFG, § 17, Rn. 2 (zur Aktualität siehe Fn. 495); v.Have/Schwarz, in: v.Hartlieb/Schwarz, Kap. 114, Rn. 26.

624 Kritisch aufgrund verfassungsrechtlicher Bedenken wegen einer mittelbaren Einflussnahme des Bundes durch die FFA im Bereich der Kultur, siehe Pres, DÖV 2009, 155 (156); v.Have/Harris, ZUM 2009, 470 (476).

625 Bei Koproduktionen mit einem britischen Koproduzenten stellt seitens UK das Department of Culture, Media and Sports der britischen Regierung eine Bestätigung aus, dass es sich um eine britische Produktion handelt, für die seit Anfang 2004 deutlich verschärfte Anerkennungsgrundsätze gelten.

a. Filmproduktionsförderung

aa. Projektfilmförderung

Die Projektfilmförderung bildet neben der Referenzfilmförderung den Schwerpunkt des FFG und ist in den §§ 59-72 FFG sowie der Richtlinie für die Projektfilmförderung D.1 (kurz RL Projektfilmförderung) geregelt. Sie fördert einzelne bestimmte Filmprojekte. Die Förderhöchstsumme beträgt € 1 Mio., wobei Ausnahmen möglich sind. Die Mindestförderhöhe seitens der FFA beträgt grundsätzlich € 200.000, bei Dokumentarfilmen € 100.000, § 60 Abs. 1 FFG. Der Mindestbetrag ist kein Ausschlusskriterium einer Förderung; wenn eine geringere Fördersumme beantragt wird, kann diese gewährt werden. Der Verwaltungsrat legt in der Richtlinie eine sog. Mindestförderquote fest, die besagt, wie hoch die Fördermittel mindestens sein müssen, um in einem angemessenen Verhältnis zur Höhe der voraussichtlichen Herstellungskosten zu stehen (§ 60 Abs. 3 FFG, § 1 Abs. 2 RL Projektfilmförderung).

Die Projektfilmförderung steht gemäß § 59 Abs. 1 FFG grundsätzlich Filmvorhaben aller Art offen, mit der Einschränkung, dass es sich um einen programmfüllenden Film handeln muss, wobei Ausnahmen möglich sind. Förderfähig sind folglich Langfilme i.S.d. § 40 Abs. 1 FFG mit einer Vorführdauer von mindestens 79 Minuten bzw. von mindestens 59 Minuten, wenn es sich um einen Kinderfilm handelt. Einbezogen sind Gemeinschaftsproduktionen dieser Art. Gefördert werden sollen explizit auch Filmvorhaben von talentierten Nachwuchskräften sowie solche Filmvorhaben, die auch zur Ausstrahlung im Fernsehen geeignet sind. Die Unterstützung von Nachwuchskräften ist von der Intention des FFG gedeckt, zur Förderung und Entwicklung des deutschen Films beizutragen. Die Projektfilmförderung soll hier einen Ausgleich zu den höheren Voraussetzungen der Referenzfilmförderung mit einem bereits erfolgreichen Referenzfilm schaffen.[626] Die Eignung auch zur Ausstrahlung im Fernsehen trägt § 160 FFG Rechnung, wonach die von den Fernsehunternehmen stammenden Mittel für die Projektfilmförderung zu verwenden sind. Gefördert werden Filmvorhaben, die geeignet erscheinen, die Qualität und Wirtschaftlichkeit des deutschen Films zu verbessern (zum Begriffsverständnis siehe oben 4.a.aa.(2).).

Über die Förderung entscheidet gemäß § 61 FFG eine Vergabekommission (Kommission für Produktions- und Drehbuchförderung). Insbesondere trifft die Vergabekommission Auswahlentscheidungen, wenn mehr Anträge auf Förderung als zu vergebene Fördermittel vorliegen. In die Auswahlentscheidung

626 So auch v.Have, FFG 2004, § 32, Rn. 3 (zur Aktualität siehe Fn. 474).

fließen neben der Würdigung des beantragten Vorhabens die Höhe von Rückzahlungen anderer Förderungen der FFA und Zugangsmöglichkeiten zu anderen Fördermitteln nach dem FFG ein (§ 61 Abs. 2 FFG). Es handelt sich also um ein projektbezogenes Selektionssystem.

Internationale Gemeinschaftsproduktionen, bei denen für die jeweiligen Länder Koproduktionsabkommen oder Kooperationsvereinbarungen bestehen, können bei Verbürgung der Gegenseitigkeit gesondert eine Förderung erhalten, die auch als Zuschuss zusätzlich zu einer Förderhilfe gewährt werden kann (§ 62 Abs. 1 FFG).

Die Antragsvoraussetzungen und einzureichenden Unterlagen sind in § 3 RL Projektfilmförderung genauestens geregelt, so z.B. Beschreibung des Vorhabens, Finanzierungsplan und Kalkulation der Herstellungskosten. Wesentliche formale Voraussetzung für eine Förderung ist, dass zum Zeitpunkt der Vergabeentscheidung noch nicht mit den Dreharbeiten mit den Hauptdarstellern begonnen wurde. Von dieser Regel darf nur in seltenen Ausnahmefällen abgewichen werden.[627] Antragsberechtigt ist gemäß § 66 Abs. 1 FFG der Hersteller. Wer nicht als antragsberechtigter Hersteller gilt, regelt § 66 Abs. 2 FFG, so z.B. Kapitalgesellschaften mit weniger als € 25.000 Stammkapital. Der Hersteller muss einen Eigenanteil an der Finanzierung seines Filmvorhabens in Höhe von mindestens fünf Prozent der Gesamtkosten gemäß § 63 Abs. 1 FFG vorweisen. Der Vorstand kann Ausnahmen hiervon bei den ersten beiden programmfüllenden Filmen des Herstellers oder bei besonders hohen Herstellungskosten zulassen (§ 64 FFG). Die Vorschriften des § 63 FFG und ergänzend § 33 RL Projektfilmförderung regeln detailliert die Berechnung des Eigenanteils von den Herstellungskosten, auch für den Fall von internationalen Koproduktionen oder Koproduktionen mit einer öffentlich-rechtlichen Rundfunkanstalt. Sie legen darüber hinaus die Art der Mittel fest, die für den Eigenanteil zu verwenden sind (Eigenmittel, Fremdmittel, Eigenleistungen). Durch die Zulassung von Fremdmitteln zur Finanzierung des Eigenanteils wird die Hürde des Eigenanteils relativiert.

bb. Referenzfilmförderung

Die Referenzfilmförderung ist ein zentraler Schwerpunkt der Förderung nach dem FFG. Dies ist an der Verteilung der Mittel nach § 159 FFG zu erkennen. Sie ist in den §§ 73-90 FFG und ergänzend in der Richtlinie für die Referenzfilmförderung D.2 (kurz RL Referenzfilmförderung) geregelt; hinzu treten Beschlüsse

627 Vgl. Beschluss des Verwaltungsrats v.6.6.1986, geändert am 7.6.1991, zum Projektcharakter eines Films (E.3).

der Organe der FFA. Bei der Referenzfilmförderung handelt es sich um eine automatische Förderung, bei der keine selektive Auswahl und Gremienentscheidung erforderlich ist. Die Referenzfilmförderung hängt von dem wirtschaftlichen Erfolg eines Referenzfilms ab, also eines bereits hergestellten Films. Es kommt lediglich auf das objektive Vorliegen der Voraussetzungen an. Liegen die Voraussetzungen vor, besteht ein Anspruch auf Referenzfilmförderung. Darin besteht der Unterschied zur Projektfilmförderung, die von einer Vergabeentscheidung abhängt. Die Referenzfilmförderung steht Spiel-, Dokumentar-, Kinder- und Erstlingsfilmen offen. Internationale Kofinanzierungen sind als Referenzfilm wie auch als neuer Film von der Referenzfilmförderung ausgeschlossen (§ 45 Abs. 2 FFG). Die maximale Fördersummenhöhe beträgt € 2 Mio. (§ 81 FFG). Die Referenzfilmförderung bezweckt, den Hersteller eines erfolgreichen Films mit einer Förderung für ein zukünftiges Filmprojekt zu belohnen. Es ist mit der Referenzfilmförderung auch die Hoffnung verknüpft, dass der Hersteller erneut einen wirtschaftlich erfolgreichen Film realisiert.

(1). Berechnung des wirtschaftlichen Erfolgs anhand von Referenzpunkten

Der wirtschaftliche Erfolg wird an dem Zuschauererfolg bei der Filmauswertung im Kino sowie an dem Erfolg bei Festivals und Auszeichnungen mit Preisen gemessen. Hierfür werden Referenzpunkte vergeben. Grundsätzlich bedarf es für eine Förderung 150.000 Referenzpunkte, bei Filmen mit Herstellungskosten zwischen € 8 Mio. und € 20 Mio. 300.000 Punkte, bei Filmen mit darüberliegenden Herstellungskosten 500.000 Referenzpunkte (§ 73 Abs. 1 FFG). Diese jeweilige Punktgröße kann um 50.000 Referenzpunkte reduziert werden, wenn die Deutsche Film- und Medienbewertung den Film mit dem Prädikat „besonders wertvoll" ausgezeichnet hat.

An dieser Stelle sei zum besseren Verständnis kurz die Deutsche Film- und Medienbewertung (FBW) erklärt, da deren Auszeichnungen bei der Referenzförderung von Bedeutung sind. Die FWB ist eine Filmbewertungsstelle der Länder.[628] Sie gehört zwar zum deutschen Filmfördersystem, soll hier aber lediglich im Rahmen der Referenzförderung der FFA erwähnt sein, da sie selbst keine

628 Die FBW, mit Sitz in Wiesbaden, wurde 1951 von den Bundesländern mittels Staatsvertrag gegründet und wird von allen Ländern finanziert sowie von den Gebühren, die für eine Bewertung erhoben werden. Die FWB ist eine obere Landesbehörde und untersteht der Dienstaufsicht des Hessischen Ministeriums für Wissenschaft und Kunst. Rund 85 von den Bundesländern entsandte, ehrenamtlich tätige Gutachter bewerten in fünfköpfigen Jurys Filme nach filmkünstlerischen und genrespezifischen Kriterien.

finanzielle Förderung vergibt und ihr Einfluss begrenzt ist. Die FWB vergibt Prädikatauszeichnungen anhand einer Bewertung der Filme. Es können die Prädikate „wertvoll" und „besonders wertvoll" verliehen werden. Die Bewertung gilt für Lang- und Kurzfilme gleichermaßen. Bewertet werden sowohl deutsche wie internationale Filme. Die Auszeichnung hat direkte Auswirkungen für die Referenzförderung, bei der die Schwelle der erforderlichen Referenzpunkte gesenkt werden kann (§§ 73, 76, 91, 127 FFG). Sie können sich auch bei Kinoprogrammpreisen positiv auswirken.

Die Referenzpunkte des Zuschauererfolgs entsprechen der Besucherzahl, gerechnet als entgeltliche Kartenverkäufe im Zeitraum eines Jahres nach Erstaufführung des Films in einem Kino in Deutschland (§ 74 Abs. 1 FFG). Als entgeltliche Kartenverkäufe gelten solche Kinokarten, die für den marktüblichen Eintrittspreis verkauft wurden. In einem Beschluss des Verwaltungsrats von 1990 wurden die marktüblichen Eintrittspreise auf heute umgerechnet mindestens zwei Euro, für Kinder-und Dokumentarfilme und Nichtabendvorstellungen auf mindestens € 1,20 festgelegt.[629]

Referenzpunkte für Erfolge bei Festivals oder die Auszeichnung mit Preisen reduzieren die erforderliche Mindestreferenzpunktzahl, es muss jedoch mindestens eine Besucherzahl von 50.000 im Inland erreicht werden (§ 75 Abs. 1 FFG). Für die Berücksichtigung von Festivals oder Preisen werden in § 75 Abs. 2 FFG einige genannt, die in die Berechnung einfließen, weitere Festivals hat der Verwaltungsrat in einer Liste als Bestandteil der RL Referenzfilmförderung festgelegt[630]. Die Referenzpunkte sind nach der Bedeutung der verschiedenen Festivals und Preise gestaffelt. Es zählen der Gewinn, die Nominierung von Filmpreisen und die Teilnahme an Filmfestivals. Festivalerfolge werden im Zeitraum von einem Jahr vor Erstaufführung bis zwei Jahren nach Erstaufführung in einem deutschen Kino berücksichtigt (§ 75 Abs. 4 S. 1 FFG). Bei Festivalteilnahme oder -erfolg nach Erstaufführung im Kino in Deutschland wird auch der Zuschauererfolg länger berücksichtigt, nämlich innerhalb von zwei Jahren ab Teilnahme oder Erfolg (§ 75 Abs. 4 S. 2 FFG).

Die Verteilung der Mittel erfolgt gemäß § 80 FFG nach einem Umlageschlüssel, nach dem die Hersteller Fördermittel entsprechend dem Verhältnis der Referenzpunkte der Filme zueinander erhalten. Entscheidend ist die

---

629 Vgl. Beschluss des Verwaltungsrats v.16.2.1990, zuletzt geändert 14.6.2002, zum Begriff „Marktüblicher Eintrittspreis" (E.4).

630 Teil C Berücksichtigung von Preisen und Erfolgen bei Festivals der RL Referenzfilmförderung D.2.

Referenzpunktezahl in dem jeweiligen Kalenderjahr. Referenzpunkte können übertragen und aus verschiedenen Jahren addiert werden, wenn sie zusammen mindestens 10.000 Referenzpunkte betragen. Die Umrechnung von Referenzpunkten in die finanzielle Fördermittelhöhe wird durch die tatsächliche Anzahl der teilnehmenden Referenzfilme bedingt und des zur Verfügung stehenden Budgets unter Berücksichtigung der oben genannten Faktoren der zuerkannten Referenzpunkte und des Verhältnisses der Referenzfilme samt Punkten zueinander. Der Wert der Referenzpunkte berechnet sich damit jedes Jahr neu.[631] In die Referenzfilmförderung können jährlich bis zu drei Filme aus anderen europäischen Mitgliedstaaten einbezogen werden, wenn eine entsprechende Einbeziehung deutscher Filme in deren nationale Förderung ebenfalls gewährleistet ist, also eine Gegenseitigkeit in den Abkommen verbürgt ist (§ 79 FFG).

Bei internationalen Koproduktionen ist zu beachten, dass die Fördermittel nicht die Beteiligung des deutschen Herstellers überschreiten dürfen (§ 44 Abs. 4 FFG).

(2). Kinder-, Dokumentar- und Erstlingsfilme

Für Kinder-, Dokumentar- und Erstlingsfilme sowie Filme mit geringen Herstellungskosten bis € 1 Mio. gelten gemäß § 76 FFG abgeschwächte Voraussetzungen, da sie nicht mit sonstigen programmfüllenden Filmen vergleichbar sind. Kinder-, Erstlings- und Low-Budget-Filme bedürfen demnach 50.000 Referenzpunkte, bei Verleihung des Prädikats „besonders wertvoll" der FBW 25.000 Referenzpunkte. Dokumentarfilme benötigen 25.000 Referenzpunkte. In Ausnahmefällen können vom Vorstand auch nichtprogrammfüllende Filme von mindestens 30 Minuten Länge zugelassen werden (§ 76 Abs. 3 FFG). Für die Berechnung der Zuschauerzahlen bei Kinder- und Dokumentarfilmen wird der Zeitraum der ersten drei Jahre nach Erstaufführung in einem deutschen Kino berücksichtigt, im Fall einer Festpreisvermietung gemäß § 77 Abs. 2 S. 3 FFG werden auch Besucher von nichtgewerblichen Abspielstätten einbezogen. Bei Erstlings- und Low-Budget-Filmen gilt laut § 77 Abs. 1 FFG ein Berechnungszeitraum für Besucherzahlen gegen Entgelt von einem Jahr nach Erstaufführung im Inland. Bei Einbeziehung von Festivalerfolgen hat nach § 78 FFG eine Mindestbesucherzahl von 25.000 Besuchern im Inland vorzuliegen. Wenn die Filme die erforderliche Referenzpunkteschwelle überschreiten, aber insgesamt weniger als 150.000 Referenzpunkte erreichen, werden dennoch 150.000 Referenzpunkte für den Film gewertet (§ 77 Abs. 3 FFG). Dies trägt den Schwierigkeiten der

631 Im Jahr 2018 lag der Referenzpunktwert bei der Referenzfilmförderung z.B. bei 0,35 Euro, vgl. FFA Geschäftsbericht 2018, S. 21.

Herstellung solcher Filme Rechnung und gleicht die ansonsten eintretende Folge aus, dass bei geringen Referenzpunkten auch die Förderbeträge gering ausfallen würden. Diese würden dann z.B. nicht den hohen Kosten für die Herstellung eines Kinderfilms gerecht.[632] Der Verwaltungsrat kann in der RL Referenzfilmförderung zusätzliche zu berücksichtigende Festivals festlegen, wobei insbesondere den Kinder- und Dokumentarfilmfestivals ausreichend Rechnung getragen werden muss (§ 78 Abs. 2 FFG). Die Verteilung der Referenzfördermittel erfolgt ebenfalls nach § 80 FFG.

(3). Spezielle Fördervoraussetzungen der Referenzfilmförderung

Neben den allgemeinen Fördervoraussetzungen der §§ 41-48 FFG gelten für die Referenzfilmförderung folgende weitere spezielle Fördervoraussetzungen. Die jeweils erforderlichen Referenzpunkte müssen erreicht sein. Antragsberechtigt ist der Hersteller des Referenzfilms, wobei auf den Ausschluss von bestimmten Herstellern bei der Projektfilmförderung verwiesen wird (§ 82 Abs. 1 FFG). Für die Antragstellung ist eine Frist von drei Monaten nach Ablauf der einschlägigen Berechnungszeiträume von einem, zwei oder drei Jahren nach Erstaufführung zu beachten. Anträge müssen bis zum 31. Januar eines Kalenderjahres eingereicht werden, da die Entscheidungen für die Förderzuerkennung innerhalb der ersten drei Monate des neuen Kalenderjahres für die im abgelaufenen Kalenderjahr erreichten Referenzpunkte ergehen (§§ 82 Abs. 2, 83 FFG). Eine Zuerkennung dem Grunde nach kann gemäß § 83 Abs. 1, Abs. 2 FFG auch vorab ausgesprochen werden. Dies bietet eine Möglichkeit für den Produzenten seinen Förderanspruch Dritten gegenüber zu belegen, lediglich ohne konkrete Höhe des Förderanspruchs.[633]

Für die Verwendung der zuerkannten Fördermittel ist gemäß § 2 Abs. 2 RL Referenzfilmförderung ein weiterer Antrag zu stellen. Daher ist zwischen dem Zuerkennungsantrag und dem Verwendungsantrag zu unterscheiden. Es handelt sich auch um zwei voneinander unabhängige Entscheidungen mit unterschiedlichen Zielrichtungen: der Zuerkennungsbescheid bezieht sich auf den Referenzfilm und bestätigt, dass dieser die Fördervoraussetzungen erfüllt, entscheidet also über das „Ob" der Referenzförderung. Dagegen bezieht sich der Verwendungsbescheid auf den neuen zu fördernden Film und erkennt für diesen die Voraussetzungen als vorliegend an, entscheidet daher über das „Wie" der

---

632 Vgl. v.Have, FFG 2004, § 23, Rn. 4 (zur Aktualität siehe Fn. 474).

633 Bei Absatz 2 können 70% der Referenzmittel gemäß dem Vorjahreswert der Referenzpunkte vorab zuerkannt werden.

Referenzmittel. Grundsätzlich darf gemäß § 2 Abs. 1 RL Referenzfilmförderung mit den Dreharbeiten für den neuen Film vor Zuerkennung der Fördermittel, sowohl der Höhe als auch dem Grunde nach, noch nicht begonnen worden sein, wobei Ausnahmen möglich sind. Ein Drehbeginn vor Stellung eines Verwendungsantrags oder der Entscheidung hierüber ist dagegen unschädlich; der Antrag ist jedoch vor Erstellung der Nullkopie zu stellen (§ 2 Abs. 2 RL Referenzfilmförderung).

Die Verwendung der Referenzmittel ist gemäß § 84 FFG innerhalb von drei Jahren nach Erlass des jeweiligen Förderungsbescheids (Zuerkennungsbescheids) vorzunehmen. Damit ist gemeint, dass der Verwendungsantrag und die Zuordnung der Mittel zu dem bestimmten Projekt innerhalb der Dreijahresfrist seitens des Herstellers erfolgen müssen, nicht aber die tatsächliche Verwendung der Mittel (§ 2 Abs. 2 RL Referenzfilmförderung). Die Mittel sind vorrangig für die Herstellung neuer programmfüllender Filme zu verwenden. Für die Verwendung der Referenzmittel aus einer internationalen Gemeinschaftsproduktion mit minoritärer Beteiligung des deutschen Herstellers legt § 84 Abs. 2 FFG einschränkend fest, dass die Mittel nur für eine Koproduktion mit zumindest hälftiger Beteiligung oder einer Beteiligung des Herstellers größer als die der anderen Koproduzenten eingesetzt werden dürfen. Der Vorstand kann gemäß § 85 FFG auf Antrag eine Verwendung von bis zu 75% der Mittel für besonders aufwendige Vorbereitungsmaßnahmen, maximal 100.000 Euro, und für strukturverbessernde Kapitalaufstockungen, hier maximal € 500.000 in einem Zeitraum von fünf Jahren, gestatten. Diese Verwendungsmöglichkeiten außerhalb der unmittelbaren Herstellung eines neuen Films verschafft dem Hersteller einen größeren finanziellen Gestaltungsraum auch im Hinblick auf eine Bankenfinanzierung[634], wobei bei dieser Ausnahmeentscheidung der Hauptzweck der Produktions- und Vertriebsförderung nicht unberücksichtigt bleiben darf.

cc. Förderung nach dem deutsch-französischen „Minitraité“

Zudem können deutsch-französische Koproduktionen Förderung gemäß dem Abkommen zwischen der Regierung der Bundesrepublik Deutschland und der Regierung der Französischen Republik über die Förderung von Filmvorhaben

---

634 Intention des Gesetzgebers war auch, dass durch eine Mittelverwendung zur Kapitalaufstockung und damit erhöhtem Eigenkapital den erhöhten Anforderungen der Banken an das Eigenkapital bei der Filmfinanzierung begegnet wurde, vgl. Entwurf zum FFG 2004, BT-Drs. 15/1506, S. 24, Zu den §§ 28, 29.

in Koproduktion, kurz Minitraité, beantragen.[635] Die Fördermittel sind auf ein jährliches Budget von € 1,524 Mio. pro Land begrenzt. Ein Koproduktionsvorhaben kann eine Förderung in beiden Ländern erhalten. Gefördert werden können programmfüllende Filme in Koproduktion, vorausgesetzt die Filmvorhaben liegen im Interesse beider Länder und leisten einen Beitrag zur künstlerischen Qualität der Filmproduktion. Umfasst sind Spiel-, Dokumentar- und Animationsfilme. Bei dem Minitraité entscheidet eine gemeinsame Kommission über Förderempfehlungen, die sie an die jeweiligen Förderstellen in Deutschland (FFA) und Frankreich übermittelt, die über die Förderung und die Höhe der Fördermittel nach Maßgabe der innerstaatlichen Bestimmungen entscheiden und dies der Förderstelle des anderen Landes mitteilen. Die Gewährung setzt sodann voraus, dass die Förderstellen beider Länder eine Förderung gemeinsam zuerkennen.

Das Minitraité wurde um eine Förderung für junge Filmemacher für die Entwicklung von Filmvorhaben in Koproduktion ergänzt.[636] Hierfür steht ein Budget von jährlich gesamt € 200.000 zur Verfügung. Die Förderhöhe hängt vom Vorhaben ab. Sie beträgt maximal € 50.000 und höchstens 70% der Entwicklungskosten. Es muss sich um ein Erst- oder Zweitfilmvorhaben handeln, das auf die Herstellung eines Spielfilms oder Animationsfilm ausgerichtet ist, der für die Kinoauswertung bestimmt ist. Diese Voraussetzung muss bei einem Koproduzenten vorliegen, wenn der andere Koproduzent über mehr Erfahrung verfügt, steht das einer Förderung nicht entgegen. Das Vorhaben muss ebenfalls ein künstlerisches und kulturelles Potential für den deutschen und französischen Markt aufweisen. Gefördert werden Kosten der Entwicklung des Vorhabens, z.B. der Erwerb von Filmrechten oder die Option auf den Erwerb, Vergütung von Autoren für die Erstellung des Drehbuchs, Kosten für produktionsvorbereitende Maßnahmen wie Erkundungen. Weitere Voraussetzungen werden von der FFA in einer Richtlinie zum Minitraité geregelt, die auf die Vorschriften der Projektfilmförderung nach dem FFG verweist.[637]

635 In Ergänzung zum bilateralen Koproduktionsabkommen als gemeinsamer Förderfonds am 17.05.2001 geschlossen.

636 Richtlinie Hilfspaket für die Entwicklung von Filmvorhaben im Rahmen des Abkommens vom 17.Mai 2001 über die Förderung von Filmvorhaben in Koproduktion.

637 Richtlinie für die Projektfilmförderung nach dem Abkommen zwischen der Regierung der Bunderepublik Deutschland und der Regierung der Französischen Republik über die Förderung von Filmvorhaben in Koproduktion vom 17.05.2001 („Minitraité") D.18 v.20.6.2018.

dd. Förderung nach dem Deutsch-Italienischen Co-Production Development Fonds

Filmprojekte in deutsch-italienischer Koproduktion können in der Entwicklungsphase im Rahmen des Deutsch-Italienischen Co-Production Development Fonds gefördert werden. Er beruht auf der Vereinbarung über die Durchführung von Maßnahmen zur Entwicklung deutsch-italienischer Koproduktionsprojekte zwischen dem italienischen Ministerium für Kulturerbe, Kulturprogramme und Tourismus, Abteilung Film (MiBACT) und der FFA von 2014 und soll eine Zusammenarbeit von Produzenten beider Länder bereits in der Entwicklungsphase fördern. Gefördert wird seit 2015 die Entwicklung einer deutsch-italienischen Koproduktion in Form eines abendfüllenden Kinofilms jeglichen Genres. Der Fonds ist mit einem jährlichen Budget von € 100.000 ausgestattet, jeweils hälftig von der FFA und dem italienischen Kultusministerium (MiBACT).[638] Maximale Förderhöhe ist € 30.000. Die Förderung beträgt maximal 80% der Gesamtentwicklungskosten. Die Produzenten müssen einen Eigenanteil von mindestens 20% beisteuern. Im Jahr 2015 wurden sechs Projekte mit Fördermitteln in Höhen von € 10.000 und € 20.000 unterstützt.[639]

Fördervoraussetzungen sind eine hohe künstlerische Qualität und die Ausrichtung auf ein Publikum mindestens in Deutschland, Italien und Europa. Ferner ist Voraussetzung, dass an dem Projekt ein Produzent mit Sitz in Deutschland und ein Produzent mit Sitz in Italien beteiligt sind. Die Beteiligungsanteile dürfen beim majoritären Produzenten maximal 80% und beim minoritären Produzenten nicht unter 20% betragen. Die Rechte am Drehbuch sind grundsätzlich entsprechend der Finanzierungsanteile an den Projektentwicklungskosten zwischen den Produzenten aufzuteilen. Die Entwicklungsarbeiten müssen von beiden Produzenten zum Abschluss der Projektentwicklungsphase anhand eines umfassenden Produktionsplans nachgewiesen werden. Von der Förderung ausgeschlossen sind Projekte, für die bereits anderweitig Förderung auf regionaler, nationaler oder europäischer Ebene beantragt wurde, sowie solche, bei denen mit den Dreharbeiten begonnen wurde. Ferner darf erst nach Förderzusage mit den Projektentwicklungsmaßnahmen angefangen werden, gegebenenfalls ist ein Antrag auf vorzeitigen Beginn zu stellen.

Die Förderung ist an Antragsfristen gebunden. Vor Einreichung ist der Antrag mit der zuständigen Fördereinrichtung zu besprechen. Die „Richtlinien für die Antragstellung" führen weitere Informationen und Anforderungen an

---

638 Vgl. FFA Geschäftsbericht 2014, S. 27; FFA Geschäftsbericht 2015, S. 27.
639 Vgl. FFA Geschäftsbericht 2015, S. 62.

den Antrag und die einzureichenden Unterlagen auf.[640] Die Antragsunterlagen sind bei majoritär italienischen Projekten in italienischer Sprache bei dem oben genannten Ministerium MiBACT einzureichen. Bei majoritär deutschen Projekten können die Antragsunterlagen in deutscher oder englischer Sprache bei der FFA eingereicht werden und beim MiBACT in Englisch. Einer der Produzenten muss als Verantwortlicher benannt werden, in der Regel sollte dies der majoritäre Koproduzent sein.

Über die Förderung entscheidet eine deutsch-italienische Kommission.

ee. Kurzfilmförderung

Die Förderung für Kurzfilme und nicht programmfüllende Kinderfilme ist in den §§ 91-99 FFG sowie in der Richtlinie für die Förderung von Kurzfilmen und nicht programmfüllenden Kinder- und Jugendfilmen D.6 geregelt. Sie ist als Referenzfilmförderung[641] ausgestaltet und wird als Zuschuss gewährt. Der Referenzfilm kann ein Kurzfilm oder ein nicht programmfüllender Kinderfilm sein. Unter Kurzfilme fallen gemäß § 40 Abs. 4 FFG Filme mit weniger als 30 Minuten.[642] Nicht programmfüllende Kinderfilme sind solche unter 59 Minuten gemäß § 40 Abs. 1, 2 FFG. Referenzfilm kann ansonsten auch eine internationale Koproduktion sein. Dagegen wird in § 45 Abs. 2 FFG eine internationale Kofinanzierung als Referenzfilm und als neuer Film ausdrücklich ausgeschlossen. Die Fördermittel sind für die Herstellung eines neuen Kurzfilms oder programmfüllenden Films zu verwenden (§ 96 FFG).

Die Filme müssen nach § 91 Abs. 1 FFG mindestens 15 Referenzpunkte erreichen. Besonders viele Referenzpunkte, mindestens 40, werden mit einer erhöhten Förderung durch Multiplizierung mit dem Faktor 1,5 belohnt. Anders als bei der Referenzfilmförderung für programmfüllende Filme werden hier Referenzpunkte

---

640 Richtlinien für die Antragstellung Deutsch-Italienischer Co-Production Development Fonds.

641 Mit dem FFG 2009 wurde das Referenzmodell geändert und in größerem Maße auf eine effektivere und qualitätsorientierte Produktionsförderung hin ausgestaltet, gerade bei der Kurzfilmförderung. Durch erhöhte Qualitätsanforderungen sollte die Menge an zu fördernden Kurzfilmen reduziert und die Förderbeträge für die geförderten Filme erhöht werden.

642 Mit dem FFG 2017 wurden neue Längenbestimmungen getroffen und es werden nun auch Kurzfilme unter einer Minute und bis 30 Minuten erfasst zu bisher eine bis 15 Minuten. Dies soll laut Gesetzgeber u.a. dem veränderten Abspieleinsatz von Kurzfilmen und der Zuschauernachfrage Rechnung tragen. Vgl. Entwurf zum FFG 2017, BT-Drs. 18/8592, S. 103, Zu § 40, Zu Absatz 4.

nicht für Zuschauererfolge vergeben, sondern für die Teilnahme, Nominierung und die Preisvergabe bei Festivals sowie für die Auszeichnung mit dem Prädikat „besonders wertvoll" der FBW (§§ 91 Abs. 2, 92 FFG). Der Grund dafür liegt in der wesentlichen Bedeutung von Festivals für Kurzfilme im Gegensatz zu der selteneren Auswertung im Kino (oder der kombinierten Auswertung als Vorfilm von programmfüllenden Filmen) und den damit einhergehenden geringen Zuschauerzahlen. Die zu berücksichtigenden Festivals werden in der Richtlinie festgelegt. Ein weiterer Unterschied liegt in der Berechnung des Zeitraums von zwei Jahren der Referenzpunkte ab Fertigstellung des Films, nicht Erstaufführung (§ 92 Abs. 2 FFG).

Die zur Verfügung stehenden Mittel (1,5% gemäß § 159 Abs. 2 Nr. 3 FFG) werden nach § 93 Abs. 2 FFG im Verhältnis der Referenzpunkte der einzelnen Filme zugeteilt.

Der Antrag ist vom Hersteller bis zum Ende des Kalenderjahres, in das das Ende des Berechnungszeitraums von zwei Jahren fällt, zu stellen (§ 94 Abs. 2 FFG).[643] Beizufügen ist dem Antrag der Nachweis, dass die allgemeinen Voraussetzungen der §§ 41ff. FFG vorliegen. Nicht antragsberechtigt als Hersteller sind juristische Personen des öffentlichen Rechts oder juristische Personen des Privatrechts, an der eine oder mehrere juristische Personen des öffentlichen Rechts beteiligt sind.

Die Ausgestaltung einer effektiven Kurzfilmförderung ist nicht einfach. So bestand im FFG 2004 mit § 20 a.F. ein Kopplungsgebot für die Vorführung von Kurzfilmen mit geförderten programmfüllenden Filmen. Mit dem FFG 2009 ist diese sich in der Praxis als schwierig und nicht zielführend erwiesene Regelung weggefallen. Der Kurzfilm sollte jedoch als Vorfilm im Kino weiterhin durch neue Förderanreize gestärkt werden. Die Filmabspielförderung für Kinos ist durch die Einbeziehung des Abspielens von Kurzfilmen (§ 134 Nr. 6 FFG) erweitert worden. Ebenso ist sowohl die Referenzabsatzförderung der Verleih- und Vertriebsunternehmen durch Verwendungsmöglichkeiten der Fördermittel für den Verleih von Kurzfilmen (§ 130 Abs. 1 S. 1 FFG) als auch die Projektabsatzförderung durch die Möglichkeit, Förderung für die Erweiterung bestehender und Erschließung neuer Absatzmärkte für Kurzfilme zu erhalten (§ 116 Abs. 3 FFG),

643 Umstritten ist die Folge bei Fristversäumnis, ob konkret der Antrag und damit die Förderung entfällt, so Hertel/Müller/Schapiro, FFG, § 42, Rn. 7 (zur Aktualität siehe Fn. 495), oder bestehen bleibt und später beschieden wird, so v.Have, FFG 2004, § 42, Rn. 2 (zur Aktualität siehe Fn. 474).

vergrößert worden.[644] Das FFG 2017 hat die Längenbestimmung des Kurzfilms auf 30 Minuten ausgedehnt und so an neue Bedürfnisse in der Praxis angepasst.

b. Drehbuchförderung

Als produktionsvorgelagerte Herstellungsstufe existiert die Förderung für Drehbücher und für Drehbuchfortentwicklung gemäß §§ 100-114 FFG und den ergänzenden Richtlinien D.7 und D.8[645]. Die Drehbuchförderung dient der Unterstützung bei der Herstellung von Drehbüchern und der Herstellung von Treatments, einer vergleichbaren Darstellung oder einer ersten Drehbuchfassung (§ 100 Abs. 1, 2 FFG), je für programmfüllende Filme. Während die Drehbuchförderung auf eine Breitenförderung angelegt ist, um eine Vielfalt von Stoffen für deutsche Filme zu sichern, zielt die Unterstützung der Fortentwicklung von Drehbüchern mit einer Begleitung bis zur Drehreife auf besonders vielversprechende Stoffe und soll die Verfilmungsquote geförderter Drehbücher erhöhen (§ 107 FFG).[646] Grundsätzlich muss das Drehbuch oder Treatment in deutscher Sprache verfasst sein, wobei Ausnahmen von Dialogstellen aus dramaturgischen Gründen zulässig sind, sowie weitergehende Ausnahmen in besonderen Fällen vom Vorstand zugelassen werden können. Die Förderung ist als Projektförderung ausgestaltet, die Mittel werden als Zuschuss gewährt. Die Drehbucherstellung kann mit bis zu 25.000 €, in besonderen Fällen bis zu 35.000 €, und Treatments mit bis zu 10.000 € unterstützt werden. Die Drehbuchfortentwicklungsförderung gewährt eine finanzielle Förderung bis zu € 75.000 und eine nichtfinanzielle Förderung durch sachverständige Begleitung eines Mitglieds der zuständigen Vergabekommission gemäß §§ 107, 110 FFG. Auf Antrag können bis zu € 25.000 weitere Förderhilfen gewährt werden. Für die Förderfähigkeit kommt es wie bei der Projektfilmförderung darauf an, ob der

---

644 Vgl. Begründung der Bundesregierung zum Gesetzesentwurf des FFG 2009, BT-Drs. 16/10294, S. 30 Zu Nummer 19, S. 37 Zu Nummer 46, S. 38 Zu Nummer 47, S. 40 Zu Nummer 52.

645 Richtlinie für die Projektförderung der Herstellung von Drehbüchern und deren Vorstufen D.7 sowie Richtlinie für die Projektförderung der Fortentwicklung von Drehbüchern D.8.

646 Vgl. Entwurf des FFG 2017, BT-Drs. 18/8592, S. 126, Zu Kapitel 7. Die Drehbuchfortentwicklungsförderung ist jüngst mit dem FFG 2017 wieder eingeführt worden, nachdem sie kurzzeitig mit dem FFG 2014 entfallen war. Zuvor war sie in § 32 Abs. 3 FFG 2009 und FFG 2010 geregelt. Sie sei laut Gesetzesbegründung des FFG 2014 nicht erfolgreich gewesen, für eine Weiterentwicklung stünde die Projektentwicklungsförderung aus Referenzmitteln zur Verfügung (vgl. BT-Drs. 17/12370, S. 26, Zu Nummer. 22, Zu Buchstabe c).

zu erwartende Film geeignet ist, die Qualität und Wirtschaftlichkeit des deutschen Films zu verbessern. Eine Drehbuchförderung scheidet aus, wenn die Erstellung bereits von einer anderen Stelle gefördert wird, es sei denn, die anderweitige Förderung betrifft die Projektentwicklung oder Produktionsvorbereitung und geht darüber hinaus (§§ 100 Abs. 4, 107 Abs. 3 FFG). Dagegen kann auf die Förderung des Treatments ohne weiteres die Förderung des Drehbuchs folgen (§ 100 Abs. 2 S. 2 FFG). Über die Förderung entscheidet ein Vergabeausschuss (Kommission für Produktions- und Drehbuchförderung) in einer Auswahlentscheidung.

Antragsberechtigt für die Drehbuch- und Treatmentförderung sind Drehbuchautoren, soweit sie nachweisen können, dass bereits zwei Drehbücher für programmfüllende Filme verfilmt worden sind, die in europäischen Kinos ausgewertet worden sind. Andernfalls sind die Drehbuchautoren nur zusammen mit einem Hersteller antragsberechtigt, der die Herstellung und europäische Auswertung eines programmfüllenden Films nachweisen muss (§ 102 Abs. 2 FFG). Eine gemeinsame Antragstellung soll gewährleisten, dass das Drehbuch auch filmisch umsetzbar ist, was inzident durch die Unterstützung der Antragstellung eines Herstellers bestätigt wird.[647] Ansonsten wird der Nachweis von bereits zwei verfilmten Drehbüchern als ausreichende Prognose für die Qualität des zu fördernden Drehbuchs angesehen. Bei der Drehbuchfortentwicklungsförderung sind der Hersteller und Drehbuchautor gemeinsam antragsberechtigt gemäß § 109 Abs. 2 FFG. Beide müssen jeweils einen programmfüllenden Film vorweisen können, der in europäischen Kinos ausgewertet worden ist. Die Details der Anforderungen des Antrags sind in den beiden Richtlinien festgelegt.

c. *Absatzförderung*

Die Absatzförderung umfasst eine Projektförderung für Verleih- und Vertriebsunternehmen sowie Unternehmen der Videowirtschaft und zudem eine Referenzförderung für Verleihunternehmen[648], sämtlich geregelt in den §§ 115-133 FFG und den ergänzenden Richtlinien D.8, D.9, D.10 und D.11.[649]

---

647 Vgl. v.Have, FFG 2004, § 48, Rn. 1 (zur Aktualität siehe Fn. 474).

648 Zunächst sah das FFG nur eine Projektförderung vor bis das FFG 1999 aufgrund der Dominanz der U.S-amerikanischen Filmverleiher zusätzlich eine Referenzförderung einführte, um die deutschen Verleiher zu stärken. Vgl. Hertel/Müller/Schapiro, FFG, § 53, Rn. 1 (zur Aktualität siehe Fn. 495).

649 Richtlinie für die Projektförderung des Filmabsatzes D.9, Richtlinie für die Projektförderung des Absatzes von mit Filmen bespielten Bildträgern D.10, Richtlinie für die Projektförderung des Film- und Videoabsatzes D.11 und Richtlinie für die Referenzförderung für Verleihunternehmen D.12.

aa. Projektabsatzförderung

Die Projektförderung des Absatzes gemäß § 115 FFG gewährt eine Förderung für den Verleih- oder Vertrieb von programmfüllenden Filmen, den Absatz von mit Filmen bespielten Bildträgern und den Absatz von Filmen mittels entgeltlicher Videoabrufdienste. Im Rahmen der Verleih- und Vertriebsförderung können auch internationale Koproduktionen, die bereits als Projektfilm gefördert wurden sowie solche, die unter ein Verleihabkommen fallen, in dem eine Gegenseitigkeit der Förderung verbürgt ist, gemäß § 120 FFG unterstützt werden. Weder der Begriff des Verleihs noch der des Vertriebs werden im FFG legaldefiniert. Unter Verleih ist „die Überlassung eines Films an Filmtheater oder sonstige Spielstellen zur öffentlichen Vorführung im Inland“[650] zu verstehen. Der Begriff des Vertriebs bezeichnet dagegen alle über den Verleih hinausgehenden Verwertungsarten, z.B. die Überlassung an ausländische Verleiher oder zur Auswertung im Fernsehen oder DVD.[651] Entgeltliche Videoabrufdienste sind laut der Definition in § 40 IX FFG elektronische Informations- oder Kommunikationsdienste zum individuellen Abruf von Filmen durch den Nutzer.

Bei den Fördermöglichkeiten im Rahmen der Absatzförderung ist zwischen den produktbezogenen (§§ 116 Abs. 1 Nr. 1-4, 117 Nr. 1-3 FFG) und den unternehmensbezogenen Maßnahmen (§§ 116 Abs. 1 Nr. 5, 6, 117 Nr. 3 FFG) zu unterscheiden. Die produktbezogene Förderung bezieht sich auf Maßnahmen, die über den üblichen Aufwand hinausgehen. Unter die unternehmensbezogene Förderung werden dagegen solche gefasst, die die Wirtschaftskraft oder Struktur des Unternehmens verbessern sollen. Die Fördermittel sollen gemäß §§ 116, 117 FFG produktbezogen für Herstellungskosten barrierefreier Fassungen, besondere Werbeaktionen, besonderen Aufwand beim Absatz von Kinderfilmen und unternehmensbezogen zur Erschließung von Absatzmärkten und zu etwaiger Zusammenarbeit zur Verbesserung des Absatzes eingesetzt werden.

Neben den oben genannten Verwendungsmöglichkeiten können die Mittel bei der Absatzförderung von Verleih- und Vertriebsunternehmen zusätzlich für Vorkosten verwendet werden.[652] Die Richtlinie für die Projektförderung des Filmabsatzes D.9 enthält eine detaillierte Aufzählung der erfassten Vorkosten.

---

650 Hertel/Müller/Schapiro, FFG, § 53, Rn. 8 (zur Aktualität siehe Fn. 495).

651 Vgl. Hertel/Müller/Schapiro, FFG, § 53, Rn. 8, § 53a, Rn. 3 (zur Aktualität siehe Fn. 495).

652 Hierunter sind Kosten für die Inlands- und Auslandsverwertung erfasst. Dies wurde in § 116 Abs. 1 Nr. 1 FFG 2017 zusammengefasst, während es im FFG 2014 noch getrennt aufgeführt wurde.

In begrenztem Umfang können die Mittel nach § 116 Abs. 2 FFG für Vorkosten und Herstellungen barrierefreier Fassungen für deutsche Filmklassiker verwendet werden.

Die Fördermittel für den Videoabsatz können zudem für die Herausbringungskosten oder die Herstellung von Fremdsprachenfassungen ausgegeben werden. Bei der Förderung für VoD-Dienste ist die Förderung gemäß § 117 Nr. 1 FFG auf die Kosten für die Herausbringung einzelner Filme oder Filmpakete begrenzt. Die Kosten für die technische Infrastruktur des Abrufdienstes sind nicht erfasst, da diese keine Filmförderung im Sinne des Gesetzes darstellen. Bei der Verwendung der Mittel für Maßnahmen zur Erweiterung von Absatzmärkten oder der vertraglichen Zusammenarbeit zur Verbesserung des Absatzes können auch deutsche Filmklassiker und in begrenztem Umfang ausländische Filme berücksichtigt werden, solange überwiegend mit aktuellen Filmen geworben wird, § 117 Nr. 3 FFG. Dies sichert den Videounternehmen zu, nicht nur auf die Werbung von deutschen Filmen beschränkt zu sein, sondern auch ausländische Filme bewerben zu können[653]

Antragsberechtigt sind je nach beantragter Absatzförderung gemäß § 121 Abs. 2 FFG Verleihunternehmen, Vertriebsunternehmen, Videovertriebsunternehmen, Betreiber von Videotheken, Anbieter von Videoabrufdiensten, die zentrale Dienstleistungsorganisation der deutschen Filmwirtschaft oder andere branchennahe Einrichtungen im Inland. Ein Förderantrag kann für eine Absatzart, aber auch für alle Absatzarten gleichzeitig, gestellt werden, § 121 Abs. 1 FFG. Eine Besonderheit besteht gemäß § 68 Abs. 3 FFG in dem Fall, dass im Rahmen einer Projektfilmförderung nach § 59 FFG vom Vorstand bereits zum Zeitpunkt der Entscheidung über diese auch eine Zusage über eine Projektabsatzförderung (§ 115 FFG) gegeben werden kann, wenn eine angemessene Beteiligung eines Verleihers nachgewiesen wird. Diese frühe Absatzförderzusage erfolgt auf Antrag des Herstellers des Filmprojekts.

Die Kommission für Verleih-, Vertriebs- und Videoförderung trifft gemäß § 119 FFG eine Auswahl unter allen geeigneten Filmen. Hierbei können Tilgungen des Antragstellers von anderen Fördermitteln der FFA und die Wirtschaftlichkeit des Vorhabens berücksichtigt werden. Die Projektabsatzförderung ist eine selektive Förderung basierend auf einer Ermessensentscheidung der FFA.

Die Absatzförderung wird in der Regel als bedingt rückzahlbare, zinslose Darlehen mit einer Laufzeit bis zu zehn Jahren gewährt, in einigen normierten Fällen als Zuschuss (§ 118 FFG). Die Fördermittelhöhe wird von der Verwendungsart

---

653 Vgl. Hertel/Müller/Schapiro, FFG, § 53b, Rn. 7 (zur Aktualität siehe Fn. 495).

bestimmt und beträgt bei Darlehen zwischen € 150.000 bis 600.000, bei Zuschüssen zwischen € 100.000 und 300.000. Bei Fördermitteln für Gesamtmaßnahmen sämtlicher Absatzarten gemäß § 118 Abs. 1 S. 2 FFG können bis zu € 1,2 Mio. vergeben werden. Die Absatzförderung von Kurzfilmen wird nach § 116 Abs. 3 FFG von § 116 Abs. 1 Nr. 5 FFG für Maßnahmen zur Erweiterung bestehender und Erschließung neuer Absatzmärkte erfasst, und kann mit einem Zuschuss bis zu 100.000 € (§ 118 Abs. 4 FFG) gefördert werden.

Die Förderintensität staatlicher Mittel darf insgesamt 70% nicht übersteigen, es muss also ein Eigenanteil an der Finanzierung von mindestens 30% aufgebracht werden. Als Eigenbeteiligung wird auch die Finanzierung einer Verleihgarantie sowie Verleih- oder Vertriebsgarantien für den Erwerb von Video- und Fernsehrechten anerkannt.[654]

bb. Referenzabsatzförderung

Für den Verleih eines programmfüllenden Films gibt es zudem die Referenzförderung des Absatzes gemäß § 127 FFG. Der Referenzfilm kann laut des Verweises auf die §§ 41ff. auch eine internationale Koproduktion sein. Weder der Referenzfilm noch der neue Film dürfen jedoch gemäß § 45 Abs. 2 FFG eine internationale Kofinanzierung sein. Während der Wortlaut ausdrücklich einen programmfüllenden Referenzfilm fordert, wird bei dem zu fördernden Film lediglich von einem neuen Film gesprochen. Daher kann bei der Absatzförderung auch der Absatz eines nicht programmfüllenden neuen Films gefördert werden.[655] Erforderlich sind 100.000 Referenzpunkte innerhalb eines Jahres nach Erstaufführung in einem deutschen Kino. Für die Kriterien und die Berücksichtigung der Zuschauer- und Festivalerfolge und Preise bei der Berechnung wird auf die entsprechenden Regelungen der Referenzfilmförderung verwiesen.

Ebenso wie bei der Projektabsatzförderung sind die Fördermittel für produktbezogene Maßnahmen (§ 130 Abs. 2 Nr. 1-5 FFG) oder unternehmensbezogene Maßnahmen (§ 130 Abs. 2 Nr. 6, 7, Abs. 3 FFG) zu verwenden. Hervorzuheben ist die produktbezogene Verwendungsmöglichkeit zur Finanzierung von Garantiezahlungen für den Erwerb von Auswertungsrechten an von der FFA geförderten Filmen (sog. Minimumgarantien) gemäß Nr. 1. Das ist insoweit wichtig, als die Verleiher darin gestärkt werden, bereits vor Beginn der Filmproduktion

---

654 Vgl. Hertel/Müller/Schapiro, FFG, § 53a, Rn. 12 (zur Aktualität siehe Fn. 495).

655 Vgl. Hertel/Müller/Schapiro, FFG, § 53, Rn. 7 (zur Aktualität siehe Fn. 495); siehe zur Definition von programmfüllenden Filmen und Kurzfilmen Abschnitt 5. sowie auch Fn. 642.

die Auswertungsrechte zu erwerben und damit zur Sicherstellung der Filmfinanzierung des Produzenten beitragen. Die Verwendung für Vorkosten, der Herstellung barrierefreier Fassungen, besonderen Marketingmaßnahmen, besonderem Aufwand beim Absatz von Kinderfilmen sowie für die Maßnahmen hinsichtlich bestehender und neuer Absatzmärkte und Kooperationsmaßnahmen der vertraglich vereinbarten Zusammenarbeit zur Verbesserung des Absatzes gleichen den Verwendungsmöglichkeiten der Projektabsatzförderung. Ein weiterer Unterschied besteht jedoch in der Verwendung der Fördermittel zu Kapitalaufstockungen. Für diese letztgenannte Verwendungsmöglichkeit ist ein Antrag zu stellen, über den der Vorstand entscheidet (§ 130 Abs. 3 FFG). Kapitalaufstockungen können bis zu einer Höhe von 75% der Förderhilfen, maximal € 100.000, gestattet werden, um eine Strukturverbesserung des Verleihunternehmens zu unterstützen. Das Unternehmen darf in einem Zeitraum von fünf Jahren insgesamt nicht mehr als € 500.000 hierfür erhalten.

Antragsberechtigt sind Verleihunternehmen. Bei Vorliegen der Voraussetzungen besteht ein Anspruch auf Absatzförderung nach § 127 FFG. Die Förderung erfolgt als Zuschuss, § 128 FFG. Die zur Verfügung stehenden Fördermittel der Referenzabsatzförderung werden im Verhältnis der Referenzpunkte der verschiedenen Filme zueinander verteilt (§ 127 Abs. 4 FFG), wobei maximal 750.000 Zuschauer und 1,2 Mio. Referenzpunkte für Festivalerfolge berücksichtigt werden.

d. Weitere Förderprogramme

Weitere Fördermöglichkeiten nach dem FFG betreffen die Kinoförderung in den §§ 134ff. FFG, die sowohl Förderungen als Projektförderung wie als Referenzförderung vorsehen. Die Förderung wird je nach Förderart als Zuschuss und Darlehen vergeben. Antragsberechtigt sind Kinobetreiber eines Kinos in Deutschland.

Zudem kommt die FFA ihren an anderer Stelle beschriebenen Aufgaben gemäß § 2 FFG nach und fördert und unterstützt u.a. die Filmwirtschaftsstruktur und gesamtwirtschaftlichen Belange der Filmwirtschaft, die Digitalisierung des Filmerbes (§ 145 FFG) etc., was sich auch in den Regelungen der Verwendung der Mittel aus der Filmabgabe niederschlägt (§§ 159, 160 FFG).

8. Art der Förderung, Bewilligungs- und Auszahlungsvoraussetzungen, Rückzahlung

Die Fördermittel werden je nach Förderprogramm als (bedingt) rückzahlbare Darlehen oder nicht rückzahlbare Zuschüsse gewährt. Teilweise werden diese beiden Fördermittelarten kombiniert wie z.B. in § 135 Abs. 1 FFG bei der Kinoförderung.

Für sämtliche Förderprogramme schreibt das FFG Versagungsgründe der Auszahlung sowie eine Rückzahlung der Fördermittel unter bestimmten Voraussetzungen vor. Eine spezielle Rechtsgrundlage zur Aufhebung des Förderbescheids bzw. Zuerkennungsbescheid und Rückforderung bereits ausgezahlter Mittel enthält § 57 FFG im Fall eines Verstoßes gegen die Sperrfristen. Die Vorschrift gilt für Referenzfilm-, Projektfilm-, Kurzfilm- und Absatzfördermittel. Zudem ist der Film von einer zukünftigen Referenzfilmförderung ausgeschlossen, wenn keine unzumutbare Härte vorliegt.[656]

Ferner wird im FFG 2017 nunmehr gemeinsam für alle Förderprogramme in § 50 der Ausschluss auf Zeit von natürlichen und juristischen Personen von der Förderung geregelt, bei Verletzung der Grundsätze sparsamer Wirtschaftsführung, bei vorsätzlich oder grob fahrlässig unrichtigen Angaben über Förder- oder Auszahlungsvoraussetzungen sowie bei vorsätzlich oder grob fahrlässig unrichtigen Angaben bei der Erteilung von Auskünften betreffend der Höhe der Filmabgabe. Außerdem sind juristische Personen ausgeschlossen, die einer Rückforderungsanordnung nicht nachgekommen sind, § 50 Abs. 2 FFG.

a. Projektfilmförderung

Die Projektfilmförderung besteht gemäß § 60 FFG in einer bedingt rückzahlbaren zinslosen Darlehensgewährung. Referenz- und Projektfilmförderung sind kombinierbar wie auch die Förderung der FFA mit anderen Länderförderungen generell kombinierbar ist.

Die Bewilligung der Fördersumme hängt von der Gesamtwürdigung ab. Sie soll laut § 60 Abs. 2 FFG in angemessenem Verhältnis zur Höhe der Herstellungskosten stehen. Förderungen von öffentlich-rechtlichen Fördereinrichtungen, wie der FFA, dürfen je Filmvorhaben nicht mehr als 50% der gesamten Herstellungskosten oder bei Gemeinschaftsproduktionen 60% des Anteils des

---

656 § 57 FFG sieht eine verschuldensunabhängige Haftung vor. Dies wurde bereits bei der Vorgängervorschrift des § 20 FFG a.F. für den Fall kritisiert, dass nicht der Hersteller, sondern einer seiner Vertragspartner gegen die Sperrfristen verstößt. Zwar sieht § 57 Abs. 2 FFG eine Ausnahme bei unzumutbarer Härte vor, ähnlich wie § 20 Abs. 7 FFG a.F. Diese Ausnahmeregelung wurde als unzureichend angesehen und die Regelungen insgesamt als zu harte Haftung des Herstellers, so v.Have/Schwarz, in: v.Hartlieb/ Schwarz, Kap. 116, Rn. 25; v.Have, FFG 2004, § 30, Rn. 8. Das 11. und 12.Film-Fernsehabkommen enthält eine Verpflichtung der Fernsehunternehmen zur Rückzahlung der Fördermittel an die FFA bei von ihnen verschuldeter Sperrfristverletzung.

deutschen Herstellers betragen (§ 67 Abs. 2 FFG). Die FFA kann Ausnahmen bis zu 80% bei schwierigen Filmen zulassen, z.B. bei Erstfilmen.[657] Die Ausnahmeregelung ist europarechtlich bedingt und geht zurück auf die Filmmitteilung der EU-Kommission zum Beihilfenrecht.[658]

Die Fördermittel sind nach § 8 RL Projektfilmförderung zweckgebunden an das beantragte Projekt. Der Bewilligungsbescheid wird gemäß § 67 FFG mit Auflagen verbunden. Die Auflagen sollen verschiedene Auswertungsaspekte gewährleisten, betreffend die Vermietung des Films, Risikominderung eines mitfinanzierenden Verleihers, Beschäftigung von technischem und kaufmännischem Nachwuchs, Rückfall von Fernsehnutzungsrechten, Auswertungsverträge mit Fernsehveranstaltern, Auslandsverkauf der Rechte, Zahlung des Beitrag an die Organisation der Außenvertretung des deutschen Films und Einhaltung sozialer Standards für die Beschäftigten. Der Bewilligungsbescheid wird erst mit Einverständniserklärung des Antragstellers über den Inhalt wirksam (§ 7 RL Projektfilmförderung). Die Förderzusage kann bereits erfolgen bevor die Finanzierung gesichert ist. Wird der Nachweis darüber jedoch nicht innerhalb von neun Monaten nach der Erteilung der Förderzusage erbracht, erlischt diese (§ 68 FFG). Gleiches gilt, wenn die Voraussetzungen, unter denen sie erteilt wurde, nicht oder nicht mehr gegeben sind.

Die Auszahlung des Darlehens kann in bis zu vier Raten erfolgen (§ 69 Abs. 1 FFG). Sie kann nach § 69 Abs. 2 FFG versagt werden, wenn die Auflagen des Bewilligungsbescheids gemäß § 67 FFG nicht erfüllt sind, nicht alle Förder- oder Antragsvoraussetzungen vorliegen und wenn die Finanzierung nicht gewährleistet ist.

Es findet eine sogenannte Schlussprüfung gemäß § 70 FFG statt, bei der die FFA prüft, ob der Film den allgemeinen Voraussetzungen sowie dem Drehbuch und der Besetzungs- und Stabsliste, die mit der Antragstellung vorgelegt wurden, im Wesentlichen entspricht und außerdem nicht als förderungsunfähiger Film einzustufen ist. Dem Hersteller wird in Absatz 2 der Vorschrift die Pflicht auferlegt, elf Filmkopien auf digitalen Bildträgern der FFA innerhalb von zwei Jahren nach (Teil-)Auszahlung des Darlehens für diese Prüfung einzureichen.

Grundsätzlich hat eine Rückzahlung des Darlehens im Erfolgsfall aus den Erträgen[659] zu erfolgen. Es gilt eine Tilgungspflicht, wenn die Verwertungserträge

---

657 „Schwierige Filme" werden in der Präambel der RL Projektfilmförderung definiert.

658 Siehe Teil 4.

659 Unter Erträgen sind alle Erlöse aus der Verwertung der Nutzungsrechte am Film zu verstehen, nicht der reine Gewinn des Herstellers. Verleih- und Vertriebsgarantien und Fernseherlöse, die bereits im Kostenplan zur Finanzierung der Herstellungskosten

mehr als fünf Prozent der gesamten Herstellungskosten, die von der FFA anerkannt wurden, betragen (§ 71 Abs. 1 FFG). Im Unterschied zu vielen Länderförderungen, die zunächst eine Rückführung der Eigenmittel aus den Erlösen zugestehen, sieht das FFG dies nicht ausdrücklich vor. Die Fünf-Prozentschwelle korrespondiert allerdings mit dem Mindesteigenanteil des Herstellers an den Kosten von fünf Prozent nach § 63 FFG und stellt insofern einen Vorteil für die Finanzierung des Eigenanteils mit Fremdmitteln dar.[660] Der Vorstand der FFA kann gemäß § 71 Abs. 1 S. 2 FFG zudem günstigere Rückzahlungsbedingungen festlegen, wenn der Eigenanteil des Herstellers über der Mindesthöhe von fünf Prozent liegt. Das FFG sieht eine Tilgung des Darlehens aus 50% der dem Hersteller zufließenden Erlöse vor, § 71 Abs. 2 FFG. Eine Vereinbarung zwischen der FFA und den Ländern kann etwas anderes vorsehen. Bei einer Förderung von mehreren Förderungseinrichtungen erfolgt die Rückzahlung anteilig entsprechend der Förderungsanteile. In diesem Fall kann die FFA ihre Rückzahlungsmodalitäten an die Bedingungen der Länderförderungen anpassen. Die Tilgungsverpflichtung erlischt gemäß § 71 Abs. 4 FFG nach zehn Jahren nach Erstaufführung des Films.

Bei Vorliegen bestimmter Verstöße und Pflichtverletzungen ist das Darlehen gemäß § 72 FFG ebenfalls zurückzuzahlen. Darunter fallen z.B. Mängel bei der Schlussprüfung (Nr. 1), Verletzung der Pflicht zur Vorlage der Filmkopien an die FFA (Nr. 2), Verletzung der Nachweispflicht der zweckentsprechenden Verwendung (Nr. 3), Verstöße bei der Bewilligung oder Auszahlung wegen unrichtiger Angaben über wesentliche Voraussetzungen (Nr. 4), Verstöße gegen die Auflagen im Bewilligungsbescheid (Nr. 5) oder aufgrund nachträglich eingetretener Versagungsgründe (Nr. 6), sowie die Überschreitung der zulässigen Förderintensität von 50% oder einer höheren Ausnahme für die gesamten staatlichen Fördermittel (Abs. 2).

Mit dem FFG 2017 ist die Möglichkeit weggefallen, getilgte Darlehensmittel innerhalb von zwei Jahren nach Rückzahlung für die Herstellung eines neuen programmfüllenden Films als Zuschuss wiederausbezahlt zu bekommen. Dies

---

eingeplant und tatsächlich verwendet wurden, werden für die Rückzahlungsverpflichtung ausgenommen, § 32 Abs. 4 RL Projektfilmförderung. Gleiches gilt für Erträge, die im Rahmen der Grundsätze sparsamer Wirtschaftsführung anzuerkennende Verleih- und Vertriebsspesen/-kosten sind.

660 V.Have spricht deshalb auch von dem gesetzgeberisch gewollten Vorrang der Eigenmittel bei den Tilgungsregelungen des FFG wie auch bei denen der Länderförderungen und sieht den Eigenmittelvorrang als „attraktiven Bestandteil an", vgl. v.Have, FFG 2004, § 39, Rn. 2 (zur Aktualität siehe Fn. 474).

war als Anreiz für die ordnungsgemäße Tilgung bezweckt. Der Hersteller besonders erfolgreicher Filme sollte mit der Inaussichtstellung auf Fördermittel für ein neues Vorhaben belohnt werden. Stattdessen hat der Gesetzgeber nun im Rahmen der Referenzfilmförderung eine Regelung geschaffen, nach der die Referenzpunkte um 25% erhöht werden, wenn der Nettoumsatz aus dem Verkauf von Kinokarten im Inland die von der FFA anerkannten Herstellungskosten übersteigt (§ 74 Abs. 2 FFG).[661] Die zurückgezahlten Mittel fließen in das allgemeine Förderbudget der FFA.

Die FFA kann nach § 65 FFG eine Bürgschaft zur Absicherung der vertraglichen Rückzahlungsverpflichtung des Herstellers für den Fall der Nichtfertigstellung bei einer Finanzierungsbeteiligung von Fernsehveranstaltern diesen gegenüber übernehmen.[662] Voraussetzung ist der Nachweis einer Beteiligungsvereinbarung zwischen dem Filmhersteller und dem Fernsehveranstalter, wobei eine Beteiligung jede Form einer Finanzierung wie z.B. Kofinanzierung, Koproduktion, Vorverkauf sein kann.[663] Über die Übernahme und die geforderte Art der Bürgschaft entscheidet der Vorstand auf Antrag des Herstellers; bei einem zu hohen Risiko der Inanspruchnahme der FFA ist die Übernahme der Bürgschaft abzulehnen.

Bei Gemeinschaftsproduktionen kann gemäß § 62 FFG bei Vorliegen eines filmwirtschaftlichen Abkommens ein Zuschuss zusätzlich zur Förderhilfe gewährt werden, wie z.B. beim deutsch-französischen Minitraité.

b. Referenzfilmförderung

Die Referenzfilmförderung besteht grundsätzlich aus einem nicht rückzahlbaren Zuschuss. Der Vorstand kann auf Antrag des Herstellers eine Ausnahme von der Fördergrenze von 50% der Gesamtherstellungskosten gemäß §§ 88 Abs. 2, 83 Abs. 3 i.V.m. § 67 Abs. 2 FFG bei Filmen, die einen schwierigen Absatz erwarten lassen, genehmigen.

Der Bescheid über die Zuerkennung von Fördermitteln wird gemäß § 83 Abs. 3 FFG, wie bei der Projektfilmförderung, mit Auflagen verbunden, die bis zur Auszahlung nachgeholt werden können. Neben den oben genannten Verwendungsvoraussetzungen der Fördermittel müssen für den neuen Film die allgemeinen Voraussetzungen der §§ 41 ff. FFG gegeben sein. § 83 Abs. 3 FFG

661 Vgl. Entwurf FFG 2017, BT-Drs. 18/8592, S. 117, Zu § 71.
662 Einzelheiten sind in der Richtlinie für Bürgschaften D.4 geregelt.
663 Vgl. v.Have, FFG 2004, § 31, Rn. 2 (zur Aktualität siehe Fn. 474).

verweist hinsichtlich der Auflagen auf die weiteren Voraussetzungen des § 67 Abs. 2-11 FFG, die bereits bei der Projektfilmförderung erläutert wurden.

Schließlich ist für den Erhalt der Mittel ein Auszahlungsantrag zu stellen (§ 5 RL Referenzfilmförderung). In den Vorschriften der §§ 88 Abs. 2, 83 Abs. 3 i.V.m. § 67 FFG werden Versagungsgründe für die Auszahlung aufgestellt, die damit negative Voraussetzungen für die Auszahlung darstellen.[664] Es müssen vor der Auszahlung sämtliche Antrags- und Fördervoraussetzungen und Bedingungen, v.a. die Auflagen des Zuerkennungsbescheids und die Auszahlungsvoraussetzungen des § 6 RL Referenzfilmförderung, erfüllt sein. Ein weiterer Versagungsgrund ist gemäß § 88 Abs. 2 S. 2 FFG, wenn keine ordnungsgemäße Finanzierung des Filmvorhabens gewährleistet ist.

Es ist ebenfalls eine Schlussprüfung der FFA gemäß § 89 FFG vorgesehen, bei der geprüft wird, ob die Fördermittel zweckgemäß verwendet wurden, ob der neue Film kein förderunwürdiger Film ist und auch ansonsten den allgemeinen Voraussetzungen entspricht. Ferner ist eine Kopie der FFA auf digitalem Bildträger vorzulegen.

Die Fördermittel sind zurückzuzahlen, wenn einer der Gründe des § 90 FFG vorliegen. Hierbei handelt es sich, wie bei der Projektfilmförderung, um Verstöße im Rahmen der Zuerkennung und Auszahlung der Fördermittel (bezogen auf den neuen Film). Hier ist insbesondere § 90 S. 1 Nr. 1 FFG hervorzuheben, wonach der Zuschuss zurückzuzahlen ist, wenn die Mittel nicht entsprechend der Verwendungsmöglichkeiten des § 84 Abs. 1 FFG eingesetzt wurden. Die weiteren Rückzahlungsgründe des § 90 S. 1 Nr. 2-6, S. 2 FFG gleichen denen der Projektfilmförderung. Für ein neues Filmvorhaben können diese aufgrund eines Verstoßes gemäß § 90 FFG zurückgezahlten Mittel wieder ausgezahlt werden. Das ist konsequent, da die Referenzfilmförderung eine automatische Förderung aufgrund eines Referenzfilms ist und die Rückzahlungsgründe die Auszahlung der Fördermittel betreffen.

Zusätzlich zu einer Förderung kann die FFA, wie bei der Projektfilmförderung, für die Produktion des neuen geförderten Films nach §§ 86 i.V.m. 65 FFG eine Bürgschaft übernehmen.

---

664 V.Have ordnet die Versagungsgründe als mittelbare Antragsvoraussetzungen ein, vgl. FFG 2004, § 26, Rn. 1 (zur Aktualität, siehe Fn. 474).

c. Minitraité und Deutsch-Italienischer Co-Production Development Fonds

Die Minitraité-Förderung besteht aus einem rückzahlbaren Darlehen und darf in jedem Land grundsätzlich nicht mehr wie 20% der Gesamtkosten des Films betragen, wobei Ausnahmen zugelassen werden können. Die Förderung in jedem Land ist prozentual grundsätzlich so hoch wie der Prozentsatz der Beteiligung des Koproduzenten dieses Landes an den Gesamtherstellungskosten. Beide Länder müssen pro Jahr eine gleich hohe Anzahl von Projekten mit Mehrheitsbeteiligung fördern.

Die Entwicklungsförderung für junge Filmemacher wird als nicht rückzahlbarer Zuschuss gewährt. Er ist zurückzuzahlen, wenn kein Drehbeginn innerhalb von einer Frist von 24 Monaten erfolgt und keine Nachweise über die Ausgaben vorgelegt werden sowie, wenn das Vorhaben zu einem Film führt, der nicht unter das Koproduktionsabkommen oder das Europäische Koproduktionsabkommen fällt.

Im Rahmen des Deutsch-Italienischen Co-Production Development Fonds besteht die Förderung in einem nicht rückzahlbaren Zuschuss, der in zwei Raten ausgezahlt wird, die erste Rate in Höhe von 60% der Fördermittel nach Unterzeichnung der Fördervereinbarung, die zweite in Höhe der restlichen 40% nach Angabe eines Abschlussberichts, der innerhalb von zwei Jahren nach Auszahlung der ersten Rate vorzulegen ist. Mit den Dreharbeiten soll spätestens zwei Jahre nach der ersten Rate begonnen werden, andernfalls ist eine Begründung vorzulegen. Das Projekt unterliegt dem FFG und zugehörigen Vorschriften sowie den entsprechenden italienischen Gesetzen und Richtlinien des italienischen Kultusministeriums.

d. Kurzfilmförderung

Die Ausgestaltung der Kurzfilmförderung ist an die Referenzfilmförderung angelehnt, so dass sich viele Vorschriften rechtsförmlich und inhaltlich ähneln. Die Fördermittel werden gemäß § 93 Abs. 1 FFG wie bei der Referenzfilmförderung als nicht rückzahlbarer Zuschuss vergeben. Die Zuerkennung der Förderung wird mit Auflagen verbunden. Gemäß § 95 FFG gelten die gleichen Auflagen des § 67 FFG von der Projektfilmförderung. Die Förderhilfe ist innerhalb von zwei Jahren seit der Zuerkennung[665] vollständig für neue Kurzfilme oder

665 Es kommt auf den Zeitpunkt der Zustellung an den Antragsteller an, vgl. v.Have, FFG 2004, § 45 (zur Aktualität siehe Fn. 474).

neue programmfüllende Filme zu verwenden (§ 96 FFG). Der Vorstand kann auf Antrag eine Verwendung der Mittel für Vorbereitungsmaßnahmen gestatten. Die Vorschrift des § 97 FFG verweist für die Auszahlung auf § 88 Abs. 1 FFG, wonach eine Auszahlung stattfindet, sobald eine zweckentsprechende Verwendung nachgewiesen wird. Die Versagungsgründe für die Auszahlung sind denen der Referenz- und Projektfilmförderung angeglichen: es müssen sämtliche Antrags- und Fördervoraussetzungen vorliegen, den Auflagen des Bewilligungsbescheids nach § 95 Abs. 2 FFG muss nachgekommen worden sein und die ordnungsgemäße Finanzierung muss gewährleistet sein. Es ist ferner eine Schlussprüfung in § 98 FFG vorgesehen, wobei diese derjenigen bei der Referenzfilmförderung entspricht.

Auch bei der Kurzfilmförderung ist die Rückzahlung der Fördermittel bei Pflichtverletzungen und Verstößen bei der Zuerkennung oder Auszahlung gemäß § 99 FFG vorgesehen. Die Rückzahlungsgründe sind identisch mit denen der Referenzfilmförderung. Es wird auf die obigen Ausführungen verwiesen.

e. *Drehbuchförderung*

Die Fördermittel werden im Unterschied zu der Projektfilmförderung gemäß §§ 101 Abs. 1, 108 Abs. 1 FFG in Form eines nicht rückzahlbaren Zuschusses gewährt. Gemäß des §§ 103, 111 FFG verpflichtet die Förderung den Antragsteller dazu, im Falle der Verfilmung das Drehbuch oder Treatment und das fortentwickelte Drehbuch ausschließlich zur Herstellung eines programmfüllenden Films zu verwerten. Eine Pflicht zur Verfilmung besteht jedoch in beiden Fällen nicht, da gemäß §§ 103 S. 2, 111 S. 2 FFG das Recht zur anderweitigen Verwertung ausdrücklich unberührt bleibt. Die Auszahlung erfolgt bei der Drehbuchförderung in bis zu vier Raten an den antragstellenden Drehbuchautor (§ 104 Abs. 1 FFG). Hierbei kommt es auf den Fortschritt der Konzept- und Drehbuchentwicklung an.[666] Bei der Drehbuchfortentwicklungsförderung wird die Förderhilfe in mehreren Raten an den Hersteller zu vereinbarten Zeitpunkten ausgezahlt, wobei die Schlussrate nach Vorlage des Verwendungsnachweises gezahlt wird, § 112 Abs. 1, 3 FFG. Als Besonderheit gilt bei der Fortentwicklungsförderung, dass die Kommission für Produktions- und Drehbuchförderung vor jeder Rate aufgrund

666 Angelehnt an eine frühere Ausgestaltung mit zwei Raten, wird davon ausgegangen, dass weiterhin die erste Rate mit der Annahmeerklärung des Bewilligungsbescheids durch den Antragsteller sowie der Erklärung, dass mit der Arbeit an dem Vorhaben begonnen wurde, und die letzte Rate mit der Schlussprüfung gezahlt wird, vgl. Hertel/Müller/Schapiro, FFG, § 49, Rn. 4 (zur Aktualität siehe Fn. 495).

des jeweiligen Stands des Drehbuchs über die Auszahlung und Fortführung der Förderung entscheidet. Sie kann den Bewilligungsbescheid gemäß § 112 Abs. 2 FFG teilweise widerrufen, wenn kein Film im Sinne des Förderziels des § 107 FFG zu erwarten ist. Unter den Voraussetzungen der §§ 104 Abs. 2, 112 Ab. 4 FFG kann die Auszahlung verweigert werden, wenn nicht sämtliche Antrags- und Fördervoraussetzungen nachgewiesen werden.

Auch bei den Drehbuchförderungen ist eine Schlussprüfung vorgesehen, geregelt in §§ 105, 113 FFG. Hierfür sind das Treatment oder die vergleichende Darstellung nach einem Jahr, das Drehbuch oder die erste Drehbuchfassung sowie das fortentwickelte Drehbuch spätestens bis zum Ablauf von zwei Jahren nach Erlass des Förderbescheids der FFA zur Prüfung vorzulegen.[667] Die FFA prüft, ob die Fördermittel zweckgemäß verwendet wurden und das Drehbuch bzw. Treatment im Wesentlichen mit dem im Antrag beschriebenen Vorhaben übereinstimmt.

Wird das fertige Vorhaben nicht vorgelegt oder entspricht es nicht im Wesentlichen dem Antrag[668], stellt dies Rückzahlungsgründe nach §§ 106, 113 Abs. 3 FFG dar. Weitere Rückzahlungsgründe sind die Bewilligung oder Auszahlung aufgrund unrichtig gemachter Angaben über wesentliche Voraussetzungen sowie die Verwertung entgegen § 103 bzw. § 111 FFG.

f. Absatzförderung

Die Projektabsatzförderung für Verleih- und Vertrieb sowie Unternehmen der Videowirtschaft besteht gemäß § 118 Abs. 1 FFG in einem zinslosen Darlehen, das bedingt rückzahlbar ist. Im Ausnahmefall kann ein Zuschuss gewährt werden, nämlich für Maßnahmen zur Erweiterung und Erschließung von Absatzmärkten sowie Maßnahmen vertraglich vereinbarter Zusammenarbeit zur Absatzverbesserung (§ 118 Abs. 3 FFG FFG) und für den Verleih/ Vertrieb von Kurzfilmen (§ 118 Abs. 4 FFG). Der Bewilligungsbescheid wird gemäß § 122 FFG mit den folgenden Auflagen verbunden: die staatlichen Mittel für das Vorhaben dürfen insgesamt 70% der anerkennungsfähigen Kosten nicht übersteigen und im Fall des Verleihs von Filmen nach § 115 Nr. 1 FFG muss eine

---

667 Die Frist kann auf Antrag durch den Vorstand verlängert werden, §§ 105 Abs. 2 S. 2, 113 Abs. 2 S. 2 FFG.

668 Wenn bei der Schlussprüfung eine Entsprechung bejaht wurde, kann eine Rückzahlung nur auf Umstände gestützt werden, die zu dem Zeitpunkt der Schlussprüfung nicht erkennbar waren, vgl. v.Have, FFG 2004, § 52, Rn. 1 (zur Aktualität siehe Fn. 474).

angemessene Anzahl von Filmkopien in Orten mit bis zu 20.000 Einwohnern eingesetzt werden.

Die Referenzabsatzförderung besteht gemäß § 128 Abs. 1 FFG in Form eines Zuschusses. Für die Zuerkennung und Vorabzuerkennung der Förderung wird nach § 129 FFG auf die Regelungen der Referenzfilmförderung verwiesen. Der Zuerkennungsbescheid wird mit Auflagen verbunden. Es gelten die gleichen soeben beschriebenen Auflagen wie bei der Projektabsatzförderung gemäß § 129 i.V.m. § 122 FFG.

Die Auszahlung erfolgt bei beiden Förderarten in bis zu zwei Raten, §§ 123, 131 FFG. Sie ist gemäß §§ 123 Abs. 2, 131 Abs. 2 FFG zu versagen, wenn nicht sämtliche Antrags- und Fördervoraussetzungen vorliegen, die Auflagen des Bewilligungsbescheids bzw. Zuerkennungsbescheids nicht erfüllt wurden und wenn die ordnungsgemäße Finanzierung des Vorhabens nicht gesichert ist. Im Rahmen der Schlussprüfung wird nach §§ 124, 133 FFG von der FFA geprüft, ob die Mittel zweckentsprechend verwendet wurden und die verwerteten Filme den allgemeinen Voraussetzungen der §§ 41ff. entsprechen.

Das Darlehen bei der Projektabsatzförderung ist aus 50% der Erlöse der Verwertung gemäß § 125 FFG zu tilgen, nachdem die eingesetzten Eigenmittel gedeckt sind.[669] Die Tilgungspflicht besteht zehn Jahre.

Sowohl für die Projekt- als auch die Referenzabsatzförderung gilt, dass die Fördermittel bei Vorliegen von Verstößen, ähnlich wie bei den anderen Förderprogrammen, zurückzuzahlen sind, nämlich, wenn der Nachweis der zweckentsprechenden Verwendung nicht erbracht wurde, die Zuerkennung oder Auszahlung aufgrund unrichtiger Angaben über wesentliche Voraussetzungen erfolgt ist, die Auflagen nicht erfüllt wurden oder nachträgliche Auszahlungshindernisse eingetreten sind, §§ 126 Abs. 1, 133 Abs. 2 FFG.

---

669 Mit dem FFG 2017 ist die bisherige Möglichkeit bei der Projektabsatzförderung der Rückgewährung und Verwendung zurückgezahlter Fördermittel als Zuschuss z.B. für die Vorkosten eines neuen programmfüllenden Films oder zur Finanzierung von Garantiezahlungen für den Erwerb von Auswertungsrechten an FFA-geförderten Filmen weggefallen (§§ 53a Abs. 8, 53b Abs. 4 FFG a.F.). Stattdessen fließen die zurückgezahlten Mittel in den Haushalt der FFA und sollen als ungebundene Fördermittel zur Verfügung stehen. Verleiher besonders erfolgreicher Filme werden durch die Anhebung der Obergrenze der Zuschauerzahlen bei der Berechnung der Referenzpunkte berücksichtigt. Vgl. Entwurf FFG 2017, BT-Drs. 18/8592, S. 133, Zu § 125.

g. Zuständigkeiten für die Förderentscheidungen

Über die Förderung entscheidet entweder der Vorstand oder eine Vergabekommission, in Einzelfällen der Verwaltungsrat oder das Präsidium. Dies richtet sich nach der beantragten Förderung. Die Entscheidungszuständigkeiten sind in den Vorschriften zu den jeweiligen Organen bzw. Kommissionen geregelt. Ausgenommen sind die Programme für deutsch-französische bzw. deutsch-italienische Koproduktionen, über die, wie oben beschrieben, entschieden wird.

Grundsätzlich liegt die Zuständigkeit für Förderentscheidungen gemäß § 17 Abs. 2 FFG bei dem Vorstand. Er trifft die Entscheidung in folgenden Fällen: bei der Referenzfilmförderung, bei der Kurzfilmförderung, bei der Referenzabsatzförderung, bei der Kinoreferenzförderung, bei der Förderung der Digitalisierung des deutschen Filmerbes und bei Projektfördermaßnahmen bis zu einer Höhe von € 25.000, soweit es keine Drehbuchförderung ist. Ferner ist der Vorstand für die Entscheidungen über das Vorliegen der allgemeinen Fördervoraussetzungen der §§ 41ff. FFG zuständig. Des Weiteren obliegt dem Vorstand auch bei der Projektfilmförderung, der Drehbuch- und Drehbuchfortentwicklungsförderung, der Projektabsatzförderung und Kinoprojektförderung sowie der Förderung nach Kooperationsvereinbarungen gemäß § 3 Abs. 4 FFG die Entscheidungsbefugnis, es sei denn, es handelt sich um bewertende Entscheidungen. Bei bewertenden Entscheidungen im Rahmen der Projektfilmförderung und Drehbuch- sowie Drehbuchfortentwicklungsförderung ist gemäß § 26 FFG die Kommission für Produktions- und Drehbuchförderung zuständig. Liegt eine bewertende Entscheidung bei der Projektabsatzförderung vor, fällt diese in die Kompetenz der Kommission für Verleih-, Vertriebs- und Videoförderung gemäß § 27 FFG. Wenn es sich um eine bewertende Entscheidung bei der Kinoprojektförderung handelt, entscheidet die Kommission für Kinoförderung nach § 29 FFG. Die Entscheidungskompetenz der Kommissionen beschränkt sich auf diese beurteilenden Entscheidungen. Der Vorstand bleibt für die sonstigen Entscheidungen im Rahmen der Förderprogramme verantwortlich. Dazu zählen u.a. bei der Projektfilmförderung Ausnahmen vom Eigenanteil und die Förderzusage bei noch nicht gesicherter Finanzierung, bei der Referenzfilmförderung die Vorabzuerkennung und Erlaubnis besonderer Verwendung der Mittel, bei der Kurzfilmförderung ebenfalls die Gestattung der Verwendung für Vorbereitungsmaßnahmen, bei der Referenzabsatzförderung die Genehmigung der Verwendung der Mittel zur Aufstockung des Eigenkapitals sowie bei sämtlichen Förderprogrammen die Entscheidung über eine Bürgschaft.

Bei der Referenzfilmförderung hat der Vorstand vor der Zuerkennung oder Vorabzuerkennung das Präsidium nach § 17 Abs. 3 FFG zu unterrichten. Wenn mindestens vier Mitglieder des Präsidiums dies verlangen, entscheidet der Verwaltungsrat statt des Vorstands.

Des Weiteren entscheidet der Vorstand gemäß § 17 Abs. 1 FFG über Förderhilfen für die allgemeinen Aufgaben der FFA nach § 3 Abs. 2 FFG bis zu einer Höhe von € 50.000.

9. *Rechtsnatur der Förderentscheidungen und sonstigen Entscheidungen, Rechtsmittel*

a. *Rechtsnatur*

Die Förderentscheidungen, Entscheidungen zu Auszahlung oder Rückzahlung der FFA sind Verwaltungsakte, da die FFA eine Behörde ist und es sich damit bei den Bescheiden um Maßnahmen einer Behörde handelt, die auf die Setzung einer Rechtsfolge gerichtet sind, die weiterhin auf dem Gebiet des öffentlichen Rechts sind, nämlich das FFG zur Grundlage haben, sowie ferner eine Regelung im Einzelfall beinhalten und Außenwirkung erzielen. Auch bei dem Vorabzuerkennungsbescheid handelt es sich um einen Verwaltungsakt, da er bereits die Entscheidung über den Fördermittelanspruch dem Grunde nach enthält.[670]

Die Entscheidungen über die Gewährung von Fördermitteln und die Auszahlung der Mittel können einzeln oder zusammen in einem Bescheid ergehen.

Bei der Referenzfilmförderung besteht die Besonderheit, dass bei Rücknahme oder Widerruf des Verwendungsbescheids aus dem Grund, dass die Voraussetzungen bei dem neuen Film nicht oder nicht mehr vorliegen, der

---

670 Mit der Entscheidung über den Förderanspruch dem Grunde nach, beinhaltet der Vorabzuerkennungsbescheid einen Regelungsgehalt. Rechtsdogmatisch ist die Vorabzuerkennung als Vorbescheid einzuordnen, der sich auf das Vorliegen einzelner Voraussetzungen beschränkt (ohne die konkrete Fördermittelhöhe festzulegen), über diese jedoch abschließend und verbindlich entscheidet und daher selbst Verwaltungsakt ist. Die FFA ist an den Vorabbescheid gebunden, es sei denn, dass sie ihn aufhebt. So auch Hertel/Müller/Schapiro, FFG, § 25, Rn. 10 (zur Aktualität siehe Fn. 495). Hinsichtlich des Absatzes 2 sprechen Hertel/Müller/Schapiro von einem „Mehr“ gegenüber Absatz 1 Satz 2, lassen eine genaue Einordnung jedoch offen. Ob es sich bei Absatz 2, bei dem zusätzlich zu der Entscheidung über den Anspruch dem Grunde nach bereits bis zu 70% des Referenzwerts des Vorjahres gewährt werden können, ebenfalls um einen Vorbescheid oder vielmehr um einen vorläufigen Verwaltungsakt handelt, der unter dem Vorbehalt der endgültigen Feststellung des Referenzwerts und Fördermittelhöhe steht, kann hier offen bleiben, da es sich in beiden Fällen jedenfalls um einen Verwaltungsakt handelt und somit die Rechtsnatur geklärt ist. Vgl. zu Vorbescheid und vorläufigem Verwaltungsakt Maurer, § 9, Rn. 63ff.

Zuerkennungsbescheid wirksam bleibt und die Mittel für ein anderes Filmvorhaben auf Grundlage eines neuen Verwendungsbescheids ausgezahlt werden können. Bei der Rückzahlung der Referenzmittel bleibt der Zuerkennungsbescheid ebenfalls bestehen. Die Gründe, auf die sich die Rückzahlungsverpflichtung stützt, beziehen sich sämtlich auf die Auszahlung der Mittel. Das heißt, dass ein neuer Antrag auf Auszahlung für einen neuen Film gestellt werden kann und ein neuer Verwendungsbescheid ergeht.[671] Problematisch könnte die Rückzahlung und Auszahlungsbeantragung sein, wenn durch die zeitliche Dauer die Frist für die Verwendung der Mittel verstreicht. Wird die Frist aufgrund von Umständen, die der Hersteller nicht zu vertreten hat, nicht eingehalten, hat die FFA eine Unterbrechung für die Dauer des Verfahrens anzuerkennen, sodass sich die Frist entsprechend verlängert.[672]

b. Rechtsmittel

Für Rechtsbehelfe gegen die Bescheide der FFA gilt der Verwaltungsrechtsweg.

Im Widerspruchsverfahren ist in der Regel dasjenige Organ, das die Ausgangsentscheidung getroffen hat, das Widerspruchsorgan. Das gilt für Widersprüche gegen Entscheidungen des Verwaltungsrats (§ 8 Abs. 5 FFG), des Präsidiums (§ 13 Abs. 5 FFG) und der Förderkommissionen (§ 31 FFG). Bei Entscheidungen des Vorstands ist zu differenzieren. Für Widersprüche gegen Entscheidungen über nicht förderungsfähige Filme im Rahmen der Referenzförderung, ausgenommen der Kinoreferenzförderung, ist der Verwaltungsrat, gegen Entscheidungen hinsichtlich der Einstufung als Kinderfilm bei sämtlichen Referenzförderungen ist die Kommission für Produktions- und Drehbuchförderung und gegen Förderentscheidungen nach § 17 Abs. 1 FFG sowie zur Verkürzung oder Nichtanwendung von Sperrfristen nach § 19 Abs. 1 FFG ist das Präsidium zuständig, gemäß § 18 Abs. 1, 2, 3 FFG. Der Vorstand selbst entscheidet über Widersprüche gegen seine sonstigen Entscheidungen gemäß § 18 Abs. 4 FFG.

Zu beachten ist die Sondervorschrift des § 148 FFG, die den Wegfall der aufschiebenden Wirkung von Widerspruch und Anfechtungsklage gegen Bescheide zur Erhebung der Filmabgabe statuiert. In diesem Fall müsste für den Rechtsschutz zunächst ein Antrag auf Anordnung der aufschiebenden Wirkung gemäß § 80 Abs. 5 VwGO gestellt werden bzw. vorher, soweit einschlägig, ein Antrag auf Aussetzung der Vollziehung bei der FFA gemäß § 80 Abs. 6 VwGO.

---

671 Vgl. auch v.Have, FFG 2004, § 29, Rn. 1 (zur Aktualität siehe Fn. 474).

672 Vgl. v.Have, FFG 2004, § 29, Rn. 2 (zur Aktualität siehe Fn. 474).

Nach erfolglosem Widerspruchsverfahren steht der Rechtsweg zum Verwaltungsgericht offen; aufgrund des Sitzes der FFA als Beklagten ist das Verwaltungsgericht Berlin zuständig.

c. *Besonderheit Entscheidungen durch Sachverständigengremium mit Beurteilungsspielraum und Ermessensspielraum*

Zu beachten ist, dass Entscheidungen der FFA, denen eine Entscheidung der Vergabekommissionen zugrunde liegt, gerichtlich nur eingeschränkt überprüfbar sind. Hinzu kommt die begrenzte Überprüfbarkeit von Ermessensentscheidungen im Gerichtsverfahren.

Manche Vorschriften des FFG räumen auf der Rechtsfolgenseite einen Ermessensspielraum ein, andere sind gebundene Entscheidungen. Die Antragsteller haben daher entweder einen Anspruch auf ermessensfehlerfreie Entscheidung oder bei Vorliegen der Voraussetzungen einen Anspruch auf die normierte Rechtsfolge. Ermessensentscheidungen werden von den Gerichten allein auf ihre Rechtmäßigkeit hin überprüft, nicht auf ihre Zweckmäßigkeit. Anders dagegen im Widerspruchsverfahren, in dem die Widerspruchsbehörde die Entscheidung auf Zweck- und Rechtmäßigkeit überprüft (§ 68 Abs. 1 VwGO). Die Gerichte sind darauf beschränkt auf Fehler in der Ermessensentscheidung zu untersuchen. Bei der Fördermittelvergabe handelt es sich um eine Subventionsvergabe, die stets vor dem Hintergrund der Wettbewerbsgleichheit (Art. 3 Abs. 1 GG) zu erfolgen hat und somit den Rahmen der Ermessensentscheidung absteckt.

Zudem steht der FFA bzw. den Verwaltungsgremien (Vergabekommissionen, Verwaltungsrats, Präsidium) ein Beurteilungsspielraum hinsichtlich der Auslegung unbestimmter Rechtsbegriffe auf Tatbestandseite zu, da es sich bei den Gremien der FFA um sachverständig und filmwirtschaftlich fachkundig sowie gesellschaftlich repräsentativ besetzte Entscheidungsgremien handelt.[673] In diesen Fällen hat die FFA bei der Auslegung unbestimmter Rechtsbegriffe einen uneinholbaren Wissensvorsprung. Dieser Beurteilungsspielraum ist gerichtlich nur eingeschränkt überprüfbar. Die Gerichte sind darauf beschränkt, die Entscheidung auf Rechtsfehler bei der Entscheidungsfindung zu überprüfen, gegebenenfalls aufzuheben und an die FFA zur erneuten Entscheidung unter Berücksichtigung der Auffassung des Gerichts zurückzuverweisen. Das Gericht kann die Entscheidung jedoch nicht gegen eine eigene ersetzen. Lediglich in Ausnahmefällen bei klarem Sachverhalt erfolgt keine Zurückweisung zur erneuten

673 So z.B. das VG Berlin, UFITA 67 (1973) 336 (345), 348 (353f.); siehe auch v.Have/Schwarz, in: v.Hartlieb/Schwarz, Kap. 107, Rn. 15, Kap. 115, Rn. 17ff. m.w.N.

Entscheidung, sondern es gilt die Entscheidung des Gerichts als Letztentscheidung.[674] Die Überprüfung auf Rechtsfehler umfasst hier die Prüfung, ob die FFA von einem zutreffenden Sachverhalt ausgegangen ist, die Verfahrensvorschriften eingehalten wurden, sie sich nicht von sachfremden Erwägungen hat leiten lassen, sie allgemeingültige Bewertungsmaßstäbe beachtet hat und die Entscheidung ausreichend begründet hat.[675] An die Prüfungs- und Begründungspflicht sind strenge Anforderungen zu stellen, um den gerichtlich eingeschränkten Beurteilungsspielraum verfassungsrechtlich zu rechtfertigen.[676] Die wertenden Entscheidungen der FFA bedürfen also einer möglichst erschöpfenden tatsächlichen Fundierung, um zumindest eine gerichtliche Vertretbarkeitskontrolle zu ermöglichen.[677]

Bei Koppelungsvorschriften kann es sowohl zu einer Auslegung von unbestimmten Rechtsbegriffen mit Beurteilungsspielraum wie einer Ermessensentscheidung kommen, so z.B. § 61 Abs. 1 FFG der Auswahlentscheidung bei finanziell begrenzten Mitteln. Zusätzlich enthält die Vorschrift mit der Formulierung „am besten erscheinenden Vorhaben“ einen unbestimmten Rechtsbegriff mit Beurteilungsspielraum der Vergabekommission. Die Auslegung erfordert eine Wertung und eine Prognose über die Erfolgsaussichten des Filmvorhabens, die wiederum der Ermessensentscheidung zugrunde gelegt werden. § 61 Abs. 2 FFG führt einige Kriterien auf, die bei der Auswahlentscheidung berücksichtigt werden sollen, es kommt aber auf eine Gesamtwürdigung an. Bei der Auswahlentscheidung, wenn nicht alle Vorhaben angemessen gefördert werden können, steht der Ermessensspielraum unter dem Vorbehalt des finanziell Möglichen und es wird ihm die Grenze von dem Gleichheitssatz gesetzt.[678] Die Vorschrift selbst schließt bereits durch den Wortlaut „nicht angemessen gefördert werden können“ eine Förderung nach dem „Gießkannenprinzip“ aus, wonach jedes beantragte Vorhaben eine geringe Förderung erhielte. Das wäre weder zweckdienlich noch verfassungsgemäß im Sinne des Gleichheitssatzes, würde doch eine materielle Ungleichheit in der Gleichbehandlung trotz verschiedener Sachverhalte begründet. Vielmehr erfordert die Ermessensentscheidung eine sachgerechte

674 Vgl. v.Have/Schwarz, in: v.Hartlieb/Schwarz, Kap. 108, Rn. 2.

675 Vgl. Maurer, Rn.§ 7, 40ff.; siehe auch VG Berlin, UFITA 67 (1973) 336 (348), 348 (352).

676 An die Begründung von Entscheidungen des Verwaltungsrats sind ebenso wie an die der Vergabekommissionen nach der Rspr. hohe Anforderungen zu stellen, vgl. v.Have/Schwarz, in: v.Hartlieb/Schwarz, Kap. 115, Rn. 17, 20 m.w.N.

677 Vgl. VG Berlin, UFITA 67 (1973) 336 (346), 348 (355).

678 Vgl. Ruthig/Storr, Rn. 793.

Erwägung für die Auswahl. Als sachgerecht kann es angesehen werden, danach zu wählen, mit welchem Vorhaben die Zwecksetzung der effizienten Förderung am besten erreicht werden kann.[679] Entsprechend ist hier der Wortlaut formuliert. Die sachgerechte Erwägung für die Auswahl wird durch die Auslegung des unbestimmten Rechtsbegriffs bedingt. Damit schließt sich der Kreis der wechselseitigen Beeinflussung und Abhängigkeit zwischen unbestimmtem Rechtsbegriff und Ermessensspielraum.

II. (Kulturelle) Förderung des/ der Beauftragten der Bundesregierung für Kultur und Medien (BKM)

Die Förderung des/ der Beauftragten der Bundesregierung für Kultur und Medien (im Folgenden die BKM[680]) ist wesentlich ausgestaltet als Förderung mittels Auszeichnungen und Prämien, daneben findet aber auch eine Projektförderung für verschiedene Bereiche mittels finanziellem Zuschuss statt, wie Drehbuch, Projektentwicklung, Produktion, Verleih, Kopien und Kinos. Von August 2014 bis Juni 2015 gab es ferner ein Förderprogramm für die Kinodigitalisierung kleiner Kinos. Die meisten Fördermaßnahmen, sowohl Preise wie Projektförderung, werden von der FFA durchgeführt. Die Förderbescheide werden in diesen Fällen von der FFA erteilt. Andere Förderprogramme werden zusammen mit dem Kuratorium junger deutscher Film durchgeführt, bei manchen ist die BKM, bei anderen das Kuratorium junger deutscher Film für die Ausführung zuständig (mehr dazu unter cc. Projektförderung).

Die BKM finanziert ferner das Bundesfilmarchiv.[681] Zusammen mit der FFA und anderen Einrichtungen finanziert die BKM außerdem das Netzwerk Vision Kino, eine seit 2005 bestehende öffentlich-private Partnerschaft für die Förderung von Film- und Medienkompetenz/ -bildung.[682] Ferner teilt sich die BKM die Geschäftsführung für die Deutsch-Französische Filmakademie mit dem französischen Centre national du cinéma (CNC), ein seit 2000 bestehendes Beratungsgremium zur engen filmpolitischen Zusammenarbeit beider Länder, vor allem zur verstärkten Koproduktion sowie Aus- und Fortbildung.

---

679 Vgl. Ruthig/Storr, Rn. 794.

680 Derzeit Staatsministerin Monika Grütters, die 2013 die Nachfolge von Staatsminister a.D. Bernd Neumann angetreten hat.

681 Teil des Bundesarchivs, welches zu dem Geschäftsbereich der BKM gehört und im Kulturetat aufgeführt wird.

682 Z.B. hat Vision Kino zur Filmbildung das Projekt SchulKinoWochen entwickelt, Kinobesuche von Schulklassen.

1. Rechtsnatur und Rechtsgrundlagen

Das Amt des Beauftragten der Bundesregierung für Kultur und Medien wurde 1998 geschaffen, um die verschiedenen Tätigkeiten im Bereich der Kultur und Medien auf Bundesebene als Geschäftsbereich zu bündeln und im Geschäftsbereich des Bundeskanzlers anzusiedeln.[683] Die BKM ist Parlamentarische Staatssekretärin bei dem Bundeskanzler mit dem Titel Staatsministerin.[684] Damit ist sie keine Bundesministerin im staatsorganisationsrechtlichen Sinn und gehört nicht der Bundesregierung an, die gemäß Art. 62 GG aus Bundeskanzler und Bundesministern besteht. Die BKM hat insofern eine besondere Stellung, als sie als Parlamentarische Staatssekretärin bei dem Bundeskanzler gemäß der Geschäftsordnung der Bundesregierung (§ 23 Abs. 1 GOBReg) das Recht hat, an den Sitzungen des Regierungskabinetts teilzunehmen, mangels Zugehörigkeit zum Verfassungsorgan Bundesregierung jedoch ohne Stimmrecht.[685] Das neu geschaffene Amt bildet eine oberste Bundesbehörde im Geschäftsbereich des Bundeskanzlers; die BKM ist Leiterin dieser obersten Bundesbehörde.[686] Die Filmförderung der BKM nimmt seit Amtsgründung eine immer wichtigere Rolle ein, nicht zuletzt durch die Schaffung des DFFF (siehe sogleich unter III.). Ziel der Förderung der BKM ist es den künstlerischen Rang des deutschen Films zu steigern, einen Beitrag zur Verbreitung deutscher Filme zu leisten und die Entwicklung von Filmtheatern als Kulturstätten zu fördern.[687]

Bei der Förderung der BKM handelt es sich um eine kulturelle Förderung. Verfassungskompetenzrechtlich kann auch der Bund kulturpolitisch tätig sein,

---

683 Vgl. Organisationserlass v.27.10.1998, BGBl. I S. 3288.

684 Vgl. Gesetz v.15.01.1999, BGBl. I S. 10 zur Änderung des ParlStG. Die Bezeichnung Beauftragter der Bundesregierung für Kultur und Medien ist insofern irreführend. Beauftragten der Bundesregierung werden üblicherweise Aufgaben übertragen, die „einen besonderen politischen Stellenwert haben und öffentlichkeitswirksam sind", laut Schröder, in: Isensee/Kirchof, Handbuch des Staatsrechts, Bd. 3, § 65, Rn. 31. Durch die Einrichtung einer eigenen obersten Bundesbehörde mit Leitung durch den Parlamentarischen Staatssekretär beim Bundeskanzler und dem Titel Staatsminister ist dieses Amt des BKM in besonderer Weise ausgestaltet worden. Damit unterscheidet sich der BKM von anderen Beauftragten der Bundesregierung.

685 Vgl. auch Busse, ParlStG, Einl. Rn. 8f., § 1 Rn. 7.

686 Die oberste Bundesbehörde hat den Namen „Die Beauftragte der Bundesregierung für Kultur und Medien" laut Bekanntmachung durch den Chef des Bundeskanzleramtes v.9.12.2003.

687 Vgl. BKM Förderrichtlinien, S. 4.

ohne in die Kulturhoheit der Bundesländer einzugreifen, da er über punktuelle kulturelle Kompetenzen verfügt.[688]

Rechtsgrundlagen der Förderung sind die BKM Förderrichtlinien, gegebenenfalls zusätzliche Informationsblätter über Änderungen der Verwaltungspraxis der BKM bei den Preisen, sowie die jeweiligen Vorbescheide und Förderbescheide.[689]

2. *Finanzierung und Fördermittel*

Die BKM ist zuständig für die Kultur- und Medienförderung auf Bundesebene. Ihr Kulturhaushalt wird aus dem Bundeshaushalt gespeist. Damit handelt es sich bei der Förderung der BKM um eine steuerfinanzierte Filmförderung. Die Mittel werden für die genannten Förderbereiche eingesetzt. Im Jahr 2016 hatte die BKM rund € 28 Mio. in ihrem Kulturetat für die Filmförderung eingeplant.[690] Das ist eine Erhöhung der Mittel um € 15 Mio. zum Vorjahr gewesen.[691] Der Kulturetat wurde für 2016 damit mehr als verdoppelt. Davor umfasste der Etat € 13 Mio., mit denen hauptsächlich Preise gefördert wurden und nur in geringem Umfang eine Projektförderung stattfand.[692] Das spiegelte sich in den Förderrichtlinien, in denen vor 2016 die Projektförderung auf limited-budget Filme ausgelegt war. Die zusätzlichen Mittel von € 15 Mio. werden nun für die Projektförderung eingesetzt, hauptsächlich in die Produktionsförderung von Langfilmen (Spiel-, Dokumentar- und Kinderfilmen).[693] In Folge dessen sind verschiedene Grenzen bei den Voraussetzungen angehoben worden: die Förderhöchstsumme ist von € 250.000 auf € 500.000, in Ausnahmefällen auf bis zu € 1 Mio. angehoben worden, das Produktionsbudget förderberechtigter Filme ist ebenfalls angehoben

688 Vgl. Uhle, in: Maunz/Dürig, GG, Art. 70, Rn. 106; siehe auch Fn. 497.

689 Maßgebliche Förderrichtlinien für die vorliegende Untersuchung sind die BKM Förderrichtlinien vom 13.07.2005 unter Einbeziehung der ergänzenden Merkblätter von 2016.

690 Vgl. Ausgaben der BKM für Kultur 2016, S. 2.

691 Vgl. BKM, PM „Kulturstaatsministerin Monika Grütters: Steigender Etat ist kräftiger Impuls für die Kultur" v. 13.11.2015.

692 Neben der Filmförderung sind für andere Bereiche, die den Deutschen Film oder Einrichtungen im Filmbereich fördern eigene Finanzposten eingeplant, so z.B. für internationale Angelegenheiten des Deutschen Films, für die 2015 € 6 Mio. zur Verfügung standen, vgl. Bundeshaushaltsplan 2015, Einzelplan 04, Kap. 0405, Titelgruppe 02, Titel 68321, S. 37.

693 Vgl. Eckpunkte zur Stärkung des deutschen Kinofilms, S. 1; BKM, PM „Kreative Freiräume stärken: Mehr Geld für künstlerisch herausragende Filme" v.9.2.2016.

worden von € 2,5 Mio. auf € 5 Mio. und die Grenze der Förderintensität ist von 50% der Herstellungskosten auf 80% angehoben worden, von der zudem in Ausnahmefällen nach oben abgewichen werden kann.[694] Des Weiteren soll die Drehbuchförderung ausgebaut werden und eine Stoffentwicklungsförderung für Dokumentarfilme eingeführt werden. Auch die Verleihförderung soll erweitert werden und die Kinoprogrammprämien aufgestockt werden.

Die Erhöhung mit der geplanten Einsetzung der Mittel in der Projektförderung bringt somit einen Wandel der Förderung der BKM mit sich.

Für die Produktionsförderung für Spiel- und Dokumentarfilme haben 2016 rund € 15,5 Mio. zur Verfügung gestanden, für die Produktionsförderung von Kinderfilmen € 1 Mio.

Nach der ersten Fördersitzung der unabhängigen Jury für Produktionsförderung A (Drehbuch- und Produktionsförderung programmfüllender Spiel- und Dokumentarfilmvorhaben) im Mai 2016 wurden von der BKM 25 programmfüllende Filmvorhaben und 6 Drehbuchprojekte mit insgesamt € 5,734 Mio. zur Förderung ausgewählt.[695]

Der Haushaltsentwurf der Bundesregierung für 2017 hat erneut eine Erhöhung des Etats der BKM vorgesehen. Die zusätzlichen Mittel von € 15 Mio. für die Filmförderung sind erneut eingeplant worden, ebenso € 1 Mio. zur schrittweisen Digitalisierung des Filmerbes und € 300.000 für internationale Angelegenheiten des deutschen Films sowie für die Berlinale zusätzlich € 1 Mio.[696]

3. Projektförderung

a. Förderprogramme

Eine Projektförderung wird angeboten für die Bereiche Drehbuchförderung für programmfüllende Spielfilme und Kinderfilme, Projektentwicklungsförderung für programmfüllende Kinderfilme, Produktionsförderung für programmfüllende Spiel- und Dokumentarfilme sowie Kinderfilme (eingeschlossen Kinderkurzfilme) und Kurzfilme, Kopienförderung und Verleihförderung. Die Förderung von Kinderfilmvorhaben wird zusammen mit dem Kuratorium junger deutscher Film durchgeführt. Hier wird die Zuständigkeit hinsichtlich

694 Vgl. Eckpunkte zur Stärkung des deutschen Kinofilms, S. 1; BKM, PM „Staatsministerin für Kultur und Medien, Grütters, fördert Film- und Drehbuchprojekte mit rund 5,7 Mio. Euro“ v.8.6.2016.

695 Vgl. BKM, PM v.8.6.2016, siehe Fn. 694.

696 Vgl. Bundesregierung, PM „Grütters: Deutlich höhere Förderung kultureller Institutionen und Projekte des Bundes für 2017 erreicht“ v.6.7.2016.

der Ausführung aufgeteilt: bei der Produktion von Kinderfilmen erfolgt die Antragstellung bei der BKM, zuständig für die Ausführung ist die FFA, für die Drehbuchförderung und die Projektentwicklungsförderung für Kinderfilme ist dagegen gänzlich von der Antragstellung bis zur Entscheidung und Ausführung das Kuratorium junger deutscher Film zuständig.

b. Fördervoraussetzungen und -bedingungen

Die Förderrichtlinien enthalten die verschiedenen Fördervoraussetzungen je nach Förderprogrammen.[697] Antragsberechtigt sind je nach Förderprogramm Produzenten, Hersteller, Regisseure, Autoren, Verleiher und Kinobetreiber, sonstige in der Filmbranche Tätige, Unternehmen, Institutionen und Organisationen. Allgemeine Voraussetzung einer Förderung ist, dass es sich um einen deutschen Film handelt. Darunter ist zu verstehen, dass der Regisseur Deutscher ist oder der Film einen besonderen Bezug zum deutschen Kulturraum aufweist und zudem mit erheblicher deutscher Beteiligung hergestellt wird. Zudem wird für die Förderungsfähigkeit auf die allgemeinen Voraussetzungen der §§ 41 Abs. 4, 5, 42-46, 48, 51 FFG (§§ 15 Abs. 2, 3, §§ 16-19 FFG a.F.) verwiesen. Des Weiteren muss der Film für die Vorführung in deutschen Kinos bestimmt sein. Ausgeschlossen ist eine Förderung für werbliche Filme. Die Förderrichtlinien führen weitere Begriffsbestimmungen und besondere Voraussetzungen auf, z.B. Höhe der Gesamtherstellungskosten als Obergrenze der förderberechtigten Filmvorhaben bei der Produktionsförderung von Spiel- und Dokumentarfilmen.

c. Verfahren, Art der Förderung und Rechtsmittel

Die Förderung basiert auf Empfehlungen von unabhängigen fachkundigen Jurys, die von der BKM für die Dauer von drei Jahren berufen werden und aus fünf bis neun Mitgliedern bestehen. Es gibt für die unterschiedlichen Förderprogramme verschiedene Jurys. Bis Mitte 2016 gab es die Jury Produktionsförderung A, die anlässlich der Budgeterhöhung in zwei Jurys für die Bereiche Spielfilm und Dokumentarfilm geteilt worden ist. Daneben gibt es die Jury Kinder- und Jugendfilm, die Jury Produktionsförderung B (Kurzfilm), die Jury Kopien- und Verleihförderung sowie die verschiedenen Jurys für die Preisauszeichnungen, nämlich die Jury Kinoprogrammpreis (entscheidet zum Teil auch bei der Kopienförderung), die Jury Verleiherpreis, die Jury Innovationspreis, die Jury Deutscher Kurzfilmpreis-Spielfilm, die Jury Deutscher Kurzfilmpreis-Animations- und Dokumentarfilm/

697 Vgl. BKM Förderrichtlinien.

Sonderpreis und die Jury Deutscher Drehbuchpreis. Der Drehbuchförderung für Spielfilme ist eine Vorauswahl durch ein sog. Drama Department vorgeordnet. Bei der Produktionsförderung von Spiel- und Dokumentarfilmen ist eine Vorauswahljury vorgeschaltet, die nicht bindende Empfehlungen an die entsprechende Jury gibt. Die Jury Kinder- und Jugendfilm ist hälftig mit Mitgliedern der BKM und des Kuratoriums junger deutscher Film besetzt. Die Förderrichtlinien legen teilweise Auswahlkriterien für die Förderung fest. Kriterien für die Förderung sind z.B. bei der Produktionsförderung von Spiel- und Dokumentarfilmen die künstlerische Qualität, die Realisierbarkeit des Vorhabens, Art und Umfang der Eigenbeteiligung und die wahrscheinliche Verbreitung des Films. Die Empfehlungen und Vorschläge der Jurys für eine Förderung werden der BKM zugeleitet, die die Endentscheidung trifft und sodann in der Regel einen Vorbescheid ausstellt. Die weitere Ausführung von Bewilligung, Auszahlung der Mittel und Prüfung der ordnungsgemäßen Verwendung wird in der Regel durch die FFA vorgenommen.[698]

Die Förderung erfolgt für alle Zuwendungen als Zuschuss, wobei sich die Höhe nach dem jeweiligen Förderprogramm richtet und im Ermessen der Jurys liegt. Die einzelnen Förderprogramme legen regelmäßig Höchstgrenzen der Fördersummen und bei der Produktionsförderung von Spiel- und Dokumentarfilmen zudem eine Grenze der Förderintensität von 80% fest.

Die Vorbescheide und Förderbescheide sind Verwaltungsakte einer Behörde, entweder der FFA oder BKM, gegen die Rechtsmittel auf dem Verwaltungsrechtsweg eingelegt werden können.

4. *Förderung durch Preise und Festivals*

Die kulturelle Förderung über Prämien und Auszeichnungen ist für die beihilferechtliche Prüfung einer öffentlich-rechtlichen Förderung nicht relevant. Eine Preisauszeichnung wirkt vorrangig öffentlichkeitswirksam und berufsfördernd, eine finanzielle Funktion kommt ihr nur unterstützend zu, indem -weil zweckgebunden- das Preisgeld für die Herstellung eines neuen Filmprojekts zu verwenden ist und sie sich indirekt auszahlt über die Referenzförderung der FFA (siehe oben). Da die Förderung mittels Prämien und Auszeichnungen jedoch einen wesentlichen Teil der Förderung der BKM ausmacht, wird diese Art der Förderung an dieser Stelle zur Vollständigkeit kurz aufgeführt.

---

698 Allein die Kinoförderung durch Kinoprogrammpreise wird vom Bundesverwaltungsamt ausgeführt.

An Preisen gibt es den Deutschen Filmpreis, Deutschen Kurzfilmpreis, Deutschen Drehbuchpreis sowie den Kinoprogrammpreis, den Verleiherpreis, daneben gab es im hier gegenständlichen Zeitraum noch den Innovationspreis. Der Deutsche Filmpreis, auch Bundesfilmpreis genannt, ist der höchstdotierte Preis, der von der BKM vergeben wird. Es ist gleichfalls die renommierteste Auszeichnung für den deutschen Film. Für die Auszeichnungen („LOLAs") einschließlich der Nominierungsprämien wurden im Jahr 2016 Preisgelder in Höhe von knapp € 3 Mio. von der BKM zur Verfügung gestellt.[699] Ausgezeichnet werden jährlich die besten Spielfilme, Dokumentarfilme, Kinderfilme und herausragende Einzelleistungen für den deutschen Film. Ausgewählt werden die Preisträger seit 2005 von der Deutschen Filmakademie e.V. Verliehen wird der Deutsche Filmpreis seit 1951. Die Preisgelder sind zweckgebunden und für neue Produktionen zu verwenden.

Die BKM fördert des Weiteren verschiedene Filmfestivals, wie z.B. die Internationalen Filmfestspiele Berlin (Berlinale), und Fachsymposien. Gefördert werden Festivals, die für die Entwicklung der Filmkunst sowie die kulturelle Repräsentanz Deutschlands besonders bedeutsam sind. Die Berlinale ist Deutschlands bekanntestes und größtes Filmfestival, das auch zu den weltweit wichtigsten internationalen Filmfestivals zählt. Ins Leben gerufen wurde es 1950 mit dem ersten Festival 1951. Die Berlinale ist einer der Geschäftsbereiche der Kulturveranstaltungen des Bundes in Berlin GmbH. Sie erhält eine institutionelle Förderung der BKM in Höhe von derzeit € 6,7 Mio. jährlich.[700] Weitere Festivals, die unterstützt werden, sind u.a. das Filmfestival Max Ophüls Preis Saarbrücken, die internationalen Kurzfilmtage Oberhausen und das internationale Leipziger Festival für Dokumentar- und Animationsfilme.

III. Deutscher Filmförderfonds (DFFF)

Der Deutsche Filmförderfonds (im Folgenden DFFF) ist ein Förderprogramm auf Bundesebene. Es gehört zu den wichtigsten Filmförderinstrumenten in Deutschland. Der DFFF wurde 2007 von dem damaligen BKM, Staatsminister a.D. Neumann, eingeführt, mit einem stattlichen Budget ausgestattet und entwickelte sich schnell zu einem unerlässlichen Finanzierungsbaustein für die

699 Ebenso in den Folgejahren, vgl. BKM, www.bundesregierung.de/breg-de/bundesregierung/staatsministerin-fuer-kultur-und-medien/medien/filmfoerderung/preise/deutscher-filmpreis, Stand 11.03.2020.

700 Vgl. BKM, www.bundesregierung.de/breg-de/bundesregierung/staatsministerin-fuer-kultur-und-medien/medien/filmfoerderung/festivals-symposien, Stand 11.03.2020.

deutsche Filmproduktion. Der DFFF bietet eine Projektförderung und fördert die Herstellungskosten eines Filmprojekts mittels Zuschuss. In den neun Jahren seines Bestehens bis 2016 hat der DFFF 975 Filmproduktionen mit Fördermitteln in Gesamthöhe von rund € 540 Mio. unterstützt. Diese Förderung hat zu Investitionen in Deutschland in Höhe von € 3,2 Mrd. geführt.[701] Damit wurden Investitionen in Deutschland in sechsfacher Höhe der Fördersummen ausgelöst. Jeder Euro Förderung hat sich also mit rund sechs Euro Ausgaben und Investitionen in Deutschland rentiert.[702] Im Jahr 2015 wurden Förderungen für 107 Filmprojekte bewilligt, davon 36 internationale Koproduktionen und 71 deutsche Produktionen. Der Großteil der geförderten Filmprojekte waren Spielfilme (78), ansonsten Dokumentarfilme (26) und vereinzelte Animationen (3). Die geförderten Filmprojekte wiesen Gesamtherstellungskosten in Höhe von knapp € 721 Mio. auf, von denen € 374 Mio. in Deutschland ausgegeben wurden. Demgegenüber stehen die Fördermittel in Höhe von € 61 Mio.[703] Im Vergleich hierzu wurden im Jahr 2018 rund € 57 Mio. Fördermittel an 113 Projekte vergeben, bei Gesamtherstellungskosten von € 407 Mio. und deutschen Kosten von knapp € 330 Mio. Aufgrund dieses wirtschaftlichen Erfolgs der Förderung wurde der DFFF, der anfänglich auf drei Jahre befristet war, immer wieder verlängert.[704] Mit der Verwaltung des Fonds und der Durchführung der Förderung hat die BKM die FFA beauftragt. Die Förderung des DFFF ist eine automatische Förderung bedingt durch die in Deutschland getätigten Ausgaben. Automatische Förderung bedeutet, dass, wenn die Voraussetzungen gegeben sind und die Haushaltsmittel vorliegen, Fördermittel aus dem DFFF vergeben werden. Neben der Referenzförderung der FFA und der neuen Förderung des German Motion Picture Fund ist der DFFF die einzige Förderung in Deutschland auf Bundesebene, die keine Auswahlentscheidung durch einen fachkundigen Förderausschuss vorsieht. Der Mechanismus einer automatischen Förderung war längere Zeit der einzige seiner Art im deutschen Filmfördersystem. Nach diesem Vorbild ist der kürzlich neu eingeführte German Motion Picture Fund (siehe sogleich unter 4.) eingerichtet worden.

701 Vgl. BKM, PM „Staatsministerin Grütters – DFFF bleibt wichtiger Anreiz für einen attraktiven Filmstandort Deutschland" v.20.1.2016.

702 Vgl. DFFF, https://dfff-ffa.de/index.php?grusswort-bkm, Stand 11.03.2020 sowie BKM, Im Bund mit der Kultur, S. 36.

703 Vgl. DFFF in Zahlen 2015, abzurufen unter http://dfff-ffa.de/index.php?dfff-in-zahlen, Stand 11.03.2020.

704 Letzte Verlängerungen waren bis zum 31.12.2016, bis zum 31.12.2019 und bis zum 31.12.2020.

Formal ist der DFFF der BKM zugehörig, da er jedoch durch seinen einzigartigen Fördercharakter einen wichtigen Stellenwert im deutschen Filmfördersystem einnimmt, wird er hier als eigener Punkt abgehandelt.

1. *Förderziel und Rechtsgrundlagen*

Der DFFF verfolgt zwei übergeordnete Ziele: die Stärkung des Produktionsstandortes Deutschland und des Kulturguts Kinofilm. Im Einzelnen hat er zum Ziel die wirtschaftlichen Rahmenbedingungen für die Filmproduktion in Deutschland zu verbessern, die internationale Wettbewerbsfähigkeit der deutschen Filmwirtschaft zu stärken, den Produktionsstandort Deutschland nachhaltig zu stärken und weitere volkwirtschaftliche Effekte zu Nutze zu machen.[705] Insbesondere soll einerseits die Finanzierung von Kinofilmen für Produzenten in Deutschland verbessert werden und andererseits die in Deutschland getätigten Ausgaben im Rahmen einer Filmproduktion erhöht werden, um so langfristig eine stabile deutsche Filmwirtschaft zu erhalten.

Der DFFF soll sowohl große Filmproduktionen fördern wie auch kleine und mittlere Produktionen unterstützen. Durch die Förderung von in Deutschland ausgegebenen Produktionskosten soll die Finanzierung einer Filmproduktion unterstützt werden und ein Anreiz gesetzt werden Produktionskosten in Deutschland auszugeben und zu steigern, sozusagen Regionalausgaben bezogen auf sämtliche deutsche Regionen.

Rechtsgrundlagen der Förderung sind die DFFF Förderrichtlinien und §§ 23, 44 BHO sowie die hierzu erlassenen Allgemeinen Verwaltungsvorschriften.[706] Die Durchführung der Förderung ist der FFA übertragen. Diese fungiert damit als Bewilligungs- und Abwicklungsbehörde, wobei sie für diese Aufgabenwahrnehmung der Fach- und Rechtsaufsicht der BKM unterliegt.[707] Bestandteile des Förderbescheids sind gemäß den Förderrichtlinien zudem die Allgemeinen

---

705 Vgl. DFFF Förderrichtlinien, S. 3, I.

706 Maßgebliche Förderrichtlinien und Untersuchungsgegenstand sind die DFFF Förderrichtlinien 2016. 2017 wurde ein weiteres Förderprogramm für Filmproduktionsdienstleister, der DFFF II, eingeführt. Hier kann eine Förderung für in Auftrag gegebene Filme/Teilwerke eines Films bei Gesamtherstellungskosten über € 20 Mio. und deutschen Kosten von mindestens € 8 Mio. i.H.v. 25% der anerkennungsfähigen Kosten vergeben werden. Der DFFF II ist aufgrund des Vergleichszeitraums mit UK vorliegend nicht Gegenstand der Untersuchung.

707 Vgl. DFFF Förderrichtlinien, S. 11, § 15.

Nebenbestimmungen für Zuwendungen zur Projektförderung (ANBest-P).[708] Ein Beirat aus neun Mitgliedern unterstützt die FFA bei der Durchführung beratend. Er ist auch zuständig in Einzelfragen zu entscheiden, wie der Abweichung von der Kopienzahl oder Abweichung von der Begrenzung der Förderhöhe, einschließlich hiergegen gerichteter Widersprüche.

2. *Finanzierung und Fördermittel*

Der DFFF wird mit Mitteln aus dem Bundeshaushalt ausgestattet und im Einzelhaushalt des Bundeskanzlers und Bundeskanzleramts im Rahmen der Mittel der BKM ausgewiesen. Seit seiner Gründung hatte der DFFF jährlich bis 2014 ein Förderbudget von € 60 Mio. zur Verfügung, im Jahr 2013 einmalig € 70 Mio.[709] Unter der neuen BKM konnte eine Erhöhung, die seitens der Filmbranche gefordert und auch vom Bundesrat befürwortet wurde, nicht durchgesetzt werden.[710] Das Budget des DFFF wurde im Gegenteil auf € 50 Mio. in 2015 gesenkt.[711] Dieser Betrag blieb in 2016 und 2017 unverändert bis in 2018 die Mittel um € 75 Mio. auf € 125 Mio. aufgestockt wurden.[712] Tatsächlich bewilligt wurden in den Jahren von 2007 bis 2015 jährlich zwischen € 57,6 Mio. und € 62,4 Mio., die Anzahl der geförderten Projekte schwankte im gleichen Zeitraum zwischen 99 und 115 jährlich. In 2016 bis 2018 wurden zwischen € 51 und 57 Mio. Fördermittel bewilligt.[713]

---

708 Anlage 2 zur VV Nr. 5.1 zu § 44 BHO. Sie enthalten Nebenbestimmungen im Sinne des § 36 VwVfG.

709 Vgl. BKM, Im Bund mit der Kultur, S. 36 sowie für die einzelnen Jahre die Einzelpläne 04 „Bundeskanzlerin und Bundeskanzleramt“ der Bundeshaushaltspläne, u.a. Bundeshaushaltsplan 2013, Einzelplan 04, Kap. 0405, Titelgruppe 02, Titel 68322, S. 38.

710 Siehe z.B. Produzentenallianz, PM „Bundesrats-Entschließung: DFFF-Mittel mindestens auf 60 Mio. Euro aufstocken“ v.19.12.2014 sowie PM „DFFF verbraucht keine Steuergelder, er vermehrt sie“ v.10.11.2014, in der bereits einer geringfügigen Erhöhung der Mittel des DFFF eine verhältnismäßig höhere wirtschaftliche Rentabilität gegenübergestellt wird; siehe auch Entschließung des Bundesrates zum Haushaltsgesetz 2015 v.19.12.2014, BR-Drs. 571/14 (B), Nr. 2, in der die Länderkammer mindestens eine Aufstockung der Mittel auf das Niveau von 2014 von € 60 Mio. fordert sowie eine längerfristige Absicherung des DFFF durch die Bundesregierung erwartet.

711 Bewilligt wurden letztendlich € 62,7 Mio. mithilfe sog. Verpflichtungsermächtigungen, vgl. BKM, PM v. 20.1.2016, siehe Fn. 701.

712 Vgl. Ausgaben der BKM für Kultur 2016, S. 2; Presse- und Informationsamt der Bundesregierung, PM „Bundeskulturhaushalt steigt auf 1,78 Mrd. Euro“ v.28.6.2018.

713 Vgl. DFFF in Zahlen, jeweils Einzeldokumente pro Jahr, siehe auch Fn. 703.

3. *Förderprogramme, Fördervoraussetzungen und -bedingungen*

Vom DFFF können die Produktion von Spielfilmen, Dokumentarfilmen und Animationsfilmen, eingeschlossen Erstlingswerke, gefördert werden.

Der DFFF hat keine Antragsfristen, sondern ist ein laufender Förderfonds. Einzige zeitliche Voraussetzung ist lediglich die Antragstellung vor Drehbeginn. Der Antragstellung hat eine Beratung durch die Förderreferenten vorauszugehen.

Antragsberechtigt ist der Hersteller des Films (Verantwortlicher für die Herstellung oder bei Koproduzenten Mitverantwortlicher) mit Wohn- oder Geschäftssitz in Deutschland oder einer Niederlassung in Deutschland. Bei mehreren geeigneten Herstellern kann nur einer als Antragsteller für den DFFF fungieren. Der Antragsteller muss einen Referenzfilm vorweisen, der in Deutschland oder einem Mitgliedstaat aus der EU oder dem EWR hergestellt wurde und in deutschen Kinos kommerziell ausgewertet wurde. Handelt es sich um einen Erstlingsfilm, wird als Referenz eine Förderzusage der BKM, der FFA oder einer Fördereinrichtung der Bundesländer als ausreichend erachtet. Bei einer internationalen Koproduktion unter Beteiligung eines Koproduzenten außerhalb des EWR muss der Referenzfilm allein vom Antragsteller oder mit seiner Mehrheitsbeteiligung als Koproduzent hergestellt worden sein. Ausnahmen können bei fachlicher Eignung vom Vorstand der FFA zugelassen werden.

Des Weiteren wird ein Eigenanteil des Antragstellers an der Finanzierung von mindestens 5% an den Herstellungskosten vorausgesetzt. Für Erstlingsfilme und Dokumentarfilme können Ausnahmen zugelassen werden. Bei internationalen Koproduktionen muss der Anteil des deutschen Produzenten (und Antragstellers) an den Herstellungskosten mindestens 20% betragen, ein Anteil von € 5 Mio. ist ausreichend, wenn die Gesamtproduktionskosten höher als € 25 Mio. sind. Eine rein finanzielle Beteiligung des deutschen Koproduzenten ist nicht ausreichend. Die Antragsteller müssen eine Finanzierung des Filmprojekts von mindestens 75% nachweisen bevor ein Förderbescheid erlassen wird.

Ein Filmprojekt ist nur antragsgeeignet, wenn das Produktionsbudget eine bestimmte Mindestsumme erreicht, bei Spielfilmen € 1 Mio., bei Animationsfilmen € 2 Mio. und bei Dokumentarfilmen € 200.000. Nur programmfüllende Filme sind förderfähig.

Ferner muss der Film in Deutschland im Kino kommerziell ausgewertet werden, je nach Filmart mit einer bestimmten Mindestkopienanzahl und von Verleihern, die ebenfalls bestimmte Kriterien erfüllen. Vorausgesetzt wird damit auch ein Verleihvertrag.

Weitere und wesentliche Voraussetzung sind Regionalausgaben, hier verstanden als ausgegebene Herstellungskosten in Deutschland, sozusagen

„Deutschlandausgaben", in Höhe von mindestens 25% der Gesamtherstellungskosten, bei high-budget Produktionen mit Herstellungskosten über € 20 Mio. mindestens 20%. Wenn die deutschen Herstellungskosten sich auf über € 15 Mio. summieren, finden diese prozentualen Mindestausgaben keine Anwendung. Deutsche Herstellungskosten sind solche Ausgaben, die im Rahmen der Produktion für Waren oder Dienstleistungen in Deutschland ausgegeben werden.

Der Film muss zudem einen Kulturtest erfüllen um den kulturellen Zweck, der mit dem DFFF verfolgt wird, sicherzustellen. Der kulturelle Eigenschaftstest setzt jeweils für Spielfilme, Dokumentarfilme und Animationsfilme unterschiedliche Kriterien mit Punkten fest, von denen eine jeweils festgelegte Mindestzahl, teilweise aus verschiedenen Kategorien kumulativ, vorliegen muss.[714]

Die Sperrfristen der Auswertung gemäß § 20 FFG sind einzuhalten. Eine Verkürzung kann beantragt werden (Regelverkürzung und Ausnahmeverkürzung); die Entscheidung darüber obliegt dem Vorstand der FFA. Ferner muss eine Endfassung in deutscher Sprache hergestellt werden, wobei eine zur Kinovorführung geeignete deutsch untertitelte Fassung ausreicht.

4. Art der Förderung und Rechtsmittel

Die Förderung erfolgt in Form von nicht rückzahlbaren Zuschüssen als Projekt- und Anteilsfinanzierung. In Deutschland getätigte Ausgaben an Produktionskosten werden durch eine Erstattung gefördert. Die Fördermittel betragen 20% der anerkannten deutschen Herstellungskosten. Anerkannte deutsche Herstellungskosten sind solche, bei denen von den deutschen Herstellungskosten bestimmte Positionen gänzlich oder teilweise abgezogen wurden (§ 14 Förderrichtlinien), u.a. Stoffrechtekosten, Versicherungen und Rechtsberatung, Handlungskosten. In besonderen Fällen können Kosten von Außendreharbeiten im Ausland als deutsche Herstellungskosten für die Berechnung der Höhe der Förderung zählen (nicht jedoch bei der Berechnung der Voraussetzung der Mindestausgaben in Deutschland). Grundsätzlich liegt die Fördergrenze bei 80% der Gesamtherstellungskosten, maximal werden € 4 Mio. erstattet. Ausnahmsweise kann auf Antrag die Höchstgrenze bei bis zu € 10 Mio. liegen, wenn mindestens 35% der Gesamtherstellungskosten in Deutschland ausgegeben werden oder der Film bei dem Kulturtest mindestens 66% der möglichen Punkte erzielt und der beratende Beirat eine höhere Fördersumme gestattet.

---

714 Siehe Anlagen 2-6 der DFFF Förderrichtlinien.

Die Auszahlung der Fördermittel ist in der Regel nach Fertigstellung des Films vorgesehen. Auf Antrag ist auch eine ratenweise Auszahlung während der Herstellung möglich, hierfür ist bei höheren Zuschüssen als € 2 Mio. der Nachweis einer Fertigstellungsgarantie oder Bürgschaft in der Höhe erforderlich. Die Kumulierung mit anderen staatlichen Fördermitteln ist zulässig, wenn die Höchstgrenze der Beihilfeintensität oder der Höchstbetrag gemäß der europäischen Allgemeinen Gruppenfreistellungsverordnung nicht überschritten wird, eingeschlossen anderer Beihilfen, die unter die europäische De-minimis-Verordnung fallen. Grundsätzlich darf die Beihilfeintensität nicht mehr als 50% der gesamten Herstellungskosten betragen, in Ausnahmefällen 60%. Die FFA entscheidet über das Vorliegen der Voraussetzungen und die Förderung. Im Fall von einzelnen Voraussetzungen und Zuwendungsdetails (Kopienzahl oder Abweichung der maximalen Förderhöhe bis € 10 Mio.) regeln die Förderrichtlinien, dass die Entscheidungsbefugnis dem Beirat obliegt.

Die Entscheidung über die Förderung ist als verwaltungsrechtlicher Zuerkennungsbescheid/ Zuwendungsbescheid zu qualifizieren. Rechtssicherheit entsteht insofern erst mit Bestandskraft des Verwaltungsakts. Ein Anspruch auf Förderung besteht nicht, die Förderung erfolgt im Ermessen der FFA und im Rahmen der verfügbaren Haushaltsmittel.[715] Als Verwaltungsakt unterliegen Streitigkeiten dem Verwaltungsrechtsweg. Über Widersprüche gegen Entscheidungen des Beirats entscheidet der Beirat selbst, ansonsten ist Adressat die FFA.

IV. German Motion Picture Fund (GMPF)

Der German Motion Picture Fund (kurz GMPF) ist ein neuer Förderfonds, der vom Bundesministeriums für Wirtschaft und Energie (kurz: Bundeswirtschaftsministerium oder BMWi) eingeführt wurde, ausgestattet mit jährlich € 10 Mio. Er besteht seit dem 15.12.2015 und wird ebenfalls von der FFA abgewickelt. Die FFA ist damit Bewilligungs- und Abwicklungsbehörde, für die Fachaufsicht untersteht sie hinsichtlich des GMPF dem BMWi.[716] Als Fonds des Bundeswirtschaftsministeriums bezweckt der GMPF eine Förderung der mittelständischen Filmwirtschaft und soll eine Stärkung der Wettbewerbsfähigkeit und Innovationskraft der deutschen Filmwirtschaft erzielen. Der Fonds soll insbesondere dazu beitragen, den Filmstandort Deutschland international zu bewerben und einen Anreiz zur Anlockung ausländischer Produktionen schaffen,

715 So ausdrücklich die DFFF Förderrichtlinien, S. 3, I. § 1.

716 Vgl. GMPF Richtlinie, S. 2, § 1 Abs. 3.

auch im europäischen Vergleich. Gefördert werden international koproduzierte high-budget Filme mit hohen Ausgaben in Deutschland sowie innovative high-end TV-Serienformate, die für die lineare und nicht-lineare Verbreitung bestimmt sind.[717] Es gibt besonders für digitales Filmschaffen Anreize, u.a. VFX[718]. Der GMPF ist damit auf Bundesebene das einzige Förderprogramm für Fernsehserien.

Die Förderung wird auf Grundlage der Förderrichtlinie des Fonds und der Verwaltungsvorschriften zu §§ 23, 44 Bundeshaushaltsordnung gewährt.[719] Der Fonds war zunächst befristet bis zum 31.12.2018 und wurde verlängert bis zum 31.12.2020. Die Förderung wird in Form eines nicht rückzahlbaren Zuschusses gewährt. Die Höhe der Förderung knüpft an die zuwendungsfähigen deutschen Herstellungskosten an.[720] Die Fördersumme bei Filmen beträgt bis zu 10% der deutschen Herstellungskosten, ausnahmsweise bis zu 20%, wenn mindestens € 1 Mio. Ausgaben in Deutschland für digitale Filmherstellung aufgebracht werden, in beiden Fällen jedoch maximal € 2,5 Mio. pro Film. Die Höchstsumme für TV-Serien beläuft sich auf 20% der deutschen Herstellungskosten, maximal € 2,5 Mio., in Ausnahmefällen bis zu € 4 Mio., wenn die deutschen Herstellungskosten mindestens € 20 Mio. betragen und mindestens € 1 Mio. für digitales Filmschaffen ausgegeben wird. Die Förderung durch sämtliche Förderbeihilfen darf sich auf maximal 50% der gesamten Herstellungskosten summieren, in Ausnahmefällen 60%. Die Fördersumme wird grundsätzlich erst nach Fertigstellung des Projekts ausgezahlt, auf Antrag kann eine Ratenzahlung beginnend während der Herstellung gewährt werden.

Antragsberechtigt sind (Ko)Produzenten mit Sitz in Deutschland, die bereits einen Referenzfilm aus den letzten fünf Jahren vorweisen können, der in Deutschland oder einem anderen EU- oder EWR-Mitgliedstaat hergestellt und

---

717 Bislang geförderte TV-Serien sind Babylon Berlin, Berlin Station (nach Homeland die zweite Serie eines US-Studios, die komplett in Deutschland produziert wird) sowie die erste von dem Video-Streaming-Dienst Amazon Prime in Deutschland produzierte Serie Wanted.

718 Filmfachsprachliche Abkürzung für „visual effects", also digitale Bildbearbeitung oder auch bezeichnet als digital image design.

719 Vgl. GMPF Richtlinie, S. 2, § 1 Abs. 2. Maßgebliche Förderrichtlinie und Untersuchungsgegenstand ist die GMPF Richtlinie 2015. Die Richtlinien 2017 des BMWi sowie 2018 der BKM sind aufgrund des Vergleichszeitraums mit UK vorliegend nicht Gegenstand der Untersuchung.

720 Welche Kosten nicht zu den zuwendungsfähigen Herstellungskosten zählen, wird in der GMPF Richtlinie, S. 7, § 7.2 erläutert.

in deutschen Kinos ausgewertet wurde.[721] Bei einer Antragstellung für eine Serienprojektförderung gilt die Voraussetzung entsprechend, dass ein Referenzfilm oder eine abendfüllende Serie hergestellt wurde, die von einem Rundfunkveranstalter oder einer Video-on-Demand-Plattform verbreitet wurde. Der Fonds richtet sich an high-budget Produktionen und setzt voraus, dass Kinofilme ein Produktionsbudget von mindestens € 25 Mio. haben und TV-Serien mindestens € 1,2 Mio. pro Episode. Für beide gilt die Voraussetzung, dass die deutschen Herstellungskosten nicht weniger als 40% der Gesamtherstellungskosten oder € 13 Mio. bei Filmen bzw. € 10 Mio. bei TV-Serien betragen dürfen. Für Filmprojekte muss der deutsche Finanzierungsanteil zudem mindestens 20% betragen, bei Filmen mit Herstellungskosten über € 35 Mio. mindestens € 7 Mio. Für TV-Serien gilt, dass maximal 60% der Finanzierung durch Rundfunkveranstalter erbracht werden dürfen, 70%, wenn nicht in deutscher Sprache gedreht wird. Die Finanzierung des Projekts muss zu 75% gedeckt sein. Ferner setzt der GMPF voraus, dass Filme kommerziell in deutschen Kinos, TV-Serien im deutschen Fernsehen oder in Deutschland zugänglichen Video-on-Demand-Plattformen ausgewertet werden. Filme bzw. TV-Serien müssen nicht in deutscher Sprache gedreht werden, für die Kino- und TV-Auswertung reicht eine deutsche Untertitelung aus, der FFA muss jedoch zumindest eine Endfassung in deutscher Sprache vorgelegt werden. Der Film bzw. die TV-Serie muss ebenfalls einen Eigenschaftstest erfüllen, der sich nach der jeweiligen Art des Films richtet und in den Anlagen der Richtlinie ausgeführt wird.[722]

Ein Anspruch auf Förderung besteht nicht gemäß § 1 Abs. 4 GMPF Richtlinie. Die Fördermittel dürfen nicht mit anderen staatlichen Beihilfen kumuliert werden, einschließlich Beihilfen nach der De-minimis-Verordnung, es sei denn, dass die andere Beihilfe sich auf andere bestimmbare Kosten bezieht oder die höchste Beihilfeintensitätsgrenze bzw. Höchstbetrag nach der Allgemeinen Gruppenfreistellungsverordnung nicht überschritten wird.[723] Die Förderung erfolgt mittels verwaltungsrechtlichen Bescheids durch die FFA und kann angefochten werden per Widerspruch, über den der Vorstand der FFA entscheidet. Sodann kann das Verwaltungsgericht Berlin angerufen werden.

---

721 Handelt es sich bei dem Referenzfilm um eine internationale Koproduktion müssen weitere Voraussetzungen erfüllt werden, siehe GMPF Richtlinie, S. 3, § 3 Abs. 6.

722 Vgl. für die beschriebenen und sonstigen Voraussetzungen einer Förderung GMPF FAQ und GMPF Richtlinie.

723 Vgl. GMPF Richtlinie, S. 4, § 4.1 Abs. 1.

V. Kuratorium junger deutscher Film

Eine weitere Fördermöglichkeit besteht mit dem Kuratorium junger deutscher Film (im Folgenden Kuratorium). Das Kuratorium ist die älteste deutsche Fördereinrichtung. Es fördert Nachwuchsfilme und Kinderfilme.

1. Rechtsnatur, Rechtsgrundlagen, Finanzierung und Fördermittel

Bei dem Kuratorium handelt es sich um eine bundesweit agierende Fördereinrichtung der Länder in Form einer Stiftung des bürgerlichen Rechts, die aus Ländermitteln finanziert wird.[724] Das Kuratorium wurde 1965 gegründet, ursprünglich in Form eines Vereins. Geplant als selbstfinanzierende Einrichtung aus Darlehensrückflüssen, wurde die Einrichtung einmalig mit Finanzmitteln des Bundes ausgestattet. Nachdem sich die Selbstfinanzierung früh als nicht realisierbar herausstellte, übernahmen die Bundesländer die Finanzierung.[725] Seit 1982 besteht das Kuratorium als Stiftung mit den Organen Stiftungsrat, Vorstand und Auswahlausschüssen. Rechtssitz der Stiftung ist München, tatsächlicher Verwaltungssitz Wiesbaden. Grundlage der Finanzierung und des Vermögens der Stiftung ist eine Verwaltungsvereinbarung vom 18.05.1982, in der sich die damaligen westdeutschen Bundesländer zu einer gemeinsamen Finanzierung verpflichteten. 1992 sind die neuen Bundesländer der Verwaltungsvereinbarung beigetreten.[726] Der Auswahlausschuss der reinen Kuratoriums-Förderung setzt sich aus sieben Vertretern der größten Länderfördereinrichtungen zusammen.[727] Es ist die einzige länderübergreifende und von den Bundesländern gemeinsam getragene Förderinstitution auf Bundesebene.[728] Dieses Konstrukt

---

724 Vgl. Kuratorium Jahresbericht 2014, S. 3.

725 Zur Geschichte ausführlich Castendyk/Schwarz/Hansen, in: v.Hartlieb/Schwarz, Kap. 132, Rn.1 sowie 50 Jahre Kuratorium.

726 Vgl. www.kuratorium-junger-film.de/ueber-uns, Stand 13.03.2020.

727 Vgl. Kuratorium Jahresbericht 2014, S. 5.

728 Es besteht Uneinigkeit darüber, wie das Kuratorium im föderalen Gefüge einzuordnen ist; zumeist als Länderförderung, so v.Have/Schwarz, in: v.Hartlieb/Schwarz, Kap.105, Rn. 9. Hier wird es als Konstrukt eigener Art geführt. Nach Ansicht der Verf. handelt es sich um eine Förderung eigener Art, da es sich nicht um eine Förderung von bundesstaatlichen Stellen handelt, sie aber bundesweit agierend ist, sie zudem länderübergreifend ist und deswegen mehr als eine Länderförderung ist. Die Einordnung hat keine praktische Relevanz. Aufgrund der bundesweiten Fördertätigkeit wird die Einrichtung in diesem Teil der Förderungen auf Bundesebene behandelt. Neben dem Kuratorium besteht die ebenfalls von den Ländern übergreifend und getragene FBW, oben im Kapitel der FFA dargestellt, siehe I.7.a.aa.(1).

wird durchaus kritisch gesehen, da anders als auf reiner Länderebene der Anreiz zur Steigerung der Regionalausgaben und Ankurbelung der eigenen Filmwirtschaft im Bundesland wegfällt.[729] Die Motivation der Länder Haushaltsmittel in einen länderübergeordneten Fördertopf abzugeben, ist daher begrenzt. Das Kuratorium musste in der Vergangenheit aus diesem Grund mit sinkenden Mitteln und kurzzeitig im Jahr 2005 gegen eine vollständige Schließung kämpfen.

Die Ständige Konferenz der Kultusminister der Bundesländer hat zwischen 2005 und 2008 eine schrittweise Senkung der Mittel vorgenommen von € 0,87 Mio. auf nunmehr jährlich ca. € 771.500.[730] Im Rechnungsjahr 2014 standen dem Kuratorium Finanzmittel in Höhe von € 771.700 zur Verfügung.[731]

Seit Anfang 2015 wird die Förderung von Kinderfilmen in Zusammenarbeit mit der BKM auf Grundlage eines Kooperationsvertrags durchgeführt und von einem gemeinsamen Gremium mit der BKM entschieden. Es findet sowohl eine Aufgabenteilung wie finanzielle Verteilung zwischen Kuratorium und BKM dergestalt statt, dass eine Treatment-, Drehbuch- und Projektentwicklungsförderung durch das Kuratorium erfolgt, während die Produktionsförderung von der BKM durchgeführt wird, jeweils nach den eigenen Förderrichtlinien. Das gemeinsame Gremium ist mit Vertretern aus vier Länderfördereinrichtungen sowie vier Vertretern aus der Filmbranche besetzt, von denen jeweils vier Mitglieder vom Kuratorium und vier von der BKM berufen werden.[732] Für die Drehbuch- und Projektentwicklungsförderung von Kinderfilmen stehen jährlich € 250.000 zur Verfügung.

Rechtsgrundlagen für die Förderung sind die Satzung der Stiftung und die Förderrichtlinien sowie jeweils ein Fördervertrag mit den Geförderten.

Das Kuratorium verfolgt zwei Ziele: die Unterstützung junger Autoren und Regisseure bei den ersten Kinofilmvorhaben sowie die Stärkung und Verbesserung der Struktur von Herstellung und Verbreitung des Kinderkinofilms. Übergeordnetes Ziel ist ein Beitrag zur Vielfalt der deutschen Filmkultur und Steigerung der Leistungsfähigkeit der deutschen Filmwirtschaft.[733] Die finanzielle Förderung wird als Anschubfinanzierung verstanden und soll dem

729 Vgl. Schaefer, ZUM 2010, 763 (765f.).

730 Vgl. Castendyk/Schwarz/Hansen, in: v.Hartlieb/Schwarz, Kap. 132, Rn.1.

731 Vgl. Kuratorium Jahresbericht 2014, S. 4.

732 Vgl. Kuratorium Jahresbericht 2014, S. 5.

733 Vgl. Kuratorium Förderrichtlinien, S. 1, Nr. 1.1. Maßgebliche Förderrichtlinien und Untersuchungsgegenstand sind die Kuratorium Förderrichtlinien 2015. Die Richtlinien 2018 sind aufgrund des Vergleichszeitraums mit UK vorliegend nicht Gegenstand der Untersuchung.

Projekt den Zugang zu den anderen Fördereinrichtungen erleichtern. Nach einer Umstrukturierung wurde 1998 ein neues Konzept der Betreuung im Rahmen der Förderung eingeführt.

2. Förderprogramme

Von der Förderung werden grundsätzlich sämtliche Genres und Macharten umfasst, also Spiel-, Dokumentar-, Animations- und Live-action-Filme sowie Lang- und Kurzfilme. Es gibt Förderprogramme zur Treatmentförderung von Kinderfilmen, Drehbuchförderung (keine Dokumentar- und Kurzfilme) sowie Projektentwicklungsförderung für Nachwuchs- und Kinderfilme, Produktionsförderung für Nachwuchsfilme, ferner in geringem Umfang als Annexförderung für bereits geförderte Filmprojekte eine Verleih- und Vertriebsförderung sowie Untertitelungsförderung um die Teilnahme an internationalen Festivals für Nachwuchs- und Kinderfilme zu unterstützen. Unter Nachwuchsfilmen sind die ersten zwei, ausnahmsweise drei, Filmprojekte zu verstehen.[734] Kinderfilme sind gemäß den Förderrichtlinien solche, die sich an Kinder bis 12 Jahren richten. Abschlussfilme von Hochschulabsolventen sind von den Förderprogrammen ausgeschlossen. Zudem können sonstige Fördermaßnahmen stattfinden, die den Nachwuchs- oder Kinderfilm unterstützen.

Die Förderung des Kuratoriums umfasst eine individuelle Projektbetreuung (dramaturgische Beratung und/ oder fachliche Begleitung), die bei der Drehbuchförderung obligatorisch vorgesehen ist, bei den anderen Förderprogrammen freiwillig in Anspruch genommen werden kann. Diese individuelle Projektbetreuung ist eine Besonderheit bei den Förderprogrammen der deutschen Filmfördereinrichtungen.

3. Fördervoraussetzungen und -bedingungen

Gefördert werden Filmprojekte von außergewöhnlicher filmischer Qualität, die eine Kinoauswertung erwarten lassen.[735] Antragsberechtigt sind je nach Förderprogramm der Autor, der Produzent oder das Verleihunternehmen mit Sitz oder gewöhnlichem Aufenthalt in Deutschland. Für die Förderprogramme bestehen Antragsfristen. Anträge können nach Ablehnung ein zweites Mal unter der Voraussetzung eingereicht werden, dass wesentliche Teile des Projekts überarbeitet

734 In den Kuratorium Förderrichtlinien als Talentfilm bezeichnet, Definition vgl. S. 2, Nr. 1.3.

735 Vgl. Kuratorium Förderrichtlinien, S. 3, Nr. 1.4.1.

oder verändert worden sind. Je nach Förderprogramm bestehen besondere Voraussetzungen einer Förderung. So ist z.B. bei der Drehbuchförderung das erstellte Drehbuch vom Kuratorium abzunehmen. Die Projektentwicklungsförderung von Nachwuchsfilmen muss auf einen low-budget Kinofilm gerichtet sein. Eine Produktionsförderung von Nachwuchsfilmen setzt voraus, dass diese auf eine Kinoauswertung gerichtet sind und es sich um low-budget Filme unter € 1,5 Mio. Herstellungskosten handelt. Bei der Projektentwicklungsförderung und Produktionsförderung ist zudem ein Eigenanteil an den Herstellungskosten von mindestens 20% vorausgesetzt. Die Produktionsförderung verlangt ferner einen Nachweis der Gesamtfinanzierung des Projekts.

4. *Art der Förderung und Rechtsmittel*

Die finanzielle Förderung ist eine Projektförderung und Initialfinanzierung (Anschubfinanzierung). Sie erfolgt in Form von zinslosen und bedingt rückzahlbaren Darlehen sowie Zuschüssen. Grundsätzlich werden Darlehen gewährt, lediglich in den Fällen der Treatment- und Drehbuchförderung von Kinderfilmen sowie sonstigen Fördermaßnahmen werden Zuschüsse vergeben. Die Projektberatung und -unterstützung wird als geldwerte Dienstleistung zu der Initialförderung gewährt.

Anträge werden zunächst vom Vorstand auf das Vorliegen der formalen Voraussetzungen geprüft. In der Regel entscheidet sodann der Auswahlausschuss über eine Förderung. Der Vorstand teilt auf Grundlage der Auswahlausschussentscheidung entweder eine verbindliche Ablehnung oder eine verbindliche Bewilligung (sog. Inaussichtstellung) mit. Erst nach vorgelegtem Nachweis der geschlossenen Finanzierung wird ein Fördervertragsentwurf an den Fördernehmer übermittelt und der Fördervertrag geschlossen. Im Falle der Verleihförderung entscheidet der Vorstand über eine Förderung, ebenso bei sonstigen Fördermaßnahmen, bei denen jedoch auch der Stiftungsrat zuzustimmen hat. Der Fördervertrag enthält die Einzelheiten und Modalitäten der Förderung, bei einem Darlehen Regelungen für die Rückzahlung sowie einen Beteiligungssatz des Kuratoriums an den Erträgen. Die Darlehensrückzahlungen sind in der Regel aus der Verwertung oder den Erträgen zu erbringen. Dem Förderbetrag wird ein Betrag von Verwaltungskosten des Kuratoriums abgezogen. Fördermittel können mit anderen Fördermitteln kumuliert werden, ausgenommen die Fördermittel für Treatment- und Drehbuchförderung. Für die einzelnen Förderprogramme sind Höchstsummen einer Förderung vorgesehen (zum Teil auch prozentuale Höchstgrenzen als Anteil an den jeweilig entscheidenden Kosten) sowie unterschiedliche Auszahlungsmodalitäten der Fördermittel. Die höchste Fördersumme, die das Kuratorium vergibt, beträgt € 50.000 bei der Projektentwicklungs- und Produktionsförderung sowie im Ausnahmefall bei der Drehbuchförderung von Kinderfilmen.

Es besteht kein Rechtsanspruch auf Förderung, auch nicht bei bereits in vorherigen Herstellungsstadien geförderten Filmen. Eine Förderung findet allein im Rahmen der zur Verfügung stehenden Mittel statt.[736] Da es sich um eine Stiftung bürgerlichen Rechts und zivilrechtlich geschlossene Verträge handelt, sind Streitigkeiten vor den ordentlichen Gerichten auszutragen. Es ist kein internes Beschwerdeverfahren vorgesehen.

VI. German Films Service + Marketing GmbH

Die German Films Service + Marketing GmbH (im Folgenden German Films) ist Teil des deutschen Filmfördersystems, vergibt jedoch keine finanzielle Förderung. Sie ist 2004 aus der Export-Union des Deutschen Films hervorgegangen, die es bereits seit 1954 gab. Im FFG bezeichnet als zentrale Dienstleistungsorganisation der deutschen Filmwirtschaft für die Außenvertretung des deutschen Films soll sie den Export deutscher Filme ins Ausland unterstützen und agiert sozusagen als Werbeagentur der deutschen Filmwirtschaft. Sie vertritt und bewirbt u.a. den Deutschen Film auf Festivals und gegenüber internationalen Filmeinkäufern und Presse, organisiert Festivals für den Deutschen Film weltweit und fördert die Verbreitung, den Verleih und Vertrieb von deutschen Filmen im Ausland. Unter den zehn Gesellschaftern sind privatrechtlich organisierte Verbände der Filmwirtschaft sowie die drei größten Länderfördereinrichtungen (stellvertretend für die sieben größten Einrichtungen), die FFA und die Stiftung Deutsche Kinemathek, die die Interessen der BKM vertritt.[737] Finanziert wird das Budget der Einrichtung, € 4,65 Mio. in 2016, hauptsächlich aus Zuwendungen der FFA, der BKM und den in 2016 sieben größten Ländereinrichtungen sowie zu einem kleinen Teil aus Einnahmen aus einer Abgabe, die auf Filmexporte erhoben wird.[738] Die Exportabgabe wird für alle von der FFA und dem DFFF geförderten Filme, die ins Ausland verkauft wurden, über die Produzenten erhoben und ist bei der FFA zu melden (§ 17 Abs. 2 Förderrichtlinien

736 So ausdrücklich Kuratorium Förderrichtlinien, S. 3, Nr. 1.4.5.

737 Vgl. www.german-films.de/about-us/shareholders/view/companylists/, Stand 13.03.2020; Schwarz, in: v.Hartlieb/Schwarz, Kap. 172, Rn.8.

738 Informationen stammen von 2016. Aktuell beträgt das Budget € 4,8 Mio. aus den gleichen Quellen; eine weitere Länderfördereinrichtung ist hinzugekommen. Vgl. www.german-films.de/about-us/german-films-service-marketing/, Stand 13.03.2020.

DFFF, § 67 Abs. 10 FFG). Sie fällt sowohl auf Auslandverkäufe wie Minimumgarantien von Weltvertrieben an. Die Exportabgabe beträgt 1,5% des Nettoerlöses, maximal € 50.000.

VII. Förderinitiative Der besondere Kinderfilm

Im Jahr 2013 hat sich eine neue Initiative für eine spezielle Kinderfilmförderung entwickelt, nämlich „Der besondere Kinderfilm" von den öffentlich-rechtlichen Rundfunkanstalten ARD[739], ZDF und KiKA, einigen Förderanstalten der Länder[740], der BKM, FFA, dem Kuratorium, Freistaat Thüringen sowie der Allianz Deutscher Produzenten Film & Fernsehen, dem Mitteldeutschen Film- und Fernsehproduzentenverband, Verband Deutscher Filmproduzenten, Verband der Filmverleiher, der Deutschen Kindermedienstiftung Goldener Spatz, AG Kino – Gilde der deutschen Filmkunsttheater e.V. und Vision Kino. Es handelt sich daher nicht um eine rein öffentliche oder Länder- bzw. Bundesförderung. Die Initiative ist als Förderverein deutscher Kinderfilm e.V. organisiert. Ziel ist es, Kinderfilme in Deutschland zu stärken und ihnen mehr Präsenz zu verleihen, wobei solche Kinderfilme im Mittelpunkt stehen, die auf originären Stoffen beruhen.[741] Es findet eine finanzielle Förderung statt. Sie ist stufenweise aufgebaut, mit einer Drehbuchförderung auf der ersten Stufe für sechs Drehbuchprojekte und einer daraus folgenden Auswahl von mindestens zwei Kinderspielfilmen für eine Produktionsförderung auf der zweiten Stufe, unter finanzieller Beteiligung der Rundfunkanstalten. Die geförderten Filme werden zudem von den Mitgliedern mit Medialeistungen und hinsichtlich der beteiligten Fördereinrichtungen soweit möglich für die Verleihförderung unterstützt.

C. Filmförderung auf Bundesländerebene

In diesem Kapitel werden die 11 Fördereinrichtungen bzw. Filmförderungen auf Ebene der Bundesländer dargestellt. Die Zahl kommt dadurch zustande,

---

739 BR, MDR, NDR, SWR, WDR.

740 FilmFernsehFonds Bayern, Filmförderung Hamburg Schleswig-Holstein, Film- und Medienstiftung NRW, Medienboard Berlin-Brandenburg, MFG Baden-Württemberg, Mitteldeutsche Medienförderung.

741 Im Sinne der Initiative sind Kinderfilme solche Live-action- oder Animations-Filme, deren Geschichte in der Gegenwart angesiedelt ist und die bestimmte Anforderungen an die Charaktere, deren Entwicklungen, ein positives Ende der Geschichte und eine Botschaft des Films erfüllen.

dass einige Bundesländer eine gemeinsame Förderung anbieten, doch betätigen sich alle Bundesländer mehr oder weniger finanzstark an der Filmförderung.[742] Während die Struktur der einzelnen Einrichtungen bzw. die Ausgestaltung der Filmförderung unterschiedlich ist (eigene Einrichtung, Zuordnung zu einem Ministerium u.a.), sind die mit der Filmförderung verfolgten Ziele die gleichen: die Länder üben medienstandortpolitische Aktivitäten aus. Neben den allgemeinen übergeordneten Gründen für eine Förderung der deutschen Filmwirtschaft und Filmkultur bezwecken die Bundesländer mit der Filmförderung, Rahmenbedingungen zu schaffen, um an den positiven Wirtschaftseffekten zu partizipieren, nämlich durch die Förderung ihrer landesansässigen Filmwirtschaft, der Filmstrukturerhaltung und der Anwerbung weiterer Unternehmen oder Produktionstätigkeiten die Wirtschaftskraft zu stärken sowie die Beschäftigung von Filmfachkräften zu sichern. Die Filmkultur wird stets als zu fördernde Zielsetzung erwähnt, die wirtschaftlichen Gründe dürften jedoch nicht minder gewichtig sein. Das zeigt sich auch an der Regelung zu Mindestausgaben in dem jeweiligen Bundesland (Regionalausgaben), die in fast allen Förderrichtlinien enthalten ist, um kulturwirtschaftliche Effekte, sogenannte Regional- oder Ländereffekte zu erzielen, von denen die Wirtschaft, Infrastruktur und ansässigen Film- und Medienschaffenden profitieren.

Die Fördereinrichtungen (bzw. Filmförderung) werden in der Reihenfolge ihres Fördervolumens dargestellt, angefangen mit der finanzkräftigsten.[743] Sie werden ebenso wie auf Bundesebene in ihrer Rechtsnatur, Rechtsgrundlagen und Finanzierung sowie Fördermittelausstattung beleuchtet, ihre Förderprogramme mit hier relevanten Voraussetzungen und Bedingungen vorgestellt sowie die Art der Förderung und Rechtsansprüche bzw. Rechtsmittel erläutert. Bei der Darstellung der Fördervoraussetzungen und -bedingungen werden nur beispielhaft einige Regelungen herausgegriffen, wie das Erfordernis der Regionalausgaben, das Ausgaben an das Bundesland binden soll, wobei die Höhe der erforderlichen Ausgaben meist an die Höhe der zuerkannten Fördermittel geknüpft wird, oder der Bezug zum jeweiligen Bundesland, zumeist an die Antragsberechtigung geknüpft. Häufig findet sich die Regelung, dass mindestens die Höhe der Fördermittel in dem betreffenden Bundesland ausgegeben werden müssen. Viele

742 Auf mancherorts existierende Fördermöglichkeiten der Städte oder Gemeinden auf kommunaler Ebene kann hier nicht gesondert eingegangen werden.

743 Die Fördereinrichtungen von Berlin-Brandenburg und Bayern haben fast identische Förderbudgets. Gemäß der Haushaltsansätze für 2015 hatte die Filmfördereinrichtung in Bayern ein etwas höheres Budget als die Einrichtung von Berlin-Brandenburg.

Einrichtungen fördern inzwischen nicht nur Kinofilme, sondern auch Fernsehproduktionen. Bei den größeren Einrichtungen gibt es zudem neue Förderprogramme für Games, Apps oder anderweitige audiovisuelle Medienprojekte.

Die meisten Länderfördereinrichtungen haben eine Abteilung oder Stelle namens Film Commission eingerichtet, die für alle Informationen und Fragen für Filmproduktionen vor Ort Ansprechpartner ist und den Standort bewirbt. Manche Länder haben mehrere Film Commissions. Die einzelnen Film Commissions geben im Zusammenschluss als The German Film Commissions ein Magazin heraus, um den Standort Deutschland zu bewerben (LocationGermany).

Seit 1990 gibt es die Dachorganisation Focus Germany, in der die größten Filmfördereinrichtungen der Bundesländer[744] zusammengeschlossen sind, vertreten von der NRW Filmstiftung. Die Dachorganisation bietet Informationen für Filmschaffende zu den Filmfinanzierungs- und Filmfördermöglichkeiten in Deutschland an, stellt Kontakte bei der Suche nach Dienstleistern sowie möglichen Koproduktionspartnern für ausländische Produzenten her und unterstützt die deutsche Filmbranche bei ihren Auftritten auf den internationalen Festivals in Berlin und Cannes. Dieser Zusammenschluss hat keine Funktion in der finanziellen Filmfördertätigkeit.

I. Nordrhein-Westfalen

Die Film- und Medienstiftung NRW GmbH (im Folgenden: Filmstiftung) ist die regionale Filmfördereinrichtung in Nordrhein-Westfalen. Die Filmstiftung nimmt eine wichtige Stellung unter den regionalen Fördereinrichtungen ein, da sie die finanzstärkste Einrichtung ist und die Filmwirtschaft in dem bevölkerungsreichsten deutschen Bundesland unterstützt, in dem viele Filmschaffende und Unternehmen des Kreativen Sektors angesiedelt sind (über 24.000 Medien- und Kommunikationsunternehmen mit mehr als 412.000 Beschäftigten, 4.000 Unternehmen allein im Film- und Fernsehsektor, und fast € 122 Mrd. Umsatz[745]), und in dem die Filmwirtschaft folglich einen hohen Wirtschaftsfaktor einnimmt. Neben der Förderung ist deswegen auch die Standortvermarktung Aufgabe der Filmstiftung. Als Standort kann sie mit verschiedenen Studios,

744 Film- und Medienstiftung NRW, FilmFernsehFonds Bayern, Medienboard Berlin-Brandenburg, FFHSH Filmförderung Hamburg Schleswig-Holstein, MDM Mitteldeutsche Medienförderung, MFG Filmförderung Baden-Württemberg, nordmedia – Film- und Mediengesellschaft Niedersachsen/Bremen sowie die kürzlich beigetretene HessenFilm.

745 Vgl. Medienland NRW, S. 6.

u.a. einem der größten Filmstudiokomplexe in Europa werben, den MMC Studios in Köln. Unter dem Namen Film Commission NRW ist die Filmstiftung als Vermittlerin von Drehlocations und zentrale Ansprechpartnerin für Fragen rund um die Filmproduktion in NRW tätig. Der Creative Europe Desk Düsseldorf ist bei der Filmstiftung angesiedelt. Die Filmstiftung ist inzwischen keine reine Filmfördereinrichtung mehr, sondern zentrale Förder- und Beratungsstelle für sämtliche Bereiche des Kreativen Sektors.

Neben der Filmstiftung besteht das Filmbüro Nordrhein-Westfalen e.V. Dieses ist ein gemeinnütziger Verein von Filmschaffenden, deren Ziel die Förderung der Filmkultur in NRW ist. Das Filmbüro arbeitet zum Teil mit der Filmstiftung zusammen. So werden vom Filmbüro die drei Mitglieder aus der Filmwirtschaft für ein Vergabegremium der Filmstiftung (Low-Budget-Jury) ausgewählt, von dem die Förderanträge nach künstlerisch-inhaltlicher Qualität und nicht kommerziellem Erfolgspotential beurteilt werden. Frühere eigene Förderaktivitäten sind in die „vereinfachte Förderung" der Filmstiftung übergegangen. Ansonsten ist das Filmbüro in der Beratung und Vernetzung seiner Mitglieder tätig, bietet Veranstaltungen im Bereich der Filmkultur an und ist des Weiteren filmpolitisch in verschiedenen Gremien anderer Einrichtungen vertreten.

Im Folgenden wird die Filmstiftung vorgestellt.

1. Rechtsnatur und Rechtsgrundlagen

Die Filmstiftung besteht seit 1991, gegründet vom Land Nordrhein-Westfalen und dem Westdeutschen Rundfunk, und ist unbeachtet des Namens eine zivilrechtliche Gesellschaft mit beschränkter Haftung. Seit 2011 firmiert die Filmstiftung unter dem heutigen Namen. Gesellschafter sind das Land Nordrhein-Westfalen (35%), der Westdeutsche Rundfunk (40%), das Zweite Deutsche Fernsehen (10%), die RTL Television GmbH (10%) und die Landesanstalt für Medien Nordrhein-Westfalen (5%). Als GmbH verfügt die Filmstiftung über eine Geschäftsführung und einen Aufsichtsrat. Für die Förderentscheidungen gibt es mehrere Förderausschüsse. Zweck der Filmstiftung gemäß Gesellschaftsvertrag ist die Film- und Medienkulturförderung sowie die Film- und Medienwirtschaftsförderung in Nordrhein-Westfalen. Im Rahmen des Standortmarketings für Nordrhein-Westfalen hat die Filmstiftung das Mediencluster NRW übernommen. Zudem hat sie ihren Tätigkeitsbereich auf innovative audiovisuelle Medieninhalte erweitert, sodass sie ein breites Förderspektrum von Film und anderen Medien abdeckt. Ziele der Förderung sind im Einzelnen: Steigerung der kulturellen Qualität der nordrhein-westfälischen Film- und Medienproduktion, Stärkung der Leistungsfähigkeit der in der Region ansässigen Film- und

Medienunternehmen, Ermöglichung eines kulturell vielfältigen und qualitativ profilierten Filmschaffens bezüglich Projektentwicklung, Produktion, Verleih und Abspiel, Unterstützung des Film- und Mediennachwuchses, Unterstützung der Weiterentwicklung des Kreativen Sektors in NRW, Stärkung des audiovisuellen Sektors in Europa durch Förderung entsprechender Projekte sowie Unterstützung der Herstellung von Hörspielen.[746]

Die Filmstiftung ist neben dem Mediencluster NWR an weiteren Einrichtungen wie German Films, Mediengründerzentrum, Internationale Filmschule Köln beteiligt. Mit der Übernahme der Mediencluster NRW GmbH in 2011 hat sich die Filmstiftung für digitale und innovative Medien geöffnet und ist zu einem zentralen und integrierten Förderhaus für Medien in NRW gewachsen.

Rechtsgrundlage der Fördertätigkeit durch die Filmstiftung ist also der Gesellschaftsvertrag und die von der Filmstiftung erlassenen Förderleitlinien, die die Details der Förderprogramme, Fördervoraussetzungen und Vergabe regeln. Die jeweiligen Rechtsbeziehungen einer Förderung zwischen Filmstiftung und Geförderten werden durch die Förderleitlinien, die Förderzusage und den Fördervertrag geregelt.

2. *Finanzierung und Fördermittel*

Der Filmstiftung stehen rund € 34 Mio. im Jahr als Fördervolumen zur Verfügung. Damit ist die Filmstiftung die finanzstärkste Filmfördereinrichtung in Deutschland. Die Filmstiftung finanziert sich aus Mitteln, die aus dem Landeshaushalt, von den zwei öffentlich-rechtlichen Rundfunkanstalten WDR und ZDF, der Landesanstalt für Medien in NRW sowie den privaten Fernsehunternehmen RTL und ProSiebenSat.1 stammen. So summierten sich die Landesmittel im Jahr 2014 auf einen Betrag von € 13,468 Mio., die Mittel der Landesmedienanstalt auf € 885.000 und die Sendermittel gesamt auf € 22,557 Mio.[747] Damit betrugen die Gesamteinkünfte der Filmstiftung in 2014 € 36,910 Mio.

Die Förderung erfolgt aus den für Förderzwecke bereitgestellten Mitteln, die von der Filmstiftung treuhänderisch verwaltet werden. Das sind in 2014 Mittel in Höhe von € 36,115 Mio. Die Restsumme verteilt sich auf die eigenen Betriebsaufwendungen von Personal und Sachwesen, Organe und Beteiligungen sowie auf Marketing und Veranstaltungen (2014 € 7,09 Mio.). Die Gerd Ruge Projekt-Stipendien sowie die Hörspielstipendien werden gänzlich aus öffentlichen

---

746 Vgl. Filmstiftung Förderleitlinien, Ziff. 1.2.1, S. 3.
747 Vgl. Filmstiftung Jahresbericht 2014, S. 4.

Mitteln finanziert. Für das Förderprogramm „vereinfachte Förderung“ sind jährlich ca. € 1,5 Mio. vorgesehen.

3. Förderprogramme

Die Filmstiftung fördert Kinofilme und high-end Fernsehprojekte (vor allem hochwertige Dramaserien) von der Entstehung bis zur Verwertung. Gefördert wird die Produktionsvorbereitung, die Produktion von Kinofilmen, Fernsehprojekten, Kurzfilmen, internationalen Koproduktionen, Low-Budget-Projekten, ferner die Postproduktion, Verleih und Vertrieb, Filmabspiel und Filmpräsentation. Des Weiteren werden Kinos beim Umbau, einer Neuerrichtung und Digitalisierung gefördert, sofern sie deutsche und europäische Filme in ihrem Programm angemessen berücksichtigen. Ferner werden auch die Herstellung von Hörspielen sowie innovative Projekte audiovisueller Art in den Bereichen Games, Internet und Mobile unterstützt.

Neben den Förderprogrammen gibt es verschiedene Stipendien für Dokumentarfilme, filmische Erzählkunst und Webvideoentwicklung. Weitere Fördertätigkeiten sind Standortmarketing und Standortentwicklung für Nordrhein-Westfalen.

Im Einzelnen gibt es folgende Förderprogramme: Förderung von produktionsvorbereitenden Maßnahmen mit den Unterkategorien Drehbucherstellung, Projektentwicklung sowie Produktionsvorbereitung, Förderung von Kinofilmen und Fernsehprojekte mit den Unterkategorien Kinofilm, Fernsehprojekte, Postproduktion und Festivalpräsentation, Förderung von Verleih und Vertrieb, Förderung von Filmabspiel und Filmpräsentation, Förderung von Hörspielen, Förderung von innovativen audiovisuellen Inhalten sowie sonstige Fördermaßnahmen zur Stärkung des Standortes NRW. Zudem gibt es Regelungen für eine vereinfachte Förderung. Die vereinfachte Förderung umfasst Low-Budget-Projekte in Form von Kurzfilmen, Spiel- und Dokumentarfilmen sowie Animationsfilmen. Sie kann für sämtliche Phasen von Drehbuch, Projektvorbereitung, Produktion, Postproduktion und Verleih- und Vertrieb beantragt werden. Ferner gibt es seit 2014 ein Pilotprogramm zur Förderung von Abschlussfilmen an Filmhochschulen in NRW. Des Weiteren ist eine Förderung für dringende Fördermaßnahmen aus dem sogenannten „Aktuellen Topf“ möglich.

Für Dokumentarfilme steht zudem das Gerd Ruge Stipendium als Fördermöglichkeit zur Verfügung. Dieses wird einmal jährlich vergeben und ist mit € 100.000 dotiert. Seit 2014 gibt es zwei weitere Stipendienprogramme. Für innovative filmische Erzählkunst besteht das Wim Wenders Stipendium. Es richtet sich an junge Filmschaffende, vor allem aus Nordrhein-Westfalen. Für die

Entwicklung von Webvideos wurde ein neues Stipendium eingerichtet, das in Kooperation mit der European Web Video Academy vergeben wird. Ferner vergibt die Medienstiftung seit 2016 den mit € 20.000 dotierten Baumi Script Development Award.[748]

Die Förderung von Kinos wird ergänzt mit dem Kinoprogrammpreis, bei dem Kinos in NRW ausgezeichnet werden, die ein herausragendes Programm anbieten.

Zusammen mit den Fördereinrichtungen Medienboard Berlin-Brandenburg, FilmFernsehFonds Bayern, MFG Filmförderung Baden-Württemberg sowie dem Centre national du cinéma (CNC) hat die Filmstiftung im Jahr 2015 den Deutsch-Französischen Förderfonds eingerichtet. Der Fonds soll die gemeinsame Entwicklung von Koproduktionen fiktionaler Fernsehserien unterstützen, die dann in deutsch-französischer Koproduktion hergestellt werden können. Der Fonds verfügt über ein Fördervolumen von € 200.000 pro Jahr. Die maximale Förderhöhe pro Projekt liegt bei € 50.000. Die erste Förderung begann 2016.

4. *Fördervoraussetzungen und -bedingungen*

Gemäß den allgemeinen Fördervoraussetzungen sind je nach Förderprogramm Unternehmen oder Freischaffende, die grundsätzlich ihren Sitz in NRW haben und die Produzenten sind, teilweise auch Verleiher oder Programmveranstalter antragsberechtigt. Mit dem Projekt darf zum Zeitpunkt der Antragstellung noch nicht begonnen worden sein. Die Förderung kann mit anderen Fördermitteln kumuliert werden.

Die einzelnen Förderprogramme stellen zudem spezifische Voraussetzungen auf. So darf bei der vereinfachten Förderung die maximale Höchstsumme der Herstellungskosten € 1,5 Mio. nicht überschreiten. Auch werden Projekte gefördert, die nicht von vornherein auf eine kommerzielle Verwertung ausgerichtet sind, aber zur Vorführung im Kino vorgesehen sind. Bei Koproduktionen muss ein Koproduzent aus Deutschland, vorzugsweise Nordrhein-Westfalen kommen. Bei der Produktionsförderung ist eine Mindestfinanzierung seitens des Produzenten in Höhe von 5% des Produktionsbudgets Voraussetzung. Die Förderleitlinien enthalten ferner Regelungen zur Territorialität der Ausgaben. Grundsätzlich soll ein gefördertes Projekt so weit wie möglich in NRW realisiert werden. Der Geförderte darf allerdings mindestens 20% der Ausgaben in einem

748 Benannt nach dem verstorbenen Filmproduzenten Karl Baumgartner, vergeben von der Filmstiftung zusammen mit dessen Familie und Pandora Film.

anderen EU-Mitgliedstaat tätigen.[749] Bei der Produktionsförderung müssen mindestens 150% der Fördermittel in Nordrhein-Westfalen ausgegeben werden.

5. *Art der Förderung und Rechtsmittel*

Die Förderung wird in der Regel als bedingt rückzahlbares zinsloses Darlehen vergeben, zum Teil auch als Zuschuss, so z.B. bei der Festivalpräsentationsförderung, bei der vereinfachten Förderung, beim Aktuellen Topf (bis € 5.000) oder der Förderung des Filmabspiels und Filmpräsentation sowie bei der Vergabe in Form eines Stipendiums oder als Preisgeld.

Über eine Förderung wird auf Grundlage der eingereichten Anträge entschieden. Bei der Produktionsförderung wird fünfmal jährlich über die Förderung entschieden. Die Entscheidung wird von den jeweilig zuständigen Gremien getroffen. Es gibt verschiedene Vergabegremien: Hauptjury, Low-Budget-Jury, Abschlussfilmjury, Beraterstab für das Pilotprogramm Neue Medien, Hörspieljury, Jury für das Gerd Ruge Stipendium und Jury für den KinoprogrammPreis. Die Jurys sind unterschiedlich besetzt. So wird die Hauptjury von neun Mitgliedern aus Vertretern der Gesellschafter WDR, NRW, RTL, ZDF und Landesmedienanstalt gebildet. Die Low-Budget-Jury ist dagegen ein Gremium mit drei wechselnden Mitgliedern aus der Filmbranche, die vom Filmbüro ausgewählt werden. In der Abschlussfilmjury sind Mitglieder aus der Filmstiftung und dem Filmbüro. Teilweise entscheidet aber auch die Geschäftsführung über eine Förderung, so z.B. bei der Festivalpräsentationsförderung.

Je nach Förderprogramm bestehen Höchstsätze einer Förderung entweder als absolute Höchstsummen oder Anteil an den Gesamtkosten (Produktionskosten, Entwicklungskosten etc.). Die Förderung einer Kinoproduktion beträgt grundsätzlich nicht mehr als 50% des Anteils des Fördernehmers an den Ausgaben bzw. des Gesamtproduktionsbudgets, bei Koproduktionen 50% des deutschen Anteils. Die Förderung einer Fernsehproduktion ist beschränkt auf 30% des Gesamtproduktionsbudgets bzw. bei internationalen Koproduktionen 50% der Anteile des Fördernehmers an den Ausgaben. Diese Beschränkungen können in Ausnahmefällen höher sein. In einem Fördervertrag zwischen der Filmstiftung und dem Geförderten werden die Details der Förderung geregelt. Es besteht zum Teil die Möglichkeit, zurückgezahlte Fördermittel für eine neue Förderung für Produktionsvorbereitung oder Produktion zu beantragen.

---

749 Vgl. Filmstiftung Förderleitlinien, Ziff. 1.3.4., S. 4.

Da die Fördermittel von einer privatrechtlichen Gesellschaft und im Rahmen eines zivilrechtlichen Vertrags vergeben werden, besteht weder ein Rechtsanspruch auf Förderung aller Bewerber noch können Förderentscheidungen auf dem Verwaltungsrechtsweg angefochten werden oder per Verpflichtungsklage eingeklagt werden.[750] Die Förderung erfolgt lediglich im Rahmen der zur Verfügung stehenden Mittel. Für Streitigkeiten gilt der Weg zu den ordentlichen Gerichten.

II. Bayern

Die FilmFernsehFonds Bayern GmbH (im Folgenden FFF Bayern) ist seit 1996 die zentrale Fördereinrichtung für das Bundesland Bayern. FFF Bayern fördert die Herstellung von Kino und Fernsehfilmen, die Pre-Produktion (Drehbuch und Produktionsentwicklung), Verleih und Vertrieb sowie Videogames. Zudem werden Kinos gefördert. Unter die Produktionsförderung fallen sowohl die Nachwuchsförderung als auch die Förderung von internationalen Koproduktionen. FFF Bayern hat mit der Film Commission Bayern ebenfalls eine eigene Stelle als Ansprechpartner für Filmproduktionen und Anlaufstelle für organisatorische Hilfe bei Filmdrehs und Drehortsuche eingerichtet. Für München hat die Stadt allerdings ein eigenes Servicebüro Film eingerichtet, das sich ausschließlich mit Drehgenehmigungen befasst. FFF Bayern hat zwar keine gesonderte Abteilung für Standortmarketing, betreibt jedoch mittels der Film Commission Bayern auf unterschiedliche Weise die Bewerbung des Standortes Bayern für die Filmherstellung. So arbeitet die Film Commission Bayern mit der Bayern Tourismus Marketing GmbH bei der Initiative namens Filmkulisse Bayern zusammen, die seit zwei Jahren existiert und den Standort Bayern national und international als Filmlocation bewirbt. Des Weiteren ist der Creative Europe Desk München bei FFF Bayern angesiedelt. In Bayern, insbesondere München, sind zahlreiche Unternehmen in der Filmindustrie ansässig. Bayern ist neben Berlin-Brandenburg und Nordrhein-Westfalen ein wichtiger Standort für die deutsche Filmindustrie. 2015 konnte Bayern insgesamt 3.096 Drehtage verzeichnen, davon allein 1.828 in München.[751]

Zusätzlich existiert in Bayern einmalig in Deutschland der Bayerische Bankenfonds. Dieser ist ein Zusammenschluss von vier Bankinstituten, der vom FFF Bayern geförderte Kinofilme in Produktion und Verleih finanziert oder mittels

---

750 Ausdrücklich auch in den Filmstiftung Förderleitlinien, Ziff. 1.1.3, S. 2.

751 Vgl. FFF Bayern Jahresrückblick 2015, S. 26.

Bürgschaft unterstützt.[752] Im Jahr 2015 sind von dem Bankenfonds sechs Filmprojekte mit einem Betrag von € 743.335 finanziert worden.[753]

1. Rechtsnatur und Rechtsgrundlagen

FFF Bayern ist eine Gesellschaft mit beschränkter Haftung, deren Gesellschafter das Land Bayern (55%), die Bayerische Landeszentrale für neue Medien (8%), die öffentlich-rechtlichen Rundfunkanstalten BR (12%) und ZDF (4%) sowie die privaten Rundfunkunternehmen ProSiebenSat.1 (6%) und RTL (6%) sind. Zudem hält FFF Bayern selbst treuhänderisch 9%.[754] Der Creative Europe Desk München ist als hundertprozentiges Tochterunternehmen des FFF Bayern in Form einer GmbH ausgestaltet, die zu gleichen Teilen aus Mitteln des Creative Europe Programms der EU und dem Land Bayern finanziert wird.[755]

Ziel des FFF Bayern ist es, eine leistungsstarke und wettbewerbsfähige Filmwirtschaft in Bayern zu schaffen und auszubauen und zu einer Steigerung der künstlerischen und kulturellen Qualität der Film- und Fernsehproduktion beizutragen. Dafür soll eine quantitativ und qualitativ hochwertige Filmförderung geleistet werden, zu der auch weitere Beratungs- und Informationsangebote für die Filmbranche zählen. Der Filmstandort Bayern soll zudem im In- und Ausland beworben werden.

Die Vergabe der Fördermittel wird auf Grundlage der FFF Bayern Vergaberichtlinien geregelt. Für die Förderung von Kinofilmen wird ergänzend auf das FFG verwiesen.

2. Finanzierung und Fördermittel

Die Finanzmittel des FFF Bayern stammen von den Gesellschaftern Land Bayern, Landesmedienanstalt Bayern (BLM), BR, ZDF, ProSiebenSat.1 und RTL. Eine Vergabe von Fördermitteln findet lediglich im Rahmen dieser Mittel als Projektförderung im Sinne einer Anteilsfinanzierung statt und ist zweckgebunden jeweils an die Aufgabenstellung des Gesellschafters und seinen Maßgaben.

FFF Bayern stand im Jahr 2015 insgesamt ein Fördervolumen in Höhe von € 30,93 Mio. zur Verfügung.[756] Dieser Betrag setzte sich wie folgt zusammen. Das

752 Bayerische Landesbank, LfA Förderbank Bayern, UniCredit Bank AG, Donner&Reuschel AG.

753 Vgl. FFF Bayern Jahresrückblick 2015, S. 6.

754 Vgl. FFF Bayern Jahresrückblick 2015, S. 6.

755 Vgl. FFF Bayern Jahresrückblick 2015, S. 25.

756 Vgl. FFF Bayern Jahresrückblick 2015, S. 5.

Land Bayern hat den Hauptteil von € 18.289.920 getragen, die übrigen Gesellschafter BR, BLM, ZDF, RTL und ProSiebenSat.1 haben zusammen einen Betrag von € 9.173.000 beigesteuert. Davon stammten € 3,416 Mio. vom BR, € 1,5 Mio. von der BLM, € 1,7 Mio. vom ZDF, € 1,534 Mio. von ProSiebenSat.1 und € 1,023 Mio. von RTL. Der restliche Anteil zur Gesamtfördersumme kam aus Rückflüssen, einschließlich Verzichten, Kürzungen und Zinserträgen.[757] Eigene Gewinne hat der FFF Bayern nicht erwirtschaftet.

Von dem Gesamtförderbudget stand der Hauptanteil mit € 18,37 Mio. für die Kinofilmförderung zur Verfügung, daneben € 4,63 Mio. für die Fernsehförderung, € 2,72 Mio. für Verleih- und Vertriebsförderung, der Rest verteilte sich auf die anderen Förderprogramme. Für die Förderung internationaler Koproduktionen stand ein Sonderprogramm mit eigenen Mitteln vom Land Bayern zur Verfügung, befristet auf die Jahre 2015 und 2016.

Seit Dezember 2015 gibt es ein Abkommen mit dem in Bayern ansässigen Games- und Medien-Unternehmen Computec Media GmbH für eine Public Private Partnership. Computec unterstützt die Förderung von Games durch den FFF Bayern durch Medialeistungen in Höhe von € 2 Mio., z.B. mit Marketing Maßnahmen in den unternehmenseigenen Print- und Digital-Zeitschriften oder verschiedenen betriebenen Internetseiten. Ziel ist es, die vom FFF Bayern geförderten Games bekannt zu machen. 2015 sind mithilfe dieser Mittel zwei Projekte mit Medialeistungen im Wert von insgesamt € 150.000 unterstützt worden.

3. *Förderprogramme*

Die Förderung erstreckt sich auf die Bereiche Stoff- und Projektentwicklung, Herstellung von Kino- und Fernsehfilmen, Verleih und Vertrieb, neue Medienapplikationen mit interaktivem Inhalt, Filmabspiel und -präsentation. Es gibt die Förderprogramme Projektentwicklung/ Slate-Funding, Drehbuch, Produktion Kino- und Fernsehfilm eingeschlossen der Nachwuchsförderung, internationale Koproduktionen und VFX, Verleih und Vertrieb sowie Games. Internationale Koproduktionen von Kinofilmen werden seit 2013 dank verfügbarer Sonderfördermittel unterstützt. Gefördert werden Koproduktionen, bei denen mindestens ein Koproduktionspartner aus einem nicht-deutschsprachigen Land beteiligt ist und deren Gesamtproduktionsbudget mindestens € 5 Mio. beträgt mit einem deutschen Koproduktionsanteil von mindestens 50%. Bei großen

757 Für die Zahlen wird auf die Auskunft des Geschäftsführers Prof. Dr. Klaus Schaefer von FFF Bayern gegenüber d. Verf. verwiesen v.27.5.2016/3.6.2016.

internationalen Produktionen kann in Ausnahmefällen VFX gefördert werden. Neben einer Drehbuchförderung können Treatments gefördert werden, sofern es sich um aufwendige dokumentarische Kinofilme handelt. In der Projektentwicklung sind transmediale und innovative digitale Erzählformen eingeschlossen. Die Projekte können als Einzelprojekt oder als mehrere verbundene Projekte, sog. Slates, gefördert werden. Die Nachwuchsförderung als spezielle Form der Produktionsförderung umfasst die Förderung von Abschlussfilmen von Studierenden der zwei Filmhochschulen in München, Erstlingsfilmen und anderen Nachwuchsfilmen von Filmemachern, die nicht an einer Filmhochschule studiert haben. Die Nachwuchsförderung gilt für Lang- wie für Kurzfilme und reale wie animierte Filme. Zudem gibt es eine Filmtheaterprogrammprämierung und ein Filmtheaterinvestitionsprogramm (letzteres nur bis 30.06.2016) sowie ab 2016 eine Festivalförderung. Der FFF Bayern fördert zudem die Werbung für den deutschen Film im Ausland und unterstützt Fördermaßnahmen zur Pflege des Medienstandorts Bayern.

Zum Deutsch-Französischen Förderfonds siehe oben bei den Förderprogrammen der Filmstiftung.

4. *Fördervoraussetzungen und -bedingungen*

Die einzelnen Förderprogramme haben unterschiedliche Voraussetzungen. Für die meisten Programme gibt es Antragsfristen (zwei- oder fünfmal jährlich), andere Programme können laufend beantragt werden. Je nach Förderprogramm sind Autoren und in Bayern ansässige Produzenten antragsberechtigt. Eine Förderung setzt bestimmte Ausgaben als Regionalausgaben voraus, um einen sog. Bayerneffekt zu erzielen. Bei der Herstellungsförderung sind 150% des Darlehensbetrags in Bayern auszugeben. Bei der Projektentwicklung soll der Förderbetrag, soweit möglich, in Bayern ausgegeben werden. Bei internationalen Produktionen muss ein erheblicher Teil der Produktion und mindestens die Hälfte der Drehtage in Bayern stattfinden, wobei unter Umständen der virtuelle Dreh/ VFX in Bayern ausreicht.[758] In den Förderrichtlinien sind weitere Voraussetzungen aufgeführt.

5. *Art der Förderung und Rechtsmittel*

Je nach Förderprogramm handelt es sich um bedingt rückzahlbare zinslose oder verzinsliche Darlehen oder Zuschüsse. Die Filmförderung wird in sämtlichen

758 Vgl. FFF Bayern Leitlinien Internationale Koproduktionen, S. 1.

Förderprogrammen von Drehbuch und Projektentwicklung, Herstellung (auch von Erstlingsfilmen und internationalen Koproduktionen) und Verleih als bedingt rückzahlbares Darlehen gewährt. Bei der Drehbuch-, Treatment- und Projektentwicklungsförderung sind die Darlehen zinslos, bei der Herstellungsförderung von Kino- und Fernsehfilmen verzinslich. Die Zuschüsse werden dagegen z.B. bei der Förderung von Abschlussfilmen im Rahmen der Nachwuchsförderung, VFX-Förderung, Kinoförderung in Form von Investitionszuschüssen, Programmprämien oder Zuschüssen für Zusatzkopien vergeben.

Es gibt zwei Vergabeausschüsse: den FFF-Vergabeausschuss und den Vergabeausschuss Gamesförderung sowie den Unterausschuss Internationale Produktionen. Die Vergabe der Fördermittel erfolgt zweistufig. Die Vergabegremien beraten über die eingereichten Anträge und sprechen Förderempfehlungen aus. Der FFF-Vergabeausschuss ist neben dem Geschäftsführer des FFF Bayern und Vertretern zweier Ministerien, der Landesmedienanstalt sowie den beteiligten Gesellschafterrundfunkunternehmen mit externen Experten aus der Filmwirtschaft besetzt. Der Vergabeausschuss Gamesförderung ist neben dem Geschäftsführer des FFF Bayern, einem Vertreter eines Ministeriums und der Landesmedienanstalt mit Experten aus der Praxis besetzt. Über die Förderung entscheidet sodann die LfA Förderbank Bayern[759], die auch die Mittelvergabe abwickelt und mit den Begünstigten entsprechende Darlehens- oder Zuschussverträge abschließt.[760] Bei manchen Förderprogrammen entscheidet die Geschäftsführung, so z.B. bei der Kinoinvestitionsförderung oder der Förderung der Kosten von Zusatzkopien.

Die Beihilfeintensität darf grundsätzlich 50% nicht überschreiten, bei internationalen Koproduktionen 60%, ausgenommen sind schwierige Werke. Für die einzelnen Förderprogramme sind jeweils Förderhöchstgrenzen vorgesehen, entweder als Höchstbeträge und/oder als Anteil an den jeweils entscheidenden Kosten, so z.B. für die Herstellungsförderung von Kinofilmen 30% der Herstellungskosten, maximal € 2 Mio., bei Fernsehfilmen 30%, maximal € 600.000. In den Förderrichtlinien sind ferner Regelungen für die Rückzahlungen der Darlehen enthalten. Es besteht die Möglichkeit, die rückgezahlten Mittel für ein neues Darlehen für Stoff- und Projektentwicklung oder Produktion zu beantragen, Erfolgsdarlehen genannt.

---

759 Bayerische Landesanstalt für Aufbaufinanzierung, kurz LfA, Kreditinstitut des Landes Bayern in Form einer Anstalt des öffentlichen Rechts.

760 Vgl. FFF Bayern Vergaberichtlinien, S. 15f., Ziff. 8.

Hinsichtlich von Rechtsmitteln gilt das Gleiche wie bei der Filmstiftung Gesagte. Die FFF Bayern Förderrichtlinien stellen explizit klar, dass ein Anspruch auf Förderung ausgeschlossen ist.

III. Berlin und Brandenburg

Die Medienboard Berlin-Brandenburg GmbH (im Folgenden Medienboard), von den beiden Ländern Berlin und Brandenburg als gemeinsame Filmfördereinrichtung 2004 errichtet, ist die drittgrößte Länderfilmfördereinrichtung. Die Region Berlin-Brandenburg ist in den letzten Jahren zu einem attraktiven Filmproduktionsstandort geworden. Hier sind die Filmstudios Studio Babelsberg, Studio Adlershof, Parkstudios und Berliner Union-Film ansässig. 2013 wurden so viele internationale Koproduktionen mit Hollywood-Studios wie nie zuvor in Babelsberg realisiert.[761] Der Anteil der Förderzusagen vom Medienboard für internationale Koproduktionen der gesamten Förderzusagen betrug 2014 33% (38 Zusagen).[762] Mit über 300 Filmen pro Jahr ist die Hauptstadtregion zum „Filmstandort Nr. 1" geworden.[763] 2014 gab es 4.000 Drehtage in der Region, allein 2.000 für vom Medienboard geförderte Produktionen.[764] Die Filmwirtschaft ist ein wichtiger Faktor der Gesamtwirtschaft: konnten 2013 fast 1900 Filmunternehmen einen Jahresumsatz von knapp € 900 Mio. vorweisen, war es 2015 ein Jahresumsatz von über € 1 Mrd. von 1700 Unternehmen. Hinzu kommen die TV- und Games-Branche und Web/ Mobile-Branche (2.200 TV-Unternehmen mit einem Jahresumsatz von € 1 Mrd., 1.500 Games-Unternehmen mit € 1,2 Mrd. Jahresumsatz, knapp 6.300 Digitalunternehmen mit € 4,2 Mrd. Jahresumsatz in 2015).[765] Das Medienboard hat seine Tätigkeitsbereiche in Filmförderung und Standortentwicklung und -förderung unterteilt. Dem Medienboard ist der Creative Europe Desk Berlin-Brandenburg zugehörig.

1. Rechtsnatur und Rechtsgrundlagen

Das Medienboard ist eine Gesellschaft mit beschränkter Haftung. Gesellschafter sind hälftig die Investitionsbank Berlin IBB und die Investitionsbank des Landes Brandenburg ILB. Die Investitionsbanken sind jeweils Anstalten des öffentlichen

761 Vgl. Studie Film- und Fernsehproduktion in Berlin-Brandenburg 2014, S. 5.

762 Vgl. Medienboard Tätigkeitsbericht 2014, S. 73.

763 Vgl. Medienindex Berlin-Brandenburg 2017, S. 17.

764 Vgl. Medienboard Tätigkeitsbericht 2014, S. 67.

765 Diese Zahlen stammen aus dem Medienindex Berlin-Brandenburg 2015, S. 9ff. und 2017, S. 16ff.

Rechts der beiden Bundesländer zur Wirtschaftsförderung.[766] Organe des Medienboards sind die Geschäftsführung, der Aufsichtsrat und die Gesellschafter. Unternehmenszweck ist die Förderung der Entwicklung der Medienregion.

Ziele sind die Stärkung und Sicherung der medienwirtschaftlichen und filmkulturellen Infrastruktur unter künstlerischen, wirtschaftlichen und technischen Gesichtspunkten.[767] Diese sollen mit den Fördertätigkeiten der beiden Geschäftsbereiche Filmförderung und Standortentwicklung realisiert werden. Der Geschäftsbereich Filmförderung fördert Film- und Fernsehproduktionen sowie serielle Formate, bietet Beratung in Filmfinanzierungsfragen, unterstützt die Weiterbildung der Filmschaffenden. Der Geschäftsbereich Standortentwicklung fördert medienbezogene Projekte und die Entwicklung von Games, Web und Mobile, bewirbt die Region als Film- und Medienstandort, wirkt als Networker und Informationsanlaufstelle. Die Standortprofilierung nimmt neben der Filmförderung selbst eine Hauptaufgabe ein. Zu den Tätigkeitsgebieten des Medienboards gehört die Berlin Brandenburg Film Commission (bbfc) für Informationen und Hilfestellungen rund um praktische Fragen des Filmdrehs in Berlin und Brandenburg.

Für die Förderung sind maßgebliche Rechtsgrundlagen die Förderrichtlinie, diverse Merkblätter zu den einzelnen Programmen, ergänzend das FFG und dessen Zusatzrichtlinien, die Förderzusage und ein zwischen dem Medienboard und dem Geförderten geschlossener Fördervertrag.

2. *Finanzierung und Fördermittel*

Der Etat des Medienboards lässt sich für das Jahr 2014 aufschlüsseln in € 22,6 Mio. Ländermittel und € 8 Mio. Mittel von Rundfunkunternehmen (ProSiebenSat.1, ZDF, RBB, ARD Degeto, RTL Television). Standortmaßnahmen, Geschäftsbetrieb und sonstige Erträge ergänzten die Mittel zudem um weitere € 3,4 Mio. auf insgesamt € 34 Mio.

Von dem Gesamtetat standen für die Förderung 2014 € 30,6 Mio. zur Verfügung, davon € 25,9 Mio. für Filmförderung, € 4,7 Mio. für Standortförderung und digitale Inhalte.[768] Die restlichen Mittel des Etats in Höhe von € 3,4 Mio. sind für eigene Maßnahmen, Standortmarketing, Personal und Geschäftsbetrieb aufgewendet worden. Im Jahr 2014 sind für die Entwicklungsförderung Gelder

766 Träger der ILB ist das Land Berlin, Anteilseigner sind hälftig das Land Brandenburg und die NRW.Bank.

767 Vgl. Medienboard Tätigkeitsbericht 2014, S. 17.

768 Vgl. Medienboard Tätigkeitsbericht 2014, S. 19.

in Höhe von € 1,3 Mio. und für die Produktionsförderung € 22,2 Mio. vergeben worden. Innerhalb der Produktionsförderung entfiel der Hauptteil der Fördermittel auf abendfüllende Spielfilme. Von den insgesamt in 2014 vom Medienboard geförderten 254 Projekten im Bereich Filmförderung sind 103 abendfüllende Spielfilme gewesen. Insgesamt € 8,5 Mio. der vergebenen Produktionsfördermittel sind an 38 internationale Projekte geflossen. Familien- und Kinderfilme sind mit € 1,2 Mio. gefördert worden. Die Fördermittel für Verleih- und Vertrieb haben sich 2014 auf € 1,9 Mio. summiert.[769] Insgesamt sind mit dem Förderetat 344 Projekte unterstützt worden. Die Finanzmittel der Rundfunkunternehmen werden spezifisch für bestimmte Förderkategorien eingesetzt, sie bilden zwar einen Teil der gesamten Finanzmittel, sind für die Förderung aber zweckgebunden. So sollen die Mittel von RTL z.B. vorrangig für publikumsattraktive Kino-Koproduktionen und TV-Eventfilme eingesetzt werden. 2014 sind mit den Geldern der ARD Degeto fünf Projekte von Kino- und Fernsehfilmen mitgefördert worden, mit denen des ZDF 12 Kinofilme und vier Verleihförderungen unterstützt, von ProSiebenSat.1 12 Kinofilme und TV-Eventmovies mitgefördert, von RBB 26 Filmprojekte mit starkem regionalen Bezug mitgefördert und von RTL zwei Kino- und TV-Filme gefördert worden.[770] Für das neue Förderprogramm serielle Formate standen für 2015 und 2016 ein Budget in Höhe von € 4 Mio. zur Verfügung.

Das Gemeinschaftsprogramm Deutsch-Polnischer Filmfonds von Medienboard, Mitteldeutscher Medienförderung (MDM) und Polnischem Filminstitut ist jährlich regelmäßig mit Mitteln in Höhe von € 300.000 ausgestattet. Ab 2016 verfügt wird der Deutsch-Polnische Filmfonds über ein verdoppeltes Budget.

3. *Förderprogramme*

Die Förderprogramme des Medienboards werden im Folgenden einheitlich für die beiden Geschäftsbereiche Filmförderung und Standortentwicklung aufgeführt. Die Förderung deckt sämtliche Phasen der Filmherstellung ab. Die Entwicklungsförderung umfasst Stoffentwicklung, Projektentwicklung und Paketförderung. Die Produktionsförderung umfasst Spielfilme, Dokumentarfilme, Familien- und Kinderfilme sowie Animationsfilme, Kurzfilme, TV-Eventfilme, Abschlussfilme und Nachwuchsfilme (Erst- und Zweitfilm eines Produzenten), einschließlich internationalen Koproduktionen. Neu

769 Vgl. Medienboard Tätigkeitsbericht 2014, S. 82.
770 Vgl. Medienboard Tätigkeitsbericht 2014, S. 87.

hinzugekommen ist die TV-Pilotförderung. Diese neue Förderkategorie serielle Formate hat das Medienboard im April 2013 eingerichtet. Zunächst war das Programm auf zwei Jahre begrenzt und als TV-Pilotförderung ausgestaltet, insbesondere für Konzeptentwicklung und Herstellung von Pilotfolgen (d.h. Erstfolge einer Serie) einschließlich aller Genres (Webserien, Factual und Entertainment). Nach der Testphase mit Beginn des Jahres 2015 wird das Förderprogramm als Teil des gesamten Förderangebots weitergeführt. Gefördert wird die Entwicklung und Produktion von seriellen Formaten unabhängig von der geplanten Verbreitungsart (linear/ non-linear). Je nach Format erfolgt die Betreuung durch den Bereich Filmförderung (Serial Drama) oder Standortmarketing (Factual und Entertainment). Hinzu kommt die Verleih- und Vertriebsförderung und Förderung für nationale und internationale Festivalpräsentationen. Mit einem Sonderprogramm wird die Produktion von Experimentalfilmen, also experimentellen künstlerischen Filmen, gefördert.

Ferner gibt es diverse weitere Förderungen und Tätigkeiten des Medienboards. Sie reichen von finanzieller Unterstützung für Kinderprojekte jeglicher Art (Filme, Games, Apps, Kinderkinoprojekte, Kinderfilmfeste etc.) über finanzielle Hilfen für innovative audiovisuelle Inhalte, für Kinos, für Festivals und Märkte, für Preise und Wettbewerbe zur Förderung des Nachwuchses und zur Professionalisierung.

Neben der Produktionsförderung von Abschlussfilmen und Nachwuchsfilmen gibt es zusammen mit dem RBB sowie der Deutschen Film- und Fernsehakademie Berlin und der Filmuniversität Babelsberg Konrad Wolf das Förderprogramm „Leuchtstoff-Hochschulfilme“ für die Herstellung von Abschlussfilmen. Unter dem Label Leuchtstoff unterstützt der RBB zusammen mit dem Medienboard Filmprojekte aus und in der Region von Dokumentar- und Spielfilmen in der Projektentwicklung und Produktion.

Zur Kinoförderung zählt die Vergabe des Kinoprogrammpreises an regional ansässige Kinos für besondere Kinoprogrammgestaltung und die Förderung von innovativem Kinomarketing. Die Förderung zur Umstellung auf digitale Technik läuft zwar Ende 2015 aus, in Einzelfällen unterstützt das Medienboard aber weiterhin eine Umstellung. Die Kinoförderung in Form von Programmauszeichnungen ist für 2015 um 60% auf € 430.000 erhöht worden um die Kinos in Berlin-Brandenburg stärker zu unterstützen.

Zudem bietet das Medienboard medienkulturelle Veranstaltungen, Konferenzen, Events und Präsentationen an, z.B. die internationale Medienfachkonferenz Media Convention. Die Berlinale und der Deutsche Filmpreis sind zwei weitere Veranstaltungen der Region, die im Rahmen der Standortentwicklung und des

Standortmarketing gefördert werden; an der Berlinale beteiligt sich das Medienboard als Veranstalter und Förderer verschiedener Events.

Das Medienboard bietet darüber hinaus verschiedene sog. Artist-in-Residence-Förderungen im Rahmen der internationalen Kooperation mit anderen Ländern an.[771] Sie sind in Form von Stipendien und ermöglichen es, einem deutschen ausgewählten Filmemacher aus der Hauptstadtregion für ein Projekt mehrere Monate in das Partnerland zu gehen und im Austausch einem ausländischen Filmemacher für ein Projekt nach Berlin-Brandenburg zu kommen.

Der Deutsch-Französische Förderfonds wurde bereits im obigen Kapitel der Förderprogramme der Filmstiftung beschrieben. Weitere Förderungen für länderübergreifende Kooperationen sind der Deutsch-Polnische Filmfonds sowie der Deutsch-Türkische Co-Production Development Fonds. Der Deutsch-Polnische Filmfonds besteht in Gemeinschaft mit der Mitteldeutschen Medienförderung (MDM) und dem Polnischen Filminstitut sowie seit 2017 auch mit der FFA. Er fördert die Zusammenarbeit von Produzenten aus Berlin-Brandenburg und Mitteldeutschland und Polen hauptsächlich bei der Entwicklung von Projekten, in geringem Ausmaß auch bei der Produktion. Ab 2016 wird aufgrund einer Verdoppelung der Mittel vermehrt die Produktion von Spiel- und Dokumentarfilmen unterstützt.

4. *Fördervoraussetzungen und -bedingungen*

Antragsberechtigt sind Produzenten mit Sitz in Berlin-Brandenburg, in Ausnahmefällen auch andere Produzenten, deren Projekt im besonderen medienkulturellen oder medienwirtschaftlichen Interesse von Berlin-Brandenburg liegt. Das Projekt darf bei Antragstellung noch nicht begonnen worden sein. Für die meisten Förderprogramme gibt es jährlich fünf Antragsfristen. Mindestens die Fördersumme muss als Regionalausgaben getätigt werden. Die Fördermittel können mit anderen nationalen oder internationalen Fördergeldern kumuliert werden. Grundsätzlich werden maximal 50% der Herstellungskosten gefördert. Für die einzelnen Förderprogramme sind teilweise weitere Höchstgrenzen der Förderung vorgesehen. So dürfen die kumulierten öffentlichen Fördermittel für Fernsehprojekte maximal 30% des deutschen Herstellungskostenanteils betragen. Die Förderrichtlinie setzt ebenfalls für Fernsehprojekte bestimmte Regionalausgaben in Berlin-Brandenburg voraus, nämlich mindestens der Förderbetrag. Es

771 Eine Artist-in-Residence-Förderung besteht für Tel Aviv, Hong-Kong, Paris und Guanajuato/Mexiko.

steht den Geförderten frei, 20% der Herstellungskosten in einem anderen EU-Mitgliedstaat auszugeben.

5. *Art der Förderung und Rechtsmittel*

Grundsätzlich erfolgt die Förderung als bedingt rückzahlbares Darlehen. Die Rückzahlung hängt vom wirtschaftlichen Erfolg des Films ab. Teilweise werden auch Zuschüsse gewährt, z.B. bei Experimentalfilmen oder Abschlussfilmen. Das Artist-in-Residence-Programm erfolgt in Form von Stipendien. Es besteht die Möglichkeit zurückgezahlte Fördermittel erneut als sog. Erfolgsdarlehen für ein neues Projekt zu beantragen. Ein internes Gremium entscheidet über die Förderung. Das Medienboard hat keinen Vergabeausschuss, der mit externen Fachleuten oder Vertretern der Gesellschafter besetzt ist. Hinsichtlich von Rechtsmitteln gilt das Gleiche wie bei der Filmstiftung Gesagte. In der Medienboard Förderrichtlinie erfolgt ausdrücklich die Klarstellung, dass ein Rechtsanspruch nicht besteht.

IV. Hamburg und Schleswig-Holstein

Die Bundesländer Hamburg und Schleswig-Holstein haben im Jahr 2007 gemeinsam die Filmfördereinrichtung Filmförderung Hamburg/Schleswig-Holstein GmbH (im Folgenden FFHSH) gegründet. Es ist ein Zusammenschluss der Einrichtungen Filmförderung Hamburg, Gesellschaft zur Förderung audiovisueller Werke in Schleswig-Holstein mbH und Kulturelle Filmförderung Schleswig-Holstein e.V. Die Filmförderung Hamburg bestand seit 1995, Vorläufer einer Filmförderung in Hamburg gab es allerdings bereits seit Ende der 1970er/ Anfang der 1980er Jahre. Die Kulturelle Filmförderung Schleswig-Holstein e.V. gab es seit 1989. Zu ihr gehörte die Filmwerkstatt Kiel als produktionsnahe Fördereinrichtung zur Unterstützung des kulturellen Filmschaffens und Aufbau der filmwirtschaftlichen Infrastruktur. Die Gesellschaft zur Förderung audiovisueller Werke in Schleswig-Holstein mbH bestand seit 1993.[772] Der Zusammenschluss der Einrichtungen sollte durch Bündelung der Kompetenzen die Förderung der Filmwirtschaft der beiden Bundesländer optimieren. Die Filmwerkstatt Kiel besteht heute als Teil der FFHSH fort. Im Jahr 2015 konnten in Hamburg und Schleswig-Holstein 2314 Drehtage verzeichnet werden, davon 469 Drehtage für von der FFHSH geförderte Projekte.[773]

---

772 Vgl. www.ffhsh.de/de/ueber_die_filmfoerderung/kiel.php, Stand 18.03.2020.
773 Vgl. FFHSH Jahresbericht 2015, S. 4.

Eine weitere Kooperation ist die Medienstiftung der Länder Hamburg und Schleswig-Holstein, die ebenfalls seit 2007 eingerichtet wurde und der Unterstützung von Aus- und Fortbildung von jungen Menschen im Medienbereich dient. Die Landesregierung Schleswig-Holsteins vergibt als kulturelle Filmförderung seit 2009 zudem einen Kinopreis für herausragende Programmgestaltungen von Kinos im Bundesland. Der Preis steht gewerblichen und nicht-gewerblichen Kinos offen, die kulturell besonders vielfältige Angebote oder schwerpunktmäßig deutsche und europäische Filme vorführen.[774]

Im Folgenden wird die FFHSH vorgestellt.

1. Rechtsnatur und Rechtsgrundlagen

Die Filmförderung Hamburg Schleswig-Holstein ist eine private Gesellschaft mit beschränkter Haftung. Gesellschafter sind die Länder Hamburg (74,8%) und Schleswig-Holstein (25,2%). Tochterfirmen der FFHSH sind der Creative Europe Desk Hamburg sowie das Filmfest Hamburg. Die Filmwerkstatt Kiel gehört zwar strukturell zur FFHSH, agiert bei der Förderung aber unabhängig. Die Fördereinrichtung hat ebenfalls zwei Film Commissions in Hamburg und Kiel für Drehortberatung und Service rund um die Produktion eingerichtet. Ziel der FFHSH ist die Stärkung des Film- und Medienstandortes Hamburg Schleswig-Holstein. Filmkultur und Filmwirtschaft sollen in den zwei Bundesländern entwickelt und gestärkt werden, insbesondere durch die Förderung sämtlicher Phasen einer Filmherstellung und Auswertung. Die Filmwerkstatt Kiel hat zum Ziel, vor allem die filmwirtschaftliche Infrastruktur zu verbessern sowie den Nachwuchs und Quereinsteiger zu fördern.[775]

Im Medienstaatsvertrag der Länder Hamburg und Schleswig-Holstein finden sich in § 55 Regelungen über die Mittelzuweisung aus den Rundfunkbeiträgen zur Förderung durch die FFHSH und Filmwerkstatt Kiel. Die Förderung wird auf der Rechtsgrundlage der FFHSH Richtlinien Filmförderung, den Regelungen in den Merkblättern zu den einzelnen Förderprogrammen und den Förderrichtlinien der Filmwerkstatt Kiel gewährt.

---

774 Vergeben werden die Preise vom Ministerium für Justiz, Kultur und Europa mit einer Gesamtfördersumme von € 27.500 für 2016. Vgl. www.schleswig-holstein.de/DE/Fachinhalte/L/landLeute/kultur/filmMedien.html#doc1799056bodyText8, Stand 18.03.2020.

775 Vgl. www.ffhsh.de/de/ueber_die_filmfoerderung/kiel.php, Stand 18.03.2020.

2. *Finanzierung und Fördermittel*

Der Einrichtung standen im Jahr 2015 € 15,6 Mio. Finanzmittel zur Verfügung. Davon waren € 8,22 Mio. vom Land Hamburg, jeweils € 1 Mio. von NDR und ZDF, € 2,5 Mio. aus dem vom Gesetzgeber festgelegten Anteil von den Rundfunkbeiträgen (davon € 0,3 Mio. für die Filmwerkstatt Kiel und € 0,45 Mio. zweckgebunden für die Förderung von Auftragsproduktionen und Koproduktionen des NDR[776]), € 2,69 Mio. aus Rückflüssen und € 0,2 Mio. vom Land Schleswig-Holstein. Die Zuwendungen vom Land Schleswig-Holstein sind zweckgebunden für die Filmwerkstatt Kiel gewesen. Die Rückflüsse standen für die folgenden Jahre als Referenzmittel zur Förderung zur Verfügung.[777]

Die Finanzmittel sind für die Förderung und die eigenen Betriebskosten aufgewendet worden. Im Jahr 2015 stand für die Förderung ein Betrag von € 14,908 Mio. zur Verfügung. Der Großteil der Fördermittel fließt in der Regel in die Produktionsförderung von Kinofilmen, 2015 ein Betrag von € 10,336 Mio. Weitere Beträge von € 2 Mio. aus dem Förderbudget 2015 sind für die Produktionsförderung von TV-Produktionen und von € 0,845 Mio. für Verleih- und Vertriebsförderung gewesen. Die Fördermittel der Filmwerkstatt Kiel waren 2015 € 0,3 Mio. Der Rest der Mittel verteilte sich auf die Projektentwicklung und Drehbuchförderung, Kinoförderung, Nachwuchsförderung und sonstige Fördermittel.

3. *Förderprogramme*

Förderprogramme bestehen bei der FFHSH für die Bereiche Projektentwicklung, Drehbuch, Produktion von Kinospielfilmen, Dokumentarfilmen, Fernsehprojekten, Kurzfilmen, Verleih- und Vertrieb, Abspiel und Filmpräsentation für Kinos. Die Produktionsförderung von Kinofilmen erfasst alle Genres und Längen. Darüber hinaus bietet die FFHSH eine Slate-Förderung zur Entwicklung mehrerer Kino- oder Fernsehprojekte an, sog. Incentive Funding-Programm. Zudem gibt es die Möglichkeit einer Förderung für Sondermaßnahmen, wie Postproduktionsmaßnahmen oder Materialsicherung für den Fall unvorhergesehener Ereignisse bei aktuellen Projekten. Die FFHSH ist darüber hinaus aktiv tätig mit Veranstaltungen u.a. zur Nachhaltigkeit von Dreharbeiten (Projekt Grüner Drehpass), Vermarktung von Drehorten zusammen mit der Hamburg Tourismus GmbH, Vernetzung zwischen Buchverlagen und norddeutschen

776 Vgl. www.ffhsh.de/de/ueber_die_filmfoerderung/hamburg_schleswig_holstein.php#struktur, Stand 18.03.2020.

777 Vgl. FFHSH Jahresbericht 2015, S. 10.

Produzenten und einem Drehbuchwettbewerb für Nachwuchsautoren sowie anderen Fortbildungs- und Vernetzungsveranstaltungen.

Die Filmwerkstatt Kiel bietet Förderprogramme für Projektentwicklung, Produktion, Equipment/ Geräteverleih und Präsentation sowie Festivalförderung. Gefördert werden Spielfilme, Dokumentationen und Kurzfilme. Die Filmwerkstatt Kiel bietet darüber hinaus Networking, inhaltliche Beratung und Aus- und Fortbildungsangebote für Filmschaffende z.B. Fachveranstaltungen und Workshops zu Fachkenntnissen und Filmumsetzungsfragen, wie Finanzierung, an.

Zusammen mit der Fördereinrichtung von Niedersachsen und Bremen nordmedia und dem NDR wurde das Förderprogramm Nordlichter als Produktionsförderung für Nachwuchsfilmemacher für Fernsehprojekte eingerichtet. Pro Jahr werden bis zu vier Nachwuchsfilme mit jeweils bis zu € 300.000 pro Kooperationspartner unterstützt. Die FFHSH ist zudem am Deutsch-Türkischen Co-Development Fonds und der German Danish Coproduction Development Initiative beteiligt. Der Deutsch-Türkische Co-Development Fonds fördert die Zusammenarbeit von Filmemachern in den Entwicklungsphasen eines Projekts, die German Danish Coproduction Development Initiative fördert bis zu drei fiktionale Langfilme deutscher Produzenten aus Hamburg oder Schleswig-Holstein in Koproduktion mit dänischen Produzenten.[778]

Die FFHSH vergibt ferner jährlich den Norddeutschen Filmpreis.

4. *Fördervoraussetzungen und -bedingungen*

Die Antragsteller haben einen Eigenanteil an den Finanzierungskosten nachzuweisen, der in der Regel 5% der Herstellungskosten nicht unterschreiten darf. Wer antragsberechtigt ist, richtet sich nach dem jeweiligen Förderprogramm. Für die Produktionsförderung von Kinofilmen sind z.B. die Produzenten, bei Budgets unterhalb € 800.000 zusätzlich die Regisseure antragsberechtigt. Die Regelungen in den Merkblättern der einzelnen Förderprogramme listen verschiedene formelle und materielle Voraussetzungen auf. Eine Voraussetzung einer Förderung ist u.a. neben inhaltlicher Qualität ein umfassender Hamburg- oder Schleswig-Holstein-Bezug. Dieser muss bei den Anträgen durch die geplante Anzahl der Drehtage in den beiden Bundesländern und die Regional-Effekte nachgewiesen werden. Regionalausgaben müssen mindestens in Höhe von 150% der Fördersumme getätigt werden. Produktionsförderung über einen Betrag von € 800.000 setzt eine wirtschaftliche Erfolgserwartung bei der Kinoauswertung oder eine

778 Vgl. FFHSH Jahresbericht 2015.

besondere kulturelle Bedeutung für mindestens eines der beiden Bundesländer voraus.

Die Förderzusagen erfolgen schriftlich und enthalten Bedingungen. Die Rückzahlungsmodalitäten der Fördermittel sind in den Förderrichtlinien der FFHSH und Filmwerkstatt Kiel sowie Merkblättern der FFHSH der einzelnen Förderprogramme und den Förderverträgen geregelt.

5. *Art der Förderung und Rechtsmittel*

Die Fördermittel werden in der Regel als erfolgsbedingt rückzahlbare, zinslose Darlehen gewährt und regelmäßig in Raten, abhängig von den Stadien des Herstellungsprozesses, ausgezahlt. Bei fast jedem Förderprogramm sind Förderhöchstgrenzen vorgesehen (Ausnahme Sondermaßnahme Postproduktion), die je nach Förderprogramm variieren und entweder als maximale Höchstsummen festgelegt sind oder als Prozentbetrag an den kalkulierten Gesamtkosten des Projekts festgemacht werden. Bei der Kinofilmproduktionsförderung werden maximal 50% der Herstellungskosten als Förderung gewährt. Für Low-Budget-Filme, Kurzfilme, Nachwuchsprojekte und Erst- und Zweitkinofilme, Dokumentarfilme, Kinderfilme sowie sonstige kommerziell schwierige Werke oder bestimmte Koproduktionen können die Fördermittel in Ausnahmefällen 80% der Herstellungskosten betragen. Bei Fernsehprojekten liegt die Grenze bei 30% der Herstellungskosten und im Fall der Förderung im Rahmen des Programms Nordlichter bei 33%. Zurückgezahlte Fördermittel können als Referenzfördermittel für zukünftige Projekte innerhalb von vier Jahren erneut beantragt werden. Für Filme, die im besonderen filmkulturellen oder filmwirtschaftlichen Interesse Hamburgs oder Schleswig-Holsteins liegen, kann die Förderung als Zuschuss in Form einer geringfügigen Beihilfe nach der De-minimis-Verordnung gewährt werden. Im Einzelfall kann auch eine Förderung in Form einer Ad-hoc Beihilfe nach der Allgemeinen Gruppenfreistellungsverordnung (AGVO) vergeben werden.[779] In diesen Fällen sind die entsprechenden besonderen Anforderungen an eine Beihilfe zu beachten. Die Mittel, die als NDR-Auftrags- oder Koproduktionen vergeben werden, werden in Form von Zuschüssen gewährt.

Über die Filmförderung entscheiden zwei verschiedene Gremien je nach Budget des Projekts über oder unterhalb von € 800.000. Sie sind neben der Geschäftsführerin mit Experten aus der Filmwirtschaft und Rundfunkanstalten

---

779 Vgl. FFHSH Richtlinien Filmförderung, S. 9; Förderrichtlinien der Filmwerkstatt Kiel, S. 2.

und beim zweiten Gremium zusätzlich mit dem Leiter der Filmwerkstatt Kiel besetzt. Bei der Filmwerkstatt Kiel entscheidet ein eigener Förderbeirat, der mit dem Leiter der Filmwerkstatt und zwei Experten besetzt ist, über die Förderung. In einigen bestimmten Fällen entscheidet die Geschäftsführung über die Förderung, so über Anträge für Incentive Funding sowie ebenfalls im Fall eines Antrags auf Referenzfördermittel für zurückgezahlte Fördermittel und ferner bei der Sondermaßnahme einer Materialsicherung.

Hinsichtlich der Rechtsmittel gilt das Gleiche wie das bei der Filmstiftung Gesagte. In den Regelungen des Merkblatts zur Kinoproduktionsförderung und den Förderrichtlinien der Filmwerkstatt Kiel wird ausdrücklich darauf hingewiesen, dass ein Anspruch auf Förderung nicht besteht.[780]

V. Sachsen, Sachsen-Anhalt und Thüringen

Die Bundesländer Sachsen-Anhalt, Sachsen und Thüringen haben zusammen die Filmfördereinrichtung Mitteldeutsche Medienförderung GmbH (kurz MDM) eingerichtet. Sie besteht seit 1998 und unterstützt Film- und Medienproduktionen in der Vorbereitung, Herstellung, Verbreitung und Präsentation. Es werden deutsche und internationale Koproduktionen gefördert. Ein traditioneller Schwerpunkt der Förderung liegt auf Kinderfilmen. Wie die anderen Einrichtungen hat auch die MDM eine Film Commission zur Unterstützung von Dreharbeiten in den drei Bundesländern eingerichtet. Des Weiteren bewirbt die MDM den Standort Mitteldeutschland für Medien- und Filmproduktionen. Im Jahr 2015 sind 123 Film- und Medienprojekte gefördert worden.

Neben der MDM gibt es in den drei Bundesländern jeweils auch eine kulturelle (Film-)Förderung durch verschiedene Einrichtungen. In Sachsen besteht die Kulturstiftung des Freistaats Sachsen, in Sachsen-Anhalt die Kulturförderung Sachsen-Anhalt und Kunststiftung des Landes Sachsen-Anhalt und in Thüringen die Kulturelle Filmförderung des Freistaats Thüringen sowie Kulturstiftung des Freistaats Thüringen. Daneben besteht in Sachsen der Filmverband Sachsen e.V. als Interessensvertretung der Film- und Fernsehschaffenden in dem Bundesland.

Im Folgenden soll der Fokus auf der MDM als Filmfördereinrichtung mit finanzieller Filmförderung liegen.

780 Vgl. FFHSH Merkblatt Produktion Kino, S. 1.

1. *Rechtsnatur und Rechtsgrundlagen*

Die MDM ist als privatrechtliche Gesellschaft mit beschränkter Haftung ausgestaltet. Gesellschafter sind die Bundesländer Sachsen (30%), Sachsen-Anhalt (20%) und Thüringen (20%) sowie die Rundfunkanstalten MDR (20%) und ZDF (10%), die beide im Gründungsjahr als weitere Gesellschafter beigetreten sind. Sitz der Einrichtung ist Leipzig. Der MDM hat einen Vergabeausschuss mit 11 Mitgliedern. Die Mitglieder sind Vertreter der Gesellschafter, der Landesmedienanstalt Sachsen und dem Förderverein für Jugend und Sozialarbeit e.V. Ziel der Förderung ist vor allem die Stärkung der Filmkulturwirtschaft ebenso wie der Fernsehkultur- und Medienkulturwirtschaft in den drei Bundesländern. Daneben sollen zudem die Leistungsfähigkeit von Unternehmen im Film- und Mediensektor gestärkt und die Qualität und Wettbewerbsfähigkeit von Film- und Medienproduktionen erhöht werden, die Branchenansiedlung gesteigert werden, die Wirtschaftskraft verbessert werden, Ausbildung und Beschäftigung gesichert werden, die Ausprägung kultureller Identität unterstützt werden sowie die Region national und international präsentiert werden.[781] Die Förderung erfolgt auf Grundlage der Förderrichtlinie, wonach eine Förderung derzeit bis längstens 30.06.2021[782] zulässig ist, sowie der MDM-TV-Leitlinie und weiteren Merkblättern der einzelnen Programme.

2. *Finanzierung und Fördermittel*

Das Budget der MDM zur Filmförderung im Jahr 2015 betrug € 14,85 Mio. Die Mittel setzten sich zusammen aus Zahlungen der Gesellschafter sowie Rückzahlungen. Der Freistaat Sachsen hatte Mittel in Höhe von rund € 5 Mio. gestellt, das Land Sachsen-Anhalt sowie der Freistaat Thüringen hatten jeweils € 2,8 Mio., der MDR Mittel in Höhe von € 2,76 Mio. und das ZDF € 1,4 Mio. gestellt.[783]

Der überwiegende Anteil der Fördermittel von € 10,8 Mio. ist in die Produktionsförderung geflossen.[784] Der Deutsch-Niederländische Co-Development Fonds verfügt über ein jährliches Budget von € 100.000. Für das Förderprogramm Kinoprogrammpreis stand 2016 eine Summe von € 79.500 zur Verfügung.

---

781 Laut Zielen in der MDM Förderrichtlinie, S. 1.

782 Vgl. MDM Förderrichtlinie, S. 10.

783 Vgl. MDM Jahresrückblick 2015, S. 5.

784 Vgl. MDM Jahresrückblick 2015, S. 4.

3. *Förderprogramme*

Die MDM fördert alle Herstellungsphasen einer Film-, Fernseh- und Videoproduktion und einer anderweitigen audiovisuellen Medienproduktion. Konkret gibt es Förderprogramme für Stoffentwicklung/ Drehbuchförderung, Projektentwicklung, Paketförderung, Produktion von Kinospielfilmen, Dokumentarfilmen und high-end TV-Eventfilmen und -dokumentationen sowie fiktionale TV-Serien und Animations-Serien, ferner für Verleih und Vertrieb, Abspiel, Präsentation und sonstige Vorhaben. Für die Produktionsförderung von Dokumentarfilmen, Animationsfilmen, Kinderfilmen, Nachwuchsfilmen und Low-Budget-Produktionen gelten erleichterte Förderbedingungen. Nachwuchsförderung findet bei Drehbuch, Projektentwicklung und Produktion von Langfilmen sowie Kurzfilmen bei Erst-, Zweit- oder Drittfilmen eines Autors oder Regisseurs statt, als Ausnahme auch für Abschlussfilme, sowie Projekte von Produktionsunternehmen, die nicht älter als drei Jahre sind und berufsbeginnend sind. Sonstige audiovisuelle Medienprojekte werden in der Entwicklung und Produktion gefördert. Verleih und Vertrieb werden nur bei Produktionen gefördert, die bereits in der Produktion von der MDM gefördert wurden oder die in einem besonderen kulturellen oder wirtschaftlichen Interesse der Länder liegen. Im Rahmen des Abspiels und der Präsentation werden Film- und Medienfestivals sowie Filmmärkte, Veranstaltungen, Messen und Konferenzen gefördert sowie Kinoprogrammpreise in Kooperation mit der AG Kino-Gilde deutscher Filmkunsttheater für gewerbliche Kinos in den drei Ländern für die besten Filmprogramme sowie ein Sonderpreis für alternative Spielstätten vergeben.

Ferner gibt es seit Anfang 2015 den Deutsch-Niederländischen Co-Development Fonds der MDM und des Netherlands Film Fund, der die Entwicklung von deutsch-niederländischen Filmideen, Drehbüchern und Koproduktionen von Kinder(kino)filmen fördern soll. Des Weiteren besteht zusammen mit dem Medienboard und dem Polnischen Filminstitut der Deutsch-Polnische Filmfonds (siehe unter Medienboard).

Sonstige Fördermaßnahmen betreffen die medienspezifische Aus- und Weiterbildung sowie die Materialsicherung vor unvorhersehbaren Ereignissen. Zu den unterstützten Weiterbildungsangeboten zählen das Qualifizierungsprogramm für den Nachwuchs TP2 Talentpool, die Akademie für Kindermedien für Autoren, die Professional Media Master Class für dokumentarische Kurzfilmprojekte und die Veranstaltung KONTAKT für Nachwuchsautoren und -regisseure.

4. Fördervoraussetzungen und -bedingungen

Grundsätzliche Förderbedingungen sind der kulturelle Inhalt und die wirtschaftliche Erfolgsaussicht des Projekts. Die Förderung muss einen nachweisbaren kulturellen und wirtschaftlichen Effekt in mindestens einem der drei Bundesländer bewirken. Mindestens die Fördersumme ist in den Ländern film-, fernseh- oder medienspezifisch auszugeben. Weitere Voraussetzungen sind in der Förderrichtlinie geregelt.

5. Art der Förderung und Rechtsmittel

Die Fördermittel werden als Zuschüsse oder Darlehen vergeben. In der Regel erfolgt die Vergabe als erfolgsbedingt rückzahlbares Darlehen. Fördermittel in Form von Zuschüssen werden z.B. im Rahmen der Nachwuchsförderung von Kurzfilmproduktionsförderung vergeben. Ein Zuschuss statt Darlehen kann aufgrund der besonderen Vertriebsprobleme auch bei der Verleih- und Vertriebsförderung von Kinder-, Dokumentar-, Kurz- und Experimentalfilmen vergeben werden. Die Kinopreise werden als nichtrückzahlbare Prämien gewährt. Die Förderung für fiktionale TV-Serien ist als Anschubfinanzierung für die Realisierung der ersten Staffel vorgesehen.

Über die Vergabe der Fördermittel entscheidet der Geschäftsführer nach Empfehlung von dem MDM-Vergabeausschuss, der viermal jährlich über Förderanträge berät. Der Vergabeausschuss ist mit fünf Vertretern der drei Bundesländer, einem Vertreter der Landesmedienanstalt Sachsen, drei Rundfunkvertretern (MDR, ZDF), einem Vertreter aus der Filmwissenschaft und einem Vertreter des Fördervereins für Jugend- und Sozialarbeit besetzt. Für die Kinopreisvergabe besteht ein gesonderter Ausschuss mit fünf Mitgliedern aus der Film- und Kinowirtschaft.

Je nach Förderprogramm sind Höchstfördersummen vorgeschrieben. Die Fördermittel der MDM können mit anderen Fördermitteln kumuliert werden, hierbei ist die Höchstgrenze staatlicher Beihilfen von 50% der Gesamtherstellungskosten zu beachten, bei grenzüberschreitenden Koproduktionen von 60%. Es besteht die Möglichkeit, rückgezahlte Fördermittel aus der Produktionsförderung für neue Projekte zur Förderung in der Vorbereitung oder Herstellung erneut zu beantragen. Eine ähnliche Regelung existiert für die Rückzahlung aus der Verleih- und Vertriebsförderung.

Wie bei den bisher vorgestellten Einrichtungen bestehen bei der MDM aufgrund ihrer privatrechtlichen Rechtsform keine Rechtsansprüche auf Förderung, insbesondere auch nicht, wenn bereits eine Förderung für andere

Herstellungsphasen eines Projekts gewährt wurde.[785] Es wird auf die Ausführungen zur Filmstiftung verwiesen.

VI. Bremen und Niedersachsen

Die gemeinsame Filmfördereinrichtung der Bundesländer Bremen und Niedersachsen ist die nordmedia – Film- und Mediengesellschaft Niedersachsen/Bremen mbH (im Folgenden nordmedia). Sie wurde 2001 gegründet und ebenfalls mit einer Film Commission für Beratung und Service bei Produktionen eingerichtet. Neben der finanziellen Film- und Medienförderung bietet nordmedia Beratungsleistungen, Netzwerke und Fachveranstaltungen für die in der Film- und Medienwirtschaft der Region Tätigen an. Im Jahr 2015 hat nordmedia 80 Produktionen unterstützt, darunter Spielfilme, Dokumentarfilme, Kurzfilme, crossmedia und Fernsehproduktionen.[786]

Weitere Fördereinrichtungen in Bremen und Niedersachsen agieren lokal, wie das Filmbüro Bremen e.V. (Kleinstprojektförderung) und das Film- und Medienbüro Niedersachsen e.V.

Im Folgenden wird die nordmedia dargestellt.

1. Rechtsnatur und Rechtsgrundlagen

Die nordmedia – Film- und Mediengesellschaft Niedersachsen/Bremen mbH ist eine privatrechtliche Gesellschaft mit beschränkter Haftung mit Sitz in Hannover. Ursprünglich war die Fördereinrichtung als Verbund von zwei Gesellschaften organisiert: nordmedia – Die Mediengesellschaft Niedersachsen/Bremen mbH und nordmedia Fonds GmbH. Die Mediengesellschaft wurde von den beiden Bundesländern Bremen und Niedersachsen getragen, die Fonds GmbH war ein Tochterunternehmen mit den zusätzlichen Gesellschaftern Radio Bremen und NDR und einer Partnerschaft mit dem ZDF. Die Fonds GmbH war zuständig für die Film- und Medienförderung, während die Mediengesellschaft als Muttergesellschaft die Entwicklung der digitalen Medien durch Netzwerks- und Kommunikationsprojekte im Bereich Games, Animation, Mobile, Social Media, digitale Produktion, eHealth und eLearning unterstützte. Im Jahr 2013 fusionierten beide Gesellschaften zu der jetzigen nordmedia – Film- und Mediengesellschaft Niedersachsen/Bremen mbH. Die Gesellschafter der nordmedia sind das Land Niedersachsen mit 60,79%, das Land Bremen mit 15,2%, der NDR

785 So ausdrücklich auch in der MDM Förderrichtlinie, S. 2.

786 Vgl. nordmedia Die Filme 2015, S. 3.

mit 20,04% und Radio Bremen mit 3,97%. Die Tätigkeiten sind gleichgeblieben. Was vorher auf die zwei Gesellschaften aufgeteilt wurde, wird heute als zwei operative Geschäftsbereiche geführt: Film- und Medienförderung sowie Kompetenzzentrum Medien und Medienentwicklung. Nordmedia betätigt sich damit in der Film- und Medienförderung wie Medienentwicklung, wirtschaftlich und kulturell. Ziele sind die Stärkung der Film- und Medienwirtschaft in Bremen und Niedersachsen und die Förderung, Vernetzung und Entwicklung innerhalb der Film- und Medienwirtschaft der zwei Bundesländer. Insbesondere sollen die Qualität von Produktionen verbessert werden, die Innovationskraft und Wettbewerbsfähigkeit unterstützt werden und der audiovisuelle Sektor in den beiden Bundesländern nachhaltig aufgebaut werden.[787] Diese Intentionen sollen mittels finanzieller Förderung sowie anderweitiger Unterstützung, Beratung, Networking und Fachveranstaltungen sowie nationaler und internationaler Präsentation und Bewerbung und Marketing der beiden Bundesländer als Standort für Film und Medien erreicht werden. Die Förderrichtlinie sowie Förderverträge zwischen nordmedia und den Geförderten sind Grundlage der Förderung.

2. *Finanzierung und Fördermittel*

Jährlich stehen der nordmedia von ihren Gesellschaftern sowie vom ZDF durchschnittlich ca. € 10 Mio. an Fördermitteln zur Verfügung.[788] Im Jahr 2014 hatte nordmedia insgesamt ein Budget in Höhe von € 11,52 Mio. Davon stammten € 1,75 Mio. vom NDR, € 1,92 Mio. vom Land Niedersachsen, € 1,4 Mio. vom Land Niedersachsen Medienförderfonds, € 766.938 vom Land Bremen, € 127.823 von Radio Bremen und € 607.980 vom ZDF sowie € 4,97 Mio. vom NDR aufgrund gesetzlicher Regelung laut Niedersächsischen Mediengesetzes (NMedienG) als festgelegte Mittel eines Teils der Rundfunkbeiträge.[789] Von dem Gesamtbudget standen € 9,97 Mio. als Fördermittel zur Verfügung. Der Hauptteil der Fördermittel fließt in der Regel in die Produktionsförderung. Ab 2016 hat der NDR seine Förderung um jährlich € 150.000 für die Festivalförderung erhöht.

Im Rahmen der Förderung des Kurzfilmstipendiums finanzierte nordmedia jedes Stipendium mit € 5.000 (Gesamtsumme im Jahr € 10.000), die restlichen Mittel des Stipendiums sind von dem Kooperationspartner Stiftung

787 Vgl. nordmedia Förderrichtlinie, S. 1.
788 Vgl. www.nordmedia.de/pages/ueber_uns/subpages/ueber_nordmedia/index.html, Stand 18.03.2020.
789 Vgl. nordmedia Geschäftsbericht 2015, Diagramme, S. I. § 50 Abs. 3 NMedienG enthält die genannte gesetzliche Regelung.

Kulturregion Hannover getragen worden. Für das Nachwuchsförderprogramm Filmstart Bremen in Kooperation mit dem Filmbüro Bremen haben € 22.500 Fördermittel im Jahr 2016 zur Verfügung gestanden.

3. Förderprogramme

Die nordmedia fördert Kino- und Fernsehfilme sowie interaktive Medienprojekte in den Bereichen Drehbuch- und Stoffentwicklung, Projektentwicklung, Produktion, Verleih und Vertrieb, Abspiel und Präsentation (eingeschlossen Festivals und Kopien). Erfasst werden sämtliche Arten: Spielfilm, Animationsfilm, Dokumentarfilm und Kurzfilm. Im Rahmen der Produktionsförderung kann ausnahmsweise auch allein die Postproduktion von Projekten gefördert werden, die bis dahin keine Produktionsförderung der nordmedia erhalten haben. Zudem gibt es Förderprogramme für Kinos, die von einer Investitionsförderung für Kinos über eine Förderung zur Kino-Digitalisierung bis hin zu Kinoprogrammpreisen reichen. Des Weiteren fördert die nordmedia Games sowie Qualifizierungsmaßnahmen, Ausbildungsmaßnahmen und Beratungsleistungen und Investitionen von kleinen und mittleren Unternehmen. Eine Kurzfilmförderung existiert in Form eines Stipendiums namens cast & cut in Kooperation mit der Stiftung Kulturregion Hannover. Hierbei werden jährlich zwei Stipendien vergeben, die eine sechsmonatige finanzielle Unterstützung sowie zweimalig einen Produktionszuschuss beinhalten. Zusammen mit der FFHSH und dem NDR gibt es das Förderprogramm Nordlichter als Produktionsförderung (siehe unter FFHSH). Für eine Nachwuchsförderung wurde zusammen mit dem Filmbüro Bremen ein Projektstipendium namens Filmstart Bremen eingerichtet. Es ist ausgerichtet auf Nachwuchsfilmprojekte und künstlerische Filme mit einem Förderbedarf zwischen € 1.000 und 10.000 hauptsächlich für eine Produktionsförderung, aber auch Projektentwicklungs-, Vertriebs- und Abspielförderung. Die Durchführung dieses Förderprogramms obliegt dem Filmbüro Bremen.

4. Fördervoraussetzungen und -bedingungen

Die Antragsberechtigung hängt von dem jeweiligen Förderprogramm ab. Grundsätzlich gibt es keine Antragsfristen. Die Einreichungstermine werden durch die Sitzungen des Vergabeausschusses bedingt, der dreimal jährlich tagt, und für die mit zwei- bis dreimonatiger Vorlauffrist die Anträge eingereicht werden müssen. Besondere Voraussetzung bei der Produktionsförderung ist eine Erklärung (letter of intent) eines der Gesellschafter oder Partner der nordmedia über ein grundsätzliches inhaltliches Interesse an dem Projekt. Neben der inhaltlichen Qualität muss das beantragte Projekt ein Verwertungskonzept mit Publikumsorientiertheit aufweisen. Eine Verleih- und Vertriebsförderung setzt entweder voraus, dass das Projekt bereits in der Herstellung von nordmedia gefördert wurde oder ein besonderes Verwertungskonzept hinsichtlich der beiden Bundesländer vorgelegt wird. Eine Förderung durch nordmedia setzt voraus, dass die Fördermittel zu mindestens 100% in Bremen und/ oder Niedersachsen ausgegeben werden, um entsprechende Regionaleffekte zu erzielen. Es wird darauf hingewiesen, dass sichergestellt sein muss, dass mindestens 20% der Herstellungskosten in einem anderen Land ausgegeben werden können. Bei den Regionaleffekten ist zu beachten, dass die branchenspezifischen Ausgaben die sonstigen Ausgaben übersteigen sollen, um die positiven Effekte tatsächlich der Medien- und Filmwirtschaft zuzuführen. Branchenspezifische Ausgaben sind solche, die insbesondere das kreative Potential nutzen.[790]

5. *Art der Förderung und Rechtsmittel*

Die Förderung von nordmedia erfolgt in der Regel in Form von Zuschüssen sowie bedingt und unbedingt rückzahlbaren Darlehen. Darlehen werden in der Regel nur in denjenigen Fällen gewährt, in denen eine Darlehensrückzahlung realistisch ist. Rückgezahlte Darlehen können für neue Projekte als erneutes Darlehen beantragt werden, sogenanntes Erfolgsdarlehen.

Der Vergabeausschuss entscheidet über die Förderanträge. Er ist mit dem Geschäftsführer der nordmedia und einem Vertreter der Landesmedienanstalten (abwechselnd von Bremen und Niedersachsen) besetzt, die beide allerdings nicht stimmberechtigt sind. Die weiteren neun Mitglieder sind zwei Vertreter der beiden Bundesländer, fünf Rundfunkvertreter von NDR, RB und ZDF sowie zwei Experten aus der Filmwirtschaft und -wissenschaft. In einzeln geregelten Fällen kann die Geschäftsführung die Förderentscheidungen treffen. Ein ergänzender Fachbeirat, bestehend aus zwei Vertretern der beiden Landesmedienanstalten und sieben Vertretern aus der Filmwirtschaft, steht beratend zur Seite.

Je nach Förderprogramm sind Höchstgrenzen der Fördermittel als prozentualer Anteil der förderfähigen Kosten und/ oder maximale Höchstsumme vorgesehen. Die Abwicklung der Förderung einschließlich Förderverträgen, Auszahlung, Kalkulation und Prüfung erfolgt derzeit im Auftrag durch eine Wirtschaftsprüfungsgesellschaft. Regelungen zu den Rückzahlungsmodalitäten von Darlehen sind in der Förderrichtlinie und einzelfallbezogen in den Förderverträgen enthalten. Die Fördermittel der nordmedia können mit anderen

790 Vgl. nordmedia Merkblatt kulturwirtschaftlicher Effekt, S. 2.

Fördermitteln kumuliert werden. Hierbei ist sicherzustellen, dass die gesamten öffentlichen Fördermittel 50% der jeweiligen förderfähigen (Projekt-)Kosten, in schwierigen Fällen 80%, nicht überschreiten.

Hinsichtlich Rechtsanspruch und Rechtsmitteln wird auf die Ausführungen bei der Filmstiftung verwiesen. Im Übrigen wird in der nordmedia Förderrichtlinie ausdrücklich darauf hingewiesen, dass kein Rechtsanspruch auf Förderung besteht, auch nicht auf weitere Förderung, wenn bereits in einer vorangegangenen Herstellungsphase wie bei der Stoffentwicklung eine Förderung gewährt wurde, und dass ferner eine Förderung lediglich im Rahmen der zur Verfügung stehenden Mittel erfolgen kann.[791]

VII. Baden-Württemberg

In Baden-Württemberg ist die Medien- und Filmgesellschaft mbH Baden-Württemberg (im Folgenden MFG) die landesweite Filmfördereinrichtung seit 1995. Die MFG ist unterteilt in die Geschäftsbereiche MFG Innovationsagentur, MFG Filmförderung und MFG Stiftung. Die MFG ist nicht allein auf die Filmförderung und verwandte Bereiche ausgerichtet. Vielmehr ist die Filmförderung ein Teil einer sich als Innovationsagentur für IT, Medien und Kreativwirtschaft verstehenden Fördereinrichtung. Die MFG betätigt sich als Förderer, Networker und Berater. Insbesondere sollen kleine und mittlere Unternehmen gestärkt werden. Ein Schwerpunkt wird auf die digitale Wirtschaft (Software und Games) gelegt. Baden-Württemberg ist traditionell kein Filmland: das zeigt sich z.B. daran, dass der Anteil der in der Filmwirtschaft Erwerbstätigen in Baden-Württemberg 2010 bei 1,7% lag, der Anteil der in der Software- und Games-Industrie dagegen bei 29% von der Gesamtzahl der Erwerbstätigen.[792] Dennoch bildet die Förderung der Filmwirtschaft und -kultur einen wesentlichen Anteil an den Fördertätigkeiten und des Förderbudgets der MFG.

1. Rechtsnatur und Rechtsgrundlagen

Die MFG ist als Gesellschaft mit beschränkter Haftung organisiert. Gesellschafter sind das Land Baden-Württemberg (51%) und der SWR über die SWR Media Service GmbH (49%). Sie dient der Unterstützung des IT-, Medien- und Kreativstandortes Baden-Württembergs. Zweck ist die Stärkung der ansässigen Kreativwirtschaft sowie die Verbesserung deren Innovations- und Wettbewerbsfähigkeit.

791 Vgl. nordmedia Förderrichtlinie, S 2.
792 Vgl. MFG Jahresmagazin 2013, S. 85.

Es gibt drei Geschäftsbereiche, nämlich Filmförderung, Medienentwicklung und seit 2003 die neu gegründete unselbständige gemeinnützige MFG Stiftung. Ziele des Geschäftsbereichs Filmförderung sind die Entwicklung und Stärkung der Filmkultur und Filmwirtschaft in Baden-Württemberg, die Präsentation des Filmstandortes im In- und Ausland und Anwerbung ausländischer Koproduktionen. Die MFG hat verschiedene Stellen in den Regionen als zuständige Ansprechpartner für Fragen und Organisation rund um die Filmproduktion und Filmdrehs eingerichtet. Diese sind die fünf Film Commissions in Baden-Baden/Karlsruhe, Metropolregion Rhein-Neckar, Stuttgart, Ulm und Bodensee sowie das Locations Office Region Freiburg.

2. *Finanzierung und Fördermittel*

Die MFG insgesamt verfügte im Jahr 2016 über ein Budget in Höhe von € 10,6 Mio., davon standen der MFG Filmförderung ein geplantes Förderbudget von € 7,9 Mio. zur Verfügung, eine leichte Erhöhung zu 2015, in dem das geplante Budget € 7,6 Mio. und das Gesamtbudget € 10,3 Mio. betrug. Die gesamten Finanzmittel speisen sich je hälftig aus Gesellschafterbeiträgen der SWR Media Service GmbH und des Landes Baden-Württemberg und werden nach unterschiedlichen Schlüsseln auf die verschiedenen Geschäftsbereiche der MFG aufgeteilt.[793] Zu den Gesellschafterbeiträgen kam eine zusätzliche freiwillige Zuwendung des Landes Baden-Württembergs in Höhe von € 6,7 Mio. für 2016. Hinzu kommen Erlöse und Rückflüsse aus zurückgezahlten Fördermitteln. Dem Geschäftsbereich MFG Filmförderung steht durch ein Abkommen mit dem ZDF ein zweckgebundener Finanzbetrag von € 600.000 jährlich zur Verfügung. Das Abkommen besteht seit 1999 und wird jährlich verlängert. Der Betrag ist insofern zweckgebunden, als er für die Drehbuch- und Produktionsförderung (TV und Film) für ARTE-taugliche Produktionen zu verwenden ist, also solche, die in das Programmangebot des Fernsehsenders ARTE passen.[794]

793 Die Gesellschafterbeiträge werden durch das Landesmediengesetz Baden-Württemberg geregelt. Der Anteil des Landes wird bedingt durch den Anteil der SWR Media Service GmbH. Der Anteil der SWR Media Service GmbH bildet sich aus einem Teil des Anteils der Rundfunkbeiträge für die Landesmedienanstalt in Baden-Württemberg, den der Landesgesetzgeber für die Filmförderung vorsehen kann, siehe auch unten Abschnitt D. Förderung durch die Rundfunkanstalten und Rundfunkunternehmen. Das Land verpflichtet sich den gleichen Betrag zu zahlen.

794 Für sämtliche vorangehende Zahlen in diesem Absatz wird auf die Aussagen von Dieter Krauß, Mitglied der Geschäftsleitung und Leiter der Filmförderung des

3. *Förderprogramme*

Die MFG Filmförderung hat Förderprogramme für Drehbuchentwicklung, Projektvorbereitung, für die Produktion von Kinospielfilmen, Fernsehproduktionen, Dokumentarfilmen, Kurzfilmen sowie Animationsfilmen, für Postproduktion und Promotion, Verleih- und Vertrieb von Spiel-, Dokumentar- und Animationsfilmen eingerichtet. Bereichsübergreifend zusammen mit der MFG Innovationsagentur läuft das Digital Content Funding für Games, Apps und crossmediale Projekten. Im Rahmen der Animationsförderung hat die MFG zudem zur Vernetzung des Animations- und VFX-Sektors das Animation Media Cluster Region Stuttgart aufgebaut. Zur Nachwuchsförderung gibt es die Programme Junger Dokumentarfilm (zusammen mit der Filmakademie Baden-Württemberg und dem SWR), Fifty-Fifty (mit den Partnern SWR und ZDF) für die Realisierung von Debütfilmen junger Regisseure und der MFG Star-Preis für Nachwuchsregisseure. Ferner existiert eine Kinoförderung für kommunale und gewerbliche Kinos. Für gewerbliche Kinos steht eine Förderung mittels Innovationsdarlehen oder Kinoprogrammprämien bereit, für kommunale Kinos gibt es eine institutionelle Förderung. Des Weiteren gibt es in Kooperation mit der Landesmedienanstalt Baden-Württemberg[795] ein Förderprogramm für Projekte, die in Bezug zu den Tätigkeitsbereichen beider Einrichtungen stehen. Gefördert werden in diesem Rahmen multimediale Vertriebsförderung, Förderung privater Fernsehproduktionen mit lokalem oder regionalem Bezug, Förderung von Infrastrukturmaßnahmen für kleine und mittlere Unternehmen und Unterstützung von Aus- und Fortbildungsaktivitäten. Die MFG vergibt darüber hinaus weitere Preise in verschiedenen Kategorien.

Zum Deutsch-Französischen Förderfonds siehe unter Förderprogramme der Filmstiftung.

4. *Fördervoraussetzungen und -bedingungen*

Die meisten Programme haben Bewerbungsfristen. Die Vergabeordnung der MFG legt detailliert die Voraussetzungen der einzelnen Förderprogramme und Bedingungen der Fördermittel fest.[796] Antragsberechtigt sind je nach Förderprogramm in der Regel in Deutschland ansässige Produzenten oder Produzenten,

---

Geschäftsbereichs Filmförderung bei der MFG im Rahmen eines Telefongesprächs mit d. Verf. v.1.4.2016 verwiesen.

795 Landesanstalt für Kommunikation Baden-Württemberg.

796 Vgl. MFG Vergabeordnung.

die die Realisierung des Projekts in Baden-Württemberg vorgesehen haben, bei der Drehbuchförderung zum Teil auch Autoren, bei der Verleih- und Vertriebsförderung entsprechende Unternehmen. Weitere Voraussetzungen sind z.B. bei der Produktionsförderung der Nachweis eines bestimmten Eigenanteils an der Finanzierung des Projekts. Es werden nur Projekte mit einem kulturellen Bezug zu oder einem wirtschaftlichen Interesse in Baden-Württemberg gefördert. Das wirtschaftliche Interesse bezeichnet die zu tätigenden Regionalausgaben in Baden-Württemberg. Sie werden in der Vergabeordnung auf mindestens 120% der Fördermittel festgelegt.

5. *Art der Förderung und Rechtsmittel*

Die Förderung erfolgt in der Regel in Form eines erfolgsbedingt rückzahlbaren Darlehens, in Ausnahmefällen als Zuschuss. Je nach Förderprogramm sind für die Fördermittel unterschiedliche Höchstgrenzen festgelegt. Grundsätzlich gilt, dass die gesamte Höhe der Fördermittel 50% der Gesamtproduktionskosten nicht überschreiten sollte, bei Projekten, die durch mehr als einen EU-Mitgliedstaat finanziert werden, liegt die Höhe der Beihilfeintensitätsgrenze bei 60%. Schwierige Werke sind von diesen Höchstgrenzen ausgenommen, u.a. Low-Budget-Projekte, Debütfilme, Koproduktionen mit Beteiligung eines Landes der OECD-Entwicklungshilfeliste. Für Drehbuchförderungen bestehen zwar keine Höchstgrenzen, es werden jedoch maximale Förderbeträge festgelegt. Der Höchstbetrag liegt hier je nach Fördertyp zwischen € 45.000 und € 60.000. Bei der Projektentwicklungsförderung darf die Höhe der Förderung 80% der Projektentwicklungskosten des Antragstellers nicht überschreiten, maximal bei € 150.000 liegen. Bei der Produktionsförderung ist das Darlehen als Anteilsfinanzierung auf die Gesamtproduktionskosten bezogen, bei internationalen Gemeinschaftsproduktionen auf den deutschen Finanzierungsanteil. Bei der Förderung von Kinofilmen mit einem Budget über € 500.000 beträgt die Höchstgrenze der Förderung € 1 Mio. Wenn die Förderung als Zuschuss gewährt wird, darf dieser nicht mehr als 30% der Gesamtproduktionskosten und maximal € 600.000 betragen. Bei der Förderung von Kinofilmen mit einem Budget unter € 500.000 beträgt die Höchstgrenze 70% der Gesamtproduktionskosten, wenn die Förderung als Zuschuss erfolgt 50% bzw. maximal € 250.000. Die gleiche Höchstgrenze von 70% für Darlehen gilt bei Nachwuchsprojekten. Bei Fernsehproduktionen beträgt die Darlehensförderung höchstens 30% der Gesamtproduktionskosten, bei einem Zuschuss höchstens 20% und maximal € 150.000. Weitere Höchstgrenzen sind für die Verleih- und Vertriebsförderung sowie Kinoförderung festgelegt. Die Förderung der MFG kann mit anderen

Fördermitteln kombiniert werden, sofern Höchstgrenzen nach deutschem oder europäischem Recht beachtet werden. Zum Teil erfolgt die Auszahlung der Fördermittel in Raten, abhängig vom Fortschritt einzelner Projektabschnitte. Die Vergabeordnung legt auch die Modalitäten der Rückzahlung fest. Bei manchen Förderprogrammen besteht die Möglichkeit, erfolgreich zurückgezahlte Fördermittel für eine neue Förderung zu beantragen.

Über die Förderung entscheidet ein Vergabeausschuss; der sich aus dem Geschäftsführer der MFG, Experten der Filmwirtschaft und-wissenschaft sowie Vertreter vom SWR zusammensetzt.[797]

Hinsichtlich Rechtsanspruch und Rechtsmitteln gilt das Gleiche wie bei der Filmstiftung Gesagte.

VIII. Hessen

In Hessen ist die Filmförderung im Jahr 2015 vollständig umgestaltet worden. Ab dem 01.01.2016 gibt es die neue Einrichtung HessenFilm und Medien GmbH (im Folgenden HessenFilm). Bis dahin gab es verschiedene Einrichtungen für die Filmförderung. Hessen Invest Film, angesiedelt bei der Wirtschafts- und Infrastrukturbank Hessen, war die wirtschaftliche Filmförderung, die Hessische Filmförderung (HFF) die kulturelle Förderung, bestehend aus der Kulturellen Filmförderung des Landes Hessen und der Hessischen Rundfunk Filmförderung. Zudem gab es die Film Commission Hessen als Serviceeinrichtung und Ansprechpartner bei der Filmproduktion und für die Vermarktung des Standortes Hessen als Filmlocation, die auch weiterhin bestehen bleibt. Während die Förderung von Hessen Invest Film auf kommerziell und kulturell erfolgsversprechende fiktionale und dokumentarische Kino- und TV-Produktionen ausgerichtet war, war die Hessische Filmförderung auf kulturell interessante Projekte ausgerichtet. Die Umstrukturierung bezweckte, die verschiedenen Fördereinrichtungen zusammenzuführen und eine Filmförderung unter einem Dach anzubieten, die sowohl kulturell qualitätsversprechende als auch ökonomisch erfolgsversprechende Projekte unterstützen würde.

HessenFilm fördert Filme und hochwertige Fernsehproduktionen sowie Unternehmen der Filmwirtschaft. Die neue Einrichtung will einen Schwerpunkt auf eine verstärkte Talent- und Nachwuchsförderung legen, um Filmschaffende über ihren ersten Film hinaus in der Region zu halten. Standortentwicklung und -marketing sind keine gesondert hervorgehobenen Tätigkeiten von HessenFilm,

797 Vgl. MFG, PM „MFG vergibt 3,3 Mio. Euro“ v.5.10.2016.

abgesehen von der Film Commission Hessen, die jedoch nur einen Service rund um Dreharbeiten anbietet. Zudem verleiht HessenFilm den Hessischen Film- und Kinopreis, der als der drittwichtigste Filmpreis in Deutschland gilt.

Neben HessenFilm besteht das Filmbüro Hessen e.V., ein Verein mit Zweck eines Netzwerks der hessischen Filmbranche und Filmschaffenden, weiter fort. Vor der Gründung und Neustrukturierung war das Filmbüro Hessen an der Hessischen Filmförderung durch Entsendung eines Mitglieds in das Aufsichtsgremium und Vorschlagsrechte für die Besetzung der Vergabekommissionen beteiligt und hatte die Film Commission Hessen mitgegründet. Das ist bei der neuen Einrichtung HessenFilm nicht mehr der Fall. Das Filmbüro Hessen fungiert als Interessensvertretung, Netzwerk, Veranstalter und bietet seinen Mitgliedern zudem Unterstützung durch den Verleih von Produktions- und Abspieltechnik.

Des Weiteren gibt es in Hessen seit 2007 den Zusammenschluss hessische Film- und Medienakademie, die von 13 verschiedenen Hochschulen und Universitäten als Netzwerk für Studierende, Professoren und Filmschaffende und Tätige aus der Filmbranche gegründet wurde. Der Zusammenschluss organisiert z.B. die Veranstaltung Hessen Talents, ein Kurzfilmprogramm hessischer Filmemacher, beim Europäischen Filmmarkt der Berlinale.

Im Folgenden wird die Landesfördereinrichtung HessenFilm vorgestellt.

1. Rechtsnatur und Rechtsgrundlagen

Mit der Zusammenführung von Hessen Invest Film und der Hessischen Filmförderung ist 2015 die neue Fördereinrichtung namens HessenFilm und Medien GmbH geschaffen worden, die zum 1. Januar 2016 ihre Tätigkeiten aufgenommen hat. Sie hat die Rechtsform einer Gesellschaft mit beschränkter Haftung mit Sitz in Frankfurt. Gesellschafter sind das Land Hessen (90%) und der HR (10%).[798] Förderziele sind u.a. die Entwicklung, Stärkung und Pflege der Vielfalt der Filmkultur und Filmwirtschaft in Hessen, die Stärkung der kulturellen Innovationskraft und wirtschaftlichen Leistungsfähigkeit hessischer Produzenten, die Steigerung der Qualität von Film- und Fernsehproduktionen, Verbesserung der Standortbedingungen für die Filmproduktion und Sicherung von Beschäftigung und Einkommen in der hessischen Film- und Medienbranche. Rechtsgrundlage einer Förderung sind die vorläufigen Richtlinien, ein Merkblatt zur

798 Vgl. HessenFilm Facts.

Gesamtfinanzierung und den notwendigen Eigenmitteln und die Förderverträge zwischen HessenFilm und den Geförderten.

2. *Finanzierung und Fördermittel*

Das Förderbudget ist ähnlich wie vor Gründung der neuen Einrichtung HessenFilm. HessenFilm verfügte über ein Fördermittelbudget von € 6,765 Mio. für das Jahr 2016. Das Budget setzte sich zusammen aus € 1,015 Mio. vom Land Hessen und € 750.000 vom HR sowie € 5 Mio. als Bürgschaftsmittel der landeseigenen Wirtschafts- und Infrastrukturbank Hessen.[799] Die Mittel des Landes Hessen und des HR flossen in die Zuschussförderung, für die damit also rund € 1,76 Mio. zur Verfügung standen.

Bei den Bürgschaftsmitteln handelte es sich um die Darlehensmittel des Filmfinanzierungsfonds. Der Filmfinanzierungsfonds wird indirekt über die Wirtschafts- und Infrastrukturbank Hessen durch das Land Hessen mitfinanziert.

3. *Förderprogramme*

HessenFilm unterscheidet zwischen einer Zuschussförderung, die alle Phasen eines Filmprojekts von der Herstellung bis zur Verbreitung und Präsentation abdeckt, und einer Darlehensförderung durch einen Filmfinanzierungsfonds.

Im Rahmen der Zuschussförderung sind bislang folgende Einzelprogramme eingerichtet: Drehbuchförderung und produktionsvorbereitende Maßnahmenförderung, Produktionsförderung von Kinofilmen mit Gesamtproduktionskosten bis € 300.000 und Fernsehprojekten, Postproduktionsförderung, Verleih- und Vertriebsförderung, Abspielförderung und Filmpräsentation sowie Slatefunding für mehrere Projekte und Nachwuchsproduktionsförderung für Abschlussfilme hessischer Hochschulen. Erfasst werden von der Förderung Kinospielfilme und Kinodokumentarfilme, Kurzfilme, Animationsfilme und Experimentalfilme sowie Fernsehfilme, -reihen und -serien, Hochschulabschlussfilme und Nachwuchsfilme sowie Festivals und Filmreihen. Zudem gibt es ein neues Programm, das jungen Filmemachern drei Jahre Unterstützung anbietet, um ihnen zu ermöglichen, in die Filmproduktion einzusteigen. Schwerpunkte der Förderung von HessenFilm sollen die Nachwuchs- und Dokumentarförderung werden. Für

799 Für diese Zahlen wird auf die Auskunft der Pressesprecherin von HessenFilm, Franziska Fink, v.23.5.2016 gegenüber d. Verf. verwiesen. Vorher betrug die Summe € 6,7 Mio. jährlich, von der nicht die volle Summe als Zuschuss vergeben wurde, sondern € 5 Mio. als Bankdarlehen von Hessen Invest für wirtschaftlich erfolgversprechende Filme.

Videospiele, Neue Medien und Apps sind keine Förderungen vorgesehen. Filmprojekte mit einem Produktionsbudget von über € 300.000 sind nicht explizit im Portfolio der Förderprogramme, insbesondere nicht bei der Produktionsförderung, enthalten, werden laut Fact Sheet jedoch auch gefördert. Sie können vor allem mittels der Darlehensförderung gefördert werden. Slatefunding richtet sich an kleine und mittlere Produktionsunternehmen mit Projekten mit kulturellem Hessenbezug. In Einzelfällen können auch sonstige Maßnahmen, die den Förderzielen entsprechen, gefördert werden.

Die Förderung mittels des Filmfinanzierungsfonds ist eine gemeinsame Förderung der HessenFilm und des Landes Hessen. Sie richtet sich an kleine und mittlere privatwirtschaftliche Unternehmen in Hessen und dient der finanziellen Unterstützung durch Darlehen zur Realisierung von Film- und Fernsehprojekten oder der Zwischenfinanzierung von zugesagten, aber nicht ausgezahlten anderweitigen Finanzmitteln.

4. *Fördervoraussetzungen und -bedingungen*

Zunächst bestanden vorläufige Förderrichtlinien. Die Förderung wird in eine Zuschussförderung, die an die kulturelle Qualität eines Projekts anknüpft, und eine Darlehensförderung, die an den wirtschaftlichen Erfolg anknüpft, unterteilt.

Demnach sind bei der Zuschussförderung allgemeine Bedingungen einer Förderung die kulturelle Qualität des Projekts, ein Bezug zu Hessen oder ein wirtschaftliches Interesse in Hessen. Ein Bezug zu Hessen kann kultureller oder sonstiger Natur sein und ist anzunehmen, wenn der Sitz des Antragstellers in Hessen ist oder der Mittelpunkt seines künstlerischen Schaffens in Hessen liegt, die Thematik des Projekts Hessen betrifft sowie bei einer Gesamtkalkulation von bis zu € 300.000 die Fördermittel zu 100% in Hessen ausgegeben werden.[800] Was unter einem wirtschaftlichen Interesse zu verstehen ist, wird nicht definiert. Ob hierfür Regionalausgaben vorausgesetzt werden, bleibt damit unklar. Die Bedingung von erforderlichen Regionalausgaben ist in den Richtlinien somit nur teilweise und bereits als Fördervoraussetzung geregelt.[801] Weitere Voraussetzungen betreffen die Antragsberechtigung. Je nach Förderprogramm sind u.a. Produzenten, Autoren, Regisseure antragsberechtigt. Bei einzelnen Programmen ist

800 Vgl. HessenFilm Vorläufige Richtlinien, S. 3, Punkt 2.1.

801 Zudem sei darauf hingewiesen, dass die Fördervoraussetzung eines Hessenbezugs die Voraussetzung von zu tätigenden Ausgaben in Hessen beinhaltet. Damit wird die sonst übliche Förderbedingung von Regionalausgaben mit den Fördervoraussetzungen eines Landesbezugs vermischt.

ausdrücklich ein Bezug zu Hessen (s.o.) vorausgesetzt, im Umkehrschluss reicht ein wirtschaftliches Interesse in diesen Fällen nicht aus. Für die meisten Programme bestehen Antragsfristen.

Eine Förderung durch den Filmfinanzierungsfonds setzt stets eine Beteiligung weiterer Finanziers voraus. Grundsätzlich muss das Projekt einen wirtschaftlichen Erfolg versprechen, indem die Rückflussmöglichkeit der gewährten Darlehensmittel einschließlich einer Erfolgsbeteiligung bestehen muss. Die Unternehmen müssen ihren Sitz in Hessen haben oder darlegen, dass sie einen bestimmten Produktionsanteil in Hessen durchführen. Der vorgesehene Regionaleffekt soll sich auf mindestens 100% des Darlehensbetrags belaufen.

5. *Art der Förderung und Rechtsmittel*

Die Förderung erfolgt in Form von Zuschüssen und Darlehen. Im Unterschied zu sämtlichen anderen Fördereinrichtungen der Bundesländer unterteilt HessenFilm die Förderung in eine Zuschussförderung für die einzelnen Förderprogramme der Herstellungsphasen, die alleinig von der HessenFilm vergeben werden, und in eine Darlehensförderung durch einen Filmfinanzierungsfonds, die zusammen mit dem Land Hessen vergeben und von der Wirtschafts- und Infrastrukturbank Hessen ausgeführt werden.

Bei den Zuschüssen bestehen in der Regel Höchstgrenzen in Form von Maximalfördersummen oder Prozentsätzen von den Gesamtkosten, die für das jeweilige Förderprogramm maßgeblich sind. Grundsätzlich darf die Beihilfeintensität bei einem Projekt nicht mehr als 50% der Gesamtkosten betragen. Je nach Förderprogramm kann diese Grenze höher ausfallen, so z.B. bei der Förderung von produktionsvorbereitenden Maßnahmen oder bei der Produktionsförderung von schwierigen oder mit knappen Mitteln hergestellten Filmen, sowie niedriger, nämlich 30% bei der Fernsehproduktionsförderung. Für die Förderung von Abschlussfilmen wurde eine Höchstgrenze pro Jahr pro Hochschule festgesetzt, wobei die Verteilung der Mittel von den zuständigen Dozenten durchgeführt wird.

Bei den meisten Förderprogrammen der Zuschussförderung entscheiden Vergabegremien über eine Förderung, in einigen wenigen Fällen entscheidet gemäß den vorläufigen Förderrichtlinien die Geschäftsführung. Anfänglich gab es ein Vergabegremium, das über die Förderung von Film- und Fernsehprojekten entschieden hat und neben dem Geschäftsführer und einem Vertreter des Kunst- und Wissenschaftsministeriums mit externen Fachleuten besetzt war.

Die Darlehen des Filmfinanzierungsfonds sind verzinslich (je nach Verwendungszweck 1% oder 6%) und grundsätzlich rückzahlbar, müssen aber nicht gesondert besichert sein. Als Höchstgrenze für Darlehen gilt eine Summe von € 1 Mio., maximal 50% der Gesamtherstellungskosten. Die rückgezahlten Darlehensmittel und Gewinne fließen wieder in den Fonds für neue Förderungen zurück. Anträge werden der Filmfinanzierungsfonds-Kommission des Landes Hessen vorgelegt, die über die Förderung entscheidet. In der Filmfinanzierungsfonds-Kommission unter Vorsitz des Geschäftsführers von HessenFilm sind neben zwei Vertretern des Finanz- sowie des Wissenschaft- und Kunstministeriums und einer Vertreterin des HR fünf Mitglieder aus der Filmwirtschaft vertreten.[802]

Für HessenFilm gilt das Gleiche wie für die anderen privatrechtlichen Fördereinrichtungen; es besteht weder ein Rechtsanspruch auf Zuschussförderung von HessenFilm noch auf Darlehensförderung durch den Filmfinanzierungsfonds und folgemäßig bestehen auch keine Rechtsmittel zur Einklagung auf Förderung. Eine Förderung findet einzig im Rahmen der der Einrichtung zur Verfügung stehenden Mittel und der dem Filmfinanzierungsfonds verfügbaren Mittel statt. Für Streitigkeiten gilt der ordentliche Rechtsweg.

IX. Saarland

Die saarländische Filmförderung ist organisiert in der seit 1999 bestehenden Gesellschaft zur Medienförderung Saarland – Saarland Medien - mbH (im Folgenden Saarland Medien). Sie ist zuständig für die Förderung des Medienstandortes und für die kulturelle wie wirtschaftliche Film- und Medienförderung im Saarland. Die Saarland Medien fungiert als Fördereinrichtung und betätigt sich als Film Commission. Seit 2014 bietet die Fördereinrichtung Filmförderung für die verschiedenen Phasen der Filmherstellung an und hat ihre Fördermöglichkeiten diesbezüglich umgestaltet. Gefördert werden nunmehr nicht nur Filmschaffende, sondern auch Kinobetreiber, Festivalveranstalter und andere Kreative. Insbesondere sollen junge Filmemacher aus dem Bundesland unterstützt werden. Das Saarland hat damit seine Filmförderung, wenngleich in kleinem Maßstab, an die gängigen Förderprogramme der anderen deutschen Bundesländerfördereinrichtungen angepasst. Neben der Projektförderung gibt es eine institutionelle Förderung. Zudem beteiligt sich Saarland Medien an Qualifizierungsangeboten, ist Netzwerker und Veranstalter von Fachveranstaltungen und unterstützt Maßnahmen für eine Medienstandortförderung.

---

802 Vgl. HessenFilm, PM „HessenFilm vergibt 2,8 Millionen Euro in erster Fördersitzung" v.23.5.2016.

Im Saarland findet zudem das internationale Filmfestival für Nachwuchsfilm mit dem seit 1980 von der Stadt Saarbrücken vergebenen Max Ophüls-Preis statt (Filmfestival Max Ophüls Preis Saarbrücken). Neben der Saarland Medien gibt es das Saarländische Filmbüro e.V., das die Film- und Kinokultur anhand von Veranstaltungen, Wettbewerben, Networking und Beratung von Filmschaffenden fördert. Eine finanzielle Filmförderung durch das Filmbüro findet nicht statt.

1. Rechtsnatur und Rechtsgrundlagen

Die Saarland Medien ist eine Gesellschaft mit beschränkter Haftung mit Sitz in Saarbrücken. Ihre Gesellschafter sind jeweils hälftig das Bundesland Saarland und die Landesmedienanstalt Saarland. Die Landesmedienanstalt Saarland übt die Geschäftsführung aus. Ziele der Förderung sind die Entwicklung und Stärkung der Filmkultur und des Medienstandortes Saarland sowie die Präsentation des Standortes im In- und Ausland.[803] Die Förderung erfolgt auf der Rechtsgrundlage der Richtlinien für Filmförderung und den jeweiligen Förderverträgen.

2. Finanzierung und Fördermittel

Die Saarland Medien wird anteilig von ihren Gesellschaftern mit jeweils € 170.000 jährlich finanziert.[804] Im Jahr 2015 sind von den gesamten Finanzmitteln € 308.000 in die Förderung geflossen.[805] Davon stand ein Betrag von € 80.000 für die Projektförderung zur Verfügung, der Rest für institutionelle Förderung. Bei der Projektförderung sind neun Projekte gefördert worden, davon zwei Festivals mit einer gesamten Fördersumme von € 6.000 und sieben weitere Projektförderungen mit einer Summe von insgesamt € 74.000.[806] Für die Filmprojektförderung in den Bereichen Stoffentwicklung, Projektentwicklung, Produktion, Präsentation und Vermittlung standen für das Jahr 2016 € 85.000 Fördermittel zur Verfügung.

---

803 Vgl. Saarland Medien Filmförderrichtlinie, S. 1.

804 Vgl. Saarland Medien, www.saarland-medien.de/startseite/organisation/gesellschafter/, Stand 18.03.2020.

805 Laut Aussage im Rahmen eines Telefongesprächs d. Verf. mit Michael Scholl, damaliger Prokurist Saarland Medien, v.17.5.2016.

806 Vgl. www.saarland-medien.de/film/filmfoerderung/gefoerderte-projekte/, Stand 18.03.2020.

3. *Förderprogramme*

Gefördert werden sämtliche Phasen von der Stoffentwicklung (Drehbuchentwicklung), Projektentwicklung und Produktion, Abspiel und Präsentation von Film-, Fernseh-, Video- und anderen audiovisuellen Medienprojekten. Die Produktionsförderung erfasst produktionsvorbereitende und produktionsnachbereitende Maßnahmen sowie die Filmfinanzierung. Gefördert werden können alle Genres. Zudem werden kommunale Kinos und das Saarländische Filmbüro e.V. im Rahmen einer institutionellen Förderung unterstützt. Saarland Medien fördert zudem Filmfestivals sowie Zusatzkopien. Die Festivalförderung, vor allem hinsichtlich Nachwuchsförderung, kann in Gestalt von Preisen oder einer Förderung des Veranstalters erfolgen; das Filmfestival Max Ophüls-Preis wird institutionell und mit Preisen unterstützt. Die Förderung für Zusatzkopien wird durch eine zentrale Stelle beim Verband der Filmverleiher organisiert. Im Einzelfall können zudem sonstige Maßnahmen gefördert werden.

4. *Fördervoraussetzungen und -bedingungen*

Grundsätzlich muss ein Projekt neben der Qualität einen kulturellen oder sonstigen Bezug oder ein wirtschaftliches Interesse im Saarland vorweisen. Unter kulturellem oder sonstigen Bezug ist laut Filmförderrichtlinie u.a. zu verstehen, dass das Projekt mit dem Saarland verknüpft ist oder der Antragsteller im Saarland ansässig ist. Ein wirtschaftliches Interesse liegt vor, wenn mindestens die Fördersumme im Saarland film- und medienspezifisch ausgegeben wird. Bei Anträgen für eine Förderung über € 5.000 ist vor der formellen Einreichung eine Projektvorstellung bei der Saarland Medien abzuhalten. Wer antragsberechtigt ist, hängt von dem jeweiligen Förderprogramm ab, grundsätzlich sind natürliche und juristische Personen des Privatrechts antragsberechtigt. Es gibt Bewerbungsfristen. Bei der Produktionsförderung ist Bedingung, dass mindestens die Fördersumme film-, fernseh- und medienspezifisch im Saarland ausgegeben wird, um den Regionaleffekt zu erzielen.

5. *Art der Förderung und Rechtsmittel*

Die Fördermittel werden als Projektförderung regelmäßig als Zuschuss gewährt. Ein Darlehen kann gewährt werden, wenn eine Rückzahlung realistisch erscheint. In diesem Fall wird ein bedingt rückzahlbares verzinsliches Darlehen vergeben.

Über die Förderung entscheidet in der Regel der Geschäftsführer, bei einem Beschluss des Aufsichtsrates gilt dessen Entscheidung. Im Aufsichtsrat sitzen drei

Vertreter vom Bundesland und drei Vertreter von der Landesmedienanstalt.[807] In den Fällen der Förderentscheidung über Stoff- und Projektentwicklung sowie Produktion steht dem Geschäftsführer ein Förderausschuss beratend zur Seite. Dieser kann auch bei der Festivalförderung hinzugezogen werden. Er besteht aus mindestens drei fachkundigen Mitgliedern und eventuellen Ersatzmitgliedern, berufen vom Geschäftsführer im Einvernehmen mit dem Aufsichtsrat, und steht dem Geschäftsführer beratend zur Seite. Die Fördermittel können mit anderen Finanzhilfen anderer Einrichtungen kumuliert werden.

Für einen Rechtsanspruch auf Förderung gilt das bei der Filmstiftung Ausgeführte. Insbesondere wird in der Filmförderrichtlinie klargestellt, dass kein Anspruch auf Förderung besteht, auch nicht, wenn in vorangegangenen Herstellungsphasen eine Förderung gewährt wurde.

X. Mecklenburg-Vorpommern

Die Filmförderung in Mecklenburg-Vorpommern unterscheidet sich in Organisation und Struktur von den vorherig dargestellten Bundesländern. Die kulturelle Filmförderung wird von dem Mecklenburg-Vorpommern Film e.V. (im Folgenden MV Film e.V.) im Auftrag des zuständigen Ministeriums für Bildung, Wissenschaft und Kultur des Landes Mecklenburg-Vorpommern durchgeführt, sozusagen als verlängerter Arm der staatlichen Stelle. MV Film e.V. unterhält ein Filmbüro mit Sitz in Wismar und bietet Förderprogramme für Filmprojekte in verschiedenen Herstellungsphasen sowie Networking, Beratung, Fachveranstaltungen, Weiterbildungsmaßnahmen und andere Veranstaltungen an. MV Film e.V. veranstaltet seit zehn Jahren das Filmfest Wismar und das Kinderfilmfest Nautilus. Zudem verwaltet MV Film e.V. das Landesfilmarchiv und die Medienwerkstatt Wismar und betreibt ein Kino. MV Film e.V. gehört einem Zusammenschluss der regionalen Fördereinrichtungen Filmbüro Bremen und Filmwerkstatt Kiel der FFHSH als Förderverbund an, deren Ziel es ist, durch Zusammenarbeit die Beantragung von Förderung zu vereinfachen, wenn bereits bei einer der Einrichtungen eine Förderung beantragt wurde.

Seit 2009 gibt es in Mecklenburg-Vorpommern einen Filmlocation Service. Dieser wurde allerdings zwecks Zusammenarbeit mit dem Landesmarketing und zur Tourismusförderung von dem Ministerium für Wirtschaft, Bau und Tourismus Mecklenburg-Vorpommern eingeführt und aus dessen Etat finanziert.

807 Vgl. Saarland Medien Jahresabschluss 2014 sowie www.lmsaar.de/die-lms/medienrat/ , www.saarland-medien.de/startseite/organisation/aufsichtsrat/, Stand 18.03.2020.

Mit der Durchführung des Filmlocation Service wurde die FilmLand M-V gGmbH betraut, die auch Veranstalterin des Filmkunstfestivals Mecklenburg-Vorpommern ist. Der Filmlocation Service fungiert als Dienstleistungsstelle, die in den anderen Bundesländern als Film Commission bezeichnet ist und gehört folglich zu dem Zusammenschluss der German Film Commissions.

Die strukturell und finanziell ministeriell unterschiedlich zugeordneten Tätigkeitsbereiche zeigen, dass die finanzielle Förderung und die praktische Drehunterstützung in Mecklenburg-Vorpommern zwar angeboten und geleistet werden, jedoch getrennt von mehreren unabhängig voneinander organisierten Stellen wahrgenommen werden. Für Filmschaffende ergibt sich damit die Situation unterschiedlicher Ansprechpartner anstatt einer einzigen Anlaufstelle zur Realisierung von Filmprojekten. Dass die Tätigkeitsbereiche nicht bei einer Einrichtung zusammengefasst sind, ist im Vergleich mit den anderen Bundesländern ungewöhnlich und könnte ein Grund zur Optimierung sein.[808]

Im Folgenden wird der MV Film e.V. als Fördereinrichtung vorgestellt.

1. *Rechtsnatur und Rechtsgrundlagen*

Das Filmbüro Mecklenburg-Vorpommern e.V. ist seit 1991 zuständig für die kulturelle Filmförderung des Bundeslandes Mecklenburg-Vorpommern. Die Einrichtung ist ein eingetragener Verein (rechtsfähiger Idealverein gemäß §§ 21ff., 55ff. BGB). Rechtsgrundlage für die Fördertätigkeit des Vereins ist die Vereinbarung zur kulturellen Förderung zwischen dem Ministerium für Bildung, Wissenschaft und Kultur Mecklenburg-Vorpommern und dem Mecklenburg-Vorpommern Film e.V.[809] (im Folgenden MV Film e.V. Vereinbarung/ Richtlinie). Die Vereinbarung regelt sowohl die Rechtsbeziehung von MV Film e.V. gegenüber dem Ministerium wie gegenüber den Filmförderempfängern, daher bezeichnet als Vereinbarung/ Richtlinie. Sie enthält Regelungen zu Aufgabe, Einrichtung des Filmbüros, Ausstattung mit Zuwendungen durch das Ministerium und Förderarten und -voraussetzungen. MV Film e.V. führt im Auftrag des

---

808 Für 2020 ist die Gründung einer gemeinnützigen GmbH für die Filmförderung geplant.

809 Vgl. Vereinbarung über die Gewährung von Zuwendungen zur kulturellen Filmförderung Mecklenburg-Vorpommern zwischen dem Ministerium für Bildung, Wissenschaft und Kultur Mecklenburg-Vorpommern und dem Mecklenburg-Vorpommern Film e.V. v.20.2.2009. Die Laufzeit beläuft sich zwar auf den 2.2.2015, nach der gängigen ministeriellen Praxis ist die Vereinbarung aber bis zu einer Aufhebung oder Verlängerung bzw. Erneuerung gültig.

Ministeriums für Bildung, Wissenschaft und Kultur die Filmförderung durch und handelt gewissermaßen als Zwischenstelle des Ministeriums und den Förderempfängern zur Ausführung der Förderung. Ziel der Förderung durch MV Film e.V. ist die quantitative und qualitative Stärkung und Entwicklung der Kulturwirtschaft und Ermöglichung eines vielfältigen und qualitativ hochwertigen Filmschaffens sowie die Repräsentation im In- und Ausland.[810]

2. *Finanzierung und Fördermittel*

MV Film e.V. wird mit einem Förderbudget aus dem Kulturetat des Ministeriums für Wissenschaft, Bildung und Kultur Mecklenburg-Vorpommern ausgestattet. Dieses beträgt jährlich € 215.000[811] und erfolgt als Zuwendungen zur Weiterleitung an die Filmförderungsempfänger.

3. *Förderprogramme, Fördervoraussetzungen und -bedingungen*

Angeboten werden Stoff- und Projektentwicklung, Produktionsförderung, Verleih und Vertrieb sowie die Abspielförderung von kulturellen Kinos und Filmclubs.

Ein förderfähiges Projekt muss einen Bezug zu Mecklenburg-Vorpommern aufweisen. Ein Bezug besteht, wenn der Wohnort des Antragstellers oder Drehort des Projekts in Mecklenburg-Vorpommern liegt oder der Inhalt des Projekts mit dem Bundesland verbunden ist. In Ausnahmefällen kann darauf verzichtet werden. Das ist in solchen Fällen möglich, in denen das Projekt eine besondere Qualität oder übergreifende kulturelle Bedeutung aufweist.[812] Ein Projekt kann nur gefördert werden, wenn die Auswahlkommission ein positives Votum als Empfehlung an das Ministerium für Bildung, Wissenschaft und Kultur gibt. Für die einzelnen Förderprogramme sind die jeweiligen Voraussetzungen in der MV Film e.V. Vereinbarung/ Richtlinie festgelegt. Unter anderem sind in der Regel Produktionsunternehmen und Einzelpersonen, teilweise auch andere Organisationen und Unternehmen antragsberechtigt. Ein Erfordernis zur Tätigung bestimmter Regionalausgaben ist in der MV Film e.V. Vereinbarung/ Richtlinie nicht vorgesehen.

---

810 Vgl. MV Film e.V. Vereinbarung/Richtlinie, S. 1.

811 Vgl. Flyer Kulturelle Filmförderung Mecklenburg-Vorpommern, S. 2.

812 Vgl. MV Film e.V. Vereinbarung/Richtlinie, S. 2 sowie Flyer Kulturelle Filmförderung Mecklenburg-Vorpommern, S. 2.

4. *Art der Förderung und Rechtsmittel*

Alle Förderungen erfolgen in Form von nicht rückzahlbaren Zuschüssen.

Die Anträge auf Förderung sind bei MV Film e.V. zu stellen. Über die Förderung entscheidet das Ministerium zusammen mit der Auswahlkommission in der Regel zweimal pro Jahr mit Antragsfristen im Februar und September jeden Jahres. Die Auswahlkommission besteht aus fünf Mitgliedern, die als Fachexperten vom Ministerium für Bildung, Wissenschaft und Kultur auf Vorschlag selbigen Ministeriums, der Hochschule Wismar, der Landesmedienanstalt, der Landesarbeitsgemeinschaft Medien Mecklenburg-Vorpommern e.V. und MV Film e.V. berufen werden. Die Geschäftsführung des von MV Film e.V. unterhaltenden Filmbüros nimmt beratend an den Sitzungen der Auswahlkommission teil. Die Förderentscheidungen der Auswahlkommission werden als Empfehlungen an das Ministerium weitergeleitet, das auf deren Grundlage einen Förderbescheid, gegebenenfalls mit Auflagen und Bedingungen erlässt. Die Fördermittel werden vom Ministerium für Bildung, Wissenschaft und Kultur an MV Film e.V. gewährt, der die Gelder nach Erhalt der Bewilligung an die Förderempfänger entsprechend der jeweiligen Bewilligungsbescheide weiterleitet.[813] In der MV Film e.V. Vereinbarung/ Richtlinie finden sich Höchstsummen je nach Förderprogramm, eine Produktionsförderung für programmfüllende Filme kann mit der höchsten Höchstsumme bis zu € 50.000 betragen. Fördermittel können mit Fördermitteln anderer Einrichtungen kumuliert werden.

Da es sich bei den Förderzusagen um ministerielle Bescheide, also Verwaltungsakte handelt, unterliegen diese dem öffentlichen Recht und dem Verwaltungsrechtsweg. Die praktische Relevanz einer gerichtlichen Auseinandersetzung um Förderentscheidungen dürfte sehr gering sein, da Begünstigte wohl kaum Grund haben werden, eine Entscheidung anzufechten. Bleiben Leistungsklagen von Konkurrenten, deren Aussicht auf Erfolg als gering einzustufen ist, da kein Anspruch auf Förderung besteht[814], die limitierten Fördermittel Grenzen setzen und insofern innerhalb der Grenzen der bereitgestellten Haushaltsmittel entschieden wird und die Bescheide auf Entscheidungsgrundlage einer unabhängigen Fachkommission erlassen werden, sie also inhaltlich nur begrenzt überprüfbar sind. Die Entscheidungen der Auswahlkommission sind

813 Vgl. MV Film e.V. Vereinbarung/Richtlinie, S. 4.

814 Ein Förderanspruch wird in der MV Film e.V. Vereinbarung/Richtlinie ausdrücklich verneint, vgl. S. 1, 4.

nicht selbständig anfechtbar[815]; sie sind reine Entscheidungsgrundlage für das Ministerium ohne Außenwirkung.

XI. Rheinland-Pfalz

Rheinland-Pfalz ist eines der beiden Bundesländer ohne eigene selbständige und ministeriell unabhängige institutionelle Filmfördereinrichtung. Filmförderung wird in Rheinland-Pfalz durchaus angeboten, jedoch von verschiedenen Stellen. Es gibt seit ein paar Jahren Bestrebungen aus der Filmbranche für den Aufbau einer eigenständigen Filmfördereinrichtung. Daraus ist das Medien- und Filmforum Rheinland-Pfalz entstanden. Dieses bietet jedoch noch keine finanzielle Filmförderung an. Filmschaffende in Rheinland-Pfalz sind daher je nach Art des Projekts auf verschiedene Stellen angewiesen. So bietet das Ministerium für Wissenschaft, Weiterbildung und Kultur Rheinland-Pfalz eine Filmförderung an, ebenso die Stiftung Rheinland-Pfalz für Kultur. Da die Filmförderung zersplittert ist, existieren keine Gesamtangaben zur Höhe der Filmförderung. Unabhängig von der Nichtexistenz einer eigenen Filmfördereinrichtung besteht ein junges – seit 2005 – aber dennoch national bedeutsames Filmfestival in Rheinland-Pfalz mit dem Festival des deutschen Films Ludwigshafen, das auf die Förderung deutscher Filme ausgerichtet ist und sowohl Besucher- wie Fachpublikumsfilmfestival ist (mit den höchsten Besucherzahlen nach der Berlinale[816]). Zu den oben genannten Fördermöglichkeiten der verschiedenen Stellen bestehen in Rheinland-Pfalz weitere Film- und Medienpreise (von der Stadt Ludwighafen, von dem Bezirksverband Pfalz, von der Landesmedienanstalt und Landeszentrale für politische Bildung) und neben dem Festival des deutschen Films in Ludwigshafen verschiedenste andere Film- und Medienfestivals.[817] Eine Film Commission gibt es in Rheinland-Pfalz nicht. Im Folgenden werden die verschiedenen Förderstellen dargestellt.

815 Vgl. MV Film e.V. Vereinbarung/Richtlinie, S. 4.

816 Vgl. www.german-films.de/festivalguides/selected-german-film-festivals/festview/detail/mode/de/query/l/festival/festival-of-german-films-ludwigshafen/, Stand 22.03.2020.

817 Siehe http://filmforum-rlp.de/fileadmin/branchenguide/web/viewer.html#page=46, Stand 22.03.2020.

1. *Ministerium für Wissenschaft, Weiterbildung und Kultur Rheinland-Pfalz/ Film- und Mediennachwuchsförderung Rheinland-Pfalz*

Das Ministerium für Wissenschaft, Weiterbildung und Kultur Rheinland-Pfalz (im Folgenden MWWK) hat ein Referat für Kulturelle Filmförderung. Angeboten werden zwei Arten von Filmförderung, zum einen eine Förderung für Abschlussfilme, zum anderen eine Abspielförderung.

Die Förderung für Abschlussfilme wird unter dem Namen Film- und Mediennachwuchsförderung Rheinland-Pfalz geführt. Gefördert werden Abschlussprojekte und herausragende Studienarbeiten in Form von Filmen und sonstigen Projekten mit Bewegtbildern wie Videoinstallationen. Aus dem Haushalt des Kulturetats steht hierfür ein jährliches Budget von € 100.000 zur Verfügung.[818] Die Förderung erfolgt in Form von Stipendien. Die Mittel werden auf die verschiedenen Bildungseinrichtungen in Rheinland-Pfalz mit den entsprechenden „gestalterisch-künstlerisch ausgerichteten medienpraktischen Studiengängen“[819] (Hochschule Mainz, Hochschule Trier, Johannes Gutenberg-Universität Mainz, hier v.a. des Fachbereichs Kunsthochschule Mainz-Filmklasse, Institut für Filmwissenschaft und Mediendramaturgie, Journalistisches Seminar) verteilt. Die Einrichtungen wählen die Projekte selbst aus und vergeben die Stipendien (auch Landesstipendien genannt). Eine fachkundige Jury, gebildet in den beteiligten Bildungseinrichtungen, entscheidet über die Vergabe. Eine Benachrichtigung an die Stipendiaten erfolgt durch das MWWK. In der Regel werden Stipendien zweimal jährlich vergeben. Es besteht kein Anspruch auf Förderung. Pro Stipendium werden laut den Richtlinien der Johannes Gutenberg-Universität Mainz zwischen € 500 und € 3.000 gewährt, in Ausnahmefällen € 5.000. Die Auszahlung erfolgt in Raten. Die Richtlinien enthalten weitere Voraussetzungen und Bedingungen, wie die Immatrikulation an einer der Einrichtungen.

Für die Abspielförderung stehen jährlich regelmäßig ca. € 70.000 zur Verfügung, im Jahr 2016 waren € 74.500 vorgesehen[820], die in Form von Kinopro-

---

818 Vgl. Rheinland-Pfalz Haushaltsplan für das Haushaltsjahr 2016, Einzelplan 09 Ministerium für Bildung, Wissenschaft und Kultur, Kap. 0952, Titel 68603 Zuschüsse zur kulturellen Filmförderung, S. 472f.

819 So laut Richtlinien Film- und Mediennachwuchsförderung RLP.

820 Vgl. Rheinland-Pfalz Haushaltsplan für das Haushaltsjahr 2016, Einzelplan 09 Ministerium für Bildung, Wissenschaft und Kultur, Kap. 0952, Titel 53403 Filmpreise und -förderung des Landes Rheinland-Pfalz, Kosten für die Verleihung des rheinland-pfälzischen Kinoprogrammpreises, S. 459.

grammpreisen vergeben werden mit einem Höchstpreis in Höhe von € 10.000 und verschiedenen anderen Preisen für andere Kategorien. Kommunale Kinos sind nicht förderberechtigt. Ausgezeichnet werden Kinos für herausragende Programmangebote (Filmtheaterprogramm, Kinder- und Jugendfilmprogramm, Kurzfilmprogramm). Über die Vergabe der Kinoprogrammpreise entscheidet der für Kultur zuständige Minister auf Grundlage von Vorschlägen einer Fachjury.[821]

2. *Stiftung Rheinland-Pfalz für Kultur*

Die Stiftung Rheinland-Pfalz für Kultur (im Folgenden Kulturstiftung) fördert Projekte im Kunst- und Kulturbereich, worunter auch Filmproduktionen oder Filmfestivals fallen. Die Kulturstiftung wurde 1991 von dem Land Rheinland-Pfalz als rechtsfähige Stiftung des öffentlichen Rechts mit Sitz in Mainz zur Förderung von Kunst und Kultur im Bundesland errichtet.[822] Ausgestattet ist sie mit einem Stiftungskapital von damaligen DM 27 Mio. und weiteren von der Landesregierung beabsichtigten Kapitalzuführungen in Höhe von € 10,75 Mio., die unter Zugrundelegung eines Zinssatzes von 3% veranschlagt werden und im Vollzug der Haushalte an die Kulturstiftung ausgezahlt werden, im Jahr 2016 war das ein Betrag von € 322.500[823], sowie Zuwendungen Dritter. Ein Bereich der Kulturstiftung ist die Projektförderung. Die Förderung der Kulturstiftung erfolgt aus den Erträgen des Stiftungsvermögens sowie Spenden und sonstigen Zuwendungen.[824] Es können Projekte für die Herstellung von Dokumentar- und Kurzfilmen, die Entwicklung von Drehbüchern und Konzepten, Dokumentationen zum rheinlandpfälzischen audiovisuellen Erbe, die Erstellung von Zusatzkopien und Untertitelung zur internationalen Präsentation, die Vorführung von Filmkunst und nationale wie internationale Workshops gefördert werden.[825] Die Förderung erfolgt als Teilfinanzierung des Projekts, entweder als Anteilsfinanzierung, Fehlbedarfsfinanzierung oder Festbetragsfinanzierung in Form von nicht rückzahlbaren Zuschüssen. Teilweise kann auch ein Darlehen gewährt

---

821 Siehe auch Merkblatt zum Kinoprogrammpreis.

822 Vgl. Kulturstiftung Satzung, § 1; www.kulturstiftung-rlp.de/index.php?id=119, Stand 22.03.2020.

823 Vgl. Rheinland-Pfalz Haushaltsplan für das Haushaltsjahr 2016, Einzelplan 20 Allgemeine Finanzen, Kap. 2002, Titel 53903 Zuführung der Erträge des Stiftungsvermögens an die Stiftung Rheinland-Pfalz für Kultur, S. 21.

824 Vgl. Kulturstiftung Satzung, § 5.

825 Vgl. Kulturstiftung Förderrichtlinien, S. 6.

werden, insbesondere bei Filmprojekten. In der Regel ist die Förderung auf 50% der Gesamtausgaben/ Herstellungsausgaben begrenzt, in Ausnahmefällen z.B. im Bereich Dokumentar- und Kurzfilm oder Nachwuchs auch auf 80%. Anträge sind ab € 1.000 Fördermitteln zulässig. Eine Förderung des gleichen Projekts aus weiteren staatlichen Haushaltsmitteln (Doppelförderung) soll nicht stattfinden. Anträge können zweimal jährlich gestellt werden. Die Förderentscheidung wird von dem Vorstand der Kulturstiftung getroffen, u.U. unter Hinzuziehung von Fachbeiräten. Ein Rechtsanspruch besteht nicht. Eine Förderung der Kulturstiftung kann nur im Rahmen der verfügbaren Haushaltsmittel stattfinden. Da es sich um eine Stiftung öffentlichen Rechts handelt und die Förderung ein öffentlich-rechtliches Rechtsverhältnis zwischen Kulturstiftung und Gefördertem begründet, ist für Rechtsstreitigkeiten der Verwaltungsrechtsweg einschlägig.

3. *Film- und Medienforum Rheinland-Pfalz*

Das Film- und Medienforum Rheinland-Pfalz ist aus Bestrebungen von Filmschaffenden, die sich zunächst in der Initiativgruppe Mainzer Manifest[826] zusammengeschlossen hatten, im Dialog mit dem Ministerium für Wirtschaft, Verkehr, Landwirtschaft und Weinbau (MWVLW) und Ministerium für Wissenschaft, Weiterbildung und Kultur (MWWK) sowie Abgeordneten des Landtags Rheinland-Pfalz entstanden und ist seit dem 1. August 2014 aufgebaut worden. Es gehört strukturell zum Geschäftsbereich der IMG Innovations-Management GmbH, einem Tochterunternehmen der Investitions- und Strukturbank Rheinland-Pfalz, und wird vom Wirtschaftsministerium (MWVLW) finanziell unterstützt. Das Film- und Medienforum hat zum Ziel, die Rahmenbedingungen der regionalen Film- und Medienkultur und -wirtschaft zu verbessern. Mit dem Film- und Medienforum wird eine zentrale Anlaufstelle für Filmschaffende in Rheinland-Pfalz oder solche, die Filmprojekte in Rheinland-Pfalz realisieren wollen, geschaffen, die Service, Hilfestellungen und Hinweise zu Förderprogrammen im Bundesland anbietet. Damit ist das Film- und Medienforum keine Filmfördereinrichtung wie in anderen Bundesländern, da es keine eigenen finanziellen Mittel zur Förderung vergeben kann. Aufgaben und Ziele des

---

826 Das Mainzer Manifest war eine Petition an die Landesregierung Rheinland-Pfalz v. 27.11.2012, abzurufen unter www.openpetition.de/petition/online/mainzer-manifest-fuer-eine-film-und-medienfoerderung-fuer-rheinland-pfalz, Stand 22.03.2020, in der eine koordinierte und institutionalisierte Filmförderung für Rheinland-Pfalz gefordert wurde.

Film- und Medienforum Rheinland-Pfalz sind insbesondere „die Vernetzung und die Sichtbarmachung der rheinland-pfälzischen Filmbranche, Standortmarketing zur Förderung nationaler und internationaler Produktionen sowie die Entwicklung der Marke Film- und Medienförderung Rheinland-Pfalz“[827].

D. Förderung durch Rundfunkanstalten und Rundfunkunternehmen

Eine Filmfinanzierung ohne die Beteiligung von Rundfunkunternehmen ist in Deutschland kaum denkbar. Darüber hinaus ist eine Filmförderung durch Rundfunkveranstalter gesetzlich erwünscht. Demgemäß formuliert die Präambel des Rundfunkstaatsvertrags das Ziel der Unterstützung der Film- und Fernsehproduktion durch Rundfunkveranstalter. Die Beteiligung der Rundfunkveranstalter an der Filmförderung soll hier indes nur überblicksweise in der gebotenen Kürze zum Zwecke eines Gesamtbildes des Finanzierungssystems sowie eines Verständnisses des Zusammenwirkens mit den Fördereinrichtungen auf Bundes- und Landesebene dargestellt werden. Für die Fragestellung der vorliegenden Arbeit ist die Förderung durch Rundfunkunternehmen nicht weiter relevant.

Es gibt auf nationaler wie auch europäischer und internationaler Ebene gesetzliche Regelungen, die sich auf eine Förderung der Filmwirtschaft durch die Rundfunkunternehmen beziehen. Auf nationaler Ebene finden sich insbesondere im Rundfunkstaatsvertrag Bestimmungen zur Filmförderung. Sowohl die Präambel wie § 6 RStV macht die Sicht des Gesetzgebers deutlich, die Filmwirtschaft unterstützen zu wollen. Allerdings nimmt der Gesetzgeber mit § 6 RStV die Rundfunkveranstalter nicht in die Pflicht, sondern formuliert vielmehr Klarstellungen und Sollvorschriften. Dass eine Unterstützung der deutschen und europäischen Filmproduktionswirtschaft jedoch nicht allein durch Zielsetzungen ohne Inpflichtnahme erreicht werden kann, sieht auch der Gesetzgeber und verweist in der Präambel mit der Formulierung, dass „durch diesen Staatsvertrag, vor allem aber durch weitere Regelungen und Förderungsvorhaben“[828] dieses Ziel erlangt werden soll, auf die Förderungen des Bundes und der Bundesländer sowie Förderinitiativen auf europäischer Ebene.

§ 6 RStV dient dem Zweck der Förderung der deutschen und europäischen Filmproduktionswirtschaft. Die Norm formuliert das Förderungsziel von

827 Vgl. www.filmforum-rlp.de/forum/aufgaben-ziele.html, Stand 22.03.2020.
828 Abs. 3 S. 2 Präambel RStV.

deutschen und europäischen Film- und Fernsehproduktionen und beinhaltet konkrete Regelungen zur Förderung, scilicet Quotenregelungen, teilweise als Vielfaltssicherungsinstrument intendiert, zum einen hinsichtlich der Verbreitung von deutschen und europäischen Film- und Fernsehproduktionen und zum anderen zur Herstellung von Eigen- oder Auftrags- und Gemeinschaftsproduktionen aus deutschem und europäischen Raum bei Fernsehvollprogrammen. § 6 RStV führt in Absatz 1 für private und öffentlich-rechtliche Rundfunkveranstalter, die Fernsehen anbieten, gleichermaßen deren Bedeutung für deutsche und europäische Filmproduktionen als Kulturgut auf. Die Bedeutung der Rundfunkunternehmen liegt in der Herstellung und vor allem Verbreitung deutscher und europäischer Film- und Fernsehproduktionen. Das zeigt sich daran, dass z.B. im Jahr 2018 von den deutschen frei-empfangbaren Fernsehsendern insgesamt 11.455 Kinofilme ausgestrahlt wurden, wobei in den Jahren 2009-2017 eine abnehmende Einkaufspolitik der Fernsehunternehmen festzustellen ist.[829]

Die beiden Quotenregelungen in § 6 Abs. 2, 3 RStV gründen in europarechtlichen Vorgaben, die in nationales Recht umgesetzt worden sind. Dazu zählt die AVMD-RL (früher EU-Fernsehrichtlinie, Art. 4, 5) mit ihren Quotenregelungen hinsichtlich des Gesamtanteils am Programm von europäischen Werken sowie Eigen-, Auftrags- und Gemeinschaftsproduktionen. Hintergrund für Quotenregelungen sind der Schutz und die Stärkung von europäischen Produktionen und auf diese Weise die Förderung der europäischen Filmwirtschaft. Quotenregelungen sind sehr umstritten und werden größtenteils als ungeeignet zum Erreichen des Zwecks, der Förderung der europäischen Kultur angesehen.[830] Laut BVerfG darf der Gesetzgeber Leitgrundsätze aufstellen, verbindliche Programmquoten gehen jedoch darüber hinaus.[831] Aus diesem Grund sind sie in § 6 Abs. 2, 3 RStV als Sollbestimmungen ausgestaltet, anders als die Regelungen in der AVMD-RL

829 Vgl. SPIO, www.spio.de/index.asp?SeitID=377&TID=3, Stand 17.04.2020.

830 Eine positive Wirkung von Quotenregelungen ist bislang nicht nachgewiesen worden. In Deutschland ist der Anteil nationaler (und europäischer) Produktionen sowohl bei den öffentlich-rechtlichen wie auch den privaten Veranstaltern recht hoch. Dies wird nicht auf die gesetzliche Regelung zurückgeführt, sondern auf die Vorliebe des Publikums. Der Anteil europäischer Werke hält sich dagegen in Grenzen, da hier nach wie vor kulturelle und sprachliche Barrieren bestehen. Für den europäischen Fernsehmarkt gilt daher das Gleiche wie für den Filmmarkt. Abgesehen von der umstrittenen Wirksamkeit als Filmindustriefördermaßnahme stellen verbindliche Quoten einen Eingriff in die Rundfunkfreiheit dar. Vgl. Hahn/Vesting, RStV, § 6, Rn. 19, 22 jeweils m.w.N.; Dörr/Beucher/Eisenbeis/Jost, S. 93f., 82 m.w.N.

831 Vgl. Hahn/Vesting, RStV, § 6, Rn. 19 m.w.N.

und des Europäischen Übereinkommens zum Schutz des audiovisuellen Erbes des Europarats vom 08.11.2001.[832] Das Übereinkommen trägt mittels einer verpflichtenden Hinterlegung von Filmproduktionen zum Schutz des audiovisuellen Erbes, speziell von Kinofilmen, bei. Für Fernsehproduktionen gilt dagegen eine freiwillige Hinterlegung gemäß Protokoll vom 08.11.2001 zum Europäischen Übereinkommen zum Schutz des audiovisuellen Erbes betreffend den Schutz der Fernsehproduktionen. Diese Regelungen können ergänzend zu § 6 Abs. 1 und 2 RStV zum Schutz europäischer Produktionen gesehen werden. Vor der Ratifikation und Inkrafttreten 2013/ 2014 bestanden seit 2004 bereits Regeln zur Pflichthinterlegung geförderter Filme durch Selbstverpflichtungserklärungen der Filmfördereinrichtungen bzw. Fernsehveranstalter. Von ARD, ZDF und Deutsche Welle gibt es eine freiwillige Selbstverpflichtung zur Umsetzung des Zusatzprotokolls des Europäischen Übereinkommens zum Schutz der Fernsehproduktionen. Für Filmproduktionen, die von der FFA sowie den Fördereinrichtungen auf Landesebene gefördert wurden, besteht inzwischen gemäß § 49 FFG bereits eine Hinterlegungspflicht.

Neben den Quotenregelungen enthält die Vorschrift des § 6 Abs. 4 RStV eine ausdrückliche gesetzliche Klarstellung für den öffentlich-rechtlichen Rundfunk zur Berechtigung der Filmförderung. Die Förderung nach dem RStV ist nur eine Säule der Förderung. Die Beteiligung des öffentlich-rechtlichen Rundfunks an der Filmförderung ist insoweit jedoch unverzichtbar. Der Wortlaut verwendet lediglich den Begriff der Beteiligung an der Filmförderung um einen verfassungsrechtlichen Konflikt, der durch eine in die Rundfunkfreiheit, namentlich die Programmautonomie, gemäß Art. 5 Abs. 1 S. 2 2. Alt. GG eingreifende Verpflichtung hervorgerufen würde, zu vermeiden. Zudem muss eine Filmförderung durch die öffentlich-rechtlichen Rundfunkveranstalter durch den Programmauftrag gedeckt sein, soweit dafür Mittel aus dem Rundfunkbeitragsaufkommen verwendet werden. Die Filmförderung durch den öffentlich-rechtlichen Rundfunk wird in verfassungsrechtlicher Hinsicht vom Programmauftrag bestimmt und begrenzt; dieser ist damit „Grund und Grenze einer Filmförderung“[833]. Mit der Klarstellung in Absatz 4 geht keine Erweiterung des Programmauftrags einher (Amtl. Begr. Zum 7.RÄndStV, zu Art. 1 Nr. 2). Der deutsche Gesetzgeber sieht eine zusätzliche Filmförderung jedoch als unerlässlich an. Bereits die Präambel zum Rundfunkstaatsvertrag (Abs. 3) formuliert deutlich, dass die enthaltenen Regelungen einen Beitrag zur Förderung

---

832 Ratifiziert am 5.12.2013, in Kraft seit 1.4.2014.

833 Cornils, in: BeckOK InfoMedienR, RStV, § 6, Rn. 18.

der europäischen Fernsehproduktionen leisten sollen. Für den verfassungsrechtlich notwendigen inneren Zusammenhang zwischen der Beteiligung der Rundfunkanstalten an der Filmförderung und dem Programmauftrag muss nach Auffassung des Gesetzgebers laut der Amtl. Begr. zum 7. RÄndStV kein unmittelbarer Zusammenhang zwischen der Beteiligung an der Filmförderung und der Programmbeschaffung bestehen, mittelbare Vorteile wie die der allgemeinen Qualitätssteigerung für die Programmbeschaffung seien ausreichend. Denn mit der Förderung durch den Rundfunk wird die kulturelle und wirtschaftliche Vielfalt der Filmproduktion und des Produktionsmarkts gestärkt, die Filmwirtschaft strukturell unterstützt und somit die allgemeine Produktionsqualität verbessert. Der mit dem 12.RÄndStV eingefügte letzte Halbsatz in Absatz 4 Satz 1 enthält die Bestimmung, dass keine unmittelbare Gegenleistung für die Beteiligung an der Filmförderung erfolgen muss. Der Gesetzgeber sieht insofern die mittelbaren Vorteile der allgemeinen Qualitätssteigerung als ausreichende mittelbare Gegenleistung für die Legitimation der Verwendung des Rundfunkbeitrags an (Amtl. Begr. Zum 12.RÄndStV, zu Nr. 5, S. 6). Mit dieser weiten Auslegung des inneren Zusammenhangs umgeht der Gesetzgeber eine Erschwerung der Filmförderung durch die Rundfunkanstalten aus verfassungsrechtlichen Gründen.[834]

Die Klarstellung zur Berechtigung der Beteiligung an der Filmförderung in § 6 Abs. 4 RStV wird ergänzt durch den Zusatz, dass weitere landesrechtliche Regelungen unberührt bleiben. Diese Regelung ermöglicht den Landesgesetzgebern, eine Filmförderung der Rundfunkanstalten durch die zwei Instrumente der Vorabkürzung und der Rückflussmittel vorzusehen. In einigen Bundesländern schreiben aufgrund dessen die jeweiligen Mediengesetze die Beteiligung der Rundfunkanstalten an der Filmförderung mit einem Teil des Rundfunkbeitrags vor. § 40 Abs. 2 RStV räumt den Landesgesetzgebern die Möglichkeit einer Vorabkürzung der Mittel für die Landesmedienanstalten aus den Rundfunkbeiträgen ein. Unter Vorabkürzung ist zu verstehen, dass die Landesmedienanstalten von den Rundfunkanstalten nicht den vollen Betrag von knapp 2% des Rundfunkbeitrags gemäß § 10 RFinStV erhalten. Stattdessen wird ein Teil gekürzt und von den Rundfunkanstalten zur regionalen Filmförderung oder als weiterzuleitende Mittel an die Länderfilmfördereinrichtung eingesetzt. Die Eignung von § 40 Abs. 2 RStV als ausreichende Ermächtigungsgrundlage wird teilweise problematisiert.[835]

---

834 Kritisch dazu im Hinblick auf den Programmauftrag Cornils, in: BeckOK InfoMedienR, RStV, § 6, Rn. 18 m.w.N.

835 Vgl. Hahn/Vesting, RStV, § 6, Rn. 202.

Wenn die den Landesmedienanstalten zugewiesenen Mittel aus den Rundfunkbeiträgen am Ende eines Haushaltsjahres nicht gänzlich verwendet worden sind, fallen sie grundsätzlich an die jeweiligen Rundfunkanstalten zurück, sog. Rückflussmittel. Die zurückgefallenen Mittel können gemäß § 40 Abs. 3 RStV vom Landesgesetzgeber mit einer Zweckbindung versehen werden und ebenfalls für die Filmförderung vorgesehen werden.

Manche Bundesländer haben von einer der beiden Möglichkeiten Gebrauch gemacht, manche haben sowohl die Vorabkürzung wie die Zweckbindung der Rückflussmittel in ihren Landesgesetzen geregelt, einige Bundesländer haben keine der Möglichkeiten umgesetzt. Von der Möglichkeit der Vorabkürzung haben Baden-Württemberg[836], Hessen[837], Mecklenburg-Vorpommern[838], Niedersachsen[839], Nordrhein-Westfalen[840], Sachsen[841] in ihren Rundfunkanstaltsgesetzen bzw. Landesmediengesetzen sowie Hamburg/ Schleswig-Holstein[842] und Berlin/ Brandenburg[843] in ihren Medienstaatsverträgen Gebrauch gemacht. Eine Zweckbindung der Verwendung von Rückflussmitteln für die Filmförderung haben Baden-Württemberg[844], Berlin/ Brandenburg[845], Bremen[846], Mecklenburg-Vorpommern[847], Niedersachsen[848], NRW[849], Sachsen[850], Thüringen[851] sowie Hamburg/ Schleswig-Holstein[852] geregelt. Bayern, Rheinland-Pfalz, Sachsen-Anhalt und das Saarland haben keine entsprechenden Regelungen

---

836 § 47 Abs. 2 LMG BW.

837 § 57 Abs. 3 S. 2 Ziff. 3 HPRG.

838 § 60 Abs. 2 S. 2 RundfG-M-V.

839 § 50 Abs. 3 S. 1 NMedienG.

840 § 47 S. 2 Nr. 1 WDR-Gesetz i.V.m. § 116 Abs. 1 S. 1 LMG NRW.

841 § 1 Abs. 3 S. 1, 2 Sächsisches Gesetz zur Durchführung des Staatsvertrags über den Rundfunk im vereinten Deutschland.

842 Vgl. § 55 Abs. 2 Medienstaatsvertrag HSH.

843 § 15a Abs. 1 MStV.

844 § 47 Abs. 4 LMG BW.

845 § 15a Abs. 2 S. 3 MStV.

846 § 54 Abs. 4 BremLMG.

847 § 60 Abs. 3 S. 3 RundfG-M-V.

848 § 50 Abs. 3 S. 1 NMedienG.

849 § 47 S. 2 Nr. 1 WDR-Gesetz i.V.m. § 116 Abs. 1 S. 2 LMG NRW.

850 § 1 Abs. 3 Satz 3 Sächsisches Gesetz zur Durchführung des Staatsvertrags über den Rundfunk im vereinten Deutschland.

851 § 50 Abs. 4 S. 3 ThürLMG zugunsten von Kinder- und Jugendfilmförderung.

852 § 55 Abs. 4 Nr. 2 Medienstaatsvertrag HSH.

in ihren Landesmediengesetzen oder Gesetzen zum Rundfunkstaatsvertrag aufgenommen.[853]

Eine Verpflichtung zur Beteiligung an der Filmförderung kann dagegen in den §§ 154-156 FFG gesehen werden, die seit der an anderer Stelle dargestellten Verfahren um die Filmabgabe auch die Fernsehveranstalter und Programmvermarkter in den Kreis der Abgabepflichtigen der Filmabgabe -und somit als Beteiligung an der Bundesförderung- einbeziehen.[854] Diese Inpflichtnahme zur Filmabgabe ist indes etwas anders gelagert, da weder direkt die Programmautonomie noch der Programmauftrag betroffen sind, sondern eine Beteiligung an der Filmförderung lediglich durch die Verpflichtung zur Filmabgabe erreicht wird. Wie oben erwähnt, sieht das aktuelle Abkommen zwischen der FFA und ARD/ ZDF über die gesetzliche Abgabenhöhe hinausgehende Leistungen vor, sodass die öffentlich-rechtlichen Fernsehveranstalter insgesamt mit je € 9,3 Mio. jährlich zur Filmförderung beitragen.[855]

Neben den gesetzlich normierten Instrumenten der Filmförderung im Rundfunkstaatsvertrag und FFG beteiligen sich die Rundfunkunternehmen, vor allem die Rundfunkanstalten der ARD sowie das ZDF, bei den meisten Filmfördereinrichtungen der Länder entweder als Gesellschafter oder mittels finanzieller Partnerschaften (siehe oben Kapitel C.). Viele Filme werden zudem als Koproduktionen mit Rundfunkanstalten realisiert. Das Format Kleines Fernsehspiel des ZDF fördert z.B. Nachwuchsfilme in Auftragsproduktion oder Kinokoproduktion und bietet Produktionsförderung und Drehbuchentwicklung an. Sowohl die öffentlich-rechtlichen Rundfunkanstalten als auch die privaten Fernsehunternehmen haben Tochterunternehmen, die Filme oder Fernsehfilme und Fernsehserien produzieren. Für sämtliche ARD Rundfunkanstalten besteht zudem die ARD Degeto, die Filme für das Fernsehen produziert.

---

853 Jedenfalls nicht zugunsten der Filmförderung. Rheinland-Pfalz und Sachsen-Anhalt haben zwar von der Zweckbindung der Rückflussmittel Gebrauch gemacht, aber für andere Zwecke als die Filmförderung.

854 Vgl. Cornils, in: BeckOK InfoMedienR, RStV, § 6, Rn. 5.

855 Vgl. 12. Film-Fernseh-Abkommen. Der Betrag setzt sich wie folgt zusammen: Falls die gesetzliche Abgabe jeweils den Betrag von € 5,5 Mio. unterschreitet, leistet die ARD den Differenzbetrag als Geldleistung, das ZDF zum Teil als Geldleistung und zum Teil als Sachleistung, jedoch maximal in Höhe von € 800.000. Daneben verpflichten sie sich zu Sachleistungen in Form von Werbezeiten in Höhe von je € 1,5 Mio. und für Gemeinschaftsproduktionen zwischen Film und Fernsehen in Höhe von je € 2,3 Mio.

E. Andere Finanzierungsarten

Regelmäßig setzt die Förderung der Fördereinrichtungen auf Länderebene wie Bundesebene eine geschlossene Finanzierung voraus. Die Fördermittel der Ländereinrichtungen können sämtlich miteinander kumuliert werden ebenso mit Mitteln aus Bundesförderungen. Da eine Förderung mit öffentlichen Mitteln allerdings grundsätzlich auf 50% der Gesamtkosten begrenzt ist, werden andere Finanzierungsarten als weitere Anteile an der Gesamtfinanzierung eines Filmprojekts relevant. Die Förderung der Filmfördereinrichtungen ist nur ein kleiner Teil im gesamten Filmfinanzierungssystem. Die vorliegende Arbeit beleuchtet die öffentlich-rechtliche Förderung. Die anderen Finanzierungsmöglichkeiten sind privatrechtlicher Natur; die Frage nach der Vereinbarkeit mit europäischem Beihilfenrecht stellt sich hier nicht. Sie sollen der Vollständigkeit halber nur kurz Erwähnung finden, es soll aber nicht weiter auf sie eingegangen werden.[856]

Andere Finanzierungsarten sind Finanzierungen von Banken und Versicherungen oder auch privaten Investoren, darunter fallen u.a. Bankenfinanzierungen, Filmfonds (soweit es sie noch gibt), Bürgschaften, Fertigstellungsgarantien (Vermögensversicherung), Errors & Omissions-Versicherungen (Rechtsschutz- und Haftpflichtversicherung als Vermögensschadensversicherung des Produzenten), Vertriebs- und Verleihverträge, Nutzungsrecht für den Weltvertrieb, Lizenzierungen z.B. bezüglich einer Fernsehausstrahlung, Sponsoring, Merchandising, die Finanzierung durch Rückstellungen sowie Koproduktionen. Auf die Finanzierungsmöglichkeit einer Koproduktion und die Möglichkeit, Fördermittel bei internationalen Koproduktionen zu kumulieren, wurde bereits in der Einführung eingegangen. Eine Finanzierungslücke kann mittels einer Lückenfinanzierung/ gap-financing überbrückt werden. Eine in jüngster Zeit hinzugekommene Finanzierungsmöglichkeit ist Crowdfunding.

Aufgrund der filmwirtschaftlichen Situation werden die Vertragspartner in der Regel keine Vorauszahlungen, sogenannte Garantien, auf die nach Fertigstellung des Films möglichen Auswertungserlöse zusichern noch bereits im Voraus leisten. Auch die Bewilligung von Fördermitteln bedeutet noch keine sofortige Auszahlung zu Beginn, sondern ist von bestimmten Lieferbedingungen abhängig. Folglich kann der Produzent lediglich das wirtschaftliche Interesse an dem geplanten Filmprojekt einholen, aber keine ausreichenden Mittel zur Finanzierung. Er ist somit darauf angewiesen, diese verschiedenen Finanzierungsquellen bis zu dem Zeitpunkt selbst aufzubringen, an dem die Mittel fließen. Für diese

---

856 Weiterführend Klages.

Zwischenfinanzierung wird eine Bank (oder ein anderer Investor) eingeschaltet, die mittels eines Produktionsdarlehens diese zu 100% finanzierte Filmplanung vorfinanziert. Im Falle einer nicht zu 100% gesicherten Filmplanung liegt eine Lücke in der Finanzierung vor, die mit einer Lückenfinanzierung ausgefüllt werden müsste. Als Alternative zu einer Bankbürgschaft wird vermehrt eine Fertigstellungsgarantie/ Completion-Bond verlangt. Versicherungen wie die Fertigstellungsgarantie sind ein Teil des Filmfinanzierungssystems, weil sie in die verzweigte Struktur von Finanzierungspartnern eingebunden werden und selbst Teil der Filmfinanzierung werden. Manche Fördereinrichtungen oder Förderprogramme bieten eine finanzielle Unterstützung der Kosten für bestimmte Versicherungen.

Teil 4 Europarechtliche Grundlagen

A. Für die Filmförderung relevante Rechtsvorgaben auf EU-Ebene

Heute gibt es kaum einen Sachbereich, der nicht von europäischen Regelungen beeinflusst wird. Das materielle Unionsrecht bestimmt „wegen der zunehmenden Durchdringung der nationalen Rechtsordnungen durch gemeinschaftliche Vorgaben die Spezialdisziplinen“[857]. Das gilt auch für den audiovisuellen Bereich, insbesondere für den Filmsektor. Harmonisiert wurde die Filmförderung jedoch nicht; es bleibt den Mitgliedstaaten überlassen, ob eine Filmförderung erfolgt und wie sie diese ausgestalten.

Auf primärrechtlicher Ebene sind im Bereich der Filmförderung die wettbewerbsrechtlichen Regelungen, speziell die Beihilfevorschriften der Art. 107 ff. AEUV, entscheidend. Die Filmförderung betrifft die Kultur- und Wirtschaftspolitik der Mitgliedstaaten und stellt einen Wettbewerbseingriff dar, der sich auf den Binnenmarkt auswirken kann. Denn Filme werden international gehandelt, sodass sich jegliche Zuschüsse, Steueranreize oder sonstige Förderungen als Wettbewerbsvorteil auf dem europäischen Binnenmarkt und im zwischenstaatlichen Handel darstellen können. Das unionsrechtliche Beihilferegime soll Beihilfenpolitik der Mitgliedstaaten und Binnenmarkt in Einklang bringen und kann insoweit die Beihilfenpolitik der Mitgliedstaaten steuern.

Ferner ist die Kulturvorschrift des Art. 167 AEUV zu erwähnen. Kultur ist damit ausdrücklich ein Politikbereich der EU. Art. 167 AEUV ist zugleich Ermächtigungsgrundlage für die unionseigene Kulturpolitik wie auch enge Begrenzung ihrer Kompetenz im Bereich der Kultur, die grundsätzlich der Kompetenz der Mitgliedstaaten vorbehalten ist.[858] Der Kulturartikel wird im Rahmen des Kapitels E. Filmförderung der EU und des Europarats näher beleuchtet. Zudem benennt die Vorschrift Art. 6 S. 2 lit. c AEUV die Kultur als eines derjenigen Ziele der EU, die mittels Maßnahmen zur Unterstützung, Koordinierung und Ergänzung der Mitgliedstaaten verfolgt werden.

Ansonsten können im Bereich des Films allgemein die Grundfreiheiten, vor allem die Warenverkehrs- und Dienstleistungsfreiheit einschlägig sein, je nachdem, ob es sich um den Film als körperlichen Datenträger oder als Dienstleistung

---

857 So sagte es zutreffend Streinz, bereits in der alten 6. Auflage 2003, Rn. 6.

858 Vgl. Fechner, in: von der Groeben/Schwarze/Hatje, EUR, AEUV, Vor Art. 167, Rn. 1.

handelt. Für Filmschaffende ist ferner die Niederlassungsfreiheit und Arbeitnehmerfreizügigkeit relevant. Die Grundfreiheiten sind im Verhältnis zu den Beihilfevorschriften jedoch subsidiär. Die Beihilfevorschriften sind ausdifferenziert und würden bei Anwendung der Grundfreiheiten konterkariert werden.[859]

Auf sekundärrechtlicher Ebene sind im Bereich des Beihilfenrechts verschiedene Verordnungen von dem Rat und der Kommission erlassen worden. Erwähnt werden sollen an dieser Stelle die Ermächtigungsverordnung des Rates (VO (EG) Nr. 994/98), die De-minimis-Verordnung (VO (EU) Nr. 1407/2013), die Allgemeine Gruppenfreistellungsverordnung (VO (EU) 651/2014 bzw. VO (EG) 800/2008). Wenngleich nicht sekundärrechtlich typisiert, hat die Kommission weitere Akte erlassen, wie die Mitteilung der Kommission über staatliche Beihilfen für Filme und andere audiovisuelle Werke, die sog. Filmmitteilung (ABl. C 332/1 vom 15.11.2013). Inwieweit diesen Akten der Kommission Rechtsverbindlichkeit zukommt, wird ausführlich unter C.II.2. dargestellt.

Die früheren Richtlinien, die verschiedene rechtliche Aspekte im Filmbereich zum Gegenstand hatten, nämlich zum freien Dienstleistungsverkehr von europäischen Filmen (freie Einfuhr, Verleih und Nutzung, Einfuhr- und Spielzeitkontingente u.a.), zur Niederlassungsfreiheit bzgl. Filmverleih und Vermietung sowie zur Niederlassungs- und Dienstleistungsfreiheit bzgl. Filmproduktion, sind aufgehoben wurden.[860] Ferner besteht die Richtlinie RL 2010/13/EU zur Koordinierung bestimmter Rechts- und Verwaltungsvorschriften der Mitgliedstaaten über die Bereitstellung audiovisueller Mediendienste (Richtlinie über audiovisuelle Mediendienste, kurz AVMD), die mit der Filmförderung verwandt ist.

Des Weiteren bestehen die Empfehlung 2005/865/EG vom 16.11.2005 zum Filmerbe und zur Wettbewerbsfähigkeit der einschlägigen Industriezweige (basierend auf der Entschließung des Rates vom 26.06.2000 zur Erhaltung und Erschließung des europäischen Filmerbes, ABl. 2000 C 193/1) und die Entschließung des Rates vom 24.11.2003 zur Hinterlegung von Kinofilmen in der Europäischen Union, ABl. 2003 C 295/5.

---

859 Vgl. Ruthig/Storr, Rn. 901 mit Verweis auf die Entscheidung des EuGH „Buy Irish" 24.11.1982, Rs. 249/81.

860 Frühere RL 63/607/EWG, RL 65/264/EWG, RL 68/369/EWG und RL 70/451/EWG. Sämtlich aufgehoben durch die Richtlinie RL 1999/42/EG über ein Verfahren zur Anerkennung der Befähigungsnachweise für die unter die Liberalisierungs- und Übergangsrichtlinien fallenden Berufstätigkeiten in Ergänzung der allgemeinen Regelung zur Anerkennung der Befähigungsnachweise; diese RL ist inzwischen aufgehoben von RL 2005/36/EG über die Anerkennung von Berufsqualifikationen.

B. Beihilfevorschriften

Die europäischen Vorschriften zur Beihilfenkontrolle als Teil des Wettbewerbsrechts umfassen die Art. 107-109 AEUV. Art. 107 AEUV enthält den Tatbestand der Beihilfe sowie Legalausnahmen und Rechtfertigungsgründe. Art. 108 AEUV regelt die Beihilfeaufsicht, insbesondere das Notifizierungsgebot, und Art. 109 AEUV den Erlass von Durchführungsverordnungen.

Bei der Beihilfe wird auf europäischer Ebene unterschieden zwischen horizontaler und sektoraler Beihilfe. Horizontale Beihilfen richten sich an sämtliche Unternehmen unabhängig von ihrem Sektor, während sektorale Beihilfen nur die Unternehmen in einem bestimmten Sektor unterstützen sollen. Die Rolle der Kommission hinsichtlich von Beihilfen wird auch als Schiedsrichterin beschrieben, die bei den von den Mitgliedstaaten vergebenen Beihilfen stets prüft, ob auch das darüberstehende Gemeinschaftsinteresse der EU berücksichtigt wurde bzw. die Beihilfen im Interesse der EU sind.[861] Dieses Gemeinschaftsinteresse der EU kann von der Kommission im Rahmen ihrer Ermessensspielräume, vor allem in Art. 107 Abs. 3 AEUV, genutzt werden, um -über die Unterbindung von wettbewerbsschädigenden Handlungen hinaus- durch das Beihilfenrecht die nationale Beihilfenpolitik als europäische Politik positiv zu beeinflussen und zu lenken (sog. „positive Integration").[862]

Nicht jede staatliche Zuwendung stellt eine Beihilfe dar, wenn sie entweder bereits tatbestandlich keine Beihilfe ist oder tatbestandlich eine Beihilfe vorliegt, die gerechtfertigt werden kann, wenn z.B. eine unterschiedliche Behandlung durch einen Grund gerechtfertigt ist, der dem jeweiligen Markt immanent ist.

Wie oben dargestellt, leidet der europäische Filmmarkt an strukturellen Schwächen. Um prüfen zu können, ob die einzelnen nationalen Filmfördermaßnahmen in UK und Deutschland eine Beihilfe darstellen und gegebenenfalls, ob diese mit dem Binnenmarkt vereinbar ist, werden in diesem Kapitel zunächst die europäischen Rechtsvorgaben und der Aufbau der Beihilfeprüfung im Allgemeinen beschrieben bevor in den nächsten zwei Teilen das Vorliegen von Beihilfen durch Filmfördermaßnahmen konkret geprüft wird.

Ob die verschiedenen deutschen Förderinstitutionen und -regelungen als Beihilfensystem unter den europäischen Beihilfebegriff fallen und also eine Beihilfe

---

861 Vgl. Oldale/Piffaut, in: Bacon, EC Law of State Aid, Kap. 1, Rn. 1.13 mit Verweis auf Lowri Evans, damalige Vizegeneraldirektorin DG COMP.

862 Vgl. Oldale/Piffaut, in: Bacon, EC Law of State Aid, Kap. 1, Rn. 1.24, als sog „positive integration" bezeichnet.

darstellen, ist bislang nicht einheitlich entschieden.[863] Trotz der bisherigen fünfzehn Jahre Gültigkeit der sog. Filmmitteilung gab und gibt es um die Beihilfe verschiedene Auffassungen, die gerade in den Details variieren. Besonders aktuell zeichnet sich die Problematik durch die in der Zeit während der Entstehung dieser Arbeit durchgeführten Konsultationen und Überprüfung durch die EU-Kommission und schließlich dem Erlass einer neuen überarbeiteten Filmmitteilung 2013 sowie Erweiterungen des Anwendungsbereichs der AGVO aus.[864]

C. Beihilfeprüfung

Die Prüfung, ob eine Zuwendung als Beihilfe zu qualifizieren ist und, wenn dies zu bejahen ist, ob diese Beihilfe ausnahmsweise gerechtfertigt und damit genehmigungsfähig ist, richtet sich nach Art. 107 AEUV. Art. 107 Abs. 1 AEUV statuiert zunächst ein grundsätzliches Beihilfeverbot. Art. 107 Abs. 2 AEUV regelt sodann Legalausnahmen des Verbots. Ist eine der Legalausnahmen einschlägig, handelt es sich zwar um eine Beihilfe, die jedoch kraft des Vertrags mit dem Binnenmarkt vereinbar ist. Unter die Legalausnahmen fallen Beihilfen sozialer Art an einzelne Verbraucher, Katastrophenbeihilfen und Beihilfen zum Ausgleich von durch die Teilung Deutschlands verursachten wirtschaftlichen Nachteilen. Des Weiteren gibt es noch eine außerhalb des Art. 107 AEUV angesiedelte Legalausnahme für den Verkehrsbereich, Art. 93 AEUV. Neben den Legalausnahmen sind in Art. 107 Abs. 3 AEUV Ausnahmegründe im Ermessen der EU-Kommission geregelt. Eine Beihilfe kann bei Eingreifen eines aufgeführten Grundes trotz tatbestandlicher Einordnung als Beihilfe von der Kommission genehmigt und mit dem Binnenmarkt als vereinbar erklärt werden. Der EU-Kommission steht bei den Rechtfertigungsgründen ein Ermessensspielraum zu. Zur Transparenz bei der Anwendung und zur Verdeutlichung ihrer Genehmigungspraxis hat die Kommission verschiedene Leitlinien, Mitteilungen und Gemeinschaftsrahmen erlassen. Für Beihilfen im Filmbereich ist Art. 107 Abs. 3 lit. d AEUV einschlägig, der Kulturbeihilfen rechtfertigt. Gegebenenfalls kann auch Art. 107 Abs. 3 lit. c AEUV in Betracht zu ziehen sein, der Förderungen für bestimmte Wirtschaftsgebiete erfasst. Mit den in den Absätzen 2 und 3 geregelten Ausnahmen kann eine Subvention trotz nachteiliger Auswirkungen auf den Binnenmarkt legitimiert werden.

---

863 Zu den aufgeworfenen Fragen siehe auch Fischer, ZUM 2010, 766 (767f.).

864 Ausführlich dazu unter Abschnitt C. II. 2. c.

Der Begriff der Beihilfe ist nicht legaldefiniert. Für eine Definition ist auf die Rechtsprechung des EuGH und die Anwendungspraxis der Kommission sowie deren Rechtsakte[865] zurückzugreifen. Der Tatbestand der Beihilfe gemäß Art. 107 Abs. 1 AEUV wird sehr weit gefasst[866], sodass grundsätzlich zunächst ein weitreichendes Verbot von Beihilfen besteht.[867] Wegen des wettbewerbsschädigenden Charakters ist dies von der Union auch so bezweckt. Der AEUV sieht jedoch verschiedenste Ausnahmen von dem Verbot vor, sodass es kein absolutes Verbot ist. Es handelt sich um ein Verbot mit Erlaubnisvorbehalt.[868] Sämtlichen Ausnahmen liegt das Verständnis zugrunde, dass die Beihilfe der Erreichung eines Ziels von europäischem Interesse dienen soll. Bei dem Beihilfebegriff handelt es sich um einen objektiven Begriff, für den jegliche Beweggründe und politischen Ziele bei der Subsumtion als Beihilfe unberücksichtigt bleiben. Wenngleich solche Ziele von der EU als unterstützenswert anerkannt werden, was auch in anderen Normen zum Ausdruck kommt, wie z.B. bei der Filmförderung, werden sie erst auf Rechtfertigungsebene berücksichtigt. Die Tatbestandsmerkmale knüpfen lediglich an die Wirkung an.[869] Die weit gefasste Tatbestandsdefinition wird in England in der rechtswissenschaftlichen Literatur kritischer diskutiert als in Deutschland. In der deutschen Rechtsliteratur wird zwar die Weite des Tatbestandes als Tatsache unstreitig festgestellt und gesehen,

---

865 Rechtsakte der Kommission sind Verordnungen, Mitteilungen, Leitlinien und Unionsrahmen. Näher dazu unter Abschnitt II. 2. Die Kommission hat eine Bekanntmachung zum Begriff der staatlichen Beihilfe im Sinne des Art. 107 Abs. 1 AEUV erlassen, 2016/C 262/01, ABl. C 262 v.19.7.2016.

866 Vgl. Mederer, in: von der Groeben/Schwarze/Hatje, EUR, AEUV, Vor Art. 107-109, Rn. 4f.; Koenig/Hellstern, in: Müller-Graff, EurWirtschOrdnR, § 14, Rn. 14; Khan, in Geiger/Khan/Kotzur, EUV, AEUV, Art. 107, Rn. 7. Prinzipiell auch vom EuGH weit ausgelegt. Kritisiert wird hieran, dass die Kommission trotz anderer Reformen den Tatbestand nicht näher einschränke und bestimmte Kriterien, z.B. die Wettbewerbsverfälschung, klarer umreiße und auch der EuGH den Tatbestand nur stückweise und wenig systematisch beschränke; vgl. Oldale/Piffaut, in: Bacon, EC Law of State Aid, Kap. 1, Rn. 1.22.

867 So auch Cremer, in: Callies/Ruffert, EUV/AEUV, Art. 107, Rn. 8 mit Verweis auf die hM.

868 Vgl. Kliemann, in: von der Groeben/Schwarze/Hatje, EUR, AEUV, Art. 107, Rn. 2; Koenig/Hellstern, in: Müller-Graff, EurWirtschOrdnR, § 14, Rn. 5; Gundel, in: BeckOK InfoMedienR, AEUV, Art. 107, Rn. 1.

869 Vgl. Kliemann, in: von der Groeben/Schwarze/Hatje, EUR, AEUV, Art. 107, Rn. 10 mit Verweis auf die europäische Rspr.; Gundel, in: BeckOK InfoMedienR, AEUV, Art. 107, Rn. 2.

dass ein weiter Beihilfebegriff die Souveränität der Mitgliedstaaten stark einschränkt. Es wird jedoch auch eine Relativierung durch verschiedene Faktoren angeführt, also eine bereits gesetzlich vorgenommene Begrenzung des weiten Verbots, und daher der weite Beihilfebegriff nicht weiter problematisiert.[870] Insbesondere wird das Verbot dahingehend relativiert, dass es rechtsdogmatisch als präventives Verbot mit Genehmigungsvorbehalt eingeordnet wird. Diese andere Sichtweise ist möglicherweise auf das unterschiedliche Verständnis von Kultur und Kompetenzen der EU zurückzuführen, bei dem die Briten grundsätzlich auf ihrer nationalen Eigenständigkeit und einer Begrenzung der EU-Kompetenz beharren.

Sind alle Tatbestandsmerkmale zu bejahen, liegt eine Beihilfe im Sinne des Art. 107 Abs. 1 AEUV vor. Sodann kommt es zu einer Rechtfertigungsprüfung der Beihilfe.

I. Tatbestand der Beihilfe

Der Tatbestand der Beihilfe setzt sich aus sechs Voraussetzungen zusammen, die Art. 107 Abs. 1 AEUV aufstellt. Um eine Beihilfe als solche zu identifizieren, ist eine präzise Definition des Beihilfebegriffs und Subsumtion unter die einzelnen Tatbestandsmerkmale unerlässlich. Zur Verdeutlichung werden an dieser Stelle sowohl der deutsche wie der englische Wortlaut der Vorschrift wiedergegeben[871]:

> „Soweit in den Verträgen nicht etwas anderes bestimmt ist, sind **staatliche oder aus staatlichen Mitteln gewährte Beihilfen** gleich welcher Art, die durch die **Begünstigung bestimmter Unternehmen oder Produktionszweige** den **Wettbewerb verfälschen oder zu verfälschen drohen**, mit dem Binnenmarkt unvereinbar, soweit sie den **Handel zwischen Mitgliedstaaten beeinträchtigen**."
> „Save as otherwise provided in this Treaty, any **aid** granted **by a Member State or through State resources** in any form whatsoever which **distorts or threatens to distort competition** by **favouring certain undertakings or the production of certain goods** shall, in so far as it **affects trade between Member States**, be incompatible with the common market."

---

870 Für das deutsche Verständnis so z.B. Kliemann, in: von der Groeben/Schwarze/Hatje, EUR, AEUV, Art. 107, Rn. 1ff., Relativierung wegen Wortlaut von Art. 107 Abs. 1 1.Hs., Legalausnahmen und Ermessensausnahmen sowie keine Direktwirkung des Verbots mangels Durchführungsverordnung. Einzig von Wallenberg/Schütte, in: Grabitz/Hilf/Nettesheim, RdEU, Art. 107 AEUV, Rn. 25 zeigen Verständnis für eine Tendenz zur Einschränkung des Beihilfetatbestandes.

871 Hervorhebung v.d.Verf. zur Verdeutlichung der einzelnen Tatbestandsmerkmale.

Der folgende Prüfungsaufbau beginnt mit dem Tatbestandsmerkmal der Begünstigung gefolgt von den Merkmalen der staatlichen Mittel, des Unternehmens oder Produktionszweigs, der Selektivität, der Wettbewerbsverfälschung, der Handelsbeeinträchtigung und entspricht einem Aufbau, der in der deutschen Kommentierung wie mit einer kleinen Unterscheidung auch in der englischen vorgenommen wird.[872]

1. *Begünstigung („aid in the sense of a benefit or advantage")*[873]

a. *Allgemein*

Eine Begünstigung liegt vor, wenn „ein Unternehmen eine aus staatlichen Mitteln bewirkte Leistung erlangt ohne hierfür eine angemessene marktübliche Gegenleistung erbracht zu haben"[874]. Der Begünstigte muss also einen

872 Zur Prüfungsreihenfolge der Tatbestandsmerkmale lässt sich feststellen, dass sie unterschiedlich gehandhabt wird oder ähnlich mit diversen Variationen. Größter Unterschied ist der Beginn mit dem Merkmal der Begünstigung oder dem Merkmal staatliche Mittel. Ob das Merkmal Unternehmen/ Produktionszweige zusammen mit dem der Selektivität oder der Begünstigung oder einzeln und an welcher Stelle geprüft wird, variiert je nach Kommentierung. Zudem ist in den einzelnen Kommentaren teilweise die Reihenfolge unterschiedlich in der Einleitung und folgenden Abhandlung. Wie hier Koenig/Hellstern, in: Müller-Graff, EurWirtschOrdnR, § 14 sowie Koenig/ Paul und Kühling, in: Streinz, EUV/AEUV, AEUV, Art. 107 und Khan, in: Geiger/ Khan/Kotzur, EUV/AEUV, AEUV, Art. 107, die die Unternehmen/ Produktionszweige zusammen mit der Selektivität prüfen, hier zur Klarheit und Einräumung der Bedeutung beider Merkmale getrennt. Ähnlich Bacon, in: Bacon, EC Law of State Aid, Kap. 2, die lediglich im Prüfungspunkt der Begünstigung bereits auch die Unternehmen/ Produktionszweige prüft. Cremer, in: Calliess/Ruffert, EUV/AEUV, AEUV, Art. 107 und Gundel, in: BeckOK InfoMedienR, AEUV, Art. 107 fangen ebenfalls mit dem Merkmal der Begünstigung an, prüfen dann die Merkmale der bestimmten Unternehmen/ Produktionszweige vor dem Merkmal der staatlichen Mittel. Dagegen fangen von Wallenberg/Schütte, in: Grabitz/Hilf/Nettesheim, RdEU, AEUV, Art. 107 und Mederer, in: von der Groeben/Schwarze/Hatje, EUR, AEUV, Art. 107 mit den staatlichen Mitteln an bevor die Begünstigung und bestimmte Unternehmen und Produktionszweige abgehandelt werden; ähnlich auch Bungenberg, in: Birnstiel/ Bungenberg/Heinrich, EurBeihR, Kap. 1, 1. Teil, der allerdings mit dem Merkmal Unternehmen/ Produktionszweige vor den Merkmalen der staatlichen Mittel und der Begünstigung beginnt.

873 Da die Arbeit einen Rechtsvergleich behandelt und sowohl deutsche wie englischsprachige Fachliteratur berücksichtigt, wird in der Abhandlung der gemeinsamen europarechtlichen Grundlage auch die englische Begrifflichkeit aufgeführt.

874 Kleine/Sühnel, in: Birnstiel/Bungenberg/Heinrich, EurBeihR, Kap. 1, 1. Teil, Rn. 89.

wirtschaftlichen Vorteil durch die Zuwendung erlangt haben, den er unter normalen Marktbedingungen nicht erhalten hätte. Es kommt hier auf eine wirtschaftliche Gesamtbetrachtung von Leistung und Gegenleistung unter normalen Marktbedingungen an. Der Begriff der Begünstigung wird weit ausgelegt. Das lässt sich bereits aus dem Wortlaut „Beihilfen gleich welcher Art“ entnehmen. Es genügt jeder geldwerte Vorteil. Die Begünstigung kann sowohl in Form einer positiven Leistung wie in einer Belastungsminderung bestehen. Positive Leistungen sind Subventionen im eigentlichen Sinn als Geldzahlungen oder Zuwendungen nicht-finanzieller Art oder ein Unterlassen staatlicher Handlung.[875] Die Zuwendungen nicht-finanzieller Art schließen logistische und kommerzielle Unterstützungen ein, wenn diese monetär berechnet werden können.[876] Belastungsminderung ist eine negative Zuwendung, die in ihrer Wirkung der positiven Leistung gleichsteht. Insbesondere muss bei negativen Zuwendungen keine Übertragung von staatlichen Mitteln vorliegen, es reicht aus, dass die Begünstigten finanziell besser gestellt werden als Mitwettbewerber. Während unmittelbare Zuwendungen unproblematisch als Begünstigung zu qualifizieren sind, kommt es bei mittelbaren Begünstigungen auf die Umstände des Einzelfalls an. Mittelbare Begünstigungen werden einbezogen, „wenn nicht nur der ursprünglich intendierte Empfänger von den staatlichen Mitteln profitiert, sondern auch bestimmte andere Unternehmen oder sogar ganze Produktionszweige“[877]. Die Beurteilung einer mittelbaren Begünstigung kann schwierig sein; die Reichweite einer Begünstigung ist dem Sinn und Zweck der Vorschrift nach zu begrenzen. Für das Vorliegen einer Begünstigung ist die objektive Wirkung einer staatlichen Maßnahme entscheidend. Ziele oder Gründe sind irrelevant. Das heißt, dass eine wirkungsorientierte Sichtweise zu wählen ist.

Bei der Bewertung, ob eine Begünstigung vorliegt, ist auch die Rolle des Staates zu präzisieren, z.B. staatliche Regulierungsfunktion oder Staat als Marktteilnehmer, sowie der Vergleichsmaßstab festzulegen. Zu vergleichen ist die Marktsituation in dem betroffenen Mitgliedstaat. Dies hat ebenso für den Fall zu gelten, dass durch die Begünstigung nur bestehende Nachteile für Unternehmen im Vergleich zu Mitwettbewerbern aus einem anderen Mitgliedstaat ausgeglichen werden sollen. Für die Bewertung kommt es auf die Marktsituation zum Zeitpunkt der Zuwendung an, sodass bei bestehenden Begünstigungssystemen

---

875 Vgl. Kleine/Sühnel, in: Birnstiel/Bungenberg/Heinrich, EurBeihR, Kap. 1, 1. Teil, Rn. 94.

876 Vgl. Ruthig/Storr, Rn. 636.

877 Kleine/Sühnel, in: Birnstiel/Bungenberg/Heinrich, EurBeihR, Kap. 1, 1. Teil, Rn. 99.

das Kriterium bejaht werden kann, obwohl es sich rein faktisch nicht um neue Begünstigungen handelt. Des Weiteren sind die Gesamtumstände der Zuwendung zu betrachten sowie die Art der Begünstigung. Ob die Begünstigung bestimmt sein muss, ist umstritten.[878] Sie kann sowohl vorliegen bei einmaliger wie auch mehrmaliger oder fortlaufender Begünstigung (letzteres z.B. im Fall von Staatsgarantien). Bei Beihilferegelungen („general aid schemes") ist es nicht erforderlich darzulegen, dass bereits ein oder mehrere Unternehmen von dem Fördersystem profitiert haben. Es muss jedoch ausgeschlossen werden können, dass das Fördersystem zwar generell anwendbar ist, de facto aber nur ein einziges Unternehmen davon profitiert und es für dieses errichtet wurde.

Während staatliche Begünstigungen unter den Tatbestand der Beihilfe fallen, werden spezielle Abgabenpflichten, die der Staat bestimmten Gruppen auferlegt, nicht von den Beihilferegelungen erfasst. Allerdings kann es bei der Prüfung, ob eine Beihilfe vorliegt, auch erforderlich sein, Abgaben zu untersuchen, wie z.B. Steuern und steuerähnliche Abgaben.

b. Privatmarktinvestorentest ("private investor test")

Zur Beurteilung einer Begünstigung wird der sog. Privatmarktinvestorentest oder „private investor test"(wenn es sich nicht um Kapital, sondern Kredite handelt: „private creditor test") angewandt, der besagt, dass es sich nicht um eine Begünstigung handelt, wenn sich der Staat so verhalten hat wie es ein rational handelnder Investor getan hätte, also der Begünstigte die Zuwendung auch von einem anderen Marktteilnehmer erhalten hätte (bzw. beim „private creditor test" ein privater Kreditgeber dem Kreditnehmer die Begünstigung unter vergleichbaren Bedingungen gewährt hätte). Das Verhalten des Staates wird demnach mit dem Verhalten eines rentabilitätsorientierten Marktteilnehmers verglichen und auf seine Rationalität unter Analyse der wirtschaftlichen Marktsituation hin überprüft. Die Begünstigung muss hierbei nicht notwendig an dem größtmöglichen Profit in kürzester Zeit gemessen werden, sondern ihr kann auch eine längerfristige Profitanalyse zugrunde liegen. Alle transaktionsrelevanten Faktoren sind bei dem „private investor test" miteinzubeziehen. Faktoren, die vom EuGH herangezogen wurden, sind die Situation des Begünstigten und des relevanten Marktes, die Verfügbarkeit der Kapitalzuwendung, ein Vergleich zwischen den Rückzahlungsquoten eines privaten Investors und dem Staat.[879] Bei

878 Vgl. Darstellung der unterschiedlichen Ansichten, die in den Gerichtsverfahren vor dem EuGH vertreten wurden, Bacon, in: Bacon, EC Law of State Aid, Kap. 2, Rn. 2.15.
879 Vgl. Bacon, in: Bacon, EC Law of State Aid, Kap. 2, Rn. 2.39.

Darlehen wird in der Regel die Zinsrate zu vergleichen sein oder die sonstige Begünstigung im Vergleich zu einem üblichen Darlehen. Bei Garantien könnte das Begünstigungselement z.B. in einer fehlenden oder unverhältnismäßig niedrigen Zahlung liegen. Die Begünstigung kann aber auch in einem Vergleich liegen zwischen den Zinsen eines Darlehens mit und ohne der entsprechenden Garantie als alternativer Berechnung der Begünstigung, wenn auf dem Markt keine Garantien zwecks Preisvergleichs bestehen.[880] Beim „private creditor test" gilt bei Krediten Entsprechendes für eine Minimierung der Verluste mit längerfristiger Laufzeit.[881]

Bei der Beurteilung einer Begünstigung als Kompensation von Leistungserbringern öffentlicher Dienstleistungen und Versorgungen von allgemeinem wirtschaftlichen Interesse ist der Grundsatz der marktüblichen Bedingungen ebenfalls anzuwenden.[882] Da es sich bei der Filmförderung (anders als bei dem Rundfunk) nicht um Dienstleistungen oder Versorgungen im öffentlichen Interesse handelt, wird nicht weiter auf die verschiedenen Rechtsansätze und die hierzu ergangene spezielle Rechtsprechung eingegangen.

c. Besonderheit Abgaben und Steuern

Abgaben und Steuern können eine Begünstigung darstellen. Auf die Begrifflichkeiten wurde bereits oben im Abschnitt um die Verfassungsmäßigkeit der Filmabgabe eingegangen (Teil 3 B.4.a.bb.).

---

880 Bei der Beurteilung von Garantien kann die Mitteilung der Kommission zu Staatsgarantien herangezogen werden, vgl. Bacon, in: Bacon, EC Law of State Aid, Kap. 2, Rn. 2.42. Danach sollen Garantien den „private investor test" bestehen, wenn der Begünstigte nicht in wirtschaftlichen Schwierigkeiten ist, ein marktorientierter Preis als Gegenleistung gezahlt wird, die Garantie mit einer speziellen Finanztransaktion zusammenhängt, mit einer festen Obergrenze und zeitlich begrenzter Laufzeit versehen ist sowie nicht mehr wie 80% des ausstehenden Darlehens abdeckt, wobei Abweichungen bei kleinen und mittleren Unternehmen bestehen.

881 Die zu berücksichtigenden Faktoren nach dem EuGH sind hier die Verhandlung über den Kredit, die Sicherheiten, die Prognose einer längerfristigen verbesserten Finanzlage des Unternehmens, Rückzahlung in angemessenem Zeitraum, Schutz des Staates vor Gerichtsverfahren mit unsicherem Ausgang durch Einräumung des Kredits, die Höhe des Betrags, die der Staat im Falle einer Insolvenz erhalten würde. Vgl. Bacon, in: Bacon, EC Law of State Aid, Kap. 2, Rn. 2.47.

882 Der Anwendung des „private investor test" bei Leistungserbringern öffentlicher Dienstleistungen stehen Ruthig/Storr, Rn. 638, kritisch gegenüber und werfen zu Recht auf, dass es wohl kaum einen vergleichbaren privaten Investor unter Berücksichtigung aller, vor allem sozialer, Gesichtspunkte wie die öffentliche Hand gibt.

Bei der Prüfung, ob Abgaben unter das Beihilferegime fallen, ist zunächst zwischen dem Fonds, in den die Abgaben fließen und aus dem die Zuwendung stammt, und den Abgaben selbst, zu unterscheiden. Die Frage ist folglich, ob beide, die Abgabe als Finanzierung und der Fonds als Zuwendung, selbständig den Tatbestand der Beihilfe erfüllen können. Fonds werden in der Rechtsprechung des EuGH als Beihilfen qualifiziert und eine Begünstigung bejaht, wenn sie Unternehmen gegenüber anderen Unternehmen finanziell unterstützen.[883] Gleiches gilt auch, wenn die Fonds teilweise oder ausschließlich aus Abgaben gespeist werden von Abgabepflichtigen, unter denen sich auch die Begünstigten befinden. Diese Prüfung betrifft nicht nur das Tatbestandsmerkmal der Begünstigung, sondern auch das der staatlichen Zurechenbarkeit (siehe Abschnitt 2.).

Ob auch die Abgabe selbst als Beihilfe im Sinne des Art. 107 Abs. 1 AEUV angesehen wird, ist nicht unproblematisch. In den Fällen, in denen die Abgabe untrennbar mit der Zuwendungsmaßnahme verbunden ist und gerade der Finanzierung der Zuwendungsmaßnahme dienen soll, stellt sie einen Bestandteil dieser dar („integral part of aid measure"). Zwischen der Abgabe und der Zuwendung muss ein zwingender Verwendungszusammenhang bestehen. Entscheidend ist also für die Untrennbarkeit, dass die Abgabe speziell für die Zuwendungsmaßnahme erhoben wird, die Verwendung der Abgabe auch nur für die Finanzierung der Zuwendung vorgesehen ist (im Englischen bezeichnet als „hypothecated to aid") und das Aufkommen aus der Abgabe unmittelbar den Umfang der Zuwendung beeinflusst.[884] In diesem Fall sind die gesamten Umstände der Beihilfemaßnahme zu notifizieren, folgerichtig auch die Einzelheiten der Finanzierung, also die Abgabe, und als eine einzige Maßnahme der Beihilfeprüfung zu unterziehen.[885] Wenn staatliche Stellen einen Ermessensspielraum für die Verwendung der Abgabemittel mit unterschiedlichen Verwendungszwecken haben, liegt keine Untrennbarkeit vor. Wird die Untrennbarkeit abgelehnt, sind die Zuwendungsmaßnahme und Abgabe separat der Beihilfeprüfung unterworfen, wobei die Abgabe nicht als Beihilfe zu qualifizieren ist, da keine Begünstigung allein durch die Abgabe vorliegt.

Hinsichtlich der Frage, ob Steuern eine Begünstigung sein können, gilt zunächst, dass der Privatmarktinvestorentest keine Anwendung findet. Steuern und Steuererleichterungen sind Hoheitsakte und zählen zu den hoheitlichen

---

883 Vgl. Bacon, in: Bacon, EC Law of State Aid, Kap. 2, Rn. 2.77 m.w.N.

884 Vgl. EuGH, Urt.v.13.1.2005, C-174/02 - Streekgewest, Ziff. 26; EuGH, Urt.v.27.10.2005, C-325/04 – Casino France, Ziff. 40.

885 Vgl. Bacon, in: Bacon, EC Law of State Aid, Kap. 2, Rn. 2.79 m.w.N.

Aufgaben, über die nur der Staat als Träger der öffentlichen Gewalt entscheiden kann und kein privater Marktteilnehmer.[886] Bei Steuern kann es sich um eine Begünstigung handeln, wenn unterschiedliche Steuersätze bestehen und die niedriger Besteuerten oder Steuerbefreiten dadurch begünstigt sind. Unterschiedlich hohe Steuern können sowohl in Form einer Ausnahme von einer Steuerlast für die niedriger- oder nichtbesteuerten Unternehmen auftreten als auch in Form einer Steuerlast für bestimmte ausgewählte Gruppen. Eine Verallgemeinerung dahingehend, dass die höhere Besteuerung oder Abgabe von einigen ausgewählten Pflichtigen stets eine staatliche Hilfe für die weniger oder nicht besteuerte Gruppe ist, kann indes nicht angenommen werden.[887] Denn weder der Wortlaut noch eine Interpretation nach Sinn und Zweck der Vorschrift stützen eine so weite Auslegung von Beihilfen, und würden außerdem den politischen Gestaltungsspielraum der Nichtbesteuerung einengen, da eine solche unweigerlich unter den Anwendungsbereich des gemeinschaftlichen Beihilferegimes fallen würde.[888] Die Bewertung unterschiedlich hoher Steuern hinsichtlich des Vorliegens einer Beihilfe ist daher einzelfallabhängig. Der Zweck und die Folgen der Steuergruppierung sind Faktoren, die auf eine gewollte Steuerbegünstigung und damit auf eine staatliche Hilfe hindeuten können. Neben unterschiedlich hohen Steuersätzen können auch besondere Abschreibungsregelungen für Verluste, die die Steuerlast reduzieren, eine Begünstigung sein. Für eine Beurteilung ist zunächst die Norm zu bestimmen um eine Abweichung hin zu Steuerbegünstigung oder -belastung festlegen zu können, wobei häufig die Schwierigkeit bei der Bestimmung der Norm besteht.[889]

Der bei Abgaben entwickelte Grundsatz der „hypothecated aid“ ist bei dem üblichen Fall der unterschiedlichen Steuern aufgrund der Unterschiede der Fallkonstellation von beihilferelevanten Abgaben und Steuern nicht anwendbar.[890]

---

886 Vgl. Kleine/Sühnel, in: Birnstiel/Bungenberg/Heinrich, EurBeihR, Kap. 1, 1. Teil, Rn. 112.

887 Vgl. Bacon, in: Bacon, EC Law of State Aid, Kap. 2, Rn. 2.83.

888 Vgl. Bacon, in: Bacon, EC Law of State Aid, Kap. 2, Rn. 2.83f.; diese Fallgestaltung lag auch bei der Entscheidung Ferring, EuGH v. 22.11.2001, Rs. C-53/00 vor, wobei der Gerichtshof hier eine gewollte Steuerbegünstigung angenommen hat und deshalb die Beihilfeprüfung eröffnet und letztlich eine Beihilfe bejaht hat.

889 Der Gerichtshof vermeidet z.T. eine Bestimmung der Norm und prüft eine Rechtfertigung, die systembedingt ist, sodass die Abgrenzung z.B. zwischen den Kriterien der Begünstigung und bestimmten Unternehmen/bestimmtem Sektor unklar gerät. Vgl. Bacon, in: Bacon, EC Law of State Aid, Kap. 2, Rn. 2.86 m.w.N.

890 Vgl. Bacon, in: Bacon, EC Law of State Aid, Kap. 2, Rn. 2.87.

Das Kriterium soll bei Abgaben erleichtern, ob nicht nur die Zuwendung durch die Abgabemittel, sondern auch die Abgabe als Finanzierung selbst in die Beihilfeprüfung mit einzubeziehen sind. Diese Unterscheidung ist beim üblichen Fall der unterschiedlichen Besteuerung nicht notwendig, da Gegenstand der Prüfung, ob es sich um eine Begünstigung handelt, die Erleichterung der Steuerlast durch Reduzierung oder Erlass ist. Gegenstand der Beihilfeprüfung ist somit nicht die Steuer an sich, sondern die Ausnahme von der Steuer oder die Reduzierung der Steuer. Anders liegt der Fall, wenn höhere Steuern eine versteckte Begünstigung für die nicht oder weniger besteuerte Gruppe sein sollen. In diesem Fall ist Gegenstand der Beihilfeprüfung die Steuer („asymmetric imposition of tax"), die zwar selbst nicht das Ergebnis der Beihilfe ist, aber das Mittel, mit der die Beihilfe verschafft wird und ihre Wirkung erzielt. Nicht die Auferlegung der höheren Steuer ist die Beihilfe, sondern ihre Wirkung für die nicht besteuerten Unternehmen. Handelt es sich nur um eine höhere Steuer, ohne dass eine andere Gruppe dadurch begünstigt wird, es also nur negative Folgen für die besteuerte Gruppe gibt, liegt keine unterschiedliche Besteuerung vor. Es ist damit kein Anlass für eine Beihilfeprüfung gegeben.

2. *Staatliche oder aus staatlichen Mitteln gewährte Beihilfen („by the State or through State resources being differentiated in State resources and imputability")*

Bei dem Kriterium staatliche oder aus staatlichen Mitteln gewährte Beihilfen wird die Staatlichkeit der Begünstigung geprüft. Das Merkmal dient der Abgrenzung zu rein privatwirtschaftlichen Begünstigungen und stellt beim Beihilfebegriff die Verbindung zwischen der Begünstigung und dem Mitgliedstaat her. Es ist daher Ausdruck davon, dass das Beihilferegime das Verhalten der Mitgliedstaaten regeln soll im Gegensatz zum Kartellrecht, das sich auf das Wettbewerbsverhalten von privaten Unternehmen bezieht.[891]

a. *Verständnis des Wortlauts*

Während früher Unklarheit über die Auslegung herrschte, wie der Wortlaut mit den beiden Alternativen „staatliche oder aus staatlichen Mitteln gewährte"/ "by a Member State or through State resources" zu verstehen sei, ist seit der PreussenElektra-Entscheidung des EuGH[892] von 2001 höchstrichterlich geklärt,

891 Vgl. Pache/Pieper, in: Birnstiel/Bungenberg/Heinrich, EurBeihR, Kap. 1, 1. Teil, Rn. 49f.

892 Vgl. EuGH v. 13.3.2001, Rs. C-379/98- PreussenElektra.

dass für eine Beihilfe stets erforderlich ist, dass sie durch staatliche Mittel finanziert wird, entweder direkt vom Staat oder einer anderen staatlichen Stelle. Eine Finanzierung der Beihilfe durch staatliche Mittel setzt also eine finanzielle Belastung des Staates voraus, durch Ausgaben oder verringerte Einnahmen. Es kommt auf die Herkunft der Mittel an. Diese müssen durch den staatlichen Haushalt fließen und diesen berühren. Nicht jeder Vorteil, der vom Staat oder einer anderen staatlichen Stelle gewährt wird, ist damit eine Beihilfe.

Allerdings werden die Schlussfolgerungen der Entscheidung des EuGH zu PreussenElektra in der deutschen und britischen Literatur unterschiedlich eingeordnet. Einvernehmlich werden nunmehr die Merkmale der staatlichen Mittel und Zurechenbarkeit zum Staat geprüft. Der Unterschied besteht darin, dass die deutsche Literatur den Wortlaut als einheitlichen Tatbestand losgelöst von den beiden Alternativen betrachtet, die der Wortlaut formuliert, während die britische Literatur den Wortlaut nicht mit alternativen Merkmalen, sondern kumulativen versteht. Entgegen dem Wortlaut „or", der eine Alternative beschreibt, wird er als „and" ausgelegt. Es ist demnach also erforderlich, dass die Begünstigung dem Staat zuzuordnen ist („by a Member State") und staatliche Mittel beinhaltet („State resources"). Die deutsche Literatur sieht keinen Grund einer Differenzierung in zwei Alternativen „staatlich" und „aus staatlichen Mitteln gewährt", da beide Merkmale die gleiche Rechtsfolge haben. Sie werden zur Vermeidung von Abgrenzungsschwierigkeiten als ein einheitlicher Tatbestand mit gleichen Rechtsfolgen verstanden, der an zwei Merkmalen geprüft wird: unmittelbare oder mittelbare Gewährung aus staatlichen Mitteln und Zurechenbarkeit zum Staat. Die Unterscheidung zwischen „staatlich" und „aus staatlichen Mitteln gewährt" soll – wie der EuGH in PreussenElektra festgestellt hat – lediglich Beihilfen miteinbeziehen, die von vom Staat benannten oder errichteten öffentlichen oder privaten Einrichtungen gewährt sind, also mittelbare durch sonstige Einrichtungen gewährte Beihilfen zusätzlich zu unmittelbaren vom Staat gewährten Beihilfen.[893] Mittelbar gewährte Beihilfen sind notwendig einzubeziehen, um eine Umgehung des Beihilfeverbots zu vermeiden. Trotz anderer dogmatischer Einordnung der britischen und deutschen Literatur wird inhaltlich das Gleiche bei den beiden Kriterien geprüft.

Die früher hoch umstrittene Auslegung der beiden Alternativen ist mit der PreussenElektra-Entscheidung praktikabel gelöst worden.[894]

---

893 Vgl. EuGH v. 13.3.2001, Rs. C-379/98, Rn. 58- PreussenElektra.

894 Ausführlich zum früheren Streitstand und Darstellung der einzelnen Auffassungen in der deutschen Literatur siehe Pache/Pieper, in: Birnstiel/Bungenberg/Heinrich,

Zunächst ist also eine unmittelbare oder mittelbare Gewährung aus staatlichen Mitteln/ State resources zu prüfen, gefolgt von der Zurechnung zum Staat/ imputability.

b. Unmittelbare oder mittelbare Gewährung aus staatlichen Mitteln

Innerhalb dieses Kriteriums ist zu prüfen, ob sich die Beihilfe aus Mitteln speist, die unmittelbar oder mittelbar durch staatliche Hoheitsträger gewährt wurden und die aus dem Staatshaushalt stammen. Das Merkmal der Staatlichkeit erfordert eine staatliche Herkunft der Mittel. Die Differenzierung der beiden Alternativen und Aufführung von „aus staatlichen Mitteln gewährt" dient lediglich der Einbeziehung von mittelbaren Beihilfen, die von anderen öffentlich-rechtlichen oder privaten Einrichtungen, die von der öffentlichen Hand beherrscht werden, gewährt werden.

Staatliche Mittel umfassen von staatlichen Organen direkt und indirekt gewährte Beihilfen. Direkte Zuwendungen sind z.B. Kapitalzahlungen, Darlehen sowie Zahlungen für Waren und Dienstleistungen unter Marktwert. Auch indirekte Zuwendungen wie Staatsgarantien, Steuerbefreiungen und -reduzierungen und Schuldenerlass sind Maßnahmen, die Staatsressourcen in Anspruch nehmen.[895] Es handelt sich um eine objektive Bedingung, sodass es nur auf die Quelle ankommt.[896] Staatliche Mittel sind unzweifelhaft Mittel der zentralen nationalen Regierung sowie der staatlichen Stellen der Untergliederungen eines Mitgliedstaates (Gesamtstaat und Teilstaat).[897] Das heißt, dass Maßnahmen der unmittelbaren Staatsverwaltung erfasst sind (Bundes-, Länderverwaltungen). Des Weiteren sind Maßnahmen der mittelbaren Staatsverwaltung erfasst (Kommunalverwaltung, Stiftungen des öffentlichen Rechts). Bei Körperschaften und Anstalten des öffentlichen Rechts wird eine funktionale Betrachtungsweise angewandt, es kommt also auf die

---

EurBeihR, Kap. 1, 1. Teil, Rn. 51ff., zum Streitstand in der englischen Literatur siehe Bacon, in: Bacon, EC Law of State Aid, Kap. 2, Rn. 90ff.

895 Eine tatsächliche Zahlung an den Empfänger ist nicht erforderlich für die Qualifizierung einer Maßnahme als „through State resources", sodass indirekte Maßnahmen ausreichen, die die Einnahmen des Staats verringern gegenüber der normalen Anwendung der Regelungen, auch wenn die Maßnahme zu einem tatsächlichen Einnahmenmehr auf anderer Ebene/an anderer Stelle führt oder -zumindest potentiell wie bei Staatsgarantien- eine finanzielle Belastung darstellt. So auch Bacon, in: Bacon, EC Law of State Aid, Kap. 2, Rn. 2.100f.

896 Vgl. Bacon, in: Bacon, EC Law of State Aid, Kap. 2, Kap. 2.95.

897 Vgl. Pache/ Pieper, in: Birnstiel/Bungenberg/Heinrich, EurBeihR, Kap. 1, 1. Teil, Rn. 65.

Aufgabenwahrnehmung und Eingliederung der Körperschaft und Anstalt in die öffentliche Verwaltung an.[898] Stammen die Mittel von der EU, ist entscheidend, ob die Mitgliedstaaten einen Spielraum bei der Ausgestaltung der Vergabevoraussetzungen haben. Wird dies bejaht, liegt keine Unionsbeihilfe vor. Es handelt sich um staatliche Mittel des nationalen Staats.[899]

Der EuGH hat in seinen Entscheidungen klargestellt, dass nicht jeder vom Staat gewährte Vorteil auch eine Beihilfe aus staatlich gewährten Mitteln ist.[900] Das Merkmal staatliche Mittel erfordert eine staatlich finanzierte Beihilfe. Es kann, muss aber nicht zwingend eine unmittelbare oder mittelbare Übertragung staatlicher Mittel stattfinden. So muss bei negativen Begünstigungen wie einer Abgabenbefreiung der Staatshaushalt tangiert sein. Entscheidend ist, dass die Begünstigung mit einer Belastung des Staats oder seiner benannten oder errichteten öffentlichen oder privaten Einrichtungen einhergeht. Die bloße staatliche Lenkung des Mittelflusses reicht nicht aus, wie der EuGH in seiner PreussenElektra-Entscheidung festgestellt hat. Die Begünstigung muss durch den Staatshaushalt fließen und diesen berühren. Ein Vorteil beinhaltet keinen direkten oder indirekten Transfer staatlicher Mittel, wenn der Vorteil rein von Mitteln privater Wirtschaftsteilnehmer erbracht wird, selbst wenn der Vorteil eine Wirkung aufgrund staatlicher Gesetzgebung darstellt.[901]

Bei öffentlichen Unternehmen oder privaten Unternehmen, die staatlich beherrscht sind, ist die Belastung des Staatshaushalts entscheidend, also eine Verschiebung staatlicher Mittel. Beherrschender staatlicher Einfluss kann anhand der Kriterien der Transparenzrichtlinie gemessen werden.[902] Die Transparenzrichtlinie stellt in Art. 2 b) eine Vermutung für die Bejahung des beherrschenden Einflusses auf, wenn die öffentliche Hand entweder die Mehrheit des gezeichneten Kapitals (Stammkapital) besitzt oder über die Mehrheit der mit den Anteilen verbundenen Stimmrechte verfügt oder mehr als die Hälfte der Mitglieder in Verwaltungs-, Leistungs- oder Aufsichtsorganen bestellen kann. Es reicht nicht aus, dass eine Einrichtung rein organisationsrechtlich dem öffentlichen Sektor zugeordnet werden kann, um staatliche Mittel anzunehmen. Vielmehr kommt es entscheidend darauf

---

898 Vgl. Pache/Pieper, in: Birnstiel/Bungenberg/Heinrich, EurBeihR, Kap. 1, 1. Teil, Rn. 66.

899 Vgl. Petzold, in: Birnstiel/Bungenberg/Heinrich, EurBeihR, Kap. 4, 1. Teil, Rn. 10ff.

900 So z.B. EuGH v. 17.3.1992, C-72/91, 1. Leitsatz, Rn. 21 - Sloman Neptun.

901 Vgl. EuGH v.13.3.2001, Rs. C-379/98, Rn. 61- PreussenElektra.

902 Richtlinie 2006/111/EG über die Transparenz der finanziellen Beziehungen zwischen Mitgliedstaaten und den öffentlichen Unternehmen sowie über die finanzielle Transparenz innerhalb bestimmter Unternehmen.

an, dass es sich tatsächlich um staatliche Mittel handelt.[903] Grundsätzlich wird angenommen, dass „sobald Mittel staatlicher Kontrolle unterliegen, deren Abfluss konsequenterweise zu einem Mittelverlust führt, sodass die Budgetbelastung als automatische Folge der staatlichen Kontrolle und des Mittelflusses einzuordnen ist“[904].

Hier kommt es nun darauf an, ob die Einrichtung unter staatlicher Kontrolle steht bzw. die Möglichkeit staatlicher Einflussnahme besteht. Wird die Zuwendung von einem öffentlich-rechtlichen oder privaten Unternehmen gewährleistet, ist zu prüfen, ob dieses unter staatlicher Kontrolle und Aufsicht steht und damit den Behörden zugänglich ist, sodass es sich um staatliche Mittel handeln kann. Gemäß der Rechtsprechung des EuGH werden „alle Geldmittel erfasst, auf die die Behörden tatsächlich […] zugreifen können, ohne dass es dafür eine Rolle spielt, ob diese Mittel auf Dauer zum Vermögen des Staates gehören.“[905] Das heißt, dass es ausreicht, dass der Haushalt einer zwischengeschalteten Einrichtung belastet wird, wenn diese unter staatlicher Kontrolle steht. Es bedeutet zugleich, dass auch private Mittel im Haushalt der Einrichtung als staatlich angesehen werden können, wenn sie unter staatlicher Kontrolle stehen. Die Herkunft der Mittel verliert dann an Relevanz.[906]

Haben die Behörden keinen Beeinflussungs- oder Handlungsspielraum, handelt es sich nicht um eine Staatsressource, selbst wenn die Zuwendung durch staatliche Hände fließt, bevor sie beim Empfänger ankommt. Bei Steuern und sonstigen Abgaben kommt es ebenfalls darauf an, ob der Staat die Kontrolle über den Fonds hat, in den die Steuer oder Abgabe geflossen ist, oder ob die Abgaben über eine vom Staat beauftragte öffentliche oder private Einheit weitergeleitet werden. Einschränkend wurde in der Pearle-Entscheidung des EuGH[907] aber

903 Vgl. Pache/Pieper, in: Birnstiel/Bungenberg/Heinrich, EurBeihR, Kap. 1, 1. Teil, Rn. 68.

904 Pache/Pieper, in: Birnstiel/Bungenberg/Heinrich, EurBeihR, Kap. 1, 1. Teil, Rn. 68.

905 EuGH, Urt.v.16.5.2002, Rs. C-482/99 – Stardust Marine, Ziff. 37.

906 Vgl. Bekanntmachung der Kommission zum Beihilfebegriff (siehe Fn. 865), Ziff. 57.

907 Vgl. EuGH v. 15.7.2004, Rs. C-345/02- Pearle. Der Entscheidung lag der Sachverhalt zugrunde, dass es eine juristische Person gab, an die die Abgaben gezahlt wurden, die für einen bestimmten Zweck erhoben wurden (gemeinsame Werbung aller Optiker der privaten Niederländischen Optikervereinigung). Bei dem Verfahren der Einziehung und Verteilung der Abgabemittel hatten die staatlichen Behörden keinen Einfluss, die juristische Person diente lediglich diesem Wirtschaftsbereich, initiiert von der privaten Optikervereinigung. Die Abgabe stellte also weder eine Staatsressource noch eine Maßnahme dar, die dem Staat zuzurechnen war, sondern war ein Fonds rein privater Mittel.

entschieden, dass eine Abgabe, die für einen bestimmten Zweck erhoben wird, dann keine staatlichen Mittel darstellt, wenn die Abgabemittel nicht dem Staat oder staatlichen Stelle zugänglich sind. Folglich handelt es sich nicht um Staatsressourcen, wenn sie dem Staat nicht zugänglich sind und er keine Kontrollmöglichkeiten hat, selbst wenn es sich um Ressourcen aus Steuern oder Abgaben handelt oder die Verteilung durch eine öffentlich-rechtliche Person erfolgt.

c. *Zurechenbarkeit zum Staat („imputability")*

Die Begünstigung muss dem Staat zugerechnet werden können. Die Zurechnung zum Staat dient der Abgrenzbarkeit zu finanziellen Hilfen durch private Unternehmen, die nicht unter die Beihilferegelungen fallen. Während die reine Möglichkeit der Kontrolle bereits bei der unmittelbaren oder mittelbaren Gewährung staatlicher Mittel geprüft wurde, wird hier die tatsächlich staatlich ausgeübte Kontrolle geprüft.[908] Wird die Begünstigung unmittelbar vom Staat selbst gewährt, wirft die Zurechenbarkeit keine Probleme auf. Denn bei unmittelbaren staatlichen Stellen und deren gewährten Begünstigungen, ist eine staatliche Kontrollausübung und Zurechenbarkeit zum Staat in der Regel immanent. Sie wird dennoch von den europäischen Gerichten separat bei der Zurechenbarkeit geprüft.[909] Trotz unmittelbarer staatlicher Stelle liegt eine Zurechenbarkeit zum Staat allerdings nicht vor, wenn die Maßnahme lediglich Ausdruck der Umsetzung europäischen Rechts in nationales Recht ist.[910] Das gilt sogar dann, wenn die EU-Richtlinie eine alternative Umsetzung erlaubt, die eine Wettbewerbsverfälschung vermieden hätte.[911] Bei von der Union vorgeschriebenen Begünstigungen und Umsetzung von entsprechenden Vorgaben durch die Mitgliedstaaten fehlt den Mitgliedstaaten insofern eine tatsächliche Kontrolle über die Mittelvergabe.[912] Die Maßnahme kann dem Mitgliedstaat nicht zugerechnet werden.

Bei Begünstigungen durch die mittelbare Staatsverwaltung wie die Kommunalverwaltungen gilt das Gleiche wie für die unmittelbare Staatsverwaltung. Die

908 Vgl. Pache/Pieper, in: Birnstiel/Bungenberg/Heinrich, EurBeihR, Kap. 1, 1. Teil, Rn. 69.

909 Vgl. Pache/Pieper, in: Birnstiel/Bungenberg/Heinrich, EurBeihR, Kap. 1, 1. Teil, Rn. 71.

910 Vgl. Bacon, in: Bacon, EC Law of State Aid, Kap. 2, Rn. 2.108.

911 Vgl. Bacon, in: Bacon, EC Law of State Aid, Kap. 2, Rn. 2.108.

912 Vgl. Pache/Pieper, in: Birnstiel/Bungenberg/Heinrich, EurBeihR, Kap. 1, 1. Teil, Rn. 71.

Begünstigungen sind dem Staat zuzurechnen, wenn sie zu Lasten der öffentlichen Haushalte gehen. Eine genauere Prüfung ist erforderlich bei Begünstigungen durch andere mittelbar staatliche Einrichtungen.

Bei der Gewährung durch andere Einrichtungen, also öffentlich-rechtliche oder privatrechtliche juristische Personen, die mehrheitlich staatlich beherrscht wird, liegt im Sinne des EuGH eine Zurechnung zum Staat vor, wenn der Staat die Kontrolle über die beihilfegewährende Einrichtung hat und diese Kontrolle tatsächlich ausgeübt wurde.[913] Es kommt laut EuGH für eine Bejahung der Zurechenbarkeit darauf an, dass die Aufsichtsbehörde oder das Organ, in dem die staatliche Mehrheit gegeben ist, über die Maßnahme mitentschieden hat, also die Behörde in irgendeiner Weise am Erlass der Maßnahme beteiligt war. Der EuGH begründet die tatsächliche Kontrollausübung damit, dass ein öffentliches oder privates Unternehmen je nach rechtlicher Ausgestaltung selbständig Entscheidungen treffen kann. Daher wird die bloße Tatsache, dass ein Unternehmen staatlicher Kontrolle unterliegt, als unzureichend für die Zurechenbarkeit gewertet.

Da die Beurteilung einer Zurechnung schwierig sein kann, nimmt der EuGH eine Einzelfallbewertung vor und prüft die Zurechenbarkeit anhand verschiedener Faktoren und Einzelindizien. In der Rechtsprechung des EuGH[914] wurden folgende Faktoren anerkannt und in die neue Bekanntmachung der Kommission zum Beihilfebegriff übernommen[915]: die Rechtsform der juristischen Person und die Einbindung in die Strukturen der öffentlichen Verwaltung, staatliche Richtlinien über das Unternehmen, staatliche Anteile am Unternehmen, Rechtsstatus, die Errichtung der juristischen Person, die Art und der Umfang der staatlichen Aufsichtsmöglichkeit, die Rechtsnatur der Tätigkeit der juristischen Person (eventuell auch regulatorische Aufgaben), der Umfang, in dem die streitgegenständliche Beihilfeentscheidung der juristischen Person der Genehmigung ihrer Aufsichtsbehörde unterliegt, und die Darstellung der Maßnahme von der Aufsichtsbehörde bzw. dem Mitgliedstaat.

Anhand der Faktoren wird deutlich, dass eine Flucht ins Privatrecht und eine Umgehung der Beihilfevorschriften auch auf europäischer Ebene unterbunden werden soll. Insbesondere bei juristischen Personen, die in grundrechtssensiblen Bereichen wie Kultur und Rundfunk tätig sind und verfassungsrechtlich

---

913 Vgl. EuGH Urt. v.16.5.2002, C-482/99 - Stardust Marine, Ziff. 52.

914 Vgl. die Entscheidung Stardust Marine, Ziff. 55f. sowie weitere Nachweise bei Bacon, in: Bacon, EC Law of State Aid, Kap. 2, Rn. 2.105.

915 Vgl. Bekanntmachung der Kommission zum Beihilfebegriff (siehe Fn. 865), Ziff. 43.

möglichst unabhängig ausgestaltet sind, ist die Unabhängigkeit kein Garant für eine Ausnahme von der Beihilfevorschrift und einer Verneinung der Zurechenbarkeit. Der staatliche Einfluss muss ganz konkret nachgewiesen werden.[916] Unbeachtlich ist es, wenn die beihilfegewährende Einrichtung selbst Empfängerin von staatlicher Beihilfe ist.[917]

3. Unternehmen oder Produktionszweige als Begünstigte ("undertakings or sectors as beneficiaries")

Begünstigter einer Beihilfe im Sinne des Art. 107 Abs. 1 AEUV kann nur ein Unternehmen oder ein ganzer Produktionszweig sein. Privatpersonen (natürliche Personen) können keine Begünstigten im Sinne der Vorschrift sein.

Der Begriff des Unternehmens ist weit auszulegen und entspricht dem kartellrechtlichen Begriff im Sinne eines einheitlichen EU-wettbewerbsrechtlichen Unternehmensbegriffs.[918] Ein Unternehmen ist „jede selbständige wirtschaftlich tätige Einheit unabhängig von ihrer Rechtsform oder Finanzierungsart."[919] Es kommt hier auf eine wirtschaftliche Betätigung jeglicher Art an, unabhängig von der Rechtsform und Finanzierung des Unternehmens und unabhängig von der Größe, sodass auch Selbständige in ihrer Tätigkeit von dem Begriff des Unternehmens erfasst werden. Darunter können auch Einheiten fallen, die Teil der öffentlichen Verwaltung sind. Entscheidend ist, dass die öffentliche Stelle eine wirtschaftliche Tätigkeit ausübt, die von der Ausübung ihrer hoheitlichen Befugnisse losgelöst ist.[920] Ebenfalls erfasst werden nichtkommerzielle und gemeinnützige Unternehmen, die dennoch eine wirtschaftliche Betätigung ausüben können. Wirtschaftliche Betätigung erfasst auch Dienstleistungen im Allgemeininteresse oder im sozialen Bereich.[921] Ob eine wirtschaftliche Tätigkeit bei öffentlichen Unternehmen oder Unternehmen ohne Gewinnerzielungsabsicht vorliegt, wie bei gemeinnützigen und kulturellen Einrichtungen, ist im Einzelfall zu prüfen. Als öffentliche Unternehmen werden „Unternehmen, auf das die öffentliche Hand aufgrund Eigentums, finanzieller Beteiligung, Satzung

---

916 Vgl. von Wallenberg/Schütte, in: Grabitz/Hilf/Nettesheim, RdEU, Art. 107, Rn. 35.
917 Vgl. von Wallenberg/Schütte, in: Grabitz/Hilf/Nettesheim, RdEU, Art. 107, Rn. 37.
918 Vgl. Bungenberg, in: Birnstiel/Bungenberg/Heinrich, EurBeihR, Kap. 1, 1. Teil, Rn. 25, 28.
919 Vgl. Bungenberg, in: Birnstiel/Bungenberg/Heinrich, EurBeihR, Kap. 1, 1. Teil, Rn. 28 mit Verweis auf die Rspr. des EuGH.
920 Vgl. Bekanntmachung der Kommission zum Beihilfebegriff (siehe Fn. 865), Ziff. 18.
921 Vgl. Bacon, in: Bacon, EC Law of State Aid, Kap. 2, Rn. 2.22.

oder sonstiger Bestimmungen, die die Tätigkeiten des Unternehmens regeln, unmittelbar oder mittelbar einen beherrschenden Einfluss ausüben kann“[922], angesehen. Eine fehlende Gewinnerzielungsabsicht schließt eine wirtschaftliche Tätigkeit jedenfalls nicht per se aus.[923] Bei gleichzeitigen wirtschaftlichen und nicht-wirtschaftlichen Tätigkeiten fällt das Unternehmen nur dann aus dem Anwendungsbereich heraus, wenn die beiden Tätigkeiten klar voneinander abgrenzbar sind. Eine wirtschaftliche Nebentätigkeit der nichtwirtschaftlichen Haupttätigkeit führt nicht zur Bejahung der wirtschaftlichen Tätigkeit insgesamt, sondern teilt den Charakter der Haupttätigkeit.[924] Bestimmte Tätigkeiten im Bereich der Kultur, die auf nichtkommerzielle Weise durchgeführt werden, sind damit nichtwirtschaftlicher Art.[925] Fehlen bei der ausgeübten Tätigkeit des Unternehmens ein Marktbezug und eine Einflussmöglichkeit auf den Wettbewerb, wie bei sozialen Einrichtungen, liegt kein Unternehmen im Sinne des Art. 107 Abs. 1 AEUV vor.[926]

Der Begriff Produktionszweig umfasst Begünstigungen für sämtliche Unternehmen eines Wirtschaftsbereichs, z.B. der Filmbranche. Der Begriff ist ebenfalls weit auszulegen.[927]

Bei der Feststellung des Begünstigten ist zu prüfen, wer den tatsächlichen Nutzen der Zuwendung hatte. Es kommt auch auf die den unmittelbaren Empfänger hinausreichende Wirkung der Begünstigung an. Damit können vordergründige unmittelbare Begünstigungen wie von Privatpersonen oder Verbrauchern, beihilferechtlich relevant werden, obwohl sie mangels Subsumtion unter den Unternehmensbegriff grundsätzlich vom Anwendungsbereich ausgeschlossen sind, wenn diese Zuwendungen mittelbar zu einer Zuwendung für Unternehmen führen. Wird also über die Privatpersonen mittelbar eine Begünstigung von Unternehmen bezweckt und erzielt, und sind diese die eigentlichen Nutznießer,

---

922 Vgl. Bungenberg, in: Birnstiel/Bungenberg/Heinrich, EurBeihR, Kap. 1, 1. Teil, Rn. 38 mit Verweis auf die Transparenzrichtlinie (RL 80/723/EWG) und der vergaberechtlichen Sektorenrichtlinie (RL 17/2004/EG).

923 Vgl. Bungenberg, in: Birnstiel/Bungenberg/Heinrich, EurBeihR, Kap. 1, 1. Teil, Rn. 30; Bekanntmachung der Kommission zum Beihilfebegriff (siehe Fn. 865), Ziff. 9.

924 Vgl. Bungenberg, in: Birnstiel/Bungenberg/Heinrich, EurBeihR, Kap. 1, 1. Teil, Rn. 35.

925 Näher siehe Bekanntmachung der Kommission zum Beihilfebegriff (siehe Fn. 865), Ziff. 34f., Kinovorführungen, die sich aus Besucherentgelten finanzieren, werden ausdrücklich als wirtschaftlich eingestuft.

926 Vgl. Bungenberg, in: Birnstiel/Bungenberg/Heinrich, EurBeihR, Kap. 1, 1. Teil, Rn. 37.

927 Vgl. Pache/Pieper, in: Birnstiel/Bungenberg/Heinrich, EurBeihR, Kap. 1, 1. Teil, Rn. 208.

sind sie die Begünstigten.[928] Indirekte Begünstigungen von einem weiteren Unternehmen als dem unmittelbar Begünstigten können ebenfalls eine Beihilfe auch (oder nur, wenn das erste Unternehmen verpflichtet ist, die Zuwendung an das zweite Unternehmen weiterzuleiten) für das indirekt begünstigte Unternehmen darstellen. So kann beispielsweise ein Steueranreiz für Investoren eine Begünstigung für solche Unternehmen darstellen, in die dadurch vermehrt investiert wird.

4. Bestimmte Unternehmen oder Produktionszweige („certain undertakings or the production of certain goods meaning selectivity")

Das Merkmal „bestimmte Unternehmen oder Produktionszweige" bezeichnet die Selektivität der Zuwendung, auch bezeichnet als Spezifität oder Bestimmtheit. Es dient der Abgrenzung zu allgemeinen wirtschaftspolitischen und sozialpolitischen Maßnahmen, die alle Unternehmen eines Mitgliedstaates gleichermaßen treffen oder unterschiedslos der gesamten Wirtschaft eines Mitgliedstaats zugutekommen.[929] Der Kreis der Empfänger muss bestimmbar und abgrenzbar sein von solchen, denen die Begünstigung nicht zuteilwird. Eine selektive Maßnahme liegt vor, wenn ausschließlich einzelne bestimmte Unternehmen, ausgewählte Gruppen von Unternehmen oder Produktionszweige begünstigt werden.[930] Bei der Beurteilung kommt es auf die tatsächlichen Auswirkungen an. Selektivität kann in verschiedenen Formen auftreten: materiell, territorial, zeitlich. Sie ist zu verneinen, wenn eine Zuwendung als Maßnahme allgemeiner Art eingeordnet werden kann. Eine solche liegt vor, wenn die Zuwendung jedem Unternehmen unter gleichförmigen Bedingungen gewährt wird.[931]

---

928 Vgl. Bungenberg, in: Birnstiel/Bungenberg/Heinrich, EurBeihR, Kap. 1, 1. Teil, Rn. 26. Anders ausgedrückt sind die mittelbar begünstigten Unternehmen die Begünstigten im Sinne des Art. 107 Abs. 1 AEUV, wenn „erst die Förderung eine entsprechende Nachfrage ausgelöst hat, die bei den begünstigten Unternehmen gedeckt worden ist", Kleine/Sühnel, in: Birnstiel/Bungenberg/Heinrich, EurBeihR, Kap. 1, 1. Teil, Rn. 100.

929 Vgl. Pache/Pieper, in: Birnstiel/Bungenberg/Heinrich, EurBeihR, Kap. 1, 1. Teil, Rn. 205.

930 Vgl. Pache/Pieper, in: Birnstiel/Bungenberg/Heinrich, EurBeihR, Kap. 1, 1. Teil, Rn. 206; Bacon, in: Bacon, EC Law of State Aid, Kap. 2, Rn. 2.111.

931 Vgl. Herdegen, S. 394. Bei KMU (Kleine und Mittlere Unternehmen) kann die Hilfe allerdings vereinbar sein unter Anwendung der Regelungen der Kommission zu KMU und mit der Folge, dass zwar Selektivität und Beihilfe gemäß Art. 107 I AEUV vorliegt, die Maßnahme aber zulässig ist.

Dieses Kriterium wird – anders als in der deutschen Literatur – in der englischen Literatur[932] als eines der wichtigsten des Beihilfebegriffs angesehen, da es die Beihilfe im Verhältnis zu anderen Wettbewerbern in einem Mitgliedstaat und nicht anhand von Vergleichen mit anderen Mitgliedstaaten bestimmt. Zugleich wird es als das schwierigste Kriterium angesehen, da die Begünstigung bestimmter Unternehmen auch lediglich eine Folge einer allgemeinen Maßnahme für sämtliche Unternehmen sein kann oder eine unterschiedliche Behandlung durch das System gerechtfertigt sein kann.[933] Wann eine beihilfenrelevante Begünstigung und wann eine allgemeine wirtschaftspolitische Maßnahme vorliegt, ist mitunter schwierig festzustellen.

Der EuGH nimmt vom Beihilfetatbestand und der Selektivität auch Maßnahmen aus, die systemimmanente Begünstigungen darstellen. Damit sind solche Zuwendungen gemeint, die zwar wirtschafts- oder sozialpolitische sind, aber nicht allgemeine, sondern spezifische.[934] Eine Maßnahme, die an sich selektiv ist, ist dennoch keine Beihilfe, wenn sie durch die Natur der Sache oder der Struktur des Systems der Maßnahme gerechtfertigt ist, wenn also die systemimmanente Logik die Zuwendung als nicht selektiv erscheinen lässt.[935] Diese Einschränkung ist eng auszulegen und unterliegt der Beweislast des Mitgliedstaates.[936]

Die Selektivität einer Maßnahme wird nicht dadurch aufgehoben, dass gegebenenfalls auch andere Unternehmen als das Begünstigte profitieren, wenn sie sich ansonsten an bestimmte Unternehmen richtet. Geht andererseits mit einer allgemeinen Maßnahme eine Verringerung der Steuereinnahmen des Mitgliedstaats einher, ohne dass diese die Begünstigung selbst sind, sind diese lediglich Nebenfolgen, ändern aber nichts an der Generalität.

Bei Begünstigungen an öffentlich-rechtliche Unternehmen oder solche, die öffentlich-rechtliche Aufgaben erfüllen, handelt es sich in der Regel um selektive Maßnahmen. Zwar kann Art. 107 Abs. 1 AEUV vorliegen, die Begünstigung

---

932 Vgl. Bacon, in: Bacon, EC Law of State Aid, Kap. 2, Rn. 2.109.

933 Vgl. Bacon, in: Bacon, EC Law of State Aid, Kap. 2, Rn. 2.110.

934 Vgl. Pache/Pieper, in: Birnstiel/Bungenberg/Heinrich, EurBeihR, Kap. 1, 1. Teil, Rn. 212; Bacon, in: Bacon, EC Law of State Aid, Kap. 2, Rn. 2.128.

935 Das ist zumeist bei unterschiedlichen Steuern und der Differenzierung nach unterschiedlichen Gruppen der Fall. Vgl. Bacon, in: Bacon, EC Law of State Aid, Kap. 2, Rn. 2.129.

936 Dafür ist zunächst das System zu bestimmen, auf das sich die Beihilfemaßnahme stützt. Zweck und Wirkung der Regelungen sind bei der Feststellung des Systems heranzuziehen.

kann jedoch auch in den Anwendungsbereich von Art. 106 Abs. 2 AEUV fallen und gerechtfertigt sein.

Begünstigungen für einen gesamten Wirtschaftssektor umfassen direkte und indirekte Begünstigungen. Unschädlich ist das Vorliegen einer unbestimmten Anzahl von Begünstigten in dem Sektor.[937] Es handelt sich in dem Fall um Beihilferegelungen („aid scheme“) und nicht um eine individuelle Maßnahme.

Bei steuerlichen Regelungen ist zu unterscheiden, ob sie allgemeiner Natur sind, von denen alle Unternehmen, die auf dem Gebiet des Mitgliedstaats wirtschaftlich tätig sind, profitieren, oder als Beihilfe anzusehen sind, weil sie nur bestimmte Unternehmen oder Produktionszweige begünstigen.[938]

Um bestimmen zu können, ob ein bestimmtes Unternehmen oder bestimmter Produktionszweig begünstigt wird, ist der Vergleichsmaßstab festzulegen. Entscheidend ist die Situation in dem betroffenen Mitgliedstaat. Zur Vergleichbarkeit der Selektivität ist ein anderes Unternehmen in einer im Sinne der Ziele, die mit der Maßnahme verfolgt werden, vergleichbaren rechtlichen und tatsächlichen Situation heranzuziehen.[939]

Bei einer Maßnahme, von der de facto nur Unternehmen profitieren, die in einer bestimmten Region tätig sind, nicht aber andere Unternehmen des Mitgliedstaats, kann das Kriterium grundsätzlich ebenfalls erfüllt sein, wenn Vergleichsmaßstab der gesamte Mitgliedstaat ist. Diese indirekte Begünstigung einer Region stellt dann Selektivität dar. Das Kriterium ist jedoch nicht erfüllt, wenn als Vergleichsmaßstab nur diese betroffene Region anzulegen ist und eine allgemeine Maßnahme anzunehmen ist. Das kann bei regionalen Steuern der Fall sein, wenn den regionalen Behörden in der Verfassungsstruktur des Mitgliedstaats diesbezüglich die Kompetenz zukommt oder sie von der nationalen Legislative und Exekutive unabhängig sind. Ein Vergleich mit anderen Regionen des Mitgliedstaates innerhalb der europäischen Beihilfeprüfung verbietet sich in dem Fall, da es keine Norm dieser Steuer im gesamten Mitgliedstaat gibt, und würde zudem das nationale verfassungsrechtliche Kompetenzgefüge in Frage stellen.

Die Selektivität der Maßnahme und Auswahl an Begünstigten kann sich neben der Region und dem inhaltlichen wirtschaftlichen Tätigkeitsgebiet auch an anderen Merkmalen orientieren[940], wie z.B. Produkten oder bestimmten

937 Vgl. Bacon, in: Bacon, EC Law of State Aid, Kap. 2, Rn. 2.113.
938 Vgl. von Wallenberg/Schütte, in Grabitz/Hilf/Nettesheim, RdEU, Art. 107, Rn. 112.
939 Vgl. Bacon, in: Bacon, EC Law of State Aid, Kap. 2, Rn. 2.111 m.w.N.
940 Vgl. Bacon, in: Bacon, EC Law of State Aid, Kap. 2, Rn. 2.118.

Arten von Unternehmen, und ist im Einzelfall zu untersuchen. Eine Maßnahme, die prima facie nicht selektiv ist, weil sie allen Unternehmen und Wirtschaftszweigen zugutekommen soll, kann durch ein den Behörden eingeräumtes Ermessen selektiv werden.[941] Das ist der Fall, wenn die Ermessensausübung in eine tatsächlich unterschiedliche Intensität der Begünstigung mündet.

5. *Wettbewerbsverfälschung („distortion of competition")*

Eine Wettbewerbsverfälschung liegt vor, wenn die Wettbewerbssituation des begünstigten Unternehmens tatsächlich oder potentiell im Vergleich zu anderen Unternehmen verbessert oder der Markteintritt für neue Unternehmen erschwert wird.[942] Um eine Wettbewerbsverfälschung bzw. einen Eingriff in ein Wettbewerbsverhältnis bejahen zu können, hat eine Einschätzung zu erfolgen, ob die Zuwendung die Position eines Wettbewerbers gegenüber seinen Mitwettbewerbern verstärkt. Dafür ist es jedoch nicht erforderlich, die Situation eines Mitwettbewerbers zu untersuchen oder überhaupt die Existenz eines Mittwettbewerbers zu belegen. Es kommt lediglich auf die finanzielle Situation des Begünstigten und eine Verbesserung durch die Zuwendung an. Eine Spürbarkeit der Wettbewerbsverfälschung wird von der Rechtsprechung ebenso wie von der herrschenden Literatur abgelehnt.[943]

6. *Beeinträchtigung des Handels zwischen den Mitgliedstaaten („effect on trade")*[944]

a. *Definition Handelsbeeinträchtigung*

Der Handel zwischen den Mitgliedstaaten ist beeinträchtigt, wenn sich die Begünstigung auf die Wettbewerbssituation von Unternehmen in anderen

941 Vgl. Bacon, in: Bacon, EC Law of State Aid, Kap. 2, Rn. 2.119.

942 Vgl. Khan, in: Geiger/Khan/Kotzur, EUV, AEUV, Art. 107, Rn. 15.

943 Vgl. Repasi in: Müller-Graff, EurWirtschOrdnR, § 25, Rn. 112; Koenig/Hellstern, in: Müller-Graff, EurWirtschOrdnR, § 14, Rn. 47; Khan, in: Geiger/Khan/Kotzur, EUV, AEUV, Art. 107, Rn. 15; von Wallenberg/Schütte, in Grabitz/Hilf/Nettesheim, RdEU, Art. 107, Rn. 85.

944 Die Beeinträchtigung des Handels zwischen den Mitgliedstaaten wird zum Teil sowohl vom EuGH als auch in der Literatur zusammengefasst mit dem vorangegangenen Kriterium der Wettbewerbsverfälschung. Die beiden Kriterien sind jedoch nicht voneinander abhängig und sollten der Klarheit halber getrennt geprüft werden. So auch Bacon, in: Bacon, EC Law of State Aid, Kap. 2, Rn. 2.133.

Mitgliedstaaten als des beihilfegewährenden Staats auswirkt.[945] Es besteht weder die Notwendigkeit, eine tatsächliche Beeinträchtigung des Handels darzulegen noch den betroffenen Markt und seine Marktströme zu definieren. Eine Handelsbeeinträchtigung ist anzunehmen, wenn zukünftige Auswirkungen auf den zwischenstaatlichen Handel aufgrund einer staatlichen selektiven Begünstigung zumindest möglich erscheinen, wobei bereits die Stärkung der Finanzkraft des begünstigten Unternehmens eine Handelsbeeinträchtigung möglich erscheinen lässt.[946] In der Regel führen Begünstigungen von rein lokalen Unternehmen nicht zu einer Beeinträchtigung, andererseits schließen sie eine Beihilfe aber auch nicht absolut aus.[947] Auf eine bestimmte Höhe der Zuwendung kommt es allein nach dem Gesetz nicht an. Eine Spürbarkeit der Handelsbeeinträchtigung ist nicht erforderlich.[948] Bei grenzüberschreitendem Handel oder einem Sektor, der von grenzüberschreitendem Handel wesentlich geprägt ist, kann eine Beeinträchtigung des Handels ohne weiteres angenommen werden. Von dem Begünstigten selbst wird nicht vorausgesetzt, dass er im grenzüberschreitenden Handel tätig ist. Durch eine Erhöhung der nationalen Produktion durch die Begünstigung kann dennoch eine Beeinträchtigung des Handels zwischen den Mitgliedstaaten entstehen.

b. De-minimis-Verordnung

Die EU-Kommission hat die sog. De-minimis-Verordnung[949] erlassen, um geringe Zuwendungen von den Beihilferegelungen unter der Annahme auszunehmen, dass diese den Binnenmarkt nicht beeinträchtigen. Ermächtigungsgrundlage für den Erlass einer solchen Verordnung der Kommission ist die Ermächtigungsverordnung des Rates VO (EG) Nr. 994/98 vom 07.05.1998, gestützt auf Art. 109 AEUV (früher Art. 89 EGV).[950] Es handelt sich um eine schriftlich fixierte Anwendung des Beihilfetatbestandes aus Gründen der

945 Vgl. Khan, in Geiger/Khan/Kotzur, EUV, AEUV, Art. 107, Rn. 16.

946 Vgl. Koenig/Hellstern, in: Müller-Graff, EurWirtschOrdnR, § 14, Rn. 50.

947 Vgl. Koenig/Hellstern, in: Müller-Graff, EurWirtschOrdnR, § 14, Rn. 50.

948 Vgl. Khan, in: Geiger/Khan/Kotzur, EUV, AEUV, Art. 107, Rn. 16; von Wallenberg/Schütte, in Grabitz/Hilf/Nettesheim, RdEU, Art. 107, Rn. 80 m.w.N.; offenlassend Koenig/Hellstern, in: Müller-Graff, EurWirtschOrdnR, § 14, Rn. 51.

949 VO (EU) Nr. 1047/2013 der Kommission vom 18.12.2013 über die Anwendung der Artikel 107 und 108 AEUV auf De-minimis-Beihilfen, ABl. EU 2013 L 352/1, Geltungsdauer von 01.01.2014-31.12.2020.

950 Die Ermächtigungsverordnung ist allerdings eng gefasst.

Rechtssicherheit.[951] Die Kommission geht davon aus, dass Beihilfen, die einen bestimmten Betrag in einem bestimmten Zeitrahmen für ein bestimmtes Unternehmen nicht überschreiten, als minimale und nur gering bedeutsame Beihilfen nicht geeignet sind, den Wettbewerb zwischen den Mitgliedstaaten zu verfälschen und den Handel zu beeinträchtigen.[952] Die De-minimis-Regelung ist grundsätzlich anwendbar auf alle horizontalen Beihilfen, ausgenommen bestimmte Sektoren (Landwirtschaft, Fischerei, Verkehr, Steinkohle), bei denen angenommen wird, dass bereits geringe Beihilfen zu einer Wettbewerbsverzerrung führen und Sondervorschriften bestehen. Des Weiteren sind Ausfuhrbeihilfen und Beihilfen, die den Absatz heimischer Erzeugnisse gegenüber Importwaren begünstigen, ausgenommen. Staatliche selektive Begünstigungen, die eine bestimmte Summe nicht überschreiten, erfüllen also nicht alle Tatbestandsmerkmale einer Beihilfe gemäß Art. 107 Abs. 1 AEUV. Die Verordnung beschränkt damit den Tatbestand der Beihilfe. Folglich sind diese geringen Zuwendungen keine Beihilfen im Sinne des AEUV, sie werden dennoch als Beihilfen bezeichnet. Da sie also aus dem Anwendungsbereich des Art. 107 Abs. 1 AEUV ausgenommen sind, unterliegen sie weder der Notifizierungspflicht noch der unionsrechtlichen Beihilfenkontrolle. Freigestellte Beihilfen unterliegen aber einer ex-post Kontrolle. Von dieser Regelung profitieren – wie ursprünglich auch Ziel war[953] – vor allem kleine und mittlere Unternehmen.

Dennoch erfasst die De-minimis-Regelung nicht sämtliche geringe Zuwendungen, sondern nur solche, die die entsprechenden Voraussetzungen in der Verordnung erfüllen. Es hat eine ex-ante Beurteilung zu erfolgen, ob die Voraussetzung vorliegt. Hierbei ist eine Prognose der aktuellen Situation und zukünftigen Entwicklung vorzunehmen. Die Schwelle für das Vorliegen dieser Voraussetzung ist niedrig. Eine Begründung der Entscheidung ist jedoch gefordert, da ansonsten das Risiko der Aufhebung der Entscheidung durch den EuGH besteht. Die De-minimis-Verordnung legt Schwellenwerte für die unionsweite Spürbarkeit einer Wettbewerbsverfälschung und Handelsbeeinträchtigung fest.

---

951 So Quigley/Collins, S. 66.

952 Der Nachweis einer Spürbarkeit wird zwar abgelehnt, sodass grundsätzlich Beihilfen sämtlicher Höhen den Wettbewerb und Handel verzerren können. Dennoch schränkt die Kommission mit der VO bereits grundsätzlich den Tatbestand ein auf Beihilfen ab einer bestimmten Höhe. Dies wird als von dem Ermessen der Kommission erfasst angesehen, vgl. von Wallenberg/Schütte, in: Grabitz/Hilf/Nettesheim, RdEU, Art. 107, Rn. 85.

953 Vgl. Segura Catalán, in: von der Groeben/Schwarze/Hatje, EUR, AEUV, Art.107, Rn. 78.

Der Schwellenwert beträgt 200.000 Euro als Gesamtsumme der einem Unternehmen gewährten Beihilfen in einem Zeitraum von drei Steuerjahren. Der Schwellenwert bezieht sich auf den Anteil am Gesamtvolumen der förderbaren Kosten, Höchstbeträge oder Bedingungen für die Kumulierung von Beihilfen. Er ist absolut zu verstehen, d.h. dass die Beihilfe insgesamt unvereinbar ist, wenn sie den Schwellenwert überschreitet. Die Beihilfe kann nicht in unterhalb der Schwelle liegende vereinbare Teilbeträge und darüber hinausgehende Beihilfebeträge aufgeteilt werden.[954] Der Dreijahreszeitraum ist laut Erwägungsgründen der VO fließend, sodass bei jeder neuen De-minimis-Beihilfe das aktuelle und die zwei vorangegangenen Steuerjahre auf die Höchstgrenze überprüft werden. Es kommt nicht auf die Herkunft der Mittel der Beihilfe an (Mittel des Mitgliedstaats oder der Union). Der Schwellenwert bezieht sich auf den Barwert der Beihilfen oder den Bruttobetrag vor Steuern.[955] Handelt es sich um andere Beihilfen, ist die Höhe des Bruttosubventionsäquivalents entscheidend. Das Bruttosubventionsäquivalent beschreibt den Nennwert der Beihilfe. Für die Berechnung des Bruttosubventionsäquivalents fehlt in der Verordnung selbst eine Berechnungsweise. Es wird grundsätzlich aus der Differenz zwischen dem Marktwert der tatsächlich erbrachten Leistung und der tatsächlich erhaltenen Gegenleistung berechnet.[956] Zudem kann auf die Mitteilung der Kommission über De-minimis-Beihilfen von 1996 zurückgegriffen werden, die ausführliche Beispiele enthält.[957] Der Wert muss ohne weiteres in das Bruttosubventionsäquivalent ohne Risikobewertung umgerechnet werden können. Beihilfen in Form von Darlehen und Bürgschaften werden unter bestimmten Voraussetzungen erfasst: Bei Darlehen darf kein Insolvenzverfahren vorliegen, es muss besichert sein und das Bruttosubventionsäquivalent muss auf der Grundlage des zum Bewilligungszeitpunkts geltenden Referenzzinssatzes berechnet werden[958], bei Bürgschaften darf der verbürgte Teil nicht mehr als € 1,5 Mio. pro Unternehmen

---

954 Vgl. Segura Catalán, in: von der Groeben/Schwarze/Hatje, EUR, AEUV, Art.107, Rn. 88.

955 Vgl. Segura Catalán, in: von der Groeben/Schwarze/Hatje, EUR, AEUV, Art.107, Rn. 84.

956 Vgl. Koenig/Hellstern, in: Müller-Graff, EurWirtschOrdnR, § 14, Rn. 30.

957 So Frenz, Beihilfe- und Vergaberecht (Handbuch EuR), S. 283 mit Verweis auf die Mitteilung der Kommission über De-minimis-Beihilfen ABl. 1996 C 68, S. 9.

958 Vgl. Segura Catalán, in: von der Groeben/Schwarze/Hatje, EUR, AEUV, Art.107, Rn. 86.

betragen. Dagegen werden Risikokapitalmaßnahmen und Kapitalzuführungen grundsätzlich nicht erfasst, es sei denn, der Gesamtwert liegt unter dem Schwellenwert.

Beihilfen, die unter De-minimis fallen, können mit anderen Beihilfen kumuliert werden, soweit der Schwellenwert in dem Dreijahreszeitraum bei der Gesamtförderintensität nicht überschritten wird.[959]

Die VO legt den Mitgliedstaaten Mitwirkungspflichten auf, um die Einhaltung der De-minimis-Regelung sicherzustellen. Dazu zählt, dass Unternehmen darauf hingewiesen werden müssen, wenn ihre Zuwendung unter die De-minimis-Regelung fällt, unter Nennung der VO mit Fundstelle im Amtsblatt. Die Unternehmen müssen sich verpflichten, sämtliche Informationen hinsichtlich anderer De-minimis-Beihilfen dem Mitgliedstaat zur Verfügung zu stellen, damit dieser die Einhaltung der Höchstgrenze im Dreijahreszeitraum überprüfen kann. Die Beihilfe darf erst nach erfolgter Prüfung durch den Mitgliedstaat durchgeführt werden. Der Mitgliedstaat kann anstelle der einzelnen Berichtspflicht ein Zentralregister für alle De-minimis-Beihilfen einrichten.

II. Ausnahmen des Beihilfeverbots

1. Allgemeines

In Art. 107 Abs. 2 und 3 AEUV sind weite Ausnahmen zu Absatz 1 geregelt. Während die Beihilfe nach Art. 107 Abs. 2 AEUV bei Vorliegen der Voraussetzungen rechtmäßig ist (gebundene Entscheidung), kann die Beihilfe nach Art. 107 Abs. 3 AEUV im Ermessen der Kommission bei Vorliegen der Voraussetzungen für rechtmäßig erachtet werden (Ermessenentscheidung). Absatz 2 stellt Legalausnahmen, Absatz 3 Ermessensausnahmetatbestände dar. Der Kommission kommt bei Absatz 3 ein weiter Ermessensspielraum zu.[960] Die Ermessensausübung hat soziale und wirtschaftliche Wertungen bezüglich der Union als Ganzes zu beinhalten.[961] Dessen ungeachtet sollten die beiden Ausnahmetatbestände als

---

959 Vgl. Segura Catalán, in: von der Groeben/Schwarze/Hatje, EUR, AEUV, Art.107, Rn. 90.

960 Eingeschränkte Justiziabilität auf Einhaltung der Verfahrensregeln, Begründungspflicht, Überprüfung der Richtigkeit der zugrunde gelegten Tatsachen, Rechtsfehler, Bewertungsfehler der Tatsachen oder Machtmissbrauch. Vgl. Koenig/Hellstern, in: Müller-Graff, EurWirtschOrdnR, § 14, Rn. 63 mit Verweis auf die EuGH-Rspr.

961 Vgl. Khan, in: Geiger/Khan/Kotzur, EUV, AEUV, Art. 107, Rn. 22.

solche eng ausgelegt werden.[962] Bei Dienstleistungen von allgemein wirtschaftlichem Interesse kommt auch Art. 106 Abs. 2 AEUV als Ausnahme in Betracht. Der Rat ist zudem ermächtigt, gemäß Art. 107 Abs. 3 e und Art. 108 Abs. 2 3.Ua. AEUV weitere Ausnahmen festzulegen bzw. zu genehmigen.

Für Filmfördermaßnahmen kommt die Kulturausnahme nach Art. 107 Abs. 3 lit. d AEUV in Betracht, gegebenenfalls auch die wirtschaftliche Ausnahme nach Art. 107 Abs. 3 lit. c AEUV. Die Ausnahme des Art. 106 Abs. 2 AEUV für Dienstleistungen von allgemeinem wirtschaftlichen Interesse kommt im Kulturbereich zwar insbesondere für den Rundfunk in Betracht, sie ist jedoch nicht einschlägig für Beihilfen im Filmbereich, da Film – so wichtig er als Kultur- und Wirtschaftsgut ist – keine Dienstleistung im allgemeinen wirtschaftlichen Interesse im Sinne der Vorschrift ist.[963]

2. Ermessensausnahmen gemäß Art. 107 Abs. 3 AEUV

Im Bereich des Films sind Art. 107 Abs. 3 lit. d und gegebenenfalls lit. c AEUV die einschlägigen Ausnahmetatbestände. In Art. 107 Abs. 3 lit. d AEUV ist die Ausnahme zugunsten der Kulturförderung, in Art. 107 Abs. 3 lit. c AEUV die sektorale und regionale Wirtschaftsförderung geregelt.

Bei der Einordnung unter die einzelnen Ausnahmetatbestände des Absatzes 3 kommt es auf die Umstände des Einzelfalls an und auf den Sinn und Zweck der jeweils herangezogenen Ausnahme. Es ist eine umfassende Abwägung, sog. „balancing test“ durchzuführen, bei der die positive Wirkung der Beihilfemaßnahme hinsichtlich eines Ziels von allgemeinem Interesse gegen mögliche negative Folgen der Wettbewerbsverfälschung abzuwägen sind. Diese umfassende Abwägung wurde im „Aktionsplan staatliche Beihilfen“/ „State Aid Action Plan“[964] eingeführt. Im

962 So auch Bacon, in: Bacon, EC Law of State Aid, Kap. 3, Rn. 3.02; Mederer, in: von der Groeben/Schwarze/Hatje, EUR, AEUV, Vor Art. 107-109, Rn. 5.

963 Beihilfen können gemäß Art. 106 Abs. 2 AEUV zulässig sein, wenn die Anwendung der Wettbewerbsvorschriften ansonsten der Erbringung der Dienstleistung im Wege steht. Dienstleistungen von allgemeinem wirtschaftlichen Interesse sind solche, die ein Bedürfnis der gesamten Bevölkerung abdecken, und die dem Unternehmen als Dienstleistungsverpflichtung mittels öffentlich-rechtlichem Akt übertragen worden ist.

964 Aktionsplan Staatliche Beihilfen/State Aid Action Plan KOM (2005) 107, Para 19. Der Aktionsplan staatliche Beihilfen von 2005 beinhaltete den Vorschlag für weitreichende Reformen im Beihilfenrecht, u.a. auch für die Zusammenfassung der bestehenden Gruppenfreistellungen in einer Verordnung.

Einzelnen[965] ist zu prüfen, ob die Beihilfemaßnahme auf einen Zweck im Gemeinschaftsinteresse zielt, die Beihilfemaßnahme geeignet ist, diesen Zweck zu erreichen, insbesondere ob sie geeignetes Mittel ist, sie einen Anreiz gibt, die Maßnahme erforderlich ist, die Verfälschung des Marktes und Beeinträchtigung des Wettbewerbs geringer als die positiven Effekte sind.[966] Die Beihilfe darf anderen Vorschriften des AEUV nicht zuwiderlaufen.

Mitgliedstaaten können nicht nur individuelle Beihilfemaßnahmen notifizieren, sondern auch Beihilferegelungen („aid schemes"). Geprüft wird dann die Kompatibilität der gesamten Beihilferegelungen dieses Förderprogramms mit dem Binnenmarkt und nicht die dementsprechend ergehenden einzelnen Fördermaßnahmen. Die Kommission kann die Vereinbarkeitsprüfung darauf beschränken, allgemeine Charakteristika des Förderprogramms zu prüfen, ohne jeden einzelnen Fall, auf den die Förderung Anwendung findet.[967] Jedenfalls prüft sie aber die Ausgestaltung der Beihilferegelungen dahingehend, dass tatsächlich nur förderungsfähige Unternehmen die Förderung in Anspruch nehmen können.

Zur Transparenz ihrer Genehmigungspraxis hat die Kommission verschiedene Leitlinien, Mitteilungen und Gemeinschaftsrahmen erlassen, die die Abwägungsvorgänge der Kommission typisieren.[968] Zunächst bestehen sog. Gruppenfreistellungen („block exemptions"), die viele Kategorien von Beihilfen erfassen. Diese sollen die Anwendung der Ausnahmevorschrift erheblich erleichtern. Sie zeigen auf, dass die Genehmigungspraxis der Kommission bestimmte in dieser Gruppenfreistellung erfasste Kategorien von Beihilfen stets genehmigt und für vereinbar mit dem Binnenmarkt ansieht. Es handelt sich um eine „automatische" Genehmigung, befreit von der Notifizierungspflicht für Beihilfen. Die Gruppenfreistellungen sind folglich als erster Schritt zu prüfen. Fällt

965 Vgl. Bacon, in: Bacon, EC Law of State Aid, Kap. 3, Rn. 3.28 unter Verweis auf die Entscheidung der Kommission C-34/2006 – Nordrhein-Westfalen.

966 Es wird eine Abwägung durchgeführt vergleichbar der Verhältnismäßigkeitsprüfung im deutschen Recht (legitimer Zweck/legitimes Mittel, Geeignetheit, Erforderlichkeit, Angemessenheit mit Zweck-Mittel-Relation).

967 Vgl. Bacon, in: Bacon, EC Law of State Aid, Kap. 3, Rn. 3.31 m.w.N.

968 Die Vielzahl der erlassenen Regelungen, auch als „soft law" bezeichnet, wird durchaus kritisch gesehen, insofern als die vorweggenommene Ermessensentscheidung sich zwar in den Regelungen niederschlägt, deren Kategorisierung jedoch wieder zu neuen Eigenheiten und Problemen bei der Bewertung der Beihilfe führen kann, die eigentlich gerade vereinfacht werden sollte. Vgl. Oldale/Piffaut, in: Bacon, EC Law of State Aid, Kap.1, Rn. 1.34.

eine Beihilfe nicht unter eine Gruppenfreistellung, kann sie dennoch unter die verschiedenen anderen Leitlinien und Mitteilungen der Kommission zu fassen sein, die als Ermessensbindung der Kommission ebenfalls eine Ausnahme unter Art. 107 Abs. 3 AEUV bejahen. Hierbei handelt es sich um eine Vereinbarkeitserklärung nach der Notifizierung. Erst wenn weder die Gruppenfreistellungen noch die Leitlinien und Mitteilungen auf eine Beihilfe anwendbar sind, werden die Ausnahmetatbestände des Art. 107 Abs. 3 AEUV angewandt.[969]

a. Gruppenfreistellungen, Allgemeine Gruppenfreistellungsverordnung (AGVO)

Die von der Kommission erlassenen Gruppenfreistellungen erfassen sektorübergreifend Beihilfen für verschiedene Kategorien und nehmen das Ermessen dahingehend vorweg, dass Beihilfen zulässig sind. Die Kommission hat Gruppenfreistellungen in Form von Rechtsverordnungen erlassen. Die vorherigen einzelnen Gruppenfreistellungen wurden 2008 in einer gemeinsamen Gruppenfreistellungsverordnung zusammengefasst, der Allgemeinen Gruppenfreistellungsverordnung, kurz AGVO, auf Englisch General Block Exemption Regulation, kurz GBER.[970] Im Rahmen des Aktionsplans/ State Aid Action Plan von 2005 hatte sich die Kommission zum Ziel gesetzt, den Anwendungsbereich des europäischen Beihilfenrechts auf solche Fälle zu beschränken, die tatsächlich zu schwerwiegenden Wettbewerbsverfälschungen und Handelsbeeinträchtigungen führen. Die Gruppenfreistellung erfasst Regionalbeihilfen, Ausbildungsbeihilfen, Beihilfen für KMU und Beschäftigungsbeihilfen. Ferner umfasst die Gruppenfreistellung Beihilfen für Frauen als Unternehmerinnen, für Umweltschutz, für Forschung, Entwicklung und Innovation, Risikokapitalbeihilfen sowie Beihilfen für benachteiligte und behinderte Arbeitnehmer. Im Jahr 2014 hat die Kommission die AGVO überarbeitet und neu erlassen und neben einer umfangreichen Reihe neuer Kategorien die Filmindustrie als speziellen Teil des Kultursektors miteinbezogen (Art. 1 lit. j, Art. 54 AGVO).[971] Die AGVO wurde

---

969 Vgl. Bacon, in: Bacon, EC Law of State Aid, Kap. 3, Rn. 3.25.

970 Allgemeine Gruppenfreistellungsverordnung („General Block Exemption Regulation" - GBER), VO 800/2008 in Kraft getreten am 29.08.2008, Geltungsdauer zunächst bis 31.12.2013, durch weitere Verordnung verlängert bis 30.6.2014. Die AGVO hebt die vorher bestandenen Einzelgruppenfreistellungsverordnungen auf.

971 Neue Allgemeine Gruppenfreistellungsverordnung, VO (EU) 651/2014 v. 17.6.2014 zur Feststellung der Vereinbarkeit bestimmter Gruppen von Beihilfen mit dem Binnenmarkt in Anwendung der Artikel 107 und 108 des Vertrags über die Arbeitsweise der Europäischen Union, in Kraft seit 1.7.2014, Geltungsdauer bis 31.12.2020, hebt die

auf der Rechtsgrundlage von Art. 108 Abs. 4 AEUV und der (alten) Ermächtigungsverordnung („Enabling Regulation") des Rates VO (EG) 994/98 erlassen[972], letztere geändert durch die Verordnung (EU) 733/2013 vom 22.7.2013, sodass seitdem auch Maßnahmen im Bereich der Kultur freistellungsfähig sind. Auf dieser Rechtsgrundlage der Ermächtigungsverordnung (als Durchführungsverordnung selbst gestützt auf Art. 109 AEUV) ist die Kommission ermächtigt, eine Verordnung zu erlassen, in der die Freistellung von der Notifizierung bestimmter Kategorien horizontaler Beihilfen unter bestimmten Voraussetzungen vorgesehen und geregelt werden kann, die AGVO bzw. vorangegangenen Gruppenfreistellungen. Die Gruppenfreistellungen sind als Verordnung unmittelbar geltendes Recht und anwendbar in den Mitgliedstaaten. Die Mitgliedstaaten können auf der Grundlage der Verordnung nationale Beihilferegelungen erlassen und gemäß derer Beihilfen oder Einzelbeihilfen, direkt gestützt auf die Verordnung, gewähren, die befreit sind von der Notifizierungspflicht. Die AGVO ist ein wichtiges Element der Reform des europäischen Beihilfenrechts. Die Mitgliedstaaten sollen veranlasst werden, die AGVO für Beihilfen zu nutzen, die kleine Budgets haben und bereits bekannte und bewährte Beihilfeinstrumente nutzen.

Voraussetzung ist, dass die Beihilferegelung sowie alle möglichen darauf gestützten Einzelbeihilfen unter eine Gruppenfreistellung gefasst werden können und formelle sowie materielle Freistellungsvoraussetzungen erfüllen (Art. 3 AGVO). Zu den formellen Voraussetzungen der AGVO gehören die Informationspflicht der Mitgliedstaaten gegenüber der Kommission über entsprechende Beihilfen sowie weitere Mitwirkungspflichten zur Einhaltung der AGVO (Art. 9 AGVO). Es gibt allgemeine materielle Voraussetzungen, die für jede Gruppe gelten, und spezielle materielle Voraussetzungen für die einzelnen Gruppen.

Allgemeine materielle Voraussetzung ist zunächst die Einhaltung eines jeweiligen Schwellenwerts der Beihilfehöhe (Art. 4 AGVO). Bei Beihilfen für audiovisuelle Werke darf das gesamte Fördervolumen des Programms nicht mehr als € 50 Mio. pro Jahr betragen (Art. 4 lit. z. aa AGVO). Weiterhin ist das Transparenzerfordernis (Art. 5 AGVO) zu erfüllen. Dieses setzt eine klare Berechnung

---

alte AGVO auf. Weitere neu einbezogene Kategorien sind Beihilfen nach Naturkatastrophen, Sozialbeihilfen zur Beförderung von Einwohnern in entlegenen Gebieten, Beihilfen für Breitbandinfrastruktur, Innovationsbeihilfen, Beihilfen für Kultur, Beihilfen für Sportinfrastrukturen.

972 Inzwischen ersetzt durch die (neue) Ermächtigungsverordnung (EU) 1588/2015 des Rates v. 13.7.2015.

der Beihilfe bzw. des Bruttosubventionsäquivalents[973] und eine Einhaltung der in der Verordnung enthaltenen verschiedenen Grenzwerte voraus.[974] Steuererleichterungen werden nur erfasst, wenn sie eine Obergrenze vorsehen, damit die Schwellenwerte nicht überschritten werden (Art. 5 Abs. 2 lit. d AGVO). Die Beihilfen für die Gruppen sollen ferner gemäß Art. 6 AGVO Anreize sein.[975] Deswegen enthält die Verordnung auch Leitlinien für die Beurteilung eines Anreizes im Einzelfall. Vermieden werden soll eine Beihilfegewährung für ein Projekt, das ohnehin durchgeführt worden wäre.[976] Eine Kumulierung von Beihilfen nach der AGVO ist unter den in Art. 8 AGVO genannten Voraussetzungen möglich, wenn also z.B. die maximale Beihilfenintensität gemäß der AGVO (abhängig von der Art der Beihilfe) nicht überschritten wird.

Des Weiteren gibt es die jeweils speziellen materiellen Voraussetzungen der Gruppe. Die neuen Regelungen zu Beihilfen für audiovisuelle Werke gemäß Art. 54 AGVO ähneln der neuen Filmmitteilung (näher siehe sogleich unter Punkt c.). Es muss sich um eine Beihilfe zur Entwicklung, Produktion oder Vertrieb handeln, die ein kulturelles Produkt fördert, Grenzen für territoriale Ausgabenverpflichtungen sowie die festgelegte Beihilfeintensität von grundsätzlich maximal 50% einhält, nicht für bestimmte Produktionstätigkeiten beschränkt ist, und die ferner beihilfefähige Kosten im Sinne der Verordnung darstellt. Zudem darf es keine Beschränkung der Beihilfeempfänger auf Inländer geben. Die Verwendung für ein kulturelles Projekt erfordert einen wirksamen Überprüfungsmechanismus, wie z.B. eine Liste kultureller Kriterien, der sog. Kulturtest. Bei Beihilfen für grenzüberschreitende Produktionen und Beihilfen für schwierige audiovisuelle Werke sowie für Koproduktionen mit bestimmten Ländern der Liste des Ausschusses für Entwicklungshilfe der OECD kann die Beihilfeintensität höher sein, nämlich in erstem Fall bis auf 60%, in den anderen beiden Fällen bis auf 100%. Demnach ist ein Beihilfeprogramm zur Filmförderung von der Notifizierung freigestellt, wenn es diese speziellen Kriterien erfüllt und insbesondere das Fördervolumen € 50 Mio. pro Jahr nicht überschreitet.

---

973 Gemäß der Begriffsbestimmung in Art. 2 Nr. 22 AGVO ist Bruttosubventionsäquivalent „die Höhe der Beihilfe, wenn diese als Zuschuss für den Empfänger gewährt worden wäre, vor Abzug von Steuern und sonstigen Abgaben".

974 Art. 4, 5 AGVO; wie bei De-minimis fallen Beihilfen aus dem Anwendungsbereich der Verordnung heraus, bei denen zur Berechnung eine Risikoabwägung notwendig wäre.

975 Die Ausnahme des Erfordernisses des Anreizeffektes gemäß Art. 6 Abs. 5 lit. h AGVO gilt nicht für Beihilfen für audiovisuelle Werke nach Art. 54 AGVO, sondern nur für Beihilfen für Kultur und die Erhaltung des kulturellen Erbes nach Art. 53 AGVO.

976 Vgl. Koenig/Hellstern, in: Müller-Graff, EurWirtschOrdnR, § 14, Rn. 70.

Wenn die Filmförderung als Wirtschaftsförderung kleine und mittlere Produktionsunternehmen und andere Unternehmen der Filmindustrie unterstützt, kann auch die Gruppenfreistellung für KMU/ SME (Kleine und mittlere Unternehmen/ Small and Medium Enterprises) in Betracht kommen (Art. 17ff. AGVO). Entsprechend einer Empfehlung der Kommission und in die AGVO übernommen wird „kleine und mittlere Unternehmen“ definiert als solche, die weniger als 250 Personen beschäftigen und einen Jahresumsatz von höchstens 50 Mio. Euro/ 39 Mio. Pfund Sterling bzw. eine Jahresbilanzsumme von höchstens 43 Mio. Euro/ 33,5 Mio. Pfund Sterling haben, unabhängig sind in dem Sinn, dass höchstens bis zu 25% des Kapitals oder der Bestimmungsrechte in den Händen eines oder mehrerer Unternehmen sind, die keine KMU/ SME sind, und ferner die Unternehmen weder Partnerunternehmen noch verbundene Unternehmen sind. Kleine Unternehmen sind solche mit weniger als 50 Beschäftigten und einem Jahresumsatz von höchstens 10 Mio. Euro.[977]

Insbesondere kann die Gruppenfreistellung von Risikofinanzierungsbeihilfen für KMU (Art. 21 AGVO) herangezogen werden, wenn es sich um eine Unternehmensförderung handelt. Risikofinanzierungsbeihilfen für KMU werden gemäß der speziellen materiellen Voraussetzungen in Art. 21 AGVO freigestellt, wenn es sich u.a. um eine Beteiligung oder beteiligungsähnliche Investition eines privaten Investors als Finanzintermediär handelt. Ein Finanzintermediär kann ein Private-Equity-Fonds sein, der nach wirtschaftlichen Grundsätzen verwaltet werden muss. Es muss sich zudem bei den Finanzierungsmaßnahmen um gewinnorientierte Entscheidungen handeln. Es dürfen nicht mehr als € 15 Mio. pro Unternehmen vergeben werden. Je nach Ausgestaltung muss ein bestimmter Prozentsatz an Kapital von anderen privaten Investoren kommen.

Die Kommission ist an die Verordnung gebunden. Sie kann eine Abweichung ihrer Genehmigungspraxis von den Gruppenfreistellungen nur unter Änderung der Verordnungen selbst vornehmen.

b. Ermessensbindung der Kommission durch Mitteilungen, Leitlinien, Unionsrahmen

Neben den Gruppenfreistellungen hat die Kommission verschiedene Leitlinien, Rahmenregelungen und Mitteilungen erlassen. Diese befreien eine Beihilfe nicht von der Notifizierungspflicht. Beihilfen können aber bei Erfüllen der Voraussetzungen der Ausnahme zulässig sein. Insbesondere diese Akte der Kommission

977 Vgl. KMU-Definition, Art. 2 Anhang 1 der AGVO sowie Erwägungsgrund 30 AGVO; Empfehlung der Kommission 2003/361/EG.

sollen die Transparenz der Genehmigungspraxis erhöhen, zur Rechtssicherheit beisteuern und eine effizientere Anwendung fördern. Sie sind Ausdruck der bisherigen Genehmigungspraxis der Kommission und stellen Kriterien für vereinbare Beihilfen auf.

Die Rechtsform dieser Handlungsarten und deren Abgrenzung untereinander sind indes nicht eindeutig und umstritten.[978] Auch werden die Bezeichnungen uneinheitlich verwendet. Es wird zwischen Konkretisierungen der materiellen Voraussetzungen und der Verfahrensregelungen unterschieden. Teilweise wird die Auffassung vertreten, dass sich Mitteilungen auf Art. 107 Abs. 1 AEUV beziehen, Leitlinien und Unionsrahmen auf Art. 107 Abs. 3 AEUV.[979] Leitlinien bezögen sich ausschließlich auf die Ermessensausübung, während Unionsrahmen außer Leitlinien zusätzlich noch zweckdienliche Maßnahmen im Sinne des Art. 108 Abs. 1 S. 2 i.V.m. Art. 18 VerfO enthielten.[980] Eine andere Auffassung weist darauf hin, dass Leitlinien und Unionsrahmen in Form von Mitteilungen ergehen können.[981]

Auch die Rechtsverbindlichkeit dieser Akte ist unterschiedlich. Sie können rein interpretativer oder rechtsverbindlicher und rechtsgestaltender Natur sein. Leitlinien und Unionsrahmen sind einer Ansicht nach nicht typisierte Kommunikationsakte im Gegensatz zu Kommissionsverordnungen und Beschlüssen, die abgeleitete Sekundärrechtsakte seien, solange sie sich im Rahmen der Ermächtigungsverordnung hielten.[982] Unionsrahmen könnten sich als zweckdienliche Maßnahmen auf die Ermächtigungsgrundlage Art. 108 Abs. 1 S. 2 AEUV stützen. Sie richten sich auf bestehende Beihilfen und bedürften deshalb der Zustimmung des Mitgliedstaats. Mit Zustimmung eines Mitgliedstaats seien sie diesem gegenüber und für die Kommission rechtsverbindlich.[983] Hinsichtlich Leitlinien wird vertreten, dass diese rechtsverbindliche Wirkung über eine Selbstbindung der Kommission bei ihrer Entscheidungspraxis und Ausfüllen des Ermessensspielraums der Kommission und daraus resultierend durch den Grundsatz des Vertrauensschutzes und das Gebot der Gleichbehandlung entfalten könnten.[984]

978 Vgl. Ruthig/Storr, Rn. 942 m.w.N.

979 Vgl. Koenig/Hellstern, in: Müller-Graff, EurWirtschOrdnR, § 14, Rn. 7; so wohl auch Mederer, in: von der Groeben/Schwarze/Hatje, EUR, AEUV, Art.107, Rn. 221ff.

980 Vgl. von Wallenberg/Schütte, in: Grabitz/Hilf/Nettesheim, RdEU, Art. 107, Rn. 146.

981 Vgl. Khan, in: Geiger/Khan/Kotzur, EUV, AEUV, Art. 107, Rn. 23.

982 Vgl. Koenig/Hellstern, in: Müller-Graff, EurWirtschOrdnR, § 14, Rn. 66.

983 Vgl. Koenig/Hellstern, in: Müller-Graff, EurWirtschOrdnR, § 14, Rn. 66; von Wallenberg/Schütte, in: Grabitz/Hilf/Nettesheim, RdEU, Art. 107, Rn. 146.

984 Vgl. Khan, in: Geiger/Khan/Kotzur, EUV, AEUV, Art. 107, Rn. 23; Ruthig/Storr, Rn. 902.

Aufgrund der Vielzahl der Kommunikationsakte, deren unterschiedlicher Bezeichnungen und Rechtsnatur sowie uneinheitlichen Verwendung der Rechtsform wird in der Literatur zu Recht auf eine einheitliche Verwendung plädiert und überzeugend vorgeschlagen, eine Unterscheidung der Bezeichnungen der Rechtsformen nach dem Bezugsgegenstand und der Rechtsnatur vorzunehmen.[985]

Nichtsdestotrotz wendet die Kommission die in diesen Handlungsarten niedergelegten Kriterien unter Billigung des EuGH wie sekundäre Rechtsakte an.[986] Sie ersetzen im Falle eines eingeräumten Ermessens der Kommission dessen Ausübung in jedem Einzelfall, ohne jedoch auf den Ermessensspielraum gemäß Art. 107 Abs. 3 AEUV zu verzichten. Da diese Akte jedoch keine sekundären Rechtsakte sind, müssen sie mit dem Primär- und Sekundärrecht vereinbar sein und unterliegen der Überprüfbarkeit durch den EuGH.[987] Das bedeutet, dass insbesondere Art. 107 AEUV fehlerfrei anwendbar sein muss. Anders als Gruppenfreistellungen können Leitlinien und andere dieser Handlungsarten grundsätzlich bereits vor ihrer Veröffentlichung auf Beihilfen angewandt werden[988], da sie lediglich die Ermessensentscheidung der Kommission verdeutlichen, die in jedem Fall getroffen wird (quasi als Vorausnahme im Gegensatz zur Rückwirkung). Wenn sie ihre Genehmigungspraxis allerdings ändern will, ist eine solche Vorausanwendung nur unter engen Voraussetzungen, wichtigen Gründen und ausdrücklicher Regelung zum zeitlichen Anwendungsbereich in der neuen Leitlinie zulässig.[989]

---

985 Vgl. Mederer, in: von der Groeben/Schwarze/Hatje, EUR, AEUV, Art.107, Rn. 221ff. Dieser Vorschlag geht in die Richtung der oben vertretenen Auffassung, dass Mitteilungen sich auf Bereiche beziehen sollten, in denen die Kommission kein Ermessen hat, aber die Auslegung und Anwendungspraxis konkretisieren will, wie Art. 107 Abs. 1, Abs. 2, Art. 106 Abs. 2, Art. 93 und Art. 108 AEUV. Leitlinien sollten nach diesem Vorschlag solche sein, die Bereiche konkretisieren, in denen der Kommission Ermessen zukommt, wie Art. 107 Abs. 3 AEUV. Unionsrahmen dagegen sollten solche Akte genannt werden, die nicht nur Leitlinien aufzeigen, sondern denen durch die Zustimmung der Mitgliedstaaten rechtsverbindlicher Charakter zukommt.

986 Vgl. Bacon, in: Bacon, EC Law of State Aid, Kap. 3, Rn. 3.43.

987 Vgl. Bacon, in: Bacon, EC Law of State Aid, Kap. 3, Rn. 3.44.

988 Vgl. Bacon, in: Bacon, EC Law of State Aid, Kap. 3, Rn. 3.45.

989 Vgl. Bacon, in: Bacon, EC Law of State Aid, Kap. 3, Rn. 3.45.

c. Filmmitteilungen

Im Bereich der Kulturausnahme des Art. 107 Abs. 3 lit. d AEUV hat die Kommission ebenfalls Kommunikationsakte erlassen. Neben der Rundfunkmitteilung[990] handelt es sich hinsichtlich des Filmsektors um die Mitteilung zu bestimmten Rechtsfragen im Zusammenhang mit Kinofilmen und anderen audiovisuellen Werken, sog. Filmmitteilung.[991] Sie beinhaltet Leitlinien, die das Ermessen der Kommission ersetzen und die bisherige Entscheidungspraxis der Kommission im Bereich der Filmförderung verdeutlichen. Aufgrund der Selbstbindung der Kommission ist die Filmmitteilung bei Beihilfen im Filmbereich vorrangig vor der Ermessensausnahme in Art. 107 Abs. 3 lit. d AEUV zu prüfen. Ob eine Filmfördermaßnahme also eine vereinbare Beihilfe ist, ist, sofern sie nicht bereits unter die De-minimis-Regelung oder die neue AGVO fällt, zunächst am Maßstab der in der Filmmitteilung aufgestellten Kriterien zu prüfen. Wenn diese nicht erfüllt sind, kann eine Beihilfe dennoch zulässig sein. Es ist dann zu prüfen, ob die Beihilfe unter direkter Anwendung der Kulturausnahme des Art. 107 Abs. 3 AEUV mit dem Binnenmarkt vereinbar ist. Bei der Verlängerung einer bereits genehmigten Beihilferegelung ist ein vereinfachtes Genehmigungsverfahren möglich (gemäß Durchführungsverordnung VO (EG) 794/2004 i.V.m. Art. 33 Beihilfenverfahrensverordnung (BVVO) VO (EU) 2015/1589 i.V.m. Art. 109 AEUV).

aa. Filmmitteilung 2001-2012

Die erste Filmmitteilung der Kommission wurde 2001 erlassen.[992] Sie sollte die Genehmigungspraxis für Rechtsfragen bei Beihilfen für Kinofilme und andere audiovisuelle Werke anhand von Kriterien verdeutlichen und Beihilfen im Filmbereich erleichtern. Die Filmmitteilung war befristet, um eine Überprüfung der Leitlinien nach diesem Zeitraum vornehmen zu können. Sie wurde stets verlängert, letztmalig mit einer Laufzeit bis Ende 2012.[993] Bereits bei der letzten

---

990 Mitteilung der Kommission über die Anwendung der Vorschriften über staatliche Beihilfen auf den öffentlich-rechtlichen Rundfunk, sog. Rundfunkmitteilung, 2009/C 257/01, ABl. C 257/1 v.27.10.2009.

991 Mitteilung der Kommission über staatliche Beihilfen für Filme und andere audiovisuelle Werke, sog. Filmmitteilung, 2013/C 332/01, ABl. C 332/1 v.15.11.2013.

992 Mitteilung der Kommission zu bestimmten Rechtsfragen im Zusammenhang mit Kinofilmen und anderen audiovisuellen Werken v.26.9.2001, C 2001/534, ABl. C 43 v. 16.2.2002, S. 6-17.

993 Mitteilungen 2004/C 123/01, 2007/C 134/03, 2009/C 31/01.

Verlängerung im Jahr 2009 hatte die Kommission statt einer weiteren Verlängerung eine überarbeitete neue Fassung intendiert. Die dafür durchgeführte Studie wurde jedoch nicht als ausreichend angesehen und daher wurde ein Konsultationsverfahren eingeleitet.[994] In den Jahren 2011 bis 2013 hatte die Kommission umfangreiche Konsultationen durchgeführt, um eine vollständige Überprüfung und Revision der Leitlinien vorzunehmen, und eine komplett überarbeitete Filmmitteilung zu erlassen. Zum besseren Verständnis werden hier zunächst in Abschnitt aa. die Kriterien der alten Filmmitteilung und nachfolgend unter Abschnitt bb. die Kriterien der neuen Filmmitteilung dargestellt, da die aktuelle Filmmitteilung Grundzüge der alten Filmmitteilung aufweist.

Hintergrund und Anlass für den Erlass der ersten Filmmitteilung war eine Entscheidung der Kommission über eine französische Förderungsregelung im Juni 1998.[995] In dieser hatte die Kommission vier Kriterien zur Vereinbarkeit von Beihilfen mit dem Binnenmarkt entwickelt und diese dann in der Filmmitteilung übernommen. Diese Kriterien sollten ein Gleichgewicht schaffen zwischen den beabsichtigten Zielen, nämlich einerseits der kulturellen Förderung, der Entwicklung von Filmen und anderen audiovisuellen Werken und andererseits der Einhaltung der europäischen Beihilfevorschriften.

Vor den spezifischen vier Kriterien prüfte die Kommission laut der Filmmitteilung zunächst die Einhaltung und Vereinbarkeit der Beihilfe mit allgemeinen Rechtssätzen und Grundprinzipien, wie z.B. dem Diskriminierungsverbot oder den Grundfreiheiten. Die Beihilferegelung musste nach dem Grundsatz der „allgemeinen Rechtmäßigkeit“ zulässig sein, also generell mit den Vorschriften des europäischen Gemeinschafts- bzw. Unionsrecht vereinbar sein.

Zudem musste die Beihilferegelung den speziellen Kriterien entsprechen. Diese lauteten wie folgt:

Die Förderung musste einem kulturellen Produkt zugutekommen, wobei aufgrund des Subsidiaritätsprinzips den Mitgliedstaaten überlassen wurde den kulturellen Inhalt zu definieren. Die Kulturförderung bzw. der kulturelle Inhalt musste anhand von nationalen Kriterien überprüfbar sein.

Das nächste Kriterium bezog sich auf die Territorialisierung. Der Produzent durfte höchstens verpflichtet werden 80% der Fördermittel im Inland ausgeben zu müssen. Das hieß, dass mindestens 20% in anderen Ländern ausgegeben werden konnten. Ausweislich der Begründung der Kommission in der Filmmitteilung sollte eine Territorialisierung nur soweit gestattet sein, wie sie zur

994 Zum Konsultationsverfahren siehe Blair, Ent.L.R. 2011, 22(8), S. 229.
995 Entscheidung der Kommission N 3/98, ABl. C 279/4 v. 8.9.1998.

Förderung der angestrebten kulturellen Ziele erforderlich gewesen wäre. Eine territoriale Förderung sollte nicht zur Förderung eines Wirtschaftszweiges werden. Bestimmte Wirtschaftszweige hätten auch andere europäische Förderungen in Anspruch nehmen können.

Des Weiteren durfte der Höchstbetrag der Förderung bis zu 50% des Gesamtbudgets betragen, wobei darin keine Förderungen eingerechnet wurden, die unmittelbar von europäischen Einrichtungen stammten. In Ausnahmefällen durfte der Förderbetrag die 50%-Grenze überschreiten, wenn ein Härtefall vorlag, nämlich der Film schwierig oder mit knappen Mitteln erstellt war. Wie „schwierig" und „mit knappen Mitteln" definiert wurde, wurde hierbei den Mitgliedstaaten überlassen. Allerdings behielt sich die Kommission in der Mitteilung ausdrücklich die Entscheidungsmöglichkeit offen auch bei anderen als schwierigen oder mit knappen Mitteln produzierten Filmen höhere Fördermittel zu genehmigen, wenn der Ausnahmefall dementsprechend begründet und nachgewiesen wurde.

Zudem musste die Förderung neutral sein und durfte keine bestimmte Aktivität der Filmproduktion fördern um erneut nicht Unternehmen in diesem Bereich zu bevorzugen und anzulocken. Filme, die in einer begrenzten Sprachregion oder kulturellen Region produziert wurden, konnten vermehrt gefördert werden.

Ferner duften zusätzliche Förderungen für besondere Filmtätigkeiten, wie z.B. die Postproduktion, nicht genehmigt werden, da eine Bevorzugung von spezialisierten Unternehmen in diesem Bereich vermieden werden sollte.

Die Mitteilung legte den Fokus nicht so sehr auf die Höchstfördersumme in den Mitgliedstaaten einer Produktion, sondern auf die Ausgestaltung des Kriteriums der Territorialität.[996]

Bis zum Erlass der neuen Filmmitteilung wurde die alte Filmmitteilung weiterhin angewandt und auf die bisherige Entscheidungspraxis zurückgegriffen. Unproblematische Beihilferegelungen bezüglich der Filmförderung sollten dem Willen der Kommission nach in die AGVO aufgenommen werden. Bei den Konsultationen sollten insbesondere folgende Punkte zur Überprüfung kommen: Territorialauflagen hinsichtlich ihrer Zulässigkeit, eine Erweiterung der Anwendung der Filmmitteilung auf nicht-produktionsbezogene Bereiche wie Vertrieb und digitales Abspiel, vermehrte regionale Fördersysteme sowie die Höchstgrenzen der Förderung im Hinblick auf den Wettbewerb zwischen den

996 Vgl. MEDIA Desk UK, The European Union: a guide for audiovisual professionals 2011, S. 38.

Mitgliedstaaten zur Anlockung von Investoren und deren Durchführung ihrer Filmproduktionen mit der nationalen filmwirtschaftlichen Infrastruktur (hauptsächlich der großen U.S.-amerikanischen Filmgesellschaften).

bb. Filmmitteilung 2013

Die neue Filmmitteilung ist seit 16.11.2013 in Kraft. Eine ausdrückliche Befristung liegt nicht vor. Die Filmmitteilung enthält einige Neuerungen der Kriterien, ist in anderen Punkten jedoch inhaltsgleich mit der alten Filmmitteilung. Die Neuerungen tragen den vermehrten Förderregelungen in den Mitgliedstaaten mittels Steuererleichterung Rechnung und unterscheiden bei den Territorialitätsregelungen zwischen Zuschüssen und Steuererleichterungen. Zudem wird die Anwendung auf Fördertätigkeiten außerhalb der Produktionsphase erweitert. Das Subsidiaritätsprinzip wird hinsichtlich des Kulturtests herausgestellt. Des Weiteren sieht die Mitteilung für grenzübergreifende Produktionen eine höhere Beihilfeintensität vor. Ferner wird auf den Schutz des und Zugang zum Filmerbe eingegangen.[997] Die Kommission stellt in den Erwägungsgründen der Filmmitteilung außerdem einen bestehenden Wettbewerb um die besten Investitionsanreize für ausländische Investitionen fest.

Die Beihilfeprüfung erfolgt anhand der folgenden Kriterien bei Beihilfen zur Förderung von Drehbuchgestaltung, Entwicklung, Produktion, Vertrieb und Promotion.

Die allgemeine Beurteilung einer zulässigen Beihilfe beginnt gemäß der neuen Filmmitteilung ebenfalls mit der Prüfung der Einhaltung des Grundsatzes der allgemeinen Rechtmäßigkeit. Für weitere Ausführungen kann auf oben verwiesen werden.

Hinsichtlich Verpflichtungen zu territorialen Ausgaben gilt folgendes: Das Kriterium der Territorialität wurde beibehalten, allerdings sind die Voraussetzungen geändert worden. Zudem wird es in der neuen Filmmitteilung unter der allgemeinen Rechtmäßigkeit geprüft, da die Ausgabenverpflichtung der Verhältnismäßigkeit genügen muss, um eine Einschränkung der Grundfreiheiten zu rechtfertigen. Die Kommission bezieht sich auf eine 2008 für sie durchgeführte Studie, die zu dem Ergebnis kam, dass die positiven Auswirkungen nicht ausreichen würden und den Umfang der territorialen Bedingungen nicht rechtfertigen würden.[998] Allerdings erkennt die Kommission an, dass Territorialvoraussetzungen weiterhin bestehen dürfen, da die Besonderheiten der Filmindustrie einen

997 Vgl. Filmmitteilung 2013, Rn. 20.
998 Vgl. Filmmitteilung 2013, Rn. 29.

zwingenden Grund des Allgemeininteresses darstellen, das die Grundfreiheiten einschränken kann.[999] Während die Kommission die erlaubten Territorialitätsverpflichtungen senken und auf 100% des Beihilfebetrags beschränken wollte, hat sie nach starkem Protest von u.a. Deutschland und UK davon Abstand genommen.[1000] Für die größten EU-Filmindustrienationen und gleichzeitigen starken Förderer wäre eine solche Beschränkung mit negativen Folgen verbunden gewesen. Die begründete und nachvollziehbare Befürchtung der Mitgliedstaaten war, dass, wenn Filmproduktionen zwar von Fördermitteln profitiert hätten, die Produktion jedoch in anderen Ländern durchgeführt hätte werden können, die nationale Filmindustrie mit Filmschaffenden, Infrastruktur und Einrichtungen weniger durch die staatliche Förderung profitiert hätte. Dies hätte in der Folge zu einer geringeren Förderbereitschaft der Mitgliedstaaten führen können. Zudem hätten ausgewogene Fördersysteme in Dysbalance geraten können. Die Kommission legt nun in der Mitteilung fest, dass die Territorialvorgaben hinsichtlich der Ausgaben in einem angemessenen Verhältnis zu der Förderhöhe stehen müssen und nicht nur zu dem gesamten Produktionsbudget. Es gibt zwei alternative Regelungen, je nachdem, ob die Beihilfe in Form von Zuschüssen im Rahmen eines Auswahlverfahrens oder von Steuererleichterungen gewährt wird. Bei der Filmförderung in Form von Zuschüssen wird der Beihilfehöchstbetrag als prozentualer Anteil am Gesamtproduktionsbudget festgemacht. Anders dagegen bei den Steuererleichterungen. In den entsprechenden Regelungen wird die Höhe des Beihilfebetrags von den im Mitgliedstaat getätigten Ausgaben für die Produktionstätigkeit abhängig gemacht.

Um der Verhältnismäßigkeit der Territorialität Genüge zu tun, sollen Regelungen bei Beihilfen in Form von Zuschüssen maximal 160% des Beihilfebetrags als Territorialausgaben vorsehen. Dies entspricht den bislang vorgeschriebenen 80% des Produktionsbudgets, wenn die Beihilfehöhe bei 50% des Produktionsbudgets liegt. Dagegen knüpft die Obergrenze bei Steuererleichterungen an das Produktionsbudget an, da eine Regelung, die die Beihilfehöhe von den Ausgaben im Mitgliedstaat abhängig macht, dazu führen kann, dass mehr Ausgaben getätigt werden, um die Beihilfehöhe zu steigern. Die maximale Höhe soll in diesem Fall bei 80% des Produktionsbudgets liegen. Für beide Ausgestaltungsoptionen kann ein Mindestprozentsatz für die Produktionstätigkeit im Mitgliedstaat

999 Die Territorialitätsverpflichtung dient der mit der Filmförderung bezweckten Wahrung und Förderung der europäischen Kulturen, sodass die Einschränkung der Grundfreiheiten gerechtfertigt ist.

1000 Vgl. Werner, MMR 2014, 439 (441).

festgelegt werden, damit das Vorhaben überhaupt beihilfefähig ist; dieser darf 50% des gesamten Produktionsbudgets nicht überschreiten.[1001] Die erstere Alternative ist transparenter. Es kann ohne weiteres festgestellt werden, was die Beihilfe ist und welche Ausgaben im Inland getätigt werden müssen. Bei der zweiten Alternative hängt die Beihilfe von den Ausgaben ab, die sich erst nach und nach zeigen und durch Nach- und Vorberechnung von Gewinnen und Verlusten und Übertragung auf andere Steuerjahre qualifizieren können. Das heißt, dass die Berechnung der für die Steuererleichterung qualifizierenden Grundhöhe der Ausgaben eine feste Größe ist, jedoch die Unternehmen durch flexible Berechnungsweisen die Höhe der Ausgaben beeinflussen können und damit die Steuererleichterung. Die Spielräume sind hier größer. In beiden Fällen darf zudem die territoriale Verpflichtung in keinem Fall 80% des gesamten Produktionsbudgets übersteigen.[1002] Damit soll das Verhältnis zwischen den geforderten territorialen Ausgaben im Inland und der tatsächlichen finanziellen Förderung durch den Mitgliedstaat gewahrt werden.[1003] Allerdings wird diese 80%-Grenze auch nicht als absolute Grenze gesehen. Es soll stets eine Verhältnismäßigkeit garantiert sein. Das bedeutet, dass bereits 80% unverhältnismäßig sein können, wenn die Summe der Förderung im Verhältnis zu den territorialen Pflichtausgaben sehr niedrig ist, sodass die Verpflichtung unangemessen einschränkend für den Begünstigten der Förderung ist.

Die spezifischen Kriterien von kulturellem Produkt, Beihilfeintensität und erfassten Tätigkeiten bestehen mit inhaltlichen Änderungen weiter fort.

Der sogenannte Kulturtest wird zur Sicherstellung, dass die Beihilfe einem kulturellen Produkt zugutekommt, mit ähnlichem Wortlaut wie in der Filmmitteilung 2001 beibehalten. Die Kommission hat die Kritik der Mitgliedstaaten anerkannt und überprüft selbst zukünftig nicht mehr die kulturellen Kriterien, die in den Filmförderregelungen der Mitgliedstaaten enthalten sind, sondern gemäß des Subsidiaritätsprinzips nur, ob die Mitgliedstaaten einen eigenen wirksamen Überprüfungsmechanismus zur Sicherstellung vorgesehen haben, um offensichtliche Fehler auszuschließen. Die Besonderheit der Filmmitteilung liegt auch darin, dass sie nachprüfbare kulturelle Kriterien fordert. In anderen Bereichen existieren keine Leitlinien der Kommission zur Genehmigungsfähigkeit kultureller Beihilfen. Wenngleich die Definition von Kultur den Mitgliedstaaten

1001 Vgl. Filmmitteilung 2013, Rn. 37, 50.

1002 Vgl. Filmmitteilung 2013, Rn. 50.

1003 Vgl. Filmmitteilung 2013, Rn. 32. Gemeint ist gerade nicht das Verhältnis zwischen territorialen Ausgaben und Gesamtbudget.

obliegt, prüft die Kommission auch bei anderen kulturellen Beihilfen die Begründung und das Verfahren zur Prüfung der kulturellen Förderwürdigkeit.[1004] Es liegt bei den Mitgliedstaaten zu bestimmen, was als Kultur anzusehen ist und eine diesbezügliche Prüfung festzulegen, ob in Form eines Auswahlverfahrens, bei dem auch auf die kulturelle Qualität des Projekts geachtet wird, oder der Integration von kulturellen Kriterien in die notwendig zu erfüllenden Fördervoraussetzungen. Zwar stellt die Kommission nunmehr klar, dass eine kommerzielle Filmproduktion ein kulturelles Produkt nicht ausschließen soll[1005], die Bedingung eines kulturellen Produktes soll jedoch eine verdeckte Industrieförderung vermeiden.[1006] Insbesondere wird eine etwaig vorgesehene Voraussetzung in den Mitgliedstaaten zur Produktion des Films in einer bestimmten Sprache von der Kommission als gerechtfertigte Einschränkung der Dienstleistungsfreiheit angesehen werden, wenn diese Voraussetzung erforderlich und angemessen ist um ein kulturelles Ziel im jeweiligen Mitgliedstaat zu verfolgen. Verfügen die Förderprogramme in den Mitgliedstaaten über einen kulturellen Test mit einem Mindestmaß an von der Kommission bisher befürworteten Kriterien, ist dieses Kriterium der Filmmitteilung unproblematisch erfüllt.[1007]

Die Obergrenze der Beihilfe, sog. Beihilfeintensität, wird mit 50% des Produktionsbudgets beibehalten. Bei Koproduktionen von Produzenten aus mehreren Mitgliedstaaten, die durch mehr als einen Mitgliedstaat finanziert werden, ist nach Auffassung der Kommission eine höhere Beihilfeintensität bis zu 60% des Produktionsbudgets gerechtfertigt. Für die Berechnung der Beihilfeintensität wird der Gesamtbetrag der öffentlichen Fördermittel für die geförderte Tätigkeit oder das geförderte Vorhaben einbezogen, unabhängig davon, ob es sich um lokale, regionale oder nationale Fördermittel oder Unionsmittel handelt. Fördermittel, die allerdings ohne Beteiligung eines Mitgliedstaats an der Vergabe unmittelbar aus EU-Mitteln gewährt werden wie von der Kreatives Europa-Förderung, gelten ausdrücklich nicht als staatliche Mittel und werden folglich bei der Berechnung der Beihilfeintensität unberücksichtigt gelassen. Schwierige Produktionen oder Koproduktionen unter Beteiligung von Ländern, die auf der Liste der OECD-Entwicklungshilfe enthalten sind, sind von den Höchstgrenzen

---

1004 Vgl. Kliemann, in: von der Groeben/Schwarze/Hatje, EUR, AEUV, Art. 107, Rn. 804.

1005 Vgl. Filmmitteilung 2013, Rn. 25.

1006 Vgl. Kliemann, in: von der Groeben/Schwarze/Hatje, EUR, AEUV, Art. 107, Rn. 804.

1007 Die bisherige Entscheidungspraxis der Kommission zeigt auf, welche Kriterien die Kommission als geeignete Beurteilungskriterien für ein kulturelles Produkt ansieht; vgl. Werner, MMR 2014, 439 (442f.).

ausgenommen. Hier ändert sich nichts zu der Filmmitteilung 2001. Schwierige Produktionen können Kurzfilme, Erst- und Zweitfilme eines Regisseurs, Low-Budget-Filme, Dokumentarfilme u.a. sein, aber auch Filme in einer Sprache mit begrenztem Sprachraum oder einer geringeren Bevölkerungszahl. Was als schwierig gilt, ist von den Mitgliedstaaten festzulegen. Bei Drehbuch- und Entwicklungsförderung gilt ebenfalls keine Höchstgrenze der Beihilfeintensität. Bei späterer Realisierung des Projekts werden die Kosten für die Berechnung der Höchstgrenze des Produktionsbudgets miteinbezogen. Vertriebs- und Werbungskosten eines audiovisuellen Projekts, das für eine Produktionsförderung förderfähig ist, können in gleicher Beihilfeintensität wie die Produktion gefördert werden oder hätten gefördert werden können.

Der Anwendungsbereich der Filmmitteilung wurde bezüglich der zulässigen geförderten Tätigkeiten entscheidend erweitert und an die technologische Entwicklung sowie die Gegebenheiten in der Filmindustrie angepasst, für die sämtliche Phasen der Produktion für die Realisierung eines Projekts wichtig sind. Es handelt sich allerdings mehr um eine Anpassung als eine vollkommene Neuerung der ohnehin förderpolitisch gehandhabten Situation: die Kommission hatte bei der Prüfung von Beihilfen für andere Phasen als die eigentliche Filmproduktion die Kriterien der Filmmitteilung analog im Rahmen von Art. 107 Abs. 3 lit. d AEUV angewandt.[1008] Die neue Filmmitteilung ist nun auch ausdrücklich für Beihilfen für Filmtätigkeiten der Drehbuchentwicklung und Projektentwicklung, Vertrieb und Verleih sowie Werbung und Promotion anwendbar, solange diese Tätigkeiten mit der Filmproduktion verbunden sind. Beihilfen sollen für alle Produktionsstadien von der Konzeption bis zur Vorführung gewährt werden können. Um die Neutralität von Beihilfen zu wahren und den Produzenten einen freien Entscheidungsspielraum zu lassen, in welchem sie entscheiden können, wie und für welche Finanzposten sie Beihilfen für ein Filmprojekt einsetzen, sind Beihilfen für andere als die genannten einzelnen Tätigkeiten nicht zulässig. Vermieden werden soll auch eine (mit dem AEUV unvereinbare) nationale Bevorzugung bestimmter Tätigkeitsbereiche und Filmwirtschaftsbereiche und den darin tätigen Unternehmen in dem Mitgliedstaat durch Beihilfen, die gerade auf diese Tätigkeiten ausgerichtet sind.

Erfasst wird auch die Filmproduktionskomponente bei Transmedia-Projekten. Ob Video-on-Demand-Plattformen als Vorführungsart und Teil der neu einbezogenen Tätigkeiten auch von der Filmmitteilung erfasst werden, bleibt mangels ausdrücklicher Klarstellung offen.

1008 Vgl. Werner, MMR 2014, 439 (440).

Ferner sollen laut Filmmitteilung Mitgliedstaaten Filmproduzenten von geförderten Filmen dazu anhalten, zum Schutz des Filmerbes und zur Betonung des kulturellen Aspekts eine Kopie des Films bei einer nationalen Behörde oder sogenannten Filmerbe-Institution zu hinterlegen.

Die Filmmitteilung fordert zudem eine transparente Vergabe von Beihilfen. Den Mitgliedstaaten wird daher die Pflicht auferlegt, Mindestinformationen auf einer Website für die Öffentlichkeit bereitzustellen. Die Mindestinformationen sollen die vollständige Beihilferegelung und die Durchführungsbestimmungen, den Namen des Beihilfeempfängers, die Bezeichnung und die Art der geförderten Tätigkeit oder des geförderten Vorhabens, die Höhe der Beihilfe und die Angabe der Beihilfeintensität vom Gesamtbudget enthalten.

Hinsichtlich des steigenden Wettbewerbs zwischen den Mitgliedstaaten um die besten Anreize zur Anlockung ausländischer Investitionen, nimmt die Kommission zwar Stellung zu der Entwicklung, sieht aber noch keinen weitergehenden Handlungsbedarf. Beihilfen für ausländische Produktionen oder Koproduktionen sollen wie rein europäische Produktionen behandelt und am Maßstab von Art. 107 Abs. 3 lit. d AEUV geprüft werden. Die Kommission äußert sich dergestalt, dass sie aus den Konsultationen im Vorfeld zur Filmmitteilung die übereinstimmende Auffassung der Mitgliedstaaten zur Kenntnis nimmt, dass die Anwerbung ausländischer Filmproduktionen und Investitionen für die Aufrechterhaltung der hochwertigen Infrastruktur, für die Förderung des Transfers von Technologie, Know-how und Fachwissen notwendig ist sowie gleichzeitig die Anwerbung als Beitrag zur Nutzung der vorhandenen Ressourcen von Studios, Ausrüstung und Personal erforderlich ist, was sich insgesamt positiv auf den europäischen audiovisuellen Sektor und Filmproduktionen auswirkt, insbesondere Kapazitäten für nationale Produktionen erhält. Die Kommission kündigt jedoch an, Beihilfen für diese Produktionen zu beobachten, da Beihilfebeträge gerade bei automatisierten Regelungen wie Steuererleichterungen sehr hoch seien, ein Wettbewerb aber nicht auf Grundlage von Beihilfen, sondern von Qualität und Preis erfolgen solle.[1009]

Erstmals ist in einer Filmmitteilung die Kinoförderung einschließlich Digitalisierungsförderung enthalten. Damit ist der sachliche Anwendungsbereich erweitert worden. Nach Einschätzung der Kommission dürften die meisten Beihilfen für Kinos im Rahmen der De-minimis-Ausnahme zulässig sein. Sollte es sich um höhere Beihilfen handeln, können sie nun nach der neuen Filmmitteilung beurteilt werden, da die „wichtigste Zweckbestimmung eines Kinos in der

---

1009 Vgl. Filmmitteilung 2013, Rn. 39ff.

Vorführung des Kulturprodukts Film besteht"[1010]. Eine Kinoförderung wird nun gemäß der Filmmitteilung als Kulturförderung für zulässig und vereinbar mit Art. 107 Abs. 3 lit. d AEUV erachtet, sofern die Beihilfen geeignet, erforderlich und verhältnismäßig sind. Die spezifischen Kriterien für Filmproduktionen sind nicht anwendbar.

Ebenfalls zum ersten Mal nimmt die Kommission zur Förderung der Produktion von Videospielen Stellung. Eine solche Stellungnahme wird zwar nicht von den neuen Leitlinien umfasst, da es zu wenig Fallpraxis gibt und Spiele andere Merkmale als Filme aufweisen.[1011] Die Förderung von Videospielen wurde bislang teilweise als Kulturförderung anerkannt, wenn kulturelle Kriterien sichergestellt haben, dass es sich um ein Kulturprodukt handelte.[1012] Der interaktive Unterhaltungscharakter von Videospielen und die Tatsache, dass sie Software darstellen und kein audiovisuelles Produkt, schließen die Annahme von Kulturprodukten nicht von vornherein aus.[1013] In den Stellungnahmen der verschiedenen einzelnen europäischen Länderverbände der Videospiele, des europäischen Videospieleverbands sowie des Vertreters amerikanischer Videospiele bestanden unterschiedliche Auffassungen, ob Videospiele Kulturprodukte sind und audiovisuelle Werke darstellen oder reine Software sind. Auch zu nachteiligen Wettbewerbsfolgen wurden gegensätzliche Auffassungen vertreten. Die Vertreter der Auffassung, dass es sich um Software und technische Produktionen handelt, haben andere Rechtsrahmen vorgeschlagen, wie z.B. Forschungs- und Entwicklungsbeihilfen und dafür dementsprechend den Gemeinschaftsrahmen für staatliche Beihilfen für Forschung, Entwicklung und Innovation. Da in diesem Bereich weder zum Zeitpunkt der Entscheidung noch aktuell Leitlinien bestehen, muss die kulturelle Dimension anhand von Prüfungsfragen abgeklärt werden. Die Kommission stellte z.B. in einer Entscheidung zu einer französischen Förderregelung von Videospielen folgende Fragen: erstens, ob die Maßnahme tatsächlich der Förderung der Kultur diene, zweitens, ob die Maßnahme so konzipiert sei, dass ihr kulturelles Ziel erreicht würde, insbesondere die Maßnahme geeignet sei oder es andere Instrumente gebe, sie eine hinreichende Anreizwirkung ausübe und sie verhältnismäßig sei, sowie drittens, ob die

1010 Filmmitteilung 2013, Rn. 22.

1011 Vgl. Filmmitteilung 2013, Rn. 24.

1012 Vgl. Kliemann, in: von der Groeben/Schwarze/Hatje, EUR, AEUV, Art. 107, Rn. 805.

1013 Vgl. 2008/354/EG, Entscheidung der Kommission v. 11.12.2007 über C 47/2006, Rn. 64, bzgl. einer Beihilfemaßnahme von Frankreich in Form einer Steuergutschrift für die Erstellung von Videospielen.

Wettbewerbsverfälschung und Handelsbeeinträchtigung so begrenzt seien, dass die Vorteile der Maßnahme die Nachteile überwögen.

Fördermaßnahmen von Videospielen sind also wie bisher nicht anhand der Filmmitteilung, sondern der Kulturausnahme selbst zu prüfen. Sie können auch unter die AGVO oder die De-minimis-Verordnung fallen. Wenn es sich um Spiele mit kulturellem oder erzieherischem Zweck handelt, wird die Kommission aber die Kriterien der Filmmitteilung analog heranziehen.[1014]

Ob die neue Filmmitteilung die Kritik aus der Praxis beheben und Verbesserungen bringen kann, ob sie das Problem des Wettlaufs zwischen den Mitgliedstaaten um die besten Anreize verschärft oder ob sie dem Subsidiaritätsprinzip und der Kulturvielfalt und -Kompetenz der Mitgliedstaaten hinreichend Rechnung trägt, wird sich noch zeigen müssen.

d. Kulturausnahme Art. 107 Abs. 3 lit. d AEUV

Kann eine Beihilfe nicht unter die Filmmitteilung gefasst werden, kann sie unter direkter Anwendung von Art. 107 Abs. 3 lit. d AEUV gerechtfertigt sein.

Unter die Kulturausnahme des Buchstaben d fallen Beihilfen zur Förderung der Kultur der Mitgliedstaaten und zur Bewahrung des kulturellen Erbes. Beihilfen solcher Art können mit dem Binnenmarkt vereinbar sein mit der Einschränkung, dass sie nicht die Handels- und Wettbewerbsbedingungen in der Union in einem Maß beeinträchtigen, das dem gemeinsamen Interesse zuwiderläuft. Neben den zwei positiven Tatbestandskriterien Kultur und kulturelles Erbe stellt die Vorschrift (ebenso wie bei Art. 107 Abs. 3 lit. c AEUV) die negative Voraussetzung auf, dass die Beihilfe nicht die Handels- und Wettbewerbsbedingungen in einem Ausmaß beeinträchtigen darf, das dem gemeinsamen Interesse zuwiderläuft. Ob die Formulierung „beeinträchtigen" im Gegensatz zu „verändern" in Absatz 3 Buchstabe c höhere Voraussetzungen an eine Interessenswidrigkeit und Unvereinbarkeit der Beihilfe mit dem Binnenmarkt stellt, insofern also die Einschränkung der Ermessensausnahme eng ausgelegt wird, ist umstritten.[1015]

1014 Vgl. Filmmitteilung 2013, Rn. 24. Bei der Frage, ob die Kommission überhaupt die Notwendigkeit einer Beihilfe für Videospiele bejaht, sieht Werner, MMR 2014, 439 (441) eine restriktive Auslegung und verweist auf die Prüfung des britischen Video Tax Relief, bei dem die Kommission allein in der wirtschaftlichen Abwanderung von Unternehmen in andere Länder keine Notwendigkeit für die Einführung von Steueranreizen sah.

1015 Für höhere Anforderungen von Wallenberg/Schütte, in: Grabitz/Hilf/Nettesheim, RdEU, AEUV, Art. 107, Rn. 400; dagegen wohl verneinend Kliemann, in: von der Groeben/Schwarze/Hatje, EUR, AEUV, Art. 107, Rn. 803.

Wenn man allerdings der Annahme folgt, dass bereits bei Absatz 3 lit. c die Einschränkung eng zu verstehen ist, da der Begriff des gemeinsamen Interesses dort weit ist, sodass eine Beihilfe im Zweifel als vereinbar mit dem gemeinsamen Interesse angesehen werden kann[1016], ist die Frage einer höheren Voraussetzung bei Absatz 3 lit. d wohl ohnehin kaum relevant. Unabhängig davon ist, da es sich um eine Ausnahmevorschrift handelt, die Ermessensausnahme ohnehin eng auszulegen. Der Begriff der Kultur ist, hier sind sich die Auffassungen einig, eng und aus Sicht des betreffenden Mitgliedstaats auszulegen, da den Mitgliedstaaten die Kompetenz für den Kulturbereich eingeräumt ist. Zwar wird in der britischen Literatur darauf hingewiesen, dass der Begriff der Kultur zunächst weit ist, in dem Verständnis von Absatz 3 lit. d jedoch mit Hinweis auf die Rechtsprechung des EuGH dadurch eingeschränkt wird, dass es sich dem Inhalt und der Natur nach bei dem Produkt um ein kulturelles handeln muss, um unter die Ermessensausnahme fallen zu können.[1017]

Unter Kultur werden generell alle nichtwirtschaftlichen Betätigungen im kulturellen Bereich, z.B. Film und andere audiovisuelle Werke, Theater, Tanz, darstellende Kunst, Literatur, Musik, Museen, Photographie, gezählt sowie grundsätzlich auch das Verlegen und Veröffentlichen von Werken und der Mediensektor verstanden. Ob eine Tätigkeit als Kultur anerkannt werden kann, hängt u.a. davon ab, in welchem Ausmaß sie zugleich eine wirtschaftliche Betätigung darstellt.[1018] Das genaue Ausmaß einer erlaubten wirtschaftlichen Betätigung hängt vom jeweiligen Kulturbereich ab. Dieser Frage kommt insbesondere im Filmbereich Bedeutung zu, in dem wirtschaftliche Interessen eine wesentliche Rolle spielen. Dass Filmbeihilfen dennoch zulässig sind, hängt damit zusammen, dass die wirtschaftlichen Interessen das Endprodukt Film als Kulturgut fördern. Unter Berücksichtigung der hohen Kosten für die Filmproduktion darf die Tatsache, dass ein Film nicht nur Kulturprodukt ist, sondern auch wirtschaftliche Interessen verfolgt, nicht zum Ausschluss einer Anwendung der Kulturausnahme führen.[1019]

Voraussetzung ist, dass die Beihilfe ein Kulturprodukt fördern muss, das, wenn nicht eindeutig identifiziert, zumindest identifizierbar ist.[1020] Unter Kulturprodukt ist ein solches zu verstehen, das von seiner Art und seinem Inhalt

1016 So jedenfalls Bacon, in: Bacon, EC Law of State Aid, Kap. 3, Rn. 3.56.
1017 Vgl. Bacon, in: Bacon, EC Law of State Aid, Kap. 3, Rn. 3.62.
1018 Vgl. Bacon, in: Bacon, EC Law of State Aid, Kap. 3, Rn. 3.65.
1019 So auch Bacon, in: Bacon, EC Law of State Aid, Kap. 3, Rn. 3.65.
1020 So die Kommission in der Rundfunkmitteilung (Fn. 990), S. 1-14, Rn. 34.

unter Kultur einzuordnen ist. Auf das Medium oder die Verbreitung per se soll es gemäß der Kommission nicht ankommen. Nicht ausreichend ist die Einordnung des begünstigten Unternehmens in den Kulturbereich, ohne dass die Beihilfe einen kulturellen Mehrwert fördert. Von der Kulturförderung abzugrenzen sind laut Kommission in der Rundfunkmitteilung bildungsbezogene und demokratische Bedürfnisse in einem Mitgliedstaat.[1021]

Das zweite Kriterium der Kulturausnahme des kulturellen Erbes umfasst die Förderung der Denkmal- und Heimatpflege sowie des Brauchtums.[1022] Die Kommission hat in ihrer Genehmigungspraxis Förderungen zum Schutz des Kulturerbes mit Hinweis auf die Anerkennung in Art. 167 AEUV genehmigt, aber meist beschränkt auf die für Renovierung und Erhalt erforderlichen Kosten, wobei sie häufig kaum einen wettbewerbsverfälschenden Charakter einer entsprechenden Förderung erkennt.[1023]

Die Kommission führt eine Abwägung anhand einer Verhältnismäßigkeitsprüfung durch, um zu prüfen, ob eine Beihilfe vereinbar mit dem Binnenmarkt ist. Dabei wird geprüft, ob die Beihilfemaßnahme ein Ziel von gemeinsamen Interesse verfolgt, geeignet ist, dieses zu erreichen, die positiven Effekte die Wettbewerbsverzerrungen überwiegen, die Maßnahme ferner erforderlich und angemessen ist.

e. Wirtschaftsförderung Art. 107 Abs. 3 lit. c AEUV

Unter die Ausnahme des Art. 107 Abs. 3 lit. c AEUV fallen Wirtschaftsbeihilfen für Wirtschaftszweige oder Regionen in einem Mitgliedstaat, die in ökonomischer Sicht weniger entwickelt als der Rest des gleichen Mitgliedstaates sind (sektorale und regionale sowie auch horizontale Beihilfen). Die Ausnahme nach lit. c stellt ebenfalls nicht nur positive Erfordernisse inhaltlicher Art auf, die die Beihilfe erfüllen muss, sondern auch das negative Erfordernis, dass die Beihilfe die Wettbewerbsbedingungen nicht in einer Weise verändern darf, die dem gemeinsamen Interesse zuwiderläuft. Diese Beschränkung wird

---

1021 Das betrifft z.B. die deutschen Fernsehprogramme Kinderkanal und Phoenix. Die Finanzierung dieser beiden Programme ist nicht als Kulturförderung sondern Beitrag zur Erfüllung demokratischer und erzieherischer Bedürfnisse beurteilt worden. Vgl. Entscheidung der Kommission v. 24.2.1998, NN 70/98 – Deutschland- Kinderkanal; Kliemann, in: von der Groeben/Schwarze/Hatje, EUR, AEUV, Art. 107, Rn. 805.

1022 Vgl. von Wallenberg/Schütte, in: Grabitz/Hilf/Nettesheim, RdEU, AEUV, Art. 107, Rn. 399.

1023 Vgl. Kliemann, in: von der Groeben/Schwarze/Hatje, EUR, AEUV, Art. 107, Rn. 805.

eng ausgelegt.[1024] Regionalbeihilfen können sowohl unter diese Ausnahme wie die nach Absatz 3 lit. a fallen, wobei Leitlinien für Regionalbeihilfen existieren, die mit Ausnahmen grundsätzlich alle Wirtschaftszweige erfassen. Da die Ausnahme für Beihilfen zur Wirtschaftsförderung recht weit ist[1025], können Beihilfen im Filmbereich unter Umständen auch hiernach genehmigungsfähig sein. Für die Filmförderung kann diese Ausnahme vom Beihilfeverbot insofern relevant werden, wenn die Fördermaßnahmen sektoral auf die Filmindustrie bezogen sind oder sie die Wirtschaft in einer bestimmten strukturschwachen Region fördern sollen, damit die dortige Filmindustrie profitiert. Allerdings wird in der Regel bei den Filmförderungen, soweit es eines Rechtfertigungsgrundes bedarf, nicht auf die Wirtschaftsförderungsausnahme zurückgegriffen, wie noch zu zeigen sein wird.

D. Verfahren zur Beihilfenkontrolle

In Art. 108, 109 AEUV ist die Beihilfenaufsicht und das Verfahren zur Beihilfenkontrolle durch die Kommission geregelt, ergänzt durch die Verfahrensordnung der Beihilfenkontrolle[1026]. Die Kommission prüft fortlaufend die bestehenden nationalen Beihilferegelungen und kann den Mitgliedstaaten gemäß Absatz 1 zweckdienliche Maßnahmen aufgrund der Entwicklung und des Funktionierens des Binnenmarkts vorschlagen.

Grundsätzlich gilt für alle Beihilfen (Einzelbeihilfen und Beihilferegelungen, neu eingeführt oder umgestaltet) eine Notifizierungspflicht durch die Mitgliedstaaten gemäß Art. 108 Abs. 3 S. 1 AEUV. Der Mitgliedstaat ist für die Notifizierung sämtlicher Beihilfen zuständig, bei einem Bundesstaat auch die seiner Gliedstaaten, wie die der deutschen Bundesländer.[1027] Die Einhaltung der Notifizierungspflicht wird streng geprüft. Die Beweislast für das Vorliegen eines Ausnahmetatbestandes obliegt dem notifizierenden Mitgliedstaat.[1028] Handelt es sich um eine Beihilferegelung im Sinne eines Beihilfeprogramms, führt die

1024 Siehe auch Fn. 1016. Das zeigt sich auch daran, dass die Ausnahme häufig als Genehmigungsgrund von Beihilfen herangezogen wird. Laut Bacon, in: Bacon, EC Law of State Aid, Kap. 3, Rn. 3.55 ist Buchstabe c der am häufigsten in Anspruch genommene Ausnahmetatbestand; so auch Heithecker, in: Birnstiel/Bungenberg/Heinrich, EurBeihR, Kap. 1, 3. Teil, Rn. 1059.

1025 So auch Bacon, in: Bacon, EC Law of State Aid, Kap. 3, Rn. 3.55.

1026 BVVO (EU) 2015/1589 v. 13.7.2015.

1027 Vgl. Art. 2 Verfahrensordnung für Beihilfenotifizierung VO (EU) 2015/1589.

1028 Vgl. Bacon, in: Bacon, EC Law of State Aid, Kap. 3, Rn. 3.05.

Notifizierung und Genehmigung dazu, dass darauf gestützte Einzelbeihilfen nicht mehr separat notifiziert werden müssen. Wie oben dargestellt gibt es Ausnahmen vom Notifizierungsgebot.

An die Notifizierung schließt sich das Verfahren zur Beihilfenkontrolle an. Zuständig für den Beschluss über die Vereinbarkeit der Beihilfe mit dem Binnenmarkt ist die Kommission bis auf den Fall des Art. 109 Abs. 2 UAbs. 3 S. 1 AEUV, in dem der Rat die Beihilfe für zulässig erklärt.[1029] Bis die Kommission den abschließenden Beschluss erlassen hat, gilt für die Beihilfe ein Durchführungsverbot gemäß Art. 109 Abs. 3 S. 3 AEUV. Die Ausgestaltung des Prüfverfahrens und die Entscheidungsmöglichkeiten der Kommission werden in der Verfahrensordnung geregelt. Nach Art. 107 Abs. 3 lit. e AEUV kann der Rat auf Vorschlag der Kommission weitere Arten von Beihilfen durch Beschluss als mit dem Binnenmarkt vereinbar erklären. Im Gegensatz zu Art. 108 Abs. 2 UAbs. 3 AEUV handelt es sich hier nicht um eine Einzelentscheidung, sondern um generelle Ausnahmen.

Eine Verletzung der Vorschriften führt zur Rechtswidrigkeit der nationalen Rechtsakte, die die Beihilfe durchführen. Die Verfahrensverordnung regelt das Verfahren bei rechtswidrigen Beihilfen (solche, bei denen gegen die Notifizierungspflicht verstoßen wurde, solche, bei denen gegen das Durchführungsgebot verstoßen wurde, sowie solche, die entgegen einer Negativentscheidung durchgeführt wurden).

E. Filmförderung der EU und des Europarats

I. Förderprogramme der EU und des Europarats

Sowohl die EU wie auch der Europarat haben seit Ende der 1980er Jahre/ Anfang der 1990er Jahre verschiedene eigene Förderprogramme für die Filmindustrie eingerichtet.

Von eigenen Förderprogrammen zu unterscheiden ist eine Filmpolitik auf EU-Ebene, die durchaus schon in den 1960er Jahren zu erkennen ist und betrieben wurde, allerdings damals vorrangig mit dem Ziel der Verwirklichung der Dienstleistungs- und Niederlassungsfreiheit.[1030] Eine Kulturförderung fand seit 1990 statt, wobei die Idee einer gemeinsamen europäischen Förderung bereits

1029 Der Rat kann jedoch keine Entscheidung der Kommission abändern, die bereits ergangen ist, vgl. von Wallenberg/Schütte, in: Grabitz/Hilf/Nettesheim, RdEU, AEUV, Art. 108, Rn. 150.

1030 Vgl. Dörr, ZUM 2010, 746 (750).

in den 1960ern und 1970ern auftauchte. Ein erster Entwurf wurde 1983 von Deutschland, UK und Dänemark aus Gründen des Wettbewerbseingriffs abgelehnt.[1031] Die EU hatte 1990 das sogenannte MEDIA-Programm eingeführt und während der folgenden zwei Jahrzehnte sowohl inhaltlich wie finanziell ausgebaut.[1032] Kreatives Europa (Creative Europe) ist das neueste Förderprogramm der EU für den Kreativen Sektor mit einer Laufzeit von 2014-2020 und einem Budget von € 1,46 Mrd., davon anteilig für die Filmförderung mindestens € 819 Mio.[1033] In den einzelnen Mitgliedstaaten bestehen zur Durchführung und Beratung der Förderung sog. Creative Europe-Desks (früher MEDIA-Desks als zentrale Stellen bzw. MEDIA-Antennen als regionale Anlaufstellen, eingerichtet mit MEDIA 2007). Der Creative Europe Desk UK ist beim BFI angesiedelt. In Deutschland gibt es fünf Standorte der Creative Europe Desks in Berlin, Düsseldorf, Hamburg, München und Bonn, die selbständig agieren, aber organisatorisch an Filmfördereinrichtungen angebunden sind.[1034] Der Creative Europe Desk Bonn ist für das Teilprogramm Kultur zuständig, die anderen Creative Europe Desks für das Teilprogramm MEDIA.

Der Europarat hatte bereits 1988 das Förderprogramm Eurimages (Eurimage) als Förderfonds für Gemeinschaftsproduktionen und der Verbreitung von Kino- und Fernsehfilmen mit einem jährlichen Budget in Höhe von € 25 Mio. aufgestellt, gespeist aus Beiträgen der Mitgliedstaaten und Rückzahlungen von Förderbeträgen.[1035]

1031 Vgl. Henning/Alpar, Media, Culture & Society 2005, 27 (2), S. 229 (232).

1032 MEDIA I (1991-1995), MEDIA II (1996-2001), MEDIA Plus (2001-2005), MEDIA Fortbildung (2001-2005) und MEDIA 2007 (2007-2013). Während das erste Programm MEDIA I für fünf Jahre mit € 200 Mio. ausgestattet war, das Folgeprogramm MEDIA II für ebenfalls fünf Jahre mit € 310 Mio. und das folgende MEDIA Plus-Programm (inklusive MEDIA-Fortbildung) mit € 400 Mio. für fünf Jahre, hatte das letzte MEDIA 2007-Programm einen Gesamtetat von € 755 Mio. über sieben Jahre.

1033 VO (EU) 1295/2013-Kreatives Europa.

1034 Z.B. ist der Creative Europe-Desk Hamburg ein Tochterunternehmen der Filmförderung Hamburg-Schleswig-Holstein.

1035 Der Vertrag wurde am 26.10.1988 geschlossen, Res(88)15E setting up a European support fund for the co-production and distribution of creative cinematographic and audiovisual works ("Eurimages"). Bei der Eurimages-Förderung handelt es sich damit um einen internationalen Vertrag, einem sog. Teilabkommen/partial agreement, so bezeichnet, da nicht alle Mitgliedstaaten des Europarats daran beteiligt sind, es aber dennoch einen wichtigen Tätigkeitsbereich des Europarats betrifft. Eurimages gehören derzeit 37 Mitgliedstaaten an, u.a. Deutschland und Frankreich, nicht aber UK.

Die beiden Programme haben unterschiedliche Zielrichtungen. Kreatives Europa und seine Vorgängerprogramme unterstützen die vor- und nachgelagerten Phasen der Filmproduktion wie die Projektentwicklung, Vertrieb und Verleih sowie Aus- und Fortbildung, nicht aber die eigentliche Produktionsphase.[1036] Eurimages unterscheidet nicht nach den Herstellungsphasen und fördert ausschließlich europäische Koproduktionen sowie den Vertrieb europäischer Filme und Kinos.[1037]

Diesen beiden Förderprogrammen wird große Bedeutung beigemessen. Angesichts der Fördermasse kommt ihnen eine wichtige Bedeutung als ergänzende Förderinstrumente zu denen der Mitgliedstaaten zu. Sie können einen weiteren Finanzierungsbaustein bei der Realisierung eines Filmprojekts darstellen und sind von der nationalen Filmförderung unabhängig. Eine Studie zu den MEDIA-Programmen unter allen Geförderten in UK zwischen 2001 und 2011 hat ergeben, dass die Förderung durch MEDIA eine sehr wesentliche, effektive und wertvolle Förderung darstellte und die UK-Unternehmen sehr davon profitieren.[1038] MEDIA förderte auch die Veröffentlichung von Filmen aus anderen europäischen Ländern in UK, das als traditionell schwieriger Markt für ausländische Filme gilt. Von dem Programm Kreatives Europa sind von 2014 bis 2017 € 74 Mio. Fördermittel in die britischen Kreativen Industrien geflossen; damit wurden 128 UK-Unternehmen der Filmindustrie mit Geldern in Höhe von

---

1036 Bedingt durch das Subsidiaritätsprinzip. Wie bereits in den MEDIA-Programmen wird die Entwicklung und der Vertrieb auf allen Plattformen von audiovisuellen Projekten sowie die berufliche Fort- und Weiterbildung für audiovisuelle Fachkräfte gefördert. Gefördert werden insbesondere die Entwicklung von Einzelprojekten sowie von Projektpaketen (Slate Funding) von Spielfilmen, Dokumentationen und Animationen und Fernsehdramen sowie die Entwicklung von Videospielen, ferner der Vertrieb und Verleih entweder als selektive Verleihförderung, automatische Verleihförderung oder Weltvertriebsförderung, des Weiteren die Erschließung neuer Märkte, Werbung und Verkaufsförderung europäischer audiovisueller Werke international sowie umgekehrt internationaler Filme in Europa, außerdem die Finanzierung und Verbreitung von hochwertigen Fernsehprojekten (high-end TV-Programming) sei es als TV-Film oder TV-Serie, zudem Filmfestivals sowie Kinonetzwerke und Filmkompetenzprojekte zur Publikumsentwicklung. Vgl. Leitfaden Kreatives Europa 2014, S. 21ff.

1037 Kinoförderung genannt Europa Cinemas mit einem gleichnamigen Netzwerk der geförderten Kinos.

1038 Vgl. MEDIA Desk UK, MEDIA Survey 2012, S. 2ff.

€ 28,7 Mio. sowie die europäische Verbreitung von 145 UK-Filmen mit € 24,5 Mio. unterstützt.[1039]

UK ist seit 1997 nicht mehr am Eurimages-Programm beteiligt. UK-Filmproduzenten als Koproduzenten können dennoch von Eurimages profitieren, wenn das Filmprojekt durch die anderen Koproduzenten förderberechtigt ist.

Neben der Förderung durch Eurimages gibt es auf Ebene des Europarats das bereits mehrfach erwähnte Europäische Koproduktionsabkommen.[1040] Dem Abkommen gehören derzeit 43 Vertragsstaaten an. Wird ein Filmproduzent als europäischer Koproduzent gemäß dieses Abkommens anerkannt, kann er sich für nationale Förderungen qualifizieren. Die verschiedenen nationalen Förderregelungen nehmen regelmäßig Bezug auf das Abkommen hinsichtlich der Anerkennung der förderberechtigten Personen. Voraussetzung einer Anerkennung als Koproduzent ist die Beteiligung an dem entsprechenden Filmprojekt von mindestens drei Koproduzenten aus drei Vertragsstaaten oder zwei Koproduzenten bei Fehlen eines bilateralen Abkommens. Sind Koproduzenten aus Nicht-Vertragsstaaten beteiligt, darf ihr Anteil an den Gesamtkosten der Produktion nicht mehr wie 30% betragen.

Ferner besteht die Europäische Konvention für den Schutz des audiovisuellen Erbes mit dem Protokoll zum Schutz von Fernsehproduktionen von 2008, die u.a. eine Hinterlegungspflicht audiovisueller Werke vorsieht.[1041]

Im Jahr 2009 hat der Europarat eine Empfehlung zu den nationalen Filmpolitiken der Vertragsstaaten erlassen, um die Effektivität von bestehenden Regelungen zur Erreichung des Ziels von kultureller Vielfalt vor dem Hintergrund der Digitalisierung von Filmproduktion und Vertrieb zu überprüfen.[1042]

1039 Vgl. Creative Europe Desk UK, Impact of Creative Europe in the UK, Summary, 2018, S. 2.

1040 Siehe auch Fn. 12.

1041 Europäisches Übereinkommen zum Schutz des audiovisuellen Erbes, Vertrags-Nr. 183, in Kraft getreten 1.1.2008.

1042 Empfehlung CM/Rec(2009)7 des Ministerrats zur nationalen Filmpolitik und Vielfalt kultureller Ausdrucksformen/Recommendation CM/Rec(2009)7 of the Committee of Ministers to member states on national film policies and the diversity of cultural expressions. Die Empfehlung beinhaltet allgemeine Richtlinien zu den Themenbereichen Filmentwicklung und -produktion, Entwicklung einer umfassenden Herangehensweise an die Filmpolitiken, Förderung von Filmvertrieb europäischer Filme, Europäisches Kino und junge Menschen, Verbesserung der Rahmenbedingungen europäischer Koproduktionen und Kovertrieb, Erkennung des vollen Potentials digitaler Technologien, Transparenz und Verantwortlichkeit.

II. Rechtsfragen zur Filmförderung der EU

1. Kompetenz der EU

Grundsätzlich gilt das Prinzip der begrenzten Einzelermächtigung (Art. 5 Abs. 1 S. 1, Abs. 2 EUV), das heißt, dass die Union nur in den Bereichen handlungsbefugt ist, für die sie eine klare Ermächtigung besitzt. Fehlt eine solche, liegt die Kompetenz bei den Mitgliedstaaten. Zudem besagt das Subsidiaritätsprinzip (Art. 5 Abs. 1 S. 2, Abs. 3 EUV), dass die Union in Bereichen, die nicht ihrer ausschließlichen Zuständigkeit unterfallen, nur tätig werden darf, wenn die Ziele der angestrebten Maßnahme von den Mitgliedstaaten nicht, auf Unionsebene aber in ausreichender Weise verwirklicht werden könnten.[1043] Ermächtigungsgrundlage für die unionseigene Kulturpolitik ist Art. 167 AEUV, insbesondere Absatz 2, 4. Spiegelstrich, der die Förderung der Union im audiovisuellen Bereich erwähnt.[1044] Gemäß Art. 3 Abs. 3 UAbs. 4 EUV i.V.m. Art. 167 Abs. 1 und 5 AEUV wird jedoch weiterhin deutlich, dass die Union einen Beitrag zur Kulturpolitik leistet, wobei Art. 167 Abs. 5 AEUV die Rechtssetzungsbefugnis auf Fördermaßnahmen begrenzt. Das heißt, dass die Union ihre Förderung lediglich ergänzend und unter Beachtung und Wahrung der Kulturhoheit der Mitgliedstaaten zu den jeweiligen Förderungen der Mitgliedstaaten durchführen kann. Dabei muss sie die kulturelle Zusammenarbeit unterstützen.[1045] Zugleich ist diese sog. „Komplementarität des Handelns der Union"[1046] ein Ausdruck für eine minimale gemeinsame Zielrichtung, die die EU erreichen kann, und Vermeidung von Partikularismus der Mitgliedstaaten auf dem Gebiet der Kulturpolitik.[1047]

Die EU ist, gestützt auf Art. 167 AEUV, kulturpolitisch in verschiedener Weise tätig. Sie fördert u.a. kulturelle Einrichtungen auf europäischer Ebene

---

1043 Vgl. Streinz, Rn. 172.

1044 Art. 167 Abs. 2 AEUV besagt: „Die Union fördert durch ihre Tätigkeit die Zusammenarbeit zwischen den Mitgliedstaaten und unterstützt und ergänzt deren Tätigkeiten", wobei eine Auflistung der Bereich erfolgt, einschließlich im 4. Spiegelstrich der audiovisuelle Bereich.

1045 Siehe auch Blanke, in: Calliess-Ruffert, EUV/AEUV, AEUV, Art. 167, Rn. 1.

1046 Blanke, in: Calliess-Ruffert, EUV/AEUV, AEUV, Art. 167, Rn. 1.

1047 Bezüglich der einerseits gewollten Vielfalt der europäischen Kulturen und andererseits des komplementären Handelns der EU, das die Zusammenarbeit unterstützen soll und damit nicht nur die Kulturhoheit der Mitgliedstaaten wahrt, sondern auch ein ergänzendes gemeinsames Gerüst schafft, spricht Blanke, in Calliess-Ruffert, EUV/AEUV, AEUV, Art. 167, Rn. 2, insofern passend von der Einheit in der kulturellen Vielfalt.

oder verantwortet eigene Förderprogramme. Das aktuelle Förderprogramm im Kultur- und audiovisuellen Mediensektor Kreatives Europa wurde kompetenzrechtlich gestützt auf Art. 167 Abs. 5, 1. Spiegelstrich, Art. 166 Abs. 4, 173 Abs. 3 AEUV.

Neben dem Kulturartikel Art. 167 AEUV kommen verschiedene andere Rechtsgrundlagen in Betracht. Diese wurden v.a. vor der Einführung des Kulturartikels mit dem Vertrag von Maastricht 1993[1048], aber auch noch danach herangezogen, wobei von ihnen bisher unterschiedlich Gebrauch gemacht wurde. Grundsätzlich richtet sich die einschlägige Rechtsgrundlage nach dem Schwerpunkt der gewollten Regelung. Für das erste MEDIA-Programm wurde der jetzige Art. 352 AEUV[1049], die Vertragslückenschließungskompetenz bzw. Kompetenzergänzung herangezogen. Nach Einführung des Kulturartikels ist dieser als speziellere Vorschrift der allgemeinen Vertragslückenschließungskompetenz vorrangig. Die folgenden MEDIA-Programme wurden auf den jetzigen Art. 173 Abs. 3 AEUV[1050], die Industriekompetenz, sowie den jetzigen Art. 166 Abs. 4 AEUV[1051], beschäftigungs- und bildungspolitische Kompetenz regelnd, gestützt.[1052] Da Schwerpunkt der Folgeförderprogramme die Filmindustrie war, die Förderung zudem kulturelle Auswirkungen hatte, durften die Industriekompetenz und beschäftigungs- und bildungspolitische Kompetenz herangezogen werden anstatt gänzlich den Kulturartikel heranzuziehen. Die Stützung auf die Industriekompetenz und beschäftigungspolitische Kompetenz wurde zum Teil dergestalt kritisch hinterfragt, ob es sich um die richtige Rechtsgrundlage zum Erlass eigener Förderprogramme zur Filmförderung handele.[1053] Diese Kritik sieht die Förderprogramme deutlich als kulturelle Förderung an und damit Art. 167 AEUV einschlägig. Ein Grund für ein Heranziehen der anderen Kompetenztitel wurde darin gesehen, dass der Kulturartikel in seiner alten Fassung

---

1048 Art. 128 EGV i.d.F. des Vertrags von Maastricht, Art. 151 EGV i.d.F. des Vertrags von Amsterdam.

1049 Art. 235 EWGV (die späteren Art. 235 EGV i.d.F. des Vertrags von Maastricht/ Art. 308 EGV i.d.F. des Vertrags von Amsterdam).

1050 Art. 157 Abs. 3 EGV i.d.F. des Vertrags von Amsterdam bzw. Art. 130 EGV i.d.F. des Vertrags von Maastricht.

1051 Art. 150 Abs. 4 EGV i.d.F. des Vertrags von Amsterdam bzw. Art. 127 EGV i.d.F. des Vertrags von Maastricht.

1052 Vgl. Beschluss 90/685/EWG-MEDIA I; Beschlüsse 95/563/EG sowie 95/564/EG-MEDIA II; Beschluss 2000/821/EG-MEDIA Plus; Beschluss 163/2001/EG–MEDIA Fortbildung; Beschluss 1718/2006/EG-MEDIA 2007.

1053 Vgl. Dörr, ZUM 2010, 746 (751f.).

strengere Voraussetzungen hatte (Einstimmigkeitserfordernis), die jedoch angeglichen worden sind, sodass für künftige Programme die Heranziehung des Kulturartikels als wahrscheinlich angesehen wurde, wie es dann auch bei Kreatives Europa geschehen ist.[1054]

Neben der Vergabe von Mitteln aus Kreatives Europa ist ein anderes Beispiel für Unionsbeihilfen solche aus dem Europäischen Fonds für Regionale Entwicklung, kurz EFRE/ European Regional Development Fund, kurz ERDF gemäß Art. 176 AEUV. Insgesamt hat die EU vier Strukturfonds eingerichtet, um wirtschaftliche und soziale Probleme zu beheben. Einer davon ist der genannte EFRE, der u.a. auch den audiovisuellen Sektor mit Zuschüssen unterstützt, wo es sich zugleich um regionale Strukturmaßnahmen handelt.

2. Verhältnis von EU-Förderprogrammen und EU-Beihilferegime

Grundsätzlich sind von dem oben dargestellten unionsrechtlichen Beihilferegime nur staatliche Mittel der Mitgliedstaaten erfasst, nicht die der EU.[1055] Das lässt sich sowohl aus dem Wortlaut wie dem Sinn und Zweck der Vorschrift folgern. Unter dem Begriff „staatliche Mittel" sind mitgliedstaatliche Mittel zu verstehen. Sinn und Zweck der Beihilfevorschriften ist der Schutz des Binnenmarkts und die Wahrung des Wettbewerbs. Dem in Art. 3 Abs. 3 UAbs. 3 EUV i.V.m. Art. 174 ff. AEUV) festgelegten Ziel des Abbaus von wirtschaftlichen Unterschieden innerhalb der Union würde mit unkontrollierten wirtschaftlichen Vorteilen, die die Mitgliedstaaten für in ihrem Staat ansässigen Unternehmen verschaffen, zuwider gehandelt werden.[1056] Zudem kommt Unionsbeihilfen zumeist keine wettbewerbsverzerrende Wirkung zu, da sie sich auf den gesamten Binnenmarkt beziehen.[1057] Von der Union selbst gewährte Beihilfen fallen also grundsätzlich nicht unter den Tatbestand der Beihilfe des Art. 107 Abs. 1 AEUV und das Kontrollregime.

1054 Vgl. Dörr, ZUM 2010, 746 (752).

1055 Vgl. Mederer, in: von der Groeben/Schwarze/Hatje, EUR, AEUV, Vor Art. 107-109, Rn. 16; Khan, in: Geiger/Khan/Kotzur, EUV, AEUV, Art. 107, Rn. 5.

1056 Vgl. Petzold, in: Birnstiel/Bungenberg/Heinrich, EurBeihR, Kap. 4, 1. Teil, Rn. 2.

1057 Vgl. Petzold, in: Birnstiel/Bungenberg/Heinrich, EurBeihR, Kap. 4, 1. Teil, Rn. 3 mit Verweis auf EuGH-Rspr. und Lit.; wie dagegen andere möglicherweise wettbewerbsverzerrende Beihilfen der EU zu behandeln sind, ist umstritten. Neben den EU-rechtlichen Regelungen müssen sich Unionsbeihilfen am WTO-Subventionsrecht messen, vgl. Kühling, in: Streinz, EUV/AEUV, AEUV, Art. 107, Rn. 18.

Dennoch hat die Union nach anerkannter Auffassung bei der eigenen Vergabe von Beihilfen eine (drohende) Verfälschung des Wettbewerbs und Beeinträchtigung des Handels zwischen den Mitgliedstaaten zu vermeiden.[1058] Bei den unionseigenen Strukturfonds legt die Kommission inzwischen nur noch übergeordnete Ziele fest und überlässt die konkrete Verwendung und Vergabe der Mittel den Mitgliedstaaten.[1059] Das hat zur Folge, dass Unionsbeihilfen zu Beihilfen der Mitgliedstaaten werden können und damit der Beihilfenkontrolle unterfallen. Bei der Frage, ob Beihilfen der Union oder den Mitgliedstaaten zuzurechnen sind, insbesondere ob es sich um staatliche Mittel der Union oder der Mitgliedstaaten handelt, wenn es sich ursprünglich um unionseigene Mittel handelt, kommt es darauf an, ob den Mitgliedstaaten ein hinreichendes Ermessen bei der Mittelvergabe eingeräumt ist, das dazu führt, dass die Beihilfenvergabe dem Mitgliedstaat und nicht der Union zuzurechnen ist.[1060] Beihilfen aus Strukturfonds, die von den Mitgliedstaaten vergeben werden, behandelt die Kommission inzwischen ausdrücklich als mitgliedstaatliche Beihilfen, sobald die Mittel in nationale Kontrolle übergehen, die in Konsequenz dem Beihilferegime unterfallen.[1061]

1058 Vgl. Mederer, in: von der Groeben/Schwarze/Hatje, EUR, AEUV, Vor Art. 107-109, Rn. 16. Unionsbeihilfen müssen sich am Grundsatz des freien Wettbewerbs messen und zur Erreichung eines Unionsziels unter Abwägung der anderen Unionsziele erforderlich sein, vgl. Cremer, in Calliess/Ruffert, EUV/AEUV, AEUV, Art. 107, Rn. 80.

1059 Vgl. Mederer, in von der Groeben/Schwarze/Hatje, EUR, AEUV, Vor Art. 107-109, Rn. 16.

1060 Vgl. Mederer, in: von der Groeben/Schwarze/Hatje, EUR, AEUV, Vor Art. 107-109, Rn. 16.

1061 Vgl. Segura Catalán, in: von der Groeben/Schwarze/Hatje, EUR, AEUV, Art. 107, Rn. 30.

Teil 5 Analyse des englischen bzw. UK-Filmfördersystems

A. Auswirkungen des EU-Rechtsrahmens auf das englische bzw. UK-Filmfördersystem

I. Filmförderung auf UK-Ebene

Im Folgenden wird zunächst die Filmförderung auf UK-Ebene auf ihre Vereinbarkeit mit dem europäischen Beihilfenrecht hin untersucht.

1. Tatbestand der Beihilfe gemäß Art. 107 Abs. 1 AEUV

Zu prüfen ist, ob die Förderungen auf UK-Ebene, nämlich die Förderung durch das BFI und das Film Tax Regime, den Tatbestand der Beihilfe im Sinne des Art. 107 Abs. 1 AEUV erfüllen. Dafür müssten alle Tatbestandsmerkmale einer Beihilfe vorliegen, das heißt, dass die Förderung eine Begünstigung sein müsste, durch staatliche oder aus staatlichen Mitteln gewährt, die bestimmten Unternehmen oder Produktionszweigen einen Vorteil verschafft und zu einer Wettbewerbsverfälschung und Beeinträchtigung des mitgliedstaatlichen Handels führt. Entscheidend ist insbesondere das Vorliegen des Merkmals der Staatlichkeit der Mittel.

a. Begünstigung

Bei der Förderung durch das BFI kommt eine Begünstigung in Form einer positiven Leistung, nämlich durch Geldzahlungen, in Betracht. Das BFI vergibt Zuschüsse (eventuell gebunden an sog. recoupment, also Rückflüsse). Eine marktadäquate Gegenleistung gibt es nicht. Ob die Zuschüsse an Förderempfänger für direkte Filmherstellungs- oder Vertriebsprojekte fließen oder an Einrichtungen als Förderempfänger als institutionelle Förderung wie auch zur Finanzierung deren Förderprogramme für die Vergabe an Förderempfänger, ist für die Beurteilung einer Begünstigung ohne Bedeutung. Die zum Teil vertraglich vereinbarten Rückflusszahlungen beziehen sich regelmäßig auf einen Anteil an Einnahmen oder an den Rechten. Die Rückflüsse hängen damit teilweise von dem finanziellen Erfolg und der Höhe der Einnahmen ab und werden für die Förderung des BFI verwendet. Ob erfolgsbedingt oder unbedingt, erhält das BFI in der Regel seine Investitionen über die Rückflüsse nicht vollständig zurück, sodass es sich mindestens in dieser Höhe um „verlorene" Fördermittel handelt. Insbesondere bei der Entwicklungsförderung werden Rückzahlungen vom BFI für zukünftige Entwicklungen von Filmprojekten der erfolgreichen Produktionsunternehmen eingesetzt. Diese Rückzahlungen sind also intern zweckgebunden und fließen daher nicht dem BFI zur eigenen Verwendung zu. Die vertraglichen Rückflussvereinbarungen ändern nichts daran, dass es sich um Zuschüsse handelt. Sämtliche Geldmittelmittelvergaben des BFI stellen damit Begünstigungen dar.

Das UK Film Tax Regime ist eine Unternehmenssteuererleichterung, die aus einer allgemeinen filmsteuerrechtlichen Erleichterung und dem Film Tax Relief als zusätzlicher besonderer Steuererleichterung besteht. Der Privatmarktinvestorentest als Vergleichsmaßstab findet hier keine Anwendung, da Steuererleichterungen zum hoheitlichen Aufgabenbereich zählen, die nicht von einem privaten Marktteilnehmer erbracht, sondern allein vom Staat als Träger öffentlicher Gewalt durchgeführt werden können. Bei dem UK Film Tax Regime handelt es sich um Steuererleichterungen, die eine Belastungsminderung darstellen und eine Begünstigung in Form einer negativen Zuwendung sind. Bei negativen Zuwendungen reicht es aus, dass der Begünstigte finanziell besser gestellt wird als seine Konkurrenten, es muss keine Übertragung von Mitteln stattfinden. Die allgemeinen Steuererleichterungen des UK Film Tax Regime und die besondere Steuererleichterung des UK Film Tax Relief sind eine gewollte Steuerbegünstigung für Unternehmen der Filmwirtschaft, um deren Steuerlast zu reduzieren. Durch die Steuererleichterungen werden die Unternehmen im Ergebnis niedriger besteuert als andere Unternehmen und finanziell besser gestellt. Der Film Tax Relief besteht aus einem zusätzlichen Abzug (additional deduction) und einem auszahlbaren Steuerguthaben (tax credit). Der Film Tax Credit eröffnet auch die Möglichkeit einer Auszahlung von Mitteln, sodass hier sogar eine positive Leistung vorliegt. Das Film Tax Regime stellt also Sonderregelungen zur steuerlichen Behandlung von Filmproduktionsunternehmen dar und kombiniert daher negative und positive Zuwendungen. Beides begünstigt die Unternehmen der Filmwirtschaft gegenüber Unternehmen anderer Wirtschaftszweige und verschafft ihnen einen wirtschaftlichen Vorteil. Ohne Steuererleichterungen müssten die Unternehmen höhere Steuern, nämlich den normalen Unternehmenssteuersatz, zahlen, könnten ihre Verluste nicht in dem Maße als reduzierenden Faktor geltend machen und sogar als auszahlbaren Betrag ausgleichen lassen. Wenngleich UK die Steuererleichterungen als wirtschaftlich gewinnbringend erachtet[1062],

1062 Vgl. die Zahlen unter Teil 2 H. I.; Teil 5 B. III.

handelt es sich um eine Begünstigung, da volkswirtschaftliche Effekte auf die Filmwirtschaft und verwandte Wirtschaftsbereiche keine marktübliche Gegenleistung sind und sie insofern den Steuererleichterungen nicht ihren begünstigenden Charakter nehmen können.

Die Förderungen durch das BFI und das UK Film Tax Regime einschließlich des Film Tax Relief stellen somit Begünstigungen dar.

b. Staatliche oder aus staatlichen Mitteln gewährte Beihilfen

Des Weiteren müsste es sich um staatliche oder aus staatlichen Mitteln gewährte Beihilfen handeln. Dafür müssten die zwei Komponenten des Tatbestandsmerkmals der unmittelbaren oder mittelbaren Gewährung aus staatlichen Mitteln und der Zurechenbarkeit zum Staat vorliegen.

aa. Unmittelbare oder mittelbare Gewährung aus staatlichen Mitteln

Zunächst wird untersucht, ob es sich bei den Fördermitteln auf UK-Ebene, nämlich des BFI sowie des UK Film Tax Relief, um unmittelbare oder mittelbare staatlich gewährte Mittel handelt.

(1). BFI

(a). Herkunft der Mittel

Das BFI verfügt über verschiedene öffentliche und private Finanzquellen. Diese werden im Folgenden unter dem Gesichtspunkt der Staatlichkeit der Mittel zunächst abstrakt klassifiziert.

Die Lotteriegelder, die das BFI erhält, stammen aus den Einnahmen der National Lottery, dem National Lottery Distribution Fund. Der National Lottery Distribution Fund steht unter der Aufsicht und obliegt in seiner Ausführung dem Kultusministerium DCMS gemäß s 21 Lottery Act 1993. Die Verteilung der Lotteriegelder auf die verschiedenen Einrichtungen zur Weiterverteilung, sog. Lottery Distributor, ist als prozentualer Schlüssel im Lottery Act 1993 festgelegt. Die Lotteriegelder sind daher als unmittelbar staatliche Mittel anzusehen.

Die Gelder aus Grant-in-Aid stammen hauptsächlich vom Kultusministerium DCMS sowie anderen Ministerien, wie zum Beispiel dem Finanzministerium. Hierzu zählen auch die zweckgebundenen Zuschüsse des DCMS. Es handelt sich sämtlich um Haushaltsgelder der entsprechenden Ministerien und damit um Gelder aus dem Staatshaushalt. Folglich stellen die Gelder aus Grant-in-Aid unmittelbar staatliche Mittel dar.

Das BFI verfügt darüber hinaus über finanzielle Mittel privater Herkunft, wie Spenden und Einkünfte aus eigener wirtschaftlicher Betätigung. Hierbei handelt es sich grundsätzlich um private Mittel.

(b). Konkrete Einordnung der Förderung

Zu prüfen ist nun, wie die Fördermittel des BFI konkret einzuordnen sind. Dabei ist zu prüfen, inwieweit die Einrichtung dem Staat zuzuordnen ist, woher die Mittel stammen, und ob diese unter staatlicher Kontrolle stehen, um eine Gewährung staatlicher Mittel annehmen zu können. Das BFI ist eine NDPB, also eine öffentliche nichtministerielle Regierungseinrichtung, die dem DCMS untersteht, in der Rechtsform einer sog. chartered body charity, einer Wohltätigkeitsorganisation (charity), die Rechtspersönlichkeit und Rechtsfähigkeit über eine königliche Urkunde (Royal Charter) erlangt hat. Damit ist das BFI eine juristische Person des öffentlichen Rechts. Unter Anwendung der funktionalen Betrachtungsweise, inwieweit die Einrichtung dem Staat zuzuordnen ist, spricht für eine Zuordnung zum Staat neben der Rechtsnatur die Aufgabenwahrnehmung und Eingliederung in die öffentliche Verwaltung. Dem BFI obliegt die Filmförderung in UK, sie vergibt sowohl selbst Fördermittel an Empfänger wie auch institutionelle Förderung an Einrichtungen im Filmsektor. Das BFI fungiert als ausführende Stelle der Kulturpolitik der Regierung und führt Fördertätigkeiten in den unterschiedlichsten Bereichen aus, von der filmischen Bildungsarbeit, der direkten Filmförderung, dem Aufbau von Netzwerken und sog. hubs, der Unterhaltung von Archiven bis hin zu Forschungsarbeit und Statistikerarbeitung. Das BFI ist Schaltstelle zwischen DCMS und Filmwirtschaft. Die institutionelle Förderung führt das BFI für das DCMS mit Geldern aus Grant-in-Aid aus. Es ist Weitervergabestelle der staatlichen Mittel aus den Lotteriegeldern. Daher sind dem BFI öffentliche Aufgaben übertragen worden. Zudem wird das BFI durch eine Vielzahl von Rechtsbeziehungen zu den entsprechenden staatlichen Stellen reglementiert und untersteht der Aufsicht dementsprechend verschiedener Stellen, je nachdem, welcher Aspekt seiner rechtlichen Ausgestaltung betroffen ist: dem DCMS, dem Parlament, dem National Audit Office, der Charity Commission und dem Privy Council. Die Unterordnung als NDPB des DCMS spricht neben dem öffentlichen Zweck ebenfalls für die Eingliederung in die öffentliche Verwaltung. Vergleichbar ist die Stellung mit der mittelbaren Staatsverwaltung in Deutschland. Die Ausgestaltung der NDPB auf sog. arm's length, also einer gewissen Selbständigkeit, steht dem nicht entgegen. Wie im britischen Teil über das BFI dargestellt, ist die Ausgestaltung auf arm's length zuletzt in der britischen Politik geschwächt worden. Der Triennial Review zeigt auf, dass das BFI seit kurzem regelmäßig auf seine Zweckmäßigkeit und den Sinn der Übertragung von öffentlichen Aufgaben auf das BFI von der Regierung untersucht wird. Ferner ist ein Teil der Finanzierung gesetzlich geregelt durch Berücksichtigung des BFI im Lottery Act 1993 und steht in der Entscheidungsgewalt der Legislative. Der andere große Anteil der Finanzierung mit Grant-in-Aid steht hauptsächlich in der Entscheidungsgewalt des DCMS. Damit liegt die wesentliche Finanzierung in der Bestimmungsgewalt des Staates.

Die Einbindung des BFI in die Verwaltung ist somit deutlich erkennbar. Das BFI ist daher dem Staat zuzuordnen.

Wie oben dargelegt, verfügt das BFI über finanzielle Mittel aus verschiedenen öffentlichen und privaten Quellen. Lotteriegelder und Grant-in-Aid sind als staatliche Mittel einzuordnen, private Spenden als nichtstaatliche Mittel. Zunächst sind die Einnahmen aus der eigenen wirtschaftlichen Betätigung des BFI private Mittel. Alle Mittel, die dem BFI zufließen, stellen den Haushalt der Einrichtung dar. Da das BFI eine juristische Person des öffentlichen Rechts und dem Staat zuzuordnen ist, stehen die gesamten Mittel unter ständiger staatlicher Kontrolle. Sie stehen zur Verfügung des BFI. Die Herkunft der Mittel ist damit in diesem Fall nicht entscheidend. Deswegen sind auch die privaterwirtschafteten Einnahmen des BFI im Sinne des Beihilfenrechts als staatliche Mittel zu werten. Folglich handelt es sich bei der Vergabe der Fördermittel des BFI um mittelbar staatlich gewährte Mittel.

(2). UK Film Tax Regime und Film Tax Relief

Die Steuerbehörde HMRC ist eine Behörde, sog. direct public body, die dem Finanzministerium untergliedert ist. Sie bildet zwar eine eigene selbständige Einheit, zählt strukturell aber zum Finanzministerium und gehört damit zur unmittelbaren Staatsverwaltung von UK. Der Haushalt von HMRC ist daher Teil des Staatshaushalts von UK. Beim UK Film Tax Regime einschließlich Film Tax Relief handelt es sich um unmittelbar staatliche Mittel, da die Differenz zwischen der normalen Unternehmenssteuerlast und der Filmsteuererleichterung die Mittel sind, die der Staat an Einnahmen den Unternehmen erlässt, und die für den Staat zunächst „verlorene" Einnahmen sind. Der Verzicht auf diese Einnahmen stellt eine Belastung des Staatshaushalts dar. Beim Film Tax Credit als Teil des Film Tax Relief handelt es sich unproblematisch um staatlich gewährte Mittel, die direkt von der UK-Steuerbehörde HMRC ausgezahlt werden.

Bei dem UK Film Tax Regime und Film Tax Relief handelt es sich also um eine unmittelbare Gewährung aus staatlichen Mitteln.

bb. Zurechenbarkeit zum Staat

Die Fördermittelvergabe müsste dem Staat auch zurechenbar sein.

(1). BFI

Fraglich ist, ob die Vergabe der Fördermittel durch das BFI dem Staat zurechenbar ist.

Bei der Zurechenbarkeit kommt es entscheidend auf die Ausübung staatlicher Kontrolle an. Hinsichtlich der Beurteilung, ob die einzelnen Förderentscheidungen des BFI dem Staat zurechenbar sind, ist zwischen der Art der Gewährung der Fördermittel zu unterscheiden. Je nach Zustandekommen der Förderentscheidungen könnte die staatlich ausgeübte Kontrolle anders zu beurteilen sein.

Die Gelder, die das BFI von der National Lottery erhält, sind zum Großteil zur Weitervergabe bestimmt. Die Vergabe durch das BFI obliegt im Einzelnen diesem selbst. Für die Vergabe von Lotteriegeldern gibt es Regelungen im Lotteriegesetz, den dazu gehörigen Richtlinien, Richtlinien der Regierung und DCMS, die Einzelheiten liegen dagegen im Ermessen des BFI. Je nach Fonds sprechen die zuständigen Mitarbeiter der Förderfonds Empfehlungen zur Förderung aus, die an den Vergabeausschuss gegeben werden. Entscheidungsträger beim BFI über die Vergabe der Lotteriegelder ist der Vergabeausschuss Lottery Finance Committee. In die Zuständigkeit fallen also alle Förderentscheidungen von Fonds, die mit Lotteriegeldern ausgestattet sind. Das Lottery Finance Committee ist BFI-intern mit Mitarbeitern besetzt. Gleiches gilt für die Untergremien, die nach inhaltlichen Unterteilungen der Förderprogramme bestehen. Externe können in die Gremien miteinbezogen werden, dies ist aber keine rechtliche Verpflichtung. Es gibt weder rechtliche Vorschriften für die Besetzung der Gremien, vor allem des Hauptausschusses Lottery Finance Committee, noch für die Berufung bzw. Wahl der Mitglieder. Es handelt sich um rein interne Gremien besetzt mit Mitarbeitern des BFI. Wer in den Gremien sitzt, ist nicht öffentlich bekannt. Die Vergabeentscheidungen sind endgültig. Sie hängen nicht von der Genehmigung anderer Stellen innerhalb der Organisation des BFI und auch nicht von anderen staatlichen Stellen ab. Das BFI untersteht, wie im britischen Teil dargestellt, unterschiedlichen staatlichen Aufsichtsstellen. Hierbei handelt es sich um eine Rechtsaufsicht, nicht um eine Fachaufsicht über die Förderentscheidungen im Einzelnen. Insbesondere findet lediglich eine generelle Aufsicht über die Vergabe der Lotteriegelder vom BFI als Lotteriegeldverteiler im Sinne des Lottery Act 1993 durch das National Audit Office statt.

Fraglich ist, ob die Mitarbeiter des BFI dem Staat zurechenbar sind. Die Mitarbeiter sind Angestellte einer juristischen Person des öffentlichen Rechts, die dem Staat zuzuordnen ist. Die Mitarbeiter sind weisungsgebunden und gerade keine unabhängigen externen Fachleute. Die gewisse Selbständigkeit und Unabhängigkeit des BFI gegenüber dem Staat als Einrichtung auf „arm's length" ändert daran nichts, da das BFI deutlich, wie oben bereits ausgeführt, dem Staat zuzuordnen ist und keine Vorkehrungen für eine Unabhängigkeit bei der Entscheidungsfindung der Mittelgewährung getroffen sind. Die Mitarbeiter sind daran gebunden, die Förderpolitik der Geschäftsführung umzusetzen, die ihrerseits die Filmpolitik des DCMS umzusetzen hat. Die Mitarbeiter des BFI sind damit dem Staat zuzurechnen und die Entscheidungen, die sie hinsichtlich der Gewährung finanzieller Mittel fällen, sind dementsprechend als Ausübung staatlicher Kontrolle anzusehen und folglich ebenfalls dem Staat zurechenbar.

Ausnahmsweise ist im Fall der Vergabe von Fördermitteln für die Produktionsförderung von Dokumentarfilmprojekten im Rahmen des Film Fund nicht das Lottery Finance Committee zuständig. Stattdessen findet ein anderes Verfahren Anwendung. Demnach gibt es eine gemeinsame Vorauswahl durch BFI-Mitarbeiter und Mitarbeiter des Sheffield Documentary Festival und eine Endentscheidung durch eine Expertenkommission aus BFI Mitarbeitern des Film Fund und externen Fachleuten aus dem Bereich Dokumentarfilm. Wie eben ausgeführt, sind die Entscheidungen der Mitarbeiter des BFI dem Staat zurechenbar. Die anderen Fachexperten sind als unabhängige Praktiker nicht dem Staat zurechenbar. Die genaue Besetzung der Expertenkommission ist nicht bekannt. Bei einer Mehrheit der Vertreter des BFI sind die Förderentscheidungen dem Staat zurechenbar. Bei einer Minderheit, von der jedoch angesichts der gesamten Ausgestaltung der Förderung des BFI und Zuständigkeit der Mitarbeiter des Film Fund nicht auszugehen ist, wären die Entscheidungen nicht staatlich zurechenbar. Bei einer gleichen Anzahl von Vertretern des BFI und externen Praktikern kann mangels weiterer zugänglicher Informationen (z.B. Gewichtung des Stimmrechts des Leiters des Film Fund), keine klare rechtliche Lösung festgestellt werden.

Die Zuschüsse aus Grant-in-Aid fließen in die sonstigen Fördertätigkeiten und Förderprogramme des BFI. Über sie wird ebenfalls von den für die Fördertätigkeiten zuständigen Mitarbeitern des BFI entschieden. Es gilt daher das oben Gesagte, dass es sich bei den Entscheidungen über die Vergabe um eine dem Staat zurechenbare Entscheidung handelt.

Bei den zweckgebundenen Grant-in-Aid könnte aufgrund der Zweckgebundenheit und Vorgaben eine ausgeübte Kontrolle des DCMS vorliegen, wenn das BFI die Mittel ohne eigene Entscheidung weiterverteilt. Die Zuschüsse aus den zweckgebundenen Grant-in-Aid sind vom DCMS für bestimmte Förderzwecke vorgesehen. Ein Zweck ist die Förderung anderer Einrichtungen, an die die Gelder zu vergeben sind, darunter auch Creative England und Film London. Die zweckgebundenen Gelder aus Grant-in-Aid vom Kultusministerium werden auf Grundlage der Vereinbarung des BFI mit dem DCMS vergeben. Das BFI vergibt die Mittel in diesem Rahmen in eigenem Ermessen. In welcher Höhe Mittel aus den zweckgebundenen Grant-in-Aid an andere Einrichtungen und in weitere Förderaktivitäten fließt, liegt in der Entscheidungsbefugnis des BFI. Daher übt das BFI die Kontrolle über die Vergabe der Mittel aus, wenngleich das DCMS hier enge Vorgaben macht. Wie bei den anderen Mitteln werden die Mittel hier von BFI-Mitarbeitern vergeben, deren Entscheidungen dem Staat zurechenbar sind.

Im Ergebnis sind daher alle Förderentscheidungen des BFI dem Staat zurechenbar mit Ausnahme der genannten Produktionsförderung von Dokumentarfilmen, für die mangels Transparenz der Besetzung keine endgültige rechtliche Einordnung möglich ist. Die unterschiedlichen Verfahren der Fördermittelvergabe nach Fonds und Förderprogrammen resultieren nicht in eine unterschiedliche Beurteilung betreffend der Zurechenbarkeit der Entscheidungen zum Staat.

(2). UK Film Tax Regime und Film Tax Relief

Grundsätzlich gilt, dass bei einer unmittelbaren Gewährung staatlicher Mittel eine Kontrollausübung gegeben ist und die Zurechenbarkeit unproblematisch angenommen werden kann. Die Entscheidung über die Gewährung von Steuererleichterungen wird von HMRC getroffen. Wie oben bereits ausgeführt, ist HMRC eine selbständige Verwaltungseinheit des Finanzministeriums, die übergeordneten Ziele werden jedoch vom Finanzministerium als der übergeordneten Behörde vorgegeben. Das FPCManual sind unverbindliche Richtlinien zur Auslegung der Steuererleichterungen. Die Steuererleichterungen haben ihre Rechtsgrundlage in den Gesetzen CTA 2009 und FA 2006. Bei der Entscheidung über die Gewährung einer Steuererleichterung nach dem Film Tax Regime handelt es sich um eine gebundene Entscheidung. Das bedeutet, dass, wenn die Voraussetzungen gegeben sind und der Anspruch geltend gemacht wird, die Steuererleichterungen zu gewähren sind. Die Steuergesetze CTA 2009 und FA 2006 können jederzeit durch das UK-Parlament von Westminster geändert werden. Wenn der Entscheidungsspielraum nicht bei HMRC liegt, sondern der Gesetzgeber keinen vorgesehen hat, hat dies zur Folge, dass der Staat über die Befugnisse von HMRC bestimmt und die Entscheidung über die Steuererleichterung dem Grunde nach vorwegnimmt. HMRC wendet die Steuererleichterung nach dem Film Tax Regime dann im Einzelnen nach den gesetzlichen Vorgaben an. Somit liegt zwar keine ausgeübte Entscheidungsbefugnis von HMRC vor, die Entscheidung über eine Steuererleichterung ist jedoch dem Staat zurechenbar aufgrund der detaillierten Ausgestaltung des Film Tax Regime im FA 2006 und CTA 2009.

cc. Zwischenergebnis

Die Fördermittel des BFI werden folglich aus mittelbar staatlichen Mitteln gewährt und Fördermittelentscheidungen sind auch dem Staat zurechenbar. Einzig die Einordnung der Zurechenbarkeit der Mittelgewährung bei der Dokumentarfilmförderung des Film Fund ist nicht abschließend möglich und muss im Zwischenergebnis außen vor gelassen werden. Somit ist das Tatbestandsmerkmal der staatlichen oder aus staatlichen Mittel gewährten Beihilfe beim BFI erfüllt.

Die Steuererleichterungen des UK Film Tax Regime einschließlich Film Tax Relief stellen eine staatlich gewährte Beihilfe dar.

c. Weitere Tatbestandsmerkmale

Ferner müssten bei den Förderungen auf UK-Ebene die weiteren Tatbestandsmerkmale des Beihilfebegriffs vorliegen.

aa. Unternehmen oder Produktionszweige als Begünstigte

Des Weiteren wird geprüft, ob das Tatbestandsmerkmal des Unternehmens oder Produktionszweigs als Begünstigter gegeben ist.

Antragsberechtigt bei den Förderprogrammen des BFI sind fast ausschließlich Unternehmen, nämlich Produktions-, Vertriebsunternehmen, Filmvorführunternehmen, Sales Agents, Festivalveranstalter. Regelmäßig fordern die Richtlinien des BFI ein Team als Antragsteller, z.B. Regisseur, Produzent, Drehbuchautor, das hinter dem formalen Antragsteller eines (Produktions-)Unternehmens steht. Bei dem Film Festival Fund ebenso wie bei dem Programming Development Fund werden von dem Kreis der Antragsteller neben Unternehmen auch Wohltätigkeitsorganisationen, lokale Behörden und höhere Bildungseinrichtungen erfasst. Bei dem Förderfonds Archives for the Future werden Archive und Rechteinhaber begünstigt.

Unternehmen sind unproblematisch Begünstigte im Sinne des Tatbestandsmerkmals. Da der Begriff des Unternehmens weit ausgelegt wird, es nicht auf die Rechtsform ankommt und jegliche wirtschaftliche Tätigkeiten erfasst sind, ohne dass grundsätzlich eine Gewinnerzielungsabsicht vorliegen muss, können auch örtliche Behörden, höhere Bildungseinrichtungen und Wohltätigkeitsorganisationen Unternehmen darstellen. Hier kommt es auf den Einzelfall an, ob ausschließlich soziale oder kulturelle Aufgaben wahrgenommen werden. Im Fall der Festivalveranstalter wird wohl danach unterschieden werden können, ob es sich um ein regionales oder internationales Festival handelt, da letztere auch wirtschaftlich geprägt sind, indem eine Plattform für die kommerzielle Auswertung und den Vertrieb von Filmen geboten wird. Bei regionalen Festivals dürfte dagegen der kulturelle und soziale Charakter im Vordergrund stehen und eine wirtschaftliche Tätigkeit nicht vorliegen. Bei den lokalen Behörden gilt, dass sie Begünstigte sein können, wenn sie erwerbswirtschaftlich am Markt auftreten. Hierbei muss die wirtschaftliche Tätigkeit klar von der nichtwirtschaftlichen öffentlich-rechtlichen Tätigkeit getrennt werden und als solche erkennbar sein. Universitäten als höhere Bildungseinrichtungen unterfallen in ihrem Kernbereich von Lehre und Forschung nicht dem Beihilfebegriff. Im Bereich von Randtätigkeiten können sie durchaus als Begünstigte gelten und wirtschaftliche Tätigkeiten durchführen. Das gilt sowohl für öffentliche wie private Universitäten. Betätigt sich eine Universität als Festivalveranstalter, handelt es sich um eine Randaktivität, bei der es entsprechend darauf ankommt, ob ausschließlich kulturelle oder sonstige Ziele verfolgt werden oder eine wirtschaftliche Tätigkeit zu bejahen ist. Dies ist einer Beurteilung im Einzelfall vorbehalten, grundsätzlich können Universitäten also als Begünstigte im Sinne des Beihilfebegriffs gelten. Bei den Filmvorführern im Rahmen des Programming Development Fund gelten die Ausführungen entsprechend. Grundsätzlich stellen solche Organisationen Unternehmen dar und können Begünstigte sein.

Soweit Einzelpersonen vom BFI als Antragsteller zugelassen werden, werden sie in der Ausübung ihrer (beruflichen) wirtschaftlichen Tätigkeit als Unternehmen im Sinne des Tatbestandsmerkmals erfasst. Deshalb sind sowohl die Unternehmen wie die wirtschaftlich Selbständigen als Begünstigte der BFI-Fördermittel anzuerkennen.

Von den Steuererleichterungen des Film Tax Regime einschließlich Film Tax Relief können Filmproduktionsunternehmen (film corporations) profitieren. Unter Filmproduktionsunternehmen werden solche verstanden, die Kinofilme, Fernsehfilme oder Videoproduktionen herstellen. Die Herstellung erfasst Filmproduktionstätigkeiten der Entwicklung, Pre-Produktion, Hauptproduktion und Postproduktion. Die Begünstigten des Film Tax Regime sind damit unproblematisch Unternehmen im Sinne des Tatbestandsmerkmals.

Begünstigte im Sinne des Beihilfetatbestandes liegen damit sowohl bei der Förderung durch das BFI wie durch das UK Film Tax Regime vor.

bb. Bestimmte Unternehmen oder Produktionszweige (Selektivität)

Die Begünstigung müsste bestimmten Unternehmen zugutekommen.

Die Förderprogramme und -aktivitäten des BFI stellen Beihilferegelungen (aid schemes) mit einer unbestimmten Anzahl von Begünstigten dar. Dennoch liegt auch bei den Beihilferegelungen Selektivität vor, da sich die Begünstigung nur an bestimmte Unternehmen richtet, nämlich solche, die die Fördervoraussetzungen der jeweiligen Programme erfüllen. Der Empfängerkreis ist daher abgrenzbar. Das BFI vergibt dann im Rahmen seiner Förderprogramme und -aktivitäten Fördermittel an einzelne Empfänger, die die Voraussetzungen erfüllen und in einem Verfahren ausgewählt werden. Es handelt sich bei den Beihilferegelungen des BFI daher um selektive Fördermaßnahmen für einen abgrenzbaren und bestimmbaren Kreis von begünstigten Unternehmen.

Bei den Steuererleichterungen des Film Tax Regime und Film Tax Relief handelt es sich um Maßnahmen, die nur Filmproduktionsunternehmen offen stehen, und die zudem bestimmte Voraussetzungen erfüllen müssen. Es sind daher keine allgemeinen Maßnahmen, von denen alle Unternehmen, die auf dem Gebiet des Mitgliedstaats wirtschaftlich tätig sind, profitieren, sondern selektive Maßnahmen für bestimmte Unternehmen der Filmwirtschaft. Nur diese können die Steuererleichterungen in Anspruch nehmen, soweit sie die gesetzlichen Voraussetzungen erfüllen.

Selektivität ist daher bei den Förderungen des BFI sowie den Steuererleichterungen zu bejahen.

cc. Wettbewerbsverfälschung

Zudem müsste eine Wettbewerbsverfälschung zu bejahen sein.

Die Förderempfänger des BFI erlangen durch die Förderung einen finanziellen Vorteil. Die Fördermittel verschaffen den begünstigten Unternehmen eine verbesserte Wettbewerbsposition gegenüber den Unternehmen, die nicht begünstigt werden. Das wettbewerbsverfälschende Potential liegt darin, dass ein starker Wettbewerb auf dem europäischen Filmmarkt herrscht, die britischen Filme auf den nationalen und auch auf den internationalen Handel ausgerichtet sind, und durch die Fördermaßnahmen die Finanzlage der Unternehmen und die Produktionsfähigkeit bzw. anderweitige Handlungsfähigkeit verbessert wird. Die Fördermaßnahmen des BFI sind daher geeignet, den Wettbewerb zu verfälschen.

Die Steuererleichterungen des UK Film Tax Regime verschaffen den Filmproduktionsunternehmen in UK einen Wettbewerbsvorteil gegenüber anderen

Unternehmen der Filmwirtschaft aus UK oder anderen EU-Mitgliedstaaten, die nicht von den Steuererleichterungen profitieren. Insbesondere angesichts der Möglichkeit der unbegrenzten Höhe der Steuererleichterungen verursacht dieser Wettbewerbsvorteil eine Wettbewerbsverzerrung. Die UK-Steuererleichterungen verfälschen daher den Wettbewerb.

Eine Wettbewerbsverfälschung bzw. zumindest drohende Verfälschung durch die Fördermaßnahmen auf UK-Ebene ist damit gegeben.

dd. Handelsbeeinträchtigung und De-minimis

Zu prüfen ist ferner, ob die Fördermaßnahmen des BFI und die UK-Steuererleichterungen den Handel zwischen den Mitgliedstaaten beeinträchtigen.

Britische Filme werden insbesondere durch ihren Vorteil der englischen Sprache international gehandelt. Da wie oben ausgeführt der europäische Filmmarkt stark zersplittert ist, stehen alle Filme und Unternehmen der Filmwirtschaft aus den europäischen Staaten miteinander auf dem gemeinsamen Markt in Wettbewerb, sowohl bei der Kinoauswertung wie der späteren Auswertung auf DVD, per Video-on-Demand, Pay- und Free-TV wie auch auf den entsprechenden Filmfestivals.

Ein Vorteil in ihrer Marktposition durch die Fördermittel des BFI und der daraus entstehenden Verbesserung ihrer Finanzkraft stärkt die von der Förderung profitierenden Unternehmen im Vergleich zu den nicht geförderten Unternehmen. Es kommt nicht auf die Spürbarkeit einer Handelsbeeinträchtigung oder auf eine bestimmte Höhe der Beihilfe an. So hat die Kommission in einer Entscheidung zum Vorläufer des heutigen Distribution Fund eine Beeinträchtigung bejaht, wenngleich sie angenommen hat, dass die Förderung wahrscheinlich keine großen Auswirkungen auf den Handel zwischen den Mitgliedstaaten hätte.[1063]

Ebenso haben diejenigen UK-Filmproduktionsunternehmen, die die Steuererleichterungen des UK Film Tax Regime Anspruch nehmen, einen finanziellen Vorteil und sind in ihrer Wettbewerbsposition gegenüber Produktionsunternehmen aus anderen Mitgliedstaaten deutlich gestärkt.

Grundsätzlich beeinträchtigen die Fördermaßnahmen daher den Handel auf dem europäischen Binnenmarkt.

1063 Vgl. Entscheidung der EU-Kommission v.2.11.2005 C(2005)174 fin über die Beihilfe Nr. NN83/2004.

Allerdings könnte die De-minimis-Verordnung einschlägig sein, wenn sich die Fördermaßnahmen in einem sehr geringen Rahmen halten.

Einige Förderprogramme des BFI könnten durchaus unter die De-minimis-Verordnung fallen, da ihre Förderhöchstsummen in der Regel so gering sind, dass sie unterhalb des Schwellenwerts von € 200.000 in drei Jahren liegen könnten. Zwar geben die Richtlinien der Förderprogramme des BFI keinen Hinweis, dass eine Vergabe der Mittel nach De-minimis erfolgt. Ein gemäß der Verordnung erforderlicher Hinweis gegenüber den Begünstigten und die Vorlagepflicht weiterer Informationen zur Überprüfung des Vorliegens der Voraussetzungen können aber auch an anderer Stelle, wie in den Förderverträgen, enthalten sein. Eine Anwendung von De-minimis kommt hinsichtlich der Fördersummen bei allen Förderfonds bis auf den Film Fund in Betracht.[1064] Bei dem Programming Development Fund kommt es speziell auf die gewährte Höhe der Fördersumme an, deren Rahmen zwischen £ 5.000 bis 500.000 liegt. Eine abschließende Feststellung ob der Anwendung von De-minimis durch das BFI kann hier mangels der Einzelheiten der jeweiligen Fördermittelvergabe nicht vorgenommen werden. Grundsätzlich sind Fördermaßnahmen der genannten Förderfonds zur Anwendung qualifiziert. Es kann jedoch nicht ausgeschlossen werden, dass eine den mitgliedstaatlichen Handel beeinträchtigende Beihilfe vorliegt.

Auf die Steuererleichterungen des UK Film Tax Regime kann die De-minimis-Verordnung nicht angewandt werden, da die Steuererleichterungen in der Höhe nicht begrenzt sind. Die De-minimis-Verordnung fordert jedoch aus Transparenzgründen die Möglichkeit der Berechnung des Bruttosubventionsäquivalents. Die Berechnung des Bruttosubventionsäquivalents setzt eine Obergrenze voraus, die gewährleistet, dass der einschlägige Höchstbetrag nicht überschritten wird. Vom Sinn und Zweck gibt es beim UK Film Tax Regime gerade keine Höchstgrenze, um ein großes Volumen an Förderung hierüber durchzuführen. Die Steuererleichterungen sind nicht nur auf geringe Fördersummen ausgelegt.

1064 Im Rahmen de Notifizierung der Beihilfe SA.36335 „BFI Distribution Fund" hat das UK der EU-Kommission mitgeteilt, dass in einem bestimmten Zeitraum vom BFI nur Fördermittel unterhalb der De-minimis-Grenze vergeben wurden. Dass Fonds mit geringen Mitteln wie z.B. dem Development Fund nicht notifiziert werden unter Anwendung der De-minimis-VO wurde gegenüber der Verf. in einem Fachgespräch im Juni 2014 seitens des BFI bestätigt.

d. Zwischenergebnis

Die Fördermaßnahmen des BFI erfüllen somit den Tatbestand der Beihilfe, soweit sie nicht unter die De-minimis-Verordnung fallen.

Die Steuererleichterungen des UK Film Tax Regime einschließlich Film Tax Relief stellen folglich eine Beihilfe im Sinne des Art. 107 Abs. 1 AEUV dar.

2. Rechtfertigung der Beihilfe, Ausnahmen des Beihilfeverbots

Zu prüfen ist, ob die Beihilfen gerechtfertigt sind. In Betracht kommt eine Rechtfertigung auf Grundlage der Ermessensausnahme für kulturelle Beihilfen gemäß Art. 107 Abs. 3 lit. d AEUV. Zunächst könnten die Beihilfen unter die Gruppenfreistellung der AGVO fallen. Liegen die Voraussetzungen hierfür nicht vor, ist eine Rechtfertigung anhand der Filmmitteilung im Rahmen der Kulturermessensausnahme zu prüfen.

a. AGVO

Zu prüfen ist, ob die Förderprogramme des BFI sowie die Regelungen des UK Film Tax Regime die Voraussetzungen der AGVO erfüllen. Hierfür müssten die formellen und allgemeinen materiellen Voraussetzungen, die für alle erfassten Gruppen gelten, und die speziellen materiellen Voraussetzungen für Beihilfen für audiovisuelle Werke (Art. 54 AGVO) erfüllt sein, insbesondere die Einhaltung des Schwellenwerts von € 50 Mio. pro Jahr.

aa. Beihilfen des BFI

Da die Anwendung der AGVO vor allem an der Einhaltung des Schwellenwerts der Gruppenfreistellung scheitern kann, stellt sich die entscheidende Frage, ob die Förderrichtlinien der Fonds und Programme des BFI unterhalb eines Fördervolumens von € 50 Mio. pro Jahr liegen. Das BFI hat ein gesamtes Einkommen in Höhe von £ 93,5 Mio. für das Jahr 2013-2014 zur Verfügung. Für die Einhaltung des Schwellenwerts kann jedoch nicht der Betrag des Gesamteinkommens als Wert herangezogen werden, da dieser auch sonstige Förderaktivitäten und die eigenen Betriebskosten enthält. Stattdessen sind die Beträge der einzelnen Förderfonds und Förderprogramme entscheidend. Hierbei handelt es sich nicht um eine unzulässige künstliche Aufspaltung gemäß Erwägungsgrund 16 der AGVO. Im Gegenteil muss an dieser Stelle betont werden, dass die Förderungen seit jeher in Fonds unterteilt wurden, auch von der Vorgängereinrichtung UK Film Council, die einzeln bei der EU-Kommission angemeldet wurden.[1065] Die einzelnen Fonds bilden die Beihilferegelungen für bestimmte Bereiche der Förderung. Die Aufteilung in Fonds stellt die originäre Förderungsstruktur des BFI dar. Das Fördervolumen ist systemimmanent auf die einzelnen Fonds verteilt, sodass gerade keine künstliche Aufspaltung der finanziellen Mittel zur Einhaltung des Schwellenwerts vorgenommen wird. Eine Umgehung liegt nicht vor. Daher ist für die Einhaltung des Schwellenwerts der jeweilige Betrag des Förderfonds maßgeblich. Der Film Fund ist der finanzstärkste Fonds, der mit Mitteln in Höhe von £ 21,6 Mio. pro Jahr ausgestattet ist. Dies ist – auch bei einer Währungsumrechnung – weit unterhalb des Schwellenwerts von € 50 Mio. Damit liegen sämtliche Fonds und Förderprogramme im Rahmen des Fördervolumenschwellenwertes der AGVO.

Weiterhin werden die Fördermittel als Zuschuss vergeben. Zuschüsse gelten als transparent gemäß Art. 5 Abs. 2 lit. a AGVO. Die Fördermittel des BFI sollen auch einen Anreiz bewirken. Das wird z.B. durch die geforderte Partnerfinanzierung deutlich.

Hinsichtlich der speziellen Voraussetzungen für Beihilfen für audiovisuelle Werke lässt sich zunächst feststellen, dass die Richtlinien der Förderfonds und -programme des BFI keine Territorialitätsverpflichtungen als Fördervoraussetzung vorsehen.

Die Voraussetzung, dass die Beihilfe einem kulturellen Produkt zugutekommen muss, wird bei der Förderung durch das BFI erfüllt. Zwar ist der Kulturtest als Voraussetzung nicht direkt in den Förderrichtlinien enthalten. Er ist jedoch indirekt in dem Erfordernis für sämtliche Lotteriegelder-geförderte Filmprojekte von einer Zertifizierung als britischer Film enthalten. Die Anerkennung als britischer Film setzt die Erfüllung der Kriterien des Kulturtest voraus, wie er im Films Act 1985 aufgeführt ist. Die im Übrigen im Kulturtest aufgeführten territorialen Kriterien beziehen sich auf den Kulturtest und stellen Merkmale in diesem Rahmen dar. Sie sind keineswegs als Verpflichtung für territoriale Ausgaben in bestimmter Höhe zu verstehen.

Die Förderung des BFI ist in Programme für die verschiedenen Bereiche der Produktion, den Vertrieb und die Verbreitung von Filmen unterteilt, die eine entsprechende Verwendung der Fördermittel sicherstellt, sodass dieser Voraussetzung der AGVO ebenfalls Rechnung getragen wird. Zudem werden Beihilfen

---

1065 So z.B. in der ausführlichen Entscheidung der EU-Kommission v.11.12.2007 C(2007)6074 fin über die Beihilfe Nr. NN6/2006.

nicht für bestimmte Produktionstätigkeiten gewährt, ausgenommen die zulässigen Tätigkeiten der Drehbucherstellung, Entwicklung und Promotion.[1066]

Ferner ist auch eine Grenze der Beihilfeintensität eingesetzt, die mit den Anforderungen der AGVO konform ist. Bei schwierigen Filmprojekten kann die Beihilfeintensität höher als 50% ausfallen, was ebenfalls von der AGVO zugelassen ist.

Die Förderung des BFI kann unter die Gruppenfreistellung der AGVO gefasst werden und ist somit eine von der Notifizierung ausgenommene gerechtfertigte Beihilfe. Einzig müsste UK seiner formellen Informations- und Mitwirkungspflicht nachkommen und die Beihilferegelungen der Kommission mitteilen. Derzeit gibt es keine Mitteilung unter der AGVO über die Förderprogramme des BFI.

bb. Beihilfen durch das UK Film Tax Regime

Unter die AGVO können Beihilfen für die Filmförderung in Form von Steuererleichterungen nur dann fallen, wenn sie eine Obergrenze vorsehen, um sicherzustellen, dass die Schwellenwerte nicht überschritten werden (Art. 5 Abs. 2 lit. d AGVO). Die Schwelle des Fördervolumens von nicht mehr als € 50 Mio. pro Jahr ist zwingend einzuhalten (Art. 4 Abs. 1 lit. z. aa AGVO). Die AGVO ist für die UK-weiten Steuererleichterungen mangels Obergrenze bei der Höhe der Steuererleichterungen nicht anwendbar. Es wird weder das Transparenzerfordernis erfüllt, da mangels Obergrenze kein Bruttosubventionsäquivalent berechnet werden kann, noch kann die Einhaltung des Schwellenwerts sichergestellt werden. Das geplante Haushaltsbudget für die Steuererleichterungen liegt jährlich weit über € 50 Mio., sodass auch ohne transparente Obergrenze bereits festgestellt werden kann, dass der Schwellenwert überschritten wird und nicht die Voraussetzungen der AGVO erfüllt. Die AGVO kann daher nicht für eine Freistellung der UK-Steuererleichterungen herangezogen werden.

b. Ermessensausnahme Kultur, Filmmitteilung

Zu prüfen ist nun, ob das UK Film Tax Regime die Kriterien der Filmmitteilung erfüllt und als Beihilfe gerechtfertigt ist. Dafür müssten zunächst die allgemeinen

---

1066 Anders als in der Filmmitteilung werden in den besonderen Vorschriften für audiovisuelle Werke in der AGVO vom Verbot der Förderung einzelner Tätigkeiten nicht ausdrücklich Drehbuchgestaltung, Entwicklung und Promotion ausgenommen, dies kann aber der Ziff. 73 der Erwägungsgründe entnommen werden.

Rechtmäßigkeitsvoraussetzungen gegeben sein und hernach die speziellen Voraussetzungen vorliegen.

Die Bestimmungen des Film Tax Regime verstoßen nicht gegen andere Vorschriften des AEUV. Insbesondere verstoßen die Steuererleichterungen nicht gegen das Diskriminierungsverbot aus Gründen der Staatsangehörigkeit.

Auch die territorialen Bestimmungen des Film Tax Regime sind mit der Filmmitteilung vereinbar. Die Berechnung der Beihilfe wird als prozentualer Anteil an den Produktionsausgaben vorgenommen, sodass diese Ausgestaltung in Einklang mit dem Kriterium zur Territorialität der Filmmitteilung steht. Das Film Tax Regime enthält eine Territorialitätsverpflichtung für Ausgaben in UK in Höhe von 10% der UK Kernausgaben, bezeichnet als „used or consumed in UK". Diese Regelung wahrt daher die Begrenzung, dass der Mindestanteil der Territorialitätsausgaben nicht mehr als 50% der gesamten Produktionskosten betragen darf. Diese 10% der UK Kernausgaben werden bis zu einer Höchstgrenze von 80% der gesamten Kernausgaben für die Berechnung der Steuererleichterungen berücksichtigt. Da die Regelung 20% der Ausgaben von den Territorialitätsausgaben ausgenommen hat, diese folglich entsprechend der Filmmitteilung auch in anderen EU-Mitgliedstaaten ausgegeben werden können, halten sich die Territorialitätsverpflichtungen im zulässigen Rahmen.

Hinsichtlich der besonderen Voraussetzungen der Filmmitteilung liegen keine rechtlichen Bedenken vor. Im Einzelnen:

Die Beihilferegelungen müssen deutlich zum Ausdruck bringen, dass ein kulturelles Produkt gefördert wird, und einen wirksamen Überprüfungsmechanismus hierfür enthalten, wie einen Kulturtest. Das Film Tax Regime sieht vor, dass nur Filme, die als „British film" anerkannt werden können, die Steuererleichterungen in Anspruch nehmen können. Als „British film" können Filme anerkannt werden, die den Kulturtest gemäß Anhang 1 des Films Act 1985 bestehen. Die Erfüllung einer bestimmten Mindestpunktzahl des Kulturtests stellt sicher, dass die Beihilfe einem kulturellen Produkt zugutekommt. Eine weitere Möglichkeit der Anerkennung als „British film" ist die Anwendung eines bilateralen Koproduktionsabkommens oder die Anwendung des Europäischen Koproduktionsabkommens. Derartige Gemeinschaftsproduktionen sind von dem UK-Kulturtest ausgenommen. Das Ziel dieser Abkommen ist die Verfolgung europäischer Vielfalt, die gemäß Art. 167 Abs. 4 AEUV zu berücksichtigen ist, sodass hierdurch bereits als sichergestellt gelten kann, dass die Steuererleichterungen einem kulturellen Produkt zugutekommen.[1067] Das Erfordernis einer kulturellen Förderung der Filmmitteilung wird daher erfüllt.

Die Beihilfehöchstintensität von 50% der gesamten Produktionskosten gemäß der Filmmitteilung wird gewahrt, da die Beihilfen des auszahlbaren Steuerguthabens nie mehr als 20% des gesamten Produktionsbudgets betragen. Bei limited-budget Filmen bis £ 20 Mio. beträgt die Beihilfeintensität 20% des gesamten Produktionsbudgets, bei large-budget Filmen über £ 20 Mio. sinkt die Beihilfeintensität schrittweise von 20% abwärts, je höher das Budget ist. Bei dem zusätzlichen Steuerabzug des FTR beträgt die Beihilfeintensität 16% bei limited-budget Filmen bzw. 12,8% bei large-budget Filmen. Die verschiedenen staatlichen Förderungen können kumuliert werden, wobei die allgemeine Regelung gilt, dass die staatliche Förderung insgesamt nicht mehr als 50% des gesamten Produktionsbudgets ausmachen darf. Ausnahmen sind schwierige Filme, die definiert sind als solche mit einem Budget unter £ 8 Mio. Diese können eine Beihilfeintensität bis zu 100% erhalten, was gemäß der Filmmitteilung zulässig ist.

Ferner beziehen sich die Regelungen der Steuererleichterungen auf alle Produktionsabschnitte und nicht nur auf einige Filmproduktionstätigkeiten, sodass sie auch diesbezüglich im Einklang mit der Filmmitteilung sind.

Die Steuererleichterungen des Film Tax Regime erfüllen somit die Kriterien der Filmmitteilung und sind daher gerechtfertigt.

3. Ergebnis

Die Beihilfen des BFI und des UK Film Tax Regime sind gerechtfertigte Beihilfen aufgrund der AGVO bzw. der Filmmitteilung.

II. Filmförderung in England

Im folgenden Abschnitt werden das Vorliegen einer Beihilfe und ihre Vereinbarkeit mit dem europäischen Beihilfenrecht bei den Förderprogrammen auf nationaler und regionaler Ebene in England geprüft.

1. Tatbestand der Beihilfe gemäß Art. 107 Abs. 1 AEUV

Zu prüfen ist, ob die Förderungen der Filmfördereinrichtungen in England den Tatbestand der Beihilfe gemäß Art. 107 Abs. 1 AEUV erfüllen. Es müsste

1067 So auch die EU-Kommission in der Beihilfeentscheidung C(2006)3982 final, die das Kriterium als ausreichend erfüllt anerkennt.

sich um eine Begünstigung handeln, die durch staatliche oder aus staatlichen Mitteln gewährt wird, die zugunsten bestimmter Unternehmen oder Produktionszweige erfolgt, und die dadurch zu einer Wettbewerbsverfälschung und Handelsbeeinträchtigung führt.

a. Begünstigung

Die Förderungen der regionalen Einrichtungen müssten eine Begünstigung darstellen. In Betracht kommt vor allem eine positive Leistung in Form der finanziellen Fördermittel. Dazu kommt bei einigen Einrichtungen, wie Creative England, die zusätzliche Unterstützungsleistung der Förderempfänger. Diese Art der Betreuung ist eine geldwerte Leistung, die monetär berechnet werden kann. Es handelt sich fast sämtlich um Leistungen, bei denen von den Fördermittelempfängern keine marktübliche Gegenleistung erbracht wird. Anders bei der Vergabe von Fördermitteln von Screen Yorkshire. Diese werden unter marktüblichen Bedingungen als Darlehen vergeben und müssen rückgezahlt werden, eventuell verbunden mit weiteren Zahlungen ausgestaltet als Erfolgsbeteiligung oder Einmalzahlung. Sie sind geknüpft an Fördermittel, die von privater Seite akquiriert werden und den Marktkonditionen entsprechen, um eine gewinnbringende Investition zu erzielen. In diesem Fall ist nach dem Privatmarktinvestorentest keine Begünstigung anzunehmen. Bei den anderen Einrichtungen liegt dagegen eine Begünstigung vor.

b. Staatliche oder aus staatlichen Mitteln gewährte Beihilfen

Des Weiteren ist das Vorliegen des Tatbestandsmerkmals der staatlichen oder aus staatlichen Mitteln gewährten Beihilfe anhand der zwei Komponenten der unmittelbaren oder mittelbaren Gewährung aus staatlichen Mitteln und der Zurechenbarkeit zum Staat zu prüfen.

aa. Unmittelbare oder mittelbare Gewährung aus staatlichen Mitteln

Geprüft wird zunächst, ob bei den Fördermitteln der Einrichtungen die Komponente der unmittelbaren oder mittelbaren Gewährung aus staatlichen Mitteln erfüllt ist.

Die nationalen und regionalen Filmfördereinrichtungen verfügen zur Filmförderung zum Teil über Mittel gleicher Herkunft. Im Folgenden wird auf diese gruppiert, wie bei der Förderung des BFI, vorab abstrakt eingegangen, bevor die konkrete Einordnung je Fördereinrichtung erfolgt.

(1). Herkunft der Mittel

Für die abstrakte Einordnung der Lotteriegelder und Grant-in-Aid als staatliche Mittel wird auf die Ausführungen beim BFI verwiesen, wobei sich auch dann nichts daran ändert, wenn das BFI die Mittel weiterverteilt, da die Mittel durch den Haushalt einer dem Staat zuzurechnenden Einrichtung fließen.

Verschiedene Mittel stammen aus dem Regional Growth Fund des Wirtschaftsministeriums BIS. Damit handelt es sich um Mittel aus dem Haushalt des Wirtschaftsministeriums, also des Staatshaushalts und somit um unmittelbar staatlich gewährte Mittel. Gleiches gilt für Unterfonds des Regional Growth Fund wie den Business Loan Fund (Business Investment Fund).

Beihilfen, die aus Mitteln des European Regional Development Fund/ Europäischen Fonds für Regionale Entwicklung (ERDF/ EFRE) stammen, sind zunächst aus Unionsmitteln selbst. Sie „durchlaufen" nur regelmäßig den Haushalt der Mitgliedstaaten und werden an die geförderten Projekte ausgezahlt. Eine Unionsbeihilfe ist aber in der Regel zu verneinen, weil den Mitgliedstaaten ein eigener Spielraum der Ausgestaltung bei den Vergabevoraussetzungen zukommt. Die ERDF-Mittel werden von der beantragenden Stelle, regelmäßig ein Ministerium, weiterverteilt. Somit handelt es sich ebenfalls um Mittel aus dem Haushalt des Ministeriums und um unmittelbar staatlich gewährte Mittel.

Einzelne Fördereinrichtungen erhalten Mittel aus sonstigen öffentlichen Quellen, namentlich der öffentlich-rechtlichen Rundfunkunternehmen BBC und Channel 4.

Die BBC finanziert entweder direkt oder über Tochterunternehmen einzelne Fördereinrichtungen. Als öffentlich-rechtliche Körperschaft durch Royal Charter/ Königliche Urkunde wird die BBC zum größten Teil durch Rundfunkgebühren finanziert, die von den Haushalten in UK erhoben werden, daneben generiert sie eigene wirtschaftliche Einnahmen. Die Höhe der Rundfunkgebühr wird von der Regierung festgelegt, genauer per Rechtsverordnung (Statutory Instrument/ SI) durch das DCMS.[1068] Die erhobenen Rundfunkgebühren fließen gemäß des Communications Act 2003 zunächst in einen Fonds der Regierung, sog. Consolidated Fund. Die Zuteilung und Ermächtigung des Finanzministeriums zur Auszahlung der Gelder des Fonds unterstehen einem Parlamentsgesetz, dem sog. Supply and Appropriation Act. Die Gelder für die BBC sind im Rahmen des Supply and Appropriation Act in den Haushaltsmitteln des DCMS

1068 The Communications (Television Licensing) (Amendment) Regulations.

enthalten. Das Agreement der BBC mit DCMS, das die Royal Charter der BBC ergänzt, regelt sodann die Auszahlung der erhobenen Rundfunkgebühren an die BBC. Ohne sich weiter mit den Einzelheiten auseinanderzusetzen, was für die vorliegende Arbeit weder notwendig noch relevant ist, kann bereits aus den genannten Fakten eine staatliche Kontrolle der Gelder der BBC ebenso wie eine staatliche Kontrolle der BBC anhand der rechtlichen Ausgestaltung bejaht werden. Die Gelder, die die BBC an Filmfördereinrichtungen vergibt, sind dementsprechend im Sinne des Art. 107 Abs. 1 AEUV als staatliche Mittel einzustufen.

Channel 4 ist ebenfalls ein öffentlich-rechtliches Unternehmen durch Parlamentsgesetz. Die Besonderheit von Channel 4 ist, dass sich das Unternehmen ausschließlich mit selbst erwirtschafteten Mitteln unterhält und als öffentlich-rechtliches non-profit Unternehmen agiert. Die eigenerwirtschafteten Mittel basieren hauptsächlich auf der Werbefinanzierung. Channel 4 gehört als öffentlich-rechtliches Unternehmen dem DCMS und wird von dem Office of Communications (OFCOM) reguliert. Rechtliche Rahmenbedingungen werden in den verschiedenen Broadcasting Acts sowie dem Digital Economy Act 2010 festgelegt. OFCOM und DCMS benennen zusammen die Mehrheit der Aufsichtsratsmitglieder (non-executive unitary board members). Wie bei der BBC braucht hier nicht weiter in die rechtlichen Einzelheiten eingegangen werden. Die vorliegenden Fakten reichen bereits aus, um festzustellen, dass Channel 4 ein von der öffentlichen Hand beherrschtes Unternehmen ist, das mehrheitlich der Kontrolle des Staates untersteht und vom Staat reguliert wird, wenngleich nicht in dem Ausmaß wie die BBC. Die erwirtschafteten Mittel von Channel 4 mögen zunächst privat erwirtschaftete Mittel sein, unterliegen jedoch der staatlichen Kontrolle und sind als solche im Sinne des europäischen Beihilfenrechts als staatliche Mittel anzusehen.

Finanzmittel aus privaten Quellen sind keine staatlichen gewährten Mittel.

Weitere Mittel, über die jeweils nur die einzelnen Einrichtungen verfügen, werden bei der konkreten Prüfung der Einrichtungen behandelt.

(2). Konkrete Einordnung bei den Fördereinrichtungen

Für jede Filmfördereinrichtung ist nun zu prüfen, wie die Fördermittel konkret einzuordnen sind und ob es sich um eine mittelbare durch eine sonstige Einrichtung gewährte Beihilfe handelt. Zu beantworten ist, inwieweit die jeweilige Einrichtung dem Staat zuzuordnen ist, woher die Mittel stammen und ob diese unter staatlicher Kontrolle stehen, um im Ergebnis eine Gewährung staatlicher Mittel anzunehmen oder abzulehnen.

(a). Creative England

Creative England verfügt über eine Vielzahl von Finanzmitteln unterschiedlicher Herkunft: Gelder vom BFI aus Grant-in-Aid und Lotteriegelder (41%), vom Wirtschaftsministerium aus dem Regional Growth Fund (34%), EU-Mittel aus dem ERDF (16%), private Mittel (5%), diverse andere öffentliche Mittel (4%). Die Mittel aus Grant-in-Aid, Lottery, Regional Growth Fund, ERDF und öffentlich-rechtlichen Rundfunkunternehmen sind, wie oben dargestellt, als staatliche Mittel einzuordnen. Insbesondere sind, wie oben ausgeführt, die Mittel des BFI staatliche Mittel, da die Einrichtung dem Staat zuzurechnen ist und Grant-in-Aid sowie Lotteriegelder staatliche Mittel bleiben. Dementsprechend wird der Großteil der zur Verfügung stehenden Fördermittel aus staatlichen Mitteln gespeist, ein geringer Anteil aus privaten Mitteln.

Bei der Frage, ob es sich bei den vergebenen Mitteln der Einrichtung um staatliche Mittel handelt, sind die Verschiebung staatlicher Mittel und eine staatliche Kontrolle des belasteten Haushalts entscheidend. Creative England müsste dem Staat zuzurechnen sein und einer staatlichen Kontrolle unterliegen, damit es sich um staatliche Mittel handeln könnte.

Creative England ist eine privatrechtliche Gesellschaft mit beschränkter Haftung. Sie ist ausdrücklich keine NDPB, quango oder arm's length body[1069] der Regierung oder eines Ministeriums. Sie ist nicht in den Staatsapparat von UK integriert. Fraglich ist, ob die Einrichtung von der öffentlichen Hand beherrscht wird. Creative England hat die Rechtsform einer Gesellschaft mit beschränkter Haftung durch Garantie, nicht Gesellschaftsanteile. Bei dieser Rechtsform gibt es Mitglieder, die als sog. Garanten bis zu einer bestimmten festgelegten Summe haften. Weder bei der Registrierung noch später waren Mitglieder staatliche Vertreter. Auch die Aufsichtsratsmitglieder sind Externe (non-executives) aus der Filmwirtschaft bis auf die Geschäftsführerin. Dementsprechend sind weder Mitglieder der Gesellschaft staatliche Vertreter noch findet durch den Aufsichtsrat eine staatlich beherrschte Kontrolle statt.

Sämtliche Mittel müssen daher grundsätzlich als private Mittel eingestuft werden, sobald sie in den Haushalt von Creative England fließen und sich vermengen. Teilweise speisen sich die Fonds und Programme aus verschiedenen Quellen, die nur partiell aufgeschlüsselt werden. Der Business Loan Fund (Business Investment Fund) wird zum Beispiel unter anderem durch Mittel aus dem Regional Growth Fund gespeist. Von daher vermengen sich die Gelder aus den

1069 Zu den Begrifflichkeiten wird nach oben verwiesen auf Teil 2 E. II. 1.

einzelnen Quellen mit den anderen Geldern, die Creative England zur Filmförderung zur Verfügung stehen, und bilden einen gesamten Haushalt, der von Creative England auf die Fonds und Programme aufgeteilt wird. Bei den Fonds und Programmen, die eine bestimmte Quelle haben, stellt sich die Frage, ob es auf die Herkunft der Mittel ankommt oder auf Creative England oder anders ausgedrückt, ob auf die Quelle der staatlichen Mittel abzustellen ist, wenn Creative England nur Durchlaufstelle ohne Einfluss auf die Mittelvergabe ist, die fehlende staatliche Kontrolle über die Einrichtung insofern unbeachtlich ist. Teilweise fließen die Mittel aus den einzelnen Quellen in bestimmte Fonds, wie beim West Midlands Production Fund, der aus ERDF-Mitteln besteht, oder bestimmte Förderprogramme wie die Talent Zentren, die zum BFI NET.Work gehören und mit Mitteln des BFI finanziert werden, sowie Film Enterprise, das mit Lotteriegeldern finanziert wird. Das BFI und die National Lottery geben Förderrahmen und Vorgaben vor, innerhalb derer sich Creative England zu verhalten hat. Die Verteilung der Mittel auf die einzelnen Fonds und Programme nimmt Creative England in Einklang mit den Vorgaben durch diese Finanziers vor. Die Fördermittelvergabe an sich findet durch Creative England statt. Das heißt, dass die Verwendung der Mittel beschränkt ist, aber in dem verbleibenden Rahmen in der Entscheidungsgewalt von Creative England liegt und Creative England nicht bloß zwischengeschaltete Stelle zur Weiterverteilung der staatlichen Gelder ist, sondern eigene Förderziele verfolgt und die Kontrolle über die finanziellen Mittel ausübt. Zwar ist Creative England rechenschaftspflichtig und muss nachweisen können, dass die Mittel zu den vorgegebenen Verwendungszwecken ausgegeben werden, es besteht bei der Vergabe der Fördermittel jedoch keine Kontrollmöglichkeit des Staats. Dies gilt auch für die ERDF-Mittel. Demnach sind auch diese Mittel als Haushaltsmittel von Creative England und nicht nur als weiterverteilte Mittel der Herkunftsquellen anzusehen. Sämtliche Mittel von Creative England sind somit als nicht staatlich gewährte Mittel einzuordnen. Es handelt sich bei den Fördermitteln daher nicht um eine mittelbare Gewährung aus staatlichen Mitteln.

(b). Film London

Film London ist die Filmfördereinrichtung, die über die zahlreichsten Quellen von Finanzmitteln verfügt, nämlich 30% Lotteriegelder und Grant-in-Aid vom BFI, 30% Mittel von der Greater London Authority und London Enterprise Partnership, insgesamt 30% Mittel von verschiedenen Einrichtungen, nämlich BBC, Channel 4, Heritage Lottery Fund, British Council, Arts Council England, Technology Strategy Board, Nesta und Creative Skillset. Darüber hinaus erhält Film

London einen geringen Anteil aus privaten Quellen. Letztere sind nichtstaatliche Mittel im Sinne des Beihilfenrechts. Die Lotteriegelder und Grant-in-Aid vom BFI sowie die Mittel von BBC und Channel 4 sind, wie oben ausgeführt, staatliche Mittel.

Die weiteren Mittel sind nach ihrer Herkunft wie folgt zu klassifizieren:

Greater London Authority (GLA) ist die höchste Ebene der Verwaltung von London bestehend aus einem direkt gewählten Bürgermeister und einer direkt gewählten 25-köpfigen Stadtversammlung. Sie fungiert als Dachbehörde der Kommunalverwaltung für die 32 London Boroughs und die City of London Corporation, die einzelnen Bezirke von London. Als Kommunalverwaltung gehört die Greater London Authority zur Staatsverwaltung von England. Ihre Mittel stellen daher staatlich gewährte Mittel dar. Die Greater London Authority vergibt gemeinsam mit der Local Enterprise Partnership von London Gelder. Die London Local Enterprise Partnership (LEP) ist ein lokaler Unternehmens- und Wirtschaftszusammenschluss von Unternehmen und Bezirksverwaltungen in London zur Wirtschaftsentwicklung und Förderung. Da die LEP eher eine koordinierende und entwicklungspolitische Funktion bzw. eine Verteilerrolle für die Fördermittel der GLA hat, bleibt es dabei, dass es sich um staatlich gewährte Mittel handelt.

Die Gelder der Einrichtungen, die zusammen weitere 30% zu den Finanzmitteln von Film London beisteuern, sind wie folgt einzuordnen: Der Heritage Lottery Fund ist eine NDPB des DCMS und Verteiler der Gelder der National Lottery, die ihm von dem National Heritage Memorial Fund zugeteilt werden. Gelder der National Lottery sind, wie oben dargestellt, staatliche Gelder, sodass auch die Gelder des Heritage Lottery Fund als solche einzustufen sind.

Der British Council ist die internationale Organisation für kulturelle Beziehungen und Bildungsmöglichkeiten von UK und dem Außenministerium (Foreign and Commonwealth Office/ FCO) zugehörig. Er verfügt größtenteils über eigenerwirtschaftete Gelder und nur teilweise über Regierungsgelder in Form von Zuschüssen. Da er aber ein öffentliches Unternehmen durch Royal Charter (public corporation) und zugleich eine NDPB des FCO ist, öffentliche Zwecke verfolgt und in die Verwaltung eingegliedert ist, ist der British Council dem Staat zuzuordnen und folglich sind sämtliche Gelder, die in seinen Haushalt fließen und von ihm verteilt werden, als staatliche Mittel anzusehen. Es macht daher keinen Unterschied, ob der British Council Gelder vom Außenministerium weitervergibt, sog. Foreign Commonwealth-Gelder, die als aus dem Staatshaushalt stammend unmittelbar staatliche Gelder sind, oder ob er Gelder aus seinem gesamten Haushalt mit den größtenteils eigenerwirtschafteten Geldern vergibt, die mittelbar staatliche Gelder sind, da im Ergebnis eindeutig staatliche Mittel gegeben sind.

Das Technology Strategy Board ist eine NDPB des Wirtschaftsministeriums BIS und die Einrichtung der Regierung von UK für Innovationsförderung. Es vergibt Staatsgelder, sodass hier staatliche Mittel vorliegen.

Der Arts Council England ist die nationale Einrichtung für die Entwicklung der Künste und verteilt öffentliche Gelder der Regierung (DCMS) und der Lotterie, sodass hier staatliche Mittel vorliegen.

Nesta (National Endowment for Science, Technology and the Arts) ist eine Gesellschaft mit beschränkter Haftung durch Garantie und eine charity, die mittels des Nesta Fund, einem Stiftungsvermögen aus der National Lottery, Innovation in UK fördert. Zusammen mit dem Arts Council England und dem Arts and Humanities Research Council, einer NDPB von BIS, führt und finanziert Nesta den Digital Research & Development Fund. Dieser ist mit öffentlichen Mitteln (Lottery und Regierungsmitteln von BIS) der drei Einrichtungen ausgestattet ist und vergibt die Mittel an Film London. Damit handelt es sich um staatliche Mittel.

Creative Skillset verfügt über staatliche Gelder vom DCMS und Lotteriegelder sowie über Gelder aus der Kreativen Industrie selbst. Als limited company by guarantee ist Creative Skillset eine privatrechtliche Einrichtung der Kreativen Industrien. Ob Film London weitergeleitete Lotteriegelder erhält oder Gelder aus dem gesamten Haushalt, kann nicht festgestellt werden, sodass ad interim nicht bestimmt werden kann, ob es sich um staatliche oder nichtstaatliche Mittel von Creative Skillset handelt.

Damit ist der Großteil der Mittel von Film London seiner Herkunft nach als staatliche Mittel zu beurteilen, ein geringer Teil als private Mittel.

Des Weiteren ist zu prüfen, ob die Einrichtung dem Staat zuzuordnen ist und es sich dann um mittelbare durch eine sonstige Einrichtung gewährte Beihilfen handeln kann. Film London ist eine privatrechtliche Gesellschaft in Form einer limited company by guarantee, also einer Gesellschaft mit beschränkter Haftung durch Garantie. Film London ist nicht an ein Ministerium oder die kommunale Verwaltung von London angegliedert, Vertreter des Staats sind weder als Mitglieder/ Garanten noch im Aufsichtsrat beteiligt. Die Aufsichtsratsmitglieder sind Externe aus der Filmwirtschaft und Filmkultur sowie Fernseh- und Medienbereich, sodass keine staatliche Beherrschung vorliegt. Nach den Kriterien der Transparenzrichtlinie, handelt es sich nicht um ein öffentliches Unternehmen. Folglich ist Film London keine Einrichtung, die dem Staat zuordnen ist.

Da Film London weder eine juristische Person des öffentlichen Rechts noch ein privates Unternehmen, das öffentlich beherrscht wird, ist, steht die Einrichtung nicht unter staatlicher Kontrolle. Die zur Verfügung stehenden Finanzmittel von Film London sind zwar teilweise zweckgebunden, sie bilden jedoch den gemeinsamen Haushaltsplan. Damit sind die Mittel der einzelnen Quellen nicht isoliert. Die Einrichtung entscheidet, wie die Mittel entsprechend den vorgegebenen Verwendungszwecken ausgegeben werden. Film London muss lediglich gegenüber seinen Finanziers nachweisen, dass die Mittel entsprechend zweckgemäß verwendet wurden. Sämtliche Mittel, seien sie grundsätzlich ihrer Herkunft nach als staatliche oder nichtstaatliche Mittel einzustufen, fließen in den gemeinsamen Haushalt von Film London und unterliegen keiner staatlichen Kontrolle, sodass sie damit keine staatlich gewährten Mittel im Sinne des Beihilfenrechts sind.

(c). Screen Yorkshire

Screen Yorkshire vergibt einzig über seinen Fonds Yorkshire Content Fund finanzielle Fördermittel. Die Mittel des Fonds stammen aus dem ERDF. Wie oben ausgeführt, sind ERDF-Mittel als unmittelbar staatliche Mittel des Mitgliedstaats einzuordnen. Hier werden sie von dem Ministerium für Gemeinden und Regionale Regierungen (Department of Communities and Local Governments/ DCLG) an Screen Yorkshire ausgezahlt. Die Mittel sind damit zunächst Teil des ministeriellen Budgets von DCLG und damit Teil des Staatshaushalts von UK, ergo unmittelbar staatliche Mittel.

Fraglich ist, ob Screen Yorkshire eine sonstige Einrichtung ist, die dem Staat zuzuordnen ist. Screen Yorkshire ist ein privatrechtliches Unternehmen in Form einer Gesellschaft mit beschränkter Haftung durch Garantie. Weder bei der Registrierung noch später waren staatliche Vertreter an der Gesellschaft als Mitglieder oder im Aufsichtsrat beteiligt. Screen Yorkshire ist damit eine privatrechtliche Gesellschaft, die nicht staatlich beherrscht wird und kein öffentliches Unternehmen im Sinne der Transparenzrichtlinie darstellt.

Die Finanzmittel aus dem ERDF, die Screen Yorkshire zur Filmförderung zur Verfügung hat, sind als nichtstaatliche Mittel einzuordnen, da keine staatliche Kontrolle über die Mittel besteht, sobald sie in den Haushalt von Screen Yorkshire fließen. Folglich handelt es sich bei den Fördermitteln von Screen Yorkshire nicht um staatlich gewährte Mittel im Sinne des Beihilfenrechts.

(d). Northern Film & Media

Northern Film & Media verfügt über verschiedene Mittel unterschiedlicher Herkunft, die teilweise an ein bestimmtes Förderprogramm gebunden sind: von dem Arts Council England (ACE), von Creative England, Creative Skillset, von dem Durham County Council, Northumberland County Council, von der Newcastle Gateshead Initiative, von dem ERDF, von Channel 4. Wie an jeweils anderer Stelle oben untersucht, sind die Mittel vom ACE, von Channel 4 und vom ERDF staatliche Mittel, während die Mittel von Creative Skillset nicht eindeutig zugeordnet werden können.[1070] Die Mittel von Creative England sind, wie oben festgestellt, als private Mittel anzusehen. Für die weiteren Finanzmittel gilt: Die kommunalen Verwaltungsträger Durham County Council und Northumberland County Council sind Teil der Staatsverwaltung von England und verfügen über staatliche Mittel, sodass deren Mittel an Northern Film & Media als staatliche Mittel einzuordnen sind. Die Newcastle Gateshead Initiative ist eine Zusammenarbeit von dem Gateshead Council und dem Newcastle City Council, also ebenfalls kommunalen Verwaltungsträgern, deren Mittel somit staatliche Mittel sind. Die Finanzmittel sind folglich zunächst abstrakt von ihrer Herkunft betrachtet sowohl staatliche wie nichtstaatliche Mittel.

Hinsichtlich der Frage, ob die Einrichtung dem Staat zuzuordnen ist und die Mittel einer staatlichen Kontrolle unterliegen, lässt sich wie folgt feststellen: Northern Film & Media ist eine Gesellschaft mit beschränkter Haftung durch Garantie. Es gibt also keine Gesellschaftsanteile, sondern Mitglieder/ Garanten. Es handelt sich nicht um ein öffentliches Unternehmen, da weder bei der Gründung noch später staatliche Vertreter beteiligt waren oder im Aufsichtsrat vertreten sind. Damit steht das privatrechtliche Unternehmen nicht unter staatlicher Kontrolle.

Die Finanzmittel, die Northern Film & Media zur Verfügung stehen, sind dementsprechend nicht staatlich kontrolliert. Wie bei Film London fließen sämtliche Mittel, unabhängig ihrer Herkunft, in den gemeinsamen Haushalt von Northern Film & Media, wenngleich manche Mittel zweckgebunden an bestimmte Förderprogramme sind. Jedoch entscheidet entsprechend der Zweckvorgaben der Finanziers letztlich die Einrichtung über die Verteilung in die Förderprogramme und Förderfonds.

Somit stellen die Fördermittel, die Northern Film & Media vergibt, keine staatlich gewährten Mittel einer sonstigen Einrichtung dar.

(e). Zwischenergebnis

Sämtliche Fördermittel, die von der nationalen Einrichtung Creative England bzw. den regionalen Filmfördereinrichtungen Film London, Screen Yorkshire

1070 Siehe unter den Abschnitten (1). Herkunft der Mittel und (2).(b). Film London.

und Northern Film & Media vergeben werden, sind nicht als staatlich gewährte Mittel zu qualifizieren. Somit liegt bereits die erste Komponente des Tatbestandsmerkmals staatliche oder aus staatlichen Mitteln gewährte Beihilfen nicht vor.

bb. Zurechenbarkeit zum Staat

Die zweite Komponente des Tatbestandsmerkmals ist die Zurechenbarkeit der Förderentscheidungen zum Staat. Es kann keine tatsächliche Ausübung staatlicher Kontrolle über die Mittelvergabe geben, wenn bereits keine staatlichen Mittel vorliegen. Dennoch soll hier für die Vollständigkeit der Beihilfeprüfung kurz darauf eingegangen werden, warum auch keine Zurechenbarkeit gegeben ist.

Die Vergabeentscheidungen werden bei Creative England, Screen Yorkshire und Northern Film & Media durch Juryentscheidungen gefasst. Bei Juryentscheidungen kann eine Zurechenbarkeit zum Staat nur angenommen werden, wenn der Staat beherrschenden Einfluss auf diese ausübt. Je nach Förderfonds gibt es verschiedene Jurys in einer Einrichtung. Gemeinsam ist diesen Entscheidungsträgern der drei Einrichtungen, dass sie mit Mitarbeitern der Einrichtung und meist auch mit externen Experten besetzt sind, zum Teil auch mit Aufsichtsratsmitgliedern, die entweder selbst Mitarbeiter der Einrichtungen oder externe Praktiker sind. Im Falle des Programms Emerging Talent zieht Creative England das BFI beratend mit ein. Dieses ist zwar staatlich beherrscht, da die finale Entscheidung jedoch von Creative England getroffen wird, ist die Hinzuziehung nicht ausschlaggebend. Staatliche Vertreter sind weder bei Creative England noch Northern Film & Media in den Jurys vertreten, sodass die Entscheidungen über die Fördermittelvergabe keine staatlich ausgeübte Kontrolle sein können. Bei Screen Yorkshire entscheidet ein Gremium, dessen Zusammensetzung nicht öffentlich benannt wird, das aber ausdrücklich auf seine unabhängigen Entscheidungen kontrolliert wird, sodass zwar nicht auszuschließen ist, dass staatliche Vertreter in dem Gremium vertreten sind, jedoch andererseits eine staatliche Mehrheit unwahrscheinlich ist. Ob eine Ausübung staatlicher Kontrolle bei der Mittelvergabe vorliegt, kann nicht endgültig festgestellt werden. Bei Film London entscheidet der Vorstand, in dem keine staatlichen Vertreter sind, letztendlich, indem er die Vergabeentscheidungen genehmigt, sodass die genaue Besetzung der gemischten Gremien von internen Mitarbeitern und je nach Förderprogramm auch Vertretern der Finanziers von Film London, also auch Vertretern von dem Staat zuzuordnenden Einrichtungen wie dem BFI oder der BBC, nicht weiter relevant ist.

cc. Zwischenergebnis

Im Ergebnis handelt es sich bei den Fördermitteln der Einrichtungen weder um eine unmittelbare oder mittelbare Gewährung aus staatlichen Mitteln noch ist die Gewährung der Fördermittel dem Staat zurechenbar (bei Screen Yorkshire bleibt die Zurechenbarkeit offen). Bei den Filmförderungen der nationalen und regionalen Fördereinrichtungen in England ist daher das Tatbestandsmerkmal einer staatlichen oder aus staatlichen Mitteln gewährten Beihilfe nicht gegeben.

c. Weitere Tatbestandsmerkmale

Aus Gründen der Analyse und Vergleichbarkeit der nationalen und regionalen Förderungen mit den Förderungen auf UK-Ebene sowie mit den deutschen Förderungen auf Bundes- und Länderebene bei der Beihilfeprüfung als Untersuchungsgegenstand dieser Arbeit werden hier im Folgenden noch die weiteren Tatbestandsmerkmale des Beihilfebegriffs und die Rechtfertigung untersucht.

aa. Unternehmen oder Produktionszweige als Begünstigte

Die Filmförderungen richten sich an einzelne Unternehmen, nicht an den gesamten Produktionszweig der Filmwirtschaft. Die Formulierungen und Voraussetzungen sind bei den Einrichtungen nur geringfügig unterschiedlich. Antragsberechtigt sind bei sämtlichen Einrichtungen Unternehmen. Soweit daneben bei einzelnen Förderprogrammen natürliche Personen antragsberechtigt sind, z.B. iShorts von Creative England oder FLAMIN von Film London, werden sie in ihrer beruflichen Tätigkeit als Selbständige gefördert und unter den Begriff des Unternehmens subsumiert. Zu erwähnen ist zudem, dass auch Unternehmen im Gemeinschaftsinteresse (community interest company), also soziale oder gemeinnützige Einrichtungen, Unternehmen im Sinne des Beihilfebegriffs sein können, wenn sie eine wirtschaftliche Tätigkeit ausüben. So sind z.B. bei dem Strategic Partnership Fund von Creative England auch solche Unternehmen antragsberechtigt. Da die Förderrichtlinien voraussetzen, dass die Antragsberechtigten eine Förderung ihrer filmwirtschaftlichen Tätigkeiten bezwecken, ist die Unternehmenseigenschaft gegeben. Begünstigt werden also Unternehmen.

bb. Bestimmte Unternehmen oder Produktionszweige (Selektivität)

Bei den Förderprogrammen handelt es sich um Beihilferegelungen (aid schemes) mit einer unbestimmten Anzahl von Begünstigten im Gegensatz zu einer individuellen Einzelbeihilfemaßnahme für einen Begünstigten. Die Beihilferegelungen richten sich jedoch an ausgewählte Begünstigte, nämlich nur solche

Unternehmen, die die jeweiligen Fördervoraussetzungen der Förderprogramme erfüllen. Von diesen potentiell Begünstigten werden dann in einem Vergabeverfahren einzelne Unternehmen ausgewählt. Der Empfängerkreis ist somit abgrenzbar und bestimmbar. Bei den Förderprogrammen der Einrichtungen handelt es sich damit um selektive Beihilfemaßnahmen.

cc. Wettbewerbsverfälschung

Die Unternehmen erlangen durch die Förderung mittels finanzieller Unterstützung und teilweise zusätzlicher Serviceleistungen einen Wettbewerbsvorteil. Ein entscheidender Umstand, der die Annahme einer Wettbewerbsverfälschung rechtfertigt, ist die problematische Finanzlage der meisten in der Filmwirtschaft tätigen Unternehmen und bereits der Wettbewerb um öffentliche Fördermittel für Filmprojekte. Die schwierige Finanzierung von Filmen führt dazu, dass Unternehmen, die für ihre Filmprojekte Fördermittel erhalten, klar im Wettbewerbsvorteil gegenüber den anderen Marktteilnehmern sind. Die begünstigten Unternehmen stehen mit anderen nicht begünstigten Unternehmen der Filmwirtschaft in starkem Wettbewerb in der Herstellung und dem Vertrieb auf dem Filmmarkt. Das gilt auch für regionale Unternehmen, da die Filme überregional ausgewertet werden. Es handelt sich bei der finanziellen Filmförderung um einen gewichtigen Vorteil, der zu einer Wettbewerbsverzerrung führt oder zumindest führen kann. Der Wettbewerbsvorteil ist daher geeignet, den Wettbewerb zu verfälschen bzw. zumindest drohen zu verfälschen.

dd. Handelsbeeinträchtigung und De-minimis

Es gilt das bei der Fördermittelvergabe auf UK-Ebene Ausgeführte: Filme werden international gehandelt. Für britische Filme bestehen eine Nachfrage und ein Markt für Verleih und Vertrieb außerhalb UK in anderen europäischen Mitgliedstaaten. Auf dem europäischen Markt herrscht ein intensiver Wettbewerb. Das gilt für britische Filme vor allem hinsichtlich der Behauptung gegenüber U.S-amerikanischen Hollywoodproduktionen. Eine Stärkung der Finanzkraft und die Verbesserung der Wettbewerbsposition des begünstigten Unternehmens sind unproblematisch geeignet, den mitgliedstaatlichen Handel zu beeinträchtigen. Obwohl lokale oder regionale Filme kaum über den Mitgliedsstaat hinaus vertrieben werden, bejaht die Kommission das Merkmal der Handelsbeeinträchtigung. Hier ist erneut die weite Auslegung festzustellen. Damit nimmt die Kommission auch in diesen Fällen eine Beihilfe an und begründet eine Handelsbeeinträchtigung damit, dass Filme international gehandelt werden und dementsprechend mit anderen Filmen im Wettbewerb stehen.[1071] Eine Beeinträchtigung des Handels ist folglich grundsätzlich zu bejahen.

Eine Handelsbeeinträchtigung ist jedoch angesichts der niedrigen Beträge bei der Fördermittelvergabe der Einrichtungen Creative England, Film London und Northern Film & Media gemäß der De-minimis-Verordnung ausgeschlossen. Die vergebenen Fördersummen belaufen sich in der Regel (weit) unterhalb des Schwellenwerts von € 200.000 innerhalb von drei Steuerjahren pro Unternehmen. Ein Hinweis auf die Anwendung von De-minimis findet sich zwar in den meisten Förderrichtlinien von Creative England, Film London und Northern Film & Media nicht, außer in den Richtlinien des Business Loan Fund von Creative England. Allerdings kann ein Hinweis auch an anderer Stelle, wie im Fördervertrag, erfolgen. Entscheidend ist, dass eine Anwendung rechtlich möglich ist. Bei der Förderung des Production Fund von Creative England kommt eine Anwendung von De-minimis in Betracht, ist jedoch einzelfallabhängig. Da die Fördersummen bis zu £ 200.000 pro Projekt betragen können, hängt die Anwendung von De-minimis von der konkreten Förderhöhe sowie der gesamten Förderung in dem entscheidenden Dreijahreszeitraum ab, die das Unternehmen erhalten hat. Sollte es sich nicht um eine De-minimis-Beihilfe handeln, käme eine Rechtfertigung nach der AGVO in Betracht.

Ausgenommen von einer De-minimis-Anwendung ist allerdings eine Förderung unter dem West Midlands Production Fund von Creative England, bei dem die Förderhöhe bis zu £ 1 Mio. betragen kann. In diesem Fall ist von einer Handelsbeeinträchtigung auszugehen; es verbleibt die Möglichkeit einer Rechtfertigung der Beihilfe als Risikofinanzierungsbeihilfe im Rahmen der AGVO.

Die Vergabe der Fördermittel durch diese drei Einrichtungen ist damit bis auf die genannte Ausnahme tatbestandlich keine Beihilfe und von der weiteren Beihilfeprüfung ausgenommen. Die Förderung ist folglich EU-beihilferechtlich unproblematisch.

Bei Screen Yorkshire ist die De-minimis-Verordnung nicht grundsätzlich ausgeschlossen. Fördersummen können aber bis zu £ 500.000 betragen, sodass der Schwellenwert weit überschritten wäre. In den Richtlinien findet sich auch kein Hinweis auf die Anwendung von De-minimis. Ob es sich um eine De-minimis-Beihilfe handelt, hängt ebenfalls von der im Einzelfall vergebenen Fördersumme

---

1071 Vgl. Werner, MMR 2014, 439f. Die Kommission hat lediglich in einigen wenigen Ausnahmefällen eine Handelsbeeinträchtigung verneint. Für einzelne Beispiele vgl. Kliemann, in: von der Groeben/Schwarze/Hatje, EUR, AEUV, Art. 107, Rn. 802.

und anderen Fördersummen in dem Dreijahreszeitraum ab. Falls die De-minimis-VO nicht anwendbar ist, könnte eine Beihilfe aber als Risikofinanzierungsbeihilfe aufgrund der AGVO gerechtfertigt sein.

d. Zwischenergebnis

Bei der Fördermittelvergabe von Creative England auf nationaler Ebene sowie Film London und Northern Film & Media auf regionaler Ebene fehlt es an den Tatbestandsmerkmalen der staatlichen Mittel und zumeist auch an dem der Handelsbeeinträchtigung, sodass tatbestandlich keine Beihilfe vorliegt. Bei Screen Yorkshire ist mangels Begünstigung und staatlicher Mittel eine Beihilfe ebenfalls tatbestandlich zu verneinen.

2. Rechtfertigung der Beihilfe, Ausnahmen des Beihilfeverbots

Bei Screen Yorkshire sowie dem West Midlands Production Fund von Creative England würde sich die Frage nach der Rechtfertigungsebene stellen, wenn nicht bereits der Tatbestand abzulehnen wäre. Die Fördermittel werden jedoch sowohl laut Screen Yorkshire wie auch laut Creative England nach den jeweiligen Förderrichtlinien ausdrücklich in Konformität mit der AGVO vergeben, soweit sie überhaupt eine Beihilfe darstellen. Aus diesem Grund soll hier auf die Rechtfertigung eingegangen werden, obwohl nach obiger Auffassung bereits der Tatbestand zu verneinen ist. Auf die Filmmitteilung ist daher nicht mehr zurückzugreifen. Allerdings berufen sich Screen Yorkshire und Creative England nicht auf die Gruppenfreistellung von Beihilfen für audiovisuelle Werke nach Art. 54 AGVO, sondern auf die Gruppenfreistellung von Risikofinanzierungsbeihilfen gemäß Art. 21 AGVO,[1072] da der Yorkshire Content Fund und der West Midlands Production Fund Investitionsbeihilfen an KMU (kleine und mittlere Unternehmen), die im audiovisuellen Sektor tätig sind, für ein audiovisuelles Projekt bzw. Filmprojekt vergeben.

Die Einhaltung der speziellen materiellen Voraussetzungen dieser Gruppenfreistellung (siehe oben unter Teil 4 C. II. 2. a.) wird von Screen Yorkshire und Creative England in ihren Regelungen für die Vergabe von Fördermitteln versichert. Tatsächlich stellen beide Fonds jeweils einen Finanzintermediär i.S.d. AGVO dar, werden nach wirtschaftlichen Grundsätzen verwaltet, dienen gewinnorientierter

1072 Vormals Art. 28, 29 AGVO 2008; die Voraussetzungen entsprechen im Wesentlichen den geänderten aktuellen Regelungen in Art. 21 AGVO, die Schwellenwerte der AGVO sind geändert.

Fördermaßnahmen und erfüllen die Voraussetzungen für Risikofinanzierungsbeihilfen. Screen Yorkshire weist zudem darauf hin, dass insbesondere 70% des Fonds in die Beteiligung oder beteiligungsähnliche Investition für KMUs fließen.[1073] Neben den speziellen Voraussetzungen für Risikofinanzierungsbeihilfen müssen die formelle Voraussetzung der Informationspflicht und Mitwirkungspflicht des Mitgliedstaats sowie die allgemeinen materiellen Voraussetzungen des Transparenzerfordernisses einer klaren Berechnung der Beihilfe, der Einhaltung des Schwellenwerts der Beihilfe und die Anreizwirkung erfüllt werden. In den Richtlinien der beiden Fonds wird auf die Anwendung der AGVO und auf die Mitwirkungspflicht des Begünstigten zur Einhaltung der Voraussetzungen der AGVO hingewiesen. Eine Information von UK über diese Fonds gegenüber der EU-Kommission liegt jedoch nicht vor. Eine Mitteilung und Veröffentlichung muss laut der AGVO erst zwei Jahre nach Inkrafttreten (Juli 2016) verpflichtend stattfinden. Förderungen, die vor diesem Zeitraum gewährt wurden, sind von der formellen Voraussetzung ausgenommen. Das Transparenzerfordernis einer klaren Berechnung und der Schwellenwert von € 15 Mio. bei einer Risikofinanzierungsbeihilfe gemäß Art. 4 Abs. 1 lit. g i.V.m. Art. 21 Abs. 9 AGVO werden ebenfalls eingehalten. Bei beiden Fonds handelt es sich um eine Förderung, die eine Partnerfinanzierung, sog. match funding, voraussetzt. Damit besteht für die Akquise privaten Kapitals eine Anreizwirkung. Eine Fördermittelvergabe wäre folglich mit der AGVO konform. Die Voraussetzungen von Risikofinanzierungsbeihilfen wären sowohl von Screen Yorkshire wie Creative England für den West Midlands Production Fund für die Anwendung der AGVO erfüllt, sodass Beihilfen, die nicht bereits den Tatbestand erfüllten, zumindest nach der AGVO gerechtfertigt wären. Eine Notifizierung wäre dann nicht erforderlich.

3. *Ergebnis der Beihilfeprüfung*

Die Fördermittel auf nationaler Ebene und regionaler Ebene in England stellen bereits tatbestandlich keine Beihilfen dar, da es am Merkmal der Begünstigung und/ oder der Gewährung staatlicher Mittel und/ oder der Handelsbeeinträchtigung wegen einer De-minimis-Beihilfe fehlt. Eine Förderung von Screen Yorkshire und des West Midlands Production Fund von Creative England wird zudem unter Einhaltung der Voraussetzungen von Risikofinanzierungsbeihilfen der AGVO vergeben und wäre folglich von der Notifizierung freigestellt, wenn nicht bereits tatbestandlich keine Beihilfe vorläge.

1073 Vgl. Screen Yorkshire GBER State Aid Scheme – The Yorkshire Content Fund.

III. Gesamtergebnis zur Filmförderung in UK und England

Zusammengefasst ist die Filmförderung in UK und England mit dem europäischen Beihilfenrecht vereinbar. Bei der Förderung des UK Film Tax Regime und des BFI handelt es sich tatbestandlich um eine Beihilfe, die gerechtfertigt ist, während es sich bei der Förderung auf nationaler und regionaler Ebene in England von den Einrichtungen Creative England, Film London, Screen Yorkshire und Northern Film & Media bereits nicht um eine Beihilfe handelt. Die Fördermittel des BFI sind, soweit sie nicht eine De-minimis-Beihilfe darstellen, als Beihilfe für audiovisuelle Werke gemäß Art. 54 AGVO von der Beihilfeprüfung freigestellt und vereinbar mit dem gemeinsamen Markt. Das UK Film Tax Regime stellt Beihilfen dar, die unter der Filmmitteilung im Rahmen der Kulturermessensausnahme des Art. 107 Abs. 3 lit. d AEUV gerechtfertigt sind.

Die Fördermittel von Creative England auf nationaler Ebene und Film London, Screen Yorkshire und Northern Film & Media auf regionaler Ebene in England erfüllen nicht den Tatbestand der Beihilfe, da es entweder an einer Begünstigung, an einer Gewährung staatlicher Mittel und/ oder einer Handelsbeeinträchtigung aufgrund der Anwendung der De-minimis-Verordnung fehlt.

Zu Zeiten des UK Film Council wurden die einzelnen Fonds und Programme bei der EU-Kommission notifiziert, zum Teil als Sammelnotifizierungen, keineswegs aber als ein Gesamtprogramm.[1074] Da das BFI die meisten Förderprogramme des UK Film Council übernommen hat, ist zwar formal eine Notifizierung durchgeführt worden, inhaltlich handelte es sich jedoch nicht um eine neue Notifizierung, sondern wiederholte Anmeldung bestehender Förderungen.[1075] Zuletzt sind bei den Förderfonds des BFI jedoch keine aktuellen Notifizierungen mehr zu verzeichnen. Einzig der Lottery Distribution Fund wurde notifiziert, von dem das BFI Teile seiner Fördergelder erhält. Es ist allerdings bei den Notifizierungen von UK in der Vergangenheit zu verspäteten Notifizierungen gekommen unter Verstoß von Art. 108 Abs. 3 AEUV, was jedoch ohne rechtlichen Folgen blieb.[1076]

Die eingeführten Regelungen des Film Tax Regime im FA 2006 wurden von UK notifiziert[1077] und von der EU-Kommission am 22.11.2006 als mit den

1074 Z.B. Beihilfe Nr. NN6/06 „UK Film development and production funds".

1075 Z.B. SA.36335 „BFI Distribution Fund".

1076 Vgl. Entscheidung der EU-Kommission C(2011)1941 final v.22.3.2011 zu der Beihilfe Nr. NN59/2009.

1077 Innerhalb der britischen Regierung ist das Wirtschaftsministerium (BIS) für die EU-rechtliche Beihilfeprüfung und Notifizierung zuständig sowohl für die Steuererleichterungen wie die direkte Filmförderung. Allerdings gibt es – laut Auskunft von

Beihilferegelungen vereinbar genehmigt, ebenso wie die Änderungen 2011, 2014.[1078] Die derzeitigen Steuererleichterungen sind von der EU-Kommission bis 31. März 2019 genehmigt worden.

Erwähnt sei zudem, dass alle Steuererleichterungen für die Creative Industries inzwischen von der EU-Kommission für zulässig erachtet worden und in Kraft sind. Die Steuererleichterungen für TV und Animation wurden ebenfalls unter die Filmmitteilung gefasst. Einzig die Steuererleichterungen für Computerspiele (Video Games Tax Relief), die als letzte im März 2014 für vereinbar angesehen wurden, wurden von der EU-Kommission nicht unter die Filmmitteilung subsumiert, sondern wurden unter Anwendung der allgemeinen Kulturausnahme des Art. 107 Abs. 3 lit. d AEUV für gerechtfertigt erklärt. Diese Art von Steuererleichterungen gibt es bisher außer in UK nur in Frankreich. Aufgrund der Neuartigkeit und Andersartigkeit von Computerspielen zu Filmen hatte die EU-Kommission die Rechtfertigung nicht auf die Filmmitteilung gestützt. Sie hatte zudem zunächst Bedenken, dass das Kriterium eines Marktversagens nicht gegeben sei und daher kein Eingreifen einer staatlichen Subventionierung erforderlich sei. Förderungen für Computerspiele werden zwar in der neuen Filmmitteilung erwähnt, aber es fehlt mangels Fallpraxis noch an Leitlinien der EU-Kommission, weswegen als Rechtfertigungsgrundlage die kulturelle Ermessensausnahme des Art. 107 Abs. 3 lit. d AEUV direkt angewandt worden ist.

Etwaige weitere Notifizierungen beziehen sich auf alte Förderprogramme und Einrichtungen, wie den UK Film Council oder ehemalige Screen Agencies, die nicht mehr bestehen. Von den Einrichtungen auf nationaler und regionaler Ebene gibt es keine aktuellen Notifizierungen.

Ob es sich um staatliche Mittel handelt, wird von sämtlichen Einrichtungen nicht als problematisches Tatbestandsmerkmal gesehen. Insbesondere die nationale und die regionalen Einrichtungen berufen sich meist auf De-minimis, ungeachtet der Tatsache, dass bereits das Merkmal der staatlichen Mittel nicht gegeben ist, oder auf die AGVO. Gerade die nationale und die regionalen

---

HMRC gegenüber der Verf. – bei der Zuständigkeit eine Einschränkung dahingehend, dass das Finanzministerium für Neuerungen beim FTR zuständig ist, während BIS für die Erneuerung der bestehenden Steuerregelungen zuständig ist.

1078 Beihilfeentscheidungen der EU-Kommission C(2006)3982 final zu der Beihilfe Nr. N 461/2005, C(2011)7768 final zu der Beihilfe Nr. SA.33234 sowie C(2014)1746 final zu den Beihilfen Nrn. SA.37176 und SA.38306. Die neueste Modifizierung erfolgte mit der Beihilfeentscheidung C(2015)5020 final für die Beihilfe Nr. SA.41396.

Fördereinrichtungen in England können durchaus selbst als Förderempfänger angesehen werden, was in der oben beschriebenen Struktur ihrer Finanzierung begründet ist, die Mittel aus verschiedenen Quellen weiterverteilen. Eine Notifizierung findet, wenn überhaupt, nicht auf der Stufe der regionalen Einrichtungen oder der nationalen Einrichtung statt, sondern auf darüber liegenden Ebenen der Finanziers und Fördertöpfe dieser Einrichtungen, also den First Tier Bodies, den öffentlichen Einrichtungen unterhalb der Ministerien, z.B. des BFI, oder auf Ebene der Ministerien selbst, z.B. Regional Growth Fund, Technology Strategy Board.[1079] Die Schwierigkeit bei den Förderfonds auf Regierungsebene wie den beiden letztgenannten, besteht darin, dass sie nicht nur der Filmförderung offen stehen, sondern ein breites Förderspektrum im Wirtschaftssektor oder Technologiesektor haben. Gleiches gilt für den Lottery Distribution Fund. Eine Notifizierung der EU-Kommission spezifisch für Förderprogramme der Filmförderung liegt nur beim BFI, und auch nicht für sämtliche Fonds, vor.

Da, abgesehen von dem Merkmal der staatlichen Mittel, sich die Einrichtungen angesichts der geringen zur Verfügung stehenden Mittel zur Filmförderung für die Fördermittelvergabe in den meisten Fällen auf De-minimis-Beihilfen berufen können, ist eine fehlende Notifizierung unschädlich, weil gar nicht erforderlich.

Anmeldungen bei der EU-Kommission unter der AGVO liegen auch nicht vor, wobei Anmeldungen in der Praxis durchaus als rechtliche Absicherung vorgenommen werden, falls der Tatbestand der Beihilfe von der EU-Kommission anders beurteilt würde. So findet sich in den Richtlinien von Screen Yorkshire ausdrücklich die Aussage, dass ihre vergebenen Fördermittel bereits keine Beihilfe darstellten, weil keine Begünstigung vorläge, da die Investitionen des Yorkshire Content Fund dem Privatmarktinvestorentest entsprächen und keine Beihilfen im Sinne des Art. 107 Abs. 1 AEUV darstellten, sie jedenfalls aber als Risikofinanzierungsbeihilfe für KMU unter der AGVO gerechtfertigt seien.[1080] Wie oben dargelegt, gab es für den untersuchten Zeitraum kein verpflichtendes formelles Mitteilungserfordernis, sodass auch eine fehlende Anmeldung unter der AGVO unschädlich gewesen wäre, hätte es einer solchen überhaupt bedurft, was rechtlich nicht der Fall war und ist.

1079 Notifizierung der Beihilfe Nr. SA.40761 des Technology Strategy Board (Innovate UK) unter der AGVO.

1080 Vgl. Screen Yorkshire GBER State Aid Scheme The Yorkshire Content Fund, S. 5.

B. Kritische Analyse des englischen bzw. UK-Filmfördersystems

I. Allgemeine Analyse zur Filmförderung in UK

Bei der finanziellen Förderung der Einrichtungen in UK steht überwiegend der Aspekt der Wirtschaftsförderung im Fokus. Eine kulturelle Filmförderung ist stets eingebettet in eine Wirtschaftsförderung und basiert auf einer öffentlich-privaten Partnerschaft mit einer Partnerfinanzierung (match funding). Die Idee dahinter ist, öffentliche Gelder an private zu knüpfen und von vornherein nur solche Projekte als unterstützenswert zu fördern, die auch von privaten Geldgebern finanziert werden. Damit soll die Wahrscheinlichkeit eines wirtschaftlichen Erfolgs und einer Investition in erfolgreiche Projekte erhöht werden, resultierend in dem Rückfluss der Investitionsmittel. Sowohl die Kreativen Industrien selbst wie auch die öffentlichen Einrichtungen bzw. solche, die öffentliche Gelder[1081] vergeben, sollen neben dem künstlerischen Wert die wirtschaftlichen Erfolgsaussichten berücksichtigen.

Match funding ist eine Reaktion auf die deutliche Kritik an den früheren Einstellungen zur öffentlichen Förderung, dass diese die Unternehmen vor den sonstigen marktwirtschaftlichen Wirkungen zulasten einer stärkeren Eigenständigkeit und Wettbewerbsfähigkeit geschützt hätte, während die Unternehmen sich andererseits zu sehr auf eine öffentliche Förderung an Stelle der kommerziellen Erträge verlassen hätten.[1082] Zudem sollen mit dem match funding-Modell weiteren Problemen entgegengewirkt werden, nämlich u.a. einer zu kurzen Laufzeit von Förderfonds, die gegenläufig zu kommerziellen Fonds und der längeren Ertragsdauer der Unternehmen der Kreativen Industrien und deren Projekten waren, des Weiteren einem Mangel an kommerziellen Anreizen für die Fonds mit öffentlichen Geldern, einer falschen Höhe von Fonds, die in niedrigen Investitionen und möglicherweise unwirtschaftlichen Verträgen endete sowie einem fehlendem Rückzug aus einer Investition. Die privaten Geldgeber erhalten die Sicherheit, dass das Projekt neben ihrer Investition auch öffentliche Gelder bekommt. Dies soll private Investoren ermutigen, in die Filmindustrie zu investieren. Allerdings ist das Risiko gleich verteilt und diejenigen Einrichtungen, die Gelder aus öffentlichen Quellen vergeben, sind rechtlich mit den privaten Finanziers gleichgestellt. Das war insofern neu, als öffentliche Einrichtungen

1081 Hier auf die Herkunft bezogen und nicht i.S.d. europäischen Beihilfenrechts auf die Staatlichkeit oder Zurechenbarkeit zum Staat.

1082 Vgl. Harvey, S. 6, 7.

früher nicht die Priorität auf die erfolgreiche Rückführung der Investitionsbeträge gelegt hatten und zurückerhaltene Mittel häufig nicht in den Investitionsfonds geflossen waren, sondern in sog. legacy funds, also eine Art Altfonds für diese Mittel.[1083] Folglich verhalten sich nun die Filmfördereinrichtungen wie wirtschaftlich handelnde Marktteilnehmer mit dem Ziel der Rentabilität ihrer Investitionen.

Durch diese Partnerfinanzierung soll eine andere Expertise der Finanzierung durch Nutzung der Erfahrung der privaten Finanziers sowie Netzwerke geschaffen werden. Dieses Finanzierungsmodell ist noch recht jung, aber inzwischen weit verbreitet. 2010 wurde es noch in einer Studie[1084] als neuartig und empfehlenswert gelobt, um die Förderung in UK ökonomischer und wettbewerbsfähiger zu gestalten.

Für den Norden, insbesondere den Nordosten gilt, dass die Kreativen Industrien in diesen Regionen von den kulturellen wie auch wirtschaftlichen Zentren Londons und auch Manchesters sehr weit entfernt sind und nicht von den Netzwerken der Industrie im Süden profitieren können.[1085] Das hat zur Folge, dass sich eine Förderung und Partnerfinanzierung als eher schwierig erweist.

Ein zweites wesentliches Merkmal der Förderstruktur in UK bzw. England ist die Finanzierung einzelner Programme. Die Besonderheit ist, dass die Einrichtungen selbst für ihre unterschiedlichen Programme Fördergelder aus verschiedenen Quellen akquirieren und teilweise sehr viele Finanziers haben. Die Fördereinrichtungen erhalten zwar auch Gelder als Einrichtung an sich, aber Teile der eigenen Finanzmittel sind an Projekte und eine Partnerfinanzierung gekoppelt, so wie es auch von den Förderempfängern verlangt wird. Die Fördergelder werden für unterschiedlich lange Zeiträume eingeworben und aufgrund neu hinzugekommener Akquirierungen unterliegen die Beträge ständig möglichen Änderungen. Welche gesamten Mittel also einen Fonds ausmachen und wie viel davon dann als Mittel für einzelne Förderprogramme in welchem Zeitraum zur Verfügung gestellt werden, ist demnach für Außenstehende nur schwer bis unmöglich nachvollziehbar.

Neben den eigenen Geldern, die die Einrichtungen in ihre verschiedenen Programmfonds aufteilen, erhalten die Fonds also teilweise zusätzlich, teilweise ausschließlich, Gelder von dritter Seite. Die Einrichtungen werden damit selbst

1083 Vgl. Harvey, S. 8.

1084 Harvey, How public and private investment can work better together to build the creative industries in the UK.

1085 Vgl. auch Harvey, S. 5.

zum Empfänger von Fördergeldern, die jeweils an bestimmte Programmfonds oder Förderaktivitäten gebunden sein können. Das hat zur Folge, dass die verschiedenen Fördereinrichtungen nicht nur vertikal durch die Finanzflüsse verknüpft sind, sondern auch untereinander horizontal. Dieses System der Finanzflüsse ergibt ein dichtes verästeltes Beziehungsgeflecht von Förderung und Institutionen.

Derartige Mittelakquirierungen haben ebenfalls zur Folge, dass die Förderprogramme Änderungen unterliegen. Die Fördereinrichtungen passen das Portfolio ihrer Förderprogramme regelmäßig den aktuellen Bedürfnissen der Filmwirtschaft und den eigenen Förderquellen an, sodass es stets neue Programme gibt und vorhandene u.U. geändert oder ersetzt werden. Die inhaltliche Filmförderung ist damit quasi ständig „in motion".

Ein weiteres Merkmal der Förderung ist der Schwerpunkt der Anwerbung und Nutzung ausländischer Investitionen in die Kreativen Industrien. Dies steht nicht nur im Fokus der Steuererleichterungen, sondern ist durchaus auch ein Ziel der Fördereinrichtungen, wobei dies insbesondere bei den regionalen Fördereinrichtungen in England eher schwierig sein dürfte. Das Bestehen einer eigenen Einrichtung mit der British Film Commission als Ansprechpartner für ausländische Investoren und zuständigen Stelle, um den UK-Film im Ausland zu bewerben, zeigt auch die Bedeutung, die diesem Tätigkeitsfeld beigemessen wird. In diesem Zusammenhang der Schaffung von Anreizen für ausländische Investitionen fällt auch die Einflussnahme der britischen Regierung auf die Filmmitteilung 2013 der EU-Kommission dergestalt, als keine strengeren Beschränkungen enthalten sind oder ein Wettbewerb zwischen den Mitgliedstaaten um die großzügigsten Steuererleichterungen überhaupt problematisiert wird.

II. Analyse zum Fördersystem der Filmfördereinrichtungen

1. *Zu der geographischen, staatsorganisationsrechtlichen und funktionalen Struktur der Fördereinrichtungen*

Die Filmförderstruktur in England ist einerseits stark verzweigt und unzusammenhängend im Sinne eines strukturellen vertikalen Organisationskonstrukts und andererseits stark fokussiert auf die nationalen Förderinstitutionen in London.[1086] Es existiert keine strukturelle Hierarchie entsprechend

---

1086 Für den gesamten Kunstbereich so auch Lee, Hesmondhalgh, Oakley, Nisbett, Cultural Trends, 2014, 1 (2).

der Staatsebenen von Fördereinrichtungen von UK als oberste Ebene, zu England als Ebene der Nationen und zu den einzelnen Regionen als untere kommunale Ebene. In England besteht deswegen eine starke Regionalisierung, verbunden mit Eigenständigkeiten der Einrichtungen. Das Fördersystem ist zudem mit einer wirtschaftlichen Schieflage konfrontiert, da die Filmindustrie im Wesentlichen im Großraum London und dem Südosten ansässig ist und dort ein absolutes Ballungszentrum mit Infrastruktur und Filmschaffenden besteht. Nicht nur Filmwirtschaft und Filmschaffende, sondern auch die Fördereinrichtungen in den anderen Teilen Englands stehen dieser besonderen wirtschaftlichen Situation gegenüber und müssen ihre Fördertätigkeiten an dieser Ausgangslage ausrichten und durchführen.

An dem jetzig bestehenden Fördersystem in England ist durchaus zu kritisieren, dass die Abschaffung des UKFC und der RSAs dazu geführt hat, dass jede Einrichtung für sich ums Überleben kämpft. Wie an anderer Stelle ausgeführt, wurden die RSAs parallel zu den RDAs Ende der 1990er Jahre von der Labour-Regierung im Zuge einer Neuausrichtung der Filmförderung und Regionalisierung der Förderstruktur geschaffen. Zu diesem Zeitpunkt hatte sich die Region im Südosten bereits anders entwickelt als die restlichen Regionen Englands. Das politische Konzept von Labour zielte u.a. auf die Schaffung einer Gleichheit der Regionen und Übertragung von Verantwortung auf die Regionen. Die RSAs als NDPBs waren Bestandteil der staatsorganisatorischen Struktur für die Regionalförderung. In den letzten Labour-Regierungsjahren wurde die Regionalisierung allerdings schrittweise durch andere politische Interessen wieder rückgängig gemacht. Dieser Weg wurde von der darauffolgenden konservativ-liberalen Regierung nicht nur fortgeführt, sondern es wurde durch einschneidende strukturelle Änderungen eine eher zentralistische Förderstruktur wiedereingeführt. Während die RSAs vorher eine Zuständigkeit nach Regionen hatten und jede Region Englands durch eine Fördereinrichtung ihre Filmwirtschaft und Filmschaffenden unterstützen konnte, ist diese Aufteilung weggefallen und mit ihr teilweise die regionale Verwurzelung der Einrichtungen, zumindest aber die flächendeckende Struktur von regionalen Filmfördereinrichtungen. Nach dem Rückzug des Staats aus der Organisationsstruktur konnten sich diese Strukturen nicht halten und sind von den freien Marktverhältnissen verändert worden. Die positiven Entwicklungen in den Regionen durch die Arbeit der RDAs und RSAs sowie dem UKFC haben sich seit deren Abschaffung nicht halten können. Die heute noch bestehenden Fördereinrichtungen bestehen in Form von reinen privatrechtlichen Unternehmen.

Creative England ist als Zusammenschluss verschiedener regionaler Einrichtungen entstanden, um vereint als größere Einrichtung aufzutreten und durch ein vereintes Budget anders fördernd tätig werden zu können. Film London hat strategisch mit Sitz in London eine andere Nähe zu den dort ansässigen zentralen Regierungsbehörden sowie dem BFI und durch Übernahme der Geschäfte der British Film Commission seinen Aufgabenbereich erweitert. Wie auch die anderen noch bestehenden ehemaligen Screen Agencies hat Screen Yorkshire nach der Umstrukturierung seine Rolle und Funktion neu ausgerichtet und an die veränderten Gegebenheiten angepasst. Folge und Besonderheit im Vergleich zu den anderen Einrichtungen ist die starke Orientierung und auch finanzielle Abhängigkeit hin zur EU. Andere Einrichtungen auf regionaler Ebene dagegen haben es schwerer. Manche ehemalige Regional Screen Agencies sind inzwischen aufgelöst und existieren nicht mehr (Screen East), verbunden mit einem Wegfall der regionalen Filmförderung in diesen Regionen. Andere fördern nicht mehr finanziell, sondern unterstützen durch ein rein dienstleistungsorientiertes Angebot (Screen South) oder haben ihre Förderung einschränken müssen und müssen ihre Mittel ausschließlich selbst anwerben, wobei sie auf öffentliche nationale und europäische Gelder neben privaten Finanziers angewiesen sind (Northern Film & Media, Screen Yorkshire). Insbesondere die europäische Förderung über den European Regional Development Fund (ERDF) ist für diese Einrichtungen sehr wichtig, wenn nicht gar überlebensnotwendig.

Bereits 2006 wurde den Regional Screen Agencies bestätigt, eine über die traditionelle Förderrolle hinausgehende Rolle auszuüben, indem insgesamt eine hochspezialisierte sektorspezifische Unternehmensberatung mit einem breiten Tätigkeitsspektrum zur Unterstützung angeboten wurde und vor allem weitere Fördermittel eingeworben wurden. Sie wirkten als Verbindung zwischen Politik und regionaler Industrie und haben sich darauf ausgerichtet dynamisch weiterentwickelt. Um dies leisten zu können, wurde die Wichtigkeit der eigenen konstanten Finanzierung hervorgehoben.[1087] Es scheint, als ob die Förderlandschaft zu Zeiten des Bestehens des UKFC ausgeglichener und vollumfassender war. Damals bestand tatsächlich ein Fördernetz von Einrichtungen in allen Regionen Englands, was heute lückenhaft, zumindest aber zum Teil großmaschig ist.

Creative England hat sich inzwischen zu einer englandweit tätigen nationalen Einrichtung entwickelt und beansprucht alle Gebiete durch überregionale Förderung abzudecken. Sie ist jedoch nicht in allen Regionen mit lokalen Büros

---

1087 Vgl. Holden, S. 55ff. (Langversion).

vertreten. Ob sie die fehlende Präsenz durch ihre Förderarbeit auffangen kann und Filmunternehmen und Filmschaffende regional langfristig Bestand haben bzw. sich erfolgreich behaupten können, bleibt abzuwarten. Auch ist bei der Recherche dieser Arbeit deutlich geworden, dass Creative England weder strukturell noch institutionell als Dachorganisation für alle noch bestehenden regionalen Einrichtungen fungiert und damit gerade nicht den angekündigten Zielen der damaligen Regierung genügt, nämlich: „English Regional Screen Agencies are transforming their network into Creative England, a more efficient structure with an expanded remit to support the creative industries".[1088]

Alle RSAs waren zwar in der Organisation Screen England vertreten, um als RSAs gemeinsam aufzutreten, die Bedeutung von Screen England war jedoch begrenzt.[1089] Bereits in einem unabhängigen Report von 2006 wurde kritisiert, dass die Regional Screen Agencies (RSAs) regional ihre Rolle sehr effektiv ausgefüllt hätten und als Generator öffentlichen Nutzens (public value generator) hätten angesehen werden können, es aber an einer Zusammenarbeit untereinander gemangelt hätte, um auch gegenüber der Regierung mit einer einheitlichen Stimme aufzutreten.[1090] So bestand bereits damals die Situation, dass die einzelnen RSAs weitgehend unabhängig voneinander gewirkt haben. Wenigstens gab es jedoch eine Stelle, die zusammen mit dem UK Film Council die Interessen koordinieren konnte. Die RSAs als Empfänger öffentlicher Gelder waren gegenüber dem UK Film Council rechenschaftspflichtig, ebenso wie der UK Film Council durch das RIFE-Programm den RSAs Zielvorgaben zur Umsetzung für die Förderung gemacht hatte. In diesem Sinn war der UK Film Council eine übergeordnete Dachgemeinschaft. Während die RSAs für die Regionen zuständig waren, war der UK Film Council für UK tätig. Es handelte sich nicht um eine hierarchische Struktur im Sinne einer Finanzierungsabhängigkeit der Fördermittel der RSAs vom UK Film Council, da sie erfolgreich weitere Fördermittel akquiriert hatten.[1091] Vielmehr handelte es sich um eine funktionale und geographische klare und gleichmäßige vollumfängliche Aufteilung als Fördereinrichtungen.

1088 Ankündigungen des damaligen parlamentarischen Staatssekretärs im DCMS Ed Vaizey 2010 zu einer effizienteren Struktur, vgl. DCMS, News story„Putting film in the spotlight" v.24.12.2010.

1089 Vgl. Holden, S. 54 (Langversion).

1090 Vgl. Holden, S. 7f. (Kurzversion), S. 4, 49ff. (Langversion).

1091 So Holden, S. 53f. (Langversion).

Eine solche gibt es nicht mehr. Heute ist keine gleichmäßige regionale Förderung, die in den Regionen ansetzt, vorhanden. Das zeigt sich auch daran, dass die Förderprogramme von Creative England zum einen verschiedenste Tätigkeitsgebiete abdecken und gleichzeitig für sämtliche Regionen offen stehen, es aber zum anderen einen Fonds speziell nur für die Region West Midlands gibt. Entsprechende Fonds für die anderen Regionen gibt es nicht. Dies mag zwar durch die Finanzierung des Fonds durch das BIS und dessen Einstufung der Region als besonders wirtschaftlich förderungsbedürftig bedingt sein. Eine wie durch die RSAs gleichmäßige Förderung der Filmwirtschaft in jeder Region gibt es aber nicht. Während zu Zeiten des Bestehens der RSAs diese durch öffentliche Gelder finanziert wurden und somit die Filmindustrie direkt regional unterstützen konnten, diese also mittelbar öffentlich gefördert wurde, wird nun Creative England als nationale Einrichtung direkt mit öffentlichen Geldern vom BFI als verlängerter Arm der Regierung ausgestattet. Creative England fördert englandweit Filmschaffende und teilweise auch andere Fördereinrichtungen. Andererseits erhält auch Film London als einzige regionale Fördereinrichtung direkte Mittel vom BFI. Damit leistet Creative England einen wichtigen, nicht zu unterschätzenden Beitrag zur Förderung der außerhalb von London ansässigen Filmindustrie. Dennoch ist ein Unterschied zur vorherigen Situation zu erkennen, in der jede Region eine strukturell angesiedelte Filmförderung besaß, die auf die Eigenheiten der jeweiligen Region eingehen konnte und bei der tatsächlich Geld in jede regionale Filmindustrie geflossen ist. Creative England als vollumfassenden Ersatz zur Verteilung der öffentlichen Gelder in die Regionen und Ersatz der einzelnen RSAs anzusehen, ist daher nicht exakt. Das wird im Film Policy Review 2014 bestätigt, in dem verschiedene Interessensvertreter einen direkteren Finanzmittelfluss zu den Regionen wünschen würden, also eigentlich genau das, was der UK Film Council mit der Einrichtung der Regional Screen Agencies vor mehr als 10 Jahren bezweckt hatte und was mit der Umstrukturierung weggefallen ist.

Dadurch, dass die wichtigsten und größten Filmstudios sich in unmittelbarer Nähe zu London befinden und viele Filmproduktionsunternehmen in London und Südostengland ansässig sind, ist diese Region übermäßig stark, was die Filmproduktion als Ganzes betrifft. Infrastruktur, Know-how und „talent“[1092], Förderung u.a. durch Film London und das BFI sowie durch andere Einrichtungen, wie den Arts Council England, und die Nähe zu Regierungsbehörden sowie

1092 Siehe zur Begriffserklärung in der Einleitung.

eine andere Auswahl an öffentlichen und privaten Förderern sind Faktoren, die dies begünstigen.[1093] Gerade die in England vorgefundene Struktur eines Praxisnetzwerks ist durch die örtliche Nähe einfacher im Gegensatz zu weiter entfernt ansässigen Fördereinrichtungen, wie z.B. NFM. Bemerkenswerterweise steht diese mittels der Recherche eruierte und vorgefundene Faktenlage im Widerspruch zu den propagierten politischen Zielen der britischen Regierung, die vermehrt die Regionen Englands außerhalb Londons fördern und dort die Aktivitäten im kreativen Sektor zur Schaffung von Arbeitsplätzen und Belebung der Regionen unterstützen will. Die neue Politik wird am Beispiel der BBC deutlich, deren Standorte in anderen Regionen außerhalb Londons vergrößert wurden, wobei vor allem Salford/ Manchester als neuer Medienstandort gefördert wurde. Die Steuererleichterungen für Fernsehen und Animationen können ebenfalls eine Förderung der anderen Regionen bewirken, da für diese Produktionen häufig günstigere (kleinere) Studios bevorzugt werden.[1094] Doch im Gegensatz dazu hat sich nach Abschaffung des UKFC und der gewachsenen Struktur in den Regionen die UK-Filmpolitik auf das BFI konzentriert, nicht aber auf die Regionen Englands.

Dies zeigt eine politische Fehleinschätzung: Erst wurden mit der Auflösung der RSAs bewährte Strukturen abgeschafft oder verkümmert gelassen, dann wurde erkannt, dass die Regionen durch finanzielle und institutionelle Unterstützung vor Ort gefördert werden müssen. Durch diesen widersprüchlichen Prozess sind viele Synergieeffekte verloren gegangen. Hieran zeigt sich, dass die Politik im Bereich der Filmförderung kontraindizierend agiert hat.

Das Ziel der Regierung zur Filmpolitik war und ist, mit dem BFI eine UK-weite zentrale Fördereinrichtung zu schaffen. Das BFI hat als Ausführungs- und Umsetzungsorgan der Regierung die entscheidende Rolle inne. Trotz der rechtlich unabhängigen Struktur als NDPB mehren sich die Anzeichen (in Form von Vorschriften und Vereinbarungen) dafür, dass die Regierung größeren inhaltlichen Einfluss auf das BFI ausüben können wollen würde. Der Filmpolitik-Bericht 2012 betont wiederholt die entscheidende Rolle des BFI als filmpolitisch leitende Organisation, nicht nur in seiner neuen erweiterten Aufgabe gegenüber anderen Filmeinrichtungen und der Industrie, sondern auch als Bindeglied

---

1093 Der Hauptanteil von privatem Investment im kulturellen Bereich findet in London statt und begünstigt dort ansässige Kulturschaffende mit 67,8% Investment von Unternehmen und 90% Investment von Einzelpersonen im Jahr 2011/12, vgl. Lee, Hesmondhalgh, Oakley, Nisbett, Cultural Trends, 2014, 1 (2).

1094 Vgl. Tutt, LocationUK, BFC, 2014, Heft 3, 23 (27).

zwischen Politik und Industrie mit Beeinflussung in beide Richtungen. Das BFI versucht, seiner neuen Aufgabe gerecht zu werden, mit zunehmendem Erfolg in einigen Bereichen und noch offenem Bedarf in anderen Bereichen. Jedoch bleibt festzuhalten, dass das BFI gerade keine Dachorganisation wie der UK Film Council für England darstellt. Während der UK-Film Council finanzielle Mittel gleichmäßig an alle RSAs verteilt hatte, vergibt das BFI nur an Creative England finanzielle Mittel und unterstützt nur einzelne Programme. Somit besteht hier eine Lücke. Vielmehr ist der Eindruck entstanden, dass Creative England die Rolle der Förderung für sämtliche Regionen Englands übernommen hat und inzwischen als national tätige Fördereinrichtung, die sich seit seinem Bestehen vergrößert hat, anerkannt ist. Aber die regionale Filmförderung findet in England nicht mehr durch eine staatsorganisatorische Struktur statt. Indem neben Creative England gleichzeitig noch einige ehemalige RSAs bestehen, sind die geographischen Grenzen des Aufgabengebiets verschwommen und nicht klar abgrenzbar. Creative England kann nicht als Dachorganisation für alle Regionen sprechen, wird aber als Ansprechpartner für die Förderung aller Regionen vom BFI, der Politik und anderen Einrichtungen angesehen.[1095] Diese problematische Situation wird in der weiteren zukünftigen Entwicklung einer Lösung bedürfen. Eine Filmförderung, die in den Regionen verankert ist und für eine Verbesserung der regionalen Infrastruktur und des regionalen Arbeitsmarktes hilfreich wäre, ist in England nicht flächendeckend vorhanden. Sie hat es eher schwer, vor allem weil auch die regionalen Kommunalverwaltungen einem Sparzwang unterworfen sind und die mit der Auflösung der RSAs gekürzten Mittel der UK-Regierung bei den Nachfolgeeinrichtungen nicht kompensieren können.

Die beworbene Förderung der Kreativen Industrien durch die britische Regierung setzt stattdessen andere Schwerpunkte und hat eine andere Reichweite. Die Filmförderung durch Einrichtungen ist nur ein kleiner Teil davon. Der Ausbau der Steuererleichterungen zeigt, dass die Regierung hierauf den Schwerpunkt ihrer Filmförderpolitik legt.

Wie oben ausgeführt verlaufen die Verbindungen in der Förderstruktur sowohl vertikal wie horizontal. Somit ist das Fördergeflecht sehr verzweigt und unübersichtlich. Dieses verästelte Fördersystem hat andererseits den Vorteil, dass im Falle von Kürzungen oder Streichungen einer Finanzquelle nicht die gesamte

1095 Dies hat sich bei verschiedenen Fachgesprächen der Verf. mit Vertretern des DCMS und BFI, stattgefunden im Rahmen des Forschungsaufenthalts, im Juni 2014 in London abgezeichnet.

betroffene Filmfördereinrichtung in ihrer Existenz und Fördertätigkeit bedroht wäre. Das System der vielen kleinen Fonds und der direkten Finanzierung der Fonds durch dritte Quellen hat den Vorteil Fördergelder von verschiedenen anderen Institutionen abzuschöpfen.

Um die Schwachstelle des Fördersystems zu beheben, böte sich an, dass sich entweder das BFI oder Creative England als eine übergeordnete Stelle wahrnehmen sollten, die sowohl Informationen aller bestehenden Fördereinrichtungen zumindest im generellen Umfang bündelt und als Ansprechstelle für Organisationen und Interessierte aus Wissenschaft und Praxis fungieren kann. Damit könnte eine größere funktionale Klarheit und zugleich das Bild eines zusammenhängenden Systems von Fördereinrichtungen geschaffen werden. Das BFI könnte dies in seine Informationsaufgabe integrieren. Creative England als nationale englische Einrichtung könnte dies ebenfalls als Teil seiner Aufgabe der Förderung unter Transparenz- und Unterstützungsgesichtspunkten als Hilfestellung verstehen. Bislang versteht sich Creative England als nationale Einrichtung, aber auf die Tätigkeitsreichweite und nicht auf die Funktion einer nationalen übergeordneten, quasi die Fäden in der Hand haltenden Dachorganisation, bezogen. Es wäre denkbar, das Kultusministerium als staatliche Stelle heranzuziehen, um Informationsmaterial für eigene und öffentliche Interessen über den Bereich der Filmförderung in UK und insbesondere England (und Wales) bereitzuhalten. Da das DCMS allerdings die Filmförderung über das BFI ausüben lässt, wird im Selbstverständnis des DCMS keine eigene Zuständigkeit für übergeordnete Informationen und keine Aufgabe als eigene Ansprechstelle gesehen. Das BFI tauscht sich im Rahmen seiner Zuständigkeiten und seines Tätigkeitsbereichs durchaus mit den anderen Regionen und anderen Einrichtungen aus, wobei dies lediglich ein interner und kein institutionalisierter Ablauf ist.

2. Zu der Förderung der Einrichtungen

Hinsichtlich der Art der Förderung ist die typische Form eine Beteiligung an einer Partnerfinanzierung, sog. match funding. Diese typische Mischfinanzierung von privaten und öffentlichen Geldern findet sich bei allen Einrichtungen. Durch match funding ist die Förderung wirtschaftlich effizient ausgestaltet, da eine Förderung mit Mitteln der Einrichtungen aus öffentlichen und privaten Quellen von weiteren privaten Mitteln abhängig gemacht wird und somit eine Abhängigkeit allein von Fördereinrichtungen vermieden wird. In der britischen Filmförderpolitik herrscht ein Konsens darüber, dass die Abhängigkeit von öffentlichen Fördermitteln reduziert werden sollte, was nur mit einem verstärkten ökonomischen profitorientierten Ansatz zu erreichen sei. Produzenten werden ausdrücklich angehalten, vermehrt private Investitionen anzuwerben. Ein Film kann niemals nur mit öffentlichen Mitteln finanziert werden. Das match funding setzt auf die kommerzielle Erfolgsaussicht des Filmprojekts und zeigt den Stellenwert von wirtschaftlicher Orientierung und Wirtschaftsanreizen für das Filmprojekt auf.

Die Fördereinrichtungen zeigen eine Vielfalt von unterschiedlichen Ansätzen der Förderung von Filmprojekten und Filmschaffenden auf. Die Förderung ist breit angelegt und teilweise auch cross-sektoral. Für die Filmschaffenden gibt es etliche Förderprogramme, die auch bereits in der Ausbildung spezielle Kenntnisse und Fähigkeiten vermitteln, zum Beispiel zur Tätigkeit eines Location Managers.

Bei einigen Förderprogrammen ist die finanzielle Förderung an eine Unterstützung und einen Support durch Experten geknüpft. So gibt es bei der Filmproduktionsförderung ein integriertes Training und Coaching, Unterstützung bei Drehortmöglichkeiten sowie Hilfen bezüglich Equipment und Technik. Auffällig ist auch, dass mehrere Einrichtungen spezielle Frauenförderprogramme oder solche für bestimmte unterrepräsentierte Ethnien in UK (BAME) anbieten. Auch bei den üblichen Förderprogrammen werden Nachweise zur Beteiligung von Frauen und BAME-Angehörigen an dem geförderten Projekt gefordert.

Teilweise finden sich in den Förderrichtlinien hinsichtlich der Antragsfähigkeit sog. solicit applications, aufgeforderte Bewerbungen für bestimmte Förderungen. Das Programm ist damit nur auf bestimmte Empfänger zugeschnitten, die aufgefordert werden, sich dafür zu bewerben. Das ist insofern eine interessante Konstruktion, als die Förderung als Programm ausgestaltet ist und nicht von vorn herein als Einzelbeihilfe, wenngleich damit im Wesentlichen die gezielte Förderung Einzelner bezweckt wird.

Abschließend sollte nicht unerwähnt bleiben, dass die Höhe der finanziellen Filmförderung insgesamt in UK in den letzten Jahren trotz der aufgezeigten Defizite in der Struktur der Filmfördereinrichtungen angestiegen ist. Dies ist hauptsächlich auf die stetige Erweiterung der Steuererleichterungen zurückzuführen.

III. Analyse zum Fördersystem des Film Tax Regime

1. Funktion der Steuererleichterungen

Steuererleichterungen stellen eine Form der Wirtschaftsförderung dar, die hier auf eine Förderung der Filmindustrie ausgerichtet ist. Die positiven Folgen reichen über die direkte Unterstützung von Filmproduktionsunternehmen hinaus zu einer Verbesserung der Infrastruktur, zu einer Höherqualifizierung der

Fachkräfte und Filmschaffenden, zum Wachstum von Arbeitsplätzen auf dem regionalen Arbeitsmarkt und zu einer florierenden Wirtschaft in der Region.

Für die Unternehmen in diesem Sektor wird damit ein Wettbewerbsvorteil geschaffen. Insbesondere sollen unabhängige Filmproduktionsunternehmen aus UK unterstützt werden. Allerdings profitieren von den Steuererleichterungen auch finanzkräftige große Filmproduktionsunternehmen, namentlich ausländische, vor allem U.S.-amerikanische Unternehmen aus Hollywood. Der ursprünglich bezweckte Schutz, einschließlich der Stärkung der einheimischen Filmindustrie, kehrt sich in eine Abhängigkeit von ausländischen Investitionen um. Darin liegt die Gefahr eines Wettlaufs um bestmögliche Steuererleichterungen mit anderen Ländern („tax credit shopping“[1096]) begründet. Dieser Wettbewerb stellt sich nicht nur pan-europäisch, sondern auch international mit Ländern wie Kanada. Der stärker werdende Wettbewerb um Steuererleichterungen führt dazu, dass sich eine Finanzdynamik entwickelt, die außerhalb der Kontrolle eines einzelnen Staats ist. Damit einhergehend findet ein Entwurzelungsprozess der Filmindustrie, die sich nach den größten Steuererleichterungen richtet, statt. Die Gefahr besteht, dass diese Finanzdynamik dazu führt, dass die kulturelle Identität von Filmen, die als Koproduktionen hergestellt werden, aufgelöst wird.[1097] Dennoch sind die Steuererleichterungen wichtigster Finanzbaustein für kleine UK-Filmproduktionsunternehmen.

Das Risiko von zunehmend großzügigeren Steuererleichterungen im Wettbewerb wird deutlich an den jüngsten Änderungen, nämlich der Höhe des auszahlbaren Steuerguthabens mit der Angleichung von large- und limited-budget Filmen sowie der Absenkung der UK-Kernausgaben für large-budget Filme, die sich hauptsächlich an Hollywood-Studio-Produktionen richten und dem Zweck dienen, noch mehr ausländische Investitionen anzuziehen. Von der Absenkung der UK-Kernausgaben können zumindest aber auch Koproduktionen profitieren. Die bereits jetzt bestehende Problematik des Wettbewerbs um die weitreichendsten Steuererleichterungen zeigt sich daran, dass es keine Obergrenze bei dem UK FTR gibt.

Mit den rechtlichen Vorschriften zu den Steuererleichterungen soll die Investorenbereitschaft angeregt werden, um neues Kapital in die Filmindustrie fließen zu lassen. Das mit einer Investition in die Filmwirtschaft verbundene finanzielle

---

1096 Morrison, Taxation Magazine 2012, 170, 4375, 24 (27).

1097 Vgl. Morawetz, Hardy, Haslam, Randle, Industry and Innovation, 2007, 14 (4), 421 (440).

Risiko wird abgefedert durch eine Förderung mittels tatsächlicher Auszahlung eines Steuerguthabens bei Verlusten. Verluste können sehr flexibel über verschiedene Abrechnungszeiträume gegen Gewinne verrechnet werden.

Im Konzept dieser Steuererleichterungen steht der Film als Wirtschaftsprodukt im Vordergrund. Die Steuererleichterungen sind filminhaltlich neutral im Gegensatz zu inhaltsgebundener direkter Filmförderung durch Fördereinrichtungen mit öffentlichen Geldern, die bestimmte Förderkriterien voraussetzen. Einzig um als nationaler Film zu gelten, muss der Kulturtest bestanden werden. Die Kriterien des Kulturtests garantieren eine bestimmte Qualität und deuten in dem Sinne auf ein gesellschaftliches Kulturprodukt hin, aber auch nur bezüglich des durch das europäische Beihilfenrecht vorgegebenen Kulturtests. Im Übrigen wurde der Kulturtest nach Kritik der EU-Kommission als unzureichend geändert und die Punkteverteilung ausdifferenziert. An dieser Stelle beweist sich die Bedeutung des EU-Beihilfenrechts.

Es ist fraglich, ob durch die filminhaltliche Neutralität der Vorteil gegeben ist, dass Filme gefördert werden können, die aus dem Raster der Auswahlkriterien der Filmfördereinrichtungen fallen. Eine Förderung solcher Filmprojekte wäre dagegen durch das System der Steuererleichterungen grundsätzlich möglich.

Die grundlegende Idee in diesem Fördersystem ist, die Filmproduktion dem freien Markt zu überlassen. Dieser Idee ist jedoch kritisch entgegen zu halten, dass private Investoren gewinnorientiert agieren.

Folglich sind Steuererleichterungen zwar inhaltlich neutral und es besteht theoretisch die Möglichkeit, dass eine Förderung von Filmen stattfinden kann, die aus dem inhaltlichen Muster der öffentlich-rechtlichen Fördereinrichtungen bzw. Filmeinrichtungen, die öffentliche Gelder vergeben, herausfallen, aber dies müsste sich erst noch beweisen. Realität ist vielmehr, dass sich eine Investition stets nach dem voraussichtlichen wirtschaftlichen Erfolg eines Filmprojekts ausrichtet.

Zur Rechtfertigung für die hohen Steuererleichterungen werden die Erfolgszahlen herangezogen (siehe bereits oben Teil 2 H. I.). Ausländische Investitionen haben 2011 zu Einnahmen des Finanzministeriums in Höhe von £ 1 Mrd. geführt. Die Kosten einen Film in UK zu produzieren sind dank der Steuererleichterungen rund 38% niedriger als in den USA. Ein Wegfall der Steuererleichterungen würde zu einem Verlust von ausländischen Investitionen in Höhe von £ 560 Mio. führen, die positiven Folgewirkungen für die UK-Filmindustrie beeinträchtigen, die gesamte Filmproduktion um 71% reduzieren wie auch den UK-Anteil am globalen Filmmarkt von Filmproduktionen schrumpfen lassen. Eine solche massive Reduzierung der Filmproduktion hätte den direkten Verlust von über 27.000 Arbeitsplätzen und eine direkte Minderung des Anteils der Filmindustrie am Bruttoinlandsprodukt von £ 1,2 Mrd. zur Folge. Eingerechnet sämtlicher direkter und indirekter Folgewirkungen würden dem Finanzministerium Steuereinnahmen in Höhe von £ 430 Mio. pro Jahr entgehen. Dem gegenüber stehen die durch die Steuererleichterungen „verlorenen" Einnahmen von £ 114 Mio. pro Jahr. Bei der möglichen Auszahlung der Steuererleichterungen bei geltend gemachten Verlusten gibt es keine Grenze nach oben, aber für jeden investierten £ 1 werden £ 12 generiert.[1098] Die Kontinuität und Stabilität des Film Tax Relief sind für die Investitionsbereitschaft der Filmindustrie in Infrastruktur und Arbeitsplätze wichtig. Das zeigt sich beispielhaft an den aktuellen Kapitalinvestitionen in jeweils dreistelliger Millionenhöhe in den Ausbau der Studios Pinewood und Leavesden.

Angesichts des eingeplanten Budgets für die Steuererleichterungen im UK-Haushalt wird deutlich, welchen hohen Stellenwert die UK-Regierung auf diese Art der Förderung der Filmwirtschaft legt: während bei der Notifizierung der Steuererleichterung 2006 noch ein jährliches Budget für das Film Tax Regime in Höhe von £ 120 Mio. angegeben wurden, waren es bei der Notifizierung 2014 jährlich £ 340 Mio. und für einen Zeitraum von 2014 bis 2019 ein Gesamtbudget bis zu £ 1,7 Mrd.[1099]

2. FTR als sicherer Finanzierungsbaustein

Bemerkenswerterweise, aber konsequent vom Standpunkt der Vertreter des Steuersystems im Unterschied zur Förderung durch Fördereinrichtungen, ist, dass der FTR auch geltend gemacht werden kann nach Abbruch der Filmproduktion vor Fertigstellung des Films. Dies ist somit ein Vorteil von Steuererleichterungen gegenüber direkter öffentlicher Förderung, bei der die Fördermittel in einem solchen Fall in der Regel zurückzuzahlen sind. Und es ist zudem logisch von der Eigenart des FTR als sicherem Finanzierungsbaustein aus betrachtet (unabhängig von einer Gremienentscheidung). Der FTR kann beansprucht werden für die Ausgaben bis zum Abbruch der Filmproduktion, soweit die normalen Voraussetzungen erfüllt werden.[1100] Das heißt, dass ein (vorläufiges)

1098 Vgl. für sämtliche Zahlenangaben in diesem Absatz Oxford Economics, 2012, 7ff, 50ff.; die Zahlen beziehen sich auf die Jahre 2006/07-2010/11.

1099 Vgl. Beihilfeentscheidungen der EU-Kommission C(2006)3982 final sowie C(2014)1746 final. In der neuesten Notifizierung und Beihilfeentscheidung von 2015 C(2015)5020 final wurde das Budget erneut erhöht.

1100 Vgl. FPCManual, FPC60040 mit Verweis auf CTA 2009, pt 15, ch. 5, s 1212-1216.

Zertifikat über die Qualifizierung als britischer Film vorzulegen ist und ferner ein Beleg über 10% UK-Kernausgaben, wobei es hier auf die tatsächlichen, und nicht mehr die geplanten, Ausgaben ankommt. Die Beurteilung, ob der Film als limited-budget-Film einzuordnen ist, ist eine Mischung aus faktischen Ausgaben und hypothetischer Kostenannahme. Es wird geprüft, wie viele Ausgaben bereits angefallen sind und ob der Film unter Berücksichtigung der angefallenen Produktionstätigkeit ein limited-budget-Film gewesen wäre, wäre er fertiggestellt worden. Die Bedingung „zur Kinovorführung bezweckt" ist erfüllt, wenn der Film direkt vor Abbruch noch für die Kinovorführung bezweckt worden ist. Der Zeitpunkt, auf den es zur Beurteilung ankommt, wird hier vorverlagert, da einem Abbruch der Wegfall jeglichen Zwecks immanent ist und die Voraussetzungen des FTR ansonsten nicht mehr erfüllt werden könnten. Der Abbruch als solcher hat im Übrigen keine Auswirkungen auf vorangegangene Abrechnungsperioden und bereits anerkannte Steuererleichterungen.[1101] Allerdings bleibt eine Überprüfung der Zwischenabrechnungsperioden am Ende bestehen, d.h., dass in diesem Fall der Abbruch einer Fertigstellung gleichgesetzt wird und die vorläufig anerkannten Voraussetzungen des FTR der Zwischenabrechnungsperioden dahingehend überprüft werden, ob sie zum Zeitpunkt des Abbruchs ebenfalls noch vorliegen.

3. *FTR und Koproduktionen*

Koproduktionen hatten Anfang der 2000er Jahre einen Aufschwung mit zeitweilig 106 Koproduktionen in 2005. Dieser Anstieg von Koproduktionen wird zurückgeführt auf eine Änderung der Filmpolitik und die Einführung von Steuererleichterungen.[1102] Koproduktionen, die auf der Suche nach Investitionen, sog. „industry driven", oder bedingt durch internationales Kapitalinvestment, sog. „ capital driven", eine Koproduktion ersucht haben, konnten von den finanziellen Vorteilen profitieren. Nach 2005 waren Koproduktionen stark zurückgegangen auf lediglich acht Koproduktionen in den Jahren 2008 und 2009. Zuletzt ist die Anzahl von Koproduktionen wieder leicht angestiegen und liegt derzeit bei 17 Koproduktionen pro Jahr und damit wieder ähnlich wie Ende der 1990er.[1103]

1101 Vgl. FPCManual, FPC60040.

1102 Vgl. Morawetz/ Hardy/ Haslam/ Randle, Industry and Innovation, 2007, 14, 4, 421 (426).

1103 Vgl. BFI Statistical Yearbook 2014, S. 195, im Jahr 2013 17 Zertifikate an Koproduktionen als britische Filme, 19 vorläufige Zertifikate. Im ersten Halbjahr 2014 wurden acht Zertifikate als britische Filme an fertige Koproduktionen ausgestellt

Der starke Rückgang korreliert mit den 2007 neu eingeführten Steuererleichterungen des FTR, in denen die Bedingungen für Koproduktionen bislang, aufgrund der Beschränkung der Anzahl der Anspruchsberechtigten pro Film auf ein Produktionsunternehmen und der Mindestausgaben in UK von 25%, nicht sehr vorteilhaft ausgestaltet waren. Der Produzent aus UK konnte somit die UK-Ausgaben geltend machen, der andere Koproduzent profitierte aber nicht selbst. Auch der Film Policy Review 2012 hatte eine Änderung der FTR-Regelungen zugunsten von Koproduktionen empfohlen. Die Neuerungen von 2014 betreffen die UK-Kernausgaben und die used or consumed-Regel, deren Änderungen sich vorteilhaft auf Koproduktionen auswirken. Dass im Rahmen der allgemeinen Voraussetzung „Filmproduktionsunternehmen" bei Koproduktionen allerdings nur ein einziges Unternehmen als solches im Sinne der Filmsteuererleichterungen anerkannt wird, könnte als Hinderungsgrund für Koproduktionen angesehen werden, da nur ein Unternehmen den FTR geltend machen kann, und könnte insofern eine Erklärung für die gesunkene Anzahl der Koproduktionen sein. Ob die Voraussetzungen des FTR also leichter erfüllt werden können, wenn nun sämtliche Kernausgaben aller Koproduktionsunternehmen bei dem im Sinne des FTR geltenden Filmproduktionsunternehmen einbezogen werden, wird sich zeigen müssen. Möglicherweise könnte es eine Kompensation sein, womit die Schwelle der Mindestausgaben in UK überwunden werden kann.

4. *Missbrauchsgefahr der Steuererleichterungen*

Trotz der an anderer Stelle ausgeführten Missbrauchsfälle bleibt es bei den bestehenden Vorschriften zur Vermeidung von Missbrauch, sodass diese als ausreichend angesehen werden.

Sowohl die Ausweitung der Steuererleichterungen als auch die Eindämmung von Steuererleichterungsmissbrauch sind politische Ziele der Regierung. Beide schließen sich nicht grundsätzlich aus. HMRC hat jedoch in entschiedener Weise, wie an den sich zuletzt häufenden Gerichtsentscheidungen zu sehen ist, die Investitionskonstrukte untersucht, um konsequent gegen Steuerhinterziehung vorzugehen. Hierbei wird die Gefahr gesehen, dass HMRC möglicherweise einen Generalverdacht anlegt und auch legale Konstrukte, die genau in den Zielkreis der Anwerbung von Investitionen in die Filmindustrie fallen, in den Fokus geraten. Dies hat zur Folge, dass bis zur endgültigen Klärung zunächst die

und drei vorläufige Zertifikate, vgl. BFI-Bericht zu Film-, high-end TV-, Animations-Zertifizierung, H1 2014.

volle Steuerpflicht besteht. Die zeitlich ungewisse Prüfungssituation und -dauer, verbunden mit den finanziellen Nachteilen, kann zu einer Abschreckung vor Investitionen führen.[1104] Das Vorgehen von HMRC mit der Folge einer normal hohen zu zahlenden Steuer steht im Widerspruch zu den politisch gewollten Steuererleichterungen mit einem sofort auszahlbaren Steuerguthaben oder angerechneten Abzügen. Eine Ausweitung oder Änderung von Missbrauchsvermeidungsvorschriften im Rahmen des Film Tax Regime ist indes nicht geplant.

Insgesamt bleibt festzuhalten, dass die Filmsteuererleichterungen für die UK-Filmindustrie in ihrem bestehenden Filmfördersystem unerlässlich sind. Sie manifestieren die starke Wettbewerbsposition von UK bezüglich der Anwerbung ausländischer Investitionen in UK ebenso wie von Filmproduktionen nach UK. Allerdings sind die Steuererleichterungen gerade der entscheidende Faktor, der diese Wettbewerbsposition halten kann.[1105]

Abgeschlossen werden soll hier mit einem Zitat zu der enormen Bedeutung von Steuererleichterungen aus britischer Sicht: „Tax may not be easily worked into a movie plot, but it is essential when plotting a movie."[1106]

1104 Vgl. Field, HMRC's zeal over tax avoidance is harming investment in British film, The Telegraph v.28.3.2014.

1105 Diese Schlussfolgerungen der Verf. aus der Darstellung und Analyse der steuerlichen Filmförderung werden auch geteilt von Oxford Economics, 2012.

1106 Morrison, Taxation Magazine 2012, 170, 4375, 24.

Teil 6 Analyse des deutschen Filmfördersystems

A. Auswirkungen des EU-Rechtsrahmens auf das deutsche Filmfördersystem

I. Filmförderung auf Bundesebene

Zunächst wird im Folgenden die Filmförderung auf Bundesebene auf ihre Vereinbarkeit mit dem europäischen Beihilfenrecht geprüft.

1. Tatbestand der Beihilfe gemäß Art. 107 Abs. 1 AEUV

Bei den Förderungen auf Bundesebene müsste es sich um eine Beihilfe im Sinne des Art. 107 Abs. 1 AEUV handeln. Dafür müssten alle Tatbestandsmerkmale einer Beihilfe vorliegen. Die Förderung müsste also eine Begünstigung darstellen, durch staatliche oder aus staatlichen Mitteln gewährt, die bestimmten Unternehmen einen Vorteil verschafft und dadurch zu einer Wettbewerbsverfälschung und Handelsbeeinträchtigung wird. Der Schwerpunkt der Prüfung liegt auf der Staatlichkeit der Mittel.

a. Begünstigung

Bei den Filmförderungen auf Bundesebene kommt jeweils eine Begünstigung in Form einer positiven Leistung als Geldzahlung in Betracht. Im Falle der Förderung durch die FFA hat der Staat eine Regulierungsfunktion übernommen, um die Filmwirtschaft auf Bundesebene zu stärken. Geförderte Filmprojekte haben einen klaren Vorteil vor nicht geförderten Mitwettbewerbern auf dem deutschen Filmmarkt. Die Fördermittel werden hauptsächlich in Form von Zuschüssen und Darlehen vergeben.

Nicht rückzahlbare Zuschüsse werden von einigen Förderprogrammen der FFA und des Kuratoriums sowie bei der Förderung von der BKM, des DFFF und des GMPF vergeben. Zudem vergeben die FFA und das Kuratorium bedingt rückzahlbare zinslose Darlehen. Das bedeutet, dass ein Darlehen zurückzuzahlen ist, vollständig oder teilweise, abhängig vom Erfolg, oder mangels Erfolg auch nicht zurückgezahlt wird. Zum Zeitpunkt der Vergabe ist dies nicht vorhersehbar. Eine bedingte Rückzahlung ist nicht marktüblich. Vor allem, wenn man die Überlegung miteinbezieht, dass sich in den letzten Jahren die Banken aus der Finanzierung aufgrund zu großer Unwägbarkeiten weitgehend zurückgezogen haben und Kredite nicht ohne Sicherheiten und der Übertragung von Rechten oder der Einräumung bestimmter Rechte vergeben werden. Berücksichtigt man zudem die durchschnittliche Rückzahlungsquote der Darlehen im Rahmen der Projektfilmförderung der FFA, die im Zeitraum 1999-2013 durchschnittlich bei gerade 7% liegt, bei der Verleihförderung im gleichen Zeitraum bei 17% und bei der Videoförderung bei 56%[1107], ist eine Begünstigung zu bejahen, da kein „private creditor" ein solches Darlehen vergeben würde. Eine Begünstigung liegt bei den Darlehen auch in der Zinslosigkeit. Bei der Beurteilung der Darlehen war bis zu ihrem Wegfall mit dem FFG 2017 auch die früher eingeräumte Möglichkeit der FFA, die bei der Projektfilmförderung und Projektabsatzförderung zurückgezahlten Darlehensmittel als neue Fördermittel in Form eines Zuschusses dem Förderempfänger zur Verfügung zu stellen, zu berücksichtigen. Diese Mittel sind für die Einrichtung quasi „verloren" und somit eher wie ein Zuschuss einzuordnen gewesen, in jedem Fall aber als Begünstigung zu werten gewesen.[1108] Da die zurückgezahlten Mittel nun in das allgemeine Förderbudget fließen, bleibt es bei der obigen Beurteilung.

Das Kuratorium gewährt zusätzlich zu der finanziellen Förderung, teilweise obligatorisch, eine Projektbetreuung. Diese ist eine geldwerte Leistung, die monetär berechnet werden kann, sodass auch hierin eine Begünstigung zu sehen ist.

Hinsichtlich der FFA sei noch erwähnt, dass die Filmabgabe selbst mangels zwingenden Verwendungszusammenhangs zwischen der Abgabe und der Zuwendung keine Beihilfe darstellt. Die Abgabe wird zwar zur Finanzierung der Zuwendungsmaßnahme erhoben und auch verwendet. Dennoch ist ein zwingender Verwendungszusammenhang abzulehnen, da das Abgabenaufkommen den Umfang der Zuwendungsmaßnahme nicht unmittelbar beeinflusst. Die Maßnahme der FFA wurde bei der Kommission mit einem festen Budget notifiziert und die Beihilfehöchstintensität wird durch das FFG festgelegt. Zudem besteht der übergeordnete Verwendungszweck der Filmförderung nach dem FFG für die Abgabe, dagegen gibt es für die konkrete Förderung und die Fördermaßnahmen im Einzelnen unterschiedliche Verwendungsmöglichkeiten, bei denen die FFA im Rahmen des FFG einen Ermessensspielraum hat. So stellte auch die Europäische Kommission fest, dass „das Aufkommen aus der Abgabe

---

1107 Vgl. FFA, Analyse und Bewertung der Entwicklung der FFA-Förderungen 2009-2013, S. 74; die Rückzahlungsbeträge haben sich zwischen 2014 und 2018 stark gesteigert, vgl. FFA, Die FFA-Förderungen 2018 in der Übersicht, S. 18.

1108 So auch Castendyk/Bark, ZUM 2003, 480 (483).

keinen direkten Einfluss darauf [hat], in welchem Maße einzelnen Empfängern ein wirtschaftlicher Vorteil gewährt wird.“[1109]

Sämtliche Filmförderungen auf Bundesebene stellen damit Begünstigungen dar.

b. Staatliche oder aus staatlichen Mitteln gewährte Beihilfen

Bei dem Tatbestandsmerkmal der staatlichen oder aus staatlichen Mitteln gewährten Beihilfe müssen die zwei Komponenten der unmittelbaren oder mittelbaren Gewährung aus staatlichen Mitteln und der Zurechenbarkeit zum Staat vorliegen.

aa. Unmittelbare oder mittelbare Gewährung aus staatlichen Mitteln

Zunächst wird geprüft, ob es sich bei den Fördermitteln auf Bundesebene um unmittelbare oder mittelbare staatlich gewährte Mittel handelt.

(1). FFA

Bei der Fördermittelvergabe der FFA könnte es sich um eine mittelbare Gewährung aus staatlichen Mitteln einer öffentlich-rechtlichen Einrichtung der mittelbaren Staatsverwaltung handeln. Es ist zu prüfen, inwieweit die Einrichtung dem Staat zuzuordnen ist, woher ihre Mittel stammen und ob diese unter staatlicher Kontrolle stehen, um eine Gewährung staatlicher Mittel annehmen zu können.

Zunächst ist zu untersuchen, ob die FFA dem Staat zuzuordnen ist. Die FFA hat die Rechtsform einer Anstalt des öffentlichen Rechts und ist als solche Teil der mittelbaren Staatsverwaltung. Bei Körperschaften und Anstalten des öffentlichen Rechts wird eine funktionale Betrachtungsweise zur Beurteilung der Staatlichkeit der Mittel einer solchen Einrichtung angewandt. Es kommt auf die Aufgabenwahrnehmung und Eingliederung in die öffentliche Verwaltung an. Hier kann der Behördenbegriff aus § 1 Abs. 4 VwVfG eine Orientierung geben, wonach jede Stelle als Behörde gilt, die Aufgaben der öffentlichen Verwaltung wahrnimmt. Neben der Rechtsform der öffentlich-rechtlichen Anstalt sprechen die folgenden Aspekte für eine Eingliederung in die öffentliche Verwaltung: Die FFA verfolgt einen öffentlichen Zweck, nämlich die gesetzlich vorgegebene Förderung der Filmwirtschaft. Die Satzung der FFA sowie ihre Geschäftsordnungen sind gemäß §§ 8, 9, 12, 15, 25 FFG genehmigungsbedürftig durch die

1109 Entscheidung der Europäischen Kommission zum FFG (N 477/2008), K(2008) 7852 endg., Rn. 106.

BKM, gleiches gilt gemäß §§ 33, 37 FFG für den Wirtschaftsplan und die Rechnungslegung. Für die Einbindung in die öffentliche Verwaltung spricht auch die Funktions- und Aufgabenreichweite der FFA, Förderbescheide und Abgabenbescheide zu erlassen sowie in einigen Fällen als Widerspruchsbehörde zu fungieren. Ferner untersteht sie der staatlichen Rechtsaufsicht. Die FFA nimmt nicht nur die eigene Fördertätigkeit vor, sondern führt die Förderung der BKM, des DFFF und GMPF durch, fungiert also als Bewilligungsbehörde bei diesen Förderprogrammen. Ihr sind in diesem Rahmen öffentliche Aufgaben der BKM und des Bundeswirtschaftsministeriums übertragen, bei deren Ausführung sie der Fachaufsicht der beiden Bundesbehörden untersteht. Des Weiteren ist die Finanzierung der FFA gesetzlich geregelt. Die Finanzierung der FFA erfolgt über die Filmabgabe, eine parafiskalische Abgabe. Die Filmabgabe ist gesetzlich im FFG geregelt. Das FFG ist ein Bundesgesetz und kann jederzeit durch den Bundestag geändert werden. Die detaillierte Gesetzesregelung der Filmabgabe umfasst die Abgabenerhebung, die Abgabepflichtigen, Höhe und Berechnung der Abgabe sowie die Einnahmenverteilung und sonstige Ausgestaltung. Die Filmabgabe untersteht also der Kontrolle des Staates ebenso wie die Förderzielrichtung und die Grundsätze der Förderprogramme des FFG. Zwar sind die staatlichen Vertreter bei der Besetzung des Verwaltungsrates in der Minderheit und außerdem gemäß § 7 Abs. 2 FFG nicht weisungsgebunden, aber die Intention des Gesetzgebers der Einbindung der FFA in die öffentliche Verwaltung ist in der oben ausgeführten Ausgestaltung deutlich erkennbar. Die FFA nimmt damit Aufgaben der öffentlichen Verwaltung wahr und ist eine Behörde im Sinne des Verwaltungsverfahrensgesetzes. Sie ist als Anstalt des öffentlichen Rechts der BKM zugehörig. Die FFA ist folglich dem Staat zuzuordnen.[1110]

Festzustellen ist, dass die Herkunft der Mittel aus dem Abgabeeinkommen private Mittel sind. Sie stammen aus dem Kreis der Filmwirtschaft, der die Fördermaßnahmen des FFG insgesamt zugutekommen sollen. Es stellt sich die Frage, ob die Mittel der FFA als staatlich anzusehen sind, obwohl sie sich aus Abgaben der in der Filmbranche Tätigen selbst und nicht aus Steuermitteln oder sonstigen Haushaltsmitteln speisen.

Allein der Umstand einer gesetzlichen Abgabepflicht rechtfertigt nicht die Annahme von staatlichen Mitteln gemäß der PreussenElektra-Entscheidung des EuGH. Die bloße staatliche Lenkung des Mittelflusses reicht nicht aus. Laut EuGH in PreussenElektra muss vielmehr der staatliche Haushalt durch

1110 So auch Castendyk/Bark, ZUM 2003, 480 (484f.).

die Begünstigung berührt sein. Das ist hier der Fall, da die FFA eine Behörde und Teil der öffentlichen Verwaltung ist. Es handelt sich gerade nicht um einen geschlossenen privaten Wirtschaftskreislauf des Geldes.[1111] Die Rechtslage bei der FFA ist auch nicht mit der Rechtslage, die der EuGH-Entscheidung Pearle zugrunde lag, zu vergleichen. Die FFA hat mit dem der Pearle-Entscheidung zugrunde liegenden Sachverhalt zwar gemein, dass die Aufwendungen der Einrichtung für die Förderung vollständig von den Abgabeeinnahmen gedeckt werden und keine zusätzliche Belastung für den Staat entsteht. Allerdings ist der Kreis der Abgabepflichtigen nicht gleichzusetzen mit dem Kreis der Begünstigten. Dies ist einer der Unterschiede zu dem EuGH-Urteil Pearle, da die dortigen Abgabepflichtigen auch Wirtschaftsunternehmen waren, denen die Mittel wieder zugutekamen. Des Weiteren ist ebenfalls im Unterschied zu Pearle die Filmabgabe Teil einer bundesdeutschen Politik zur Förderung der Filmwirtschaft und geht nicht von den Angehörigen der Filmwirtschaft selbst aus. Das zeigt sich auch an den angestrengten langjährigen Gerichtsverfahren der Kinobetreiber gegen die Filmabgabe. Die Filmabgabe dient der Umsetzung der Förderung für finanzielle Filmfördermaßnahmen. Entscheidender Unterschied zu dem EuGH-Urteil Pearle ist zudem, dass die Mittel aus den Abgabeeinnahmen der FFA als staatlicher Einrichtung zur Verfügung stehen. Laut EuGH-Rechtsprechung handelt es sich um staatliche Mittel, wenn sie unter ständiger staatlicher Kontrolle und der zuständigen nationalen Behörde zur Verfügung stehen.[1112] Es werden alle Geldmittel erfasst, auf die der Staat tatsächlich zugreifen kann, unabhängig davon, ob diese Mittel dauerhaft zum Vermögen des Staates gehören.[1113] Die Einnahmen fließen in den Haushalt der FFA, die diese Mittel zur Förderung einsetzt. Da die FFA Teil der mittelbaren Staatsverwaltung ist, ist der staatliche Haushalt betroffen. Die Herkunft der Mittel ist daher nachrangig, da die Mittel in der Verfügungsgewalt der Behörde stehen.

Die Fördermittel der FFA sind daher staatlich gewährte Mittel.

(2). BKM

Bei den Fördermitteln der BKM kommt die Alternative der unmittelbaren Gewährung staatlicher Mittel in Betracht. Die Mittel für die Projektförderung

1111 A.A. Schaefer/Kreile/Gerlach, ZUM 2002, 182 (188).

1112 Vgl. EuGH, Urt.v.16.5.2000, Rs. C-83/98 P - Ladbroke Racing, Ziff. 50.

1113 Vgl. EuG, Urt.v.12.12.1996, Rs. T-358/94 - Air France, Ziff. 67; EuGH, Urt.v. 16.5.2000, Rs. C-83/98 P - Ladbroke Racing, Ziff. 50; EuGH, Urt.v.16.5.2002, C-482/99 - Stardust Marine, Ziff. 37.

der BKM stammen aus ihrem Haushalt. Die BKM ist oberste Bundesbehörde im Geschäftsbereich des Bundeskanzlers. Die BKM gehört daher zur bundesunmittelbaren Staatsverwaltung und ihr Haushalt ist Teil des Haushalts des Bundeskanzleramts. Damit handelt es sich bei den Fördermitteln der BKM um unmittelbar staatlich gewährte Mittel.

(3). DFFF

Bei den Fördermitteln des DFFF kommt eine unmittelbare Gewährung aus staatlichen Mittel infrage. Der DFFF wird finanziert mit Mitteln der BKM. Wie bereits soeben bei der BKM dargestellt, ist der Etat der BKM Teil des Haushalts des Bundeskanzleramts. Die Mittel stammen daher aus dem Bundeshaushalt. Somit sind die Fördermittel des DFFF unmittelbar staatlich gewährte Mittel.

(4). GMPF

Bei den Fördermitteln des GMPF ist eine Gewährung von unmittelbar staatlichen Mittel in Erwägung zu ziehen. Der GMPF ist ein Fonds des Bundesministeriums für Wirtschaft und Energie. Das Bundeswirtschaftsministerium ist Teil der bundesunmittelbaren Staatsverwaltung. Die Mittel aus dem GMPF stammen aus dem Etat des Bundeswirtschaftsministeriums, also aus dem Staatshaushalt. Daher handelt es sich bei den Fördermitteln des GMPF um eine Gewährung unmittelbar staatlicher Mittel.

(5). Kuratorium

Bei den Fördermitteln des Kuratoriums handelt es sich weder um Mittel der unmittelbaren noch mittelbaren Staatsverwaltung. Zu prüfen ist, ob es sich um mittelbare durch eine sonstige Einrichtung gewährte staatliche Mittel handelt. Fraglich ist bei der Fördermittelvergabe des Kuratoriums, inwieweit die Einrichtung dem Staat zuzuordnen ist, woher ihre Mittel stammen und ob diese unter staatlicher Kontrolle stehen. Bei Mitteln einer sonstigen Einrichtung ist zunächst zu prüfen, inwieweit die Einrichtung dem Staat zuzuordnen ist. Dafür müsste es sich um eine privatrechtliche juristische Person, die von der öffentlichen Hand beherrscht wird, handeln. Eine Beherrschung der öffentlichen Hand wird grundsätzlich angenommen, wenn die Anteile ganz oder mehrheitlich in öffentlicher Hand liegen und über diese Anteile der maßgebliche staatliche Einfluss ausgeübt wird. Handelt die öffentliche Hand in Privatrechtsform, werden häufig die Formen einer Gesellschaft mit beschränkter Haftung oder Aktiengesellschaft gewählt. Die Besonderheit liegt hier darin, dass das Kuratorium eine Stiftung des bürgerlichen Rechts ist und von den Bundesländern als solche für gemeinnützige Zwecke errichtet worden ist. An einer Stiftung gibt es keine Anteile, bei der eine staatliche Mehrheit geprüft werden kann, sondern ein Stiftungsvermögen. Entsprechend der EU-Transparenzrichtlinie, die Kriterien für einen beherrschenden Einfluss des Staates aufstellt, ist das Kriterium der Mehrheit des gezeichneten Kapitals durch das Stiftungsvermögen zu ersetzen (dazu sogleich). Ebenfalls kann der Einfluss des Staates in den Organen geprüft werden. Organe der Stiftung sind der Stiftungsrat, der Vorstand und verschiedene Auswahlausschüsse. Der Stiftungsrat ist besetzt mit fünf Vertretern der Länderkonferenzen und zwei hinzugewählten Vertretern (Arte und Deutsche Filmakademie) sowie zusätzlich dem Vorsitzenden (Arte) und stellvertretenden Vorsitzenden (Bundesland Berlin). Der Stiftungsrat ist daher mehrheitlich staatlich beeinflusst. Folglich besteht ein beherrschender Einfluss im Sinne der Transparenzrichtlinie in dem Aufsichtsorgan.

Eine rein organisationsrechtliche Einordnung zum öffentlichen Sektor reicht jedoch nicht aus, um staatliche Mittel zu bejahen. Es ist vielmehr eine Belastung des Staatshaushalts entscheidend. Hierfür muss eine Verschiebung staatlicher Mittel nachweisbar sein. Entscheidend ist, ob die Gewährung tatsächlich aus staatlichen Mitteln stammt. Dies ist der Fall, wenn die Mittel unter staatlicher Kontrolle stehen. In einer Verwaltungsvereinbarung haben die Bundesländer sich auf eine gemeinsame Finanzierung des Kuratoriums geeinigt. Die Mittel der Bundesländer stammen unmittelbar aus ihren Staatshaushalten und sind unmittelbar staatliche Mittel. Stiftungsgeber ist der Staat in Form der Bundesländer. Das Stiftungsvermögen besteht lediglich aus Ansprüchen gegen die Länder auf jährliche Zuwendungen. Damit ist das Kuratorium vollständig von den Bundesländern in der Höhe der Finanzmittel abhängig. Im Sinne der Transparenzrichtlinie besteht das Stiftungsvermögen gänzlich aus staatlichen Landesmitteln. Die Bundesländer können auch auf die Höhe der jährlichen Zuwendungen Einfluss nehmen mittels Ministerkonferenz. Entsprechend der Transparenzrichtlinie ist daher sowohl aufgrund der Organe als auch der Kapitalausstattung ein beherrschender staatlicher Einfluss gegeben, sodass es sich beim Kuratorium um ein öffentliches Unternehmen handelt. Mithin handelt es sich bei Mittel des Kuratoriums um staatlich gewährte Mittel.

bb. Zurechenbarkeit zum Staat

Die Förderentscheidungen müssten dem Staat zurechenbar sein. Bei der Zurechenbarkeit wird lediglich eine staatlich ausgeübte Kontrolle geprüft, da die reine Möglichkeit der Kontrolle bereits bei der unmittelbaren oder mittelbaren Gewährung staatlicher Mittel festgestellt wurde.

(1). FFA

Da es auf die Zurechenbarkeit der Förderentscheidungen zum Staat in jedem Einzelfall ankommt, ist bei der FFA zwischen den einzelnen Förderprogrammen zu unterscheiden. Das Zustandekommen der Förderentscheidungen ist bei den Förderprogrammen unterschiedlich. Dementsprechend könnte die staatlich ausgeübte Kontrolle anders ausgestaltet und zu beurteilen sein. Die Differenzierung liegt in der automatischen Referenzförderung und der Einzelfallentscheidung durch eine Auswahlentscheidung einer Jury bei der Projektförderung.

Bei allen Förderprogrammen einer Referenzförderung wie der Referenzfilmförderung, Kurzfilmförderung u.a. ist keine Förderentscheidung mit Entscheidungsspielraum der FFA vorgesehen. Die Eigenart der Referenzförderung liegt gerade darin, dass bei der Qualifizierung durch Erfüllung der Referenzvoraussetzungen ein Anspruch auf die Referenzförderung begründet wird. Die Voraussetzungen sind gesetzlich im FFG festgelegt. Das FFG kann jederzeit durch den Bundesgesetzgeber geändert werden. Daher liegt zwar keine ausgeübte Entscheidungsbefugnis der FFA vor, die Förderentscheidung ist jedoch dem Staat aufgrund der detaillierten Ausgestaltung der Referenzförderung zurechenbar. Wenn der Entscheidungsspielraum nicht bei der FFA liegt, sondern der Gesetzgeber keinen vorgesehen hat, hat dies zur Folge, dass der Staat über die Befugnisse der FFA bestimmt und die Förderentscheidung dem Grunde nach vorwegnimmt, die FFA sie dann im Einzelnen nach den gesetzlichen Vorgaben ausführt.

Bei den Förderprogrammen, bei denen die Förderentscheidung durch eine Juryentscheidung gefällt wird, ist fraglich, ob eine Zurechenbarkeit zum Staat angenommen werden kann. Ob die Entscheidungen der Jury dem Staat zurechenbar sind, hängt davon ab, ob der Staat auf diese einen beherrschenden Einfluss ausübt. Die Vergabekommissionen der FFA sind mit im Filmwesen und in der Kinowirtschaft fachkundigen Mitgliedern besetzt. Sie sind ausdrücklich nicht an Weisungen gebunden. Aus welchen Bereichen die Mitglieder stammen, ist im Wesentlichen im Gesetz geregelt. Es ist bei der Kommission für Produktions- und Drehbuchförderung vorgeschrieben, dass mindestens 33 Mitglieder aus den Bereichen der Filmverwertung und aus dem Kreis der Hersteller und der Drehbuchautoren bzw. Dramaturgen kommen. Somit gibt es neun Mitglieder, die aus sonstigen Bereichen kommen, also auch dem Staat zuzuordnen sein können. Diese sonstigen Mitglieder sind gegenüber den anderen in der Minderheit. Das gilt für die gesamte Mitgliederzahl von 42, aber vor allem für die jeweilige Sitzungsanzahl von sieben Mitgliedern, da die Besetzung der Sitzungen gemäß der Anlage 2 der Satzung der FFA anteilig nach den Vertretern der einzelnen Bereiche geschieht. Dementsprechend können staatliche Vertreter, soweit überhaupt vertreten, keinen beherrschenden staatlichen Einfluss auf die Vergabeentscheidungen ausüben. Bei den Kommissionen für Verleih-, Vertriebs- und Videoförderung und für Kinoförderung sind staatliche Vertreter nicht vorgesehen, sodass auch hier kein beherrschender staatlicher Einfluss auf Vergabeentscheidungen ausgeübt werden kann. Die Vergabekommissionen sind zwar an die Bestimmungen im FFG und Richtlinien der FFA gebunden, sodass ihr Beurteilungsspielraum gewissermaßen eingegrenzt wird, sie entscheiden jedoch unabhängig und weder die FFA mit ihren anderen Organen kann auf sie Einfluss nehmen noch existiert eine Fachaufsicht. Die Rechtsaufsicht der BKM erstreckt sich gerade nicht auf inhaltliche Entscheidungen, sondern nur auf die Einhaltung der Rechtsvorschriften des FFG. Die Förderentscheidungen der Vergabekommissionen sind also Entscheidungen von unabhängigen Sachverständigengremien. Die Vergabekommissionen treffen Einzelfallentscheidungen und bei Mittelknappheit auch Auswahlentscheidungen. Da die Juryentscheidungen nicht unter einem beherrschenden staatlichen Einfluss stehen, sind die Förderentscheidungen im Rahmen der Projektförderung nicht dem Staat zurechenbar.

Damit sind die Förderentscheidungen bei allen Ausprägungen der Referenzförderung dem Staat zurechenbar, bei allen Projektförderungen dagegen nicht.

(2). BKM

Mit einer unmittelbaren staatlichen Mittelgewährung geht zwar in der Regel die staatliche Kontrollausübung einher, trotzdem wird dies von den europäischen Gerichten separat bei der Zurechenbarkeit geprüft. Die meisten Fördermaßnahmen werden von der FFA durchgeführt. Es gibt verschiedene Vergabeausschüsse, deren Mitglieder von der BKM berufen werden. Die Vergabeausschüsse geben allerdings lediglich Empfehlungen zur Förderung. Die Entscheidung der Förderung und Fördermittelvergabe liegt bei der BKM, die einen Vorbescheid darüber ausstellt. Die weitere Ausführung von Bewilligung und Auszahlung erfolgt sodann durch die FFA. Daher entscheidet die BKM und übt über die Fördermittelvergabe staatliche Kontrolle aus. Einen Teil der Fördermaßnahmen, nämlich die Förderung von Kinderfilmvorhaben, wird zusammen mit dem Kuratorium durchgeführt. Die Ausführung ist aufgeteilt. Bei der Zuständigkeit der BKM erfolgt eine Antragstellung bei dieser, die weitere Ausführung ist der FFA übertragen. Ein mit dem Kuratorium gemeinsamer Vergabeausschuss entscheidet über die Förderung. Der Vergabeausschuss ist mit zwei Vertretern, die vom Kuratorium benannt werden, und vier Vertretern, die von der BKM benannt werden, besetzt. Die zwei Kuratoriumsvertreter sind von der Filmstiftung und dem Medienboard, die vier Vertreter von der BKM stammen aus der

Filmwirtschaft. Somit ist dieser gemeinsame Ausschuss nicht staatlich beeinflusst. Dementsprechend ist die Fördermittelvergabe bei Kinderfilmvorhaben nicht der BKM und also nicht dem Staat zurechenbar.

(3). DFFF

In der Regel ist die unmittelbar staatliche Gewährung dem Staat zurechenbar. Die Durchführung der Förderung des DFFF ist der FFA übertragen; sie unterliegt der Fach- und Rechtsaufsicht der BKM. Es handelt sich um eine automatische Förderung, bei der die Förderung bewilligt wird, wenn die Voraussetzungen gegeben sind. Es gibt keinen Beurteilungsspielraum der FFA, lediglich ein Ermessen dahingehend, dass Fördermittel nur im Rahmen der verfügbaren Haushaltsmittel vergeben werden können und wenn die Voraussetzungen vorliegen. Es erfolgt keine Auswahlentscheidung durch einen Vergabeausschuss, das heißt, dass weder die FFA noch die BKM einen Einfluss auf die Entscheidung ausüben. Die Förderung erfolgt aufgrund bundesbehördlicher Rechtssätze, nämlich der Bundeshaushaltsordnung und der dazu erlassenen Allgemeinen Verwaltungsvorschriften sowie des Verwaltungsverfahrensgesetzes und der DFFF Förderrichtlinien. Der Bundestag bzw. die Bundesbehörde BKM können jederzeit diese Rechtssätze ändern. Die Rechtssätze, vor allem die DFFF Förderrichtlinien enthalten sowohl die Voraussetzungen für eine Förderung als auch die inhaltlichen Anforderungen an den Bewilligungsbescheid. Es gibt zwar einen Beirat, dieser entscheidet jedoch nur über Einzelfragen und nicht über die Förderung an sich; er ist in diesem Rahmen der Einzelzuweisungskompetenzen zugleich Widerspruchsbehörde. Die Fördermittelvergabe wird folglich durch die Rechtssätze, vor allem der BKM, entscheidend bestimmt. Die Fördermittelentscheidungen sind daher dem Staat zurechenbar.

(4). GMPF

Auch beim GMPF gilt, dass die staatliche Kontrollausübung bei der unmittelbaren staatlichen Gewährung in der Regel immanent ist, an dieser Stelle aber separat geprüft wird. Das Bundeswirtschaftsministerium entscheidet nicht selbst über die Fördermittelvergabe des GMPF. Die Abwicklung des Fonds ist der FFA übertragen. Diese ist Bewilligungs- und Abwicklungsbehörde, untersteht aber der Fachaufsicht des Bundeswirtschaftsministeriums. Die Förderentscheidungen trifft also die FFA. Grundlage sind die Förderrichtlinie sowie die Bundeshaushaltsordnung und deren Verwaltungsvorschriften. Die FFA ist ihrerseits Anstalt des öffentlichen Rechts und, wie oben festgestellt, eine Behörde im Sinne des § 1 Abs. 4 VwVfG. Sie zählt zur mittelbaren Staatsverwaltung, während die

Aufsichtsbehörde, in diesem Fall das Bundeswirtschaftsministerium, zur unmittelbaren Staatsverwaltung gehört. Bei Vorliegen der Fördervoraussetzungen ist ein Anspruch auf Förderung im Rahmen der zur Verfügung stehenden Mittel gegeben. Es handelt sich um eine automatische Förderung und eine gebundene Entscheidung der FFA. Die Voraussetzungen werden vom Bundeswirtschaftsministerium in der Förderrichtlinie festgelegt und bestimmt. Die Kontrolle über die Fördermittelvergabe sowohl mittels Förderrichtlinie wie mittels Fachaufsicht hat also das Bundeswirtschaftsministerium inne und übt sie in dieser Form aus. Eine staatliche Zurechenbarkeit ist folglich gegeben.

(5). Kuratorium

Die organisationsrechtliche Zuordnung einer Einrichtung zum öffentlichen Sektor kann bereits ein Indiz sein, entscheidend ist aber der staatliche Einfluss im Entscheidungsgremium, das über die Fördermittel entscheidet. Bei dem Kuratorium entscheiden zwei Vergabeausschüsse über die Förderung. Der Vergabeausschuss für die kuratoriumseigene Förderung ist mit sieben Vertretern der größten Landesfilmfördereinrichtungen besetzt, nämlich der Filmstiftung, dem FFF Bayern, dem Medienboard, der FFHSH, der MDM, der nordmedia und der MFG. Damit ist der Vergabeausschuss nicht staatlich beeinflusst. Der zweite Ausschuss ist ein gemeinsamer Ausschuss mit der BKM. Er ist mit zwei Vertretern, die vom Kuratorium benannt werden, und vier Vertretern, die von der BKM benannt werden, besetzt. Die zwei Kuratoriumsvertreter sind von der Filmstiftung und dem Medienboard, die vier Vertreter von der BKM stammen aus der Filmwirtschaft. Somit ist auch dieser gemeinsame Ausschuss nicht staatlich beeinflusst. Folglich übt der Staat keine Kontrolle bei der Vergabe der Fördermittel durch das Kuratorium aus. Eine Zurechenbarkeit der Mittelvergabe zum Staat ist daher zu verneinen.

cc. Zwischenergebnis

Im Ergebnis sind die Fördermittel der BKM, des DFFF und des GMPF staatliche oder aus staatlichen Mitteln gewährte Beihilfen und das Tatbestandsmerkmal ist damit gegeben.

Die gemeinsame Fördermittelvergabe der BKM zusammen mit dem Kuratorium im Rahmen der Kinderfilmförderung ist dagegen nicht staatlich zurechenbar. Auch die Fördermittelvergabe durch das Kuratorium kann nicht dem Staat zugerechnet werden, sodass die zweite Komponente der Zurechenbarkeit fehlt, wenngleich staatliche Mittel zu bejahen sind. Somit ist das Tatbestandsmerkmal für diese Förderungen zu verneinen.

Bei der Förderung der FFA ist zu differenzieren: Die Referenzförderung ist dem Staat zurechenbar, sodass beide Komponenten des Tatbestandsmerkmals vorliegen und es sich um staatliche oder aus staatlichen Mitteln gewährte Beihilfen handelt. Die Projektförderung dagegen kann nicht dem Staat zugerechnet werden, sodass hier das Tatbestandsmerkmal im Ergebnis zu verneinen ist.

c. Weitere Tatbestandsmerkmale

Um den Tatbestand der Beihilfe zu bejahen, müssten die Fördermaßnahmen auf Bundesebene die weiteren Tatbestandsmerkmale erfüllen.

aa. Unternehmen oder Produktionszweige als Begünstigte

Förderempfänger der Filmförderprogramme auf Bundesebene sind meist Hersteller, Produzenten, Verleiher, Kinobetreiber, Drehbuchautoren und Regisseure. Die Förderprogramme erkennen Unternehmen wie auch natürliche Personen als Antragsteller an. Unternehmen der Filmproduktion, des Filmabspiels, des Filmvertriebs oder als Anbieter von Videoabrufdiensten sind unproblematisch Begünstigte im Sinne des Tatbestandsmerkmals. Bei natürlichen Personen ist einzuschränken, dass unter den Begriff des Unternehmens zwar keine Privatpersonen als natürliche Personen fallen, Selbständige in ihrer Tätigkeit allerdings erfasst und als Unternehmen angesehen werden. Es kommt hier auf die Ausübung der wirtschaftlichen Tätigkeit an. Daher sind auch Einzelpersonen, wie Drehbuchautoren oder Regisseure, Begünstigte, da sie in ihrer Eigenschaft als wirtschaftlich Selbständige Fördermaßnahmen in Anspruch nehmen.

bb. Bestimmte Unternehmen oder Produktionszweige (Selektivität)

Bei den Fördermaßnahmen der FFA, BKM, des DFFF, GMPF und Kuratorium handelt es sich um Beihilferegelungen. Bei Beihilferegelungen gibt es kraft Natur der Sache zunächst eine unbestimmte Anzahl von Begünstigten. Allerdings sind auch Beihilferegelungen selektiv, da der Empfängerkreis abgrenzbar ist. So verhält es sich auch bei den Fördermaßnahmen hier: die Begünstigung richtet sich nur an bestimmte Unternehmen, nämlich solche, die die Fördervoraussetzungen der jeweiligen Programme erfüllen. Die Begünstigung wird dann per Auswahl- oder Referenzverfahren einzelnen Begünstigten gewährt. In Abgrenzung zu allgemeinen Maßnahmen handelt es sich hier um selektive Fördermaßnahmen für einen abgrenzbaren und bestimmbaren Kreis von begünstigten Unternehmen.

cc. Wettbewerbsverfälschung

Eine Wettbewerbsverfälschung durch die Fördermaßnahmen ist zu bejahen, da die Begünstigten mit anderen nicht begünstigten Unternehmen aus der Filmwirtschaft im Wettbewerb stehen und auf dem gemeinsamen Markt von Filmherstellung, Filmabspiel und Filmvertrieb konkurrieren. Die Begünstigung durch finanzielle Fördermittel führt zu einer Verbesserung der finanziellen Situation des Begünstigten und verschafft ihm einen Wettbewerbsvorteil, der die Position des Begünstigten im Wettbewerb verbessert und den Wettbewerb daher verfälscht.

dd. Handelsbeeinträchtigung und De-minimis

Ebenso wie britische Filme werden deutsche Filme nicht nur für den nationalen deutschen Filmmarkt hergestellt und gehandelt, sondern sie werden auch in anderen europäischen Staaten sowie international vertrieben und in Filmtheatern abgespielt. Wenngleich der U.S.-amerikanische Film den Handel weltweit dominiert, gibt es einen Markt für deutsche und europäische Filme sowohl auf dem internationalen als auch dem europäischen Filmmarkt. Deutsche Filme konkurrieren daher mit Filmen aus anderen europäischen Staaten, mit U.S.-amerikanischen Filmen, kanadischen und anderen internationalen Filmen. Das gilt vor allem für programmfüllende Filme und TV-Serien, aber auch für Kurzfilme. Die Begünstigung für Unternehmen, die deutsche Filme herstellen oder vertreiben, verschafft ihnen eine Stärkung im Handel und wirkt sich durch die pan-europäische und internationale Handelsbetätigung auf die Wettbewerbssituation von Unternehmen in anderen EU-Mitgliedstaaten aus. Die Fördermaßnahmen auf Bundesebene in Deutschland sind damit geeignet, den Handel zwischen den Mitgliedstaaten zu beeinträchtigen.

Etwas anderes gilt nur, wenn es sich bei den Beihilfen um solche handelt, die unter die De-minimis-VO fallen. De-minimis soll geringe Zuwendungen vom Tatbestand der Beihilfe ausnehmen. Um eine Ausnahme zu gewährleisten, müssen die Begünstigten darauf hingewiesen werden, dass ihre Zuwendungen unter De-minimis fallen. Den Mitgliedstaaten wie auch den begünstigten Unternehmen wird hier zur Einhaltung eine Mitwirkungspflicht auferlegt. De-minimis-Beihilfen können nur Beihilfen sein, die den Schwellenwert von € 200.000 in einem fließenden Zeitraum von drei Steuerjahren für ein bestimmtes Unternehmen nicht überschreiten. Soweit die Begünstigten die Voraussetzungen der De-minimis-VO erfüllen, kann es sich um De-minimis-Beihilfen handeln. Dies ist angesichts der niedrigeren Fördersummen bei einigen Förderprogrammen auf Bundesebene denkbar. Insbesondere kommt eine Anwendung bei geringeren

Fördermittelsummen im Rahmen der Drehbuch-, Projektentwicklungs-, Kurzfilm- oder Verleihförderung bei den verschiedenen Einrichtungen auf Bundesebene in Betracht. Zwar müssen die staatlichen Stellen, die Beihilfen im Einklang mit der De-minimis-VO gewähren wollen, die Begünstigten darauf hinweisen und Informationen zur Überprüfung der Voraussetzungen einfordern. Das heißt jedoch nicht, dass in dem Fall, dass die Förderrichtlinien keinen Hinweis auf De-minimis enthalten, die Fördereinrichtungen nicht an anderer Stelle auf De-minimis hinweisen, z.B. dem Förderbescheid, und die Beihilfe sich für De-minimis qualifiziert. Ob die Fördereinrichtungen letztlich eine Gewährung unter De-minimis vornehmen, kann hier im Einzelnen nicht festgestellt werden.

d. Zwischenergebnis

Im Ergebnis liegt mangels Gewährung staatlicher Mittel bei den Fördermitteln des Kuratoriums keine Beihilfe vor, einschließlich der gemeinsamen Förderung mit der BKM, sowie bei der Projektförderung der FFA. Dagegen liegt grundsätzlich der Tatbestand der Beihilfe bei der Referenzförderung der FFA, den Fördermitteln der BKM, des DFFF und des GMPF vor. Wird allerdings eine Gewährung unter Anwendung der De-minimis-VO vorgenommen, liegt keine Beihilfe vor.

2. Rechtfertigung der Beihilfe, Ausnahmen des Beihilfeverbots

Die tatbestandlichen Beihilfen der Filmförderungen könnten gemäß der Ermessensausnahme für Kulturbeihilfen nach Art. 107 Abs. 3 lit. d AEUV gerechtfertigt sein. Vorrangig ist zu prüfen, ob die Fördermittelvergabe unter die AGVO fällt. Erst wenn dies zu verneinen ist, ist die Filmmitteilung im Rahmen der Kulturermessensausnahme heranzuziehen.

a. AGVO

Zu prüfen ist, ob das FFG und die Förderrichtlinien der FFA, die Förderrichtlinien der BKM, des DFFF und des GMPF die Voraussetzungen der AGVO erfüllen. Manche Förderrichtlinien nehmen ausdrücklich auf die AGVO Bezug und sind bereits unter der AGVO angemeldet worden.[1114] Die Förderrichtlinien müssten die formellen Voraussetzungen (Informationspflicht und Mitwirkungspflicht) und allgemeinen materiellen Voraussetzungen (Transparenzerfordernis, Einhaltung des Schwellenwerts und Anreizwirkung) sowie die speziellen

---

1114 Z.B. DFFF Förderrichtlinien S. 3, I.; § 1 Abs. 5 GMPF Richtlinie.

materiellen Voraussetzungen für Beihilfen für audiovisuelle Werke erfüllen. Entscheidend sind insbesondere zum einen die Einhaltung des Schwellenwerts, dass das Fördervolumen im Jahr nicht über € 50 Mio. beträgt (Art. 4 Abs. 1 lit. z. aa AGVO). Zum anderen müssen die speziellen Kriterien bei Beihilfen für audiovisuelle Werke, die fast inhaltsgleich mit denen der neuen Filmmitteilung sind und in die AGVO integriert worden sind, erfüllt werden.

Den Schwellenwert zur Anwendbarkeit der AGVO von € 50 Mio. pro Jahr erfüllen die Förderprogramme der BKM mit € 28 Mio. pro Jahr im Jahr 2016 und des GMPF mit € 10 Mio. pro Jahr sowie in den Jahren 2015 und 2016 auch das Förderprogramm des DFFF mit € 50 Mio. Die FFA ist durchschnittlich mit einem Budget für die Förderung über dem Schwellenwert ausgestattet, im Jahr 2015 mit € 64 Mio., in 2018 mit knapp € 70 Mio. Der DFFF hatte bis 2014 durchschnittlich € 60 Mio. pro Jahr zur Verfügung, wurde danach jedoch auf € 50 Mio. reduziert, sodass eine Anwendbarkeit der AGVO eröffnet ist.[1115] Folglich wird das Vorliegen der weiteren Voraussetzungen für die Beihilferegelungen der BKM, des DFFF und des GMPF geprüft.

Das Transparenzerfordernis ist bei allen Beihilferegelungen erfüllt, da Zuschüsse gemäß Art. 5 Abs. 2 lit. a AGVO als transparent gelten und bei Fördermitteln in Form von Darlehen gemäß Art. 5 Abs. 2 lit. b AGVO das Bruttosubventionsäquivalent im Voraus genau berechnet werden kann und die Berechnung auf der Grundlage des zum Gewährungszeitpunkt geltenden Zinssatzes erfolgt.

Ferner haben die Beihilfen der BKM, des DFFF und GMPF Anreizwirkung im Sinne des Art. 6 Abs. 2 AGVO, da die Förderrichtlinien sämtlich voraussetzen, dass vor Antragstellung noch nicht mit dem Projekt begonnen werden darf.

Hinsichtlich der speziellen materiellen Voraussetzungen enthalten die Förderrichtlinien aller drei Förderprogramme kulturelle Kriterien mit einem wirksamen Überprüfungsmechanismus zur Sicherstellung, dass mit der Beihilfe ein kulturelles Produkt gefördert wird. Im Falle der Richtlinien der BKM wird diese Voraussetzung durch einen Verweis auf die kulturellen Kriterien des FFG erfüllt. Die anderen beiden Richtlinien des DFFF und GMPF enthalten jeweils ausführliche Kriterien als Liste.

Territoriale Ausgabenverpflichtungen legen die Richtlinien der BKM nicht fest, die Richtlinien des DFFF und des GMPF dagegen enthalten solche Verpflichtungen. Beim DFFF ist eine Beihilfe in Höhe von 20 bzw. 25% von den

---

1115 Es kommt auf die geplante Budgetausstattung des Beihilfeprogramms und nicht auf die tatsächlich gewährten Mittel an.

deutschen Kosten an den Gesamtherstellungskosten vorgesehen, wobei die deutschen Kosten mindestens 25% ausmachen müssen. Beim GMPF soll die Beihilfe 10 bzw. 20% der deutschen Kosten an den Gesamtherstellungskosten betragen, wobei die deutschen Kosten mindestens 40% sein müssen. Somit liegen die Territorialitätsausgaben unter 80% der gesamten Produktionskosten und erfüllen daher die Verpflichtungen zur Territorialität die in der AGVO vorgesehenen Bestimmungen.

Die Beihilfehöchstintensität von grundsätzlich 50% wird in den Richtlinien des DFFF und des GMPF festgelegt und daher eingehalten. Die geänderte Beihilfehöchstintensität in den Regelungen der BKM von 80% erfüllt diese Voraussetzung der AGVO dagegen nicht.[1116] Fraglich ist, ob eine der Ausnahmen der 50%-Grenze vorliegt. Die Förderung der BKM könnte auf schwierige Werke beschränkt sein, für die eine Festlegung der Beihilfeintensität bis zu 100% zulässig ist. Die AGVO führt in ihren Begriffsbestimmungen in Art. 2 Nr. 140 AGVO aus, dass unter schwierigen Werken u.a. Low-Budget-Produktionen zu verstehen sind. Ähnlich führt die Filmmitteilung Beispiele an, was unter schwierigen audiovisuellen Werken zu verstehen sei, nämlich u.a. Werke mit geringen Produktionskosten. Die EU-Kommission überlässt es allerdings den Mitgliedstaaten, eine Definition für schwierige audiovisuelle Werke festzulegen. In Deutschland gibt es keine Legaldefinition, wobei viele Richtlinien auf diesen Begriff Bezug nehmen. Die Legaldefinition von UK (Filme bis £ 20 Mio.) kann aufgrund anderer Produktionseinflüsse nicht als Anhaltspunkt herangezogen werden, vor allem vor dem Hintergrund, dass die Legaldefinition auch auf ausländische (U.S.-amerikanische) Produktionen Anwendung findet. Die RL Projektfilmförderung der FFA definiert in der Präambel schwierige Filme, darunter Erst- und Zweitfilme, Dokumentarfilme und Low-Budget-Filme. Dagegen war in der RL Projektfilmförderung von 2014 diese Definition nicht enthalten, stattdessen galt eine Ausnahmemöglichkeit für Filme mit einem zu erwartenden schwierigen Absatz ohne weitere Konkretisierung. Allerdings wird in den BKM Förderrichtlinien nicht auf die FFA Richtlinien verwiesen. Die Produktionsförderung der BKM ist für Filme bis € 2,5 Mio. bzw. seit 2016 erhöht auf € 5 Mio. Es ist daher davon auszugehen, um eine Rechtskonformität annehmen zu können, dass die BKM ihre Produktionsförderung auf Low-Budget-Filme beschränken will und diesen Grenzwert als niedrige Produktionskosten ansieht und dementsprechend ausschließlich schwierige audiovisuelle Werke gefördert werden.

1116 Änderungen in den Merkblättern von 2016 gegenüber den BKM Förderrichtlinien von 2005.

Demzufolge gilt die 50%-Grenze der Beihilfeintensität nicht, sondern die mögliche Festlegung auf bis zu 100%. Die Festlegung der Beihilfehöchstintensität in den Richtlinien der BKM unter Beachtung der Änderung in 2016 auf grundsätzlich 80% ist daher mit der AGVO vereinbar. Eine höhere Ausnahme für Dokumentarfilme, wie sie die BKM Förderrichtlinien vorsieht, ist unproblematisch von der AGVO gedeckt.

Die weiteren speziellen Voraussetzungen liegen ebenfalls bei den Richtlinien der BKM, des DFFF und GMPF vor, nämlich, dass die Förderrichtlinien die Beihilfen für die Bereiche der Produktion, die Vorbereitung oder den Vertrieb vorsehen, weiterhin, dass keine Beihilfen für einzelne Produktionstätigkeiten oder einzelne Teile der Wertschöpfungskette gewährt werden, sowie ferner, dass die Richtlinien keine Beschränkung der Beihilfeempfänger auf Inländer enthalten.

Im Übrigen gibt es hinsichtlich der Einhaltung der formellen Voraussetzungen keine Bedenken.

Die Richtlinien der BKM, des DFFF und des GMPF erfüllen mithin die Voraussetzungen der AGVO, sodass ihre Beihilferegelungen für die Filmförderung von der Beihilfeprüfung freigestellt werden.

b. Ermessensausnahme Kultur, Filmmitteilung

Hinsichtlich der Förderung durch die FFA gemäß dem FFG stellt sich nun die Frage, ob die Beihilfen aufgrund der Filmmitteilung gerechtfertigt werden können.

Wie im europäischen Teil 4 dargestellt, gleichen die speziellen Voraussetzungen der AGVO inhaltlich fast vollständig den Kriterien der Filmmitteilung 2013. Für die Förderung der FFA gilt eine Beihilfeintensität von grundsätzlich 50%, in Ausnahmefällen bis zu 70-80% je nach Förderart. Damit ist die Beihilfehöchstintensität gewahrt. Das FFG beinhaltet in § 41 Abs. 1 Nr. 5, 7 den Kulturtest mit einer Liste von kulturellen Kriterien, sodass das Erfordernis der Förderung eines kulturellen Projekts erfüllt ist. Territorialitätsvorgaben gibt es nicht. Die beihilfefähigen Kosten werden in den Förderrichtlinien der FFA aufgeführt und entsprechen den Vorgaben der Filmmitteilung. Ferner werden nicht bestimmte Produktionstätigkeiten gefördert, was nach der Filmmitteilung unzulässig wäre.

Die Beihilferegelungen des FFG zur Filmförderung erfüllen also die Kriterien der Filmmitteilung und sind daher gerechtfertigte Beihilfen.

3. Ergebnis

Die Förderungen auf Bundesebene der Referenzförderung der FFA, der BKM, des DFFF und GMPF sind jeweils als Beihilfe zu qualifizieren, die jedoch gerechtfertigt ist. Die Förderungen der BKM, des DFFF und des GMPF sind unter Anwendung der AGVO von der Beihilfeprüfung freigestellt, soweit die Beihilfen nicht bereits unter der De-minimis-Verordnung gewährt werden. Die Referenzförderung der FFA erfüllt die Kriterien der Filmmitteilung 2013 und ist somit gerechtfertigt.

Die Projektförderung der FFA sowie die Förderung des Kuratoriums, einschließlich der gemeinsamen Förderung von Kinder- und Jugendfilmvorhaben mit der BKM, stellen keine Beihilfen dar, da bereits das Tatbestandsmerkmal der staatlich gewährten Mittel fehlt.

II. Filmförderung auf Bundesländerebene

1. Tatbestand der Beihilfe gemäß Art. 107 Abs. 1 AEUV

Fraglich ist, ob die Fördermittel der Länderfilmfördereinrichtungen die Tatbestandsmerkmale der Beihilfe gemäß Art. 107 Abs. 1 AEUV erfüllen, nämlich eine durch staatliche oder aus staatlichen Mitteln gewährte Begünstigung vorliegt, die bestimmten Unternehmen zugutekommt und durch die eine Verfälschung des Wettbewerbs und eine Handelsbeeinträchtigung des EU-Binnenmarkts entsteht. Wie auch bei der Prüfung der Förderungen auf Bundesebene, liegt der Schwerpunkt der Prüfung auf dem Tatbestandsmerkmal der staatlichen Mittel.

a. Begünstigung

Als Begünstigung kommt bei den Länderfilmfördereinrichtungen nur eine positive Leistung in Form einer Geldzahlung in Betracht. Die Förderung der Länderfilmfördereinrichtungen wird in Form von Zuschüssen oder Darlehen vergeben. Teilweise wird eine weitere Dienstleistung an die finanzielle Leistung geknüpft, wie z.B. eine Beratung oder ähnliche Unterstützung. Auch eine solche ist als Begünstigung zu qualifizieren, sofern sie monetär berechnet werden kann.

Zuschüsse werden von allen Länderfilmfördereinrichtungen vergeben. Zuschüsse sind ohne weiteres als positive Leistung einzuordnen, die ohne Gegenleistung nicht von einem „private investor“ gewährt würden. Zu den Zuschüssen zählen auch Stipendien, Prämien und Preisgelder.

Bedingt rückzahlbare zinslose Darlehen werden zudem von der Filmstiftung, dem FFF Bayern und die FFHSH gewährt, bedingt rückzahlbare Darlehen vom Medienboard, der MDM, der nordmedia und der MFG. Verzinste (1% bzw. 6%) und grundsätzlich rückzahlbare Darlehen werden von HessenFilm gewährt. Saarland Medien und die Kulturstiftung vergeben zwar grundsätzlich Zuschüsse, können aber auch Darlehen vergeben, im Fall von Saarland Medien wird ein Darlehen vergeben, soweit eine Rückzahlung realistisch ist.

Bei Darlehen kommt es auf die konkreten Umstände an, ob sie auch von einem Finanzinstitut im Sinne des „private creditor test" gewährt würden. Die Darlehen der Fördereinrichtungen bieten meistens günstigere Bedingungen als die der üblichen Kreditinstitute, z.B. zinslos, eine günstigere Zinsrate, günstigere Rückzahlungsbedingungen (erfolgsbedingt), längere Laufzeiten oder sonstige begünstigende Faktoren im Vergleich zu üblichen Darlehen. Bei erfolgsbedingt rückzahlbaren Darlehen ist zwar eine Beurteilung der Beihilfeintensität zum Zeitpunkt der Gewährung des Darlehens kaum möglich[1117], die Tatsache, dass jedoch überhaupt dieses Risiko von dem Darlehensgeber eingegangen wird, zeigt den Unterschied zwischen dem Staat bzw. einer staatlichen Einrichtung und einem sich marktüblich verhaltenden Kreditgeber. Dies gilt umso mehr, als das Risiko einer Erfolgsprognose bei Filmprognosen sehr hoch und unwägbar ist. Zur besseren tatsächlichen Beurteilung einer Begünstigung kann auch die durchschnittliche Rückzahlungsquote herangezogen werden. Inwieweit eine solche Aufstellung aufschlussreich ist, ist allerdings verhalten zu beurteilen, da Rückflüsse je Förderempfänger, Förderprojekt, Förderjahr und Fördereinrichtung stark variieren können. Hinzu kommt die von verschiedenen Einrichtungen praktizierte zusätzliche Fördermöglichkeit, als Anreiz zurückgezahlte Darlehensmittel für neue Darlehen oder Zuschüsse erneut zur Verfügung zu stellen, sodass diese Mittel für die Fördereinrichtung quasi „verloren" sind und eher einem Zuschuss ähneln. Bedingt rückzahlbare Darlehen sind damit Begünstigungen. Darlehen, die zudem zinslos vergeben werden, stellen in der Differenz zu den marktüblichen Zinsen eine Begünstigung dar. Nur solche Darlehen, die keine vergünstigten Bedingungen zu marktüblichen Darlehen aufweisen, sind keine Begünstigung. Darlehen von Saarland Medien, die rückzahlbar sind, könnten nur eine Begünstigung sein, wenn sie Bedingungen aufweisen, die nicht marktüblich sind. Das gilt auch für die Kulturstiftung. Dafür sind keine Hinweise ersichtlich, sodass eine Begünstigung abzulehnen ist. Die Rechtslage bei HessenFilm sieht Darlehen vor, die zurückgezahlt werden müssen und verzinst sind. Eine Begünstigung kann hier darin gesehen werden, dass Darlehen ohne Besicherung vergeben werden, was durchaus marktunüblich ist. Ungeachtet dessen, sind auch die Förderungen von Saarland Medien, der Kulturstiftung und HessenFilm als Begünstigung zu qualifizieren, soweit es sich um Zuschüsse handelt.

1117 So auch Schaefer/Kreile/Gerlach, ZUM 2002, 182 (184).

b. Staatliche oder aus staatlichen Mitteln gewährte Beihilfen

Das Tatbestandsmerkmal der staatlichen oder aus staatlichen Mitteln gewährte Beihilfen unterteilt sich, wie in Teil 4 dargestellt, in die zwei Komponenten der unmittelbaren oder mittelbaren Gewährung aus staatlichen Mitteln sowie der Zurechenbarkeit zum Staat, die hier beide vorliegen müssten, um das Tatbestandsmerkmal zu bejahen.

aa. Unmittelbare oder mittelbare Gewährung aus staatlichen Mitteln

Als erstes ist zu determinieren, ob die Fördermittel der Länderfilmfördereinrichtungen unmittelbare oder mittelbare staatlich gewährte Mittel sind.

Die Einordnung der finanziellen Mittel kann von den Quellen abhängen, aus denen der Haushalt der Einrichtung gespeist wird. Insofern liegt die ungewöhnliche Rechtslage vor, dass es sich in den meisten Fällen um privatrechtliche Gesellschaften handelt, die ihren Haushalt jedoch nicht selbst erwirtschaften. Die Filmfördereinrichtungen erhalten ihre Geldmittel über diverse Finanzquellen, mindestens zwei, häufig mehr. Da die Mittel der verschiedenen Filmfördereinrichtungen häufig gleicher Art und Herkunft sind, sollen im Folgenden zunächst verschiedene Gruppierungen der Herkunft der Mittel abstrakt unter dem Merkmal der Staatlichkeit eingeordnet werden, bevor anschließend die Mittel der einzelnen Filmfördereinrichtungen konkret untersucht werden.

(1). Herkunft der Mittel

(a). Mittel der Bundesländer

In bundesstaatlich organisierten Mitgliedstaaten der EU sind nicht nur die staatlichen Stellen des Bundesstaats, sondern auch die staatlichen Stellen der Untergliederungen als staatliche Stellen im Sinne des Beihilfenrechts anzusehen. Die Bundesländer und ihre staatlichen Stellen sind daher als staatlich einzuordnen. Die Mittel der Bundesländer stammen aus ihrem Staatshaushalt und sind dementsprechend unmittelbar vom Staat. Daher sind die von den Bundesländern vergebenen Mittel unmittelbar staatlich gewährte Mittel.

Zu dem Staatshaushalt eines Landes zählen auch Sondermittel, die als solches im Haushalt nicht einem bestimmten Ministerium zugeordnet werden. In Niedersachsen wird der Medienförderfonds des Landes Niedersachsen (oder auch Land Niedersachsen Medienförderfonds genannt) aus Sondermitteln des Staatshaushalts gespeist. Mittel hieraus, die an eine Filmfördereinrichtung fließen, sind folglich unmittelbar staatlich gewährte Mittel.

(b). Mittel der öffentlich-rechtlichen Rundfunkanstalten

Mehrere Filmfördereinrichtungen erhalten finanzielle Mittel der öffentlich-rechtlichen Rundfunkanstalten ARD und ZDF. Ob die Mittel der öffentlich-rechtlichen Rundfunkanstalten als staatliche Mittel einzuordnen sind, ist anders als in UK nicht unproblematisch.

Die Finanzierung des öffentlich-rechtlichen Rundfunks basiert auf einer Mischfinanzierung, wobei die Hauptfinanzierungsquelle der Rundfunkbeitrag ist. Die Frage, ob die Rundfunkbeiträge eine staatliche Beihilfe sind, ist umstritten. Diesbezüglich gab es vor einigen Jahren eine rechtliche Auseinandersetzung zwischen Deutschland und der EU-Kommission zu den damaligen Rundfunkgebühren, die in dem sog. Beihilfekompromiss (K (2007) 1761 endg.)[1118] endete. Die EU-Kommission vertrat und vertritt[1119] die Auffassung, dass es sich um eine Beihilfe handelt, die deutsche Bundesregierung dagegen sieht den Tatbestand der Beihilfe nicht erfüllt. Die Kommission stützte in dem Beihilfekompromiss ihre Auffassung maßgeblich auch auf das staatlich ausgestaltete Verfahren der Festsetzung der Höhe der Rundfunkgebühren. Allerdings lässt sich hiergegen anführen, dass anders als es die Kommission vertritt, die Einnahmen aus der Rundfunkgebühr (Rundfunkbeitrag) nicht unter staatlicher Kontrolle stehen, sondern nur die potentiellen Einnahmen über das Verfahren zur Festsetzung der Höhe der Gebühren (Beiträge). Die Rundfunkgebühren bzw. Beiträge sind keine Mittel, auf die der Staat tatsächlich zugreifen könnte. Weder die KEF noch die GEZ/ der Beitragsservice kommen als zwischengeschaltete Einrichtungen, sozusagen staatliche Nebenhaushalte, in Betracht, deren Haushalt belastet würde, da sie beide keinen Zugriff auf die Mittel haben und die Rundfunkgebühren (Beiträge) nicht in ihre Haushalte fließen.[1120] Der EuGH hatte

---

1118 Vgl. Entscheidung der Kommission v. 24.4.2007, K (2007) 1761 endg.; siehe auch die vor und nach PreussenElektra vertretene Aufassung von Koenig/Kühling, EuZW 2000, 197 und Koenig/Kühling, ZUM 2001, 537.

1119 Vgl. Rundfunkmitteilung (Fn. 990).

1120 Anders als bei der BBC gibt es also keine zwischengeschaltete staatliche Stelle zur Einnahme und Weiterverteilung der Rundfunkbeiträge. Abzulehnen ist deshalb mangels Vergleichbarkeit der Rechts- und Sachlage die Heranziehung der Entscheidung der Kommission zu den dänischen Rundfunkgebühren (Entsch. d. Kommission v.19.5.2004, 2006/217/EG - TV2/Danmark) sowie des Urteils des EuG in den verbundenen Rechtssachen zu „TV2“ (Urt. des EuG v.22.10.2008 in den verbundenen Rechtssachen T-309/04, T-317/04, T-329/04, T-336/04 - TV2/Danmark).

bislang nicht über die deutsche Rundfunkgebühr bzw. den Rundfunkbeitrag zu entscheiden.[1121]

Sobald die Rundfunkbeiträge im Haushalt der Rundfunkanstalten sind und mit anderen eigenerwirtschafteten Mitteln zusammengeführt sind, kommt es auf den Streitpunkt, ob die Rundfunkbeiträge eine Beihilfe sind, also auch staatliche Mittel, nicht mehr an, sondern nur noch, ob diese finanziellen Mittel durch die Rundfunkanstalten selbst oder übergeordnete staatliche Stellen dem Staat zuzuordnen sind, weil der Staat auf die Mittel zugreifen kann und die Kontrolle über sie hat. Die Frage nach der beihilferechtlichen Einordnung des Rundfunkbeitrags betrifft hier eine vorgelagerte Stufe, die nicht mehr relevant ist. Die Quelle der staatlichen Mittel ist nämlich ohne Bedeutung, wenn die Mittel in einen öffentlichen Haushalt gelangen. Denn die Mittel werden zu staatlichen Mitteln, wenn sie in einen Haushalt gelangen oder gelangen müssten, der hoheitlich kontrolliert wird, mit der Folge, dass eine anschließende Weiterleitung von

1121 Es ist zweifelhaft, ob eine Entscheidung des EuGH im Vergaberecht, bei dem die deutschen Rundfunkgebühren Gegenstand waren, allein mit der Begründung der einheitlichen Auslegung des EU-Wettbewerbsrechts ohne weiteres auf das Beihilfenrecht übertragen werden kann. Vgl. EuGH, Urt.v.13.12.2007, Rs. C-337/06 - Bayrischer Rundfunk u.a./GEWA. Es ist zwar verständlich eine einheitliche Auslegung zu bevorzugen (so wird in der deutschen Literatur für eine Übertragung der Argumentation auf das Beihilfenrecht argumentiert, vgl. Hartstein/Ring/Kreile/Dörr/Stettner/Cole/Wagner, Bd. II, RStV, § 13 Rn. 52), wie auch der EuGH im Vergaberechtsstreit selbst betont, aber die Übertragung der Argumente des EuGH im Vergaberecht auf die Rechtslage im Beihilfenrecht ist problematisch, da die Tatbestände andere sind. Denn das hieße, dass die Ausgestaltung des Verfahrens der Rundfunkbeitragserhebung bereits als ausreichender staatlicher Rahmen auszulegen wäre. Dies läuft der ausdifferenzierten Rechtsprechung des EuGH im Beihilfenrecht (u.a. die Entscheidungen PreussenElektra, Stardust Marine, Pearle, Ladbroke Racing, Air France) zuwider. Im Beihilfenrecht kommt es vielmehr darauf an, dass die Mittel zu irgendeinem Zeitpunkt dem Staat zur Verfügung standen, er also eine Kontroll-und Entscheidungsbefugnis ausübt, sowie, dass die Mittel durch staatliche Hände gegangen sind. Aufgrund der unterschiedlichen Tatbestandsmerkmale und deren Auslegung und Differenzierung in der Rechtsprechung des EuGH lässt sich die Staatlichkeit der Mittel des Beihilfetatbestands nicht unter Heranziehung des Vergaberechtsurteils in der oben genannten Sache mit der gleichen Argumentation begründen. Folglich scheitert eine einheitliche Auslegung an den unterschiedlichen Tatbestandsmerkmalen vom Vergaberecht und Beihilfenrecht und deren rechtsdogmatischer Auslegung durch den EuGH selbst.

Mitteln aus dem Haushalt eine staatliche Beihilfe darstellen kann.[1122] Es kommt entscheidend darauf an, ob der Haushalt staatlicher Kontrolle unterliegt und die Mittel damit den staatlichen Behörden zur Verfügung stehen bevor sie weitergegeben werden.

Allein die Rechtsform der öffentlich-rechtlichen Anstalt ist nicht ausreichend, um staatliche Mittel anzunehmen. Auch die Tatsache, dass die Rechnungshöfe die Haushalte der Rundfunkanstalten überprüfen, lässt diese nicht zu einem staatlichen Haushalt werden. Die Kontrolle der Rechnungshöfe ist lediglich ein Teil der verfassungsrechtlich ausbalancierten internen und externen Kontrolle des öffentlich-rechtlichen Rundfunks unter Berücksichtigung der Staatsferne. Die rechtliche Ausgestaltung des öffentlich-rechtlichen Rundfunks wird von dem verfassungsrechtlichen Gebot der Staatsferne bestimmt. Die Rundfunkanstalten haben ein weitgehendes Selbstverwaltungsrecht und unterliegen nur begrenzt der staatlichen Rechtsaufsicht. Die Anstalten sind weder staatlich beherrscht noch in die Staatsverwaltung eingegliedert.[1123] Der Grundversorgungsauftrag wird von der Verfassung vorgegeben. Die Finanzhoheit der Rundfunkanstalten ist der direkten Einwirkung vom Staat entzogen. Die Mittel fließen in deren Haushalt und dienen der Erfüllung der Rundfunkgesamtveranstaltung und den damit zu finanzierenden Aufgaben. Die Rundfunkanstalten können frei über die Mittel aus den Rundfunkbeiträgen im Rahmen der gesetzlichen Vorgaben und Aufgaben verfügen. Wie die Mittel im Rahmen der gesetzlichen Bestimmungen auf die Programme, Programmsparten oder den Programmerwerb verteilt und eingesetzt werden, obliegt der Rundfunkanstalt. Es bleibt festzustellen, dass der Haushalt der öffentlich-rechtlichen Anstalten insgesamt keinen öffentlichen Haushalt darstellt. Die Rundfunkanstalten sind nicht dem Staat zuzuordnen und

---

1122 Vgl. mit Hinblick auf die Rechtsprechung des EuGH zu PreussenElektra Koenig/Kühling, ZUM 2001, 537 (544).

1123 Zwar legt das EuG im Urteil Air France geringe Voraussetzungen für eine Zuordnung einer Einrichtung als dem Staat zugehörig an, auch um eine Umgehung des Beihilfeverbots durch die Schaffung von vermeintlich unabhängigen Einrichtungen zu unterbinden, die öffentlich-rechtlichen Rundfunkanstalten sind jedoch gerade nicht eingerichtet worden, um staatliche Mittel zu verteilen, und können nicht als staatlich eingesetzte Einrichtung qualifiziert werden im Sinne der Air France-Urteilsbegründung. Vgl. EuG, Urt.v.12.12.1996, Rs. T-358/94 - Air France, Ziff. 58ff., insbesondere kann bei der Ausgestaltung des öffentlichen Rundfunks nicht bloß von einer internen Ausgestaltung des öffentlichen Sektors gesprochen werden wie bei der streitgegenständlichen Einrichtung im Fall des Urteils (Ziff. 62).

der Staat hat keinen Zugriff auf die Haushaltsmittel, sodass keine staatlichen Mittel im Sinne des Beihilfenrechts gegeben sind.

Wenn nun die öffentlich-rechtlichen Rundfunkanstalten selbst Mittel zur Förderung gewähren, nämlich z.B. im Rahmen der Mittelvergabe zur Filmförderung, stellen diese Mittel keine staatlich gewährten Mittel dar.

(c). Mittel der Landesmedienanstalten

Landesmedienanstalten sind rechtsfähige Anstalten des öffentlichen Rechts und Teil der mittelbaren Staatsverwaltung. Ihnen obliegt die staatliche Aufsicht über private Rundfunkveranstalter. Sie sollen als unabhängige öffentlich-rechtliche Aufsichtsinstanzen fungieren und haben das Recht der Selbstverwaltung. Daher sind sie einerseits Hoheitsträger und haben andererseits eine gewisse Eigenständigkeit im Verhältnis zum Staat, die durch die Rundfunkfreiheit und gebotene Staatsferne bedingt ist. Die Rechtsaufsicht übt die oberste Landesbehörde aus. Zwar kommt ihnen eine gewisse Eigenständigkeit zu, aufgrund ihrer Funktion und Aufgabe sind sie jedoch eine staatliche Einrichtung und anders als die öffentlich-rechtlichen Rundfunkanstalten zu beurteilen. Sie werden durch den Rundfunkbeitrag sowie sonstige Einnahmen (z.B. Gebühren, Auslagen für Amtshandlungen) finanziert. Die Landesrundfunkanstalten führen den Landesmedienanstalten ihren zustehenden Anteil an den Rundfunkbeiträgen zu, sodass diese Mittel in den Haushalt der Landesmedienanstalten fließen und damit staatliche werden, unabhängig davon, wie sie als Mittel im Haushalt der öffentlich-rechtlichen Rundfunkanstalten rechtlich einzuordnen sind. Die Haushaltsmittel der Landesmedienanstalt stehen ihr allein zur Verfügung und sind als staatlich anzusehen. Die Mittel, die von den Landesmedienanstalten an Filmfördereinrichtungen fließen, haben daher einen staatlichen Haushalt im Sinne der EuGH-Rechtsprechung von PreussenElektra berührt und stehen einer staatlichen Stelle zur Verfügung, sodass sie als mittelbar staatlich gewährte Mittel zu qualifizieren sind.

(d). Mittel aus Vorabkürzung und Rückflussmittel

Manche Einrichtungen verfügen über gesetzlich vorgeschriebene Mittel aus Vorabkürzung und Rückflussmittel der Rundfunkbeiträge.

Teilweise sehen die Landesmediengesetze oder Medienstaatsverträge die Vorabkürzung des Anteils der Landesmedienanstalten aus den Rundfunkbeiträgen vor. Dieser vorab gekürzte Teil verbleibt stattdessen im Haushalt der Landesrundfunkanstalt. Manche landesrechtliche Regelungen schreiben eine Zweckbindung dieser Mittel fest, in einigen Fällen fließen die Mittel weiter an die Landesfilmfördereinrichtung. Die Gesetze, die die Vorabkürzung vorsehen, sind Regelungen zur gewissen staatlichen Lenkung, gemäß dem EuGH-Urteil PreussenElektra, ohne dass dies die Mittel zu staatlichen werden lässt. Die Rundfunkanstalt hat die Aufgabe, die Mittel weiter zu verteilen. Die Mittel fließen also in den Haushalt der Rundfunkanstalt oder berühren ihn zumindest bevor sie von der Rundfunkanstalt für die regionale Filmförderung vergeben werden oder an die Landesfilmfördereinrichtung weiterfließen. Die Rundfunkanstalt verfügt also über die Mittel ohne oder mit Zweckbindung. Unabhängig davon, ob die Rundfunkbeiträge staatliche Mittel sind oder nicht, gilt das oben Gesagte, dass, sobald die Mittel im Haushalt der Rundfunkanstalt sind, es nichtstaatliche Mittel sind. Die Mittel aus der Vorabkürzung berühren keinen staatlichen Haushalt.

Neben der Vorabkürzung haben einige Bundesländer von der Möglichkeit Gebrauch gemacht, den Rückfluss nicht verbrauchter Mittel aus dem Anteil der Rundfunkbeiträge von den Landesmedienanstalten an die Landesrundfunkanstalten vorzuschreiben und zum Teil ebenfalls eine Zweckbindung für diese Mittel zugunsten der Filmförderung in dem jeweiligen Bundesland bestimmt. Anders als die Mittel aus der Vorabkürzung fließen die Rückflussmittel aus dem Haushalt der Landesmedienanstalten zurück an die Landesrundfunkanstalten. Da die Mittel aus dem Haushalt der Landesmedienanstalten wie oben dargelegt als staatlich anzusehen sind, sind die rückfließenden Mittel ebenfalls staatliche Mittel.[1124] Denn der ihr zustehende Anteil aus den Rundfunkbeiträgen stand der Landesmedienanstalt in dem laufenden Rechnungsjahr zur alleinigen Planung und für Ausgaben zur Verfügung. Inwieweit Mittel aus dem Haushalt nicht benötigt werden und sodann die Rückflussmittel bilden, hängt allein von der Landesmedienanstalt ab. Die nicht benötigten Mittel fließen wieder zurück an die Landesrundfunkanstalt und sind daher bereits durch den staatlichen Haushalt der Landesmedienanstalt geflossen. Wenn die Mittel in den Haushalt der Rundfunkanstalt gelangen und diese selbst entscheidet und über die Mittel verfügen kann, werden sie zu nichtstaatlichen Mitteln. Wenn allerdings die gesetzlichen Regelungen lediglich eine Durchlaufstelle ohne Verfügungsgewalt bei der Rundfunkanstalt zur Weitergabe an bestimmte Empfänger vorsehen, wie z.B. die Landesfilmfördereinrichtung, berühren sie den Haushalt nicht und bleiben staatliche Mittel.

1124 Deswegen ist der Sachverhalt nicht zu vergleichen mit dem der UTECA-Entscheidung des EuGH, Urt.v.5.3.2009, Rs. C-222/07.

In Hamburg und Schleswig-Holstein gibt es die Besonderheit, dass neben dem NDR auch der Bürgerfunk in den beiden Bundesländern einen Anteil aus der Vorabkürzung der Rundfunkbeiträge der Landesmedienanstalt erhält. Zwar ist die Vorabkürzung für die FFHSH irrelevant, dem NDR fallen jedoch ebenso wie von der Landesmedienanstalt die nicht verbrauchten Mittel des Bürgerfunks als Rückflussmittel zu. Der Bürgerfunk in Hamburg und Schleswig-Holstein wird im Medienstaatsvertrag Hamburg-Schleswig-Holstein geregelt.[1125] Zwar ist seine Aufgabe als offener Kanal die Ermöglichung der Selbstveranstaltung von Rundfunk durch Bürger. Die Aufgaben, die Trägerschaft, die Finanzierung und die Rechtsaufsicht (durch die Landesmedienanstalten) werden gesetzlich im Medienstaatsvertrag und einem weiteren Landesgesetz geregelt.[1126] Finanziert wird der Bürgerfunk über einen Teil der Rundfunkbeiträge. Über die Finanzierung und die Höhe entscheiden die Gesetzgeber der beiden Bundesländer. Der Bürgerfunk ist anders als der öffentlich-rechtliche Rundfunk nicht besonders grundrechtlich ausgestaltet, insbesondere gilt nicht das Gebot der Staatsferne. Da der Bürgerfunk folglich staatlichem Einfluss unterliegt, sind die Rückflussmittel des Bürgerfunks als staatlich gewährte Mittel einzuordnen.

(2). Konkrete Einordnung bei den Fördereinrichtungen

(a). Filmstiftung

Zu prüfen ist, ob es sich bei der Fördermittelvergabe der Filmstiftung um mittelbare durch eine sonstige Einrichtung gewährte Beihilfen handelt. Hierbei stellen sich die Fragen, woher die Mittel der Einrichtung stammen und bei einer mittelbaren Gewährung staatlicher Mittel, ob die Einrichtung dem öffentlichen Sektor zuzuordnen ist, also unter staatlicher Kontrolle steht, sodass ihre Mittel als staatlich anzusehen wären.

Die Filmstiftung erhält Finanzmittel aus verschiedenen Quellen, nämlich aus dem Landeshaushalt Nordrhein-Westfalen, von den Rundfunkveranstaltern WDR, ZDF, RTL und ProSiebenSat1 sowie von der Landesmedienanstalt Nordrhein-Westfalen. Wie oben dargestellt, sind die Mittel aus dem Landeshaushalt als unmittelbare staatliche Mittel einzuordnen. Die Mittel der Landesmedienanstalt sind ebenfalls als staatlich anzusehen, hier handelt es sich um mittelbare staatliche Mittel. Nach der oben vertretenen Auffassung sind die Mittel von WDR und ZDF als private Mittel zu qualifizieren. Die Mittel der privaten

1125 §§ 33 ff. Medienstaatsvertrag Hamburg-Schleswig-Holstein.

1126 Landesgesetz über die Errichtung einer Anstalt öffentlichen Rechts Offener Kanal Schleswig-Holstein (OK-Gesetz).

Rundfunkveranstalter RTL und ProSiebenSat1 sind unproblematisch als private Mittel einzustufen. Das WDR-Gesetz und das nordrhein-westfälische Landesmediengesetz sehen sowohl Mittel der Vorabkürzung wie des Rückflusses vor, die zweckgebunden mit 90% der Mittel für die Filmstiftung einzusetzen sind.[1127] Bei diesen Mitteln ist gemäß der obigen Ausführungen zu differenzieren. Die Mittel der Vorabkürzung sind nicht als staatliche Mittel, die Rückflussmittel dagegen als staatliche Mittel einzustufen. Damit sind ein Teil der Mittel als unmittelbare und mittelbare staatliche Mittel einzuordnen, ein anderer Teil als private Mittel. Die Mittel fließen nicht in verschiedene Fonds, sondern vermischen sich in dem gesamten Haushalt der Filmstiftung.

Vergibt eine sonstige Einrichtung die Mittel, kommt es auf eine Verschiebung staatlicher Mittel an. Der Staatshaushalt muss nicht unmittelbar belastet werden, es reicht aus, wenn der Haushalt der zwischengeschalteten Einrichtung, die unter staatlicher Kontrolle steht, belastet wird. Private Mittel können als staatlich angesehen werden, wenn sie unter staatlicher Kontrolle stehen. Die Filmstiftung müsste also dem öffentlichen Sektor zuzuordnen sein und somit staatlicher Kontrolle unterliegen. Die Filmstiftung ist eine Gesellschaft mit beschränkter Haftung und damit ein privatrechtliches Unternehmen. Dies schließt eine Zuordnung zum Staat nicht aus, wenn das Unternehmen von der öffentlichen Hand beherrscht wird. Das Bundesland NRW ist mit 35% an der Filmstiftung beteiligt, die Landesmedienanstalt NRW mit 5 % sowie die Rundfunkveranstalter WDR (40%), ZDF (10%) und RTL (10%) mit zusammen 60%. Die Landesmedienanstalt ist Teil der Staatsverwaltung, sodass ihre Anteile zusammen mit den Anteilen des Landes dem Staat zuzurechnen sind. Die Anteile des privaten Fernsehveranstalters dagegen sind einem privatwirtschaftlichen Unternehmen zugehörig ebenso wie die Anteile der öffentlich-rechtlichen Rundfunkanstalten aufgrund der besonderen staatsfernen Ausgestaltung des Rundfunks, ähnlich wie bei den staatlich gewährten Mitteln dargestellt, nicht dem Staat zurechenbar sind. Damit ergibt sich ein Anteil von 40%, auf den der Staat Einfluss nehmen kann. Folglich wird die Filmstiftung nicht staatlich beherrscht. Das Verhältnis der Anteile spiegelt sich auch im Aufsichtsrat, in dem lediglich drei Mitglieder von zehn dem Staat zugehörig einzuordnen sind, zwei von der Landesregierung und ein Mitglied von der Landesmedienanstalt. Die Filmstiftung ist somit eine privatrechtliche Gesellschaft, die dem privaten und nicht dem öffentlichen

1127 § 47 S. 1, 2 Nr. 1 WDR-G, § 116 Abs. 1 S. 1, 2 LMG NRW.

Sektor zuzurechnen ist. Der Staat hat daher keine Kontrollmöglichkeiten oder Beeinflussungsspielräume.

Die Einrichtung könnte dennoch staatliche Mittel vergeben, wenn sie Mittel aus dem Staatshaushalt weiterleitet. Eine Gewährung aus staatlichen Mitteln kann allerdings auch vorliegen, obgleich eine Zuordnung der Einrichtung zum Staat abgelehnt wird, wenn eine zwischengeschaltete Einrichtung die Mittel weiterleitet und der Staat eine Kontrolle über die Mittel ausübt. Das kann auch auf andere Art und Weise sein als eine Beherrschung der Einrichtung an sich. Wirtschaftlich gesehen kann es keinen Unterschied machen, ob Mittel aus dem Staatshaushalt direkt vom Staat oder einer zwischengeschalteten Einrichtung vergeben werden.[1128] Dies gilt jedoch nur für Mittel aus dem Staatshaushalt. Allerdings ist die Einrichtung nicht als bloße zwischengeschaltete Einrichtung zum Zwecke der Vergabe von Fördermitteln vom Staat errichtet worden. Der Staat müsste eine Kontrollmöglichkeit über die Staatsressource haben. Das ist hier nicht der Fall. Die Filmstiftung unterliegt keiner staatlichen Kontrolle und der Staat verfügt über keinerlei Kontrollmöglichkeit über die Mittel, obgleich ein Teil der Mittel aus dem Staatshaushalt gespeist sind.

Folglich liegt bei der Förderung der Filmstiftung keine staatlich gewährte Beihilfe vor.

(b). FFF Bayern

Bei den vom FFF Bayern vergebenen Fördermitteln kommt die Möglichkeit einer mittelbaren durch sonstige Einrichtungen gewährten Beihilfe in Betracht. Der FFF Bayern müsste eine dem Staat zuzurechnende Einrichtung sein, die staatliche Mittel gewährt.

FFF Bayern erhält Mittel aus verschiedenen finanziellen Quellen. Die Einrichtung verfügt über Mittel vom Land Bayern, der Bayerischen Landesmedienanstalt sowie den Rundfunkveranstaltern BR, ZDF, ProSiebenSat1 und RTL. Entsprechend der obigen Ausführungen sind die Mittel des Landes Bayern und der Landesmedienanstalt unmittelbare und mittelbare staatliche Mittel. Die Mittel der Rundfunkveranstalter sind sämtlich als nichtstaatliche Mittel anzusehen.

Es stellt sich auch hier die Frage, ob der FFF Bayern eine Einrichtung unter staatlicher Kontrolle ist und der Haushalt hoheitlich kontrolliert wird. Der FFF Bayern ist eine gemischt-wirtschaftliche GmbH, deren Mehrheitsgesellschafter mit 55% das Land Bayern ist. Die Landesmedienanstalt ist anteilig mit 8%

1128 So auch Castendyk/Bark, ZUM 2003, 480 (483).

beteiligt, die Rundfunkveranstalter BR mit 12%, ZDF mit 4%, ProSiebenSat1 mit 6% und RTL mit 6%. Zudem hält die GmbH selbst treuhänderisch Anteile in Höhe von 9%. Die dem Staat zurechenbaren Gesellschafteranteile des Landes und der Landesmedienanstalt belaufen sich somit auf 63%. Wie bei der Filmstiftung sind die Anteile der privaten wie der öffentlich-rechtlichen Rundfunkveranstalter nicht dem Staat zuzuordnen. Entsprechend der Vermutungsregel der EU-Transparenzrichtlinie ist die Mehrheit des Stammkapitals in der Hand des Staates Bayern. Das Land kann über seine Anteile maßgeblichen Einfluss auf die privatrechtliche Gesellschaft ausüben. Dass sich im fakultativ eingerichteten Aufsichtsrat die dem Staat zuzurechnenden Mitglieder mit den sonstigen Mitgliedern mit je fünf Vertretern (einerseits vier vom Staat Bayern, einer von der Landesmedienanstalt, andererseits vier Rundfunkvertreter, ein Kinobetreiber) die Waage halten, ist nicht ausschlaggebend, da bereits ein Kriterium zur Annahme des beherrschenden Einflusses erfüllt ist. Der FFF Bayern ist daher staatlich beherrscht und ein öffentliches Unternehmen.

Eine rein organisationsrechtliche Einordnung reicht nicht aus, um per se staatliche Mittel zu bejahen. Bei privaten Unternehmen, die staatlich beherrscht sind, ist die Belastung des Staatshaushalts entscheidend, es muss also eine Verschiebung staatlicher Mittel stattfinden. Entscheidend bei der Frage der Belastung des Staatshaushalts ist, ob die Gewährung tatsächlich aus staatlichen Mitteln stammt. Hierfür müssen die Mittel unter staatlicher Kontrolle stehen. Neben Mitteln vom Land Bayern und der bayrischen Landesmedienanstalt verfügt FFF Bayern über Mittel von privaten und öffentlich-rechtlichen Rundfunkveranstaltern, die wie oben dargelegt sämtlich als private Mittel anzusehen sind. Aber auch Mittel aus privater Quelle können staatliche Mittel sein, wenn sie unter staatlicher Kontrolle stehen. Da der FFF Bayern von der öffentlichen Hand beherrscht wird, stehen auch die Haushaltsmittel unter staatlicher Kontrolle. Daher sind auch die privaten Mittel als staatliche Mittel einzuordnen.

Bei sämtlichen Mitteln besteht also die Möglichkeit der staatlichen Kontrolle, sodass es sich ausnahmslos um staatlich gewährte Mittel handelt.

(c). Medienboard

Zu prüfen ist, woher die Einrichtung ihre Mittel erhält und ob die Einrichtung unter staatlicher Kontrolle steht, um ihre Mittel als staatlich gewährt anzusehen.

Das Medienboard erhält Mittel der Länder Berlin und Brandenburg sowie der Rundfunkveranstalter RBB, ZDF, ProSiebenSat1 und RTL sowie der ARD Degeto. Die Mittel der Länder sind direkte staatliche Mittel. Die Mittel der

Rundfunkveranstalter, sowohl der öffentlich-rechtlichen wie der privaten, sind keine staatlichen Mittel.

Die ARD Degeto Film GmbH ist ein 100%iges Tochterunternehmen der ARD und ist die gemeinsame Filmeinkaufsgesellschaft der ARD. Gesellschafter sind die neun Landesrundfunkanstalten bzw. deren Werbetöchterunternehmen, die die ARD Degeto anteilig finanzieren.[1129] Sie ist privatwirtschaftlich tätig und erhält keine staatlichen Mittel. Die Mittel, die die ARD Degeto an Filmfördereinrichtungen vergibt, sind damit private Mittel und nicht als staatlich gewährte Mittel einzuordnen.

Zudem sieht der Medienstaatsvertrag Berlin-Brandenburg sowohl die Vorabkürzung wie den Rückfluss von Mitteln der Landesmedienanstalt Berlin-Brandenburg vor.[1130] Diese Mittel sind vom RBB für das Medienboard einzusetzen. Die Mittel der Vorabkürzung sind entsprechend der obigen Ausführungen private Mittel, die Rückflussmittel als staatliche Mittel einzuordnen. Das Medienboard erhält also staatliche und nichtstaatliche Mittel als Finanzausstattung. Auch die privaten Mittel können als staatliche Mittel zu qualifizieren sein, wenn sie unter staatlicher Kontrolle stehen. Dafür müsste das Medienboard die Möglichkeit staatlicher Kontrolle aufweisen.

Das Medienboard ist eine privatrechtliche GmbH. Die Gesellschafter sind zu je 50% die Investitionsbanken der Länder Berlin und Brandenburg. Diese sind staatliche Banken. Das Medienboard ist daher eine GmbH, die vollständig in öffentlicher Hand ist. Sowohl über die Anteile und damit verbundenen Stimmrechte wie auch in Organen, wie hier dem Aufsichtsrat, der entsprechend in der Mehrheit mit sechs staatlichen Vertretern besetzt ist, nämlich je zwei Vertretern der Investitionsbanken, je einem Vertreter der beiden Länder gegenüber einem Vertreter des RBB und drei Vertreter aus der Filmwirtschaft, kann der staatliche Einfluss ausgeübt werden. Das Medienboard ist demnach eine privatrechtliche Gesellschaft, die staatlich beherrscht ist.

Ob die Mittel des Medienboard als staatlich anzusehen sind, folgt nicht bereits aus der organisationsrechtlichen Zuordnung des Medienboard zum öffentlichen Sektor. Es muss vielmehr durch die Gewährung der Mittel zu einer Belastung des Staatshaushalts kommen. Bei der mittelbaren Gewährung durch eine sonstige Einrichtung kommt es auf die Verschiebung staatlicher Mittel an. Die gewährte Begünstigung muss tatsächlich aus staatlichen Mitteln stammen. Das ist der

---

1129 Vgl. www.degeto.de/ueber-uns/, Stand 23.03.2020.

1130 § 15a Abs. 1 S. 2 Nr. 3, Abs. 2 MStV.

Fall, wenn sie unter staatlicher Kontrolle und Verfügungsgewalt stehen. Beim Medienboard trifft dies zu, da das Medienboard über ihre Investitionsbanken im Eigentum der Länder Berlin und Brandenburg steht und der Staat beherrschenden Einfluss auf die Einrichtung und den finanziellen Haushalt ausüben kann. Mithin ist eine Kontrollmöglichkeit über die finanziellen Mittel gegeben, sodass auch die privaten Mittel im Haushalt der Einrichtung unter staatlicher Kontrolle stehen.

Sämtliche Mittel des Medienboard sind daher als staatlich gewährte Mittel einzuordnen.

(d). FFHSH

Geprüft wird, ob die Fördermittel der FFHSH mittelbare durch eine sonstige Einrichtung gewährte Beihilfen darstellen. Hierfür werden die Fragen nach der Herkunft der Mittel sowie der Zuordnung der Einrichtung zum Staat untersucht.

Die Mittel der FFHSH stammen von den Bundesländern Hamburg und Schleswig-Holstein sowie den Rundfunkanstalten NDR und ZDF. Des Weiteren fließen sowohl Mittel aus Vorabkürzungen wie Rückflussmittel aus dem Anteil der für die gemeinsame Landesmedienanstalt Hamburg-Schleswig-Holsteins vorgesehenen Rundfunkbeiträge und nicht verbrauchten Rundfunkbeiträgen der Landesmedienanstalt sowie des Bürgerfunks gemäß des Medienstaatsvertrags zwischen Hamburg und Schleswig-Holstein[1131] vom NDR an die FFHSH und speziell die Filmwerkstatt Kiel. Nach obigen Ausführungen sind die Mittel der Bundesländer als staatliche einzustufen, die Mittel der Rundfunkanstalten als private. Die im Medienstaatsvertrag geregelten Vorabkürzungen sind, wie oben dargelegt, privater Rechtsnatur, die Rückflussmittel dagegen wieder als staatliche Mittel zu qualifizieren. Das gilt gleichermaßen für die Rückflussmittel der Landesmedienanstalt wie des Bürgerfunks.

Fraglich ist, inwieweit die FFHSH dem Staat zuzuordnen ist. Die FFHSH ist eine privatrechtliche GmbH mit den zwei Gesellschaftern Land Hamburg mit 74,8% und Land Schleswig-Holstein mit 25,2% Anteilen. Die Gesellschaft gehört daher den beiden Bundesländern und ist zu 100% in staatlicher Hand. Über die Anteile kann der Staat in Form der zwei Bundesländer seinen beherrschenden Einfluss ausüben. Dass die drei staatlichen Vertreter im fakultativen Aufsichtsrat in der knappen Minderheit gegenüber vier Vertretern aus der Filmwirtschaft

1131 § 55 Abs. 2, 4 Medienstaatsvertrag Hamburg-Schleswig-Holstein.

und -wissenschaft sowie vom Rundfunk sind, ist daher ohne Bedeutung. Die FFHSH ist also dem öffentlichen Sektor zuzuordnen.

Ferner müsste aber eine Belastung des Staatshaushalts bzw. eine Verschiebung staatlicher Mittel und Belastung des Haushalts der FFHSH vorliegen. Wie oben ausgeführt verfügt die FFHSH über staatliche und nichtstaatliche Mittel. Auch hier stellt sich die Frage, ob die privaten Finanzmittel als staatliche anzusehen sind. Das ist der Fall, wenn sie unter staatlicher Kontrolle stehen. Da die Einrichtung in öffentlicher Hand ist, steht der gesamte Haushalt der FFHSH unter staatlicher Kontrolle. Auch die grundsätzlich als nichtstaatlich einzustufenden Finanzmittel sind daher hier als staatlich miteinzubeziehen mit der Folge, dass alle finanziellen Mittel der FFHSH als mittelbar staatlich gewährte Mittel anzusehen sind.

(e). MDM

Bei den Mitteln der MDM kommt eine mittelbar aus staatlichen Mitteln gewährte Beihilfe in Betracht. Auch bei der MDM stellen sich die Fragen, woher die Finanzmittel stammen, ob die Einrichtung dem Staat zuzuordnen ist und eine staatliche Kontrolle vorliegt.

Die MDM verfügt über Mittel von den Bundesländern Sachsen, Sachsen-Anhalt und Thüringen sowie den Rundfunkanstalten MDR und ZDF. Die Mittel aus den drei Staatshaushalten sind direkte staatliche Mittel, die Mittel der zwei Rundfunkanstalten dagegen private Mittel. Das sächsische Gesetz zur Durchführung des Rundfunkstaatsvertrags regelt die Vorabkürzung und den Rückfluss von Mitteln der Landesmedienanstalt an den MDR, der sie an die MDM abzuführen hat.[1132] Die Mittel aus der Vorabkürzung sind als private, die Rückflussmittel als staatliche Mittel anzusehen. Thüringen sieht nur den Rückfluss von Mitteln an das Landesfunkhaus Thüringen des MDR vor, die u.a. für Kinder- und Jugendfilmförderung zu verwenden sind, eine Zweckbindung an die MDM ist nicht gegeben, sodass diese Mittel hier unerheblich sind.[1133] Die MDM erhält also staatliche und nichtstaatliche Finanzmittel. Auch die privaten Mittel der MDM könnten jedoch staatlich sein, wenn sie unter staatlicher Kontrolle ständen.

1132 § 1 Abs. 3 S. 1-3 Sächsisches Gesetz zur Durchführung des Staatsvertrags über den Rundfunk im vereinten Deutschland.

1133 § 50 Abs. 4 S. 1, 3 ThürLMG.

Zu prüfen ist des Weiteren die Zuordnung der Einrichtung zum öffentlichen oder privaten Sektor. Die MDM GmbH hat folgende Gesellschafter: die Bundesländer Sachsen mit 30%, Sachsen-Anhalt mit 20% und Thüringen mit 20% sowie die Rundfunkanstalten MDR mit 20% und ZDF mit 10%. Die MDM ist damit eine gemischt-wirtschaftliche Gesellschaft. Eine Beherrschung der öffentlichen Hand ist gegeben, da sich die Staatsanteile auf eine Mehrheit von 70% summieren und eine Mehrheit am Stammkapital gegeben ist. Zudem entspricht die Besetzung des Aufsichtsrats der staatlichen Mehrheitsgewichtung mit sechs Staatsvertretern, drei Rundfunkvertretern und einem Vertreter aus der Filmwirtschaft. Die MDM wird also staatlich beherrscht, sodass auch eine staatliche Kontrolle der Finanzmittel vorhanden ist. Eine Verschiebung staatlicher Mittel und eine Belastung des staatlichen Haushalts liegen damit vor.

Sämtliche Finanzmittel der MDM, unabhängig von ihrer Herkunft und grundsätzlichen Einordnung, sind daher als staatlich gewährte Mittel anzusehen.

(f). nordmedia

Zu prüfen ist, ob die Mittel der nordmedia als staatlich gewährte Mittel anzusehen sind, ebenfalls mit den Prüfschritten der Herkunft der Mittel, der Zuordnung der nordmedia zum Staat und die staatliche Kontrolle über die Mittel.

Die Finanzierungsquellen von nordmedia umfassen die Bundesländer Bremen und Niedersachsen, den Medienförderfonds des Landes Niedersachsen, die Rundfunkanstalten NDR, RB, ZDF sowie gesetzlich geregelte Mittel des NDR aus den Rundfunkbeiträgen. Hier lässt sich feststellen, dass die Mittel der Bundesländer Bremen und Niedersachsen staatliche Mittel sind. Der Medienförderfonds des Landes Niedersachsen zählt zu den Sondermitteln des Landeshaushalts Niedersachsen. Daraus stammende Mittel sind daher wie oben dargestellt ebenfalls staatliche Mittel. Die Mittel der Rundfunkanstalten NDR, RB und ZDF sind nichtstaatlich, weder unmittelbar noch mittelbar. Die gesetzlich vorgeschriebenen Mittel aus den Rundfunkbeiträgen des NDR sind gemäß des niedersächsischen Mediengesetzes sowohl Mittel aus Vorabkürzungen als auch Rückflussmittel.[1134] Laut Mediengesetz ist eine Verwendung dieser Mittel für nordmedia nicht ausdrücklich normiert, wenngleich der NDR sie für die Filmförderung zu verwenden hat. Die nordmedia führt jedoch Vorabkürzungsmittel und Rückflussmittel als Finanzierungsquelle auf. Wie oben erläutert, ist hier zu differenzieren. Die Mittel aus den Vorabkürzungen, die für die Filmförderung immerhin 30% des eigentlich der Landesmedienanstalt zustehenden Anteils aus

---

1134 § 50 Abs. 3 NMedienG.

den Rundfunkbeiträgen ausmachen, sind nicht als staatliche Mittel zu qualifizieren. Die Rückflussmittel, die aus dem Haushalt der Landesmedienanstalt zurück an den NDR fließen, sind dagegen als staatlich zu werten. Auch das Bremische Landesmediengesetz sieht einen Rückfluss nicht benötigter Mittel an RB vor, der sie für die Film- und Medienförderung zu verwenden hat.[1135] Anders als die Mittel des NDR werden sie nicht als eigene Einkommensquelle bei nordmedia genannt und bleiben deshalb hier außer Betracht. Die nordmedia erhält ihre Mittel aus verschiedenen finanziellen staatlichen und privaten Quellen. Fraglich ist, ob auch die grundsätzlich nichtstaatlichen Mittel als staatlich anzusehen sein könnten. Dafür müsste die nordmedia unter staatlicher Kontrolle stehen.

Die nordmedia ist eine privatrechtliche Gesellschaft mit beschränkter Haftung. Gesellschafter sind das Land Niedersachsen mit dem größten Anteil von 60,79%, das Land Bremen mit 15,2%, der NDR mit 20,04% und RB mit 3,97%. Die Anteile der beiden Bundesländer belaufen sich auf 75,99%. Es liegt eine staatliche Mehrheit des Stammkapitals vor und eine Mehrheit der mit den Anteilen verbundenen Stimmrechte. Dass im fakultativ eingerichteten Aufsichtsrat die drei staatlichen Vertreter gegenüber drei Rundfunkvertretern und zwei Vertretern aus der Filmwirtschaft in der Minderheit sind, fällt gegenüber den anderen gegebenen Kriterien nicht entscheidend ins Gewicht, da der Staat maßgeblichen Einfluss ausüben kann. Daher wird die nordmedia von der öffentlichen Hand beherrscht.

Staatliche Mittel können nicht allein durch eine Zugehörigkeit zum öffentlichen Sektor angenommen werden. Vielmehr bedarf es einer Belastung des Staatshaushalts über den Haushalt der nordmedia. Da dem Staat die Kontrolle über die Einrichtung und ihre Finanzmittel gegeben ist, stammt die Gewährung tatsächlich aus staatlichen Mitteln, weil eine Verschiebung staatlicher Mittel und damit einhergehend die Belastung eines staatlichen Haushalts vorliegt.

Alle Finanzmittel der nordmedia sind somit als staatlich gewährte Mittel einzuordnen.

(g). MFG

Fraglich ist, ob die von der MFG vergebenen Mittel als mittelbar durch eine sonstige Einrichtung gewährte Beihilfe zu qualifizieren sind. Dafür sind die Herkunft der Mittel, die Frage nach dem Vorliegen eines öffentlichen Unternehmens und die staatliche Kontrolle zu untersuchen.

1135 § 54 Abs. 4 BremLMG.

Die MFG verfügt über Gelder vom Land Baden-Württemberg und der SWR Media Services GmbH. Die Landesmittel sind unmittelbar staatliche Mittel.

Die SWR Media Services GmbH ist eine Tochtergesellschaft des SWR, die privatwirtschaftliche Tätigkeiten wie Werbezeiteneinkauf, Lizenzierung, Merchandising, Veranstaltungsticketsverkauf, Sponsoring für den SWR ausübt. Sie finanziert sich über die Einkünfte aus diesen privatwirtschaftlichen Tätigkeiten sowie über weitere Einkünfte aus Beteiligungen und Liegenschaften.[1136] Die Mittel, die die SWR Media Services GmbH an Filmfördereinrichtungen vergibt, sind also rein privater Rechtsnatur. Das Landesmediengesetz Baden-Württemberg sieht zudem eine Vorabkürzung des Anteils der Landesmedienanstalt vor, die vom SWR für die MFG zu verwenden sind.[1137] Diese Gelder sind ebenfalls nicht als staatliche Mittel einzustufen. Zwar sieht das Landesmediengesetz auch den Rückfluss von nicht verbrauchten Mitteln der Landesmedienanstalt an den SWR vor, der diese jedoch nicht direkt der MFG weiterzuleiten hat, sondern sie für Kooperationen im Filmbereich verwenden soll. Damit sind die Rückflussmittel für die MFG ohne Bedeutung. Die Finanzmittel sind daher zunächst sowohl staatlicher wie privater Natur.

Festzustellen ist nun, wie die MFG im Verhältnis zum Staat einzuordnen ist. Die MFG ist eine Gesellschaft mit beschränkter Haftung mit den Gesellschaftern Land Baden-Württemberg mit 51% und SWR Media Services GmbH mit 49%. Wie oben dargestellt ist die SWR Media Services GmbH eine 100%ige Tochtergesellschaft des SWR, die als nichtstaatlich beherrscht einzuordnen ist. Damit sind bei der MFG lediglich die Anteile des Landes Baden-Württemberg als staatlich einzustufen. Da hier eine Mehrheit der Anteile vorliegt, wird die MFG vom Staat beherrscht. Zudem sind auch im Aufsichtsrat die staatlichen Mitglieder in der Mehrheit mit sechs direkten staatlichen Vertretern, einem der Landesmedienanstalt sowie einem Vertreter aus der Filmwirtschaft, der jedoch für den Staat entsandt ist und in seinem Stimmverhalten diesem zuzurechnen ist, gegenüber sechs Vertretern des SWR und einem Vertreter der Filmwirtschaft, der dem Stimmlager des SWR zuzurechnen ist. Durch die mehrheitliche Beherrschung durch das Land Baden-Württemberg ist die MFG dem öffentlichen Sektor zuzuordnen.

Neben der rein organisationsrechtlichen Zuordnung ist bei einem öffentlichen Unternehmen eine Belastung des Staatshaushalts entscheidend; es müsste

---

1136 Vgl. www.swrmediaservices.de/unternehmen.html, Stand 23.03.2020.
1137 § 47 Abs. 2 LMG BW.

eine Verschiebung staatlicher Mittel auf den Haushalt der MFG vorliegen. Eine Belastung liegt vor, wenn die Gewährung tatsächlich aus staatlichen Mitteln stammt. Dafür müssten die Mittel unter staatlicher Kontrolle stehen. Sowohl über die mehrheitlichen Stimmanteile als auch die Besetzung im Aufsichtsrat kann das Land Baden-Württemberg beherrschenden Einfluss ausüben. Folglich ist eine staatliche Kontrollmöglichkeit gegeben, sodass der Staat auf alle finanziellen Mittel Einfluss nehmen kann. Eine Verschiebung staatlicher Mittel und die Belastung eines Staatshaushalts sind daher gegeben.

Die staatlichen wie die nichtstaatlichen Finanzquellen sind daher im Sinne dieses Tatbestandsmerkmals als staatlich gewährte Mittel anzusehen.

(h). HessenFilm

Auch bei der Fördermittelvergabe von HessenFilm ist zu prüfen, inwieweit die Einrichtung dem Staat zugehörig ist und ob die vergebenen Mittel staatlich kontrolliert sind um im Ergebnis eine mittelbare Gewährung staatlicher Mittel annehmen zu können.

Wie die anderen Filmfördereinrichtungen erhält HessenFilm Mittel aus verschiedenen Quellen: vom Land Hessen sowie dem HR und zudem Bürgschaftsmittel der Wirtschafts- und Infrastrukturbank Hessen. Die Mittel vom Land sind unmittelbar staatliche Mittel.

Die Wirtschafts- und Infrastrukturbank Hessen ist die Förderbank des Bundeslandes Hessen. Sie ist ein rechtlich unselbständiger, wirtschaftlich und organisatorisch selbständiger Geschäftsbereich der Landesbank Hessen-Thüringen Girozentrale in Form einer Anstalt des öffentlichen Rechts, gesetzlich geregelt im Wirtschafts- und Infrastrukturbank Hessengesetz.[1138] Träger sind das Land Hessen, das Land Thüringen sowie diverse Sparkassenverbände (ihrerseits Körperschaften des öffentlichen Rechts, getragen von Sparkassen und kommunalen Trägern). Die Rechtsaufsicht über die Landesbank obliegt dem Land Hessen, Gewährträger ist ebenfalls das Land. Die Wirtschafts- und Infrastrukturbank befindet sich also im Staatseigentum und der Staat kann beherrschenden Einfluss ausüben. Die Landesbank Hessen-Thüringen Girozentrale ist zwar privatwirtschaftlich tätig, fungiert aber als Förderbank des Landes und nimmt damit eine staatliche Aufgabe des Landes wahr. Das Land kann über die Vergabe der Mittel Einfluss ausüben, ist in der Lage, auf die Geldmittel zuzugreifen. Es genügt, dass die Mittel unter staatlicher Kontrolle stehen. Sie ist daher eine

---

1138 Gesetz über die Wirtschafts- und Infrastrukturbank Hessen – rechtlich unselbständige Anstalt in der Landesbank Hessen-Thüringen Girozentrale.

staatliche Einrichtung. Die Mittel, die die Wirtschafts- und Infrastrukturbank an Filmfördereinrichtungen vergibt, sind als staatlich gewährte Mittel einzuordnen.

Die Mittel des HR dagegen sind, wie oben dargelegt, nicht als staatliche Mittel einzuordnen. Das Hessische Privatrundfunkgesetz sieht die Vorabkürzung des Anteils der Landesmedienanstalt vor.[1139] Diese Mittel des HR sind für die Filmförderung in Hessen einzusetzen. Zudem fallen eventuelle Rückflussmittel dem HR zu, aber ohne Verwendungszweck. HessenFilm ist nicht ausdrücklich als Begünstigter normiert, allerdings ist die Fassung des Gesetzes älter als die umstrukturierte Filmförderung in Hessen und die Gründung von HessenFilm. Aus den Angaben von HessenFilm sind diese Mittel als Quelle nicht ersichtlich. Die Mittel aus der Vorabkürzung spielen hier daher keine Rolle. Somit verfügt HessenFilm über staatliche und nichtstaatliche Mittel. Ob beide Arten von Mitteln beihilferechtlich als staatliche Mittel anzusehen sind, hängt davon ab, ob sie unter staatlicher Kontrolle stehen.

HessenFilm ist eine Gesellschaft mit beschränkter Haftung, bei der das Land Hessen 90% der Anteile hält, der HR 10%. Damit ist die deutliche Mehrheit des Stammkapitals und der Stimmrechte in der Hand des Landes Hessen. Zudem ist auch der Aufsichtsrat in der Mehrheit mit staatlichen Vertretern besetzt, nämlich drei im Verhältnis zu einem Vertreter des HR und einem Vertreter aus der Filmwirtschaft. Eine Beherrschung der öffentlichen Hand ist damit gegeben. HessenFilm ist daher eine privatrechtliche Gesellschaft, die dem öffentlichen Sektor zuzuordnen ist und ein öffentliches Unternehmen darstellt.

Wie bei den anderen Einrichtungen kommt es auf die Belastung des Staatshaushalts bzw. auf eine Verschiebung staatlicher Mittel an. Aufgrund der dargestellten Mehrheitsverhältnisse hat der Staat die Kontrollmöglichkeit über die Haushaltsmittel der Einrichtung. Damit findet eine Verschiebung staatlicher Mittel statt und mit einer Gewährung von Fördermitteln eine Belastung des Staatshaushalts über die zwischengeschaltete Einrichtung der HessenFilm. Das hat zur Folge, dass auch die nichtstaatlichen Mittel unter staatlicher Kontrolle stehen.

Somit sind alle Finanzmittel von HessenFilm als staatlich gewährte Mittel anzusehen.

1139 § 57 Abs. 3 S. 2 Ziff. 3 HPRG.

(i). Saarland Medien

Bei den Fördermitteln der Saarland Medien könnte es sich ebenfalls um mittelbar staatlich gewährte Beihilfen handeln. Geprüft wird, ob es sich um eine dem Staat zuzurechnende Einrichtung handelt, woher die Finanzmittel stammen und ob eine Fördermittelgewährung tatsächlich aus staatlichen Mittel herrührt.

Die Saarland Medien ist hier die letzte Fördereinrichtung auf Bundesländerebene in Form einer Gesellschaft mit beschränkter Haftung. Das Bundesland Saarland und die saarländische Landesmedienanstalt halten jeweils 50% der Gesellschaftsanteile. Die Saarland Medien ist daher gänzlich in öffentlicher Hand. Zudem sind im Aufsichtsrat jeweils drei Vertreter der Gesellschafter vertreten. Ferner ist der Geschäftsführer der Saarland Medien gleichzeitig der Direktor der Landesmedienanstalt.

Die rein organisationsrechtliche Einordnung zum öffentlichen Sektor reicht jedoch nicht aus, um per se staatliche Mittel anzunehmen. Es muss auch hier eine Belastung des Staatshaushalts und eine Verschiebung staatlicher Mittel vorliegen. Dafür müssten die Mittel der Saarland Medien staatlich kontrolliert sein. Die Saarland Medien erhält Mittel aus dem Landeshaushalt des Saarlandes sowie von der saarländischen Landesmedienanstalt. Das sind grundsätzlich staatliche Mittel. Da die Saarland Medien gänzlich in öffentlicher Hand und also staatlich beherrscht ist, stehen auch die Haushaltsmittel unter staatlicher Kontrolle. Dementsprechend ist eine Belastung des Staatshaushalts zu bejahen.

Es handelt sich folglich unproblematisch um mittelbar staatlich gewährte Mittel.

(j). MV Film e.V.

Bei den Fördermitteln von MV Film e.V. müsste es sich um unmittelbare oder mittelbare durch eine sonstige Einrichtung gewährte Beihilfen handeln.

Das MV Film e.V. erhält seine finanziellen Mittel zur Filmförderung aus dem Etat des Ministeriums für Wissenschaft, Bildung und Kultur Mecklenburg-Vorpommerns zur Weiterleitung. Der Etat des Ministeriums speist sich aus dem Staatshaushalt und stellt unmittelbar staatliche Mittel dar. Das Landesrundfunkgesetz von Mecklenburg-Vorpommern sieht zwar ebenfalls eine Vorabkürzung und den Rückfluss nicht verbrauchter Mittel der Landesmedienanstalt vor, die vom NDR im Falle der Vorabkürzung zu 5% für die Produktion von Filmschaffenden aus Mecklenburg-Vorpommern und im Falle des Rückflusses u.a. für den gleichen Zweck zu verwenden sind.[1140] Jedoch ist eine Zweckbindung zugunsten

1140 § 60 Abs. 2 S. 2, Abs. 3 S. 3 RundfunkG M-V.

des MV Film e.V. nicht vorgeschrieben, sodass die gesetzlichen Mittel aus dem Rundfunkbeitrag hier irrelevant sind.

Da die Mittel aus dem Staatshaushalt weitergeleitet werden, macht es wirtschaftlich keinen Unterschied, ob sie direkt vom Staat oder durch die zwischengeschaltete Einrichtung des MV Film e.V. vergeben werden soweit sie unter staatlicher Kontrolle stehen.

MV Film e.V. ist ein eingetragener Verein, hat also eine Rechtsform gemäß dem bürgerlichen Recht. Der Verein ist eine Interessenvertretung und Organisation von Filmschaffenden in Mecklenburg-Vorpommern. Mitglieder sind Filmschaffende, aber auch öffentlich-rechtliche Einrichtungen und Körperschaften und andere privatrechtliche juristische Personen wie Vereine und Gesellschaft mit beschränkter Haftung. Der Vorstand des Vereins ist mit Filmschaffenden und anderen Mitgliedern des Vereins aus dem Bundesland besetzt. Der Staat hat jedoch keine beherrschende Stellung inne. Der Verein ist folglich nicht dem Staat zuzuordnen. Allerdings kommt es für eine Gewährung aus staatlichen Mitteln insofern nicht auf die Rechtsform und Zuordnung des Vereins insgesamt zum privaten Sektor an, denn der Verein wurde vom Staat mit der Durchführung der Fördertätigkeit betraut. Rechtsgrundlage der Fördertätigkeit des Vereins ist eine Vereinbarung mit dem Ministerium für Bildung, Wissenschaft und Kultur. Gemäß dieser Vereinbarung wird MV Film e.V. mit finanziellen Mitteln des Ministeriums ausgestattet und unterhält zum Zwecke der Filmförderung den Verein. Der Verein fungiert als verlängerter Arm des Ministeriums und Zwischenstelle zwischen Ministerium und Geförderten. Obgleich eine organisationsrechtliche Zuordnung zum Staat abgelehnt wird, kann also eine Gewährung staatlicher Mittel bejaht werden, wenn der Staat die Kontrolle über die Mittel ausübt, die über die zwischengeschaltete Einrichtung weiterverteilt werden. Durch die Zuwendung der unmittelbar aus dem Staatshaushalt stammenden Mittel zur Förderung ist eine Belastung des Staatshaushalts gegeben. Es bleibt dabei, dass es sich um unmittelbare staatliche Gelder handelt, der Verein leitet die Mittel lediglich als Durchlaufposten weiter, sodass der Mittelverlust beim Staat eintritt. Durch die Vereinbarung zwischen Ministerium und Verein sind die Details der Förderung geregelt, u.a. dass das Ministerium die Entscheidungsbefugnis über eine Förderung besitzt. Der Staat hat daher eine Kontrollmöglichkeit über die Mittel.

Somit sind die Fördermittel von MV Film e.V. unproblematisch als unmittelbar staatlich gewährte Mittel einzuordnen.

(k). Kulturelle Filmförderung des MWWK und Kulturstiftung Rheinland-Pfalz

Zuletzt müssten auch die verschiedenen Förderungen in Rheinland-Pfalz, nämlich vom Ministerium für Wissenschaft, Weiterbildung und Kultur Rheinland-Pfalz (MWWK) und von der Kulturstiftung, Beihilfen aus unmittelbar oder mittelbar staatlich gewährten Mitteln darstellen.

Die Förderung über das MWWK stellt für die Filmförderung Mittel aus seinem Etat des Ministeriums zur Verfügung, sodass es sich um Mittel aus dem Staatshaushalt handelt. Das MWWK ist Teil der unmittelbaren Staatsverwaltung. Die Fördermittel stellen daher unproblematisch unmittelbar staatlich gewährte Mittel dar.

Die Mittel der Kulturstiftung sind ebenfalls als staatlich, wenngleich mittelbar staatlich einzustufen, da die Landesregierung zur Gründung die Kulturstiftung mit Landesmitteln für das Stammkapital ausgestattet hatte. Die Kulturstiftung ist eine Stiftung öffentlichen Rechts des Landes Rheinland-Pfalz und damit Teil der mittelbaren Staatsverwaltung. Die Fördermittel der Kulturstiftung sind daher als mittelbar staatlich gewährt anzusehen.

bb. Zurechenbarkeit zum Staat

Laut Rechtsprechung des EuGH müsste die Gewährung der als staatlich eingestuften Mittel darüber hinaus dem Staat auch zurechenbar sein. Bei der Zurechenbarkeit kommt es nur noch auf die tatsächlich ausgeübte Kontrolle an, da die bloße Möglichkeit der Kontrolle bereits bei der Gewährung staatlicher Mittel festgestellt wurde. Insbesondere kann die Zurechenbarkeit nicht allein aus dem Umstand abgeleitet werden, dass die Begünstigung von einem öffentlichen Unternehmen gewährt wurde. Noch reicht die bloße Vermutung aus, dass die Kontrolle über ein öffentliches Unternehmen ohne weiteres tatsächlich ausgeübt wurde.[1141] In den Fällen, in denen es schwierig ist, eine Ausübung der Kontrolle des Staates mittels konkreter Veranlassung nachzuweisen, können auch verschiedene Indizien, die sich aus den Umständen des Einzelfalls und dem Kontext der Begünstigung ergeben, für die Kontrollausübung herangezogen werden.[1142] Im Folgenden wird eine Zurechenbarkeit der Vergabeentscheidungen zum Staat für jede Fördereinrichtung geprüft.

1141 Vgl. EuGH, Urt.v.16.5.2002, Rs. C-482/99 – Stardust Marine, Ziff. 52.

1142 Vgl. EuGH, Urt.v.16.5.2002, Rs. C-482/99 – Stardust Marine, Ziff. 55.

(1). Filmstiftung

Zwar fallen bereits die Mittel der Filmstiftung nicht unter staatlich gewährte Mittel und die Filmstiftung ist kein staatlich beherrschtes Unternehmen, im Folgenden wird aber kurz auf die Gründe eingegangen, warum auch die Zurechenbarkeit der Vergabeentscheidungen zum Staat der Filmstiftung zu verneinen ist.

Die Entscheidungen wären dem Staat zurechenbar, wenn der Entscheidungsträger unter staatlichem Einfluss stände und der Staat seinen Einfluss ausübte. Das Hauptgremium der Filmstiftung besteht aus neun Mitgliedern: der Geschäftsführerin der Filmstiftung, zwei Mitglieder vom WDR, je ein Mitglied vom Land, der Landesmedienanstalt, des ZDF, von RTL, der Bonner Kinemathek und HMR International. Daher sind lediglich die zwei Mitglieder vom Land und der Landesmedienanstalt als staatliche Mitglieder anzusehen. Diese sind deutlich in der Minderheit, sodass dieses Gremium nichtstaatlich beherrscht ist. Seine Entscheidungen in der Vergabe von Fördermitteln sind dem Staat daher nicht zurechenbar. Die zwei anderen Gremien der Filmstiftung sind in dem einen Gremium mit wechselnden Experten aus der Filmwirtschaft und in dem anderen Gremium mit Vertretern der Filmstiftung und dem Filmbüro NRW besetzt, daher ohne jeglichen staatlichen Vertreter und in ihren Entscheidungen somit ebenfalls keineswegs unter staatlichem Einfluss.

(2). FFF Bayern

Die staatliche Beherrschung der Einrichtung an sich kann bereits ein Indiz sein, dass die Entscheidungen des FFF Bayern dem Staat zurechenbar sind. Jedoch muss der Entscheidungsträger, der die Vergabeentscheidung fällt, dem Staat zurechenbar sein bzw. das entsprechende Gremium staatlich beherrscht sein. Nur, wenn das bejaht werden kann, findet eine tatsächlich ausgeübte staatliche Kontrolle statt mit der Folge, dass die Fördermittelgewährungen dem Staat zurechenbar sind. Beim FFF Bayern gibt es Vergabegremien. Der Hauptvergabeausschuss ist neben dem Geschäftsführer des FFF Bayern mit zwei Vertretern aus Ministerien, einem der Landesmedienanstalt, vier Rundfunkvertretern und fünf Vertretern aus der Filmwirtschaft besetzt. Damit sind die drei staatlichen Vertreter der Ministerien und Landesmedienanstalt in der Minderheit. In dem Ausschuss für die Games-Förderung sind neben dem Geschäftsführer jeweils ein Mitglied eines Ministeriums und der Landesmedienanstalt sowie vier Experten aus der Branche selbst vertreten. Hier sind daher die zwei staatlichen Vertreter ebenfalls in der Minderheit. Beide Ausschüsse sind folglich nichtstaatlich beherrscht. Allerdings sprechen die Ausschüsse lediglich Empfehlungen zur Förderung aus. Entscheidungsträger der Vergabeentscheidungen ist die LfA

Förderbank Bayern. Diese entscheidet und vergibt die Förderung. Die LfA ist die Landesanstalt für Aufbaufinanzierung des Landes Bayern und gehört als Anstalt des öffentlichen Rechts zur mittelbaren Staatsverwaltung in Bayern. Wenn die LfA letztlich über die Fördermittelvergabe des FFF Bayern entscheidet, sind die Entscheidungen dem Staat zurechenbar. Auf die Besetzung der Gremien des FFF Bayern kommt es damit nicht an. In den Fällen, in denen allein der Geschäftsführer des FFF Bayern entscheidet (Kinoinvestitionsförderung, Förderung der Kosten von Zusatzkopien) sind die Vergabeentscheidungen nicht dem Staat zurechenbar, da der Geschäftsführer nicht allein aus dem Grund, dass er Geschäftsführer eines öffentlichen Unternehmens ist, dem Staat zuzuordnen ist und seine einzelnen Vergabeentscheidungen unter Berücksichtigung der an anderer Stelle dargestellten Kriterien des EuGH nicht dem Staat zurechenbar sind, vor allem keine ausgeübte staatliche Kontrolle, wie z.B. durch die staatlichen Gesellschafter, ersichtlich ist.

Daher sind die Entscheidungen über die Vergabe von Fördermitteln des FFF Bayern durch die LfA dem Staat zurechenbar, die Fördermittelvergaben durch den Geschäftsführer dagegen nicht.

(3). Medienboard

Zwar kann es bereits aussagekräftig sein, ob ein Unternehmen staatlich beherrscht ist, entscheidend kommt es aber auf die staatliche Zurechenbarkeit derjenigen Stelle im Unternehmen an, die für die Fördermittelvergabe zuständig ist. Beim Medienboard gibt es die Besonderheit, dass über die Förderung ein internes Gremium des Medienboard entscheidet, das mit Mitarbeitern und nicht mit externen Mitgliedern besetzt ist. Die Entscheidungen des Gremiums werden lediglich von den beiden Geschäftsführern des Medienboards bestätigt. Die Entscheidungen sind darüber hinaus von keiner anderen Stelle des Medienboards abhängig. Laut EuGH ist für die Zurechenbarkeit entscheidend, dass die Aufsichtsbehörde oder das Organ, in dem die staatliche Mehrheit gegeben ist, über die Maßnahme mitentschieden hat. Das ist hier nicht der Fall. Zwar sind Angestellte eines Unternehmens weisungsgebunden, jedoch reicht diese Tatsache nicht für die Bejahung der Zurechenbarkeit. Es handelt sich um eine rein interne Entscheidungsfindung. Angesichts weiterer Kriterien, die der EuGH für die Einzelfallprüfung anlegt, ist auch keine Zurechenbarkeit zu bejahen: das Medienboard ist nicht in die öffentliche Verwaltung eingebunden, die Rechtsnatur der Tätigkeiten sind nicht öffentlich-rechtlich, es gibt keine Aufsichtsbehörde, der das Medienboard untersteht, die Vergabeentscheidungen unterliegen keiner staatlichen Genehmigung. Demzufolge hat der Staat keine Einflussmöglichkeit auf die Vergabeentscheidungen, trotz staatlich beherrschter Einrichtung an sich. Die Förderentscheidungen sind daher nicht dem Staat zurechenbar.

(4). FFHSH

Es kommt auf die Besetzung der Vergabeausschüsse an, die hier über die Fördermittelvergabe entscheiden. Im Hauptausschuss sind die Geschäftsführerin der FFHSH, zwei Experten der Filmwirtschaft, zwei Rundfunkvertreter und ein Vertreter des Goetheinstituts vertreten sowie zwei Stellvertreter aus der Filmwirtschaft vorgesehen. Damit entscheidet kein staatlicher Vertreter über die Fördermittelvergabe mit. Im zweiten Ausschuss sind der Leiter der Filmwerkstatt Kiel, die Geschäftsführerin der FFHSH, drei Experten aus der Filmwirtschaft, ein Rundfunkvertreter sowie als Stellvertreter zwei Experten aus der Filmwirtschaft repräsentiert. Hier ist ebenfalls kein dem Staat zuzuordnender Vertreter Teil des Entscheidungsgremiums. Gleiches gilt für den Förderbeirat der Filmwerkstatt Kiel, der mit ihrem Leiter und zwei Experten aus der Branche besetzt ist. In einigen Fällen entscheidet die Geschäftsführerin, deren Entscheidungen ebenfalls nicht dem Staat zurechenbar sind. Bei der FFHSH entscheiden damit trotz der vollständig der öffentlichen Hand gehörenden Gesellschaft keine staatlichen Vertreter über die Fördermittelvergabe. Die Fördermittel sind folglich nicht als Staatsressource dem Staat zugänglich. Die Entscheidungen sind daher nicht dem Staat zuzurechnen.

(5). MDM

Die Förderentscheidungen bei der MDM werden von dem Geschäftsführer unter Beratung von dem Vergabeausschuss getroffen. Im Hauptvergabeausschuss sind fünf Vertreter der drei Bundesländer, ein Vertreter der Landesmedienanstalt Sachsen, drei Rundfunkvertreter sowie ein Vertreter aus der Filmwissenschaft und ein Vertreter eines Fördervereins für Jugend- und Sozialarbeit. Damit sind die Vertreter der Länder und der Landesmedienanstalt mit sechs Mitgliedern im Vergabeausschuss in der knappen Mehrheit. Folglich kann der Staat bei der Vergabe von Fördermitteln bestimmend mitwirken und eingreifen. Der formale Entscheidungsträger ist der Geschäftsführer. Es ist aber davon auszugehen, dass der Geschäftsführer die Vergabeentscheidungen in Übereinstimmung mit dem Beratungsergebnis des staatlich beherrschten Vergabeausschusses trifft, sodass eine staatliche Zurechenbarkeit zu bejahen ist. Der andere Vergabeausschuss für den Kinopreis ist dagegen mit fünf Experten aus der Filmbranche besetzt, somit ohne staatlichen Einfluss.

Die Vergabe von Fördermitteln der MDM hinsichtlich des Geschäftsführers und Hauptvergabeausschusses stellt somit eine Staatsressource dar, über die der Staat mitverfügt. Diese Förderentscheidungen sind mithin dem Staat zurechenbar, die Entscheidung über den Kinopreis dagegen nicht.

(6). nordmedia

Die Fördermittelentscheidungen werden von einem Vergabeausschuss mit elf Mitgliedern getroffen, von denen der Geschäftsführer der nordmedia und der Vertreter der Landesmedienanstalt (abwechselnd von Bremen und Niedersachsen) ohne Stimmrecht sind. Die restlichen neun Mitglieder werden gebildet von zwei Vertretern der beiden Bundesländer, fünf Rundfunkvertretern von NDR, RB und ZDF sowie zwei Experten aus Filmwirtschaft und -wissenschaft. Damit sind die stimmberechtigten zwei staatlichen Vertreter in der Minderheit. Folglich wird der Vergabeausschuss nichtstaatlich beherrscht. In einigen Fällen entscheidet die Geschäftsführung, deren Entscheidungen ebenfalls nicht dem Staat zurechenbar sind.

Trotz staatlichen Mehrheitsanteilseignern an der nordmedia kann der Staat keinen Einfluss auf die Förderentscheidungen nehmen. Die Fördermittel sind daher nicht dem Staat zugänglich und folglich können die Förderentscheidungen nicht dem Staat zugerechnet werden.

(7). MFG

Bei der MFG entscheidet ein Vergabeausschuss über die Förderung, der mit dem Geschäftsführer der MFG, einem Vertreter des SWR und fünf Experten aus Filmwirtschaft und -wissenschaft besetzt ist. Damit wird über die Förderung ohne staatlichen Einfluss entschieden. Trotz staatlicher Beherrschung der MFG handelt es sich bei den Fördermitteln nicht um Staatsressourcen, die dem Staat zugänglich sind und über die die staatliche Kontrolle ausgeübt wird. Die Fördermittelvergabe kann folglich nicht dem Staat zugerechnet werden.

(8). HessenFilm

Die verschiedenen teils im Aufbau befindlichen Vergabegremien, die über die Fördermittelvergabe entscheiden, sind wie folgt besetzt: Im Vergabegremium für die Zuschussförderung sind der Geschäftsführer von HessenFilm, ein Vertreter des Ministeriums für Wissenschaft und Kunst sowie mehrere externe Fachleute vertreten. Der staatliche Vertreter ist damit in der Minderheit. Im Rahmen des Filmfinanzierungsfonds für die Darlehensvergabe entscheidet die Filmfinanzierungsfonds-Kommission des Landes Hessen, der der

Geschäftsführer von HessenFilm, zwei Vertreter der Ministerien für Finanzen und Wissenschaft und Kunst, ein Vertreter des HR und fünf Vertreter aus der Filmwirtschaft angehören. Die staatlichen Vertreter sind auch hier in der Minderheit, sodass die Vergabeentscheidungen nicht bestimmend vom Staat entschieden werden. In den Fällen, in denen die Geschäftsführung von HessenFilm über eine Förderung entscheidet, sind die Vergabeentscheidungen auch nicht staatlich zurechenbar, da keine staatlich ausgeübte Kontrolle erkennbar ist. Die Fördermittel sind daher dem Staat nicht zugänglich. Die Förderentscheidungen von HessenFilm sind trotz fast landeseigener Gesellschaft nicht dem Staat zurechenbar.

(9). Saarland Medien

Über die Förderung entscheidet der Geschäftsführer von Saarland Medien oder der Aufsichtsrat. Ein Vergabegremium mit mindestens drei Fachleuten steht dem Geschäftsführer lediglich beratend zur Seite. Der Geschäftsführer von Saarland Medien ist zugleich Direktor der Landesmedienanstalt und daher als staatlicher Vertreter einzuordnen. Der Aufsichtsrat ist mit den Gesellschaftern besetzt, somit mit staatlichen Vertretern. Sämtliche Entscheidungen der Saarland Medien sind daher staatlich beeinflusst und folglich dem Staat zurechenbar.

(10). MV Film e.V.

Die Rechtsform der Einrichtung ist nicht zwangsläufig entscheidend, wenn der Staat über die Vergabe der Mittel eine tatsächliche Kontrolle ausübt. Eine Auswahlkommission entscheidet über die zu fördernden Projekte. Die Entscheidungen werden an das Ministerium weitergeleitet und bilden für dieses die Entscheidungsgrundlage für die Förderbescheide, die vom Ministerium erlassen werden. In der Auswahlkommission sitzen fünf fachliche Experten, die auf gemeinsamen Vorschlag des Ministeriums für Bildung, Wissenschaft und Kultur, der Landesmedienanstalt, MV Film e.V., der Hochschule Wismar und der Landesarbeitsgemeinschaft Medien Mecklenburg-Vorpommern e.V. vom Bildungsminister berufen werden. Beratend nimmt die Geschäftsführerin des von MV Film e.V. unterhaltenden Filmbüros an den Sitzungen der Auswahlkommission teil. Jedoch ist die Besetzung der Auswahlkommission für die Fördermittelvergabe nicht entscheidungserheblich. Aufgrund der bloßen Empfehlung und Weiterleitung an das Ministerium ist Letztentscheidungsträger also das Ministerium. Auch wenn es die Empfehlungen der Kommission zu seiner Entscheidungsgrundlage und sich das Ergebnis zu eigen macht, ist es nicht an die Empfehlungen gebunden und entscheidet über die Förderung sowie die

Einzelheiten von Auflagen oder Bedingungen des Förderbescheids. Die Empfehlung der Kommission ist lediglich eine interne Hilfe der Entscheidungsfindung. Das Ministerium übt daher selbst die Entscheidungsbefugnis aus. Mithin ist die Entscheidung der Fördermittelvergabe des MV Film e.V. dem Staat zurechenbar.

(11). Kulturelle Filmförderung des MWWK und Kulturstiftung Rheinland-Pfalz

Die Vergabe von Fördermitteln von der unmittelbaren Staatsverwaltung ist in der Regel auf eine staatliche Kontrollausübung zurückzuführen, sodass die Zurechenbarkeit regelmäßig immanent ist. Bei der kulturellen Filmförderung des MWWK ist jedoch zwischen der Abschlussfilmförderung und der Abspielförderung zu differenzieren. Bei der Abschlussfilmförderung wählen die Einrichtungen die zu fördernden Projekte mit einer fachkundigen Jury der beteiligten Bildungseinrichtungen selbst aus. Die zuständige Abteilung im Ministerium ist an der Entscheidung nicht beteiligt. Unter Berücksichtigung der an anderer Stelle genannten Kriterien des EuGH können die Vergabeentscheidungen der Bildungseinrichtungen nicht dem Staat zugerechnet werden, sodass die Stipendienvergabe damit nicht dem Staat zurechenbar ist.

Anders ist die Abspielförderung in Form der Kinoprogrammpreise zu beurteilen. Diese werden von dem für Kultur zuständigen Minister auf Grundlage von Vorschlägen einer Fachjury vergeben. Hier entscheidet also ein staatlicher Vertreter der Exekutive. Ministerien sind Teil der Staatsverwaltung. Folglich sind die Förderentscheidungen direkt dem Staat zurechenbar.

Bei der Kulturstiftung werden die Vergabeentscheidungen vom Vorstand getroffen. Ausgeführt werden die Beschlüsse von der Verwaltung der Stiftung. Der Vorstand setzt sich aus der Ministerpräsidentin, dem Minister für Finanzen, dem für Kultur zuständigen Minister und dem Minister der Justiz zusammen. Damit ist der Vorstand als Entscheidungsgremien vollständig mit staatlichen Vertretern besetzt. Die Vergabeentscheidungen sind daher dem Staat zurechenbar.

cc. Zwischenergebnis

Folglich liegt bei der Förderung durch die Filmstiftung das Tatbestandsmerkmal staatliche oder aus staatlichen Mitteln gewährte Beihilfen nicht vor, da es sich weder um staatlich gewährte Mittel handelt noch die Vergabe der Mittel dem Staat zurechenbar ist.

Bei den Einrichtungen Medienboard, FFHSH, nordmedia, MFG, HessenFilm, der Abschlussförderung durch das MWWK Rheinland-Pfalz sowie den Entscheidungen über die Kinoinvestitionsförderung und die Förderung von Kosten von Zusatzkopien des FFF Bayern und den Entscheidungen über den Kinopreis der MDM handelt es sich zwar um staatlich gewährte Mittel, eine Zurechenbarkeit der Fördermittelvergabe zum Staat ist jedoch nicht gegeben. Im Ergebnis ist das Tatbestandsmerkmal staatliche oder aus staatlichen Mitteln gewährte Beihilfen bei den Förderungen der genannten Einrichtungen und Stellen zu verneinen.

Dagegen ist bei den Filmförderungen vom FFF Bayern (unter Beteiligung der LfA Förderbank Bayern) und von der MDM (des Geschäftsführers unter Beteiligung des Hauptvergabeausschusses), von Saarland Medien, MV Film e.V., von der Kulturstiftung sowie der Abspielförderung des MWWK Rheinland-Pfalz die Vergabe von Fördermitteln dem Staat zurechenbar und es handelt sich um staatlich gewährte Mittel. Das Tatbestandsmerkmal staatliche oder aus staatlichen Mitteln gewährte Beihilfen ist bei den Förderungen dieser Einrichtungen damit zu bejahen.

c. *Weitere Tatbestandsmerkmale*

Im Falle der bejahten staatlichen Mittel sind die weiteren Tatbestandsmerkmale für das Vorliegen einer Beihilfe zu prüfen.

aa. Unternehmen oder Produktionszweige als Begünstigte

Wie oben dargestellt, umfasst der Begriff des Unternehmens auch Selbständige in ihrer beruflichen wirtschaftlichen Tätigkeit. Die Förderprogramme der Länderfilmfördereinrichtungen führen als Begünstigte sowohl Unternehmen wie Einzelpersonen auf, wobei letztere in ihrer beruflichen Funktion als wirtschaftlich Selbständige gemeint sind, wie z.B. Autoren und Regisseure. Als Unternehmen werden meist Produktionsunternehmen, Verleih- und Vertriebsunternehmen sowie Programmveranstalter und andere Organisationen aufgeführt. Beide Gruppen werden vom Begriff des Unternehmens im Sinne des Tatbestandsmerkmals erfasst, sodass dieses gegeben ist. Einzig bei der Abschlussförderung des MWWK, bei der Studenten gefördert werden, ist eine Einordnung unter den Begriff des Unternehmens zu verneinen, da die Studierenden noch nicht als wirtschaftlich Selbständige tätig sind, sondern es sich um eine Förderung ihrer Abschlussarbeiten an ihrer Ausbildungsstätte handelt.

bb. Bestimmte Unternehmen oder Produktionszweige (Selektivität)

Bei den Förderprogrammen der Filmfördereinrichtungen auf Länderebene handelt es sich um Beihilferegelungen, nicht Einzelbeihilfen. Beihilferegelungen richten sich zwar an eine unbestimmte Anzahl von Begünstigten, sie sind jedoch als selektiv anzusehen, da der Empfängerkreis im Gegensatz zu allgemeinen

Maßnahmen abgrenzbar ist. Durch die Fördervoraussetzungen ist der Empfängerkreis für Fördermaßnahmen der Einrichtungen eingegrenzt. Die Begünstigung wird per Auswahlverfahren einzelnen Unternehmen aus dem Kreis der potentiellen Empfänger gewährt. Damit werden bestimmte Unternehmen begünstigt.

cc. Wettbewerbsverfälschung

Wie bei der Prüfung der Fördermaßnahmen auf Bundesebene gilt auch für die Fördermaßnahmen auf Länderebene, dass die Begünstigten mit anderen nicht begünstigten Unternehmen aus der Filmwirtschaft im Wettbewerb stehen und auf dem gemeinsamen Markt von Filmherstellung, Filmabspiel und Filmvertrieb konkurrieren. Die Fördermittel stärken die finanzielle Position der Begünstigten und führen so zu einem Wettbewerbsvorteil. Dieser verfälscht den Wettbewerb.

dd. Handelsbeeinträchtigung und De-minimis

Es gilt das bei der Prüfung auf Bundesebene Ausgeführte, dass deutsche Filme international verliehen und vertrieben werden und an internationalen Festivals teilnehmen. Sie stehen im Wettbewerb mit anderen deutschen Filmen sowie Filmen aus anderen EU-Staaten und sonstigen internationalen Filmen, vor allem den U.S.-amerikanischen Hollywood-Filmen. Das gilt besonders für programmfüllende Filme sowie für TV-Serien, aber auch für Kurzfilme. Die Fördermittel stärken die Wettbewerbsposition der begünstigten Unternehmen und wirken sich daher auch auf den zwischenstaatlichen Handel aus. Das Tatbestandsmerkmal wird weit ausgelegt, sodass auch lokale und regionale Fördermittel von der EU-Kommission als den Handel zu beeinträchtigen geeignet angesehen werden, insbesondere vor dem Hintergrund des internationalen Handels mit Filmen. Die Fördermittel der Länderfilmfördereinrichtungen beeinträchtigen folglich den Handel zwischen den Mitgliedstaaten.

Eine Handelsbeeinträchtigung liegt allerdings nicht vor, wenn die Fördermittel derart geringe Beihilfen sind, dass sie unter die De-minimis-VO fallen. Dafür darf ein Unternehmen in einem Zeitraum von drei Steuerjahren Beihilfen in einer Gesamtsumme von maximal € 200.000 erhalten. Wenn die Fördermittel unter De-minimis fallen, sind die Begünstigten darauf hinzuweisen, da ihnen eine Informationspflicht zur Einhaltung der Bedingungen der VO obliegt, ebenso wie den Mitgliedstaaten eine Mitwirkungspflicht gegenüber der EU-Kommission zur Überprüfung der Einhaltung der VO obliegt. Aufgrund der teilweise geringen Förderbeträge kommt die Anwendung von De-minimis bei der Fördermittelvergabe der Länderfördereinrichtungen durchaus in Betracht.

Es wird in den Förderrichtlinien, teilweise ungeachtet der vorherigen Tatbestandsmerkmale der Beihilfe, auf die De-minimis-VO Bezug genommen:

In den Förderrichtlinien der Filmstiftung wird darauf hingewiesen, dass bestimmte Förderprogramme unter De-minimis fallen, nämlich die Förderung des Filmabspiels und der Filmpräsentation, die Förderung von innovativen audiovisuellen Inhalten sowie die Förderung mittels sonstiger Maßnahmen wie Preise und Stipendien.

Beim FFF Bayern erfolgt die Förderung für Games und andere Medienapplikationen, Kinoabspiel und Präsentation sowie sonstige Fördermaßnahmen nach der De-minimis-VO gemäß FFF Bayern Förderrichtlinien Ziff. 1.3.9.

Die FFHSH konstatiert in ihren Richtlinien für Filmförderung, dass die Förderung unter De-minimis fällt, da die Förderbeträge, insbesondere unter Berücksichtigung der Höchstsummen bei der Produktionsförderung, so gering sind, dass sie bereits deswegen von den Beihilfevorschriften ausgenommen sind.

Die Förderung der nordmedia von Games, die Software-basiert sind, erfolgt nach De-minimis, ebenso Investitionsbeihilfen gemäß nordmedia Förderrichtlinie.

Auch wenn in den Richtlinien der anderen Fördereinrichtungen Medienboard, MDM, MFG, HessenFilm, Saarland Medien, MV Film e.V., kulturelle Filmförderung des MWWK und Kulturstiftung Rheinland-Pfalz nicht ausdrücklich auf die De-minimis-VO hingewiesen wird, schließt dies eine Anwendung nicht aus. Die Einrichtungen können dennoch die Fördermittel im Einklang mit der De-minimis-VO gewähren. Angesichts der teilweise niedrigen Fördersummen ist es durchaus wahrscheinlich, dass die Förderempfänger in vielen Fällen die Voraussetzungen der De-minimis-VO erfüllen würden. Ob die Fördereinrichtungen letztlich eine Gewährung unter De-minimis anwenden, kann hier nicht festgestellt werden.

Dementsprechend ist im Ergebnis festzuhalten, dass bei Anwendung der De-minimis-VO tatbestandlich keine Beihilfe vorliegt, bei Ablehnung der De-minimis-Voraussetzungen eine Handelsbeeinträchtigung dagegen zu bejahen ist.

d. Zwischenergebnis

Folglich sind die Fördermittel der Filmstiftung, des Medienboard, der FFHSH, der nordmedia, der MFG, der HessenFilm, der Abschlussförderung durch das MWWK sowie die Kinoinvestitionsförderung und Zusatzkopienförderung des FFF Bayern und die Kinopreisförderung der MDM mangels des Tatbestandsmerkmals Gewährung staatlicher Mittel keine Beihilfe.

Bei der Abschlussförderung des MWWK kommt hinzu, dass auch das Tatbestandsmerkmal des Unternehmens als Begünstigten zu verneinen ist.

Soweit die Förderung von Saarland Medien und der Kulturstiftung Rheinland-Pfalz in einem Darlehen besteht, handelt es sich gemäß dem Privatmarktinvestorentest bereits nicht um eine Begünstigung, sodass dieses Tatbestandsmerkmal zu verneinen ist. Ansonsten gilt wie folgt: Bei den Fördermitteln des FFF Bayern (durch die LfA Förderbank Bayern), der MDM (beim Hauptvergabeausschuss), der Saarland Medien, des MV Film e.V., der Abspielförderung des MWWK Rheinland-Pfalz und der Kulturstiftung Rheinland-Pfalz hängt die Bejahung des Tatbestandes von der Anwendung der De-minimis-VO ab. Wird eine Anwendung abgelehnt, ist der Tatbestand der Beihilfe anzunehmen.

2. *Rechtfertigung der Beihilfe, Ausnahmen des Beihilfeverbots*

Wird die Gewährung der Fördermittel nicht unter De-minimis vorgenommen, ist zu prüfen, ob die Beihilfe dennoch gerechtfertigt ist. In Betracht kommt die Ermessensausnahme für Kultur gemäß Art. 107 Abs. 3 lit. d AEUV. Davor ist zuerst die Anwendung der AGVO zu prüfen.

a. AGVO

Die Fördermittel der Ländereinrichtungen FFF Bayern (LfA Förderbank Bayern), MDM (Hauptausschuss), Saarland Medien, MV Film e.V., Abspielförderung MWWK Rheinland-Pfalz und Kulturstiftung Rheinland-Pfalz müssten sich für die Anwendung der AGVO qualifizieren. Falls man entgegen der hier vertretenen Auffassung auch bei den anderen Fördereinrichtungen im Ergebnis eine tatbestandliche Beihilfe annehmen würde, wäre hier ebenfalls die Anwendung der AGVO zu prüfen.[1143] Da einige Einrichtungen ihre Förderprogramme bei der Kommission unter der AGVO registriert haben, wird die Prüfung des Vorliegens der Kriterien der AGVO hier für alle Einrichtungen vorgenommen.

Beihilferegelungen müssen die formelle Voraussetzung der Informationspflicht und Mitwirkungspflicht zur Einhaltung der AGVO erfüllen sowie die allgemeinen materiellen Voraussetzungen des Transparenzerfordernisses einer klaren Berechnung der Beihilfe, der Einhaltung des Schwellenwerts der Beihilfe, der Anreizfunktion und der speziellen materiellen Voraussetzungen bei

1143 Siehe oben d. Zwischenergebnis hinsichtlich Filmstiftung, Kinoinvestitionsförderung/Zusatzkopienförderung FFF Bayern, Medienboard, FFHSH, Kinopreis MDM, nordmedia, MFG, HessenFilm, Abschlussförderung MWWK Rheinland-Pfalz.

Beihilfen für audiovisuelle Werke. Die speziellen materiellen Voraussetzungen sind die Verwendung der Beihilfe für ein kulturelles Projekt mit einem wirksamen Überprüfungsmechanismus der kulturellen Kriterien, Grenzen für Territorialitätsvorgaben, eine Beihilfeintensität von grundsätzlich maximal 50%, die Einhaltung der beihilfefähigen Kosten, der Einsatz der Beihilfe für die Bereiche Produktion, Vorbereitung und/ oder Vertrieb, das Verbot einer Beschränkung der Beihilfe auf bestimmte Produktionstätigkeiten sowie das Verbot einer Beschränkung der Beihilfeempfänger auf Inländer.

Manche Förderrichtlinien nehmen ausdrücklich auf die AGVO Bezug.[1144] Aber auch die Förderprogramme der anderen Einrichtungen können die Voraussetzungen erfüllen. Die neuesten Anmeldungen der Förderprogramme bei der Kommission sind bereits unter der AGVO erfolgt, nämlich der Filmstiftung, des FFF Bayern, des Medienboard und der FFHSH.[1145]

Sämtliche Förderungen der Filmfördereinrichtungen erfüllen die Einhaltung des Schwellenwerts eines Fördervolumens von € 50 Mio. pro Jahr gemäß Art. 4 lit. z. aa AGVO. Eine Anreizwirkung wird auch bezweckt. Das Transparenzerfordernis ist ebenfalls gewahrt, da Zuschüsse und Darlehen als transparent gelten, bei Darlehen vorausgesetzt, dass ihre Berechnung auf der Grundlage des zum Gewährungszeitpunkt geltenden Zinssatzes erfolgt.

Hinsichtlich der speziellen materiellen Voraussetzungen für Beihilfen für audiovisuelle Werke gemäß Art. 54 AGVO erfüllen sämtliche Förderprogramme die Voraussetzungen, dass die Beihilfen für die Bereiche Produktion, Produktionsvorbereitung und Vertrieb vergeben werden, die Beihilfen nicht auf bestimmte Produktionstätigkeiten beschränkt sind und die Beihilfen nicht nur Inländern offen stehen. Im Gegenteil dazu beinhalten die entsprechenden Förderrichtlinien häufig die Formulierung eines Sitzes in EU-Staaten. Ferner enthalten die Förderrichtlinien eine Definition der beihilfefähigen Kosten.

Für die weiteren speziellen materiellen Voraussetzungen ist wie folgt auszuführen:

Die AGVO setzt voraus, dass ein kulturelles Projekt mit der Beihilfe gefördert wird, und verlangt von den Mitgliedstaaten die Festlegung wirksamer Überprüfungsverfahren, wann ein Produkt als kulturell gilt, z.B. eine vorab festgelegte Liste kultureller Kriterien.

1144 Vgl. Förderrichtlinien der Filmstiftung, des FFF Bayern, des Medienboard, der FFHSH, der MDM, der nordmedia.

1145 Vgl. Beihilfeanmeldungen der Filmstiftung SA.43853, des FFF Bayern SA.42666, des Medienboard SA.40292, der FFHSH SA.44101.

Einzig der FFF Bayern führt eine nicht abschließende Aufzählung von Maßstäben für kulturelle und künstlerische Qualität auf.

Die Richtlinien der Fördereinrichtungen Filmstiftung, FFHSH, MDM, MFG, HessenFilm, Saarland Medien erwähnen das Erfordernis eines kulturellen Bezugs oder einer kulturellen Bedeutung für das Bundesland. Weitere genannte Kriterien sind keine kulturellen Kriterien und erfüllen die Anforderungen an konkrete kulturelle Kriterien und einen wirksamen Überprüfungsmechanismus im Sinne der AGVO nur unzureichend. Es wird teilweise nicht deutlich, dass ein kulturelles Projekt gefördert wird, oder es wird nicht definiert, was unter einer kulturellen Qualität des Projekts verstanden wird. HessenFilm vermengt zudem die Territorialität mit dem kulturellen Kriterium des Hessenbezugs. Eine Intention der Förderung eines kulturellen Projekts ist durchaus bei den Richtlinien der Kulturstiftung Rheinland-Pfalz, den Richtlinien der Abspielförderung des MWWK Rheinland-Pfalz, der nordmedia, dem Medienboard sowie MV Film e.V. zu erkennen, ein wirksamer Überprüfungsmechanismus im Sinne der AGVO für kulturelle Kriterien ist jedoch nicht vorhanden, sodass das Kriterium ebenfalls unzureichend erfüllt ist. Die Förderrichtlinie der nordmedia enthalten z.B. mehr Angaben zur filmwirtschaftlichen und kulturwirtschaftlichen Förderung. Die Förderrichtlinien zur Abschlussförderung des MWWK Rheinland-Pfalz enthalten gar keine Angaben, sodass sie dieses Kriterium der AGVO nicht erfüllen.

Die meisten Förderrichtlinien enthalten Territorialitätsverpflichtungen. Die in der AGVO aufgestellten Grenzen für Verpflichtungen zur Territorialität werden hierbei eingehalten. Die Spannweite von Territorialitätsverpflichtungen beträgt 100% bis 150% der Beihilfe. Die Begrenzung, dass Ausgaben im Rahmen der Territorialität nicht über 80% des gesamten Produktionsbudgets betragen dürfen, findet sich allerdings nur in den Förderrichtlinien der Filmstiftung, des Medienboard, der FFHSH und der nordmedia. Die Förderrichtlinien des FFF Bayern, der MDM, der MFG, der HessenFilm und der Saarland Medien enthalten diese Obergrenze nicht, erfüllen deshalb die Anforderungen der AGVO an die Territorialitätsverpflichtungen nur unzureichend.

Die Förderrichtlinien von MV Film e.V., der Kulturstiftung Rheinland-Pfalz sowie der Abspiel- sowie Abschlussförderung des MWWK Rheinland-Pfalz enthalten keinerlei Territorialitätsverpflichtungen, sodass sie die Anforderungen der AGVO nicht erfüllen müssen.

Beihilfeintensitätsregelungen finden sich ebenfalls in den meisten Förderrichtlinien. Diese entsprechen den Vorgaben der AGVO, dass 50% der beihilfefähigen Kosten bei der Beihilfevergabe nicht überschritten werden dürfen. Für die

Ausnahmen dieser Schwelle halten sich die Förderrichtlinien im Rahmen der AGVO, nämlich bis zu 60% bei grenzüberschreitenden Koproduktionen und bis zu 100% bei schwierigen Werken, bestimmten internationalen Koproduktionen und Vorbereitungsmaßnahmen. Allerdings gibt es auch Förderrichtlinien, die diese Anforderung der Begrenzung der Beihilfeintensität nicht erfüllen. Dazu zählen die Förderrichtlinien von Saarland Medien und der Abschluss- sowie Abspielförderung des MWWK Rheinland-Pfalz, die keine Angaben machen, sowie von MV Film e.V., die lediglich Höchstsätze in Eurobeträgen, aber keine prozentuale Begrenzung im Verhältnis zu den förderfähigen Kosten i.S.d. AGVO vorgeben. Hinsichtlich der Richtlinien der Abspielförderung des MWWK Rheinland-Pfalz ist festzustellen, dass Beihilfehöchstintensitäten gemäß Art. 54 Abs. 8 AGVO auch bei Vertriebsbeihilfen gelten, der die Beihilfehöchstintensität für Vertriebsbeihilfen der für Produktion gleichstellt.

b. Zwischenergebnis

Im Ergebnis erfüllen alle Förderrichtlinien der Einrichtungen, bei denen tatbestandlich eine Beihilfe bejaht wurde, nämlich die des FFF Bayern (LfA), der MDM (Hauptausschuss), der Saarland Medien, des MV Film e.V., der Abspielförderung MWWK Rheinland-Pfalz und der Kulturstiftung Rheinland-Pfalz, nicht die speziellen materiellen Voraussetzungen der AGVO für Beihilfen für audiovisuelle Werke gemäß Art. 54 AGVO. Im Einzelnen:

Bei dem FFF Bayern und der MDM wird das Kriterium der Territorialitätsverpflichtung nur teilweise erfüllt; es fehlt in den Richtlinien die absolute Grenze, dass die der Territorialitätsverpflichtung unterfallenden Ausgaben 80% des gesamten Produktionsbudgets nicht überschreiten dürfen. Bei der MDM fehlt außerdem das Erfordernis der Förderung eines kulturellen Projekts einschließlich Überprüfungsmechanismus.

Bei den Richtlinien der Saarland Medien sind mehrere Kriterien gar nicht oder unzureichend erfüllt. Es fehlt die Festlegung der Beihilfehöchstintensität. Dass die Förderung der Kultur dienen soll, ist zwar erkennbar, es fehlen aber nachprüfbare kulturelle Kriterien bzw. ein wirksames Überprüfungsverfahren. Hinsichtlich der vorhandenen Territorialitätsverpflichtung fehlt ebenfalls die absolute Grenze von 80%.

Den Richtlinien des MV Film e.V. mangelt es an der Festlegung der Beihilfehöchstintensität im Sinne der AGVO als prozentuale Angabe im Verhältnis zu den beihilfefähigen Kosten. Eine Intention der Förderung eines kulturellen Produkts ist erkennbar, überprüfbare kulturelle Kriterien fehlen jedoch.

Bei den Richtlinien der Kulturstiftung Rheinland-Pfalz fehlt ebenfalls ein wirksamer geeigneter Überprüfungsmechanismus für kulturelle Kriterien, wenngleich die Intention der Förderung eines kulturellen Produkts vorhanden ist.

In den Richtlinien der Abspielförderung des MWWK Rheinland-Pfalz sind ebenfalls die Festlegung der Beihilfehöchstintensität sowie ein Überprüfungsverfahren zum Nachweis der Förderung eines kulturellen Projekts nicht vorhanden.

Zudem wird die formelle Informations- und Mitwirkungspflicht bislang nur von dem FFF Bayern erfüllt. Die Fördermittelvergabe des FFF Bayern (LfA), der MDM (Hauptausschuss), der Saarland Medien, des MV Film e.V., der Abspielförderung des MWWK Rheinland-Pfalz sowie der Kulturstiftung Rheinland-Pfalz, die aufgrund der jeweiligen Förderrichtlinien erfolgt, ist daher nicht mittels der Gruppenfreistellung von der Beihilfeprüfung ausgenommen. In diesen Fällen ist eine Rechtfertigung der Beihilfe gemäß der Filmmitteilung zu prüfen.

Hätte man auch bei den anderen Einrichtungen, nämlich der Filmstiftung, des FFF Bayern (Kinoinvestitionsförderung/ Zusatzkopienförderung), des Medienboard, der FFHSH, der MDM (Kinopreis), der nordmedia, des MFG und der HessenFilm, entgegen der hier vertretenen Auffassung den Tatbestand der Beihilfe bejaht und wäre zu der Rechtfertigungsprüfung gemäß der AGVO gelangt, müsste im Ergebnis festgestellt werden, dass die Voraussetzungen der AGVO von den Förderrichtlinien dieser Einrichtungen nicht erfüllt worden wären, obgleich die Richtlinien der Filmstiftung, des FFF Bayern, des Medienboard, der FFHSH, der MDM und der nordmedia auf die AGVO Bezug nehmen und die Filmstiftung, der FFF Bayern, das Medienboard und die FFHSH ihre Programme unter der AGVO angemeldet haben. Die Fördermittelvergabe wäre also nicht von einer Notifizierung und Beihilfeprüfung befreit. Im Einzelnen:

Bei den Förderrichtlinien der Filmstiftung, des Medienboard, der FFHSH, der MDM, der nordmedia, der MFG sowie auch der HessenFilm und der Abschlussförderung des MWWK Rheinland-Pfalz würde ein wirksamer Überprüfungsmechanismus für ein kulturelles Projekt fehlen, z.B. eine Liste von kulturellen Kriterien, die für eine Beihilfe zu erfüllen sind.

In den Förderrichtlinien der MFG sowie der HessenFilm würden zudem bei der Territorialitätsverpflichtung die absolute Grenze, dass Ausgaben, die der Territorialität unterfallen, nicht über 80% des gesamten Produktionsbudgets liegen dürfen, fehlen.

Die Förderrichtlinien der Abschlussförderung des MWWK Rheinland-Pfalz würden außerdem keine Festlegung der Beihilfeintensität beinhalten.

Hinsichtlich der Förderrichtlinien des FFF Bayern und der MDM, die auch für die hier relevante Kinoinvestitionsförderung/ Zusatzkopienförderung respektive

Kinopreisförderung gelten, wurde soeben oben festgestellt, dass die absolute Grenze bei der Territorialitätsverpflichtung von 80% des gesamten Produktionsbudgets fehlen würde sowie bei der MDM auch ein wirksamer Überprüfungsmechanismus von kulturellen Kriterien. Wobei aber auch die vorhandene Aufzählung von kulturellen Kriterien in den Richtlinien des FFF Bayern insofern verbessert werden könnte, als es keine abschließende Liste ist und nicht ersichtlich ist, welche Kriterien oder wie viele mindestens erfüllt werden müssen.

c. *Ermessensausnahme Kultur, Filmmitteilung*

Die Beihilfen des FFF Bayern (LfA Förderbank Bayern), der MDM (Hauptausschuss), Saarland Medien, MV Film e.V., Abspielförderung MWWK Rheinland-Pfalz sowie der Kulturstiftung Rheinland-Pfalz könnten gemäß der Filmmitteilung gerechtfertigt sein.

Da die Kriterien der Filmmitteilung jedoch fast inhaltsgleich mit den Voraussetzungen der AGVO sind und insbesondere eine Beihilfehöchstintensität vorgeben, die die genannten Förderrichtlinien der Saarland Medien, des MV Film e.V. und der Abspielförderung des MWWK Rheinland-Pfalz nicht beinhalten, ist die Beihilfevergabe ohne weitergehende Prüfung bereits aufgrund dieses Mangels nicht mit der Filmmitteilung zu rechtfertigen. Abgesehen davon fehlt es bei diesen Einrichtungen ebenso wie bei den Richtlinien der MDM und der Kulturstiftung Rheinland-Pfalz an einem wirksamen Überprüfungsmechanismus von kulturellen Kriterien für ein kulturelles Produkt. Bei den Richtlinien des FFF Bayern und der MDM fehlt die absolute Grenze der territorialen Ausgaben im Verhältnis zu dem gesamten Produktionsbudget, sodass hier ebenfalls die Förderrichtlinien den Kriterien der Filmmitteilung nicht genügen.

Da grundsätzlich sämtliche Fördermittel dieser Einrichtungen unter die AGVO bzw. die Filmmitteilung fallen würden, wenn die Förderrichtlinien in den aufgezeigten Punkten geändert und ergänzt würden, ständen einer Freistellung oder spätestens einer Rechtfertigung der Beihilfen keine rechtlichen Bedenken entgegen.

Würde man weiterhin entgegen der hier vertretenen Auffassung eine Rechtfertigung von Beihilfen des FFF Bayern (Kinoinvestitionsförderung/ Zusatzkopienförderung), des Medienboard, des FFHSH, der MDM (Kinopreis), der nordmedia, der MFG, der HessenFilm sowie der Abschlussförderung des MWWK Rheinland-Pfalz prüfen, ließe sich hier ebenfalls feststellen, dass aufgrund der inhaltsgleichen Kriterien von der AGVO mit der Filmmitteilung die Richtlinien der genannten Einrichtungen entweder an der Begrenzung der Territorialitätsverpflichtung, eines wirksamen Überprüfungsmechanismus kultureller Kriterien oder der Festlegung der Beihilfehöchstintensität mangelten, die Voraussetzungen der Filmmitteilung daher nicht erfüllten und die Beihilfen nicht gerechtfertigt wären. Würden die fehlenden oder unzureichenden Punkte in den jeweiligen Richtlinien geändert und ergänzt, gäbe es keine rechtlichen Bedenken gegen die Rechtfertigung der Fördermittelvergabe.

3. *Ergebnis der Beihilfeprüfung*

Die Fördermittel der Filmstiftung, des FFF Bayern (Kinoinvestitionsförderung/ Zusatzkopienförderung), des Medienboard, der FFHSH, der MDM (Kinopreis), der nordmedia, der MFG, der HessenFilm und der Abschlussförderung des MWWK Rheinland-Pfalz stellen keine Beihilfen dar, da das Tatbestandsmerkmal der staatlich gewährter Mittel nicht gegeben ist und im Falle des MWWK auch nicht das Tatbestandsmerkmal des Begünstigten vorliegt, sodass der Tatbestand der Beihilfe gemäß Art. 107 Abs. 1 AEUV nicht erfüllt ist.

Dagegen stellen die Förderungen des FFF Bayern (LfA Förderbank Bayern), der MDM (Hauptausschuss), der Saarland Medien, des MV Film e.V., der Abspielförderung MWWK Rheinland-Pfalz und der Kulturstiftung Rheinland-Pfalz Beihilfen dar, sofern die Beihilfen nicht unter der De-minimis-VO vergeben werden[1146], und sind derzeit aufgrund unzureichender und mangelhafter Förderrichtlinien weder von der AGVO noch der Filmmitteilung gerechtfertigt. Vorausgesetzt, die Förderrichtlinien werden in den jeweiligen mangelhaften Punkten geändert und der Informationspflicht wird nachgekommen, ist allerdings eine Vereinbarkeit der Beihilfen mit dem gemeinsamen Markt unproblematisch gegeben.

III. Gesamtergebnis zur Filmförderung in Deutschland

Die Fördermittel auf Bundesebene von der BKM, des DFFF und des GMPF stellen Beihilfen dar, die unter der AGVO gerechtfertigt sind, soweit sie nicht bereits unter der De-minimis-Verordnung gewährt werden. Bei den Fördermitteln der FFA ist zu unterscheiden: die Projektförderung stellt keine Beihilfe dar, die Referenzförderung erfüllt den Tatbestand, ist aber eine gerechtfertigte Beihilfe mittels der Filmmitteilung, soweit nicht ebenfalls De-minimis einschlägig ist. Die Fördermittel des Kuratoriums sind sämtlich tatbestandlich keine Beihilfe, eingeschlossen Fördermittel der gemeinsamen Förderung mit der BKM.

1146 Z.B. die Förderung von Games, Medienapplikationen sowie Kinoabspiel und Präsentation des FFF Bayern.

Auf Ebene der Bundesländer ist zumeist der Tatbestand nicht gegeben. Bei den Fördermitteln der Filmstiftung, des FFF Bayern (Kinoinvestitionsförderung/Zusatzkopienförderung), des Medienboard, der FFHSH, der MDM (Kinopreis), der nordmedia, der MFG, der HessenFilm und der Abschlussförderung des MWWK Rheinland-Pfalz ist der Tatbestand der Beihilfe mangels des Tatbestandmerkmals der staatlich gewährten Mittel nicht erfüllt und im Falle des MWWK auch nicht mangels des Tatbestandsmerkmals des Begünstigten. Die Fördermittel des FFF Bayern (LfA Förderbank Bayern), der MDM (Hauptausschuss), der Saarland Medien, des MV Film e.V., der Abspielförderung MWWK Rheinland-Pfalz und der Kulturstiftung Rheinland-Pfalz erfüllen grundsätzlich den Tatbestand der Beihilfe, soweit sie nicht unter der De-minimis-Verordnung vergeben werden. Auf Rechtfertigungsebene werden aufgrund derzeit unzureichender und mangelhafter Förderrichtlinien weder die Voraussetzungen der AGVO noch der Filmmitteilung erfüllt, sodass die Beihilfen als nicht gerechtfertigt angesehen werden müssen. Im Einzelnen sind die Regelungen zum Nachweis der Förderung eines kulturellen Projekts, der Territorialitätsausgaben oder der Förderhöchstgrenze mangelhaft. Bei einer Nachbesserung der Richtlinien steht einer Rechtfertigung und Vereinbarkeit der Beihilfen mit dem Binnenmarkt allerdings kein rechtliches Hindernis entgegen.

Wenngleich die Projektförderung des FFG keine Beilhilfe ist, ist das FFG wegen der Referenzförderung als Beihilferegelung zu notifizieren. Die hier gegenständlichen Regelungen des DFFF sind bei der EU-Kommission notifiziert und per Beschluss für zulässig erklärt worden, gleiches gilt für die Regelungen des alten FFG 2014 und die dazugehörigen Richtlinien der FFA.[1147] Wie oben erwähnt, sind einige Förderrichtlinien bereits unter der AGVO angemeldet worden, nämlich die neueren, hier ebenfalls gegenständlichen Förderregelungen des DFFF sowie die Förderung des FFG 2017 mit den entsprechenden Richtlinien und die Förderung des GMPF.[1148] Diese Verfahrensweise der Anmeldung der Beihilfen entspricht bezüglich DFFF und GMPF dem hier vertretenen Ergebnis. Die Anmeldung der Fördermaßnahmen des FFG unter der AGVO ist dagegen nicht unproblematisch.

1147 Beihilfenotifizierungen des DFFF SA.35114; des FFG SA.36753.

1148 Beihilfeanmeldungen des FFG SA.47553, SA.47550, SA.47554, SA.47574; des DFFF SA.45011, SA.44656 sowie des GMPF SA.43891 sowie die neuesten Anmeldungen, die hier nicht Untersuchungsgegenstand sind, von DFFF SA.47518 und BKM SA.47939.

Die EU-Kommission stuft sämtliche Fördermaßnahmen auf Bundesebene grundsätzlich als Beihilfen ein, die jedoch gemäß der Filmmitteilung gerechtfertigt sind. Sie hat sich in sämtlichen Entscheidungen über deutsche Beihilferegelungen allerdings nicht im Einzelnen mit dem Tatbestandsmerkmal der staatlich gewährten Mittel auseinandergesetzt, was, wie in der obigen Prüfung deutlich wird, das entscheidende Merkmal ist, um Beihilfen zu bejahen oder zu verneinen. Die unterschiedlichen Ansichten über das Vorliegen einer Beihilfe sind praktisch insofern bedeutsam, als bei der Ablehnung des Tatbestandes Fördermittel bereits nicht in den Kompetenzbereich der EU-Kommission fallen, während bei einer Bejahung das europäische Beihilfenregime eröffnet wird.

Aufgrund der Vereinfachung von Beihilfegewährungen mittels der AGVO, findet eine Prüfung von Beihilfen, die im Informationsregister nach der AGVO angemeldet werden, durch die EU-Kommission nicht mehr statt. Diese Beihilfen sind von einer Notifizierung und Prüfung freigestellt. Die Anwendbarkeit der AGVO gründet auf der Informations- und Mitwirkungspflicht der Mitgliedstaaten zur Einhaltung der Voraussetzungen der AGVO. Sämtliche neuesten Beihilferegelungen der deutschen Filmfördereinrichtungen werden unter der AGVO angemeldet.

Kritisch sollte die Einhaltung der Voraussetzungen gesehen werden, insbesondere die Einhaltung der Schwellenwerte und speziellen Voraussetzungen bei audiovisuellen Werken. Bei den letzten Anmeldungen des FFG wurden die unterschiedlichen Fördervorschriften des FFG mit ihren entsprechenden Richtlinien in vier separaten Anmeldungen unter der AGVO vorgenommen. Hierbei wurden bei drei Anmeldungen die allgemeinen Fördervorschriften zusammen mit den einzelnen Förderbereichen aufgeführt. Das FFG wurde also nicht mehr als ein Gesetz angemeldet, sondern es wurden nur Teile des Gesetzes in verschiedenen „Paketen“ angemeldet. Als jährliche Budgets wurden Beträge zwischen € 4 und € 40 Mio. benannt. Eine Aufteilung einer Beihilferegelung, wie das bei der Anmeldung des FFG 2017 und den dazugehörigen Richtlinien der FFA erfolgt ist und wie es auch bei den neuen Förderrichtlinien der BKM und des DFFF der Fall zu sein scheint (die hier aber nicht Untersuchungsgegenstand sind), ist eine unzulässige Umgehung des Schwellenwertes der Beihilfe.[1149] Der Schwellenwert der Beihilfe ist gerade das entscheidende Merkmal der AGVO. Die AGVO ist im Zuge der Reform des europäischen Beihilfenrechts aus dem Grund entstanden

1149 Beihilfeanmeldungen der FFA SA.47553, SA.47550, SA.47554, SA.47574, SA.47552 und Beihilfeanmeldungen des DFFF SA.49015 und SA.49016, die hier nicht Untersuchungsgegenstand sind.

und zuletzt erweitert worden, um Beihilfen für bestimmte Gruppen zu vereinfachen und von einer Prüfung unter der Voraussetzung freizustellen, dass Beihilfen einen bestimmten für die jeweiligen Gruppen spezifischen Schwellenwert, der als angemessen für den gemeinsamen Markt und gerade nicht als Handelsbeeinträchtigung angesehen wird, nicht überschreiten. Allerdings soll die AGVO für Beihilfen mit kleinen Beträgen und in Form bewährter Beihilfeinstrumente genutzt werden. In den Erwägungsgründen der AGVO wird die Bedeutung der Schwellenwerte konkretisiert: „Die in dieser Verordnung festgelegten Schwellenwerte sollten nicht durch eine künstliche Aufspaltung von Beihilferegelungen oder Fördervorhaben in mehrere Beihilferegelungen oder Vorhaben mit ähnlichen Merkmalen, Zielen oder Beihilfeempfängern umgangen werden."[1150] Es handelt sich zwar lediglich um einen Erwägungsgrund und keine Verbotsnorm der Verordnung, die Intention für die Festlegung von Schwellenwerten und deren Bedeutung für die AGVO wird aber deutlich. Bedenken hinsichtlich der Gefahr einer missbräuchlichen Anwendung der Mitgliedstaaten wurden bereits bei Einführung der neuen AGVO 2014 geäußert.[1151] Das FFG ist eine einheitliche Beihilferegelung. Das gesamte Gesetz bildet das Fördersystem der FFA. Es regelt nicht nur die einzelnen Förderprogramme und deren Fördervoraussetzungen, sondern auch die zur Verfügung stehenden Fördermittel, das Zustandekommen der Förderentscheidungen und die Vergabegremien u.a. Die Vorschriften nehmen aufeinander Bezug und es gibt von daher viele Querverweise. Eine Beihilferegelung ist nicht teilbar. Eine Aufteilung mit vier Anmeldungen, in denen dreimal die allgemeinen Fördervorschriften mitangemeldet werden, zeigt bereits die Fehlannahme der Möglichkeit einer Trennbarkeit des FFG als einheitlicher Beihilferegelung auf. Eine Aufspaltung der Beihilferegelung FFG in verschiedene Teile zur Anmeldung unter der AGVO, lediglich um das Programm unter der Schwelle von € 50 Mio. zu halten, ist eine sehr problematische Anwendung der AGVO und entspricht nicht ihrem Sinn und Zweck, vor allem, da eine Rechtfertigung unter der Filmmitteilung die Förderungen zuließe, soweit die Richtlinien wie oben geprüft weiterhin die Kriterien einhielten, und Beihilfen für die deutsche Filmwirtschaft daher keineswegs vereitelt würden. Die verschiedenen Mitteilungen der Kommission wurden im Zuge der Reform des Beihilfenrechts insofern geändert, als sie strengere Anforderungen an die Verhältnismäßigkeit von Beihilfen („balancing test") vorsehen und Analysen des betroffenen Marktes

1150 Erwägungsgrund 16 AGVO.

1151 Vgl. Nicolaides, The New General Block Exemption Regulation: The Cornerstone of the State Aid Regime, 2014-2020 v. 10.7.2014.

des Mitgliedstaats erfordern. Die Filmmitteilung ist dahingehend jedoch mit ihrer Vorgängerversion gleichgeblieben. Eine Notifizierung mag daher hinderlicher oder etwas beschwerlicher sein als eine Anmeldung unter der AGVO, aber die Voraussetzungen der AGVO müssen eingehalten werden, insbesondere der Schwellenwert, wollte der Mitgliedstaat nicht den Entzug der Anwendung der AGVO für den betroffenen Beihilfefall riskieren.

Die obige Prüfung zeigt deutlich auf, dass durch die AGVO die Bedeutung der Filmmitteilung abgenommen hat, sie jedoch nach wie vor in anderen Fällen, die nicht unter die AGVO fallen, relevant bleibt.

Auch hinsichtlich der Bundesländer ist die EU-Kommission in ihrer bisherigen Entscheidungspraxis stets davon ausgegangen, dass es sich bei den Fördermittelvergaben der deutschen Ländereinrichtungen tatbestandlich um Beihilfen handelt ohne jedoch auf die einzelnen Tatbestandsmerkmale hinreichend einzugehen und deren Vorliegen zu prüfen. Die Beihilfen wurden sodann auf der Rechtfertigungsebene im Rahmen der Kulturausnahme aufgrund der Filmmitteilung als gerechtfertigt angesehen. Diese pauschale Vorgehensweise im Rahmen des Tatbestandes kann anhand der vorliegenden konkreten und differenzierten Untersuchung kritisch hinterfragt werden; sie führt zu teilweise anderen Ergebnissen als die EU-Kommission bisher angenommen hat und stellt folglich die Rechtsauffassung der EU-Kommission in Frage. Wie bereits bei dem Ergebnis der Prüfung auf Bundesebene hat die unterschiedliche Auffassung praktische Konsequenzen, nämlich die Eröffnung des Kompetenzbereichs der EU-Kommission und die Anwendbarkeit des Beihilferegimes.

Als wissenschaftliches Nebenergebnis hat sich nach obiger konkreter Prüfung der Anwendung der AGVO und Filmmitteilung herausgestellt, dass die hier gegenständlichen Förderrichtlinien der deutschen Länderfördereinrichtungen den Anforderungen nur unzureichend entsprechen. Wie aufgeführt, fehlt es bei einigen Richtlinien an Kriterien, die ein kulturelles Produkt begründen. Aufgrund des Subsidiaritätsprinzips ist es erforderlich, dass die Mitgliedstaaten definieren, was nach ihren nationalen Vorstellungen ein kulturelles Produkt sein soll. Dementsprechend ist es unumgänglich, dass die Länderfördereinrichtungen einen wirksamen Überprüfungsmechanismus für ein kulturelles Produkt aufstellen, anhand dessen die EU-Kommission in die Lage versetzt wird, die Beihilfevereinbarkeit zu überprüfen. Dies gilt jedenfalls für die Einrichtungen, bei deren Fördervergabe der Tatbestand bejaht wird, und dies sollte auch bei den Einrichtungen, die eine Anmeldung unter der AGVO vorgenommen haben, Beachtung finden. Der Sitz des Antragstellers oder finanzielle Ausgaben können als kulturelle Kriterien nicht dienen. Kulturelle Kriterien in einer Liste, wie sie auf Bundesebene in Richtlinien existieren, z.B. unter Einbeziehung historischer, gesellschaftlicher und regionaler Themen, Regionaldialekte, Darstellung von Landschaften bei der Drehortauswahl usw., wären eine Möglichkeit, den überprüfbaren Kriterien im Sinne der AGVO und Filmmitteilung zu genügen. Bei anderen Richtlinien fehlt lediglich ein Teil der vorgegebenen Begrenzungen bei Bestimmungen von Territorialitätsverpflichtungen, nämlich neben territorialen Ausgaben bis 160% die Statuierung der absoluten Grenze solcher Ausgaben bis 80% des gesamten Produktionsbudgets bzw. die Gewährleistung von mindestens 20% Ausgaben in anderen EU-Mitgliedstaaten. Die fehlende Beihilfehöchstintensität bei einigen wenigen Richtlinien könnte darauf zurückzuführen sein, dass deren Fördersummen sehr gering sind und unter De-minimis fallen können, zur Rechtssicherheit und Vereinbarkeit mit EU-Beihilfenrecht ist eine solche Höchstgrenze als prozentualer Satz bis 50% der gesamten förderfähigen Kosten jedoch erforderlich, wenn kein Hinweis auf die Anwendung von De-minimis gegeben wird und eine tatbestandlich vorliegende Beihilfe aufgrund der AGVO freigestellt werden soll. Alternativ wäre die Klarstellung einer Anwendbarkeit von De-minimis hilfreich.

Dementsprechend werden Änderungen der Förderrichtlinien bei den Einrichtungen empfohlen, die tatbestandliche Beihilfen vergeben. Auch die Förderrichtlinien, die eine Vergabe unter der AGVO ausdrücklich erwähnen und teilweise auch angemeldet haben, sollten dann möglichst die rechtlichen Anforderungen erfüllen.

Die Förderungen der Ländereinrichtungen sind in den überwiegenden Fällen mit Ausnahme denen von Hessen, vom Saarland, von Rheinland-Pfalz und Mecklenburg-Vorpommern notifiziert[1152] und die neuesten Förderprogramme unter der AGVO angemeldet[1153], die von der EU-Kommission damit nicht mehr geprüft werden, außer im Falle einer ex-post-Kontrolle bei Zweifeln an der Vereinbarkeit mit der AGVO. Bei den unter der AGVO angemeldeten Förderprogrammen wären nach obigem Ergebnis nur die des FFF Bayern (LfA) tatsächlich notwendig. Dagegen sollte eine Anmeldung bei denjenigen Programmen vorgenommen werden, die nach obigem Ergebnis eine Rechtfertigung bzw.

1152 Beihilfenotifizierungen der Filmstiftung N489/2010; der MDM SA.35849 (veraltet, keine aktuelle); der nordmedia SA.35957; der MFG SA.38449 sowie der Vorgängerförderung von HessenFilm HessenInvest SA.40665.

1153 Beihilfeanmeldungen der Filmstiftung SA.43853; des FFF Bayern SA.42666; des Medienboard SA.40292; der FFHSH SA.44101.

Freistellung der Beihilfe benötigen. Die Informations- und Mitwirkungspflicht gilt nach zwei Jahren nach Inkrafttreten der Verordnung (Juli 2016).

Die Bedeutung der Filmmitteilung bei der Rechtfertigung von Filmfördermitteln ist wie auf Bundesebene reduziert, bleibt in Fällen, in denen die AGVO nicht anwendbar ist, dennoch relevant und kann als Auffangrechtfertigungsgrundlage weiterhin ihre Berechtigung finden.

B. Kritische Analyse des deutschen Filmfördersystems auf Bundes- und Länderebene

Es ist nicht so, dass die Fördermaßnahmen der Einrichtungen auf Bundesebene und Länderebene komplementär und aufeinander abgestimmt sind. Die Förderprogramme der Einrichtungen verfolgen größtenteils gleiche Zielsetzungen mit dem Unterschied der standortunabhängigen Förderung ohne Vorgaben von Territorialitätsausgaben auf Bundesebene im Gegensatz zu den Förderungen auf Länderebene.

Die Förderungen auf Bundesebene überschneiden sich auch teilweise untereinander, teilweise haben sie aber eine völlig andere Schwerpunktsetzung der Förderung.

Die FFA hat sowohl eine Auswahlförderung wie eine automatische Förderung. Letzteres sind auch der DFFF und der GMPF. Die BKM fördert hauptsächlich mittels Preisen, aber in erhöhtem Maße inzwischen auch mittels Projektförderung. Das Kuratorium junger deutscher Film nimmt auf Bundesebene eine besondere Stellung ein, da es eine länderübergreifende und standortunabhängige Förderung anbietet. Das ist einerseits vorteilhaft, weil die Förderempfänger nicht an Regionalausgaben gebunden sind. Andererseits ist diese Ausgestaltung zugleich auch die Kehrseite, da die Länder ohne die Erzielung von Regionaleffekten keinen Anreiz haben, dem Kuratorium Gelder zukommen zu lassen, erst recht nicht, den Anteil ihrer Haushaltsmittel für das Kuratorium zu erhöhen. Dennoch ist das Kuratorium eine der wenigen Einrichtungen, die das Konzept einer Verknüpfung von finanziellen Fördermitteln und einer intensiven Betreuung, also nicht-finanzieller Förderung, verfolgt. Zudem wird eine andere Schwerpunktsetzung auf die Förderung von Nachwuchsfilmemachern gelegt sowie zusammen mit dem BKM die Förderung von Kinder- und Jugendfilmprojekten verfolgt. Der Vorteil der Förderung des Kuratoriums ist auch, dass die Förderung keine Beihilfe darstellt. Dagegen richtet sich die Förderung des DFFF und GMPF vorrangig an höherbudgetierte Filme und high-end TV-Serien und -Projekte.

Die Filmförderung auf Bundesebene, vor allem der FFA, ist immer wieder Gegenstand von Kritik. Die Kritik, dass die Förderung der FFA zu kommerziell sei und ihre Förderung nur an massenkonsumtauglicher Filmware orientiert sei, geht allerdings insofern am Problem vorbei. Es ist systemimmanent, dass das FFG auf Bundesebene aus verfassungsrechtlich kompetenzieller Notwendigkeit auf die Wirtschaftsförderung bezogen sein muss und die Förderausgestaltung der unterschiedlichen Förderarten im FFG infolgedessen an wirtschaftliche Faktoren geknüpft ist, wie z.B. auch die Regelungen betreffend der Entscheidungsgremien der Wirtschaftskompetenz Rechnung tragen. Inwieweit die Förderung der FFA und des FFG am Publikum vorbeiproduzierte Filme finanziert oder nur massentaugliche aber filmkünstlerisch weniger hochwertige Filme oder zu wenig filmkünstlerische und schwierige Filme fördert, ist eine andere Fragestellung, die nicht Gegenstand dieser Arbeit sein kann. Die verfassungsrechtliche Prämisse als Wirtschaftsförderung ist jedoch die Grundlage, von der auszugehen ist. Zudem kann der Kritik entgegengehalten werden, dass die rechtlichen Grundlagen Raum lassen für andere Filmprojekte, die nicht als Mainstream einzustufen sind. Auf Landesebene kann dagegen eine andere Förderungsausrichtung bestehen, die insofern auch Subjekt dieser Art von Kritik sein kann.

Ob die Förderung auf Bundesebene unter Beachtung der verfassungsrechtlichen Vorgaben anders ausgestaltet werden könnte und in welcher Hinsicht dies möglicherweise empfehlenswert sein könnte, wird an anderer Stelle im Rechtsvergleich thematisiert.

Im Übrigen wurden bereits im FFG 2004 und FFG 2009 EU-rechtlich bedingt eine höhere Beteiligung der Vertreter künstlerischer Berufe in der Vergabekommission sowie eine stärkere Berücksichtigung von Festivalerfolgen bei der Referenzförderung vorgesehen, sodass der Kultur bereits größere Bedeutung beigemessen wurde.

Der DFFF ist zu Beginn der Amtszeit der derzeitigen BKM verringert worden. Die Mittel 2014 waren vor ihrem Amtsantritt im Haushaltsplan aufgestellt worden, aber bereits im Herbst 2015 hat sich eine eklatante Finanzierungslücke gezeigt, da zu dem Zeitpunkt bereits die Mittel des laufenden Jahres aufgebraucht waren. Mithilfe von Zustimmungen zum vorzeitigen Drehbeginn und Verpflichtungsermächtigungen konnten zwar auch in den verbleibenden Monaten 2015 Filmprojekte gefördert werden und eine Belastung des Haushaltes für 2016 vermieden werden. Da die Mittel 2016 nicht erhöht wurden, ist das Problem längerfristig zunächst nicht gelöst worden und es ist bei einem

„signifikant unterfinanzierten DFFF“[1154] geblieben. Die Produzentenallianz hat im Rahmen der high-budget internationalen Produktionen, die nach Deutschland gelockt werden sollen, auch von Turbo-Funktionen gesprochen, die sie mit sich bringen und von denen die deutsche Filmwirtschaft und -struktur profitiert.[1155] Der DFFF mit seinen Voraussetzungen, dass 25% der gesamten Produktionskosten in Deutschland getätigt werden und von diesen deutschen Ausgaben 20% nach dem DFFF förderfähig sind, trägt zu wichtigen Investitionen in die deutsche Filmwirtschaft bei. Die Ausrichtung der Mittel von der BKM seit 2015, nämlich weniger DFFF-Mittel und mehr BKM-eigene Fördermittel, hat aber auch mehr Gremienentscheidungen bzw. Auswahlentscheidungen und weniger automatische Förderung bedeutet, die doch so wichtig zur Finanzierung und Anlockung internationaler Produktionen ist. Die zusätzliche Förderung durch den GMPF ist kein Ersatz für die Reduzierung der Mittel des DFFF gewesen und hat vor allem die deutsche Förderlandschaft unübersichtlicher gemacht, da ein Fördertopf einer weiteren Stelle eingerichtet wurde. 2017 wurde der DFFF um einen zweiten Fonds erweitert und die zur Verfügung stehenden Mittel signifikant erhöht. Der neue DFFF II soll vor allem für internationale high-budget Produktionen sein und ist damit ein wichtiges Förderinstrument um diese für den Filmstandort Deutschland anzuwerben.

Insgesamt ist in allen Bundesländern eine Filmförderung vorhanden, nicht aber in jedem Bundesland eine eigens dafür designierte Filmfördereinrichtung. Rheinland-Pfalz ist das einzige Bundesland, das keine solche Einrichtung vorweisen kann; die Filmförderung wird von verschiedenen Stellen wahrgenommen und im Vergleich zu den anderen Bundesländern nur in sehr geringem Maße, sowohl bezogen auf die Programme als auch die finanzielle Förderung, angeboten. Die Filmförderung in Mecklenburg-Vorpommern wird zwar von einer Einrichtung vorgenommen, allerdings scheinen politische Bestrebungen neben dem MV Film e.V. auch andere Stellen mit der Aufgabe der Filmförderung betrauen zu wollen. Eine Aufteilung von Förderaktivitäten und finanziellen Mitteln ist allerdings bei ohnehin geringen Förderkapazitäten nicht ratsam. Die Zuständigkeit, Organisationsstruktur und Mittel sollten stattdessen besser

1154 Vgl. Produzentenallianz, PM „BKM macht in der aktuellen Notsituation konstruktiven Vorschlag“ v.2.9.2015, sowie zum Aspekt der Planungssicherheit für Produzenten siehe Castendyk, ZUM 2010, 757.

1155 So z.B. Produzentenallianz, PM „Erfolge der deutschen Filmpolitik nicht aufs Spiel setzen!“ v.11.11.2014.

gebündelt werden, um Kompetenzunklarheiten, Unübersichtlichkeit und Ressourcenverschwendung zu vermeiden.

Bei den Fördereinrichtungen auf Ebene der Bundesländer lässt sich feststellen, dass neun von zwölf Filmförderstellen als private Gesellschaften organisiert sind (Filmstiftung, Medienboard, FFF Bayern, FFHSH, MDM, nordmedia, MFG, HessenFilm, Saarland Medien). Bemerkenswert ist, dass die finanzstärksten Länderfördereinrichtungen in privater Rechtsform organisiert sind und darüber hinaus inzwischen auch die kleineren Einrichtungen. Dies eröffnet einen Mittelfluss von privaten Geldquellen, z.B. von den privaten Rundfunkunternehmen.[1156] Nur vereinzelt ist die Filmförderung noch bei den jeweiligen Länderministerien wie z.B. Wirtschaft oder Kultur eingegliedert.

Das Medienboard, die FFHSH und die Saarland Medien sind hierbei diejenigen Gesellschaften mit beschränkter Haftung, die zu 100% in staatlicher Hand sind, die Gesellschafter die beteiligten Bundesländer, deren ländereigenen Investitionsbanken und/ oder die Landesmedienanstalt sind. Während das Medienboard und die Saarland Medien im Aufsichtsrat von staatlichen Vertretern dominiert werden (einschließlich Vertretern der Landesmedienanstalt), sind im Aufsichtsrat der FFHSH die Vertreter aus der Filmwirtschaft und vom Rundfunk gegenüber den staatlichen Vertretern in der Mehrheit.

Die Filmstiftung ist dagegen die Einrichtung mit der geringsten staatlichen Beteiligung (40% vom Land NRW und der Landesmedienanstalt). Hier dominieren die Rundfunkunternehmen als Gesellschafter und im Aufsichtsrat.

Zwischen diesen Polen positionieren sich die anderen Einrichtungen: HessenFilm nähert sich mit einem 90%igen Staatsanteil dem Medienboard, der FFHSH und Saarland Medien an, wobei auch im Aufsichtsrat eine staatliche Mehrheit besteht. In der Reihenfolge der staatlichen Beteiligung folgen nordmedia (75,99%), MDM (70%), FFF Bayern (63%) und MFG (51%). Bei der Filmstiftung, dem FFF Bayern, der MDM, der nordmedia, der MFG und der HessenFilm werden die Gesellschafter aus einer Mischung von Staat, öffentlich-rechtlichen Rundfunkunternehmen und privaten Rundfunkunternehmen und teilweise Landesmedienanstalten gebildet. Diese gemischte Zusammensetzung spiegelt sich in den Aufsichtsräten, wobei teilweise die staatlichen Vertreter (MDM, nordmedia, HessenFilm) in der Mehrheit sind, teilweise die Rundfunkunternehmen (Filmstiftung) und teilweise sich die staatlichen und die sonstigen Mitglieder die Waage halten (FFF Bayern, MFG).

1156 So auch Schwarz/Hansen, in: v.Hartlieb/Schwarz, Kap. 133, Rn. 1.

Bei allen Gesellschaften ist das jeweilige Bundesland direkt und/ oder indirekt beteiligt und in den meisten Gesellschaften sind öffentlich-rechtliche und zum Teil private Rundfunkunternehmen als Gesellschafter und Aufsichtsratsmitglieder oder anderweitige Geldgeber beteiligt, wobei die privaten Rundfunkunternehmen nur vereinzelt teilhaben.

Abgesehen von dem oben festgestellten Ergebnis, dass sämtliche Förderrichtlinien der Ländereinrichtungen betreffend der Vereinbarkeit mit den Kriterien der AGVO und Filmmitteilung ergänzungsbedürftig sind, ist im Rahmen der vorliegenden Untersuchung aufgefallen, dass die Förderrichtlinien teils unklar und juristisch ungenau formuliert sind; das bezieht sich vor allem auf die Vorschriften in Hessen und Mecklenburg-Vorpommern.[1157]

Ferner sind in den Förderrichtlinien folgende Gemeinsamkeiten bei den Voraussetzungen ausgeprägt: ein geforderter Eigenanteil, die Pflicht zur Kopienhinterlegung zu Zwecken der Archivierung, die Beachtung der Sperrfristen des FFG, die Erforderlichkeit von Regionalausgaben, eine Beihilfehöchstintensität sowie der Zeitpunkt des Antrags auf Förderung vor Drehbeginn und hinsichtlich eines Zeitpunkts des Drehbeginns teilweise auch erst nach einem Zuwendungsbescheid.

1157 An dieser Stelle soll nochmals betont werden, dass sich diese Untersuchung im Rahmen des Rechtsvergleichs auf die Richtlinien bis 2016 bezieht. Jüngst haben einige Förderrichtlinien der Ländereinrichtungen Änderungen und Neufassungen erfahren (so z.B. die vorläufigen Richtlinien bei HessenFilm), die aber aufgrund des Zeitrahmens und der Vergleichbarkeit nicht berücksichtigt werden konnten.

Teil 7 Rechtsvergleich und Auswertung

A. Vergleich der Vereinbarkeit der Förderhilfen mit EU-Beihilfenrecht

Die Prüfung auf Vereinbarkeit von Fördermitteln mit dem EU-Beihilfenrecht ist grundsätzlich für jegliche staatliche finanzielle Vergabe von Filmförderung zwingend erforderlich. Bei vielen Fördermitteln beider Vergleichsstaaten ist jedoch der Tatbestand der Beihilfe zu verneinen, sodass es gar nicht zur Rechtfertigungsebene kommt. Wenn es zur Rechtfertigung kommt, dann können die Beihilfen meist unter die AGVO gefasst werden und sind damit von der Notifizierung freigestellt, sodass die Filmmitteilung als Rechtfertigung nur in wenigen Fällen noch zur Anwendung kommt. Die Filmmitteilung hat mit der Ausweitung der AGVO an Bedeutung verloren. Sie greift im Wesentlichen noch bei großen Fördersummen und Gesamtbudgets der Einrichtungen.

Wie sich herausgestellt hat, fehlt es im Fall des Verneinens des Tatbestandes je nach Fördereinrichtung an verschiedenen Tatbestandsmerkmalen. Eine Hinderung oder Erschwerung einer Filmförderung aufgrund der vorangestellten Beihilfeprüfung ist deshalb nicht erkennbar. Das ist vor allem für die britische Fördermittelvergabe aufgrund des generellen Vorbehalts bzw. Skepsis zum Europarecht zu betonen. Es wird die Konformität mit EU-Beihilfenrecht eingehalten, aber durch die Eigenart der finanziellen Ausstattung und Rechtsnatur der Einrichtungen ist eine Notifizierung kein Erfordernis jeder Filmfördereinrichtung bzw. der UK-Regierung für jede einzelne Einrichtung. Eine Notifizierung wird und braucht nur für die Fördermittelvergabe auf UK-Ebene vorgenommen werden und für die finanziellen Fonds, deren Gelder an diverse andere Einrichtungen, darunter die Filmfördereinrichtungen weiterverteilt werden, wie dem Lottery Distribution Fund, nicht für die Vergabe von Filmfördereinrichtungen auf regionaler Ebene, bei denen bereits der Tatbestand einer Beihilfe fehlt. Das EU-Beihilfenrecht sowie der pan-europäische Wettbewerb werden auf den untergeordneten staatlichen Ebenen UKs durch die vorgenommene Filmförderung nicht berührt.

Durch die Reformierung und Erweiterung der AGVO wurde zudem das formelle Notifizierungsverfahren bei der EU-Kommission sehr vereinfacht, da es lediglich einer Information an die Kommission über die Anwendung der AGVO für eine Förderregelung bedarf. Hier allerdings liegt ein Problem, das sich bereits oben bei den deutschen Bundesländern und der Förderung nach dem FFG herausgebildet hat: die fehlerhafte Anwendung der AGVO und damit die Umgehung der Beihilfeprüfung.

Interessant ist die Beihilfeprüfung bei den deutschen Einrichtungen vor allem wegen ihrer verschiedenartigen Beurteilung als staatlich gewährte Mittel durch die unterschiedliche rechtliche Ausgestaltung der Fördereinrichtungen und Arten der Förderung (automatische oder selektive). Im Vergleich dazu liegt auch in UK das Hauptaugenmerk der Beihilfeprüfung auf den staatlichen Mitteln, bei denen der Prüfungsumfang von der Komplexität der Finanzströme sowie der rechtlichen Ausgestaltung der Einrichtungen bedingt wird.

Hinsichtlich der einzelnen Tatbestandsmerkmale und Rechtfertigungsgründe lassen sich folgende Schlussfolgerungen ziehen:

I. Begünstigung

In der Regel liegt eine Begünstigung sowohl bei den deutschen wie den britischen Fördermitteln unproblematisch vor. Sowohl bei der Förderung des BFI auf UK-Ebene wie der Förderung auf nationaler und regionaler Ebene in England sowie auf Bundesebene und Länderebene in Deutschland besteht die Begünstigung in Form einer positiven Leistung, als Zuschüsse oder Darlehen. Teilweise, vor allem in England sowie in Deutschland vom Kuratorium und einigen Ländereinrichtungen, werden zusätzliche Unterstützungsleistungen angeboten, die als geldwerte Leistung ebenfalls eine positive Leistung darstellen. Im Einzelfall ist eine Begünstigung jedoch zu verneinen, wenn sich anhand des Privatmarktinvestorentests eine marktübliche Gegenleistung für die erhaltene Leistung ergibt. Das ist der Fall bei der Förderung durch Screen Yorkshire, deren Förderung unter marktüblichen Bedingungen vergeben wird. Soweit überhaupt Darlehen vergeben werden und keine Zuschüsse, gilt dies gleichfalls für Saarland Medien und die Kulturstiftung Rheinland-Pfalz. Wenngleich in manch anderen Fällen Rückflüsse und Rückzahlungen (erfolgsbedingte Darlehen) oder andere Konditionen vereinbart werden, so handelt es sich hierbei dennoch nicht um eine marktübliche Gegenleistung im Sinne des Privatmarktinvestorentests.

Einzig bei dem UK Film Tax Regime liegt eine Begünstigung in Form einer Belastungsminderung vor, also einer negativen Zuwendung, im Falle eines tax credit zudem eine positive Leistung.

Fördermittel der Filmfördereinrichtungen sind daher sowohl in Deutschland als auch in England bzw. UK bis auf wenige Ausnahmen eine beihilferechtlich relevante Begünstigung.

II. Gewährung staatlicher Mittel

Das entscheidende Tatbestandsmerkmal, an dem das Vorliegen einer Beihilfe in vielen Fällen scheitert, ist die Gewährung staatlicher Mittel. Auf nationaler und regionaler Ebene in England und bei den meisten Einrichtungen auf Bundesländerebene in Deutschland sind die Fördereinrichtungen als Unternehmen in Privatrechtsform ausgestaltet, die entweder nicht staatlich beherrscht sind oder zwar staatlich beherrscht sind, bei denen aber die Vergabe der Mittel aufgrund von internen Entscheidern oder von Juryentscheidungen, bei denen entweder keine staatlichen Vertreter beteiligt sind oder in der Minderheit vertreten sind, nicht staatlich zurechenbar ist. Während in Deutschland an den Einrichtungen meistens die Bundesländer als Gesellschafter direkt oder über staatliche Tochterunternehmen beteiligt sind, ist bei den englischen Einrichtungen aufgrund der Gesellschaftsform einer limited company by guarantee keine staatliche Beteiligung gegeben. Hier liegt es sehr deutlich auf der Hand, dass es sich um privatrechtliche Einrichtungen handelt. Aus den zwei Gründen, dass die englischen Einrichtungen aber Gelder aus öffentlichen Quellen erhalten, die sie weiterverteilen, und angesichts der Vorgeschichte der RSAs als öffentliche Einrichtungen, werden sie im Sprachgebrauch als öffentliche Einrichtungen wahrgenommen. Sobald die Gelder in den Haushalt der Einrichtungen fließen und sich mit anderen Geldern vermischen, handelt es sich jedoch nicht mehr um öffentliche Gelder; die Einrichtungen stehen nicht unter staatlicher Kontrolle und der Staat übt keine Kontrolle über die Vergabe der Gelder aus. Im Sinne des Beihilfenrechts liegt ausdrücklich keine Gewährung staatlicher Mittel vor. Diese juristische Prüfung im Einzelnen wurde im Rahmen von Notifizierungen weder von der EU-Kommission noch von den Einrichtungen bzw. UK selbst vorgenommen. Die rechtlich einfachste Lösung zur Begründung einer Nichtanwendbarkeit von EU-Beihilfenrecht und einem Verzicht einer Notifizierung ist die Anwendung von De-minimis, da hierbei nur der Betrag der Beihilfe entscheidend ist. Diesen Weg wählen die Briten in der Regel, sodass sie keine Notwendigkeit sehen, sich mit den anderen Tatbestandsmerkmalen auseinanderzusetzen und eine jeweilige Prüfung vorzunehmen, obwohl die vorliegende Arbeit zeigt, dass es bereits klar an einer Gewährung staatlicher Mittel fehlt. Ganz anders stellt sich dies in Deutschland dar, wo durchaus diskutiert wird, ob überhaupt staatliche Mittel vorliegen. Die Rechtslage ist hier nicht ganz so deutlich wie in England, da der Staat an den Einrichtungen stets beteiligt ist und es hier auf die zweite Komponente des Tatbestandsmerkmals der Zurechenbarkeit zum Staat und der ausgeübten Kontrolle über die Vergabe der Fördermittel ankommt.

Die Kriterien des EuGH zeigen, dass die Zurechenbarkeit zum Staat schwierig sein und das Ergebnis unterschiedlich ausfallen kann; auch wenn zunächst bei zwei Einrichtungen das Kriterium der Rechtsnatur eines öffentlichen Unternehmens gleich ist, so kommt es auf die konkrete Ausgestaltung und die diversen weiteren Kriterien an. Dementsprechend sind z.B. die Vergabeentscheidungen des BFI und die des Medienboard nicht vergleichbar. Die rechtliche Ausgestaltung des BFI ist nicht mit der des Medienboard vergleichbar; dementsprechend ist die interne Besetzung der Entscheidungsgremien mit Mitarbeitern anders zu beurteilen.

III. De-minimis-Verordnung

Die Anwendung der De-minimis-VO kommt bei vielen Fördereinrichtungen in Betracht: bei einzelnen Programmen der deutschen Ländereinrichtungen, bei einigen Programmen auf Bundesebene, bei den englischen Einrichtungen, auf UK-Ebene beim BFI bei einigen Programmen, nicht aber beim UK Film Tax Regime. Zwar wird nicht in allen Fällen, in denen die Anwendung in Betracht kommt, auf De-minimis hingewiesen, ein Hinweis kann aber auch in den Förderverträgen erfolgen, sodass eine Anwendung nicht ausgeschlossen ist. De-minimis ist bei allen Förderungen denkbar, bei denen bereits nur geringe Budgets zur Verfügung stehen und Fördermittel in entsprechend geringer Höhe vergeben werden, oder bei Förderprogrammen, bei denen niedrige Fördersummen vergeben werden.

Relevant ist die Anwendung von De-minimis vor allem bei den Fördermitteln, die nicht bereits den Tatbestand einer Beihilfe nach den vorangegangenen Tatbestandsmerkmalen entfallen lassen. Das ist bei einigen Programmen des BFI der Fall sowie auf deutscher Länderebene bei den Fördermitteln der MDM (Hauptvergabeausschuss), Saarland Medien, MV Film e.V., dem MWWK Rheinland-Pfalz (Abspielförderung) und der Kulturstiftung Rheinland-Pfalz sowie auf Bundesebene bei einigen Programmen der Referenzförderung der FFA, der BKM, des DFFF und GMPF (z.B. Drehbuch-, Projektentwicklungs-, Kurzfilm- oder Verleihförderung). Obwohl bei den englischen Fördereinrichtungen auf nationaler und regionaler Ebene mehrfach auf die Anwendung von De-minimis hingewiesen wird, ist eine Anwendung nicht von entscheidender Bedeutung, da hinsichtlich aller Einrichtungen bereits keine Gewährung staatlicher Mittel vorliegt. Dennoch zeigt der bereitwillige Hinweis auf die Anwendung von De-minimis das Verständnis der Briten zum Europarecht: es soll in der Praxis nicht behindern. Andere Tatbestandsmerkmale werden nicht problematisiert, wenn das Ergebnis bereits auf eine offensichtliche und einfach zu handhabende Lösung gestützt werden kann.

IV. AGVO

Die AGVO ist einschlägig bei den Förderhilfen des BFI auf UK-Ebene und den Förderhilfen der verschiedenen Einrichtungen auf Bundesebene in Deutschland. Sie kommt außerdem auf Bundesländerebene in Betracht.

Bei der Anwendung der AGVO hat sich gezeigt, dass der Einhaltung der Schwellenwerte sowohl in Deutschland als auch in UK Bedeutung zukommt. Hierbei kommt es vor allem auf das in Erwägungsgrund 16 AGVO intendierte Verbot einer künstlichen Aufspaltung als Konkretisierung der Regelung der Schwellenwerte zur Verhinderung einer missbräuchlichen Ausweitung der Anwendung der AGVO und damit einhergehenden Umgehung der Notifizierung einer Beihilfe an. Der entscheidende Unterschied bei der Anwendung der AGVO zwischen UK und Deutschland liegt im Fördersystem begründet, konkret in der Eigenart der Ausgestaltung der Förderstruktur der Filmfördereinrichtungen. Diese Struktur bedingt, ob es sich um eine Umgehung handelt.

Das Fördersystem in UK ist nicht gleichzusetzen mit dem deutschen System. Die deutschen Einrichtungen arbeiten nicht mit Fonds, sondern mit Förderprogrammen, denen Fördersummen bzw. Budgets zugeteilt sind. Der DFFF und der GMPF sind hiervon ausgenommen, da die Fonds zugleich ein Förderprogramm sind und als solches eigenständig bestehen. In UK dagegen ist es charakteristisch und systemimmanent, dass Fonds ein Förderprogramm mit jeweiligen Förderrichtlinien bilden und damit jeweils eine Beihilferegelung darstellen. Keineswegs stellen alle Förderprogramme und Förderfonds einer Einrichtung zusammen eine einheitliche Beihilferegelung dar. Die Fonds werden als Beihilferegelung separat beurteilt und notifiziert bzw. unter der AGVO angemeldet. Die Schwellenwerte gelten für die Fonds. Damit einhergehend ist die Wahrscheinlichkeit, dass jeweils alle Fonds unter den Schwellenwert und den Anwendungsbereich der AGVO fallen, naturgemäß größer als wenn alle Förderarten und Förderprogramme eine einheitliche Beihilferegelung bilden und diese als solche unterhalb des Schwellenwerts liegen muss. In UK ist das System der Fonds auch damit verbunden, dass die Fonds zum Teil aus unterschiedlichen Finanzquellen gespeist werden und die Einrichtungen für die einzelnen Fonds Gelder einwerben, die zweckgebunden für diesen Fonds zu verwenden sind. Das ist insbesondere bei den nationalen und regionalen Einrichtungen in England der Fall. Die Fonds werden von UK einzeln notifiziert, auch wenn sie von derselben Einrichtung angeboten werden, und von der EU-Kommission auch einzeln als selbständige Beihilfen geprüft, so z.B. in der Entscheidung der EU-Kommission vom 11.12.2007 C(2007)6074 über die Beihilfen Nr. NN6/2006, in der diverse Fonds der UK-Nationen gebündelt in einer Entscheidung, aber einzeln geprüft werden.

In Deutschland, wo die Einrichtungen die Förderprogramme nicht in Fonds aufteilen, können die Förderprogramme als einheitliche Beihilferegelung nicht zum Zwecke der Einhaltung der Schwellenwerte aufgeteilt werden (siehe auch Ausführungen im Gesamtergebnis zur Filmförderung in Deutschland, Teil 6 A. III.). Eine Aufteilung verstößt folglich gegen die Intention im Erwägungsgrund 16 AGVO, eine Umgehung der Schwellenwerte zu verhindern. In Deutschland ist die Beihilferegelung das gesamte Gesetz des FFG bzw. Förderrichtlinie der BKM. Dementsprechend ist das FFG als Ganzes bzw. die Förderrichtlinien der BKM als Beihilferegelung unter der AGVO anzumelden. Eine Aufteilung des FFG in die verschiedenen Förderarten ist eine Spaltung einer Beihilferegelung und eine Umgehung des Schwellenwerts der AGVO. Es entspricht nicht der Natur des FFG noch seinem Sinn und Zweck, die Förderarten getrennt zu beurteilen, da die allgemeinen Voraussetzungen für sämtliche Förderarten gelten und das FFG zudem Querverweise zwischen den Förderarten enthält. Die Förderarten können nicht losgelöst von dem Gesamtsystem des FFG nach Reihenfolge der Paragraphen im Gesetz aufgeteilt werden. Das hätte zur Folge, dass für eine Prüfung auf Vorschriften, die nun zu anderen Beihilferegelungen gehören würden oder die gar nicht als Beihilferegelungen unter der AGVO eingeordnet würden, zurückgegriffen werden müsste und damit diese Beihilferegelung beihilferechtlich nicht beurteilt werden könnte. Eine Beihilferegelung ist eine Beihilfemaßnahme, die als solche mit all ihren Ausprägungen auf Vereinbarkeit mit Art. 107 AEUV überprüfbar sein muss. Es kann zur Beurteilung der Beihilferegelung nicht auf Vorschriften außerhalb dieser zurückgegriffen werden. Dazu zählt u.a. auch das Zustandekommen der Förderentscheidung, die Besetzung von Vergabegremien, die Herkunft und Verteilung der Fördermittel. Dass die Informationspflicht nach der AGVO nur eine Kurzbeschreibung der Maßnahme verlangt, ändert nichts an der Rechtsnatur der Beihilferegelung. Ein weiteres Argument gegen die Aufteilung in Beihilferegelungen betrifft die Finanzierung. Im Unterschied zu den verschiedenen Finanzquellen der britischen Filmfördereinrichtungen regelt das FFG die Finanzierung für die enthaltenen Förderarten. Die FFA enthält die Filmabgabe als einzige Finanzierungsquelle für sämtliche Förderprogramme und Tätigkeiten. Die Vorschriften des FFG sehen die genaue prozentuale Verwendung der Mittel aus der Filmabgabe vor. Wie hoch die Beträge sind, die für die einzelnen Förderprogramme tatsächlich zur Verfügung stehen, hängt vom

Einnahmenaufkommen aus der Filmabgabe ab. Eine Trennbarkeit des Budgets in Fonds mit festen Beträgen ist hier nicht vorgesehen und auch nicht durchführbar. Dies gilt entsprechend für die Förderprogramme der BKM.

Der Vergleich verdeutlicht, dass die Aufteilung in Fonds bei den Fördereinrichtungen in UK pragmatisch ist. Die Kehrseite ist jedoch, dass das System der Förderung die Gefahr der Intransparenz oder Unübersichtlichkeit in sich birgt, nicht nur für die (potentiell) Begünstigten, sondern auch für die Anwender der europäischen Rechtsvorschriften, da jede Beihilferegelung, soweit sie den Tatbestand der Beihilfe erfüllt, entweder notifiziert oder unter der AGVO anzumelden ist. Wie oben erwähnt, liegt dies nicht bei allen aktuellen Fonds des BFI vor.

Vor allem zeigt der Vergleich, dass die Sach- und Rechtslage für die britischen Einrichtungen, vornehmlich des BFI, und der deutschen Einrichtungen, insbesondere auf Bundesebene und hier der FFA, nicht vergleichbar ist, weil das System der Fördereinrichtungen und der Finanzierung unterschiedlich aufgebaut ist. Die Rechtslage des europäischen Rechts ist allerdings eindeutig. Der europäische Gesetzgeber hält die Schwellenwerte für sehr wichtig, um einen begrenzten Anwendungsbereich der AGVO zu erreichen und das Beihilferegime mit Notifizierung und Überprüfung funktionstauglich zu erhalten. Deswegen hat er auch für jede unter der AGVO erfasste Gruppe unterschiedliche Schwellenwerte je nach Besonderheit der Gruppe festgelegt. Der Erwägungsgrund 16 belegt diese Intention, wenngleich es als „soll" formuliert ist und die AGVO keine Verbotsnorm einer unzulässigen Aufspaltung enthält.

Wollte man die Förderung der FFA versuchen, europarechtlich zu erleichtern und eine Anwendbarkeit der AGVO zu ermöglichen, müsste der Gesetzgeber das FFG in verschiedene Gesetze aufteilen, um verschiedene in sich geschlossene Beihilferegelungen mit jeweils einem Budget, das unterhalb der Schwelle der AGVO liegt, zu erzielen. Ob der Gesetzgeber die Förderung der FFA damit tatsächlich erleichtert, ist jedoch zweifelhaft, da eine Notifizierung des FFG auch unter der Filmmitteilung vorgenommen werden kann und die Beihilfe zulässig ist, wie die letzten Entscheidungen der Kommission belegen. Es macht rechtlich keinen Unterschied, ob eine Rechtfertigung mittels AGVO oder Filmmitteilung vorgenommen wird. Einzig in der Anwendung sind die Folgen unterschiedlich. Dass hinsichtlich des FFG 2014 ein Verfahren eingeleitet wurde und Änderungen am FFG vorgenommen werden mussten, ändert nichts an der grundsätzlichen Möglichkeit der Notifizierung und Rechtfertigung der Beihilferegelung (des aktuellen FFG 2017 und zukünftigen Fassungen) mittels der Filmmitteilung. Ein solches Verfahren, gegebenenfalls mit Gesetzesänderungen, mag zunächst aus Anwendungsgesichtspunkten lästig sein, das FFG muss jedoch in jedem Fall die rechtlichen Voraussetzungen erfüllen, da auch bei der AGVO die Voraussetzungen vorliegen müssen und ex-post überprüft werden können.

Des Weiteren ist bei der Prüfung der AGVO deutlich geworden, dass mit der Erweiterung des Anwendungsbereichs auf Beihilfen für audiovisuelle Werke die Bedeutung und die Anwendungsfälle der Filmmitteilung reduziert worden sind. Beihilfen, die vorher unter der Filmmitteilung geprüft und gerechtfertigt wurden, werden nun bereits unter der AGVO erfasst und freigestellt, soweit sie auch die anderen Voraussetzungen wie den Schwellenwert erfüllen.

Da die Voraussetzungen der Filmmitteilung fast identisch in die neue Gruppe der AGVO eingefügt worden sind, sind die juristischen Auseinandersetzungen um die einzelnen Kriterien der Filmmitteilung nun auch auf die AGVO zu beziehen.

V. Filmmitteilung, insbesondere Kulturtest

Der Anwendungsbereich der Filmmitteilung ist mit der Erweiterung der AGVO reduziert worden. Ihr kommt nunmehr die Bedeutung einer Auffangrechtfertigung für alle Beihilfen zu, die nicht unter vorrangig zu prüfenden Rechtfertigungsgründe fallen.

Die Filmmitteilung spielt für die nationale Einrichtung und die regionalen Einrichtungen in England keine Rolle, da der Tatbestand der Beihilfe nicht gegeben ist. Falls der Tatbestand dennoch bejaht würde, wäre die AGVO anwendbar, und zwar entweder die Freistellung als Risikofinanzierungsbeihilfe oder für Beihilfen für audiovisuelle Werke. Einzig auf UK-Ebene ist die Filmmitteilung noch einschlägig. In Deutschland findet die Filmmitteilung lediglich Anwendung für die Filmförderung der FFA (Referenzförderung). Die Beihilfen der anderen Einrichtungen auf Bundesebene (BKM, DFFF, GMPF) können unter die AGVO gefasst werden. Für die Fördermittelvergaben auf Bundesländerebene ist die Freistellung für Beihilfen für audiovisuelle Werke der AGVO in den Fällen einschlägig, in denen der Tatbestand der Beihilfe erfüllt wird, sodass die Filmmitteilung auch hier keine Rolle spielt.

Relevant wird die Filmmitteilung allerdings beim DFFF bezüglich der außerhalb des hier liegenden Untersuchungszeitraums erfolgten Erhöhung der Mittel seit 2018. Der DFFF ist um € 75 Mio. aufgestockt worden, die für einen zweiten Fonds, den DFFF II, zur Verfügung stehen, während der ursprüngliche DFFF I weiterhin € 50 Mio. umfasst. Grundsätzlich lässt sich hierzu anmerken, dass es sich durch die zwei klar geteilten Fonds als Förderprogramme mit eigenem Budget um zwei voneinander unabhängige Fonds handeln könnte, die in sich geschlossene Beihilferegelungen darstellen könnten, und somit getrennt betrachtet werden könnten, ohne gegen die AGVO zu verstoßen. Dies kann allerdings keine endgültige Einschätzung sein, da es auf die Einzelheiten der Ausgestaltung ankommt, vor allem auf die DFFF-Richtlinie. Der DFFF I würde damit weiterhin in den Anwendungsbereich der AGVO fallen, der DFFF II dagegen läge oberhalb des Schwellenwerts und könnte dann mit der Filmmitteilung gerechtfertigt werden. Wären die Fonds nicht zu trennen, würden sie ohnehin aus dem Anwendungsbereich der AGVO herausfallen und die Filmmitteilung käme zur Anwendung.

Zu den inhaltlichen Änderungen in der neuen Filmmitteilung lässt sich Folgendes feststellen:

Weder für Deutschland noch für UK gibt es Änderungen. Insbesondere ist die bisherige UK-Filmpolitik hinsichtlich der Steuererleichterungen unberührt. Das Problem des Wettbewerbs unter den Mitgliedstaaten bezüglich der Anlockung ausländischer Investitionen wurde nicht angegangen.

Zu den Kriterien der Filmmitteilung allgemein ist anzumerken, dass diese rechtlichen Vorschriften und Bedingungen, die europarechtlich vorgegeben werden, in UK nicht den gleichen Stellenwert wie in Deutschland haben. Die Behandlung der europarechtlichen Vorgaben ist ein Beispiel einer Ausprägung des britischen Verständnisses ihres Landes zur EU und dementsprechend eines anderen Rechtsverständnisses zum Europarecht. Es wurde soeben bei dem Vergleich hinsichtlich der Gewährung staatlicher Mittel und De-minimis bereits festgestellt: Europarechtliche Vorgaben werden in der Praxis sehr pragmatisch gehandhabt in dem Sinne, dass sie zwar beachtet und gegebenenfalls implementiert werden, aber keine Hindernisse für die britische Filmpolitik sein sollen. Ein Beispiel für dieses Verständnis ist die Konformität mit dem Beihilfenrecht, das wie oben festgestellt mit einem Verweis auf De-minimis meistens erledigt wird. In Deutschland dagegen ist das Europarecht nicht nur formal Teil des Rechtssystems, sondern wird auch so verstanden mit der Folge, dass Vorgaben durchaus hinderlich sein und Probleme in der Anwendungsfolge verursachen können. Das andersartige Verständnis von UK zeigt sich auch beim Kulturtest. Ein solcher wurde aufgrund europarechtlichen Erfordernisses eingeführt. Nachdem die EU-Kommission diesen Kulturtest in einer Beihilfeentscheidung als unzureichend beurteilt hatte, wurde er nachgebessert. Er hat aber keine unmittelbare Relevanz auf die Förderung eines Filmprojekts, das heißt auf die Vergabe der Beihilfe. In UK ist der Kulturtest integriert im Films Act 1985. Er ist Voraussetzung für eine Anerkennung als „British film". Die Richtlinien der einzelnen Filmfördereinrichtungen in UK und England beinhalten den Kulturtest nicht in ihren Auswahlkriterien für eine Förderung. Der Kulturtest findet sich nur indirekt in den Richtlinien der einzelnen Filmfördereinrichtungen, indem er für die Anerkennung als britischer Film bedeutsam ist und ein britischer Film häufig Voraussetzung für eine Förderung ist. Für die Förderung an sich sind die einzelnen Kriterien des Kulturtests daher nicht ausschlaggebend. Da in den Fällen der Fördermittelvergabe auf nationaler und regionaler Ebene in der Regel keine Beihilfe vorliegt, muss nicht zwangsläufig ein kulturelles Produkt gegeben sein. Weil es in der Regel auch nicht zur Prüfung einer Rechtfertigung kommt, bei der sowohl für die AGVO als auch die Filmmitteilung ein kulturelles Projekt vorliegen müsste, ist der Kulturtest nicht von entscheidender, lediglich mittelbarer Bedeutung. Einzig bei der Fördermittelvergabe des BFI ist die Frage relevant, ob ein kulturelles Produkt vorliegt, und inwieweit der Kulturtest erfüllt ist. Dies ist zu bejahen, wenn zuvor ein britischer Film bejaht wurde und das Vorliegen des Kulturtests inzident geprüft worden ist.

Demzufolge ist bei einem Vergleich zur Bedeutung des Kulturtests im Ergebnis festzustellen, dass diesem, wie auch bereits in dem Kapitel zum BFI beschrieben, keine besondere Stellung in UK zukommt. Sämtliche Filme, die gefördert werden und in die Anerkennung als britischer Film gelangen wollen, um dann fortgesetzt Steuererleichterungen geltend machen zu können, müssen die Kriterien einhalten, die im Filmgesetz 1985 integriert sind. Der Kulturtest wird jedoch als reine Formalie betrachtet, die keine sonderliche Hürde darstellt und deswegen keine darüber hinausgehende Bedeutung bei den Fördereinrichtungen findet. Projekte, die gefördert werden und kein Zertifikat als britischer Film brauchen, z.B. aus dem Grund, dass es sich um eine Entwicklungsförderung handelt, sind nicht an den Kulturtest gebunden, und da Fördermittel in diesen Fällen meist keine Beihilfe darstellen, ist dies europarechtlich irrelevant. Es zeigt jedoch die Bedeutung des Kulturtests im britischen Rechtsverständnis und Fördersystem und spiegelt das britische Verständnis zum europäischen Beihilfenrecht.

Dagegen ist in Deutschland der Kulturtest beim FFG Teil der allgemeinen Fördervoraussetzungen und damit einerseits direkt ausschlaggebend für eine Förderung und andererseits erforderlich für die Erteilung einer Bescheinigung des Bundesamtes für Wirtschaft und Ausfuhrkontrolle für einen deutschen Film oder eine internationale Koproduktion oder Kofinanzierung. Bei den Fördereinrichtungen in den Bundesländern ist die Prämisse der Förderung eines kulturellen Projekts Teil der Richtlinien. Allerdings ist, wie die obige Untersuchung ergeben hat, ein Kulturtest teilweise nicht oder nicht ausreichend implementiert und müsste nachgebessert werden. Grundsätzlich ist er aber Teil der Förderrichtlinien und somit Teil der Fördervoraussetzungen. Jeder Film, der gefördert wird, erfüllt damit bereits zum Zeitpunkt der Vergabe den Kulturtest, ohne dass dies bei der Rechtfertigung einer Beihilfe geprüft werden müsste.

Die Anwendung des Kulturtests in den beiden Vergleichsländern ist also sehr unterschiedlich. Es stellen sich die weitergehenden Fragen, ob erstens der Kulturtest in seiner bestehenden Form ein geeignetes Instrument ist, das zu erreichen, wozu er geschaffen wurde, nämlich den Nachweis für ein kulturelles Produkt in dem jeweiligen nationalen Verständnis auch tatsächlich zu erreichen, und wenn zweitens der Kulturtest nicht nur eine leicht zu erfüllende Formalie sein soll, ob seine rechtliche Ausgestaltung in Bezug auf seine Anwendung in der Praxis überprüft werden müsste.

Hinsichtlich der Einhaltung der Territorialitätsvorgabe der Filmmitteilung ist bei dem UK Film Tax Regime der kritische Punkt die „used or consumed"-Regel innerhalb des Kriteriums der UK-Kernausgaben bei den Steuererleichterungen. Die derzeitige Ausgestaltung ist jedoch mit der Territorialitätsbestimmung der Filmmitteilung vereinbar. Im Gegensatz zu den deutschen Fördereinrichtungen finden sich keine Territorialitätsbestimmungen bei den Filmfördereinrichtungen in UK und England. Dagegen sind in fast allen Förderrichtlinien der deutschen Einrichtungen auf Länderebene Territorialitätsbestimmungen enthalten.

B. Vergleich der Fördersysteme

Während in Deutschland die Kompetenzverteilung des Grundgesetzes das Fördersystem bedingt und eine Grenze zwischen der Förderung von Filmkultur und Filmwirtschaft zieht, gibt es in UK keine Unterscheidung. Die Trennung in Filmkultur und Filmwirtschaft wird in UK als Anomalie bezeichnet, die z.B. auch mit der Digitalisierung als vereinendem Faktor behoben werden kann.[1158] In Deutschland kann dagegen die Digitalisierung nicht über die verfassungsrechtliche Trennung der Kompetenzgebiete zwischen Bund und Ländern hinweggehen.

Wichtig zu betonen ist, dass in England die Filmfördereinrichtungen als öffentliche Einrichtungen der Filmförderung wahrgenommen werden, weil sie unter anderem öffentliche Gelder erhalten und weiterverteilen, namentlich vor allem Lotteriegelder der National Lottery und eventuell Grant-in-Aid vom

1158 Der Filmpolitik-Bericht/Film Policy Review 2014 spricht deswegen davon, dass eine Unterscheidung zwischen Film- und TV-Politik immer anachronistischer würde („...in a digital, converged era the distinction is becoming increasingly anachronistic."), vgl. Film Policy Review 2014, S. 17.

DCMS, obwohl es sich um privatrechtliche Unternehmen handelt, die nicht dem Staat zuzuordnen sind. Diese Mittel sind jedoch, wie oben untersucht, keine staatlich gewährten Mittel im Sinne des europäischen Beihilfenrechts. Die Bezeichnung als öffentliche Einrichtungen folgt hier einem Sprachgebrauch, der möglicherweise in der früheren rechtlichen Ausgestaltung der RSAs als NDPBs seinen Grund haben kann. Die ebenfalls gebräuchliche Bezeichnung von öffentlichen Mitteln, die vergeben werden, folgt diesem Sprachgebrauch, ohne juristisch zu differenzieren, und stimmt nicht (mehr) mit der juristischen Beurteilung im Sinne des europäischen Beihilfenrechts überein. Folglich kann eher von einem privatrechtlichen Filmfördersystem gesprochen werden bzw. davon, dass das Fördersystem der Einrichtungen in privater Hand liegt und erfolgt, wenngleich sich die Einrichtungen als Empfänger öffentlicher Gelder qualifizieren. In Deutschland handelt es sich bei den Filmfördereinrichtungen auf Bundesebene sowie auf Bundesländerebene fast ausschließlich um öffentliche Einrichtungen bzw. dem Staat zuzuordnenden Einrichtungen in Privatrechtsform. Dass es sich dennoch nicht zwangsläufig um staatliche Mittel im Sinne des Beihilfenrechts handelt, ist die Besonderheit der Beihilfeprüfung. In Deutschland handelt es sich daher um ein öffentlich-rechtliches Filmfördersystem. Tatsächlich vergleichbar als öffentliche Einrichtungen sind die FFA auf Bundesebene in Deutschland und das BFI auf UK-Ebene. Beide sind mit ihrem breit gefächerten Förderangebot die wichtigsten Filmfördereinrichtungen.

In der obigen Darstellung und Analyse des UK-Fördersystems wurde bereits eine strukturelle Unübersichtlichkeit der Fördereinrichtungen mit ihren Zuständigkeitsbereichen angemerkt, die dadurch begründet ist, dass Fördereinrichtungen weder entsprechend der regionalen politischen Verwaltungseinheiten noch nach geografisch klar aufgeteilten Regionen bestehen. An dieser Stelle werden im Folgenden die Strukturen der Filmfördereinrichtungen in UK und Deutschland gegenübergestellt.

Von den vier Nationen in UK gibt es in drei Nationen nationale Fördereinrichtungen. In England allerdings besteht insofern die Besonderheit, dass es keine designierte Fördereinrichtung auf nationaler Ebene gibt. Da die anderen Nationen wesentlich kleiner als England sind, ist eine regionale Förderstruktur weder erforderlich noch ausgeprägt. Teilweise gibt es aber auch dort regionale Förderbüros. In England sieht das anders aus. Durch die Konzentration der Filmindustrie in London und Südostengland ist eine regionale Förderung in den anderen Landesteilen notwendig. Das BFI ist für ganz UK zuständig. Die regionalen Fördereinrichtungen in England sind nicht nach verwaltungspolitischen Regionen aufgeteilt, sondern eher geographischen. Dieser Umstand hat seine

Ursache in der historischen Entwicklung. Als 2001 die Regional Screen Agencies eingerichtet wurden, wurden neun Agencies gegründet, die rein politisch nach geografischen Regionen festgelegt worden sind. Manche davon bestehen heute noch fort, andere nicht mehr und wiederum andere haben sich zusammengeschlossen. Damit kann man aber auch nicht davon sprechen, dass die verwaltungspolitischen Regionen für die Förderung in ihren Regionen verantwortlich sind und Fördereinrichtungen vergleichbar denen in den deutschen Bundesländern gründen. Von daher haben die Fördereinrichtungen in UK eine andere geographische Reichweite, die sich nicht mit den verwaltungspolitischen Grenzen deckt. Nach dem Wegfall der RSAs und Entwicklung der Nachfolgeorganisationen findet in manchen Gegenden eine regionale Filmförderung statt, in anderen nicht. Es besteht somit eine Art Flickenteppich an Fördereinrichtungen.

Creative England als Zusammenschluss verschiedener vormals bestehender Regional Screen Agencies versucht, möglichst viele Regionen abzudecken und in ihren Förderradius einzubeziehen, kann aber nicht alle Regionen auffangen und ist auch nicht dafür ausgelegt, weder von seiner Struktur noch von seiner finanziellen Ausstattung. Folge ist, dass in England nicht nur eine völlig dezentrale Struktur besteht, sondern auch ein Nebeneinander verschiedener Akteure, von denen keiner einen vollständigen Überblick zur Gesamtheit der Förderstruktur besitzt und jeder für sich eigenständig agiert, auch hinsichtlich der Einwerbung finanzieller Mittel. Grundsätzlich wird in UK ein bedeutend größerer Wert auf die Steuererleichterungen gelegt. Da ansonsten die öffentliche Förderung überwiegend durch Lotteriegelder der National Lottery über Verteilerinstitutionen, u.a. den Arts Council und das BFI, geschieht, macht dieser Teil der Förderung mit öffentlichen Geldern die weitere wichtige Förderung neben den Steuererleichterungen aus. Das BFI vergibt entweder selbst die Fördergelder im Rahmen seiner Programme oder verteilt die Gelder an andere Organisationen wie Film London weiter. Fördereinrichtungen, die jedoch nicht von diesen Geldern profitieren und/ oder weiterverteilen, arbeiten somit allein und unabhängig, wobei sie zum Teil von Geldern der EU abhängig sind, so z.B. Screen Yorkshire.

Im Vergleich zu UK gibt es in Deutschland ebenfalls keine zentrale Organisation, die als hierarchische Dachorganisation die Fäden in der Hand hält. Die FFA ist nur für die Förderung auf Bundesebene zuständig. Das ist jedoch nicht in einer dezentralen Situation begründet, sondern in der föderalen Struktur der Bundesrepublik. Jedes Bundesland ist insofern eigenverantwortlich für eine Filmpolitik oder die Errichtung einer Fördereinrichtung. Von einer Zersplitterung kann in Deutschland nicht gesprochen werden. Dem Filmfördersystem liegt eine klare Struktur und Zuständigkeitsabgrenzung nach dem föderalen System und der verfassungsrechtlichen Kompetenzverteilung zugrunde, über die transparente Informationen bestehen. Während es also in Deutschland nicht von Relevanz ist, dass es keine Dachorganisation gibt, kommt dieser Unzulänglichkeit in dem neu strukturierten System von Einrichtungen in England und UK größere Bedeutung zu.

Ein gravierender Unterschied der beiden Fördersysteme liegt in der Bedeutung der finanziellen Förderung durch Filmfördereinrichtungen. Während in Deutschland die öffentliche Filmförderung durch Einrichtungen stattfindet, stellt die Förderung durch Einrichtungen in UK nur einen kleineren Finanzierungsbaustein neben den Steuererleichterungen dar. Fördereinrichtungen haben in UK für die Filmförderung deshalb nicht den gleichen Stellenwert wie in Deutschland. Dennoch ist die Lotteriegelderförderung neben den Steuererleichterungen für die UK-Filmindustrie zwingend erforderlich, so auch das BFI: „We have a number of benefits in the UK for the film industry at the moment which need to be sustained and supported for the future success of British film. The Lottery funding for film is absolutely vital to success, the UK tax reliefs for film as well as the additional new tax reliefs for animation, high-end TV and games have just unlocked opportunities for production in the UK and it is critical that those are sustained in the years ahead.“[1159]

Die Filmpolitik in UK der letzten Jahre hat den Ansatz verfolgt, die Abhängigkeit von öffentlichen Fördermitteln durch Einrichtungen zu verringern. Das ist auch ein Ansatz, der im deutschen Filmfördersystem wichtig ist. In UK wurde hierfür das System des match funding entwickelt, um die Förderung mit Geldern aus öffentlicher Quelle an privates Investment zu binden. Das kann inzwischen als gut funktionierende Lösung bezeichnet werden. Jedoch wird bei dem Gedanken um eine Abhängigkeit von Fördereinrichtungen völlig außer Acht gelassen, dass diese Art der Förderung nur einen geringen Anteil der Finanzierung überhaupt ausmacht. Inwieweit eine Abhängigkeit von Steuererleichterungen besteht, wird bei diesen filmpolitischen Überlegungen ausgeblendet. Erreicht wird nur, dass direkt fließende öffentliche Mittel an Einrichtungen zum Zwecke der Filmförderung an private Mittel gebunden werden, eine isolierte Vergabe verhindert wird und damit zudem die privaten Investitionen in die Filmproduktion erhöht werden. Zugleich wird versucht, die Höhe dieser direkten öffentlichen Mittel zu verringern, wie die Umstrukturierung der regionalen Fördereinrichtungen und

1159 Vgl. Ben Roberts, Director of BFI Film Fund, in: DCMS, PM „Boosts to UK Film Industry", Interview-Clip, v.30.6.2014.

Wegfall der RSAs und der ihnen zugeflossenen Mittel sowie die gesunkenen Mittel des DCMS zeigen.

Die Filmfördereinrichtungen in Deutschland haben dagegen insgesamt höhere finanzielle Mittel als die Einrichtungen in UK und England zur Verfügung. Allerdings sollte im Vergleich mit UK nicht übersehen werden, dass es in Deutschland keine Steuererleichterungen gibt und die Filmförderung auf Einrichtungen mit unterschiedlichen finanziellen Mitteln aus der Filmabgabe, allgemeinen Steuergeldern, Geldern von Rundfunkunternehmen u.a. basiert. Berücksichtigt man diese Gesamtsituation ist ein Budget des DFFF von € 50 oder 60 Mio. eher gering, wenn man sich vor Augen führt, dass der UK Film Tax Relief keine Kappungsgrenze in der Höhe der Steuererleichterungen und darüber hinaus Gutschriften kennt. Wenngleich die BKM im Untersuchungszeitraum die Förderstrategie verfolgt hat, zu gleichen Teilen die automatische Förderung des DFFF und die Auswahlentscheidungen der BKM beizubehalten, hatte dies zwei Seiten: Eine Erhöhung der Fördermittel der Projektförderung durch die BKM ist positiv zu bewerten gewesen, kritisch ist jedoch gewesen, dass dies zum Nachteil eines Ausbaus bzw. einer Kürzung der DFFF-Mittel geschehen ist und insgesamt die Gefahr beinhaltete, die Wettbewerbsfähigkeit des Filmstandorts Deutschland zu schwächen.[1160] Es zeugte auch von einer kurzsichtigen Ausrichtung, da zum einen die mit dem DFFF aufgebauten Entwicklungen der deutschen Filmwirtschaft Gefahr liefen, zumindest teilweise rückgängig gemacht zu werden, zum anderen außer Acht gelassen wurde, dass der DFFF zu Investitionen in Deutschland in sechsfacher Höhe der Förderung und die Filmförderung in Deutschland zu einem Steueraufkommen von € 1,72 für jeden geförderten Euro in die Filmproduktion führt.[1161]

Der DFFF ist eine automatische, keine inhaltliche oder kulturelle Förderung. Dafür gibt es die Förderung der BKM, FFA und Länderförderungen. Gerade das Instrument einer automatischen Förderung ist ein wichtiger Finanzbaustein im deutschen Fördersystem. Eine Studie ist zu dem Ergebnis gekommen, dass eine Kürzung der Mittel des DFFF um 10% (ausgehend von € 60 Mio.) einen

---

1160 Mit deutlichen Worten äußerte sich die Produzentenallianz in der PM v.14.11.2014 „Unverständlich, sachlich falsch und für das Filmland Deutschland im Ergebnis schlechte Entscheidung" zu der Kürzung der DFFF-Mittel.

1161 Zwischen 2007-2015 hat der DFFF bei einem Budget von ca. € 60 Mio. Folgeinvestitionen in Höhe von € 3,2 Mrd. generiert, BKM, PM v.20.1.2016, siehe Fn. 701. Vgl. ferner Roland Berger, Volkwirtschaftliche Effekte der Kinofilmproduktion in Deutschland; Thies, Deutsche Filme in Gefahr, Wirtschaftswoche v.10.11.2014.

Einbruch des deutschen Filmproduktionsvolumens insgesamt um bis zu € 49 Mio. zur Folge haben könnte.[1162] Hierbei würden vor allem internationale Produktionen betroffen, die in andere Länder abwandern würden. Weitere indirekte und induzierte Effekte werden auf € 69 Mio. beziffert, entgehende Steuereinnahmen auf € 16 Mio. und damit fast das Dreifache der gekürzten Summe. Dagegen wird bei einer Aufstockung des DFFF um 10% mit einer Steigerung des Produktionsvolumens um € 49 Mio. gerechnet, wobei die Hälfte auf internationale Koproduktionen zurückzuführen wäre. Die zusätzlichen Steuereinnahmen spiegeln die € 16 Mio. bei einer Kürzung. Die Studie kommt zudem zu dem Schluss, dass die Kappungsgrenze pro Film abgeschafft oder zumindest angehoben werden sollte, da hier eine große Chance auf Wachstum der deutschen Filmwirtschaft gesehen wird. Dies deckt sich mit der Schlussfolgerung, die vorliegend aus der Analyse des UK Film Tax Relief folgt, nämlich, dass eine fehlende Kappung der Steuererleichterungen inklusive Tax Credit ein entscheidender Faktor für den Anreiz der Steuererleichterungen in UK und des hohen Produktionsaufkommens in UK von ausländischen Investitionen ist. In seiner Ausgestaltung als automatische Förderung ist der DFFF von grundlegender Bedeutung für das deutsche Filmfördersystem und wird von der Filmwirtschaft selbst als effektivstes Filmförderprogramm in Deutschland beurteilt.[1163]

In UK sind die kulturellen Förderungen finanziell bei weitem nicht so gut aufgestellt, eine solche Förderung daher ausbaufähig. Unverzichtbar sowohl für kleine und mittlere Produktionsunternehmen wie große Produktionsunternehmen ist der Film Tax Relief, der keine Mindesthöhe von Herstellungskosten voraussetzt, keine maximale Höchstgrenze festschreibt und flexibel nach Abrechnungszeiträumen geltend gemacht werden kann. Ein automatischer Finanzierungsbaustein ist für die Planungssicherheit der Filmfinanzierung und Filmrealisierung von wesentlicher Bedeutung sowohl für die einheimischen Produktionsunternehmen wie internationale Produktionsunternehmen. Eine Abwanderung von internationalen Produktionen in andere Länder ist eine latente und realistische Gefahr, da derzeit sämtliche Staaten um internationale Kinogroßproduktionen und high-end TV-(Serien-)Produktionen buhlen. Den unbestrittenen und deutlichen Vorteilen, die die Steuererleichterungen für die heimische Filmwirtschaft mit sich bringen, steht indes die Gefahr des Subventionswettlaufs der einzelnen Staaten, vor allem der europäischen Staaten, gegenüber.

1162 Vgl. Roland Berger, S. 37f.

1163 Thies, Deutsche Filme in Gefahr, Wirtschaftswoche v.10.11.2014.

Der Vergleich mit den bestehenden Steuervorteilen in UK zeigt, dass Deutschland mit einem schwächeren DFFF Gefahr gelaufen ist, im Wettbewerb zurückzufallen. Für die deutsche Wettbewerbsposition spricht sehr deutlich, dass trotz des nicht allzu großen Volumens des DFFF der Filmstandort Deutschland international in den letzten Jahren sehr attraktiv geworden ist, was damit nicht allein am DFFF liegen kann, aber dieser eben auch wesentlich dazu beiträgt. Eine Erhöhung der Fördermittel des DFFF im Jahr 2017 und die Schaffung eines zweiten Fonds speziell für internationale large-budget Filmproduktionen sowie für Unternehmen der VFX-Branche ist deshalb eine positive Entwicklung in der deutschen Filmförderpolitik. Damit hat man einen Anreiz für internationale Produktionsunternehmen geschaffen und zugleich die Konkurrenz mit den einheimischen kleinen und mittleren Unternehmen um die Finanzmittel aufgelöst.

Der GMPF, der vom Bundeswirtschaftsministerium eingeführt wurde, ist ein neu geschaffener Baustein, der für eine Anwerbung internationaler Produktionen attraktiv ist. Für den Zeitrahmen des Rechtsvergleichs waren diese Mittel beim BMWi angesiedelt. Allerdings stellte sich von Anfang an die Frage, ob der GMPF die Förderlandschaft sinnvoll bereichert oder statt des Etats des Bundeswirtschaftsministeriums der Etat der BKM hätte erhöht werden können. Diese Frage betrifft die Zuständigkeit der Filmförderung auf Bundesebene. Für eine Bündelung bei der BKM sprechen gute Argumente. Am gewichtigsten sind die klare Struktur, Übersichtlichkeit einer zuständigen Stelle, nämlich der BKM, die auch die fachliche Kompetenz besitzt. Ende 2018 ist der GMPF dann tatsächlich in den Zuständigkeitsbereich der BKM gewechselt, was vor dem Hintergrund der hier dargelegten Analyse und Argumentation ausdrücklich als positive Entwicklung zu bewerten ist.

Eine Zielgruppe der Förderung ist in beiden Ländern die der einheimischen unabhängigen Produktionsunternehmen. Auch wenn die unabhängig produzierten UK-Filme nicht so sehr im Vordergrund der Werbung hierfür stehen, profitieren sie in gleichem Maße von den Steuererleichterungen. Die Förderung durch Lotteriegelder allein könnte die unabhängig finanzierten UK-Filme nicht in dem Ausmaß finanziell unterstützen, wie es das Zusammenspiel von Steuererleichterungen und Lotteriegelderförderung zu schaffen vermag. Ebenso wie in Deutschland ist auch in England die Situation für unabhängig produzierte Filme äußerst schwierig. Eine öffentliche Förderung ist in beiden Ländern unverzichtbar. So erfolgreich England und UK bei der Anwerbung großer internationaler Produktionen sind, so schwierig ist die Finanzierung unabhängig produzierter UK-Filme. Der Marktanteil von UK-Filmen in UK (27%) hat in 2014 dem

Anteil deutscher Filme in Deutschland (26,7%) geähnelt.[1164] Allerdings liegt der Marktanteil der unabhängigen UK-Filme hierbei durchschnittlich bei gerade einmal 8,6% mit Spitzenwerten von bis zu 16%.[1165] Im Jahr 2018 gibt es eine deutliche Differenz von 45% in UK und 23,5% in Deutschland, wobei hiervon in UK die studio-backed Filme 33% und die unabhängigen UK-Filme 12% betragen. Während in UK der kommerzielle Erfolg zweier bis dreier Filme den Marktanteil von unabhängigen UK-Filmen sichert, wird der Marktanteil deutscher Filme in Deutschland von mehreren kommerziellen erfolgreichen Filmen gebildet. Im Jahr 2014 gab es acht deutsche Filme mit je über einer Mio. Besucher.[1166] Dies lässt für UK den Schluss zu, dass diese zwei bis drei erfolgreichen Filme umso wichtiger für diesen Sektor sind. Filmförderung ist essentiell wichtig für den unabhängig produzierten Film. Wenn laut der Jahresstatistiken nur ein paar wenige Filme nachweislich großen kommerziellen Erfolg haben, zeigt dies systemische Probleme der Filmwirtschaft auf, die, wie oben ausgeführt, durch verschiedenste Faktoren verursacht sind, von denen einigen versucht wird zu begegnen, anderen nicht. Bei beiden Fördersystemen lassen sich in dieser Hinsicht Schwachstellen aufdecken. In UK besteht u.a. nach wie vor das Problem, dass den Produktionsunternehmen häufig keine Rechte am Film bleiben, sodass sie demzufolge kaum oder keinen Verhandlungsspielraum bei geistigen Eigentumsrechten haben. Das Kapital aus Einnahmen fließt in der Regel nicht in die Produktionsunternehmen zurück, sodass sie keinen Anteil am wirtschaftlichen Erfolg ihres Films haben, was sie in eine Abhängigkeit von öffentlicher Förderung treibt und in einen Teufelskreis mündet. In den Zeiten des UK Film Council hat dieser sich sämtliche Urheber- und Nutzungsrechte übertragen lassen, was naturgemäß ein Grund für das fehlende Eigenkapital oder den Aufbau eines solchen der Produktionsunternehmen war und über ein Jahrzehnt die finanzielle Situation mitbestimmt hat.[1167] Diese Problematik haben die Filmpolitik-Berichte mit Vorschlägen zur Verbesserung des Erhalts der geistigen Eigentumsrechte und Teilhabe am finanziellen Erfolg aufgegriffen. Das BFI hat diese insofern umgesetzt als es u.a. mittels producer equity corridor entweder einen Anteil zur Verfügung stellt oder der FTR als Produzentenkapitalanteil genutzt wird. Über die Nutzung dieser Mittel als gebundene Reinvestitionsmittel

---

1164 Vgl. für UK BFI Statistical Yearbook 2015/The Box Office 2014, S. 2, für Deutschland FFA-info 1/2015, S. 4; siehe auch Fn. 74-76.

1165 Siehe Fn. 457; vgl. auch BFI Statistical Yearbook 2015/The Box Office 2014, S. 10.

1166 Vgl. FFA-info 1/2015, S. 16.

1167 Vgl. Nikoltchev/Blázquez, IRIS Plus 2001-4.

für zukünftige Projekte wird diskutiert (siehe auch Teil 2, J.). Ferner fordert das BFI nicht mehr eine vollständige Rechteübertragung.

Bei der Recherche der vorliegenden Arbeit haben sich über den juristischen Bereich hinausgehende Tatsachen gezeigt, die zu erwähnen das Gesamtbild der Fördersysteme im Vergleich abrunden. So ist aus dem Vergleich der Fördersysteme und der Situation der Filmindustrie in England und Deutschland u.a. ein Ergebnis, dass der Ausbau der Studiomöglichkeiten in Deutschland ein wesentlicher Punkt ist, der bei der Verbesserung und Stärkung der deutschen Filmindustrie Beachtung finden sollte. Die Studioeinrichtungen in England sind neben den Steuererleichterungen ein Teil des Anreizes, dort einen Film zu produzieren. Die Infrastruktur, insbesondere im Großraum London und im Südosten Englands, ist sehr gut ausgebaut. Diese strukturellen und technischen Kapazitäten stellen einen wichtigen Faktor für UK im Wettbewerb der Herstellung von Filmproduktionen dar.

Großer Wert wird deshalb bei sämtlichen Fördereinrichtungen in England auf Standortmarketing gelegt. Standortmarketing wird als wichtiges Element der Anlockung von Produktionen und Herstellungsprozessen in die jeweilige Region angesehen. Es findet in UK durch die BFC statt, aber auch durch die nationale und die regionalen Einrichtungen.

Bei den größten deutschen Filmfördereinrichtungen in den Bundesländern ist die Bedeutung des Standortmarketings erkannt worden. Es gibt erkennbar Bestrebungen sich zu profilieren. Bei Einrichtungen anderer Bundesländer besteht diesbezüglich noch Handlungsbedarf. Das Medienboard und die Filmstiftung zeigen wie erfolgreich Standortmarketing sein kann und wie wichtig diese neben der tatsächlichen Filmförderung ist, um die Filmwirtschaft, Infrastruktur und Filmschaffenden einer Region zu unterstützen. In anderen Bundesländern ist entweder das Standortmarketing vernachlässigt oder insgesamt die Filmförderung ausbaufähig.

Die Regionaleffekte in Berlin-Brandenburg z.B. zeigen wie wirtschaftlich rentabel sich die Filmförderung mit Ausgaben in der Region in mehr als fünffacher Höhe des Förderbetrags in 2014 auswirkt. Die Hebelwirkung allein durch die Filmförderung des Medienboards lässt sich für 2014 auf Umsätze in Höhe von € 120 Mio. beziffern.[1168] So wurden z.B. in 2014 38 internationale Koproduktionen vom Medienboard mit einer Gesamtsumme von € 8,5 Mio. gefördert.[1169]

1168 Vgl. Medienboard Tätigkeitsbericht 2014, S. 65.
1169 Vgl. Medienboard Tätigkeitsbericht 2014, S. 73.

Internationale Produktionen werden von hochprofessionellen Crews, effektiver Infrastruktur, Studios und Einrichtungen neben den spezifischen regionalen Locations angelockt. Diese Kriterien sind sowohl positive Folgen der bereits durchgeführten Produktionen als auch Anreize für neue Produktionen.

Abgesehen von eigenen Abteilungen für Standortmarketing führen aufgrund der europarechtlichen Ermöglichung von Regionalausgabenverpflichtungen die meisten Fördereinrichtungen die Regionaleffekte auf, um hervorzustellen, wie lohnenswert die Filmförderung für die Region und für die ansässige Wirtschaft ist.

Der FFF Bayern und die FFHSH haben keine eigene Abteilung oder Geschäftsbereich für die Bewerbung des Standortes. Der FFF Bayern konstatiert in seinem Jahresrückblick 2015 die Regionaleffekte für Bayern durch die Kinofilmförderung auf 258%, durch die internationale Koproduktionsförderung auf 351% und die internationale VFX-Koproduktionsförderung sogar auf 543%.[1170] Auch die FFHSH verweist in ihrem Jahresbericht 2015 auf die durch ihre Filmförderung erzielten wirtschaftlichen Regionaleffekte für die zwei Bundesländer, die sich allein als Hebelwirkung der Produktionsförderung auf 228% der Fördermittel beliefen.[1171] Das Verhältnis von Förderausgaben und Regionalausgaben bei der MDM für Mitteldeutschland liegt bei 202% für 2015; den € 14,2 Mio. Fördermitteln stehen knapp € 28,8 Mio. Ausgaben in der Region gegenüber.[1172] Die MFG Baden-Württemberg, die inzwischen drei unabhängig agierende Geschäftsbereiche von Filmförderung und Innovationsagentur (Innovationsagentur und Stiftung) hat, fördert durch die Innovationsagentur Unternehmen in Baden-Württemberg und bewirbt das Bundesland als Medien- und Filmwirtschaftsstandort. Dies geschieht indes allgemein und nicht nur auf die Filmwirtschaft bezogen. Gleichwohl führt auch Baden-Württemberg Regionaleffekte auf, ebenso die nordmedia für Bremen und Niedersachsen (185%[1173]), die beide Standortmarketing ausdrücklich in einem ihrer operativen Tätigkeitsbereiche integriert haben. Filmfördereinrichtungen ohne eigenes Standortmarketing sind sicherlich hinsichtlich ihrer Regionaleffekte ausbaufähig. Freilich ist

---

1170 Vgl. FFF Bayern Jahresrückblick 2015, S. 5.

1171 Vgl. FFHSH Jahresbericht 2015, S. 11; die Regionaleffekte durch die gesamte Förderung über einen Zeitraum von 20 Jahren betrachtet belaufen sich auf mehr als 250% der Fördermittel.

1172 Vgl. MDM Jahresrückblick 2015, S. 4.

1173 Vgl. nordmedia Geschäftsbericht 2015, S. 11.

Standortmarketing durch die der Fördereinrichtung zur Verfügung stehenden Mittel bedingt.

Mit dem Standortmarketing hängen die Anlaufstellen für Informationen, Beratungs- und Dienstleistungsangeboten rund um den Dreh von Filmproduktionen zusammen, die sog. Film Commissions. Solche bestehen sowohl in UK als auch Deutschland recht flächendeckend, einzig in Rheinland-Pfalz existiert keine Stelle. Im Vergleich zum Marketing von Drehorten in UK gibt es daher in Deutschland durchaus noch Potential die vielfältigen Landschaften, Städte und besonderen Örtlichkeiten in ganz Deutschland als mögliche Drehorte zu bewerben.

Ein weiterer Faktor für eine Stärkung der Filmwirtschaft ist in UK die Aus- und Fortbildung von Filmschaffenden. Bei der Darstellung des Fördersystems in UK wurden verschiedene Einrichtungen erwähnt, wie u.a. Creative Skillset, die eng mit den Filmfördereinrichtungen zusammenarbeiten, aber auch mit anderen Bildungseinrichtungen. Hinzu kommen unterschiedliche Programme der Filmfördereinrichtungen, die zielgerichtet die Kenntnisse und Fähigkeiten verbessern sollen oder spezialisiertes Know-how vermitteln. Insgesamt gibt es ein ausgesprochen großes Angebot in diesem Bereich.

Die Filmpolitik in UK setzt auf ein Zusammenwirken der finanziellen Anreize, Infrastruktur und gut ausgebildeten Filmschaffenden. Einerseits bedingen sich diese Faktoren gegenseitig, andererseits ergeben sich Synergieeffekte, die zur Verbesserungen der einzelnen Faktoren führen. Die Anwerbung großer US-Produktionen hat den Gewinn, dass zum einen Finanzmittel in die Region und die Filmindustrie fließen und zum anderen die ansässigen einheimischen Filmschaffenden in den diversen Bereichen profitieren. Gut ausgebildete Filmschaffende, die auch mit Filmproduktionen anderer Größenordnung und den damit verbundenen Anforderungen umgehen können, sind auch für die Anwerbung großer internationaler Produktionen von Bedeutung. In UK hat sich gezeigt, dass die Durchführung internationaler Produktionen erneut die Kenntnisse und Fähigkeiten verbessert hat und über die letzten 15 Jahre zu hochqualifizierten Filmschaffenden geführt hat. Dieser Fokus auf gut ausgebildete Filmschaffende ist in der deutschen Filmpolitik nicht vorhanden. Die Förderprogramme der deutschen Filmfördereinrichtungen konzentrieren sich auf die Kerngebiete der Entwicklung, Herstellung und Verbreitung von Filmen. Sicherlich ist dies auch eine Finanzierungsfrage. Es ist jedenfalls ein Faktor, der in der deutschen Filmpolitik und Filmförderpolitik Beachtung finden sollte.

C. Steuererleichterungen gegenüber direkter Förderung durch Filmfördereinrichtungen

Die finanzielle Filmförderung in UK wird seit Jahren von den Steuererleichterungen dominiert. Der UK FTR ist die größte Quelle der öffentlichen Filmförderung, danach folgen mit Abstand Gelder der National Lottery und Grant-in-Aid vom DCMS.[1174] Die Höhe der finanziellen Filmförderung durch den FTR ist seit Jahren mit zwei großen Sprüngen in 2010 und 2015 angestiegen. Die Gelder der National Lottery haben sich insgesamt ebenfalls erhöht, jedoch mit einem zwischenzeitlichen Einbruch in 2010, bevor sie dann kontinuierlich zugenommen haben. Die Gelder des DCMS dagegen unterlagen Schwankungen, wobei sie insgesamt rückläufig waren. Zwischen den Finanzjahren 2009/10 und 2015/16 sind die Steuererleichterungen von £ 95 Mio. auf £ 338 Mio. gestiegen. Das ist ein Anstieg von 356%. Die Gelder der National Lottery haben sich in dem gleichen Zeitraum von £ 60 Mio. auf £ 75 Mio. gesteigert, die Gelder des DCMS sind von anfänglich £ 38,4 Mio. auf £ 26 Mio. gefallen, wobei sie in den zwei aufeinanderfolgenden Jahren 2010-12 höher ausfielen mit £ 49 Mio. bzw. £ 42 Mio. An diesen Zahlen verdeutlicht sich der Stellenwert, den die Steuererleichterungen in UK gegenüber der direkten Förderung mittels Fördereinrichtungen haben. Während sich die finanzielle Förderung dieser drei Quellen im Jahr 2009/10 noch relativ nah bei einander belief mit Beträgen von jeweils unter £ 100 Mio., hat sich die Förderung durch den FTR im Jahr darauf exorbitant gesteigert. Der größte Sprung bei einer Steigerung erfolgte zuletzt 2015/16 um knapp £ 90 Mio. zum Vorjahr; im Folgejahr 2016/17 gab es eine geringere Steigerung auf insgesamt £ 415 Mio.

Die Filmindustrie in UK ist auf private Investitionen angewiesen, da die öffentliche Förderung durch Einrichtungen gemessen an den Finanzmitteln nur einen kleinen Teil im Gesamtfördersystem darstellt. Hinzu kommt, dass viele Fördereinrichtungen neben der finanziellen Vergabe auch nicht-finanzielle Hilfen leisten, die Vergabe von Geldmitteln also nicht bei allen im Vordergrund steht. Banken haben sich weitgehend aus der Finanzierung zurückgezogen.

Für Filmproduktionsunternehmen sind die speziellen Filmsteuererleichterungen entwickelt worden, für Investoren existieren zudem weitere Steueranreize.

Der Gedanke bei Steueranreizen ist der, dass der Staat zunächst auf Steuereinnahmen verzichtet, dieser Verzicht aber durch die spätere Besteuerung der Begünstigten und höhere Steuereinnahmen durch höhere wirtschaftliche

1174 Vgl. BFI Statistical Yearbooks der Jahre 2010-2018.

Aktivität ausgeglichen wird. Außerdem werden weitere direkte und indirekte positive Effekte für die Volkwirtschaft erzielt. Der Vorteil der jahrelangen ausländischen Investitionen durch die großzügigen Steuererleichterungen in UK hat mehrere positive Folgen von einer inzwischen bestehenden sehr guten Infrastruktur von Studios über gute Aus- und Fortbildungsmöglichkeiten für die Filmschaffenden. Die Studios in UK, vor allem rund um London, sind von der Ausstattung und Größe in Europa derzeit kaum zu übertreffen. Neben den in die UK-Industrie geflossenen Investitionen haben diese direkten und langfristigen Investitionen von U.S-Unternehmen in diese Infrastruktur sicherlich auch deshalb stattgefunden, weil die Investoren auch zukünftig Filmproduktionen in UK herstellen und sich auf die bestehenden und in den letzten Jahren kontinuierlich erhöhten Steuererleichterungen verlassen können. UK hat daher eine starke Wettbewerbsposition in Europa bei der Anwerbung von inward investment und der Durchführung von ausländischen Filmproduktionen in UK. Dies ist auf die Mischung von hohen Steuererleichterungen, der Infrastruktur mit den größten und neuesten Studios, v.a. den zahlreichen großen Filmstudios, die in und um London angesiedelt sind[1175], den hoch qualifizierten Filmschaffenden und nicht zuletzt auf die englische Sprache zurückzuführen. Faktoren, die in dem harten Wettbewerb der Anlockung ausländischer Produktionen eine Rolle spielen, sind die Gegebenheiten des Landes („physical attributes“), die Arbeitnehmerkosten und Miete für Studios und Kosten für Drehorte, die Qualifikationen der Filmschaffenden und die Infrastruktur sowie die rechtlichen und wirtschaftlichen Rahmenbedingungen.[1176] Das Schlüsselelement sind jedoch die Steuererleichterungen, die es UK ermöglichen, die Wettbewerbsbedingungen an andere globale Standorte bei der Konkurrenz um die Anwerbung ausländischer Produktionen anzugleichen.[1177]

1175 Pinewood, Shepperton, Ealing, 3 Mills, Wimbledon, Elstree und Leavesdon. Zusätzlich gibt es in England verschiedene andere Studios für Film- und Fernsehproduktionen, die sich vor allem auch für Filme mit kleinerem Budget eignen, u.a. Black Hangar Studio, The Bottle Yard Studios, dock10 Studios, Epic Studios, Longcross Film Studios, Maidstone Studios, The North Light Film Studios, Nottingham University Studios, The Pie Factory Studios, Prime Studios, The Sharp Project Studios, Studio 81, The Underwater Studio, Bentwaters Park, Cardington Studios, Coltishall, The Studio (Roundthorn-Manchester), Woodford Film Studios.

1176 Vgl. Oxford Economics, S. 51.

1177 Vgl. Oxford Economics, S. 52.

Problematisch erscheint bezüglich UK, dass teilweise gerade diejenige Industrie, der durch die Förderung mit einer Stärkung der einheimischen Filmindustrie begegnet werden soll, profitiert und die es am wenigsten braucht, nämlich die Hollywood-Filmindustrie.[1178] Kritik ist berechtigt, gerade auch angesichts der neuen Angleichungen der Steuererleichterungen, bei denen auch die High-Budget-Produktionen profitieren. Das Problem der UK-Steuererleichterungen ist, dass die Gefahr besteht, bei Reduzierung der Steueranreize ausländische Investitionen zu verlieren, auf die die englische Filmindustrie jedoch so dringend angewiesen ist, da der Sektor der unabhängigen Filmproduzenten nach wie vor eher schwach ist. Den Verlust von Investitionen aus dem Ausland hat es bereits früher gegeben, als die Steuererleichterungen in UK für kurze Zeit abgeschafft waren. Nach Abzug des ausländischen Kapitals blieb eine schwächelnde englische Filmindustrie zurück.[1179] Diese Situation führt zu einem Teufelskreis, der nicht nur auf UK oder ein Land bezogen ist, sondern sich inzwischen global ausgeweitet hat.

Deshalb sollte eine Förderpolitik von stetig steigenden Steuererleichterungen sorgfältig überdacht werden, da es Ziel zumindest der europäischen Beihilfenpolitik im Filmbereich ist, die nationale Filmindustrie, also vor allem die einheimischen unabhängigen Produzenten, zu stärken und ihre Wettbewerbsfähigkeit zu behaupten. Die international weite Verbreitung von Steueranreizen und die teilweise Abhängigkeit von Staaten hiervon ist somit inzwischen selbst zu einem Teil des Problems geworden, das ursprünglich damit gelöst werden sollte, nämlich den europäischen Filmproduktionssektor wirtschaftlich erfolgreicher und unabhängiger von staatlichen Hilfen zu machen.[1180]

Ein qualitativer Unterschied zwischen den beiden Arten der Filmförderung ist, dass in UK Steuererleichterungen von der Summe nach oben offen sind, wenn die Voraussetzungen gegeben sind, während die Summe der Filmförderung durch Fördereinrichtungen in UK und Deutschland als Zuschuss oder Darlehen begrenzt ist. Die fehlende Kappungsgrenze trägt zur Attraktivität des UK FTR bei.

1178 So auch Crane, Int. Journal of Cultural Policy, 2014, 20 (4), 365 (374); auch Morawetz, Hardy, Haslam, Randle, Industry and Innovation, 2007, 14 (4), 421 (430).

1179 Vgl. Morawetz, Hardy, Haslam, Randle, Industry and Innovation, 2007, 14 (4), 421 (440).

1180 So auch Morawetz, Hardy, Haslam, Randle, Industry and Innovation, 2007, 14 (4), 421 (440).

Werden die Steuererleichterungen in UK und die Förderungen durch direkte Fördermittel in Deutschland verglichen, so lässt sich eine deutliche rechtliche Unterscheidung feststellen: In Deutschland besteht kein Rechtsanspruch auf Fördermittel bzw. Fördermittel in einer bestimmten Höhe. Die Steuererleichterungen in UK sind ein gebundener Rechtsanspruch; der Steuerbehörde kommt kein Ermessen zu.

Von daher begründet sich ein entscheidender Unterschied zwischen den beiden Förderarten darin, dass die Förderung mittels Steuererleichterungen in UK eine Sicherheit gewährleistet, mit der die Produktionsunternehmen rechnen und ihre weitere Finanzierung und Fördermittel aufbauen können. Das führt zu mehr Planungssicherheit für Produzenten.

Die Förderhöhe kann bei den Steuererleichterungen von den Produktionsunternehmen selbst gesteuert werden. Dagegen ist die Förderung in Deutschland abhängig von Fördergremien und den fördermittelgewährenden Stellen. Die Frage, die sich Produzenten in Deutschland stellen, nämlich wie wahrscheinlich es ist, dass sie für ihr Projekt Filmfördermittel oder eine Unterstützung von einer Rundfunkanstalt erhalten werden[1181], stellt sich bei dem Förderinstrument der Steuerbegünstigung nicht. Die Entscheidungen um die direkten Fördermittel sind fast ausschließlich von Gremienentscheidungen abhängig oder von einzelnen Personen. Hierbei geht es um eine inhaltliche Auswahl im Gegensatz zu den Steuererleichterungen, die inhaltlich neutral sind.

Am ehesten kann der DFFF in Deutschland von seiner Funktion und seinem automatischen Mechanismus her mit dem Film Tax Relief in UK verglichen werden. Allerdings wird die Förderung des DFFF erst nach Fertigstellung des Filmprojekts ausgezahlt, die Steuererleichterungen dagegen können pro Abrechnungszeitraum geltend gemacht werden, wobei der Abrechnungszeitraum von den Produktionsunternehmen festgelegt wird. Auch ist der DFFF auf ein jährliches Budget aus dem Haushalt der BKM begrenzt. In den Jahren 2014 bis 2017 lag es zwischen € 50-60 Mio. Im Vergleich zu den britischen Steuererleichterungen erscheint diese Summe als ausgesprochen niedrig. Der Film Tax Relief hatte im Jahr 2014/15 einen Wert von £ 251 Mio., in 2016/17 von £ 415 Mio.[1182] Auch die bedeutende Erhöhung des DFFF in 2018 auf insgesamt € 125 Mio. liegt noch weit unterhalb dieser Größenordnung. Allerdings kann eine Förderung mit staatlichen Mitteln in dieser Höhe selbstredend nur über Steuererleichterungen

1181 Vgl. Hick, Studies in European Cinema, S. 31.
1182 Vgl. BFI Statistical Yearbook 2016, S. 234; BFI Statistical Yearbook 2018, S. 178.

erreicht werden und nicht mit den Summen einer institutionellen Förderung. Steuerbegünstigungen unterliegen zudem keinen Haushaltsschwankungen wie die Budgets der Fördereinrichtungen oder des DFFF. Das Film Tax Regime und der Film Tax Relief sind aus diesen Gründen ein flexibleres Förderinstrument und ohne Obergrenze pro Filmproduktionsunternehmen zudem weitaus attraktiver.

Teilweise wird die Ansicht vertreten, dass ein Staat keine Chance hat, im Wettbewerb um ausländische Investitionen zu bestehen, wenn er keine Steuererleichterungen im Rahmen der Filmförderung anbietet.[1183] Tatsächlich hat sich die vorhandene Anzahl von entsprechenden Steueranreizsystemen in europäischen Ländern zwischen 2008 und 2014 mehr als verdoppelt.[1184] Deutschland hat es dagegen geschafft, der Abhängigkeit von Steuererleichterungen zu entgehen. Die Förderung in Deutschland konzentriert sich derzeit ausschließlich auf die direkte Förderung mit finanziellen Zuschüssen und Darlehen mittels Fördereinrichtungen.

Die Frage, ob es nicht dennoch lohnenswert wäre, über die neue Einführung von Steuererleichterungen nachzudenken, scheint berechtigt zu sein aufzuwerfen. Das Instrument der Steuererleichterungen ist ein zweischneidiges Schwert: einerseits dient es dazu, ausländische Investitionen anzulocken und andererseits ist eine Abhängigkeit von diesem Instrument zu vermeiden.

Die Regelungen müssten jedoch dem Missbrauch vorbeugen und vor allem den deutschen Produzenten dienen, also vielleicht auf limited-budget Produktionen begrenzt sein oder eine Obergrenze haben. Vor dem Hintergrund der europarechtlichen Vereinbarkeit und Einhaltung des Diskriminierungsverbots müssten sie sich allerdings auch auf europäische Produktionsunternehmen und EU-Ausländer beziehen. Ferner wäre es wichtig, einen bestimmten Prozentsatz für Ausgaben der Filmproduktion im Land der Steuererleichterungen festzulegen, vergleichbar der britischen „used or consumed"-Regelung. Diese Bedingung fehlte bei den kurzzeitig bestehenden Steuermodellen, die es um die 2000er Jahre in Deutschland gab und deren Fehlen folglich Einfallstor für eine Ausnutzung der Steuererleichterungen war und Investitionen nicht unbedingt in die

1183 Vgl. Morawetz, Hardy, Haslam, Randle, Industry and Innovation, 2007, 14 (4), 421 (432) m.w.N.

1184 Vgl. Milla/Fontaine/Kanzler, Öffentliche Finanzierung von Filmen und Fernsehinhalten, S. 75. Zu den verschiedenen Steueranreizmodellen in den europäischen Ländern siehe auch die Studie von Goldmedia, Wirtschaftliche Bedeutung der Filmindustrie in Deutschland, S. 164ff.

deutsche Filmwirtschaft hat fließen lassen. Des Weiteren wäre ein Kulturtest zu integrieren. Steuererleichterungen sollten vorrangig auf einheimische Produktionsunternehmen abzielen, denn es soll ja gerade die nationale Filmwirtschaft gestärkt werden. Die Begrenzung auf limited-budget Produktionen entspräche dem Grundgedanken und Anfangszweck des UK Film Tax Regime, eine finanzielle Unterstützung für die unabhängigen Produktionsunternehmen in UK zu schaffen. Wie die Entwicklung der letzten Jahre gezeigt hat, kann der Standort Deutschland auch ohne Steuererleichterungen ausländische Kinofilm- und high-end TV-(Serien-)Produktionen anziehen. Eine Öffnung von Steuererleichterungen für ausländische Produktionen sollte unbedingt eine Begrenzung beinhalten, ob mittels Kappungsgrenze oder in der Berechnung, wie bei der gerade abgeschafften Unterscheidung von large- und limited-budget Filmen beim FTR.

Steuererleichterungen könnten zunächst auch zeitlich begrenzt für einen Probezeitraum eingeführt werden, um in diesem Zeitraum die Effekte zu beurteilen, wie Beschäftigung, Fortbildung und Know-how der Filmschaffenden, Infrastrukturverbesserungen etc.

Etwaige Steuererleichterungen sollten aus dem wesentlichen Grund einen begrenzten Anwendungsbereich haben, um gerade nicht in die Wettbewerbsspirale um die höchsten Steuererleichterungen einzusteigen und die nationale Filmwirtschaft in eine Abhängigkeit von ausländischen Investitionen zu führen. Hier ist, wie die obige Darstellung und Analyse zeigt, UK durchaus ein Beispiel, dem zu folgen, nicht zu empfehlen ist.

Ein strikter rechtlicher Ausgestaltungsrahmen ist filmpolitisch entscheidend, um sicherzustellen, dass Steuererleichterungen nur einen zusätzlichen Finanzierungsbaustein darstellen, aber nicht das gut funktionierende und bewährte Fördersystem durch Filmfördereinrichtungen an Bedeutung ersetzen sollen. In UK gibt es steuerliche Anreize für Filmproduktionsunternehmen (Film Tax Regime) und für Investoren. Für Filmschaffende wird durch die Steueranreize die Steuerlast gesenkt und damit die Wirtschaftlichkeit und Wettbewerbsfähigkeit erhöht. Bei den privaten Investoren wird ein Teil der Einkommenssteuer erlassen.[1185] Wie das Beispiel UK zeigt, gibt es unterschiedliche Möglichkeiten, Steuerbegünstigungen rechtlich auszuformen.

1185 Ähnlich bestehen Steuererleichterungen in Frankreich; zu den steuerlichen Erleichterungen für Filmschaffende gehören Steuergutschriften, teilweise Befreiungen von der Gewerbesteuer, Sonderreglungen für die Abschreibung von Filmen und Mehrwertsteuerregelungen, für private Investoren besteht die Steuererleichterung in dem Erlass eines Teils der Einkommens- bzw. Unternehmenssteuer. Vgl. Bermek, S. 7.

Steuererleichterungen könnten in Deutschland den Kritikern des aktuellen Gremien-basierten Systems insofern den Grund zur Kritik entziehen als ein automatisches inhaltlich neutrales Förderinstrument, ebenso wie bereits der DFFF, weder zu TVorientiert, zu Mainstream-orientiert oder zu Kunstfilm-orientiert sein kann. Zwar müssen die Steuerbegünstigungen aufgrund der europarechtlichen Vorgabe einen Kulturtest erfüllen. Die Kriterien dieses Kulturtests, bei deren Erfüllung ein britischer Film anerkannt wird, sind aber nicht vergleichbar mit den im FFG aufgestellten kulturellen Kriterien. Es handelt sich bei Steuererleichterungen klar um eine Wirtschaftsförderung und Unternehmensförderung. Inwieweit die Einführung von Steueranreizen auf Bundesebene in Deutschland rechtlich möglich ist, wäre eine Fragestellung für weitere Forschungsarbeiten.

D. EU-Beihilfenrecht als Instrument der Begrenzung im Wettlauf um Steuererleichterungen

An mehreren Stellen dieser Arbeit wurde bereits das Problem des Wettlaufs um die höchsten Steuererleichterungen für Filmproduktionen aufgeworfen, um Investoren und große Filmproduzenten anzulocken. Dies ist ein offensichtliches Problem, das nicht nur unter den EU-Mitgliedstaaten existiert, sondern auch im internationalen Verhältnis von EU-Mitgliedstaaten zu anderen Staaten wie z.B. Kanada. Gleichwohl wurde im vorherigen Kapitel auf die Vorteile von Steuererleichterungen und die positiven wirtschaftlichen Folgen für den Filmsektor sowie andere Wirtschaftsbereiche verwiesen. Da die Filmindustrie auf Finanzkapital angewiesen ist, dass nicht allein aus ihrem eigenen Land kommt, wird es einen Wettbewerb zwischen den EU-Staaten um ausländische Investitionen wahrscheinlich immer geben, solange es Finanzierungsengpässe gibt und die einheimischen Produktionsunternehmen keine stabilere finanzielle Kapitalausstattung haben.

Anhand der obigen Prüfung kann als deutliches Ergebnis festgehalten werden, dass das EU-Beihilfenrecht einen wichtigen und erforderlichen Beitrag leistet, um zu verhindern, dass sich ein solcher Wettbewerb unter EU-Staaten nicht zu einem ungehemmten Wettstreit entwickelt. Art. 107 AEUV stellt ein wirksames Instrument der Begrenzung im Wettlauf um Steueranreize dar. Die Steuererleichterungen in UK sind im Rahmen der Filmmitteilung gerechtfertigt. Allerdings ist zu beachten, dass bereits der Wortlaut der Ermessensausnahme Absatz 3 Buchstabe d die Einschränkung „soweit sie nicht Handels- und Wettbewerbsbedingungen in der Union in einem Maß beeinträchtigen, das dem gemeinsamen Interesse zuwiderläuft" enthält und damit die Berücksichtigung der anderen Mitgliedstaaten und des gemeinsamen Marktes. Ein Wettlauf um die höchsten Steuererleichterungen ist eine tatsächliche Gefahr. Es ist deshalb bedauerlich, dass in der Überarbeitung der Filmmitteilung 2013 diese Gefahr nicht angegangen wurde und sich die EU-Kommission bei der Neugestaltung der Filmmitteilung offensichtlich aus der Frage des Wettbewerbs um Steueranreizsysteme der Mitgliedstaaten herausgehalten hat. Angesichts von Entwicklungen in Frankreich und Italien, die in letzter Zeit speziell auf ausländische Investitionen durch U.S.-amerikanische Produktionen ausgelegte Steuererleichterungsregelungen erlassen haben, und der Entwicklung von Steuerbegünstigungen für die Filmindustrie in Irland und der abzuwartenden Reaktion aus UK kann die EU-Kommission der Frage nach einer Begrenzung der Steueranreize und Beurteilung, inwieweit sie unvereinbar mit dem Binnenmarkt sind, nicht auf Dauer ausweichen. Es stellt sich die aus dem Sinn und Zweck der Beihilfenkontrolle ergebende wichtige Frage, inwieweit immer weiter steigende Steuererleichterungen noch mit der Filmmitteilung gerechtfertigt werden sollten und die Kulturausnahme für eine Wirtschaftsförderung herangezogen werden kann, sich also die Frage stellen könnte, wann es noch eine Kulturförderung und wann es nur noch hauptsächlich eine Wirtschaftsförderung ist. Mechanismen, die die kulturelle Seite betonen, müssten gegebenenfalls verstärkt werden.

E. Andere Finanzierungsquellen, Koproduktionen

Interessant sind hinsichtlich anderer Finanzierungsquellen für Filmproduktionen zwei Aspekte: Zum einen ermöglicht die Rechtsform als Wohltätigkeitsorganisation in UK private Einkommensquellen, nämlich die Einnahmen von Spenden und Beiträgen von Fördermitgliedern. Das BFI hat ein abgestuftes System für Fördermitglieder von Beiträgen zwischen £ 45-10.000 im Jahr. Das ist eine Einkommensquelle, die die anderen öffentlichen Gelder und das eigene erwirtschaftete Einkommen des BFI ergänzt und die den privatrechtlich wie öffentlich-rechtlich organisierten deutschen Filmfördereinrichtungen fehlt. In Deutschland gibt es die Möglichkeit von gemeinnützigen Gesellschaftsformen (z.B. Vereine, Stiftungen, gemeinnützige Kapitalgesellschaften, wie die gGmbH) gemäß § 52 AO. Das zuständige Finanzamt entscheidet aufgrund eines Antrags über die Anerkennung der Gemeinnützigkeit. Das eröffnet steuerliche Vorteile und die Möglichkeit von Spendeneinnahmen. Eine wirtschaftliche Tätigkeit ist wegen des Nebenzweckprivilegs im gemeinnützigkeitsrechtlich zulässigen Rahmen möglich. In Deutschland sind der MV Film e.V. als Verein und die Filmstiftung NRW, die Kulturstiftung Rheinland-Pfalz sowie das Kuratorium junger deutscher Film als Stiftung organisiert.

Zum anderen ist eine Verknüpfung von privaten Mitteln an die Vergabe von Fördermitteln mittels des match funding eine Möglichkeit, private Mittel zu akquirieren. Durch die formale Bindung an die Fördermittel entsteht eine gewisse Absicherung privater Finanziers. Zudem agieren die Filmfördereinrichtungen in UK auch unterstützend bei der Suche nach einen privaten match funding Partner für die Filmproduktionsunternehmen und Filmschaffenden. Außerdem wird seitens der Fördereinrichtungen deutlich gemacht, dass eine reine Finanzierung mit Fördermitteln und Eigenkapital nicht ausreicht, um überhaupt Fördermittel zu erhalten, sondern dass eine Teilfinanzierung aus Finanzmitteln der Privatwirtschaft eine erforderliche Voraussetzung ist. Das Modell des match funding ist bei allen Einrichtungen in England und beim BFI verbreitet und hat sich in der Praxis bewährt. Eine Nachahmung in Deutschland ist durchaus denkbar. In Deutschland wird eine Finanzierung in der Regel aus verschiedenen Fördermitteln der Bundes- und Landesfördereinrichtungen sowie weiteren privaten Finanzquellen zusammengesetzt. Die öffentlichen Mittel können insgesamt einen Großteil ausmachen. Um eine Abhängigkeit von öffentlichen Fördermitteln zumindest teilweise zu reduzieren, bietet das Modell des match funding eine Lösung an.

Neben der Förderung mit öffentlichen Geldern können deutsche Filmproduzenten aber auch eine weitere Finanzierungsmöglichkeit in Betracht ziehen, die sich in UK in den letzten Jahren neu entwickelt hat. Sie sieht vor, mittels eines Markenunternehmens in Form des brand-led film financing Finanzkapital zu akquirieren.[1186] Dies kann auch für deutsche Filme interessant sein. Zu beachten sind bei einer solchen Kooperation allerdings die rechtlichen Bedingungen der öffentlich-rechtlichen Filmförderer, soweit solche beteiligt sind, und eine Vereinbarkeit mit ihnen. Die Markenkooperation darf sich nicht auf die Qualifizierung als Spielfilm auswirken. Relevant könnte auch das Verbot bzw. die engen Ausnahmen von Product-Placement gemäß §§ 7, 15, 44 RStV sein, wenn Rundfunkunternehmen an der Förderung beteiligt sind und die Filme im Fernsehen ausgewertet werden sollen.

Koproduktionen können auch eine Möglichkeit der Finanzierung eines Filmprojekts sein.

1186 Bei brand-led film financing stellen die Markenunternehmen ihre Werbestrategie um die Filmproduktion herum auf, z.B. Filmclips und Trailer auf der Internetseite und Social-Media-Auftritten des Unternehmens, Verwendung des Filmplakats zu Zwecken der Marke, Sponsoring von Filmpremieren und Veranstaltungen.

Auffallend ist bei einem Vergleich, dass in Deutschland wesentlich mehr Filmprojekte in Koproduktion als in UK hergestellt werden. In UK haben Koproduktionen einen sehr geringen Anteil, weil nur wenige zustande kommen. Sie haben nach Auffassung von Experten aber das Potential, einen bedeutsameren Teil der Finanzierung einzunehmen.[1187] Deutschland wird vom BFI als wichtiges Land (key territory) für Koproduktionen angesehen.[1188]

Der Vorteil einer internationalen Koproduktion ist die Anerkennung des Films als jeweils nationaler Film in mehreren Ländern und infolgedessen die Fördermöglichkeiten dieser verschiedenen Länder. Früher waren die Hürden für internationale Koproduktionen höher, um sogenannte Mitnahmeeffekte, also das Abgreifen von Fördermitteln von ausländischen Produzenten, zu vermeiden. Inzwischen sind die Voraussetzungen niedriger, insbesondere für europäische Koproduktionen.

Interessanterweise wird auch von Studioseite in Deutschland der Wunsch nach einer verlässlichen Förderung von Koproduktionen zum Ausdruck gebracht, um internationale Produktionen nach Deutschland zu locken, und es wird mit Blick auf die Förderung in UK Ähnliches für Deutschland gefordert.[1189] Die Briten wiederum versuchen ihre Förderung für Koproduktionen attraktiver zu gestalten, um auch im Vergleich mit Deutschland nicht wettbewerblich abgehängt zu werden. Das Ziel, in beiden Ländern die Rahmenbedingungen für Koproduktionen zu verbessern, ist dasselbe, die Realisierung kann derzeit jedoch nur unterschiedlich sein. Wenn ähnliche Auswirkungen für Deutschland gefordert werden, wie sie in England bzw. UK für die Anwerbung internationaler Produktionen und Investitionen bestehen, bezieht sich dies auf eine Forderung nach steuerlichen Anreizen, wie sie in Deutschland aktuell nicht existiert. In Deutschland profitieren auch Koproduktionen von der Vergabe von Fördermitteln der Fördereinrichtungen. Die Briten, die eine Förderung von Koproduktionen für verbesserungswürdig halten, setzen dies nicht durch eine verstärkte Förderung durch das BFI um, sondern bauen ihre Steueranreize dergestalt um, dass auch internationale Koproduktionen profitieren können. Das Ziel wird durch eine Integration in das bereits vorhandene System erreicht. Die Anwerbung von ausländischen Investitionen basiert auf steuerlichen Vergünstigungen, die unmittelbar in Anspruch genommen werden können und mit denen die internationalen Studios kalkulieren können. Hierdurch kommt tatsächlich eine

1187 Vgl. Film Policy Review 2012, S. 63.
1188 Vgl. BFI annual review 2015-16, S. 41.
1189 So Woebcken, Vorstandsvorsitzender der Babelsberg Filmstudios, zitiert in: Frankfurter Rundschau, Studio-Chef: Filmkunst braucht Förderung, v.19.2.2015.

Förderung der Fördereinrichtungen schwerlich in Frage. Daher wäre in Deutschland über die Einführung steuerlicher Anreize, die Koproduktionen unter engen Voraussetzungen miteinbeziehen könnten, um die Gefahren einer Abhängigkeit so gering wie möglich zu halten, nachzudenken. Sicherlich besteht die Gefahr von Koproduktionen zwischen großen US-Studios und deutschen Produzenten, sodass Hollywood-Filmproduktionen unterstützt würden, denen gerade im Wettbewerb begegnet werden sollte, allerdings würden die deutschen Filmunternehmen und die Filmwirtschaft davon auch profitieren. Hier sind deshalb rechtliche Ausgestaltungen notwendig, die klare Grenzen setzen, um vorrangig die deutschen Unternehmen zu stärken.

F. Vergabegremien

Bei den deutschen Filmfördereinrichtungen wird die Entscheidung über eine Förderung in der Regel von einem Vergabegremium gefällt. Bis auf die Ausnahme des Medienboard ist die Zusammensetzung der Gremien eine Mischung aus Mitarbeitern, Gesellschaftervertretern und externen Fachleuten. Das Medienboard entscheidet durch ein internes Team von Mitarbeitern. Die Besetzung der Gremien, die über die Förderung entscheiden, hat wesentlichen Einfluss auf die Ausrichtung und Qualität deutscher Filme. In der Filmstiftung wird z.B. die Hauptjury von Vertretern der Rundfunkunternehmen, sowohl öffentlich-rechtlichen wie privatrechtlichen, dominiert. Das wirft die Frage nach der Unabhängigkeit dieser Expertenentscheidungen sowie die Frage auf, inwieweit – auch unbewusst – eine Fernsehprogrammtauglichkeit von Kinofilmen als Kriterium einer Förderentscheidung miteinfließt. Ratsamer erscheint es, die Gremien mit Experten aus der Filmwirtschaft selbst zu besetzen, die sowohl den Inhalt wie auch eine Publikumsorientierung und Wirtschaftlichkeit im Blick haben. Anders kann es sich durchaus für Gremien darstellen, die über Fernsehfilm- oder Fernsehserienförderung zu entscheiden haben. Dies bedeutet in der Folge, dass bei vielen Einrichtungen auf Länderebene zu überlegen sein könnte, die Vergabegremien nicht oder nicht in der bestehenden Anzahl mit Gesellschaftervertretern des Staats, der Landesmedienanstalten oder der Rundfunkunternehmen zu besetzen.

Auch in UK werden die Entscheidungen meist von Vergabegremien gefällt. Ein entscheidender Unterschied ist, dass in den Vergabegremien der Einrichtungen sowohl beim BFI wie den englischen Einrichtungen in der Regel bis auf den Geschäftsführer und teilweise einer anderen Leitungsperson (meistens eines Förderfonds) der jeweiligen Einrichtung nur externe Experten vertreten sind. Diese Zusammensetzung führt zu einer anderen Interessenslage, da die Gesellschafter in Deutschland Vertreter ihrer Unternehmen bzw. ihrer Bundesländer sind und gewissermaßen parteilich beeinflusst sind oder sein können, während externe Experten aus der Filmwirtschaft sowohl eine andere Expertise mitbringen wie eine andere Zielrichtung haben und unabhängig von Gesellschafterinteressen entscheiden. Die deutschen Fördereinrichtungen auf Länderebene, der Bund ist hier anders rechtlich gebunden bei der FFA, könnten durchaus eine andere Besetzung vertragen und die oben genannten Vorteile der britischen Einrichtungen hinsichtlich der Vergabegremien für ihre Einrichtungen übernehmen.

G. Vergleich von Teilaspekten der Förderung bzw. den Förderprogrammen

In diesem Kapitel werden einzelne Unterschiede bei der Förderung bzw. den Förderprogrammen hervorgehoben.

Ein wesentlicher Unterschied bei der Art der Fördermittel ist, dass es in UK Zuschüsse gibt, aber keine Darlehen.

Ein Modell wie die Referenzförderung der FFA gibt es in UK nicht.[1190] Allerdings bestehen Überlegungen, wie eine erfolgsbelohnende Förderung eingeführt werden könnte. So setzt sich der Filmpolitik-Bericht damit auseinander und fordert eine solche Umsetzung erfolgsbelohnender Förderung. Hier soll an die Rückzahlung der Fördermittel angeknüpft werden. Anders als in Deutschland bei der Referenzfilmförderung der FFA, bei der Erfolg durch Referenzpunkte belohnt wird und mittels der Punkte eine neue Förderung berechnet wird, soll das Geld bei der Entwicklungsförderung (mittels Film Fund) des BFI recycelt werden und quasi ein Kreislauf eingerichtet werden. Der Unterschied ist, dass bei dem Modell des BFI die Mittel wieder in den Fonds zurückfließen, während bei der FFA Referenzpunkte für eine zukünftige Referenzförderung der Anspruchsberechtigten gesammelt werden, die dann umgerechnet werden in die Höhe der auszahlbaren Mittel. Mit dem FFG 2017 ist die Möglichkeit entfallen, zurückgezahlte Darlehensmittel der Projektförderung für zukünftige Projekte wieder ausgezahlt zu bekommen. Stattdessen werden besonders erfolgreiche Filme bei der Berechnung der Referenzpunkte bei der Referenzfilm- und Referenzverleihförderung belohnt.

1190 Unter dem UK Film Council gab es eine Art Referenzförderung, aber nicht als eigene Förderart, sondern als zusätzliche Ausgestaltung der verschiedenen Förderfonds. Der Rückzahlungsbetrag an den UK Film Council stand auf fristgebundenen Antrag als Darlehensbetrag für neue Projekte zur Verfügung.

Weitere Überlegungen der britischen Filmpolitik-Berichte waren, dass die Trennung in die Förderbereiche Produktion und Vertrieb als nicht zielführend angesehen wurde, sondern eine engere Zusammenarbeit der beiden Bereiche der Filmwirtschaft erreicht werden sollte. Deshalb hatten die Experten des Film Policy Review eine vermehrte Zusammenarbeit mittels Joint Ventures vorgeschlagen, die mit Lotteriegeldern gefördert werden sollen. Diese Kooperationen befinden sich noch in der Aufbauphase. Auch in Deutschland besteht eine Trennung der beiden Bereiche. Die potentiellen Vorteile für UK, Produktions- und Vertriebssparte enger zu verzahnen, gelten auch für Deutschland. In Deutschland besteht seit der Aufteilung der Sparten von Produktion, Vertrieb und Kinobetrieb des Monopolisten UFA kein so ökonomisch starkes Unternehmen mehr, das diese Bereiche vereint.

Hinsichtlich der Antragsvoraussetzungen ist aufgefallen, dass in Deutschland der Hersteller antragsberechtigt ist, wobei der Herstellerbegriff natürliche Personen nicht per se ausschließt, oder ausdrücklich Filmschaffende als natürliche Personen antragsberechtigt sind. Dagegen sind in UK meist keine natürlichen Personen antragsberechtigt, sondern lediglich Produktionsunternehmen und Filmschaffende, die sich in einem Team als Produktionsunternehmen formieren müssen.

Während sich Förderprogramme in Deutschland in Entwicklung, Drehbuch, Produktion, Vertrieb und Abspiel einteilen, gibt es in UK teilweise zusätzlich, teilweise ausschließlich gezielt anders zugeschnittene Programme, die versuchen, wie insbesondere Film London und Creative England zeigen, sich an die aktuelle Situation und das Bedürfnis der Filmschaffenden anzupassen. Sie werden daher flexibel gestaltet und auch nur zeitlich begrenzt angeboten. Hier ist insbesondere positiv aufgefallen, dass es spezielle Förderprogramme für Frauen sowie für ethnische Minderheiten (BAME) in der Filmbranche gibt. Ein interessantes Programm des BFI, um eine Teilhabe von entfernteren Regionen zu ermöglichen, ist die Nachbarschaftshilfe. Ein solches Förderprogramm könnte auch ein Beispiel für die Förderung auf der Ebene der deutschen Bundesländer geben, wie in abgelegenen Regionen ein breiteres Filmangebot zur Verfügung stehen kann.

Ebenfalls muss positiv vermerkt werden, dass viele Förderprogramme in UK und England die finanzielle Förderung mit einer fachlichen Unterstützung verknüpfen. Dies ist insbesondere bei Film London das prägende Merkmal der Förderung. In Deutschland wird dies nur vom Kuratorium angeboten und seit dem FFG 2017 auch von der FFA im Rahmen der Drehbuchfortentwicklungsförderung. In UK wird für die fachliche Unterstützung teilweise ein Pairing mit einem renommierten Regisseur, Drehbuchautor oder Produzenten vorgenommen, der den Begünstigten während der Projektzeit unterstützend zur Seite steht. Mit dieser fachlichen Unterstützung soll sichergestellt werden, dass das Projekt auch kommerziell erfolgreich ist, vor allem die Orientierung an das Publikum stets im Blick behält, und nicht allein die Fertigstellung des Projekts betrieben wird. Film London hat ein halb so großes Budget wie beispielsweise HessenFilm zur Verfügung, zeigt aber wie effektiv mit einem eher kleinen finanziellen Budget Filmschaffende und Filmprojekte gefördert werden können. So können bei dem Programm FLAMIN auch Teilnehmer der ersten Runden ihr Fachwissen erweitern und Erfahrungen sammeln sowie ihr Netzwerk aufbauen. Die Zielrichtung der Förderung ist eine andere, dennoch wird mit weniger finanziellen Mitteln eine wirksame, intensive und nachgefragte Förderung durchgeführt. Ein Programm wie FLAMIN könnte auch ein Vorbild sein für deutsche Filmfördereinrichtungen mit sehr kleinem finanziellem Budget.

H. Schlussfeststellung zum Rechtsvergleich und zur Auswertung sowie weiterführende Empfehlungen

Die vorliegende Arbeit zeigt sehr konkret, dass sowohl die deutsche Filmwirtschaft und das Filmfördersystem vom britischen Fördersystem Anregungen erhalten kann wie auch die britische Filmwirtschaft und das Fördersystem vom deutschen. Vor allem sind Koproduktionen von Produktionsunternehmen aus beiden Ländern lohnenswert, um sich die Vorteile beider Fördersysteme zunutze zu machen.

Mit diesen Ergebnissen des Rechtsvergleichs und der Analyse konnte bewiesen werden, dass bei den zwei sehr verschiedenartigen Filmfördersystemen auch viele Gemeinsamkeiten bestehen und, ohne die grundsätzliche Förderstruktur der Systeme zu verändern, das Potential besteht, Aspekte des jeweils anderen Fördersystems zu integrieren. Es konnte in der Arbeit konkret und an vielen Beispielen aufgezeigt werden, wo voneinander gelernt werden könnte unter der gemeinsamen Maßgabe der Verbesserung und Sicherung der Filmförderung in den beiden europäischen Staaten UK und Deutschland.

Aus den Ergebnissen der Analyse der Filmförderung im Vergleich von UK und Deutschland ergeben sich als zentrale Schlussfolgerungen folgende weiterführende Empfehlungen:

1. Als direktes Ergebnis unter beihilferechtlichen Gesichtspunkten wird empfohlen, die Richtlinien der deutschen Filmfördereinrichtungen auf

Bundesebene wie Länderebene wie oben beschrieben auf ihre Vereinbarkeit mit der AGVO und gegebenenfalls der Filmmitteilung zu überarbeiten.

2. Als weiteres Ergebnis des Rechtsvergleichs wird vorgeschlagen, die (erneute) Einführung von Steuererleichterungen zu prüfen, nicht in Konkurrenz z.B. zu UK, um wettbewerblich zu überholen und in den gegenseitigen Kreislauf der Abhängigkeit von Steuervergünstigungssystemen zu kommen, sondern vielmehr als weiteren Aspekt der Förderung in kleinem Maße. Hier sind strenge rechtliche Voraussetzungen und Beschränkungen wie oben dargelegt empfehlenswert. Bereits jetzt können Koproduktionen zwischen britischen und deutschen Produktionsunternehmen Synergieeffekte nutzen und diese Koproduktionen in den Genuss der britischen Steuererleichterungen kommen, ohne dass es auf eine Implementierung eines solches Instruments in das deutsche Filmfördersystem ankäme.

Teil 8 Aktuelle Entwicklung und Ausblick

A. Neue Herausforderungen und Chancen für die Filmförderung und Filmfinanzierung

Die Digitalisierung und der Wandel im Medienbereich tragen dazu bei, dass sich vermehrt crossmediale Projekte entwickeln und die Verwertung auf verschiedenen Kanälen und Plattformen wichtiger wird. Hinzu kommen die veränderten Nutzergewohnheiten weg vom klassischen linearen hin zum nicht-linearen Konsum. Diese Veränderungen wird auch das Filmfördersystem zu berücksichtigen haben, wenn eine publikumsorientierte Förderung von Projekten erfolgen soll, z.B. hinsichtlich einer Vertriebsförderung und Förderung von anderen audiovisuellen Projekten. Es wird für die Fördereinrichtungen eine Herausforderung sein, die klassische Filmförderung mit der Förderung neuer medialer Projekte zu verbinden, um einerseits neue Entwicklungen im Blick zu behalten und andererseits die dringend notwendige Filmförderung fortzuführen. Eine Publikumsorientiertheit sollte hierbei ein wesentliches Merkmal sein.

Neben der staatlichen Finanzierung und Förderung mit öffentlichen Finanzmitteln sowie den bekannten privaten Finanzierungsquellen entwickeln sich derzeit weitere Finanzierungsmöglichkeiten. Darunter fallen das Crowdfunding sowie neue Werbekooperationen mit bekannten Markenunternehmen. Crowdfunding ist z.B. als Lückenfinanzierung statt einer Finanzierung durch Banken oder anstelle einer Shortfall-Guarantee vorstellbar. Anders als eine Spende könnte eine praktische Umsetzung bei einer Verwertungsbeteiligung diffiziler sein. Bei Markenkooperationen gibt es verschiedene Formen der Filmfinanzierung. In UK hat sich zuletzt ein Trend entwickelt, neben Produktplatzierungen sog. ad placement, branded-content, co-branded-advertising und brand-led film financing einzusetzen.[1191] Vor allem letzteres kann ein Finanzierungsbaustein bei unabhängig produzierten UK-Filmen sein, allerdings sollte im Hinblick auf

1191 Bei ad-placement wird alte Originalwerbung im Film gezeigt. Branded-content ist die Finanzierung der Herstellung von Inhalten, die von der Marke geprägt sind und benutzt werden um im Internet auf die Seite des Markenunternehmens zu lenken oder die technisch umgangenen Werbepausen im Fernsehen mit dem Markeninhalt wieder zu füllen. Co-branded advertising bedeutet, dass die Werbung von Film und die Werbung von der Marke eng verknüpft werden (z.B. Werbeplakat). Siehe zu brand-led film financing die Ausführungen in Teil 7, Kap. E. sowie Fn. 1186.

die obig dargestellte Ausgangssituation der unabhängigen Produktionsunternehmen bei den Filmfinanzierungsverträgen der Erhalt der geistigen Eigentumsrechte des Produktionsunternehmens in dem Geflecht von Eigentumsrechten, Markenrechten und Lizenzen berücksichtigt werden. In UK wird brand-led financing vor allem unter dem Gesichtspunkt der Unabhängigkeit der Filminhalte kritisch hinterfragt.[1192]

B. Brexit-Referendum vom 23.06.2016 und seine Folgen

Das knappe Abstimmungsergebnis des Brexit-Referendums hatte bereits eines deutlich gemacht: durch das Vereinigte Königreich führt ein tiefer Riss, den zu kitten, eine große Herausforderung für Westminster sein wird. Diese Spaltung hat sich in den darauffolgenden Monaten manifestiert. Bereits unmittelbar nach dem Referendum wurde von einer „existentiellen Krise“[1193] UKs gesprochen. Die Abstimmungsergebnisse im Detail hinsichtlich Nationen, Regionen und Städten zeigen u.a., dass eine Abneigung gegen das politische Establishment in London besteht („anti-London sentiments“[1194]). Es kann durchaus auch davon gesprochen werden, dass es bei dem Referendum nicht nur um die EU ging, sondern die innenpolitische Frage, was für ein Land UK sein soll, und das Referendum ein Ausdruck politischer Unzufriedenheit innerhalb von UK war. Diese Grundeinstellung hat sich bei den Recherchen zur vorliegenden Arbeit im Filmfördersystem ebenfalls gezeigt: die anderen Regionen Englands fühlen sich gegenüber London und dem Südosten benachteiligt und mit ihren Interessen nicht wahrgenommen. Solange nicht klar ist, ob UK mit oder ohne Austrittsvertrag zu welchem Zeitpunkt aus der EU austritt, bleibt das EU-Recht in UK zunächst weiterhin anwendbar und die bisherigen beihilferechtlichen Vorgaben gelten für die britische Filmförderung. Auch bei zukünftigen Handelsverträgen zwischen UK und der EU wird es Wettbewerbsregeln geben, so wie es daneben das WTO-Subventionsrecht gibt.

Ein Austritt aus der EU hätte für die Filmfördereinrichtungen außerhalb von London in den anderen Regionen Englands gravierende Folgen. Allein diese Arbeit zeigt für den Bereich der Filmindustrie deutlich die Höhe an Finanzmitteln, die von EU-Institutionen und -Programmen in die englische Filmindustrie fließt. Die meisten Fördereinrichtungen erhalten Gelder des ERDF und manche

1192 Vgl. Naghdi, Ent.L.R. 2012, 23 (7), 217.
1193 Vgl. Easton, A less than United Kingdom, BBC news v.24.6.2016.
1194 Vgl. die Analyse von BBC news, Easton, siehe Fn. 1193.

könnten ohne diese Gelder nicht oder nicht in dem gegenwärtigen Maße agieren. Diese EU-Gelder fallen mit einem EU-Austritt weg. Das sind teilweise fast sämtliche Fördermittel, die den Einrichtungen zur Verfügung stehen. Die europäische Förderung ist für diese Einrichtungen (Screen Yorkshire, NFM) überlebensnotwendig. Regionale Fördereinrichtungen werden mit finanziellen Problemen konfrontiert werden, da die regionalen Verwaltungen in England einem Sparzwang unterworfen sind und die gekürzten Mittel von zentraler Regierungsseite nicht kompensieren können. Ob und wie die Einrichtungen finanziell existieren und mit welchen Mitteln sie stattdessen das Finanzloch füllen können, bleibt offen.

Es könnte zu einem Szenario kommen, dass regionale Einrichtungen im Norden nur noch eine geringe finanzielle Förderung anbieten können, obwohl gerade diese Regionen für ihre ansässige Filmwirtschaft und Filmschaffenden eine Filmförderung benötigen, und sie stattdessen wie Screen South vermehrte Serviceleistungen anbieten. Dies wäre für die Filmwirtschaft in den englischen Regionen ein klarer Rückschritt und stände im Übrigen im Gegensatz zu der von der UK-Regierung verfolgten Politik einer neuen Regionalisierung bzw. Belebung der regionalen Wirtschaftszweige. Im negativsten Falle werden weitere regionale Einrichtungen den Betrieb einstellen, sodass neben Film London Creative England bliebe, das dann jedoch für alle Regionen außerhalb Greater London zuständig wäre und Förderaktivitäten abdecken müsste, eine Aufgabe, die ebenfalls große Anstrengungen, Herausforderungen und nicht zuletzt weitere finanzielle Mittel erfordert.

Das Creative Europe-Programm der EU stände der britischen Filmindustrie auch nicht mehr offen, es sei denn, dass UK in einem bilateralen Handelsabkommen mit der EU eine Mitgliedschaft vereinbaren würde.[1195] Da UK nicht (mehr) am Eurimages-Programm des Europarats teilnimmt, gäbe es keinerlei Förderprogramme mehr, die auf europäischer Ebene in Betracht kommen. Es verbliebe einzig die bereits jetzt bestehende Möglichkeit der Inanspruchnahme von Eurimages über einen Koproduktionspartner aus einem Eurimages-Vertragsstaat. Ein Wiederbeitritt zu Eurimages wurde bereits im Film Policy Review 2012 diskutiert, dem Thema jedoch wegen Kosten und fehlender Notwendigkeit keine Priorität für Handlungsvorschläge eingeräumt.[1196] Diese Frage dürfte mit einem Austritt UKs aus der EU neue Aktualität gewinnen. Ein neues bilaterales

1195 Eine künftige Mitgliedschaft soll Gegenstand von Verhandlungen sein, siehe House of Commons, Report Brexit on creative industries, 2018, S. 22.

1196 Vgl. Film Policy Review 2012, S. 66.

Koproduktionsabkommen von UK mit Deutschland ist nicht erforderlich, da das Europäische Koproduktionsabkommen von dem EU-Austritt unberührt bleibt. UK hat Anfang 2019 das überarbeitete Europäische Koproduktionsabkommen unterzeichnet, was als positives Signal für eine künftige Zusammenarbeit mit den europäischen Staaten gewertet wird.[1197]

Neben den finanziellen Einbußen würde der Wegfall der anderen positiven Faktoren der EU-Programme, wie Partnerschaften, Netzwerke, Folgeinvestitionen, stehen, von denen die britische Filmindustrie bislang profitiert hatte.[1198]

Bei einem tatsächlichen Ausstieg UKs aus der EU würden die Restriktionen des Beihilferegimes und rechtlichen Bindungen an den gemeinsamen Markt wegfallen, es käme bei der konkreten Ausgestaltung der Steuererleichterungen einzig auf den Staatshaushalt in UK an. Da UK in der Vergangenheit stets den wirtschaftlichen Mehrwert von Investitionen pro einem Pfund Steuererleichterungen angeführt hat und auf Millionen Einnahmen im Haushalt verzichtet, ist vorerst nicht davon auszugehen, dass UK von dieser Erweiterung der Steuerpolitik absehen wird. Förderanreize würden nicht mehr an einer Handelsbeeinträchtigung des Binnenmarkts gemessen, eine kulturelle Rechtfertigung als Voraussetzung fiele weg, ebenso wie das Verbot einer Inländerbevorzugung. Es besteht die realistische Möglichkeit, dass UK die Kriterien eines Kulturtests lockert und den Schutz einheimischer kultureller Kriterien zugunsten von mehr Wettbewerbsvorteilen im internationalen Vergleich mit anderen Ländern wie Kanada preisgibt, obwohl gerade der Kulturtest zum Schutz der europäischen Kulturen beiträgt und auch Ausdruck von der europäischen „Einheit unter Bewahrung der Unterschiede“[1199] ist.

Mit dem gleichzeitigen Wegfall von europäischen Geldern aus den verschiedenen Förderprogrammen der EU verlieren die Fördereinrichtungen an Förderkraft. Das birgt die Gefahr, dass die Filmwirtschaft in UK zunehmend von den Steuererleichterungen abhängig wird, mehr als sie es bereits jetzt schon ist. Inwieweit UK seine starke Wettbewerbsposition halten und die in den letzten Jahren stetig wachsenden internationalen Produktionen, die in UK Filme produzieren oder postproduzieren und die Studioeinrichtungen nutzen, weiterhin anlocken kann, bleibt abzuwarten. Die Steuererleichterungen bleiben ein

---

1197 Vgl. Europäische Audiovisuelle Informationsstelle (EAI) focus 2019, S. 31.

1198 Vgl. Creative Europe Desk UK, The impact of Creative Europe in the UK, Summary, S. 2.

1199 Zu diesem Begriff vgl. Agamben, Die endlose Krise ist ein Machtinstrument, FAZ online v.24.5.2013.

relevanter Vorteil. Die Konkurrenz von UK mit anderen EU-Staaten wird jedenfalls zunehmen, wenn UK nicht mehr an das EU-Beihilfenrecht oder anderes EU-Recht gebunden ist, das eine Wettbewerbsbeschränkung ist.

UK ist ein starker „Key Player" in der europäischen audiovisuellen Industrie und speziell dem Film Sektor. Während der britische Filmmarkt für Filme aus anderen europäischen Ländern hinsichtlich der Kinoerlöse eine geringere Bedeutung hat, steht UK beim Export von britischen Filmen und TV-Serien in andere EU-Länder mit an erster Stelle.[1200] UK wird deshalb weiterhin auf die Einfuhr von Filmen in die EU angewiesen sein, da ein Viertel der weltweiten Einspielergebnisse ihrer Filme davon abhängen.

Unabhängig von dieser Brexit-Entscheidung ist UK untrennbar mit Europa verbunden und trägt das gemeinsame historische und kulturelle Erbe, „shared heritage". Das Vereinigte Königreich versteht sich als aktiver Teil von Europa, der sich als Staat nicht unbedingt einbinden lässt. Für dieses Selbstverständnis UKs stand Churchill, der derzeit von allen politischen Seiten in UK bemüht wird, dessen Aussagen in seinen Reden zu Europa nach dem Ende des Zweiten Weltkrieges deutlich machen, dass er UK immer als dazugehörigen Teil Europas, aber nicht unbedingt als Teil einer möglichen zu bildenden Europäischen Union gesehen hat.[1201] Wie auch immer sich die politische Brexit-Entscheidung entwickelt, UK wird ein Teil Europas bleiben. Es gab historisch gesehen immer Zeiten von größerer Distanz und Zeiten von größerer Nähe, Zeiten, in denen der Nebel über dem Kanal mal so dicht war, dass sich Kontinent und Insel nicht sehen konnten und Zeiten von Aufgeklartheit über dem Kanal. Es bleibt zu hoffen, dass auch nach einem Brexit die Kooperation zwischen UK und Deutschland sowie Europa in der Filmfinanzierung und Filmförderung zugunsten der europäischen Filmwirtschaft fortgeführt wird.

1200 Vgl. Europäische Audiovisuelle Informationsstelle (EAI) Yearbook 2018/2019, Key trends, S. 60.

1201 So auch in seiner Rede v.19.9.1946 in Zürich, in der er auf die Gründung des Europarats eingeht und einen Vorschlag zu einer Art Vereinigte Staaten von Europa macht, wobei er UK bereits im Commonwealth-Verbund verankert sieht und die zukünftige Rolle UKs gegenüber einem europäischen Verbund als Freund und Förderer einordnet.

Literaturverzeichnis

Agamben, Giorgio: Die endlose Krise ist ein Machtinstrument, Frankfurter Allgemeine Zeitung- FAZ.Net vom 24.05.2013.

Alisch, Katrin/ Arentzen, Ute/ Winter, Dr. Eggert: Gabler Wirtschaftslexikon, 16. Aufl., Wiesbaden 2004, zitiert: Gabler (S-Z).

Allianz Deutscher Produzenten – Film & Fernsehen e.V. (Produzentenallianz): Pressemitteilung „DFFF verbraucht keine Steuergelder, er vermehrt sie“ vom 10.11.2014.

Dies.: Pressemitteilung „Erfolge der deutschen Filmpolitik nicht aufs Spiel setzen!“ vom 11.11.2014.

Dies.: Pressemitteilung „Unverständlich, sachlich falsch und für das Filmland Deutschland im Ergebnis schlechte Entscheidung“ vom 14.11.2014.

Dies.: Pressemitteilung „Bundesrats-Entschließung: DFFF-Mittel mindestens auf 60 Mio. Euro aufstocken“ vom 19.12.2014.

Dies.: Pressemitteilung „BKM macht in der aktuellen Notsituation konstruktiven Vorschlag“ vom 02.09.2015.

Bacon, Kelyn: European Community Law of State Aid, Oxford 2009, zitiert: Bearbeiter, in: Bacon, EC Law of State Aid, Kap., Rn.

BAFTA: Review of the Year 2013-2014.

Dies.: Review of the Year 2014-15.

Bakker, Gerben: The decline and fall of the European film industry: sunk costs, market size, and market structure, 1890-1927, Economic History Review 2005, Vol. 58, No. 2, pp. 310-351.

Becker, Jürgen: Verfassungsrechtliche Vorgaben einer Bundesfilmförderung, ZUM 2010, S. 752–757.

Behrmann, Malte: Filmförderung im Zentral- und Bundesstaat. Eine vergleichende Analyse der Filmförderungssysteme von Deutschland und Frankreich unter besonderer Berücksichtigung der Staatsverfasstheit (Dissertation), Berlin 2008.

Bermek, Hasan: Steueranreize für Filme und audiovisuelle Werke in Frankreich, Europäische Audiovisuelle Informationsstelle, Straßburg 2007.

British Broadcasting Corporation (BBC): BBC General Terms 2010.

British Film Institute (BFI) (thematisch gelistet): Film Forever 2012-2017.

Dass.: Film Forever: One year on – what we've achieved, Quelle: www.bfi.org.uk/about-bfi/policy-strategy/film-forever/film-forever-one-year-what-weve-achieved, Stand 26.03.2020.

Dass.: Film Forever: Two years on – what we've achieved.

Dass.: Annual Review 2012-13, 2013-14, 2014-15 und 2015-16.

Dass.: Annual Report and Financial Statement 2012-13 und 2013-14.

Dass.: BFI Statistical Yearbook 2011, 2012, 2013, 2014, 2016, 2017 und 2018.

Dass.: BFI Statistical Yearbook 2015. The Box Office 2014, Film and other screen sector production in 2014.

Dass.: Film, high-end television and television animation production in the UK - half year (H1) 2014.

Dass.: BFI Film, High-end TV, Animation Certification H1 2014.

Dass.: BFI-Aardman Development Lab, Guidelines for applicants, September 2014.

Dass.: BFI Audience Fund 2013-2017: Programming Development Fund: Guidelines for Applicants Februar 2014, zitiert: Programming Development Fund Guidelines.

Dass.: BFI Audience Fund 2013-2017: UK Audience Network for Film - An Overview, November 2012, zitiert: UK Audience Network Overview.

Dass.: BFI Film Fund Application Guidelines, Januar 2015 und Film Fund FAQ, Quelle: www.bfi.org.uk/about-bfi/help-faq/lottery-funding-development-production, Zugriff am 24.03.2015.

Dass.: BFI Film Fund Diversity Guidelines for production, Mai 2015.

Dass.: BFI Film Research & Statistics Fund 2013-2017 Guidelines for Applicants, Oktober 2013.

Dass.: BFI Feedback and Complaints Procedure 2015, Quelle: www.bfi.org.uk/bfi-feedback-complaints-procedure, Zugriff am 18.02.2015.

Dass.: Distribution Fund Guidelines for Applicants, März 2014.

Dass.: Film Export Fund Guidelines for Applicants, Februar 2015.

Dass.: Film Festival Fund Guidelines for Applicants, Januar 2015 und Film Festival Fund FAQ, Quelle: www.bfi.org.uk/about-bfi/partnerships/film-festival-fund/bfi-film-festival-fund-faq, Zugriff am 13.04.2015.

Dass.: Programming Development Fund FAQ.

Dass.: Announcement „BFI's Programming Development Fund now open" vom 23.01.2014, Quelle: www.bfi.org.uk/news-opinion/news-bfi/announcements/bfi-s-programming-development-fund-now-open, Stand 24.02.2020.

Dass.: Announcement „BFI launches vision awards 2013-2015" vom 03.04.2014, Quelle: www.bfi.org.uk/news-opinion/bfi-news/bfi-launches-vision-awards-2013-15, Stand 20.02.2020.

Dass.: Announcement „BFI film audience network lead partners announced" vom 15.07.2014, Quelle: www.bfi.org.uk/news-opinion/news-bfi/announcements/bfi-film-audience-network-lead-partners-announced, Stand 24.02.2020.

Dass.: BFI Feature „The BFI turns 80" vom 15.01.2014, Quelle: www.bfi.org.uk/news-opinion/news-bfi/features/bfi-turns-80, Stand 20.02.2020.

Dass.: Pressemitteilung „BFI extends new US Distribution Fund Pilot to boost UK Films internationally" vom 04.03.2014.

Dass.: Pressemitteilung „BFI Statistical Yearbook shows UK film buoyant in 2013" vom 29.07.2014.

Birnstiel, Alexander/ Bungenberg, Marc/ Heinrich, Helge: Europäisches Beihilfenrecht, Baden-Baden 2013, zitiert: Bearbeiter, in: Birnstiel/Bungenberg/Heinrich, EurBeihR, Kap., Teil, Rn.

Blair, Jonathan: State aid for film and other audiovisual works, Entertainment Law Review 2011, Vol. 22, Iss. 8, pp. 229–232, zitiert: Blair, Ent.L.R. 2011, 22 (8), S. 229.

Blair, Jonathan/ Corre, Stefan: Peers' recommendations to boost UK film and TV industries, Entertainment Law Review 2010, Vol. 21, Iss. 5, pp. 169–173, zitiert: Blair/Corre, Ent.L.R. 2010, 21 (5), S 169.

Brändle, Stefan: Hohe Gagen, rote Zahlen. Die Filmindustrie verwöhnt ihre Stars, Frankfurter Rundschau vom 07.01.2013, S. 3.

Brooks, Libby: Scottish film industry 'left to wither' and lags behind neighbours, Holyrood finds, The Guardian vom 18.2.2015.

Bundesministerium der Finanzen (BMF): Schreiben vom 05.08.2003, sog. Medienerlass, in Ergänzung zum Schreiben des BMF vom 23.02.2001, Bundessteuerblatt / BStBl. I 2003, 406.

Bundesministerium für Wirtschaft und Energie: German Motion Picture Fund Richtlinie des Bundesministeriums für Wirtschaft und Energie, 2015, zitiert: GMPF Richtlinie.

Dass.: FAQ - German Motion Picture Fund, 2015, zitiert: GMPF FAQ.

Busse, Volker: Parlamentarische Staatssekretäre-Gesetz. Gesetz über die Rechtsverhältnisse der Parlamentarischen Staatsekretäre (ParlStG), 2. Aufl., Baden-Baden 2014.

Cabinet Office: Public Bodies: A Guide for Departments, Chapter 3: Setting up a new Public Body -The Legislative Requirements, Januar 2007.

Dass.: Categories Of Public Bodies: A Guide For Departments, Dezember 2012.

Calliess, Christian/ Ruffert, Matthias (Hrsg.): EUV/AEUV, 4. Aufl., München 2011, zitiert: Bearbeiter, in: Calliess/Ruffert, EUV/AEUV, Gesetz, Art.

Castendyk, Oliver: Modelle der Förderung von Kinofilmen in Europa - Beispiele für eine Fortentwicklung der Filmförderung in Deutschland, ZUM 2010, S. 757–763.

Castendyk, Oliver/ Bark, Felix: Unterliegt das Filmförderungsgesetz der Beihilfekontrolle des Art. 87 ff. EGV? Ein Beitrag zu den EU-rechtlichen Grenzen der Filmförderung in Deutschland, ZUM 2003, S. 480-490.

Charity Commission for England and Wales: The essential trustee: what you need to know, März 2012.

Churchill, Winston: Rede an die akademische Jugend vom 19.09.1946 (Zürich).

Clarke, Tom/ Till, Stewart/ Auty, Chris/ Battsek, Daniel/ Broughan, Peter/ Caine, Dinah/ Denton, Charles/ Kenworthy, Duncan/ Leventhal, Colin/ Myles, Lynda/ Palmer, Wendy/ Scott, Ridley/ Segal, Richard/ Stevenson, Wilf: Film Policy Review. A Bigger Picture (1998), zitiert: Film Policy Review 1998 und Filmpolitik-Bericht 1998.

Crane, Diana: Cultural globalization and the dominance of the American film industry: cultural policies, national film industries, and transnational film, International Journal of Cultural Policy 2014, Vol. 20, No. 4, pp. 365–383.

Creative England (thematisch gelistet): Creative England Corporate Business Plan 2014-15.

Dies.: Board Appointment Information Pack, 2014.

Dies.: Creative England Policy Brief – Access to finance, 2014.

Dies.: Business Loans Guidelines, Juli 2014.

Dies.: Emerging Talent Guidelines, September 2013 und Emerging Talent FAQ's, Version 1.

Dies.: Film Enterprise Guidelines, Version 1.0, November 2013.

Dies.: iShorts Guidelines und iShorts FAQ's, beide September 2014.

Dies.: iShorts+„Funny Girls" Guidelines und iShorts+„Funny Girls" FAQ's, beide Juli 2014.

Dies.: Lottery Production Fund Guidelines, Version 1.0, 2015.

Dies.: Strategic Partnership Fund Guidelines und Strategic Partnership Fund FAQ's, beide 2015.

Dies.: West Midlands Production Fund Guidelines, Version 3.0, 2015.

Dies.: Customer Service - Complaints Procedure, 2014.

Dies.: Terms and Conditions, 2014.

Dies.: Mitteilung „Production funding pot doubled to £ 1 million" vom 04.06.2014.

Creative Europe Desk Hamburg (Hrsg.): Creative Europe - Auf einen Blick. Teilprogramm MEDIA. 2. Aufl. 2015.

Creative Europe Desk UK (Hrsg.): The impact of Creative Europe in the UK, Summary, Juli 2018.

Creative Skillset: Financial Statement März 2014.

Crosley, Tim: Eclipse Film Partners (No.35) LLP v HMRC: trading following the film scheme cases - blurring the picture or the latest HD?, British Tax Review (BTR) 2014, No. 3, pp. 256–265.

Darnley, Aredhel: Mrs Henderson Presents - a major tax headache for film production partnerships. Case Comment, Entertainment Law Review 2010, Vol. 21, Iss. 1, pp. 10–13.

Dies.: Micro Fusion 2004-1 LLP v Revenue and Customs Commissioners - "Mrs Henderson Presents" the sequel: the Court of Appeal. Case Comment, Entertainment Law Review 2010, Vol. 21, Iss. 7, pp. 274–276.

Dies.: Treasury consults on creative sector tax reliefs, Entertainment Law Review 2012, Vol. 23, Iss. 7, pp. 214–216.

Dies.: Creative sector tax reliefs - Treasury proposals elicit detailed responses as DCMS consults on cultural tests, Entertainment Law Review 2013, Vol 24, Iss. 1, pp. 6–9.

Dies.: Creative sector tax reliefs: the final cut?, Entertainment Law Review 2013, Vol. 24, Iss. 3, pp. 80-82.

Department of Culture, Media and Sport/ BFI: DCMS & BFI Management Agreement 2012-2015, 09.11.2012.

Department of Culture, Media and Sport (DCMS) (thematisch gelistet): Financial Directions/ Statement of Financial Requirements - British Film Institute vom 01.04.2011.

Dass.: British Film Institute policy directions for the National Lottery, November 2012.

Dass.: Triennial Review of the British Film Institute vom 12.09.2014.

Dass.: The Government's response to 'A future For British Film: It begins with the audience…', zitiert: The Government's Response 2012.

Dass.: News story„Putting film in the spotlight" vom 24.12.2010.

Dass.: News story„Creative Industries worth £ 88 million an hour to UK economy" vom 13.01.2015.

Dass.: Pressemitteilung „Boosts to UK Film Industry" vom 30.06.2014.

Dass.: Pressemitteilung „Another record year for the UK's creative industries" vom 30.12.2014.

Der Beauftragte der Bundesregierung für Kultur und Medien (BKM): Im Bund mit der Kultur. Kultur- und Medienpolitik der Bundesregierung, 2012.

Die Beauftragte der Bundesregierung für Kultur und Medien (BKM) (thematisch gelistet): Kulturelle Filmförderung der BMK - Eckpunkte zur Stärkung des künstlerisch und kulturell herausragenden deutschen Kinofilms, 2016, zitiert: Eckpunkte zur Stärkung des deutschen Kinofilms.

Dies.: Filmförderungsrichtlinien der BKM vom 13.07.2005, zitiert: BKM Förderrichtlinien, sowie ergänzende Merkblätter von 2016.

Dies.: Richtlinie der BKM „Anreiz zur Stärkung der Filmproduktion in Deutschland" (Deutscher Filmförderfonds) vom 01.03.2016, zitiert: DFFF Förderrichtlinien.

Dies.: Anhang Ausgaben der Beauftragten der Bundesregierung für Kultur und Medien im Jahr 2016, zitiert: Ausgaben der BKM für Kultur 2016.

Dies.: Pressemitteilung „Kulturstaatsministerin Monika Grütters: Steigender Etat ist kräftiger Impuls für die Kultur" vom 13.11.2015.

Dies.: Pressemitteilung „Staatsministerin Grütters – DFFF bleibt wichtiger Anreiz für einen attraktiven Filmstandort Deutschland" vom 20.01.2016.

Dies.: Pressemitteilung „Kreative Freiräume stärken: Mehr Geld für künstlerisch herausragende Filme" vom 09.02.2016.

Dies.: Pressemitteilung „Staatsministerin für Kultur und Medien, Grütters, fördert Film- und Drehbuchprojekte mit rund 5,7 Mio. Euro" vom 08.06.2016.

Dies.: Pressemitteilung „Grütters: Deutlich höhere Förderung kultureller Institutionen und Projekte des Bundes für 2017 erreicht" vom 06.07.2016.

Dörr, Dieter: Die verfassungsrechtliche Stellung der deutschen Welle, München 1998.

Ders.: Europarechtliche Rahmenbedingungen für die Filmförderung in Deutschland, ZUM 2010, S. 746–752.

Dörr, Dieter/ Beucher, Klaus/ Eisenbeis, Jochen/ Jost, Eberhard: Die Einflüsse europarechtlicher Entwicklungen auf das Bund-Länder-Verhältnis im Rundfunkwesen, München/Berlin 1992.

Drazin, Charles: Film Finances: The First Years, Historical Journal of Film, Radio and Television 2014, Vol. 34 No. 1, S. 2–22.

Dreier, Horst (Hrsg.): Grundgesetz-Kommentar, Bd. II: Artikel 20-82, 2. Aufl., Tübingen 2006, 3. Aufl. Tübingen 2015.

Easton, Mark: A less than United Kingdom, BBC news vom 24.06.2016, Quelle: www.bbc.com/news/uk-politics-eu-referendum-36605656, Stand 23.03.2020.

Elisabeth II, Königin des Vereinigten Königreichs von Großbritannien und Nordirland: British Film Institute Royal Charter vom 18.07.1983.

Ellis-Petersen, Hannah: Bafta chief hails British films despite none making best film category, The Guardian vom 13.02.2016.

Epping, Volker/ Hillgruber, Christian (Hrsg.): Beck'scher Onlinekommentar Grundgesetz, 29. Edition, München, Stand 16.02.2016, zitiert: Bearbeiter, in: BeckOK GG, Art., Rn.

Ernest & Young GmbH: Film- und Fernsehproduktion in Berlin-Brandenburg. Untersuchung des Standorts im regionalen Vergleich, Potsdam 2014, zitiert: Studie Film- und Fernsehproduktion in Berlin-Brandenburg 2014, S.

Europäische Audiovisuelle Informationsstelle (EAI) (Hrsg.): focus 2019, Straßburg 2019.

Dies.: Yearbook 2018/2019, Key Trends, Straßburg 2019.

Europäische Union: Kreatives Europa, Was ist dabei für mich drin? Ein Leitfaden für Film- und Kulturschaffende, 2014, zitiert: Leitfaden Kreatives Europa 2014.

Europarat: Eurimages Support for co-productions, 2016.

Faculty of Law, University of Oxford: OSCOLA. Oxford University Standard for the Citation of Legal Authorities, 4. Aufl. 2012.

Ferguson, Brian: Taskforce call for Scotland's ailing film industry, The Scotsman vom 21.1.2015.

Field, Mark: HMRC's zeal over tax avoidance is harming investment in British film, The Telegraph vom 28.03.2014.

Filmförderungsanstalt (FFA) (thematisch gelistet): Geschäftsbericht 2014 und 2015.

Dies.: FFA-Satzung vom 09.11.2006.

Dies.: Geschäftsordnungen des Präsidiums (2009), Verwaltungsrat (1999) und der Vergabekommission (2014).

Dies.: Beschlüsse des Verwaltungsrats E.1, E.3- E.5, E.7, E.8.

Dies.: Richtlinien der FFA zum FFG 2017 D.1 - D.18.

Dies.: Richtlinie Hilfspaket für die Entwicklung von Filmvorhaben im Rahmen des Abkommens vom 17.Mai 2001 über die Förderung von Filmvorhaben in Koproduktion, 28.08.2015.

Dies.: Richtlinien für die Antragstellung Deutsch-Italienischer Co-Production Development Fonds vom 30.10.2016.

Dies.: FFA im Überblick. Kurzinformationen über die Filmförderungsanstalt, 2016.

Dies.: FFA-info, 1/2015 und FFA-info, 1/2016.

Dies.: Analyse und Bewertung der Entwicklung der FFA-Förderungen 2009-2013, Juli 2015.

Dies.: Die FFA-Förderungen 2018 in der Übersicht/ Förderbroschüre 2018, Dezember 2018.

FFA/ ARD-ZDF: 11. Film-Fernsehabkommen 2014 und 12. Film-Fernsehabkommen 2017 sowie Durchführungsbestimmungen Medialeistungen.

FilmFernsehFonds Bayern GmbH (FFF Bayern) (thematisch gelistet): Jahresrückblick 2015.

Dies.: Richtlinien für die Bayerische Film- und Fernsehförderung (Vergaberichtlinien), 2015, zitiert: FFF Bayern Förderichtlinien.

Dies.: Leitlinien - Förderung Internationale Koproduktionen, 2015.

Filmförderung Hamburg/Schleswig-Holstein GmbH (FFHSH) (thematisch gelistet): Das Geschäftsjahr 2015 - Jahresbericht/ The financial year 2015 - annual report.

Dies.: Richtlinien für die Filmförderung, 2016, zitiert: FFHSH Richtlinien Filmförderung, sowie ergänzende Merkblätter.

Dies.: Förderrichtlinien der Filmwerkstatt Kiel der Filmförderung Hamburg Schleswig-Holstein (FFHSH) GmbH, 2009.

Film London (thematisch gelistet): Financial statement 2015-16.

Dies.: Microwave Guidelines.

Dies.: FLAMIN Productions Guidelines, 2014 und FLAMIN Productions FAQs, 2014/15.

Dies.: Pressemitteilung „London UK Film Focus 2012“ vom 21.05.2012.

Dies.: Pressemitteilung „London's film industry booming as Film London announces titles shooting in the city” vom 09.08.2012.

Dies.: Pressemitteilung „2012 UK Production Statistics” vom 31.01.2013.

Film- und Mediennachwuchsförderung Rheinland-Pfalz: Richtlinien und Regularien, 2016, zitiert: Richtlinien Film- und Mediennachwuchsförderung RLP.

Film und Medienstiftung NRW GmbH (Filmstiftung) (thematisch gelistet): Medienland NRW. Der Medienstandort Nordrhein-Westfalen in Branchenportraits. 5. Aufl., 2015, zitiert: Medienland NRW.

Dies.: Jahresbericht 2014, zitiert: Filmstiftung Jahresbericht.

Dies.: Förderleitlinien der Film- und Medienstiftung NRW GmbH, 2015, zitiert: Filmstiftung Förderleitlinien.

Fischer, Marion: Verfassungsrechtliche und kulturpolitische Grundsatzfragen der Filmförderung in Deutschland. Diskussionsbericht zum gleichnamigen

XXIV. Münchner Symposion zum Film- und Medienrecht des Instituts für Urheber- und Medienrecht am 2. Juli 2010, ZUM 2010, S. 766–770.

Frankfurter Rundschau/ Deutsche Presse Agentur: Studio-Chef: Filmkunst braucht Förderung, Frankfurter Rundschau vom 19.02.2015.

Frenz, Walter: Handbuch Europarecht. Bd. 3: Beihilfe- und Vergaberecht, Berlin/ Heidelberg 2007.

Garnett, Kevin M. / Davies, Gillian / Harbottle, Gwilyn (Hrsg.): Copinger and Skone James on Copyright, 16. Aufl., London 2011, Westlaw UK Online Version, London, Stand Mai 2014, zitiert: Copinger and Skone James.

Geiger, Rudolf / Khan, Daniel-Erasmus / Kotzur, Markus (Hrsg.): EUV, AEUV. Vertrag über die Europäische Union und Vertrag über die Arbeitsweise der Europäischen Union, 5. Aufl., München 2010.

Gersdorf, Hubertus / Paal, Boris (Hrsg.): Beck'scher Online-Kommentar Informations- und Medienrecht. 10. Edition, München, Stand 01.11. 2015, zitiert: Bearbeiter, in: BeckOK InfoMedienR, Gesetz, §, Rn.

Gesellschaft zur Medienförderung Saarland - Saarland Medien- mbH (Saarland Medien): Jahresabschluss 2014, zitiert: Saarland Medien Jahresabschluss 2014.

Dies.: Richtlinien für Filmförderung der Gesellschaft zur Medienförderung Saarland - Saarland Medien- mbH, 2015, zitiert: Saarland Medien Filmförderrichtlinie.

Gibbons, Thomas: The impact of regulatory competition on measures to promote pluralism and cultural diversity in the audiovisual sector, Cambridge Yearbook of European Legal Studies 2007, Vol. 9, pp. 239-259.

Goldberg, David: Tower MCashback LLP 1 v HMRC: some reflections, British Tax Review 2011, No.5, pp. 522–526.

Goldmedia GmbH Strategy Consulting: Wirtschaftliche Bedeutung der Filmindustrie in Deutschland, Studie im Auftrag des Bundesministeriums für Wirtschaft und Energie, Berlin 2017.

Gornostaeva, Galina / Brunet, Johanne: Internationalization of the Prodction Process in the US Film Industry: The Case of the United Kingdom, International Journal of Arts Management 2009, Vol. 12, No. 1, pp. 21–30.

Government UK: The Nolan Priciples, 31.05.1995.

Grabitz, Eberhard / Hilf, Meinhard / Nettesheim, Martin (Hrsg.): Das Recht der Europäischen Union, Bd. 2, Loseblattsammlung, München, Stand 56. Ergänzungslieferung 2015, zitiert: Bearbeiter, in: Grabitz/Hilf/Nettesheim, RdEU, Art., Rn.

Groeben, Hans von der/ Schwarze, Jürgen/ Hatje, Armin (Hrsg.): Europäisches Unionsrecht. Vertrag über die Europäische Union, Vertrag über die Arbeitsweise der Europäischen Union, Charta der Grundrechte der Europäischen Union Bd. 3: Art. 106 bis 173 AEUV, 7. Aufl., Baden-Baden 2015, zitiert: Bearbeiter, in: von der Groeben / Schwarze / Hartje, EUR, AEUV, Art., Rn.

Hahn, Werner/ Vesting, Thomas (Hrsg.): Beck'scher Kommentar zum Rundfunkrecht. Rundfunkstaatsvertrag, Jugendmedienschutz-Staatsvertrag, Rundfunkgebührenstaatsvertrag, Rundfunkbeitragsstaatsvertrag, Rundfunkfinanzierungsstaatsvertrag, 3. Aufl., München 2012, zitiert: Hahn / Vesting, RStV, §, Rn.

Harris, Sara Ann: Das Filmförderungsgesetz zwischen Wirtschafts- und Kulturförderung. Eine Untersuchung der Gesetzgebungskompetenz für das Filmförderungsgesetz unter Berücksichtigung der rechtlichen und wirtschaftlichen Rahmenbedingungen der Filmproduktion in Deutschland (Dissertation), Baden-Baden 2013.

Hartlieb, Holger von/ Schwarz, Mathias (Hrsg.): Handbuch des Film-, Fernseh- und Videorechts, 5. Aufl., München 2011, zitiert: Bearbeiter, in: v.Hartlieb / Schwarz, Kap., Rn.

Hartstein, Reinhard/ Ring, Wolf-Dieter/ Kreile, Johannes/ Dörr, Dieter/ Stettner, Rupert/ Cole, Mark/ Wagner, Eva Ellen: Kommentar Rundfunkstaatsvertrag und Jugendmedienschutzstaatsvertrag, Bd. II, Loseblattsammlung, Heidelberg, Stand 55. Aktualisierung 2013, zitiert: Bd. II, RStV, §, Rn.

Have, Harro von: Filmförderungsgesetz, Kommentar, München 2005.

Have, Harro von/ Harris, Sara Ann: Der neue kulturelle Test des Filmförderungsgesetzes. Ein Schritt Richtung Kulturförderung?, ZUM 2009, S. 470-478.

Harvey, Tom: How public and private investment can work better together to build the creative industries in the UK.

Henning, Victor/ Alpar, Andre: Public aid mechanisms in feature film production: the EU MEDIA Plus Programme, Media, Culture & Society 2005, Vol. 27, No. 2, pp. 229–250.

Herdegen, Matthias: Europarecht, 17. Aufl., München 2015.

Her Majesty's Revenue & Customs (HMRC): Appeals, Reviews and Tribunal Guidance - ARTG, 2009.

Dies.: Film Production Company Manual, Version 2014/2015.

Dies.: FTR Monitoring Summary 2014.

Her Majesty's Treasury (H.M. Treasury): Corporate governance in central government departments: Code of good practice 2011, Juli 2011.

Dass.: Managing Public Money, Juli 2013.

Dass.: The Green Book 2003 i.d.F. von Juli 2011.

Hertel, Wolfram/ Müller, Judith/ Schapiro, Leo: Kommentar zum Filmförderungsgesetz, Baden-Baden 2012.

HessenFilm und Medien GmbH (HessenFilm) (thematisch gelistet): Vorläufige Richtlinien HessenFilm und Medien, 2016, zitiert: HessenFilm Vorläufige Richtlinien, sowie ergänzendes Merkblatt.

Dies.: Facts 2016, zitiert: HessenFilm Facts.

Dies.: Pressemitteilung „HessenFilm vergibt 2,8 Millionen Euro in erster Fördersitzung" vom 23.05.2016.

Hick, Jochen: The influence of TV and film funding on current European (low budget) art house film, Studies in European Cinema 2010, Vol. 7, No. 1, pp. 31–36.

Higson, Andrew: Film England. Culturally English Filmmaking since the 1990s, London 2011.

Hogg, Christopher: Cracking the USA? Interpreting UK-to-US TV drama translations, New Review of Film and Television Studies 2013, Vol. 11, No. 2, pp. 111–132.

Holden, John: The Big Picture. The Regional Screen Agencies building community, identity and enterprise, Full report, London 2006, Short report, London 2006.

Homann, Hans-Jürgen: Praxishandbuch Filmrecht. Ein Leitfaden für Film-, Fernseh- und Medienschaffende. 3. Aufl. Berlin/Heidelberg 2009.

House of Commons Digital, Culture, Media and Sport Committee: The potential impact of Brexit on the creative industries, tourism and the digital single market, Second Report of Session 2017-19 (HC 365) vom 25.01.2018, zitiert: House of Commons, Report Brexit on creative industries, 2018.

House of Lords Select Committee on Communications: 1st Report of Session 2009/10, The British film and television industries-decline or opportunity?, Volume I: Report (HL Paper 37-I) vom 24.01.2010.

Isensee, Josef/ Kirchhof, Paul (Hrsg.): Handbuch des Staatsrechts der Bundesrepublik Deutschland, Bd. 3: Demokratie – Bundesorgane, 3. Aufl., Heidelberg 2005.

Johnson, Aredhel: Tax Avoidance: if it looks too good to be true, it probably is, Entertainment Law Review 2014, Vol. 25, Iss. 4, pp. 168–170.

Dies.: Post-budget catch-up, Entertainment Law Review 2014, Vol. 25, Iss. 5, pp. 173–174.

Kanzler, Martin: Fiction film financing in Europe, Europäische Audiovisuelle Informationsstelle, Straßburg 2019.

Ders.: The circulation of European films outside Europe, Key figures 2018, Europäische Audiovisuelle Informationsstelle, Straßburg 2020.

Kasten, Jürgen: Das kulturwirtschaftliche Ziel bleibt unscharf. Zur Novelle des Filmförderungsgesetzes aus der Sicht der Urheber, ZUM 2008, S. 751-755.

Kielinger, Thomas: Großbritannien, München 2009.

Klages, Christlieb (Hrsg.): Grundzüge des Filmrechts. Grundlagen, Verträge, Rechte, München 2004, zitiert: Bearbeiter, in: Klages, Rn.

Klein, Franz (Hrsg.): Abgabenordnung, 12. Aufl., München 2014, zitiert: Bearbeiter, in: Klein, AO, §, Rn.

Koenig, Ulrich (Hrsg.): Abgabenordnung:AO, §§ 1bis 368, Kommentar, 3. Aufl., München 2014.

Koenig, Christian/ Kühling, Jürgen: How to cut a long story short: Das PreussenElektra-Urteil des EuGH und die EG-Beihilfenkontrolle über das deutsche Rundfunkgebührensystem, ZUM 2001, 537-547.

Dies.: Mitgliedstaatliche Kulturförderung und gemeinschaftliche Beihilfekontrolle durch die EG-Kommission, EuZW 2000, 197-203.

Kuratorium Junger Deutscher Film (thematisch gelistet): Jahresbericht 2014.

Dass.: 1965-2015 - 50 Jahre Kuratorium junger deutscher Film, 2015, zitiert: 50 Jahre Kuratorium.

Dass.: Förderrichtlinien des Kuratoriums Junger Deutscher Film, 2015, zitiert: Kuratorium Förderrichtlinien.

Lee, David/ Hesmondhalgh, David/ Oakley, Kate/ Nisbett, Melissa: Regional creative industries policy-making under New Labour, Cultural Trends 2014, pp. 1–15.

Lütje, Stefan/ Conrad, Niklas: Die europarechtliche Zulässigkeit der Einbeziehung von Video-on-Demand-Anbietern mit Sitz im Ausland in die Verpflichtung zur Leistung einer Filmabgabe, ZUM 2014, S. 749-758.

Magor, Maggie/ Schlesinger, Philip: 'For this relief much thanks.' Taxation, film policy and the UK government, Screen 2009, Vol. 50, Iss. 3, pp. 299–317.

Maunz, Theodor / Dürig, Günter (Hrsg.): Grundgesetz, Kommentar, Loseblattsammlung, 77. EL, München, Stand Juli 2016.

Maurer, Hartmut: Allgemeines Verwaltungsrecht, 18. Aufl., München 2011.

McCullagh, Kate/ Berger, Jonathan: UK Film Policy Review: "It begins with the audience", Entertainment Law Review 2012, Vol. 23, Iss. 4, pp. 99–102.

Mecklenburg-Vorpommern Film e.V.: Flyer Kulturelle Filmförderung Mecklenburg-Vorpommern.

Ders.: Vereinbarung über die Gewährung von Zuwendungen zur kulturellen Filmförderung Mecklenburg-Vorpommern zwischen dem Ministerium für Bildung, Wissenschaft und Kultur Mecklenburg-Vorpommern und dem Mecklenburg-Vorpommern Film e.V. vom 20.02.2009, zitiert: MV Film e.V. Vereinbarung/Richtlinie.

MEDIA Desk UK: The European Union: a guide for audiovisual professionals, 2011.

Ders.: The MEDIA Programme: supporting growth in the European audiovisual industry. Survey of the UK's MEDIA Programme funding recipients 2001-2011 - What people said, 2012, zitiert: MEDIA Survey 2012.

Medienboard Berlin-Brandenburg GmbH (Medienboard) (thematisch gelistet): Tätigkeitsbericht für das Jahr 2014, zitiert: Medienboard Tätigkeitsbericht 2014.

Dies.: Tätigkeitsbericht für das Jahr 2015, zitiert: Medienboard Tätigkeitsbericht 2015.

Dies.: Förderrichtlinie vom 01.01.2015, zitiert: Medienboard Förderrichtlinie, sowie ergänzende Merkblätter.

Dies.: Medienindex Berlin-Brandenburg 2015 sowie 2017.

Medien- und Filmgesellschaft mbH Baden-Württemberg (MFG) (thematisch gelistet): Jahresmagazin 2013, zitiert: MFG Jahresmagazin 2013.

Dies.: Vergabeordnung, 2014, zitiert: MFG Vergabeordnung.

Dies.: Pressemitteilung „MFG vergibt 3,3 Mio. Euro“ vom 05.10.2016.

Ministerium für Wissenschaft, Weiterbildung und Kultur Rheinland-Pfalz: Merkblatt zum Kinoprogrammpreis, 2016.

Mitteldeutsche Medienförderung GmbH (MDM) (thematisch gelistet): Jahresrückblick 2015, zitiert: MDM Jahresrückblick 2015.

Dies.: Förderrichtlinie der Mitteldeutschen Medienförderung GmbH, 2016, zitiert: MDM Förderrichtlinie, sowie ergänzende Merkblätter.

Dies.: MDM TV-Richtlinie, 2015.

Morawetz, Norbert / Hardy, Jane / Haslam, Colin / Randle, Keith: Finance, Policy and Industrial Dynamics- The Rise of Co-productions in the Film Industry, Industry and Innovation 2007, Vol. 14, No. 4, pp. 421–443.

Morrison, Dave: Lights, camera, taxation!, Taxation Magazine 2012, Vol. 170, Iss. 4375, pp. 24–27.

Müller-Graff, Peter-Christian (Hrsg.): Enzyklopädie Europarecht, Bd. 4, Europäisches Wirtschaftsordnungsrecht, Baden-Baden 2015, zitiert: Bearbeiter, in: Müller-Graff, EurWirtschOrdnR, §, Rn.

Naghdi, Kami: Brands in film, Entertainment Law Review 2012, Vol. 23, Iss. 7, pp. 217–218.

Newman-Baudais, Susan: Öffentliche Förderungen von Film- und Fernsehwerken in Europa, Ein Bericht der Europäischen Audiovisuellen Informationsstelle, Straßburg 2011.

Nicolaides, Phedon: The New General Block Exemption Regulation: The Cornerstone of the State Aid Regime, 2014-2020 vom 10.07.2014, Quelle: http://stateaidhub.eu/blogs/stateaiduncovered/post/24, Stand 23.03.2020.

Nikoltchev, Susanne/ Blazquez Francisco Javier Cabrera: Nationale Filmproduktionsförderung: Merkmale und Trends rechtlicher Gestaltung, Iris Plus Rechtliche Rundschau der Europäischen Audiovisuellen Informationsstelle 2001, Nr. 4, S. 2-8.

nordmedia - Film und Mediengesellschaft mbH (nordmedia) (thematisch gelistet): Geschäftsbericht 2015, zitiert: nordmedia Geschäftsbericht 2015.

Dies.: Richtlinie zur kulturwirtschaftlichen Film- und Medienförderung der nordmedia Fonds GmbH in der Fassung vom 27.02.2013, zitiert: nordmedia Förderrichtlinie, sowie ergänzende Merkblätter.

Dies.: Die Filme 2015 - nordmedia-geförderte Produktionen, 2016.

Northern Film & Media (NFM): Creative Content Evaluation, 2012.

Dies.: NFM General Guidance Notes Funds, 2014.

Orssich, Irina: State Aid for Films and Other Audiovisual Works - Current Affairs and New Developments, in: European State Aid Law Quarterly, EStAL 2012, No. 1, pp. 49–55.

Oxford Economics (Hrsg.): The Economic Impact of the UK Film Industry, Oxford 2012.

Pacey, Giao: High Times for EIS/SEIS, Entertainment Law Review 2012, Vol. 23, Iss. 8, pp. 245–248.

Pres, Sascha: Filmwirtschafts- oder Filmkulturförderung? – Das FFG und seine Novellierung: Taugliches Instrument bundeseinheitlicher Filmförderung oder verfassungswidriges Gesetz?, DÖV 2009, S. 155-160.

Presse- und Informationsamt der Bundesregierung: Pressemitteilung „Bundeskulturhaushalt steigt auf 1,78 Mrd. Euro – Grütters: Herausragendes Zeichen für den Wert der Kultur“ vom 28.06.2018.

*Quigley, Conor/ Collins, Anthony:*EC State Aid Law and Policy, Oxford 2003.

Radmann, Friedrich: Die Sperrfristenregelungen des FFG – Anmerkungen zum geltenden Recht, Vorschläge zur Novellierung, ZUM 2008, 197-207.

Roland Berger Strategy Consultants (Hrsg.): Studie Volkswirtschaftliche Effekte der Kinofilmproduktion in Deutschland, Berlin 2014, zitiert: Roland Berger.

Ruthig, Josef/ Storr, Stefan: Öffentliches Wirtschaftsrecht, 4. Aufl., Heidelberg 2015.

Schaefer, Klaus: Filmförderung der Länder im föderalen System, ZUM 2010, S. 763–766.

Schaefer, Klaus/ Kreile, Johannes/ Gerlach, Sascha: Nationale Filmförderung: Einfluss und Grenzen des europäischen Rechts, ZUM 2002, S. 182–195.

Screen Yorkshire (thematisch gelistet): GBER State Aid Scheme - The Yorkshire Content Fund, 2014.

Dies.: Yorkshire Content Fund – Overview, 2012 und Yorkshire Content Fund - FAQs, Version 8, 2012.

Dies.: Screen Yorkshire Complaints Procedure, 2014.

Dies.: Mitteilung „Screen Yorkshire secures additional £ 7.5 million" von 2014, Quelle: www.screenyorkshire.co.uk/screen-yorkshire-secures-additional-7-5-million/, Zugriff am 02.09.2016.

Selmer, Peter: Finanzverfassungsrecht: Erhebung von Sonderabgaben. Zulässigkeit der Filmabgabe nach dem Filmförderungsgesetz, JuS 2014, S. 477-479.

Smith, Chris, The Lord Smith of Finsbury/ Clarke, Will/ Fellowes, Julian, The Lord Fellowes of West Stafford/ Justice, Matthews/ Lynton, Michael/ Savill, Lisbeth/ Smith, Iain/ Richards, Tim/ Ross, Tessa: Film Policy Review "A Future For British Film: It begins with the audience…", 2012, zitiert: Film Policy Review 2012 und Filmpolitik-Bericht 2012.

Dies.: Film Policy Report. It's still about the audience: two years on from the Film Policy Review, 2014, zitiert: Film Policy Review 2014 und Filmpolitik-Bericht 2014.

Spitzenorganisation der Filmwirtschaft e.V. (SPIO) (Hrsg.): Filmstatistisches Jahrbuch 2018, Kapitel Überblick, Baden-Baden 2018.

Dies.: Pressemitteilung „Zurück blicken, nach vorne denken: Mehr Planungssicherheit für die Filmwirtschaft" vom 05.10.2016.

Stiftung Rheinland-Pfalz für Kultur: Förderrichtlinien der Stiftung Rheinland-Pfalz für Kultur 2016, zitiert: Kulturstiftung Förderrichtlinien.

Dies.: Satzung i.d.F. vom 13.12.2012, zitiert: Kulturstiftung Satzung.

Streinz, Rudolf: Europarecht, 6. Aufl., Heidelberg 2003, 9. Aufl., Heidelberg 2012.

Ders.: EUV/AEUV. Vertrag über die Europäische Union und Vertrag über die Arbeitsweise der Europäischen Union, 2. Aufl., München 2012.

Talavera Milla, Julio/ Fontaine, Gilles/ Kanzler, Martin: Öffentliche Finanzierung von Filmen und Fernsehinhalten, Soft money in Europa heute, Europäische Audiovisuelle Informationsstelle, Straßburg 2016.

Thies, Alexander: Deutsche Filme in Gefahr, Wirtschaftswoche vom 10.11.2014.

Thorpe, Vanessa: Film Council's closure claims its first big victim as Screen East agency folds, The Guardian vom 26.9.2010.

Trowbridge, Hayley: Review Essay. Contemporary film distribution and exhibition: a review of recent studies, New Review of Film and Television Studies 2013, Vol. 11, No. 2, pp. 224–234.

Tutt, Louise: Incentives keep UK ahead of the game, LocationUK 2014, No. 3, pp. 23–27.

UK Film Council: Film in England. A Development Strategy for Film and the Moving Image in the English Regions, 2000.

UK Trade & Investment: Creative Sector Tax Reliefs 2014.

Vella, John: Eclipse Film Partners No 35 LLP v HMRC: a different approach to tax avoidance from MCashback?, British Tax Review 2012, No. 3, pp. 252–261.

Weides, Peter: Bundeskompetenz und Filmförderung, Berlin 1971.

Werner, Jens: Filmmitteilung reloaded - Die neuen EU-beihilferechtlichen Regelungen zur Filmwirtschaft, MMR 2014, S. 439–443.

Whipp, Glenn: With indie films such as 'Brooklyn' and 'Room', the creativity often begins with the financing, LATimes vom 29.12.2015.

Wouters, Elise: Film Funding in the UK: An exploration of the financing model's impact on the independent value chain (Masterthesis), School of Social Science and Public Policy, King's College, London 2012.

www.ingramcontent.com/pod-product-compliance
Ingram Content Group UK Ltd.
Pitfield, Milton Keynes, MK11 3LW, UK
UKHW022107051026
15623UKWH00003B/724

9 783631 846858